꿈틀 고등 국어

통합편

꿈틀 고등 국어 통합편

교재 개발에 도움을 주신 모든 선생님들께 감사드립니다.

강경희 경기 고양, 서울   강병우 전남 순천   강수연 서울 목동   강수진 전남 진도   강아람 경기 김포
강영애 경기 일산   강지수 부산 해운대   고경은 경기 일산   공초롱 서울   구민경 대구
국찬영 광주광역시   김경애 서울 성북   김뜻길 대구   김명선 인천   김민석 경남 창원
김보람 부산 해운대   김상언 경남 창원   김석현 서울   김선화 부산 북구   김선황 경남 창원
김성재 서울 서초   김슬기 경기 용인   김옥경 세종   김유석 대구 달서   김은옥 서울 강남
김일권 경기 부천   김정옥 전남 오룡   김정욱 용인 수지   김종덕 광주광역시   김 진 대치
김진홍 경기 의정부   김채연 경기 일산   김태은 경남 김해   김 현 경기 분당   김현아 경기 부천
김현제 인천   김혜리 경기   김혜정 부산   김희주 대전   노현선 인천 청라, 김포
류미숙 청주 오창   마 미 경기 화성   명가은 서울   문동열 강원 강릉   문소영 경남 김해
문지현 서울   박수인 경기 고양   박윤선 광주광역시   박은정 서울 강동   박정임 부산 남구
박종승 경남 진주   박주환 인천 미추홀구   박지연 인천   박지현 전북 전주   박하늘 성남 분당
박하섬 경남 양산   박 현 전북 전주   박혜선 경북 안동   박혜진 경기 평택   백승재 경남 김해
백연경 서울 강남   성유미 부산 동래   송화진 김해 장유   신명선 경기   신영수 서울 광진
신영아 경기 분당   신혜영 부산 범일   안리을 서울   안정광 순천, 광양   안혜지 부산
양예라 경남 창원   오윤지 강원   오지윤 부산 동래   오지희 제주   옥성훈 부천
우승완 강북   유복순 경기 분당   유현주 부산 금정   윤인숙 경기 용인   윤현호 서울 중랑
윤희정 충북 청주   이강국 경기 평택   이근배 대전   이기연 강원 원주   이나경 부산 해운대
이동익 전북 전주   이민정 서울   이석준 대전   이석호 산본   이 섭 경기 여주
이성우 구로, 목동, 일산   이수진 경기 광주   이순형 경기 평택   이승준 경남 창원   이애리 경남 거제
이연주 대전   이영지 경기 안양   이윤지 경기 의정부   이재관 서울   이정현 대구
이주연 서울 강남   이지희 대구   이지희 서울 강남   이혜미 부산   이홍진 서울 성북
임지혜 경남 거제   장기윤 경북 구미   장소연 전북 전주   장수진 충북 청주   장연희 대구
장진호 부산 수영   전정훈 울산   정민경 충남 아산   정서은 부산 동래   정세영 베트남 호찌민
정수진 세종   정지윤 경기 평촌   정지윤 전북 전주   정지현 경기 남양주   정찬흠 광주광역시 남구
정한미 세종   정해연 전남 순천   정희숙 서울   조동윤 대구   조미연 노원
조승연 대전   조은예 전남 순천   조효준 충남 천안   지상훈 대구   차시현 서울
차연수 대구   채송화 제주   채 희 광주광역시   천은경 부산   천정은 세종
표윤경 서울   하 랑 서울 송파   하영아 김해, 창원   한광희 세종   한정원 울산 남구
현민주 서울 강남   황동현 대전 서구   황은비 부산

꿈틀 고등 국어

통합편

구성과 특장점

이 책으로 공부해야 하는 이유!

2022 개정 교육과정 고등 국어 교과서의 핵심 내용을 빠짐없이 수록
- 고등 국어 교과서에서 중요하게 다루어지거나 수록 빈도가 높은 작품을 엄선하여 수록하였습니다.
- 성취 기준에 따라 교육 과정 이론과 대표 지문을 꼼꼼하게 분석하여 제시하였습니다.
- 교과서의 학습 목표와 학습 활동을 분석하여 어떤 교과서로 공부하더라도 꼭 알아야 할 기본 개념과 학습 내용을 일목요연하게 제시하였습니다.

단기간에 마스터할 수 있는 알찬 구성
- 고등 국어 교과서의 핵심 내용을 압축하여 단기간에 학습할 수 있습니다.
- 갈래별·성취 기준별 체계적 구성으로, 교과서의 내용을 한눈에 정리할 수 있습니다.

선행 학습용으로 사용하기 좋은 교재
- 고등 국어 교과서의 내용을 압축해 수록하였으므로 예비 고의 선행 학습용으로 적합합니다.
- 수능형 문제를 배치하여 내신 대비는 물론, 수능 학습에 점차적으로 활용할 수 있습니다.

문학, 읽기

① 핵심 개념
- 갈래별, 성취 기준별로 꼭 알아야 할 핵심 이론을 총망라하여 요약 정리
- 개념 확인 문제를 통해 꼭 알아야 할 개념을 문제로 확인

② 교과서 작품(지문) 수록과 정리
- 고등 국어 교과서에서 중요하게 다루어지거나 수록 빈도가 높은 작품 및 지문을 엄선하여 선정
- 각 작품과 지문의 중요 내용을 단계로 정리하여 꼭 학습할 내용이 무엇인지 한눈에 확인

  [필수〉 작품의 기틀] 작품과 지문의 기본 내용 정립

  ↓

  [핵심〉 꼭! 체크] 시험에 반드시 나올 알짜 내용 파악

  ↓

  [수능〉 발전 +] 수능 대비 지식 확장 훈련

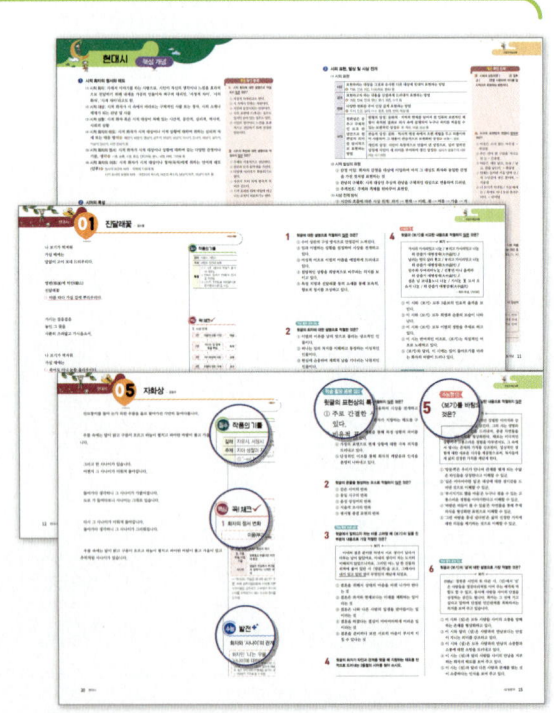

③ 학습 활동 응용 / 수능형 문제
2022 개정 교육과정 성취 기준과 관련하여 교과서 학습 활동을 응용한 문제와 수능형 문제를 통해 작품과 지문을 완벽하게 정복

❶ 핵심 이론 정리 / 개념 확인 문제

- 고등 국어 교과서의 내용을 완전 분석해 4가지 영역으로 나눈 후 각 영역별로 꼭 알아야 할 핵심 이론 압축 정리
- 개념 확인 문제를 통해 핵심 이론을 이해했는지 확인

❷ 내신 대비 / 수능형 / 기출 문제

교과서 학습 활동을 분석하여 출제한 내신 대비, 수능형 실전 문제는 물론, 수능ㆍ모의평가ㆍ전국연합 기출문제를 적절하게 배치해 내신과 수능 대비에 최적화

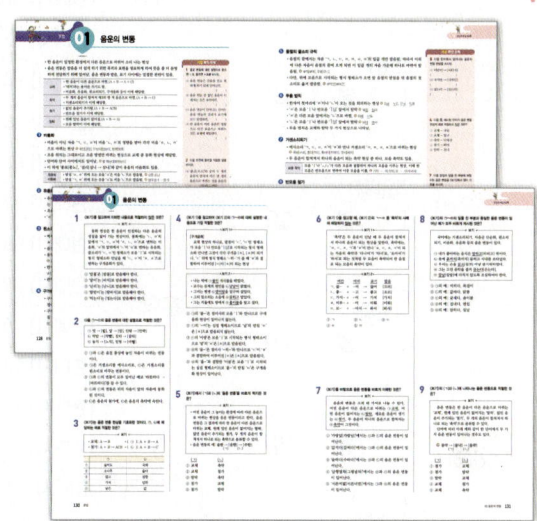

듣기·말하기·쓰기

❶ 핵심 개념

고등 국어 교과서의 내용을 완전 분석하여 각 성취 기준별로 꼭 알아야 할 핵심 개념을 압축 정리

❷ 내신 대비 / 수능형 / 기출 문제

성취 기준의 내용과 관련된 수능ㆍ모의평가ㆍ전국연합 기출문제를 엄선 배치해 내신과 수능에 완벽 대비

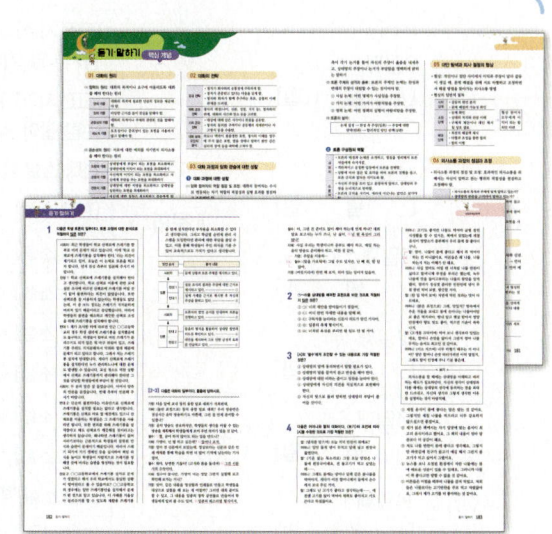

차례

1주차

2주차

3 주차

4 주차

고등 국어 학습법

교과서 학습에 충실하자!

1. 교과서의 성취 기준과 학습 목표를 이해한다.
2. 해당 단원에서 배워야 할 내용은 학습 활동에 집약되어 있으므로 학습 활동의 내용에 주목한다.
3. 같은 제재라도 학교에 따라 다르게 수업할 수 있으므로 수업 내용을 충실하게 들어야 한다.
4. 수능 역시 교과서의 성취 기준을 바탕으로 출제되므로 교과서 학습에 충실하면 내신뿐만 아니라 수능도 대비할 수 있는 효과가 있다.

제재	성취 기준	학습 목표
김유정의 〈봄·봄〉	갈래에 따른 형상화 방법의 특성을 고려하며 작품을 수용한다.	• 문학 갈래의 개념과 특징을 이해한다. • 작품의 구조와 형상화 방법을 이해하고 문학 활동을 할 수 있다.

학습 활동 예시

• 소설의 사건 전개 과정을 정리하고 구성상 특징을 파악해 보자.
• 소설 속 인물의 성격과 인물 간 관계를 알아보자.
• 표현상 특징을 탐구해 보자.

내신 대비

학습 목표와 학습 활동에 주목하여 내신에 대비한다.

수능 대비

성취 기준을 참고로 작품을 꼼꼼히 분석하여 수능에 대비한다.

작품과 지문 이해 능력을 기르자!

1. 고등 국어 교과서 학습은 수능 시험 대비를 위한 1차 관문이다.
2. 주어진 제시문을 독해하는 능력은 국어 학습의 가장 기본적인 요소이다.
3. 지문에 직접적으로 드러나지 않은 부분까지 유추하여 종합적으로 이해할 수 있어야 한다.

작품

다시 그 사나이가 미워져 돌아갑니다. 돌아가다 생각하니 그 사나이가 그리워집니다.

우물 속에는 달이 밝고 구름이 흐르고 하늘이 펼치고 파아란 바람이 불고 가을이 있고 추억처럼 사나이가 있습니다.
– 윤동주, 〈자화상〉

작품 이해

• 시적 화자는 누구인가?
• 시적 상황은 어떠한가?
• 화자의 정서와 태도는 어떠한가?
• 시어의 의미는 무엇인가?
• 표현상의 특징은 무엇인가?
• 시상 전개는 어떻게 이루어지고 있는가?

종합적 감상과 이해

• 내재적 감상: 자아에 대한 애증과 추억 속 순수했던 자아의 모습을 그리워함.
• 외재적 감상: 암담했던 시대 상황에 적극적으로 대처하지 못하는 식민지 지식인의 고뇌와 내적 갈등의 해소가 드러남.

다양한 유형에 대한 문제 해결력을 기르자!

1. 요즘은 내신도 수능과 유사한 형태로 출제되고 있어 수능형 문제를 많이 풀어 보는 것이 필요하다.
2. 여러 가지 유형의 다양한 문제를 풀면서 출제 의도를 파악하고 문제를 해결할 수 있는 능력을 길러야 한다.
3. 지문의 내용, 문제의 질문 내용, 주어진 자료의 내용을 종합적으로 이해해야 문제를 해결할 수 있다.

2022 개정 교육과정 고등학교 국어과
- 공통국어 1, 공통국어 2 성취 기준 -

공통국어 1

영역	성취 기준
문학	1 문학 소통의 특성을 고려하며 문학 소통에 참여한다. 2 갈래에 따른 형상화 방법의 특성을 고려하며 작품을 수용한다. 3 작품 구성 요소의 유기적 관계와 맥락에 유의하여 작품을 수용하고 생산한다.
문법	1 언어 공동체가 다변화함에 따라 다양해진 언어 실천 양상을 분석하고 언어 주체로서 책임감을 가지며 국어생활을 한다. 2 음운 변동을 탐구하여 발음과 표기에 올바르게 적용한다. 3 다양한 분야의 글과 담화에 나타난 문법 요소 및 어휘의 표현 효과를 평가하고 적절한 표현을 생성한다.
읽기	1 다양한 글이나 자료를 읽으며 논증의 타당성을 평가하고 자신의 관점을 바탕으로 논증을 재구성한다. 2 자신의 진로나 관심 분야와 관련한 다양한 글이나 자료를 찾아 주제 통합적으로 읽고 읽은 결과를 공유한다.
듣기·말하기	1 대화의 원리를 고려하여 대화하고 자신의 듣기·말하기 과정과 공동체의 담화 관습을 성찰한다. 2 논제의 필수 쟁점별로 논증을 구성하고 논증이 타당한지 평가하며 토론한다.
쓰기	1 내용 전개의 일반적 원리를 고려하여 사회적 쟁점에 대한 자신의 견해를 정교하게 표현하는 글을 쓴다. 2 다양한 언어 공동체의 특성을 고려하며 필자의 개성이 드러나는 글을 쓴다.

공통국어 2

영역	성취 기준
문학	1 한국 문학사의 흐름을 고려하여 작품을 수용한다. 2 주체적인 관점에서 작품을 해석하고 평가하며 문학을 생활화하는 태도를 지닌다.
문법	1 과거 및 현재의 국어생활에 나타나는 국어의 변화를 이해하고 국어문화 발전에 참여한다. 2 한글 맞춤법의 원리를 적용하여 국어생활을 성찰하고 문제를 해결한다.
읽기	1 복합양식으로 구성된 글이나 자료에 내재된 필자의 관점이나 의도, 표현 방법을 평가하며 읽는다. 2 동일한 화제의 글이나 자료라도 서로 다른 관점과 형식으로 표현됨을 이해하며 읽기 목적을 고려하여 글이나 자료를 주제 통합적으로 읽는다. 3 의미 있는 사회적 독서 활동에 참여함으로써 타인과 교류하고 다양한 지식이나 정보, 삶에 대한 가치관 등을 이해하는 태도를 지닌다.
듣기·말하기	1 청중의 관심과 요구에 맞게 내용을 구성하여 발표하고 청중의 질문에 효과적으로 답변한다. 2 쟁점과 이해관계를 고려하여 문제를 해결할 수 있는 대안을 탐색하며 협상한다. 3 사회적 소통 과정에서 말의 영향력을 고려하여 책임감 있게 듣고 말한다.
쓰기	1 언어 공동체가 공유하는 작문 관습의 특성을 이해하고 쓰기 과정과 전략을 점검하며 책임감 있게 글을 쓴다. 2 논증 요소에 따른 분석을 바탕으로 효과적으로 내용을 조직하여 논증하는 글을 쓴다. 3 신뢰할 수 있는 정보를 종합하여 복합양식 자료가 포함된 공동 보고서를 쓴다.

I 문학

현대시

고전 시가

현대시 핵심 개념

❶ 시적 화자의 정서와 태도

(1) **시적 화자**: 시에서 이야기를 하는 사람으로, 시인이 자신의 생각이나 느낌을 효과적으로 전달하기 위해 내세운 가공의 인물이자 허구적 대리인. '서정적 자아', '시의 화자', '시적 자아'라고도 함.

(2) **시적 대상**: 시적 화자가 시 속에서 바라보는 구체적인 사물 또는 청자, 시의 소재나 제재가 되는 관념 및 사물

(3) **시적 상황**: 시적 화자 혹은 시적 대상이 처해 있는 시간적, 공간적, 심리적, 역사적, 사회적 상황

(4) **시적 화자의 태도**: 시적 화자가 시적 대상이나 시적 상황에 대하여 취하는 심리적 자세 또는 대응 방식 ❶ 예찬적, 비판적, 명상적, 관조적, 여성적, 남성적, 의지적, 풍자적, 체념적, 설득적, 직설적, 달관적, 자연 친화적 등

(5) **시적 화자의 정서**: 시적 화자가 시적 대상이나 상황에 대하여 갖는 다양한 감정이나 기분, 생각 ❶ 기쁨, 슬픔, 소망, 동경, 안타까움, 분노, 희망, 비애, 그리움 등

(6) **시적 화자의 어조**: 시적 화자가 시적 대상이나 청자(독자)에게 취하는 언어적 태도 (말투) ❶ 청자의 유무에 따라 – 독백체, 대화체 등
　　　　　　　　시적 화자의 유형에 따라 – 어린이의 목소리, 어른의 목소리, 남성적 어조, 여성적 어조 등

❷ 시어의 특성

(1) **시어의 음악성**: 소리의 반복을 통해 형성되는 말의 가락인 운율을 통해 느껴짐.
　① 외형률: 일정한 규칙에 의해 시의 표면에 드러나는 운율
　② 내재율: 일정한 규칙 없이 시의 내면에서 은근히 느껴지는 운율

(2) **시어의 함축성**: 시 속에서 다양한 정서적 효과를 불러일으키는 시어의 내포적 의미. 한 편의 시에 사용된 똑같은 시어일지라도 문맥과 상황에 따라 서로 다른 함축적 의미를 지님.

(3) **시어의 심상(이미지)**
　① 개념: 마음속에 떠오르는 감각적이고 구체적인 사물의 모습과 그와 관련된 추상적인 관념들을 언어적으로 표현한 것, 또는 그로부터 느껴지는 인상
　② 심상의 종류

시각적 심상	눈으로 보는 듯이 표현한 이미지
청각적 심상	귀로 소리를 듣는 것처럼 표현한 이미지
미각적 심상	혀로 맛을 보는 것처럼 표현한 이미지
후각적 심상	코로 냄새를 맡는 듯이 표현한 이미지
촉각적 심상	피부로 느낄 수 있는 감각으로 표현한 이미지
공감각적 심상	하나의 감각을 다른 감각으로 옮겨 표현하여 둘 이상의 감각이 동시에 떠오르게 하는 이미지

　③ 심상(이미지)의 형성 방법
　• 묘사적 이미지: 묘사 또는 감각적 수식어로 이루어지는 이미지
　• 비유적 이미지: 직유, 은유 등의 비유에 의해 이루어지는 이미지
　• 상징적 이미지: 원관념은 숨기고 보조 관념만으로 추상적 내용을 구체적 대상으로 나타내어 이루어지는 이미지

---

1 시적 화자에 대한 설명으로 적절하지 <u>않은</u> 것은?

① 서정적 자아라고도 한다.
② 시 속에서 말하는 사람이다.
③ 시인과 동일시되는 인물이다.
④ 시의 표면에 드러나는 경우도 있지만 숨어 있는 경우도 있다.
⑤ 시인의 생각이나 느낌을 효과적으로 전달하기 위해 설정된 인물이다.

2 시어의 특징에 대한 설명으로 적절하지 <u>않은</u> 것은?

① 주제를 직접적으로 전달한다.
② 산문과 달리 음악성을 가진다.
③ 다양한 이미지가 활용되기도 한다.
④ 사전적 의미 외에 함축적 의미를 갖는다.
⑤ 시적 효과를 위해 어법에 어긋나는 표현이 허용되기도 한다.

3 시구와 심상(이미지)의 연결이 잘못된 것은?

① 뜰에는 반짝이는 금모래 빛 – 시각
② 얼얼한 댕추가루를 좋아하고 – 미각
③ 푸른 노래 푸른 울음 울어 예으리 – 청각
④ 방 안에서는 새 옷의 내음새가 나고 – 후각
⑤ 바람이 서늘도 하여 뜰 앞에 나섰더니 – 촉각

4 다음 시구에서 나타나는 감각의 전이 형태로 적절한 것은?

> 얼룩백이 황소가
> 해설피 금빛 게으른 울음을 우는 곳
> 　　　　　　　　– 정지용, 〈향수〉

① 시각의 청각화
② 청각의 시각화
③ 시각의 촉각화
④ 촉각의 청각화
⑤ 청각의 촉각화

③ 시의 표현, 발상 및 시상 전개

(1) 시의 표현

비유	표현하려는 대상을 그것과 유사한 다른 대상에 빗대어 표현하는 방법 📝 직유, 은유, 의인, 대유(제유, 환유) 등		
강조	표현하고자 하는 내용을 강렬하게 드러내어 표현하는 방법 📝 과장, 반복, 연쇄, 영탄, 열거, 점층, 대조 등		
변화	다양한 변화를 주어 인상 깊게 표현하는 방법 📝 도치, 인용, 설의, 대구, 돈호, 생략, 반어, 역설 등		
상징	원관념은 감추고 구체적인 보조 관념만으로 원관념의 의미를 암시적으로 표현하는 방법	원형적 상징: 문화적·지역적 한계를 넘어서 전 인류의 보편적인 체험이 축적된 결과로 의식 속에 잠재되어 누구나 의미를 떠올릴 수 있는 보편적인 상징 📝 물: 죽음, 이별, 생성 등	
		관습적 상징: 문화·역사적 배경 속에서 오랜 세월을 두고 되풀이하여 사용되어 그 내용이 관습적으로 보편화된 상징 📝 비둘기: 평화	
		개인적 상징: 시인이 독창적으로 만들어 낸 상징으로, 널리 알려진 상징에 시인이 새 의미를 부여하여 생긴 상징 📝 십자가: 윤동주의 시에서는 자기희생	

(2) 시적 발상의 유형

① 감정 이입: 화자의 감정을 대상에 이입하여 마치 그 대상도 화자와 동일한 감정을 가진 것처럼 표현하는 것

② 관념의 구체화: 시적 대상인 추상적 관념을 구체적인 대상으로 변용하여 드러냄.

③ 주객전도: 주체와 객체를 뒤바꾸어 표현함.

(3) 시상 전개 방식

① 시간의 흐름에 따른 시상 전개: 과거 → 현재 → 미래, 봄 → 여름 → 가을 → 겨울과 같이 시간의 흐름에 따라 전개하는 방식

② 시선의 이동에 따른 시상 전개: 아래 → 위, 먼 곳 → 가까운 곳, 부분 → 전체 등으로 시선의 변화에 따라 전개하는 방식

④ 시의 종합적 이해와 감상

(1) 내재적 접근 방법(절대론적 관점): 시를 작가, 독자, 시대와 분리된 독자적인 존재로 보고 작품을 이해하기 위한 모든 정보를 작품 내부에서만 찾으려는 방법. 시를 화자와 청자, 시어, 운율, 이미지, 표현 기법 등을 중심으로 파악하며 작품 속의 화자에 초점을 맞추어 정서나 태도, 어조를 파악함.

(2) 외재적 접근 방법

① 표현론적 관점: 시와 작가와의 관련성을 중시하는 관점. 작가의 창작 의도나 동기에 주목하거나 작가의 또 다른 작품과 관련지어 시를 이해하고 파악함. 또는 작가의 내면 심리나 가치관, 성장 과정과 생활 환경, 영향 받은 사상 등을 통해 시를 파악함.

② 반영론적 관점: 시와 현실 세계와의 관련성을 중시하는 관점. 화자나 시 속 인물이 처한 당시의 제도 혹은 생활상에 관심을 두고, 시대상, 역사적 상황, 사회상 등 현실 세계의 모습이 시 속에 어떻게 반영되었는가를 중심으로 파악함.

③ 효용론적 관점: 시와 독자와의 관련 양상을 중시하는 관점. 시가 독자에게 미치는 교훈, 감동, 흥미 혹은 미적 쾌감에 주목함.

5 시에서 상징이란 (　　　)은 감추고 (　　　)만을 사용하여 의미를 암시적으로 표현하는 방법이다.

6 시구와 표현법의 연결이 <u>잘못된</u> 것은?

① 이것은 소리 없는 아우성 – 역설법

② 푸른 산이 흰 구름을 지니고 살 듯 – 은유법

③ 어둠은 새를 낳고, 돌을 / 낳고, 꽃을 낳는다. – 활유법

④ 인제는 돌아와 거울 앞에 선 / 내 누님같이 생긴 꽃이여. – 직유법

⑤ 나 보기가 역겨워 / 가실 때에는 / 죽어도 아니 눈물 흘리우리다. – 반어법

7 시인의 생애나 시인의 다른 작품과 관련지어 작품을 파악하는 것은 효용론적 관점에 따른 감상이다. (○, ×)

8 다음 설명에 해당하는 시 감상의 관점을 쓰시오.

> 이 작품은 임금이 낮고 빈부 격차가 극심하던 1980년대 우리 사회의 모습을 사실적으로 담아내고 있다.

01 진달래꽃 – 김소월

비상, 해냄

나 보기가 역겨워
가실 때에는
말없이 고이 보내 드리우리다.

영변(寧邊)에 약산(藥山)
진달래꽃
㉠아름 따다 가실 길에 뿌리우리다.

가시는 걸음걸음
놓인 그 꽃을
사뿐히 즈려밟고 가시옵소서.

나 보기가 역겨워
가실 때에는
㉡죽어도 아니 눈물 흘리우리다.

필수 작품의 기틀

갈래	자유시, 서정시
주제	이별의 정한과 승화
특징	① 7 · 5조, 3음보의 민요적 율격이 사용됨. ② 민족의 정서인 '한(恨)'의 정서를 표현함. ③ 반어적 표현으로 애이불비(哀而不悲)의 태도를 보임.

핵심 꼭! 체크 ✔

1 시상 전개

1연	이별의 상황 가정	체념

↓

2연	떠나는 임 앞에 꽃을 뿌림.	축복

↓

3연	자기희생적 사랑	승화

↓

4연	이별의 정한 극복	초극

2 '진달래꽃'의 의미
① 시적 화자의 분신
② 임에 대한 화자의 사랑과 정성
③ 떠나는 임에게 축복의 의미로 뿌리는 소재
④ 버림받은 여인의 애절한 마음을 형상화한 소재

3 시의 음악성
① 7 · 5조, 3음보의 민요적 율격
② '～우리다'의 반복 – 각운 효과
③ 수미 상관식 구조

수능 발전 ✦

반어적 표현

반어법은 실제로 말하고자 하는 바와 반대로 말하는 표현 방법으로, 표면적 의미와 내면적 의미가 상반됨. 이 시에서 '죽어도 아니 눈물 흘리우리다.'는 표면적으로는 슬픔을 표현하지 않겠다는 의미이지만, 이면적으로는 임이 떠나 버리면 그 슬픔에 몹시 울 것이므로 떠나지 말라는 의미를 담고 있음.

1 윗글에 대한 설명으로 적절하지 <u>않은</u> 것은?

① 수미 상관의 구성 방식으로 안정감이 느껴진다.

② 임과 이별하는 상황을 설정하여 시상을 전개하고 있다.

③ 여성적 어조로 이별의 아픔을 애절하게 드러내고 있다.

④ 절망적인 상황을 희망적으로 바꾸려는 의지를 보이고 있다.

⑤ 특정 지명과 진달래꽃 등의 소재를 통해 토속적, 향토적 정서를 조성하고 있다.

학습 활동 응용 📖

2 윗글의 화자에 대한 설명으로 적절한 것은?

① 이별의 이유를 남의 탓으로 돌리는 냉소적인 인물이다.

② 떠나는 임의 처지를 이해하고 동정하는 이성적인 인물이다.

③ 현실에 순응하며 재회의 날을 기다리는 낙천적인 인물이다.

④ 떠나는 임을 축복하며 이별의 슬픔을 승화하는 인고적인 인물이다.

⑤ 속으로는 슬퍼하면서도 겉으로는 표현하지 않는 이중적인 인물이다.

3 〈보기〉는 윗글의 짜임을 나타낸 것이다. ⓐ~ⓓ에 들어갈 말로 적절한 것은?

● 보기 ●

[1연] – 이별에 대한 (ⓐ)
[2연] – 떠나는 임에 대한 (ⓑ)
[3연] – 원망을 초월한 (ⓒ) 사랑
[4연] – 인고의 의지로 슬픔을 (ⓓ)

	ⓐ	ⓑ	ⓒ	ⓓ
①	체념	축복	희생적	극복
②	슬픔	희생	소망적	극복
③	원망	슬픔	희생적	극복
④	체념	원망	희생적	승화
⑤	원망	축복	소극적	승화

수능형 ⇧

4 윗글과 〈보기〉를 비교한 내용으로 적절하지 <u>않은</u> 것은?

● 보기 ●

가시리 가시리잇고 나는 / ᄇ리고 가시리잇고 나는
　위 증즐가 대평셩대(大平盛代) //
날러는 엇디 살라 ᄒ고 / ᄇ리고 가시리잇고 나는
　위 증즐가 대평셩대(大平盛代) //
잡ᄉ와 두어리마ᄂᆞᄂᆞᆫ / 선ᄒ면 아니 올셰라
　위 증즐가 대평셩대(大平盛代) //
셜온 님 보내ᅌᅩ노니 나는 / 가시ᄂᆞᆫ 돗 도셔 오
쇼셔 나는 / 위 증즐가 대평셩대(大平盛代)

– 작자 미상, 〈가시리〉

① 이 시와 〈보기〉 모두 3음보의 민요적 율격을 보인다.

② 이 시와 〈보기〉 모두 희생과 순종의 모습이 나타난다.

③ 이 시와 〈보기〉 모두 이별의 정한을 주제로 하고 있다.

④ 이 시는 반어적인 어조로, 〈보기〉는 직설적인 어조로 노래하고 있다.

⑤ 〈보기〉와 달리, 이 시에는 임이 돌아오기를 바라는 화자의 바람이 드러나 있다.

학습 활동 응용 📖

5 윗글에 대한 학생들의 감상 중, 시의 아름다움에 대하여 바르게 이해하지 <u>못한</u> 것은?

① 낭송할 때는 3음보의 운율을 고려해 적절하게 끊어 읽어야 음악성을 잘 살릴 수 있겠군.

② '~우리다'의 반복은 음악적 효과와 함께 전통적 여인의 목소리를 듣는 것 같은 느낌을 줘.

③ 반어적 표현을 통해 화자의 정서를 강조함으로써 전통 시가의 고유한 특징을 잘 계승하고 있어.

④ 진달래꽃이라는 구체적 사물로 임에 대한 화자의 태도를 드러내고 있어 시가 더욱 돋보이는군.

⑤ 섬세한 여성적 어조로 이별의 정한을 표현해 슬픔이 더욱 절실하게 느껴지는 것이 이 시의 매력이지.

6 ㉠, ㉡과 관련된 한자 성어가 바르게 묶인 것은?

	㉠	㉡
①	산화공덕(散花功德)	맥수지탄(麥秀之嘆)
②	애이불비(哀而不悲)	산화공덕(散花功德)
③	산화공덕(散花功德)	애이불비(哀而不悲)
④	동병상련(同病相憐)	이심전심(以心傳心)
⑤	동병상련(同病相憐)	망운지정(望雲之情)

02 방문객 - 정현종

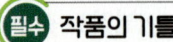

사람이 온다는 건
실은 어마어마한 일이다.
그는
그의 과거와
현재와
그리고
그의 미래와 함께 오기 때문이다.
한 사람의 일생이 오기 때문이다.
부서지기 쉬운
그래서 부서지기도 했을
마음이 오는 것이다 - 그 갈피를
아마 바람은 더듬어 볼 수 있을
마음,
내 마음이 그런 바람을 흉내 낸다면
필경 환대가 될 것이다.
마침내 기쁘게 대접함.

필수 작품의 기틀

갈래	자유시, 서정시
주제	타인과의 만남이 갖는 의미와 만남을 위해 지녀야 할 태도
특징	① 간결하고 평이한 시어를 통해 깊은 의미를 드러냄. ② 의도적인 시행 배열을 통해 주의를 집중시키고 의미를 부각함. ③ 타인과의 만남이라는 일상적 경험을 새로운 시각으로 바라봄. ④ 서술격 조사 '이다'로 종결 표현을 반복하여 화자의 인식과 깨달음을 단정적인 어조로 제시함.

핵심 꼭! 체크 ✓

1 시상 전개

사람이 온다는 건 어마어마한 일

↓

사람과의 만남

=

한 사람의 일생(과거, 현재, 미래)과의 만남

=

부서지기 쉬운, 그래서 부서지기도 했을 마음과의 만남

↓

상대를 반갑게 맞이하고 정성을 다하여 이해해야 함.

2 시어의 함축적 의미

갈피	상처받기 쉬운 타인의 마음속
바람	보이지 않는 타인의 마음속을 헤아릴 수 있는 존재
환대	타인에 대한 이해를 바탕으로 위로하고 정성껏 맞이함.

3 종결 방식

서술격 조사 '이다'의 반복

일이다, 때문이다, 것이다

↓

• 평서형 종결로 화자의 인식을 단정적인 태도로 강조함.
• 반복을 통해 운율을 형성함.

학습 활동 응용 📖

1 윗글의 표현상의 특징으로 적절하지 <u>않은</u> 것은?

① 주로 간결한 시어를 사용하여 시상을 전개하고 있다.

② 비유적 표현을 통해 화자가 지향하는 태도를 구체화하고 있다.

③ 의도적인 시행 배열을 통해 특정 상황의 의미를 부각시키고 있다.

④ 가정의 표현으로 현재 상황에 대한 극복 의지를 드러내고 있다.

⑤ 단정적인 어조를 통해 화자의 깨달음과 인식을 분명히 나타내고 있다.

2 윗글의 운율을 형성하는 요소로 적절하지 <u>않은</u> 것은?

① 같은 시어의 반복

② 동일 시구의 반복

③ 음성 상징어의 반복

④ 서술격 조사의 반복

⑤ 평서형 종결 표현의 반복

학습 활동 응용 📖

3 윗글에서 말하고자 하는 바를 고려할 때 〈보기〉의 밑줄 친 부분의 내용으로 가장 적절한 것은?

━━━● 보기 ●━━━

　아내와 결혼 준비를 하면서 서로 생각이 달라서 다투는 날이 많았어요. 아내의 생각이 저는 도저히 이해되지 않았으니까요. 그러던 어느 날 한 건물의 외벽에 붙어 있던 시 〈방문객〉을 보고, 그때서야 <u>내가 잊고 있던 것이 무엇인지</u> 깨닫게 되었죠.

① 결혼을 위해서 상대의 마음을 바꿔 나가야 한다는 것

② 결혼은 과거와 현재보다는 미래를 계획하는 일이라는 것

③ 결혼은 나와 다른 사람의 일생을 받아들이는 일이라는 것

④ 결혼을 하겠다는 결심이 어마어마하게 어려운 일이라는 것

⑤ 결혼을 준비하다 보면 서로의 마음이 부서져 지칠 수 있다는 것

4 윗글의 화자가 타인과 관계를 맺을 때 지향하는 태도를 단적으로 드러내는 2음절의 시어를 찾아 쓰시오.

_____

수능형 ⬆

5 〈보기〉를 바탕으로 윗글을 감상한 내용으로 적절하지 <u>않은</u> 것은?

━━━● 보기 ●━━━

　정현종의 시는 간결하지만 강렬한 이미지와 상징을 통해 강한 인상을 남긴다. 그의 시는 생명과 존재에 대한 경이감을 드러내며, 종종 자연물을 통해 주제 의식을 형상화한다. 때로는 비극적인 상황이나 고통스러운 경험을 다루면서도, 그 속에서 빛나는 존재의 가치를 강조한다. 일상적인 경험에 대한 새로운 시각을 제공함으로써, 독자들에게 삶의 진정한 가치를 깨닫게 한다.

① '방문객'은 우리가 만나며 관계를 맺게 되는 수많은 타인들을 상징한다고 이해할 수 있군.

② '실은 어마어마한 일'은 대상에 대한 경이감을 드러낸 것으로 이해할 수 있군.

③ '부서지기도 했을 마음'은 누구나 겪을 수 있는 고통스러운 경험을 이야기한다고 이해할 수 있군.

④ '바람은 더듬어 볼 수 있을'은 자연물을 통해 주제 의식을 형상화한 표현으로 이해할 수 있군.

⑤ '그런 바람을 흉내 낸다면'은 삶의 진정한 가치에 대한 의문을 제기하는 것으로 이해할 수 있군.

학습 활동 응용 📖

6 윗글과 〈보기〉의 '섬'에 대한 설명으로 가장 적절한 것은?

━━━● 보기 ●━━━

선생님: 정현종 시인의 또 다른 시, 〈섬〉에서 '섬'은 사람들을 징검다리처럼 이어 주는 매개체 역할도 할 수 있고, 동시에 사람들 사이의 단절을 상징하는 공간도 됩니다. 화자는 그 섬에 가고 싶다고 말하며 단절된 인간관계를 회복하려는 의지를 보여 주고 있습니다.

① 이 시와 〈섬〉은 모두 사람들 사이의 소통을 방해하는 존재를 형상화하고 있다.

② 이 시와 달리 〈섬〉은 사람과의 만남보다는 단절이 지니는 의미를 강조하고 있다.

③ 이 시와 〈섬〉은 모두 사람과의 만남의 소중함과 소통에 대한 소망을 드러내고 있다.

④ 이 시는 〈섬〉과 달리 사람들 사이의 만남을 거부하는 화자의 태도를 보여 주고 있다.

⑤ 이 시는 〈섬〉과 달리 다른 사람과 관계를 맺는 것이 소중하다는 인식을 보여 주고 있다.

별 헤는 밤 – 윤동주

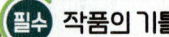
천재(김수), 해냄

계절이 지나가는 하늘에는 / 가을로 가득 차 있습니다.

나는 아무 걱정도 없이 / 가을 속의 별들을 다 헤일 듯합니다.

㉠가슴속에 하나 둘 새겨지는 별을
이제 다 못 헤는 것은
㉡쉬이 아침이 오는 까닭이요,
내일 밤이 남은 까닭이요,
㉢아직 나의 청춘이 다하지 않은 까닭입니다.

별 하나에 추억과 / 별 하나에 사랑과
별 하나에 쓸쓸함과 / 별 하나에 동경과
별 하나에 시와 / 별 하나에 어머니, 어머니,

어머님, 나는 별 하나에 아름다운 말 한 마디씩 불러 봅니다. 소학교 때 책상을 같이했던 아이들의 이름과 패, 경, 옥 이런 이국 소녀들의 이름과 벌써 애기 어머니 된 계집애들의 이름과 가난한 이웃 사람들의 이름과 비둘기, 강아지, 토끼, 노새, 노루, 프랑시스 잠, 라이너 마리아 릴케, 이런 시인의 이름을 불러 봅니다.

이네들은 너무나 멀리 있습니다.
별이 아슬히 멀듯이,
까마득히

어머님,
그리고 당신은 멀리 북간도에 계십니다.

나는 무엇인지 그리워
이 많은 별빛이 내린 언덕 위에
내 이름자를 써 보고,
흙으로 덮어 버리었습니다.

딴은 밤을 새워 우는 벌레는
㉣부끄러운 이름을 슬퍼하는 까닭입니다.

그러나 ㉤겨울이 지나고 나의 별에도 봄이 오면
무덤 위에 파란 잔디가 피어나듯이
내 이름자 묻힌 언덕 위에도
자랑처럼 풀이 무성할 게외다.

필수 **작품의 기틀**

갈래	자유시, 서정시
주제	아름다운 과거에 대한 추억과 자아 성찰
특징	① 산문적 리듬을 가진 연을 삽입하여 운율에 변화를 줌. ② 상징적 시어와 감정 이입의 기법을 통해 화자의 정서를 드러냄. ③ '현재(별을 보는 화자의 상념) – 과거(그리움) – 현재(반성) – 미래(희망)'의 흐름에 따라 시상을 전개함.

핵심 **꼭! 체크** ✔

1 시어의 의미

별	• 추억을 환기하는 매개체 • 아름다움, 순수, 이상
밤	부정적인 현실, 일제 강점기
겨울	고난과 시련, 역경, 일제의 식민 통치
봄	희망과 생명, 조국 광복
무덤	죽음, 절망
파란 잔디, 풀	미래에 대한 희망, 생명, 부활, 소생

2 시적 진술의 변화
5연의 산문적인 진술 : 리듬의 변화를 가져오면서 그리움의 간절함을 수반하는 효과가 있음.

수능 **발전**

윤동주 시에서 '부끄러움'의 의미
식민지 지식인으로서 시인 윤동주가 경험했을 정신적인 고통이나 양심의 번뇌를 보여 줌. 순수와 아름다움의 삶을 부단히 추구하면서 스스로를 채찍질하는 데에 '부끄러움'이 원동력이 되었다고 볼 수 있음.

1 윗글의 표현상의 특징으로 적절하지 <u>않은</u> 것은?

① 유사한 구조의 시구를 반복해 율격을 형성하고 있다.

② 감각의 전이를 통해 화자의 고조된 정서를 나타내고 있다.

③ 상징적 의미를 지닌 시어를 대조해 주제를 부각하고 있다.

④ 감정이 이입된 자연물을 통해 화자의 정서를 전달하고 있다.

⑤ 시상의 극적 전환을 통해 주제 의식을 효과적으로 제시하고 있다.

2 윗글의 화자에 대한 설명으로 적절하지 <u>않은</u> 것은?

① 자신의 모습에 대한 부끄러움 때문에 슬퍼하고 있다.

② 과거의 추억을 회상하며 애틋한 그리움을 드러내고 있다.

③ 이상적인 순수의 가치를 지향하면서 자신을 성찰하고 있다.

④ 현실 극복의 의지와 미래에 대한 긍정적인 관점을 보여 주고 있다.

⑤ 부정적인 현실에 대한 강렬한 비판 의식을 직접적으로 표출하고 있다.

학습 활동 응용 📖

3 별 에 대한 설명으로 적절하지 <u>않은</u> 것은?

① 과거를 회상하는 매개체의 역할을 한다.

② 시적 화자가 지향하는 이상을 드러낸다.

③ 시적 화자가 그리워하는 대상들을 가리킨다.

④ 순수하고 아름다운 과거의 세계를 표상한다.

⑤ 시적 화자가 교감을 나누는 대상을 의미한다.

4 ㉠~㉤에 대한 설명으로 적절하지 <u>않은</u> 것은?

① ㉠: 화자가 떠올리는 여러 가지 상념을 의미한다.

② ㉡: 다가올 미래에 대한 화자의 기대감을 드러낸다.

③ ㉢: 미래를 지향하는 희망적 태도와 기대를 드러낸다.

④ ㉣: 무기력한 자신에 대한 화자의 반성을 드러낸다.

⑤ ㉤: 화자가 처해 있는 외적 상황의 변화를 의미한다.

5 〈보기〉의 빈칸에 들어갈 말을 3음절로 쓰시오.

● 보기 ●

　산문적 리듬을 가진 5연을 삽입하여 4연에 제시된 그리움의 대상을 (　　　)하고 운율의 변화를 가져온다.

수능형 ⬆

6 〈보기〉를 참고하여 윗글을 이해한 내용으로 적절하지 <u>않은</u> 것은?

● 보기 ●

　일제 강점기에 만주 북간도에서 태어나 성장한 윤동주는 서울과 일본에서 유학 생활을 하던 중에 무력한 식민지 지식인으로 조국의 현실을 온몸으로 인식하면서 수많은 고뇌의 나날을 보냈다. 그러다 조국 독립운동 혐의로 일본 경찰에게 체포되어 수형 생활을 하던 중 옥사(獄死)한다.

① 반어적으로 그려진 '별'의 이미지는 조국의 현실에 대한 화자의 냉소적 태도를 함축하고 있어.

② '북간도'를 통해 이 시가 시인의 자전적인 체험에 바탕을 두고 있다는 것을 알 수 있어.

③ '밤을 새워 우는 벌레'는 일제 강점기라는 부정적 상황 속에서 고뇌하는 시인의 모습일 거야.

④ 화자가 '슬퍼하는 까닭'은 조국의 어두운 현실 속에서 실제로 할 수 있는 일이 많지 않았기 때문일 거야.

⑤ 조국 광복을 바라는 시인의 의지가 '자랑처럼 풀이 무성할 게외다.'에서 희망찬 예언으로 드러나고 있어.

04 서시 – 윤동주

비상(강)

죽는 날까지 ㉠하늘을 우러러
한 점 부끄럼이 없기를,
잎새에 이는 ㉡바람에도
나는 ⓐ괴로워했다.
㉢별을 노래하는 마음으로
모든 죽어 가는 것을 사랑해야지.
그리고 나한테 주어진 길을
ⓑ걸어가야겠다.

오늘 ㉣밤에도 별이 ㉤바람에 ⓒ스치운다.

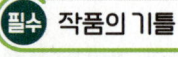

필수 작품의 기틀

갈래	자유시, 서정시
주제	부끄러움 없는 삶에 대한 소망과 의지
특징	① '과거 – 미래 – 현재'의 시간에 따라 시상을 전개함. ② 대립적 시어를 통해 시적 상황과 주제를 제시함.

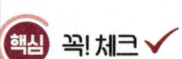

핵심 꼭! 체크 ✔

1 화자의 태도
암담한 현실 속에서도 부끄럽지 않은 삶을 살겠다는 의지적 태도를 보임.

2 시상 전개

1연 1~4행	결백한 삶을 살고자 했던 화자의 삶의 고백(과거)
1연 5~8행	미래의 삶에 대한 화자의 결의(미래)
2연	화자가 처한 현재의 상황을 제시(현재)

3 시어의 의미

하늘	윤리적 판단의 절대 기준
별	소망, 이상적 가치, 순결한 삶
길	화자의 운명, 삶의 과정, 사명
밤	일제 강점하의 어두운 현실
바람	• 1연 3행 – 화자의 내면적 갈등 • 2연 – 외부의 현실적 시련

1 윗글에 대한 설명으로 적절하지 <u>않은</u> 것은?

① 대립적 시어를 사용하고 있다.

② 상징적인 시어를 사용하고 있다.

③ 평이하고 일상적인 어휘를 사용하고 있다.

④ 시간의 흐름에 따라 시상을 전개하고 있다.

⑤ 화자가 처한 현실적 상황을 감각적으로 표현하고 있다.

2 윗글의 시상 전개 방식으로 적절한 것은?

① 과거 – 현재 – 미래

② 과거 – 미래 – 현재

③ 미래 – 과거 – 현재

④ 절망 – 희망 – 의지

⑤ 절망 – 의지 – 희망

3 ㉠~㉤의 함축적 의미로 적절하지 <u>않은</u> 것은?

① ㉠: 화자가 추구하는 이상향

② ㉡: 화자의 심리적 갈등

③ ㉢: 화자의 이상과 희망

④ ㉣: 화자의 현실적 상황

⑤ ㉤: 화자가 처한 현실적 고난

학습 활동 응용 📖

4 〈보기〉의 ㉮~㉺ 중, 윗글의 ⓐ, ⓑ, ⓒ와 시제가 같은 것을 각각 찾아 모두 쓰시오.

> ● 보기 ●
>
> ㉮ 효주는 예전에도 그곳에 갔었어요.
> ㉯ 오늘 저녁에는 형이 분명히 화를 낼 거야.
> ㉰ 강물은 끊임없이 흐르고, 하늘은 늘 푸르다.
> ㉱ 가을이 되자 나뭇잎은 아무 미련 없이 가지를 떠난다.
> ㉲ 나는 올해 수능에서 목표하는 점수를 반드시 달성하고야 말겠어.

• ⓐ: _____

• ⓑ: _____

• ⓒ: _____

5 윗글에서 〈보기〉의 빈칸에 들어갈 3음절의 말을 찾아 쓰시오.

> ● 보기 ●
>
> 〈서시〉의 화자는 일제 강점기의 암울한 시대 상황에서 양심을 지키며 현실에 타협하지 않는 삶, 즉 (   )이 없는 순결한 삶을 추구하고 있다. 나라를 빼앗긴 현실에 괴로워하면서도 '별'과 같이 이상적인 삶, 도덕적으로 순결한 삶을 살기를 소망하며 민족의 고난을 감싸 안고 꿋꿋하게 헤쳐 나갈 것을 다짐하고 있다. 이와 같이 화자는 일제 강점기의 어두운 시대에 도덕적 순결성과 양심을 지켜 나가겠다는 극복 의지를 드러내고 있다.

_____

수능형⬆

6 시인이 윗글을 쓴 후 〈보기〉를 창작했다고 가정할 때, 〈보기〉에 대한 반응으로 가장 적절한 것은?

> ● 보기 ●
>
> 괴로웠던 사나이 / 행복한 예수 그리스도에게처럼 / 십자가가 허락된다면
>
> 모가지를 드리우고 / 꽃처럼 피어나는 피를 어두워 가는 하늘 밑에 / 조용히 흘리겠습니다.
>
> – 윤동주, 〈십자가〉

① 자연 현상을 통해 내면적 깨달음을 얻고 있다.

② 자아 성찰을 통해 새로운 깨달음을 얻고 있다.

③ 현실의 상황에서 벗어나 새로운 삶을 다짐하고 있다.

④ 이상과 현실의 괴리에서 오는 갈등이 더욱 심화되고 있다.

⑤ 소망하는 바를 이루기 위한 자기희생의 신념이 드러나고 있다.

산모퉁이를 돌아 논가 외딴 우물을 홀로 찾아가선 가만히 들여다봅니다.

우물 속에는 달이 밝고 구름이 흐르고 하늘이 펼치고 파아란 바람이 불고 가을이 있습니다.

그리고 한 사나이가 있습니다.
어쩐지 그 사나이가 미워져 돌아갑니다.

돌아가다 생각하니 그 사나이가 가엾어집니다.
도로 가 들여다보니 사나이는 그대로 있습니다.

다시 그 사나이가 미워져 돌아갑니다.
돌아가다 생각하니 그 사나이가 그리워집니다.

우물 속에는 달이 밝고 구름이 흐르고 하늘이 펼치고 파아란 바람이 불고 가을이 있고 추억처럼 사나이가 있습니다.

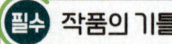 **작품의 기틀**

갈래	자유시, 서정시
주제	자아 성찰과 자신에 대한 애증
특징	① '–ㅂ니다', '–습니다'로 끝나는 산문 형식으로 표현함. ② 구체적 행동을 통해 내적 갈등과 자아 성찰의 과정을 형상화함. ③ '미움 → 연민 → 미움 → 그리움'의 단계로 화자의 심리가 변함.

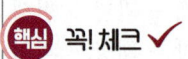 **꼭! 체크** ✔

1 화자의 정서 변화

미움(부끄러움)
↓
가엾음(연민)
↓
미움(원망)
↓
그리움(이상적 자아에 대한 그리움)

2 '우물' 속에 나타난 대상의 의미

달, 구름, 하늘, 바람, 가을	평화롭고 아름다운 자연의 풍경
사나이	암울한 현실에서 부끄럽게 살아가는 나약한 화자

→ 대비되는 모습을 하나의 공간인 '우물' 속에 공존시킴으로써 자아에 대한 부끄러움을 강조하고, 순수했던 과거의 자아를 회복하고자 하는 화자의 정서를 강화함.

 발전 ✚

화자와 '사나이'의 관계

화자인 '나'는 우물 속의 또 다른 '나'인 '사나이'에 대하여 긍정과 부정을 거듭하다가 마지막에 화합의 과정을 거침.

어떤 현상들이 모순된 명제[정(正)과 반(反)]로 존재하다가 이들이 합하여 새로운, 혹은 보다 나아간 명제를 일구어 내는 변증법적 구조로 볼 수 있음.

1 윗글에 대한 설명으로 가장 적절한 것은?

① 자아에 대한 부정과 연민의 내적 갈등을 해소하고자 한다.

② 현실 상황의 개선에 대해 비관적 전망을 제시하고자 한다.

③ 소망하는 대상의 결핍으로 인한 절망감을 드러내고자 한다.

④ 자신을 돌아보는 행위를 반복하며 자아도취를 표출하고자 한다.

⑤ 현재 상황에 맞서 자신을 희생하겠다는 의지를 드러내고자 한다.

2 윗글의 표현상의 특징으로 적절하지 <u>않은</u> 것은?

① 시간의 흐름에 따라 변화하는 심리를 전달하고 있다.

② 영탄적 어조를 통해 화자의 정서를 강하게 드러내고 있다.

③ 고립된 이미지를 지닌 시어를 통해 분위기를 형성하고 있다.

④ 유사한 문장 구조를 반복하여 안정감과 균형감을 부여하고 있다.

⑤ 구체적 대상을 관념적 대상에 비유하여 주제를 효과적으로 드러내고 있다.

학습 활동 응용 📖

3 '우물'에 대한 설명으로 적절하지 <u>않은</u> 것은?

① 화자와 타인을 연결해 주는 소통의 수단이다.

② 화자가 자신에 대해 내적 갈등을 느끼게 한다.

③ 화자의 모습을 비추어 주는 성찰의 매개체이다.

④ 화자가 지향하는 이상 세계의 모습을 드러낸다.

⑤ 화자가 자기 긍정에 이르게 하는 역할을 한다.

학습 활동 응용 📖

4 〈보기〉는 대상에 대한 화자의 심리 변화를 정리한 것이다. ㉠~㉢에 들어갈 내용으로 가장 적절한 것은?

--- 보기 ---

미움 ⇨ ㉠ ⇨ ㉡ ⇨ ㉢

	㉠	㉡	㉢
①	연민	미움	그리움
②	연민	그리움	미움
③	미움	연민	그리움
④	그리움	연민	미움
⑤	그리움	미움	연민

5 윗글에서 성찰의 대상이자 화자의 내적 갈등을 불러일으키는 존재인 3음절의 단어를 찾아 쓰시오.

_____

학습 활동 응용 📖

6 윗글을 감상한 학생들의 대화 내용으로 적절하지 <u>않은</u> 것은?

--- 보기 ---

이준: 이 시는 ①산문적인 진술을 사용하고 있지만 사실 운율을 지니고 있어. ②'-ㅂ니다', '-습니다'의 반복, ③2연과 6연에 나타나는 유사한 문장 구조의 반복 등을 그 근거로 제시할 수 있어.

유나: 나는 '파아란 바람'이라는 표현에 주목했어. 이 구절은 ④동일한 감각을 나란히 사용해 동화적인 분위기를 형성하면서, ⑤시적 허용을 통해 우물 속 풍경의 아름다움을 부각하고 있어.

수능형 ⤴

7 〈보기〉를 참고한 윗글의 감상으로 적절하지 <u>않은</u> 것은?

--- 보기 ---

'나르시시즘(Narcissism)'이란 '자기 자신을 사랑하는 일, 또는 자기 자신이 훌륭하다고 여기는 일'로, 그리스 신화의 미소년 나르키소스에서 유래한 말이다. 나르키소스는 젊고 아름다워서 산의 요정 에코가 그를 매우 사랑하였는데, 나르키소스는 이를 받아들이지 않았다. 나르키소스는 복수의 여신 네메시스의 노여움을 사게 되어 샘물에 비치는 자기의 모습만을 사랑하다가 마침내 물에 빠져 수선화가 된다.

① 민준: 신화의 주인공이 자기애(自己愛)를 보여 주고 있는데, 이 시의 화자도 마찬가지라고 볼 수 있군.

② 주원: 하지만 이 시의 화자는 무조건적으로 자기를 사랑하는 것은 아니야.

③ 세현: 맞아, 이 시의 화자는 자신을 미워하기도 하지만, 신화에서는 그 모습을 볼 수 없어.

④ 채하: 그런데 '자신을 본다'는 측면에서 신화에서 샘물을 보는 것과 이 시에서 우물을 보는 것은 같은 것이라 볼 수 있겠네.

⑤ 유안: 신화의 '수선화'는 이 시에서 우물 속의 아름다운 자연의 모습을 변형한 것이라고 할 수 있겠어.

선우사 – 백석

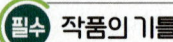
천재(김종)

낡은 나조반에 흰밥도 가자미도 나도 나와 앉아서
　나조반(신랑집에서 예물이 오는 날 신붓집에서 불을 켜는 물건)을 받쳐 놓는 쟁반
쓸쓸한 저녁을 맞는다

흰밥과 가자미와 나는
우리들은 그 무슨 이야기라도 다 할 것 같다
우리들은 서로 미덥고 정답고 그리고 서로 좋구나

우리들은 맑은 물 밑 해정한 **모래톱**에서 하고긴 날을 모래알만 헤이며 잔뼈가 굵은 탓
　　　　　　　깨끗하고 맑은
이다
바람 좋은 한 벌판에서 물닭이 소리를 들으며 단이슬 먹고 나이 들은 탓이다
　　　　　　　　뜸부깃과의 새
외따른 산골에서 소리개 소리 배우며 다람쥐 동무하고 자라난 탓이다
　　　　　소리개

우리들은 모두 **욕심**이 없어 희어졌다
착하디착해서 세과슨 가시 하나 손아귀 하나 없다
　　　　　'억센'의 방언
너무나 정갈해서 이렇게 파리했다

우리들은 **가난**해도 서럽지 않다
우리들은 외로워할 까닭도 없다
그리고 누구 하나 부럽지도 않다

흰밥과 가자미와 나는
우리들이 같이 있으면
세상 같은 건 밖에 나도 좋을 것 같다

필수 **작품의 기틀**

갈래	자유시, 서정시
주제	욕심 없고 정갈한 삶에 대한 지향
특징	① 사물에 인격을 부여하여 친밀감을 드러냄. ② 화자가 지향하는 삶의 태도와 유사한 대상들을 통해 주제 의식을 구현함.

핵심 **꼭! 체크** ✔

1 제목의 의미
선우사(膳友辭): 선(膳)은 '반찬', 우(友)는 '친구'를 가리킴. 즉 '반찬 친구'라는 뜻으로 '친구 같은 음식에 대한 글', '밥과 반찬들을 친구로 삼아 소개하는 글'이라는 의미를 지님.

2 시어를 통해 구현된 주제 의식

가자미	맑은 물 밑 깨끗한 모래톱에서 모래알 헤이며 잔뼈가 굵음.
흰밥	바람 좋은 한 벌판에서 물닭이 소리를 들으며 단이슬 먹고 나이 듦.
나	외따른 산골에서 소리개 소리 배우며 다람쥐 동무하고 자람.

↓

욕심이 없고 착하디착하고 정갈한 삶을 지향함.

3 화자의 삶의 자세
초라한 반찬이지만 그것으로 만족할 줄 아는, 또한 정든 반찬에 대해 넉넉한 마음을 보이는 빈이무원(貧而無怨), 안빈낙도(安貧樂道)의 삶의 자세가 드러남.

1 윗글의 표현상의 특징으로 적절하지 <u>않은</u> 것은?

① 사물에 인격을 부여하여 주제 의식을 드러낸다.
② 유사한 통사 구조를 반복하여 운율을 형성한다.
③ 색채 이미지를 대비하여 대상의 속성을 부각한다.
④ 특정한 상황을 가정하여 화자의 바람을 제시한다.
⑤ 감탄형 문장으로 대상에 대한 예찬의 태도를 나타낸다.

2 윗글의 화자에 대한 설명으로 가장 적절한 것은?

① 미래에 대한 낙관적 전망을 보여 주고 있다.
② 자연으로 돌아가려는 의지를 나타내고 있다.
③ 과거에서 벗어나고 싶은 소망을 표출하고 있다.
④ 이상과 현실의 괴리에서 오는 비애를 토로하고 있다.
⑤ 대상과의 교감을 통해 외로운 처지를 견디고 있다.

수능형

3 〈보기〉를 바탕으로 윗글을 이해한 내용으로 적절하지 <u>않은</u> 것은?

---● 보기 ●---

시는 객관적 세계의 대상을 자아 속에 흡수하여 내면화하는 주관성의 예술이라 할 수 있다. 따라서 시적 대상에 대한 인식이나 시적 공간에 부여된 가치는 모두 화자의 내부에서 생성된 것이며, 이를 통해 우리는 화자의 내적 지향을 알게 된다.

---

① '쓸쓸한 저녁'을 통해 '세상'에서 벗어날 수 없다는 화자의 절망적 인식을 알 수 있군.
② '우리들'을 통해 '흰밥'과 '가자미'를 자신과 동류로 여기는 화자의 주관을 알 수 있군.
③ '미덥고 정답고 그리고 서로 좋구나'를 통해 화자가 고결한 삶을 지향함을 알 수 있군.
④ 화자가 '모래톱', '벌판', '산골'을 순수한 공간으로 인식하고 있음을 알 수 있군.
⑤ '세상 같은 건 밖에 나도 좋을 것 같다'를 통해 화자가 '세상'에 부정적인 가치를 부여하고 있음을 알 수 있군.

4 윗글의 시어 및 시구에 대한 이해로 적절하지 <u>않은</u> 것은?

① '낡은 나조반'은 화자의 상황을 드러내는 소재라 볼 수 있군.
② '저녁'은 '시간'과 '저녁밥'의 두 가지 의미를 지닌다고도 볼 수 있군.
③ '욕심이 없어'는 '가난'으로 인한 물질적 궁핍에서 빚어진 결과라 볼 수 있군.
④ '세과슨 가시'는 거세고 억센 성품을 비유하는 것으로 '착하디착해'와 대조된다고 볼 수 있군.
⑤ 제목의 '선우(膳友)'는 '착하고 어진 친구'라는 의미의 '선우(善友)'와 동일한 발음을 이용한 독창적 표현이라 볼 수 있군.

학습 활동 응용 📖

5 〈보기〉에서 '우리들'의 공통점과 차이점을 정리한다고 할 때, 그 내용으로 적절하지 <u>않은</u> 것은?

---● 보기 ●---

우리들	
공통점	차이점
① 욕심이 없어서 하얘짐. ② 정갈하고 윤기가 넘침.	③ 가자미: 깨끗한 모래톱에서 자람. ④ 흰밥: 바람 좋은 벌판에서 자람. ⑤ 나: 외딴 산골에서 자람.

학습 활동 응용 📖

6 윗글의 내용을 〈보기〉와 같이 정리할 때 빈칸에 들어갈 말을 차례대로 쓰시오.

---● 보기 ●---

• 시적 화자: (   )
• 시적 상황: (   )과 가자미를 놓고 혼자 저녁을 먹으며 애정을 드러냄.
• 시적 화자의 정서와 태도: (   ) 없고 순수하며 소박함.

07 흰 바람벽이 있어 – 백석

천재(김수)

오늘 저녁 이 좁다란 방의 ㉠흰 바람벽에

어쩐지 쓸쓸한 것만이 오고 간다

이 흰 바람벽에

희미한 십오 촉 전등이 ⓐ지치운 불빛을 내어던지고

때 글은 다 낡은 무명 셔츠가 어두운 그림자를 쉬이고

그리고 또 ⓑ달디단 따끈한 감주나 한잔 먹고 싶다고 생각하는 내 가지가지 외로운 생각이 헤매인다

ⓒ그런데 이것은 또 어인 일인가

이 흰 바람벽에

내 가난한 늙은 어머니가 있다

내 가난한 늙은 어머니가

이렇게 시퍼러둥둥하니 추운 날인데 차디찬 물에 손을 담그고 무이며 배추를 씻고 있다

또 내 사랑하는 사람이 있다

내 사랑하는 어여쁜 사람이

어느 먼 앞대 조용한 개포가의 나지막한 집에서
<small>바닷물이 드나드는 곳의 물가</small>
<small>어떤 지방에서 그 남쪽의 지방을 이르는 말</small>

그의 지아비와 마주 앉아 대굿국을 끓여 놓고 저녁을 먹는다

벌써 어린것도 생겨서 옆에 끼고 저녁을 먹는다

그런데 또 이즈막하여 어느 사이엔가
<small>시간이 그리 많이 흐르지 않아</small>

이 흰 바람벽엔

내 쓸쓸한 얼굴을 쳐다보며

이러한 글자들이 지나간다

　– ㉡나는 이 세상에서 가난하고 외롭고 높고 쓸쓸하니 살아가도록 태어났다

　　그리고 이 세상을 살아가는데

　　내 가슴은 너무도 많이 뜨거운 것으로 호젓한 것으로 사랑으로 슬픔으로 가득 찬다
<small>매우 홀가분하여 쓸쓸하고 외로운</small>

그리고 이번에는 나를 위로하는 듯이 나를 울력하는 듯이

ⓓ눈질을 하며 주먹질을 하며 이런 글자들이 지나간다

　– ⓔ하늘이 이 세상을 내일 적에 그가 가장 귀해하고 사랑하는 것들은 모두
<small>귀하게 여기고</small>

　　가난하고 외롭고 높고 쓸쓸하니 그리고 언제나 넘치는 사랑과 슬픔 속에 살도록

만드신 것이다

　　초생달과 바구지꽃과 짝새와 당나귀가 그러하듯이
<small>박꽃</small>　　<small>뱁새</small>

　　그리고 또 '프랑시스 잠'과 도연명과 '라이너 마리아 릴케'가 그러하듯이

필수 작품의 기틀
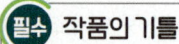

갈래	자유시, 서정시
주제	고단한 삶 속에서도 고결함을 잃지 않으려는 삶의 의지
특징	① 화자의 내면 의식의 흐름에 따라 시상이 전개됨. ② '흰 바람벽'을 스크린처럼 활용하여 화자의 내면을 보여 줌.

핵심 꼭! 체크 ✔

1 화자의 태도

현실에서 소외된 처지로 인해 외로움에 잠겨 있다가 자기 위안을 하며 현실 극복 의지를 보여 줌.

2 '흰 바람벽'의 기능

화자

⬇ 바라봄.

- 좁다란 방에서 흰 바람벽을 보며 외로움을 느낌.
- 흰 바람벽을 보며 그리운 어머니와 사랑하는 사람을 떠올림.
- 흰 바람벽의 글자들을 보며 자신의 운명을 인식하고 자기 위안을 얻음.

수능 발전 ✚

〈흰 바람벽이 있어〉에 나타나는 토속성
평안도 지방의 독특한 방언 사용 → 일제 강점기 현실에서 우리 고유의 것을 지키고자 하는 노력, 일제에 대한 저항의 수단

1 윗글의 표현상의 특징으로 적절하지 <u>않은</u> 것은?

① 화자의 심리가 직접적으로 표출되고 있다.
② 감각적 이미지를 통해 화자의 내면을 드러내고 있다.
③ 토속적 어휘를 통해 향토적 정감을 불러일으키고 있다.
④ 다른 나라의 인물을 등장시켜 전체적으로 낯선 느낌을 주고 있다.
⑤ 특정 소재에 다양한 영상을 떠올리는 형태로 시상이 전개되고 있다.

2 윗글의 화자에 대한 설명으로 가장 적절한 것은?

① 다가올 밝은 미래에 대한 확신을 드러내고 있다.
② 외로움과 슬픔의 정서에서 벗어나지 못하고 있다.
③ 자신의 운명에 순응하면서 자기 위안을 하고 있다.
④ 그리운 대상과 재회하고 싶은 소망을 고백하고 있다.
⑤ 현실에 대한 부정과 이상향에 대한 지향을 표현하고 있다.

3 윗글에 드러나는 화자의 내면 의식 변화를 〈보기〉와 같이 정리할 때, 빈칸에 공통으로 들어갈 2음절의 말을 쓰시오.

━━━━━● 보기 ●━━━━━

• 지치운 불빛을 내어던지고 • 낡은 무명 셔츠와 어두운 그림자	외로움, 쓸쓸함
↓	
• 늙은 어머니 • 사랑하는 사람	그리움
↓	
첫 번째 글자들 (나는 이 세상에서 ~ 슬픔으로 가득 찬다)	(　　　)에 순응하는 체념적 태도
↓	
두 번째 글자들 (하늘이 이 세상을 ~ 라이너 마리아 릴케가 그러하듯이)	(　　　)을 긍정적으로 수용하고 고단한 삶 속에서도 고결함을 잃지 않겠다는 다짐

4 ㉠에 대한 설명으로 적절하지 <u>않은</u> 것은?

① 화자의 내면 의식을 비추는 역할을 한다.
② 화자의 쓸쓸하고 외로운 처지를 환기한다.
③ 화자가 대상에 대한 그리움에 머물러 있게 한다.
④ 화자와 대상 사이의 공간적 거리감을 확인시켜 준다.
⑤ 화자가 스스로를 위안하고 앞으로의 삶의 자세에 대해 다짐하게 한다.

5 〈보기〉를 바탕으로 ㉡을 이해한 내용으로 적절하지 <u>않은</u> 것은?

━━━━━● 보기 ●━━━━━

　　1940년대는 우리말과 우리 문학의 암흑기로, 시인들이 일본어를 사용할 것을 강요받던 시기였다. 홀로 조선을 떠나 만주국의 수도에서 공무원 보조 일을 하고 있던 백석은 일본식 성명 강요를 거부하고 직장에서 나와 〈흰 바람벽이 있어〉를 썼다.

① '가난하고'는 직장을 그만둔 작가의 상황을 드러낸다.
② '외롭고'는 작가가 타국에 홀로 살았기 때문에 생긴 정서이다.
③ '높고'는 '일본식 성명 강요'를 거부한 작가의 고결한 정신과 연관된다.
④ '쓸쓸하니'는 시대의 흐름을 따르지 못하는 삶에 대한 좌절을 나타낸다.
⑤ '살아가도록 태어났다'는 자신의 삶을 운명으로 수용하는 작가의 태도를 드러낸다.

6 ⓐ~ⓔ에 대한 설명으로 적절하지 <u>않은</u> 것은?

① ⓐ: 화자의 고달픈 삶의 모습을 시각화한 것이다.
② ⓑ: 자신을 달래고 싶은 화자의 심정을 나타낸다.
③ ⓒ: 화자가 느끼는 반가움의 감정이 내포되어 있다.
④ ⓓ: 화자에게 고통을 주는 외적 요소의 존재를 암시한다.
⑤ ⓔ: 화자가 지닌 삶의 태도를 단적으로 드러내는 시어이다.

08 한 그리움이 다른 그리움에게 – 정희성

어느 날 당신과 내가

ⓐ 날과 씨로 만나서
옷감을 짤 때 가로(씨)세로(날)로 엮이는 실

하나의 꿈을 엮을 수만 있다면

우리들의 꿈이 만나

한 폭의 비단이 된다면

나는 기다리리, 추운 길목에서

오랜 침묵과 ⓑ 외로움 끝에

한 슬픔이 다른 슬픔에게 손을 주고

한 ⓒ 그리움이 다른 그리움의

그윽한 눈을 ⓓ 들여다볼 때

어느 겨울인들

우리들의 사랑을 춥게 하리

ⓔ 외롭고 긴 기다림 끝에

어느 날 당신과 내가 만나

하나의 꿈을 엮을 수만 있다면

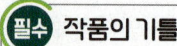 **작품의 기틀**

갈래	자유시, 서정시
주제	임과의 재회에 대한 기대와 기다림
특징	① 반복법을 통해 운율감을 형성함. ② 수미 상관의 기법을 사용하여 주제를 강조함. ③ 미래의 가정적 상황을 반복적으로 제시하여 화자의 소망을 드러냄.

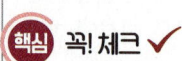 **꼭! 체크 ✓**

1 시어의 의미

날과 씨	'당신'과 '나'를 비유
하나의 꿈	• '당신'과 함께하는 꿈 • 화자의 궁극적인 소망
한 폭의 비단	'당신'과 '나'가 만나 얻게 되는 아름다운 사랑의 결실
추운 길목, 겨울	현실의 고난과 고통, 역경, 시련

2 가정형 화법의 효과

'하나의 꿈을 엮을 수만 있다면', '한 폭의 비단이 된다면'

• 화자가 바라는 소망을 솔직하게 드러냄.
• 소망의 심리적인 요구를 보다 강하게 표현할 수 있게 함.

 **발전 ✦**

'꿈'의 다양한 해석

• 사랑하는 사람과의 영원한 사랑
• 온갖 고난과 시련을 견디어 내면서 반드시 지켜야 할 소중한 가치
• 암울한 시대 상황에서의 밝은 미래, 화해와 사랑이 넘치는 공동체적 삶

1 윗글의 제목에 대한 이해로 적절하지 <u>않은</u> 것은?

① 각각 '나'와 '당신'을 의미하는 표현이라 볼 수 있군.
② 신비롭고 구도적인 종교적 분위기를 형성한다고 볼 수 있군.
③ '그리움'이라는 추상적 대상을 의인화한 것이라 볼 수 있군.
④ 두 대상이 서로에게 느끼는 정서를 표현한 것이라 볼 수 있군.
⑤ 화자와 청자를 제시하여 대화체의 형식을 드러낸다고 볼 수 있군.

2 윗글의 화자가 추구하는 삶의 모습으로 가장 적절한 것은?

① 정의 실현을 위해 싸우는 윤리적인 삶
② 개인적 목표 성취를 위해 노력하는 삶
③ 과거를 통해 배우고 변화하는 성찰적인 삶
④ 서로를 이해하고 포용하는 공동체적인 삶
⑤ 현재에 만족하고 현실을 수용하는 긍정적인 삶

학습 활동 응용 📖

3 〈보기〉에서 설명하는 윗글의 표현상 특징에 대한 반응으로 적절하지 <u>않은</u> 것은?

─────● 보기 ●─────

ㄱ: '~있다면', '~된다면'과 같이 가정의 표현을 반복하여 사용하고 있다.
ㄴ: '기다리리', '춤게 하리'에서 종결 어미 '-리'를 반복하여 사용하고 있다.

① ㄱ은 화자의 상황을 암시하는 역할을 하는군.
② ㄱ은 화자의 소망을 강조하는 역할을 하는군.
③ ㄴ은 화자의 의지를 드러내는 역할을 하는군.
④ ㄱ, ㄴ은 작품에 운율을 형성하는 역할을 하는군.
⑤ ㄱ, ㄴ은 작품에 시적인 여운을 주는 역할을 하는군.

수능형 ⇧

4 〈보기〉의 맥락에서 윗글을 해석한다고 할 때, 시어에 대한 이해로 가장 적절한 것은?

─────● 보기 ●─────

(가) 서로 사랑하면서도 맺어지지 못하는 사연으로 고민하는 연인들이 많다.
(나) 해방과 더불어 한반도는 분단 시대의 극복이라는 과제를 안게 되었다.

① '꿈'의 경우 (가)와 (나) 모두에서 현실 도피의 의도를 발견하기 쉽다.
② '슬픔'의 경우 (나)보다는 (가)에서 민족적 한의 정서에 연결되기 쉽다.
③ '그리움'의 경우 (가)보다는 (나)에서 역사적 전망에 연결되기 쉽다.
④ '겨울'의 경우 (나)보다는 (가)에서 억압적 현실을 발견하기 쉽다.
⑤ '사랑'의 경우 (가)보다는 (나)에서 개인적 욕망에 연결되기 쉽다.

5 ⓐ~ⓔ에 대한 이해로 적절하지 <u>않은</u> 것은?

① ⓐ: 두 대상이 하나가 되어 가는 과정 속의 존재임을 의미한다.
② ⓑ: 두 대상이 만나지 못한 상황에서 발생하는 감정을 의미한다.
③ ⓒ: 두 대상이 만남 이후에 해소해야 할 감정의 앙금을 의미한다.
④ ⓓ: 두 대상이 만나 서로 마주 보고 서로를 이해하려는 모습을 의미한다.
⑤ ⓔ: 두 대상이 하나가 되는 과정에서 견디어야 할 고통의 시간을 의미한다.

학습 활동 응용 📖

6 윗글에서 〈보기〉의 빈칸에 공통으로 들어갈 1음절의 말을 찾아 쓰시오.

─────● 보기 ●─────

화자는 추운 길목, 어느 겨울의 고난도 모두 극복하고 '당신'과 함께 (   )을 엮을 수 있기를 고대하고 있다. 여기에서 (   )은 표면적으로 사랑하는 사람과의 영원한 사랑을 의미하지만, 다른 한편으로 암울한 시대에서 화해와 사랑의 길을 찾아 가는 공동체적 삶의 추구로 볼 수 있다.

09 숲 - 정희성

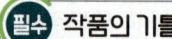

숲에 가 보니 ⓐ나무들은
ⓑ제가끔 서 있더군
제가끔 서 있어도 나무들은
숲이었어
ⓒ광화문 지하도를 지나며
숱한 ⓓ사람들이 만나지만
㉠왜 그들은 숲이 아닌가
이 메마른 땅을 외롭게 지나치며
낯선 그대와 ⓔ만날 때
㉡그대와 나는 왜
숲이 아닌가

필수 작품의 기틀

갈래	자유시, 서정시
주제	조화로운 공동체적 삶에 대한 소망
특징	① 자연과 인간을 대비하여 주제 의식을 전달함. ② 반복적 표현을 통해 화자가 지향하는 삶을 드러냄. ③ 의문형 종결을 통해 현실에 대한 안타까움을 부각함.

핵심 꼭! 체크 ✔

1 공간의 대비

숲	개별적인 존재들이 모여 조화로운 공동체를 이루고 있음.
광화문 지하도	많은 사람들이 무관심하게 지나칠 뿐 교감을 이루지 못함.

2 시구에 드러나는 화자의 태도

- '왜 그들은 숲이 아닌가': '그들'은 조화로운 공동체의 삶을 살지 못함. → 비판적 태도
- '이 메마른 땅을 외롭게 지나치며': 인간 사회는 삭막하고 고독함. → 현대 사회에 대한 인식
- '그대와 나는 왜 / 숲이 아닌가': 조화로운 공동체를 이루지 못하는 '우리'에 대한 비판 → 반성적 태도

수능 발전 ✦✦

정호승의 〈슬픔이 기쁨에게〉와의 비교
〈슬픔이 기쁨에게〉는 이웃들과 더불어 살아가는 삶의 자세를 노래함.

유사점	공동체적 삶을 지향한다는 점에서 〈숲〉과 유사함.
차이점	• 〈숲〉: 모든 사람들의 조화와 공동체적 삶 중시 • 〈슬픔이 기쁨에게〉: 가난하고 힘겹게 살아가는 이웃들에 대한 관심

1 윗글의 표현상의 특징으로 적절하지 <u>않은</u> 것은?

① 물음의 형식을 통해 정서를 부각하고 있다.

② 유사한 구절을 반복하여 의미를 강조하고 있다.

③ 대화체의 어조를 통해 친근감을 형성하고 있다.

④ 대비되는 대상을 통해 주제 의식을 드러내고 있다.

⑤ 시간의 흐름에 따라 변화되는 정서를 제시하고 있다.

수능형

2 〈보기〉를 바탕으로 윗글에 담긴 작가의 의도를 이해한 내용으로 가장 적절한 것은?

> ● 보기 ●
>
> 문학 작품은 바람직한 세계의 모습을 꿈꾸거나 부정적인 현실을 비판함으로써 독자의 지적·도덕적 각성을 촉구하는 역할을 한다.

① 모두에게 동일한 기회가 보장되어 있는 공정한 사회를 바라는군.

② 다수를 위해 개인이 희생되고 지배를 당하는 억압적 사회를 원하는군.

③ 개인의 자유와 권리가 보장되고 창조성을 존중받는 열린사회를 꿈꾸는군.

④ 개인들이 어울려 조화와 화합을 이루며 살아가는 공동체적 사회를 소망하는군.

⑤ 자신의 목표를 위해 개인들이 선의의 경쟁을 펼치는 정정당당한 사회를 꿈꾸는군.

3 윗글에서 〈보기〉의 빈칸에 들어갈 2어절의 시구를 찾아 쓰시오.

● 보기 ●		
1~4행	숲	나무가 '숲'을 이룸.
↓		
5~7행	광화문 지하도	숱한 사람들이 '숲'을 이루지 못함.
↓		
8~11행	( )	'그대'와 '나'가 '숲'을 이루지 못함.

___

4 〈보기〉의 맥락에서 윗글을 감상한 후 나눈 대화 내용으로 가장 적절한 것은?

> ● 보기 ●
>
> 문학 작품을 독자 맥락에서 감상할 때는 독자의 경험이나 가치관, 배경지식 등을 중심으로 한다.

① 얼마 전 길에서 넘어지신 할머니를 도와드린 일이 떠올라 마음이 뿌듯했어.

② 인간 소외 현상이 두드러지는 오늘날의 사회 모습과 연관성이 있다고 생각해.

③ 같은 공간에만 있을 뿐 조화를 이루지 못하는 현대인의 모습이 반영되어 있는 것 같아.

④ 이 시를 창작하게 된 계기가 무엇일까? '광화문 지하도'에서 작가가 특별한 경험을 한 것은 아닐까?

⑤ 이 시는 안도현의 〈간격〉, 강은교의 〈숲〉과 유사한 점이 많아. 이들 작품에서 드러나는 문학사적인 경향을 알아봐야겠어.

5 숲에 대한 설명으로 적절하지 <u>않은</u> 것은?

① 화자에게 생명의 원천이 되는 공간이다.

② 대도시의 삭막한 공간과 대비되는 공간이다.

③ 나무들이 각자 서 있어도 외롭지 않은 공간이다.

④ 고독하게 살아가는 화자에게 깨달음을 주는 공간이다.

⑤ 조화를 이루며 살아가는 공동체적 삶을 상징하는 공간이다.

6 ㉠과 ㉡에 드러나는 화자의 태도로 가장 적절한 것은?

① 자연이 배제된 도시의 문명을 비판한다.

② 문제의 원인에 대한 화자의 궁금증을 제시한다.

③ 대상에 대한 거리감과 비웃는 태도를 드러낸다.

④ 현실의 문제점을 풍자하면서 안타까움을 표현한다.

⑤ 사회의 모습에 문제를 제기하고 스스로를 반성한다.

7 ⓐ~ⓔ에 대한 이해로 적절하지 <u>않은</u> 것은?

① ⓐ: 공동체를 이루는 구성원을 의미한다.

② ⓑ: 공동체 내에서도 개인의 독립적 삶이 존재함을 의미한다.

③ ⓒ: 활기차고 생명력이 넘치는 현대인의 삶을 대표하는 공간을 의미한다.

④ ⓓ: 인간관계가 단절되어 소외된 삶을 살아가는 현대인을 의미한다.

⑤ ⓔ: '나'가 '그대'와 소통하지 못하고 무심하게 스쳐 지나가는 순간을 의미한다.

땅끝 – 나희덕

천재(김수)

산 너머 ⓐ고운 노을을 보려고
㉠그네를 힘차게 차고 올라 발을 굴렀지
노을은 끝내 ⓑ어둠에게 잡아먹혔지
나를 태우고 날아가던 ⓒ그넷줄이
오랫동안 삐걱삐걱 떨고 있었어

어릴 때는 ⓓ나비를 쫓듯
아름다움에 취해 ㉮땅끝을 찾아갔지
그건 아마도 끝이 아니었을지 몰라
그러나 살면서 몇 번은 ㉯땅끝에 서게도 되지
ⓔ파도가 끊임없이 땅을 먹어 들어오는 막바지에서
이렇게 뒷걸음질치면서 말야

살기 위해서는 이제
뒷걸음질만이 허락된 것이라고
파도가 아가리를 쳐들고 달려드는 곳
찾아 나선 것도 아니었지만
끝내 발 디디며 서 있는 땅의 끝,
그런데 이상하기도 하지
위태로움 속에 아름다움이 스며 있다는 것이
땅끝은 늘 젖어 있다는 것이
그걸 보려고
또 몇 번은 여기에 이르리라는 것이

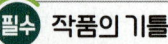

필수 작품의 기틀

갈래	자유시, 서정시
주제	인생의 절망 속에서 깨달은 역설적인 희망
특징	① 역설적 표현을 사용하여 주제를 부각함. ② 과거 회상에서 현재로의 시상 전개를 보임. ③ '땅끝'의 중의적 의미를 통해 주제를 효과적으로 나타냄.

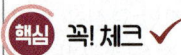

핵심 꼭! 체크 ✔

1 시어의 의미

고운 노을	어린 시절의 삶의 희망, 꿈, 이상
그넷줄	꿈을 이루기 위한 노력이 좌절된 후의 절망감이 투영된 대상
땅끝	① 전라남도 해남에 있는 지명 ② 환상 속의 아름다운 공간 ③ 삶에서 겪게 되는 우울하고 절망적인 상황 ④ 절망적이지만 희망을 품고 있는 공간
뒷걸음질	삶에 대한 애착이 남아 있지만 고난 앞에서 취하는 소극적·도피적 행동

2 '땅끝'에 대한 화자의 인식 변화

'파도가 끊임없이 땅을 먹어 들어오는 막바지'
삶의 막바지: 절망

↓ '그런데': 인식의 전환

'땅끝은 늘 젖어 있다'
아름다움을 품고 있는 위태로움: 희망

1 윗글의 표현상의 특징으로 적절하지 <u>않은</u> 것은?

① 직유법을 통해 화자의 태도를 인상적으로 제시하고 있다.

② 음성 상징어를 활용하여 실감 나게 표현하고 있다.

③ 특정 종결 어미의 반복을 통해 운율감을 형성하고 있다.

④ 역설적 표현을 활용하여 전달하고자 하는 바를 전달하고 있다.

⑤ 구체적 청자를 설정하여 주제 의식을 친근감 있게 드러내고 있다.

2 윗글을 읽고 이해한 내용으로 적절하지 <u>않은</u> 것은?

① 화자는 살면서 어려움이 다가오면 '뒷걸음질' 치는 삶을 살아왔군.

② 화자는 아름다움이 '땅끝'에 있다고 생각하고 그곳을 찾아갔군.

③ 화자는 의도하지 않았지만 '땅끝'에 서 있게 되는 경험을 하였군.

④ 화자는 '노을'을 보려는 희망을 품었으나 실현되지 못한 좌절을 경험했군.

⑤ 화자는 '땅끝'이 젖어 있는 것을 보고 자신의 삶에 대한 애상감을 갖게 되었군.

3 ㉮와 ㉯에 대한 설명으로 가장 적절한 것은?

① ㉮는 인생의 종착점이고, ㉯는 새로운 인생이 시작되는 시발점이다.

② ㉮는 어린 시절 추억의 공간이고, ㉯는 미래에 닥칠 운명의 공간이다.

③ ㉮는 어린 시절 동경하며 도달한 공간이고, ㉯는 살면서 겪게 된 절망적 상황이다.

④ ㉮와 ㉯는 모두 변함없는 모습으로 화자에게 물질적 풍요를 주는 공간이다.

⑤ ㉮와 ㉯는 모두 화자가 절망 속에서 희망을 발견하는 계기를 마련하는 공간이다.

4 〈보기〉의 교사의 질문에 대한 대답을 쓰시오.

● 보기 ●

교사: 이 시는 절망적인 상황에서도 삶의 희망과 인생의 아름다움을 발견할 수 있다는 작가의 인식을 통해 인생에 대한 통찰력을 얻게 하는 작품입니다. 시에서 이런 주제 의식을 집약적으로 보여 주고 있는 2개의 시행을 찾아 말해 봅시다.

_____

_____

5 ㉠에 대한 설명으로 가장 적절한 것은?

① 화자의 정서를 겉으로 드러내는 기능을 하고 있다.

② 화자가 소망에 이르기 위한 수단의 의미를 함축하고 있다.

③ 화자가 주변의 대상들과 공감하는 계기를 마련해 주고 있다.

④ 화자가 부끄러움을 느끼게 하여 성찰하는 계기가 되고 있다.

⑤ 작품 전체에 지속적으로 관여하며 화자와 청자가 갈등하는 이유가 되고 있다.

6 〈보기〉를 참고하여 ⓐ~ⓔ를 이해한 내용으로 적절하지 <u>않</u>은 것은?

● 보기 ●

이 시는 위태로움 속에 내재된 아름다움과 절망 속에서 발견하는 삶의 희망을 '땅끝'이라는 소재를 통해 노래하고 있다.

① ⓐ: 화자가 동경하던 삶의 가치

② ⓑ: 화자의 꿈을 좌절시키는 대상

③ ⓒ: 절망과 희망을 이어 주는 도구

④ ⓓ: 화자의 꿈과 이상

⑤ ⓔ: 삶의 고난과 시련

7 윗글에서 〈보기〉에 해당하는 시어를 찾아 쓰시오.

● 보기 ●

이 시어는 위태롭고 절망적인 삶의 공간이면서 새로운 가능성을 품은 희망의 공간이기도 하여 중의적 의미를 지니고 있다.

_____

산속에서 – 나희덕

비상(박)

[A]
┌ 길을 잃어 보지 않은 사람은 모르리라
│ 터덜거리며 걸어간 길 끝에
└ 멀리서 밝혀져 오는 불빛의 따뜻함을

막무가내의 어둠 속에서
달리 어찌할 수 없는.
누군가 맞잡을 손이 있다는 것이
인간에 대한 얼마나 새로운 발견인지

산속에서 밤을 맞아 본 사람은 알리라
그 산에 갇힌 작은 지붕들이
거대한 산줄기보다
얼마나 큰 힘으로 어깨를 감싸 주는지

먼 곳의 불빛은
나그네를 쉬게 하는 것이 아니라
계속 걸어갈 수 있게 해 준다는 것을

 **작품의 기틀**

갈래	자유시, 서정시
주제	어려움에 처한 이들에게 희망을 줄 수 있는 따뜻한 힘에 대한 성찰
특징	① 일상의 경험에서 얻은 깨달음을 바탕으로 주제 의식을 구현함. ② '불빛'과 '어둠', '작은 지붕들'과 '거대한 산줄기'처럼 이미지 대비를 통해 시상을 전개함.

핵심 **꼭! 체크 ✔**

1 시상 전개 방식

1연, 3연	화자의 경험 제시
2연, 4연	경험에서 얻은 깨달음 제시

2 시어의 의미와 화자의 태도

불빛	희망, 위안, 의지가 되는 존재
어둠	고난, 슬픔, 시련
나그네	어려운 처지에 놓인 존재

↓

화자의 태도: '불빛'과 '어둠'이라는 대조적 의미의 시어를 통해 화자는 우리가 '불빛'과 같은 존재가 되기를 소망함.

 발전 ✦⁺

안도현의 〈연탄 한 장〉과의 비교
〈연탄 한 장〉은 '연탄'의 자기희생적인 모습을 통해 화자의 이기적인 삶의 모습을 반성하고 바람직한 인간상을 제시함.

유사점	화자 자신의 삶에 대한 성찰이 나타남.
차이점	• 〈산속에서〉: 화자의 직접 경험을 바탕으로 어려운 처지에 있는 사람들에게 힘이 될 수 있는 삶의 자세에 대해 성찰 • 〈연탄 한 장〉: 연탄의 속성을 인간의 삶에 빗대어 바람직한 삶의 자세에 대해 성찰

1 윗글의 화자에 대한 설명으로 가장 적절한 것은?

① 대화를 통해 자신의 생각에 대한 공감대를 넓히려 하고 있다.

② 자신의 경험과 깨달음을 교차하며 주제 의식을 드러내고 있다.

③ 비현실적 분위기를 조성하여 화자의 생각을 낭만적으로 표현하고 있다.

④ 다른 사람이 경험한 것과 비교하며 자신의 삶을 되돌아보고 있다.

⑤ 다양한 색채어를 활용하여 대상에서 받은 인상을 복합적으로 드러내고 있다.

4 윗글을 각 연에 따라 분석한 내용으로 적절하지 않은 것은?

① 1연에서 화자는 어둠 속에서 길을 잃었을 때 경험한 불빛의 따뜻함을 노래하고 있다.

② 2연에서 화자는 어려울 때 의지할 수 있는 존재의 소중함에 대해 깨닫고 있다.

③ 3연에서 화자는 작은 지붕이 모여 거대한 산줄기를 이룰 수 있다는 희망을 표현하고 있다.

④ 3연에서 화자는 산속에서 밤을 맞았을 때 경험했던 작은 지붕들이 주는 안도감을 노래하고 있다.

⑤ 4연에서 화자는 1연에서 경험했던 불빛의 의미를 되새기고 있다.

2 〈보기〉를 참고하여 윗글을 이해한 내용으로 가장 적절한 것은?

▬ 보기 ▬

이 시는 길을 잃거나 산속에서 밤을 맞는 것과 같은 어려움에 처한 사람들에게 따뜻함과 희망을 주는 존재가 되고 싶다는 화자의 소망을 형상화한 작품이다.

① 1연의 '터덜거리며 걸어간 길 끝'은 절망 속에서도 희망을 발견하기 위해 노력한 과정을 암시하는군.

② 1연의 '멀리서 밝혀져 오는 불빛'은 희망은 너무 먼 곳에 있어 닿을 수 없다는 절망감과 연결되어 있군.

③ 2연의 '막무가내의 어둠 속'은 절망이 깊어져 이에 적응해 버린 현실을 말하는군.

④ 3연의 '산속에서 밤을 맞아 본'은 어려움에 처한 상황으로 인식할 수 있겠군.

⑤ 4연의 '계속 걸어갈 수 있게 해 준다'는 목표를 향해 계속 나아가면 언젠가는 지치고 포기하게 됨을 드러내는군.

5 윗글을 읽은 학생의 반응으로 가장 적절한 것은?

① 일상의 경험을 통해 새로운 깨달음을 얻을 수 있음을 알았어.

② 위안을 주는 사람마다 전달되는 따뜻함의 정도가 다르다는 것을 깨달았어.

③ 묵직하게 원칙을 지키며 살아가는 삶이 얼마나 어려운 것인지를 알게 되었어.

④ 다른 사람이 본받을 만한 인격을 갖추기 위해서는 부단한 노력이 필요함을 알게 되었어.

⑤ 나그네처럼 새로운 세계로 나아갈 때 겪는 난관은 사람들과의 협력으로 극복할 수 있음을 알았어.

6 [A]에 나타나는 표현상의 특징으로 가장 적절한 것은?

① 유사한 문장 형식을 짝 지어 운율을 형성한다.

② 문장의 서술부를 앞쪽에 배치하여 의미를 두드러지게 한다.

③ 논리적으로 맞지 않는 표현을 통해 주제 의식을 강화한다.

④ 의도와 표현을 반대로 하여 전하고자 하는 바를 강조한다.

⑤ 문장의 뜻을 점점 강하게 하여 화자의 정서 변화를 효과적으로 제시한다.

3 〈보기〉와 관련된 3어절의 시구를 2연에서 찾아 쓰시오.

▬ 보기 ▬

힘들고 어려운 상황 속에서 막막함을 느낄 때 의지하며 도움을 받을 수 있는 존재

_____

12 나룻배와 행인 – 한용운

나는 나룻배
㉮ 당신은 행인

당신은 흙발로 나를 짓밟습니다.
ⓐ 나는 당신을 안고 물을 건너갑니다.
나는 당신을 안으면 ⓑ 깊으나 얕으나 급한 여울이나 건너갑니다.

만일 당신이 아니 오시면 ⓒ 나는 바람을 쐬고 눈비를 맞으며 밤에서 낮까지 당신을 기다리고 있습니다.
당신은 물만 건너면 나를 돌아보지도 않고 가십니다그려.

그러나 ⓓ 당신이 언제든지 오실 줄만은 알아요.
나는 ⓔ 당신을 기다리면서 날마다 날마다 낡아갑니다.

나는 나룻배
당신은 행인

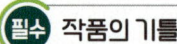 **작품의 기틀**

갈래	자유시, 서정시
주제	참된 사랑의 본질인 희생과 믿음
특징	① 경어체 표현을 통해 진실성을 강조함. ② 수미상관의 기법으로 시상 전개에 안정감을 줌. ③ 비유와 상징의 표현을 통해 주제를 효과적으로 형상화함.

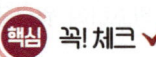 **꼭! 체크** ✔

1 '나룻배'와 '행인'의 의미

나룻배 = '나'
• '당신'에 대한 희생과 헌신, 숭고한 사랑을 드러내는 화자 • 시인이 승려임을 고려할 때 중생을 구제하는 불도(佛道) • 시대적 상황을 고려할 때 독립운동가

행인 = '당신'
• 화자가 기다리는 무정한 임 • '나'를 불도로 볼 때 불도의 소중함을 알지 못하고 고통과 번뇌의 삶을 살아가는 중생 • '나'를 독립운동가로 볼 때 조국 광복

2 표현상의 특징

경어체 반복	• 경건한 분위기 형성 • 운율 형성
수미상관	• '나'와 '당신'의 관계 강조 • 구조적 안정감

 **발전** ✦✦

'거자필반(去者必返)'의 불교적 세계관

'그러나 당신이 언제든지 오실 줄만은 알아요.'
↓
떠난 사람은 반드시 돌아오게 되어 있다는 '거자필반'의 불교적 세계관을 바탕으로 임에 대한 절대적 믿음을 드러냄.

1 윗글의 표현상의 특징으로 적절하지 <u>않은</u> 것은?

① 주로 부드럽고 공손한 말투를 사용하고 있다.
② 명사로 시행을 마무리하여 여운을 주고 있다.
③ 비유를 통해 대상을 인상적으로 제시하고 있다.
④ 경어체의 사용으로 경건한 분위기를 형성하고 있다.
⑤ 다양한 음성 상징어를 사용하여 생동감 있는 분위기를 조성하고 있다.

2 〈보기 1〉의 밑줄 친 부분에 대한 답을 〈보기 2〉에서 모두 골라 바르게 묶은 것은?

● 보기 1 ●

이 시는 첫 연을 끝 연에 반복하는 문학적 구성법인 수미상관 방식을 사용하고 있어. 그렇다면 <u>수미상관 방식을 통해 어떤 효과를 얻고 있는지</u> 서로 이야기해 보자.

● 보기 2 ●

ㄱ. 반복을 통해 운율감을 형성하고 있다.
ㄴ. 형태적 균형감과 안정감을 주고 있다.
ㄷ. '나'와 '당신'의 관계를 강조하고 있다.
ㄹ. 대상에 대한 비판적 태도를 갖게 하고 있다.
ㅁ. 참신성을 통해 대상을 새롭게 인식하도록 하고 있다.

① ㄱ, ㄴ   ② ㄱ, ㅁ   ③ ㄱ, ㄴ, ㄷ
④ ㄴ, ㄷ, ㄹ   ⑤ ㄷ, ㄹ, ㅁ

학습 활동 응용 📖

3 ㉮에 대한 설명으로 가장 적절한 것은?

① '나'에게 무심한 태도를 보인다.
② '나'와의 재회를 염원하고 있다.
③ '나'에 대한 헌신적 자세를 굳게 지킨다.
④ '나'와 함께 겪은 시련과 역경에 좌절한다.
⑤ '나'에게 돌아올 것이라는 강한 확신을 준다.

4 〈보기〉의 빈칸에 들어갈 한자 성어를 쓰시오.

● 보기 ●

작가 한용운의 작품에는 그가 승려였던 영향으로 불교적 사상이 담겨 있는 경우가 많다. 〈나룻배와 행인〉에서도 떠난 '당신'이 언젠가 올 것이라고 믿는 데에서, 떠난 사람은 반드시 돌아오게 되어 있다는 의미를 지닌 한자성어 (   )의 불교적 세계관이 드러난다.

학습 활동 응용 📖

5 ⓐ~ⓔ에 대한 설명으로 가장 적절한 것은?

① ⓐ: '나'가 '당신'을 소중하게 생각하고 있음을 드러낸다.
② ⓑ: '나'가 '당신'을 만나기까지 겪었던 시련과 역경을 의미한다.
③ ⓒ: 기약 없는 기다림을 계속하고 있는 '나'의 무모함을 부각하고 있다.
④ ⓓ: '당신'이 오지 않을 것이라는 절망감을 반어적으로 표현하고 있다.
⑤ ⓔ: 결국에는 '당신'과 반대로, 쇠퇴할 '나'의 모습에 대한 자괴감을 드러내고 있다.

수능형⇧

6 〈보기〉는 작품을 감상하는 방법을 정리한 것이다. 각 방법을 활용하여 윗글을 이해한 내용으로 적절하지 <u>않은</u> 것은?

● 보기 ●

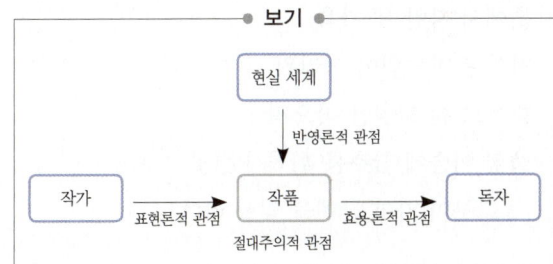

① 반영론적 관점: 이 시는 일제 강점기에 쓰인 작품으로 '당신'의 부재 상황은 국권을 빼앗긴 현실로 해석할 수 있겠군.
② 효용론적 관점: 이 시를 읽고 참담한 현실에 놓일지라도 지향하는 바를 이루기까지는 인고하는 태도를 가져야겠다고 결심했어.
③ 표현론적 관점: 이 시의 작가가 독립운동가로서 활동한 점을 고려할 때 '당신'과의 재회에 대한 확신은 광복에 대한 확신으로 읽을 수 있겠군.
④ 절대주의적 관점 : '나'와 '당신'의 태도를 대비시켜 '나'의 헌신과 인고의 기다림을 부각하고 있군.
⑤ 절대주의적 관점: 승려이기도 했던 작가는 고통과 번뇌에 빠져 불도가 구제해야 할 대상을 '행인'으로 표현하고자 했던 것 같아.

7 윗글에서 화자가 임을 기다리는 동안의 '고난과 시련'을 의미하는 시어 두 가지를 찾아 쓰시오.

향수 – 정지용

넓은 벌 동쪽 끝으로

옛이야기 지줄대는 실개천이 회돌아 나가고,
　　　　다정하고 나긋나긋한 소리를 내는

얼룩백이 황소가

해설피 금빛 게으른 울음을 우는 곳,
① 해가 저물 무렵 ② 소리가 느리고 슬픈 느낌이 들게

㉠ — 그곳이 차마 꿈엔들 잊힐 리야.

질화로에 재가 식어지면

비인 밭에 ㉡밤바람 소리 말을 달리고,

엷은 졸음에 겨운 늙으신 아버지가

짚베개를 돋아 고이시는 곳,

— 그곳이 차마 꿈엔들 잊힐 리야.

흙에서 자란 내 마음

파아란 하늘빛이 그리워

함부로 쏜 화살을 찾으려

풀섶 이슬에 함추름 휘적시던 곳,
　　　　'함초롬'의 방언. 가지런하고 차분한 모양

— 그곳이 차마 꿈엔들 잊힐 리야.

전설 바다에 춤추는 밤물결 같은

검은 귀밑머리 날리는 어린 누이와

아무렇지도 않고 예쁠 것도 없는

사철 발 벗은 아내가

따가운 햇살을 등에 지고 이삭 줍던 곳,

— 그곳이 차마 꿈엔들 잊힐 리야.

하늘에는 성근 별

알 수도 없는 모래성으로 발을 옮기고,

서리 까마귀 우지짖고 지나가는 초라한 지붕,
　　　　가을 까마귀

흐릿한 불빛에 돌아앉아 도란도란거리는 곳,

— 그곳이 차마 꿈엔들 잊힐 리야.

필수 작품의 기틀

갈래	자유시, 서정시
주제	고향에 대한 그리움
특징	① 향토적이고 토속적인 소재와 고유어를 사용함. ② 후렴구를 반복하여 통일성을 주면서 주제를 강조함.

핵심 꼭! 체크 ✔

1 시상 전개

1연	평화롭고 한가한 고향 마을

↓

2연	늙은 아버지의 모습

↓

3연	꿈 많던 어린 시절 회상

↓

4연	어린 누이와 아내에 대한 회상

↓

5연	단란한 고향 마을의 정겨운 모습

2 시에 사용된 이미지

① 공감각적 이미지
· 금빛 게으른 울음
· 밤바람 소리 말을 달리고
→ 서정성을 강화하고, 고향에 대한 정서를 환기

② 토속적 이미지
· 실개천, 얼룩백이 황소, 질화로, 짚베개, 이삭 등
→ 고향에 대한 향수를 불러일으킴.

3 시에 나타난 고향의 이미지

홀수 연인 1, 3, 5연에서는 평화롭고 순수하며, 정겹고 아름다운 고향의 모습을 제시하고, 짝수 연인 2, 4연에서는 가난하며 힘겹게 살아가고 있는 고향의 모습을 제시함. 이를 통해 가난하고 힘겹지만 동시에 아름답고 평화로운 고향의 모습을 표현함.

4 후렴구의 기능

· 고향에 대한 그리움이 절실함을 드러냄.
· 동일한 내용의 반복을 통해 운율감을 줌.
· 시 전체의 이미지에 통일성을 줌.

1 윗글에 대한 설명으로 적절하지 않은 것은?

① 고향의 평화로움과 가난함이 모두 제시되어 있다.

② 외적인 풍경과 화자의 내면이 모두 표현되고 있다.

③ 다양한 감각적 표현으로 화자의 정서를 표현하고 있다.

④ 향토적 소재를 사용하여 시골의 정취를 보여 주고 있다.

⑤ 서정적인 시어를 사용하여 이국적인 느낌을 나타내고 있다.

학습 활동 응용 📖

2 ㉠이 주는 효과로 적절하지 않은 것은?

① 작품의 주제 형상화에 기여하고 있다.

② 고향에 대한 화자의 정서를 강조하고 있다.

③ 작품의 전체적인 분위기를 조성해 주고 있다.

④ 각 연의 시상을 정리하고, 안정된 느낌을 주고 있다.

⑤ 화자가 현재 처한 현실을 구체적으로 보여 주고 있다.

3 ㉡과 같은 표현으로 가장 적절한 것은?

① 검은 내 떠돈다. 종소리 빗긴다.

② 머리맡에 찬물을 쏴아 퍼붓고는

③ 유리에 차고 슬픈 것이 어른거린다.

④ 어마씨 그리운 솜씨에 향그러운 꽃지짐

⑤ 오는 봄엔 분수처럼 쏟아지는 태양을 안고

4 다음 중, 시어의 성격이 다른 하나는?

① 실개천

② 얼룩백이 황소

③ 질화로

④ 짚베개

⑤ 함부로 쏜 화살

수능형⬆

5 〈보기〉는 윗글의 작가가 쓴 다른 작품이다. 윗글과 〈보기〉를 비교한 내용으로 적절하지 않은 것은?

───── ● 보기 ● ─────

고향에 고향에 돌아와도
그리던 고향은 아니러뇨.
산꿩이 알을 품고
뻐꾸기 제철에 울건만,
마음은 제 고향 지니지 않고
머언 항구로 떠도는 구름.
오늘도 뫼 끝에 홀로 오르니
흰 점 꽃이 인정스레 웃고,
어린 시절에 불던 풀피리 소리 아니 나고
메마른 입술에 쓰디쓰다.
고향에 고향에 돌아와도
그리던 하늘만이 높푸르구나. - 정지용, 〈고향〉

① 승미: 시적 동기는 둘 다 고향에 대한 그리움이겠지.

② 태경: 둘 다 유년 시절에 대한 화자의 회상이 드러나고 있어.

③ 민준: 둘 다 토속적 시어로 정감 어린 분위기를 만들어 주는 듯해.

④ 영우: 이 시의 화자와는 달리, 〈보기〉의 화자는 고향의 변한 모습에 괴로워하고 있어.

⑤ 성희: 둘 다 앞뒤가 상응하는 방법으로 고향에 대한 그리움을 반복해서 강조하고 있어.

6 윗글에서 〈보기〉의 빈칸에 들어갈 1어절씩의 시어를 찾아 차례대로 쓰시오.

───── ● 보기 ● ─────

이 시는 고향 마을과 그곳에 살았던 가족들이 꿈에도 잊혀지지 않을 것임을 노래하고 있다.

1연: 평화롭고 한가로운 고향의 정경 → 2연: 겨울밤 풍경과 (　　　)에 대한 회상 → 3연: 꿈과 호기심으로 가득 찼던 유년 시절 회상 → 4연: 누이와 (　　　)에 대한 회상 → 5연: 단란한 농가의 정겨운 가족의 모습

고전 시가 핵심 개념

❶ 고대 가요

(1) 개념 : 향찰로 표기된 향가가 나타나기 전까지의 시가

(2) 특징

　① 배경 설화 속에 삽입되어 구전되다가 후대에 한역됨.

　② 구전되다가 후대에 한자나 이두, 한글로 기록되면서 변형되었을 가능성이 있음.

　③ 집단적인 서사 가요에서 점차 개인적 서정을 노래한 개인 서정 가요로 발달함.

(3) 주요 작품 : 〈공무도하가〉, 〈구지가〉, 〈황조가〉, 〈정읍사〉 등

❷ 향가

(1) 개념 : 한자의 음과 뜻을 빌려 우리말 어순대로 적는 향찰로 표기한 신라의 노래로 '사뇌가'라고도 함.

(2) 특징

　① 승려, 화랑 등 귀족 계층이 주요 작가층으로 분포함.

　② 초기 형태인 4구체에서 8구체로 발전, 10구체로 완성됨.

(3) 주요 작품 : 〈서동요〉, 〈처용가〉, 〈찬기파랑가〉, 〈안민가〉 등

❸ 고려 가요

(1) 개념 : 향가의 쇠퇴 후 고려의 평민층이 즐겨 부르던 민요적 시가로, '고려 속요', '여요', '장가'라고도 함.

(2) 특징

　① 구전되다가 한글 창제 후에 문자로 기록되어 창작 연대, 작가 등을 알기 어려움.

　② 3 · 3 · 2조의 3음보 율격이 많이 나타나며, 대체로 분절체이고 후렴구가 발달함.

　③ 평민들이 부르던 노래로 서민들의 소박하고 풍부한 정서가 진솔하게 드러남.

(3) 주요 작품 : 〈동동〉, 〈가시리〉, 〈청산별곡〉, 〈서경별곡〉, 〈정석가〉 등

❹ 경기체가

(1) 개념 : 고려 중엽부터 조선 초기까지 귀족층 사이에서 향유되던 교술적 성격의 노래. 노래의 끝 부분에 '경(景) 긔 엇더ᄒᆞ니잇고'나 '경기하여'라는 후렴구가 붙어 '경기하여가(景幾何如歌)'라고도 하고, 제목에 '별곡'이라는 말이 붙어 있어 '별곡체(別曲體)'라고도 함.

(2) 특징

　① 각 장은 전후 양절로 나뉘어 전절은 길고 후절은 짧은 분절 형식. 1~3행은 3음보이며, 5행은 2음보가 반복되는 4음보가 원칙임.

　② 선비들의 학식, 체험, 사물이나 경치 등을 노래하면서 신흥 사대부의 호탕한 기상과 자부심을 드러냄.

　③ 가사 문학에 영향을 줌.

(3) 주요 작품 : 〈한림별곡〉, 〈죽계별곡〉 등

❺ 한시

(1) 개념 : 한문으로 이루어진 정형시로, 원래 중국의 시가 양식이지만 우리나라에도 유입되어 한문을 사용하는 상류 계층에서 주로 창작함.

(2) 주요 작품 : 〈여수장우중문시〉, 〈제가야산독서당〉, 〈송인〉, 〈보리타작〉 등

개념 확인 문제

1 가락국의 건국 신화에 삽입되어 전하는 노래로, 현전하는 가장 오래된 집단 무요를 쓰시오.

_____

2 〈황조가〉는 작가와 연대가 뚜렷하며, 집단 가요에서 (　　　)로 넘어가는 단계의 작품이다.

3 다음 중, 향가에 대한 설명으로 적절하지 <u>않은</u> 것은?

① '사뇌가'라고도 불린다.

② 향찰로 표기한 신라의 노래이다.

③ 민요가 정착된 4구체가 초기의 형태이다.

④ 현전하는 작품의 작가로는 여성이 가장 많다.

⑤ 현전하는 가장 오래된 향가는 〈서동요〉이다.

4 다음 작품에 대한 설명으로 적절하지 <u>않은</u> 것은?

> 가시리 가시리잇고 나는
> ᄇᆞ리고 가시리잇고 나는
> 　위 증즐가 대평셩디 //
> 날러는 엇디 살라 ᄒᆞ고
> ᄇᆞ리고 가시리잇고 나는

① 3 · 3 · 2조의 3음보 율격으로 되어 있다.

② 이별의 정한을 노래한 고려 가요이다.

③ 민간에서 불리다가 궁중 음악으로 채택되었다.

④ 구전되다가 한글 창제 후에 문자로 기록되었다.

⑤ 후렴구를 통해 화자의 정서를 강조해 드러내고 있다.

5 '별곡체'라는 말은 고려 가요를 부르는 다른 이름이다. (○, ×)

6 정지상의 〈송인〉은 우리나라 최초의 한시이다. (○, ×)

❻ 악장

(1) 개념: 조선 시대 궁중의 여러 의식과 행사, 종묘의 제악(祭樂) 등에 쓰이던 송축가

(2) 특징: 조선 초기에 발생하여 성종 이후 소멸한 갈래로 대부분 조선조의 권신(權臣)들이 창작하고 향유함. 조선 건국의 정당성을 강조하고 문물제도를 찬양하는 내용, 임금의 만수무강과 왕가의 번창을 기원하는 내용 등이 주를 이룸.

(3) 주요 작품: 〈용비어천가〉, 〈월인천강지곡〉, 〈신도가〉, 〈상대별곡〉 등

❼ 언해

(1) 개념: 한문으로 된 것을 조선 시대 한글 창제 이후 우리말로 번역한 것

(2) 특징: 중세 국어 연구의 중요한 문헌적 자료이자, 한문학의 소개와 대중화로 우리 문학의 영역을 넓히는 데 영향을 줌.

❽ 시조

(1) 개념: 고려 중엽에 발생하여 고려 말엽에 완성된 정형시. '단가(短歌)', '신조(新調)', '가요(歌謠)' 등으로 불려오다가, 이세춘에 의해 '시절가조(時節歌調)', 즉 '시조(時調)'라 불리게 됨.

(2) 특징
① 3장 6구 45자 내외가 일반적인 형식. 3·4조 또는 4·4조의 음수율, 4음보가 기본이며 1, 2음절의 가감이 가능하나 종장의 첫 음보는 3음절로 고정되어 있음.
② 임금부터 양반, 부녀자, 기녀에 이르기까지 향유 계층이 다양함.
③ 우리나라 고유의 정형시 형태이며, 현대 시조로 계승됨.

(3) 종류
① 평시조: 3장 6구 45자 내외의 글자로 구성된 정형시. 평시조가 한 수로 되어 있으면 '단시조'라 하고 2수 이상이 모여 한 작품을 이루면 '연시조'라 함.
② 엇시조: 평시조의 형식에서 종장의 첫 구를 제외하고 어느 한 구절이 길어지는 형태
③ 사설시조: 평시조의 형식에서 두 구절 이상이 길어지는 형태

❾ 가사

(1) 개념: 고려 말에서 조선 초에 형태를 갖춘 갈래로, 고려 후기에서 조선 후기까지 주로 사대부들이 창작하여 부른, 운문과 산문의 중간 형태의 노래

(2) 특징
① 3(4)·4조의 연속체, 4음보. 마지막 행이 대체로 시조 종장의 율격(3·5·4·3)과 일치하는 정격 가사, 일치하지 않는 변격 가사가 있음.
② 조선 전기에는 자연 속에서 유유자적하는 심정, 임금에 대한 연모의 정, 기행을 통해 얻게 된 견문 등을 다룬 작품들이 주였다면, 조선 후기에는 작가층이 확대되면서 평민들이 자신들의 생활을 사실적으로 표현한 작품들도 나타남.

(3) 주요 작품: 〈상춘곡〉, 〈면앙정가〉, 〈관동별곡〉, 〈사미인곡〉, 〈속미인곡〉 등

❿ 민요

(1) 개념: 예부터 민중들 사이에서 불려온 소박한 노래로, 작사가·작곡가가 따로 없으며 서민들의 진솔하고 소박한 정서가 직접 표출되어 있음.

(2) 특징: 입에서 입으로 전승되는 구전성, 정서를 직접적으로 표출하는 서정성, 서민의 일상생활을 바탕으로 하는 서민성 등의 특징이 있음.

(3) 주요 작품: 〈시집살이 노래〉, 〈논매기 노래〉, 〈아리랑 타령〉 등

개념 확인 문제

7 조선 초기에 발생한 (   )은 궁중의 의식이나 종묘의 제악 등에 쓰이던 송축가이다.

8 다음 작품에 대한 설명으로 적절하지 <u>않은</u> 것은?

> 불휘 기픈 남ᄀᆞᆫ ᄇᆞᄅᆞ매 아니
> 밀쎄 곶 됴코 여름 하ᄂᆞ니
>   – 〈용비어천가〉

① 15세기 고어 연구의 귀중한 자료이다.
② 조선 건국의 송축가이며 영웅 서사시이다.
③ 구전되다가 한글 창제 이후 문자로 기록되었다.
④ 주로 조선 시대 권신들이 창작하고 향유한 문학 갈래이다.
⑤ 조선 초기에 발생했으나 후대에게까지 계속 창작되지는 않았다.

9 다음 중, 시조에 대한 설명으로 적절하지 <u>않은</u> 것은?

① 3장 6구 45자 내외, 4음보가 기본 형태이다.
② 10구체 향가와 민요 등의 영향을 받고 발생하였다.
③ 조선 영조 때 가객 이세춘에 의해 '시조'라고 불리게 되었다.
④ 엇시조는 평시조와 달리 어느 한 구절이 길어진 형태의 시조이다.
⑤ 발생 초기에는 왕과 귀족층에서 향유되었으나 조선 후기에는 서민층에서만 창작되었다.

10 가사 문학의 효시로, 송순의 〈면앙정가〉와 정철의 〈성산별곡〉으로 이어지는 강호가도의 시풍 형성에 영향을 준 작품을 쓰시오.

11 가사의 마지막 행이 시조 종장의 율격과 일치하면 정격 가사, 그렇지 않으면 변격 가사라고 한다. (○, ×)

01 제망매가(祭亡妹歌) — 월명사(김완진 해독)

천재(김수), 비상(박), 창비, 지학사, 미래엔

생사(生死) 길은
예 있으매 ㉠머뭇거리고,
㉡나는 간다는 말도
못다 이르고 어찌 갑니까.
어느 가을 ㉢이른 바람에
이에 저에 떨어질 잎처럼,
㉣한 가지에 나고
가는 곳 모르온저.
아아, 미타찰(彌陀刹)에서 만날 나
도(道) 닦아 ㉤기다리겠노라.

> 삶과 죽음의 길은
> 이승에 있으므로 머뭇거리고,
> 나(죽은 누이)는 간다는 말도
> 못 다 이르고 어찌 갑니까.
> 어느 가을 이른 바람에
> 여기저기 떨어지는 잎처럼,
> 한 가지에 나서도
> 가는 곳을 모르는구나.
> 아아, 미타찰에서 만나 볼 나는
> 도 닦으며 기다리겠노라.

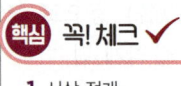 작품의 기틀

갈래	10구체 향가
주제	죽은 누이에 대한 추모
특징	① 뛰어난 비유와 상징이 사용됨. ② 불교적 윤회 사상이 드러남.

 꼭! 체크 ✔

1 시상 전개

1~4구	누이의 죽음 직면(현재)	안타까움과 슬픔
5~8구	누이와의 속세에서의 인연 제시(과거)	고뇌와 허망함
9, 10구	누이와의 극락에서의 재회 희망(미래)	슬픔의 종교적 승화

'기─서─결'의 3단 구성에 의해 시상이 전개됨.

2 시어의 상징적 의미

이른 바람	누이의 때 이른 죽음, 요절
떨어질 잎	죽은 누이
한 가지	같은 부모

발전

10구체 향가와 시조의 형식적 유사성
10구체 향가는 향가의 완성된 형태로 '기─서─결'의 시상 전개를 4+4+2구의 형식으로 나타냄. 이러한 3단계 형식은 이후 시조에까지 영향을 미친 것으로 추정되는데, 특히 '결'에 해당하는 낙구 첫머리의 감탄사는 시조의 종장 첫 구에서도 그대로 나타나 향가와 시조의 형식적 유사성을 보여 주고 있음.

1 윗글에 대한 설명으로 적절하지 <u>않은</u> 것은?

① 향찰식 표기로 이루어진 10구체 향가이다.

② 부정적 상황에 대해 종교를 통해 승화하고 있다.

③ 세 부분으로 나눠지며 낙구에서 시상이 전환되고 있다.

④ 인생에 대한 무상감에 빠진 절망적 어조가 지배적이다.

⑤ 감탄적 어법을 통해 죽음에 대한 고뇌를 잘 드러내고 있다.

4 ㉠~㉤에 대한 설명으로 적절하지 <u>않은</u> 것은?

① ㉠: 죽음을 거부하는 화자의 태도를 나타낸다.

② ㉡: 죽은 누이를 가리킨다.

③ ㉢: 누이가 일찍 죽었음을 나타낸다.

④ ㉣: 화자와 누이가 한 동기간임을 의미한다.

⑤ ㉤: 누이와의 재회에 대한 화자의 의지를 나타낸다.

수능형⬆

2 윗글의 전개 방식을 〈보기〉와 같이 나누어 정리할 때, 이에 대한 이해로 적절하지 <u>않은</u> 것은?

● 보기 ●

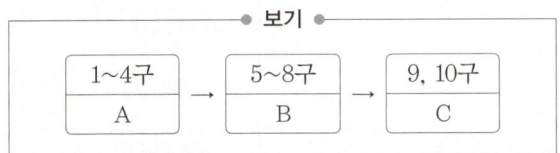

① A에서는 혈육이 갑작스럽게 죽은 상황이 드러나 있다.

② A, B와 달리 C에서는 화자의 인식 전환이 이루어지고 있다.

③ C에서는 감탄사를 사용하여 화자의 정서를 집약적으로 드러내고 있다.

④ A에서는 작품의 창작 동기가 드러나 있고, C에서는 정서를 마무리하고 있다.

⑤ B에서는 A의 상황으로 인한 화자의 정서를 비유적으로 표현하여 무상감, 상실감을 드러내고 있다.

학습 활동 응용 📖

5 윗글에 대한 감상으로 적절하지 <u>않은</u> 것은?

① 화자는 불교의 윤회 사상을 바탕으로 대상과의 재회를 소망하고 있군.

② 화자는 삶과 죽음이 서로 멀리 떨어져 있는 것이 아니라고 인식하고 있군.

③ 혈육에 대한 애증으로 인한 심리적 갈등을 바탕으로 시상이 전개되고 있군.

④ 내용으로 볼 때, 제목 '제망매가'는 '죽은 누이에 대한 제를 올리며 부른 노래'라는 뜻이겠군.

⑤ 이 작품은 10행이고 낙구 첫머리에 감탄사를 사용하고 있으므로 10구체 향가로 볼 수 있겠군.

3 윗글에서 〈보기〉와 관련된 시어를 찾아 쓰시오.

● 보기 ●

극락세계를 의미하는 말로 누이와의 재회에 대한 화자의 믿음, 인간적 슬픔을 종교적 힘으로 극복하려는 화자의 태도를 보여 주고 있다.

6 윗글에서 누이의 죽음을 시각적으로 형상화한 부분을 찾아 2어절로 쓰시오.

02 가시리 — 작자 미상

천재(김종), 동아, 해냄

가시리 가시리잇고 나ᄂᆞᆫ
ᄇᆞ리고 가시리잇고 나ᄂᆞᆫ
　　㉠위 증즐가 대평셩ᄃᆡ(大平盛代)

날러는 엇디 살라 ᄒᆞ고
ⓐᄇᆞ리고 가시리잇고 나ᄂᆞᆫ
　　위 증즐가 대평셩ᄃᆡ(大平盛代)

ⓑ잡ᄉᆞ와 두어리마ᄂᆞᄂᆞᆫ
ⓒ선ᄒᆞ면 아니 올셰라
　　위 증즐가 대평셩ᄃᆡ(大平盛代)

셜온 님 ⓓ보내ᄋᆞᆸ노니 나ᄂᆞᆫ
가시ᄂᆞᆫ 듯 ⓔ도셔 오쇼셔 나ᄂᆞᆫ
　　위 증즐가 대평셩ᄃᆡ(大平盛代)

> 가시렵니까. 가시렵니까.
> 나를 버리고 가시렵니까.
>
> 나더러는 어찌 살라 하고
> 버리고 가시렵니까.
>
> 붙잡아 두고 싶지마는
> 서운하면 아니 올까 두렵습니다.
>
> 서러운 임을 보내오니
> 가자마자 돌아서서 오십시오.

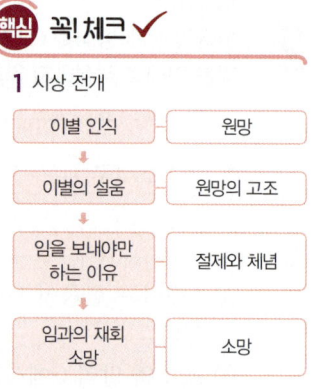

필수 작품의 기틀

갈래	고려 가요
주제	이별의 설움과 재회의 소망
특징	① 3 · 3 · 2조의 3음보 율격이 나타남. ② 후렴구가 사용됨.

핵심 꼭! 체크 ✔

1 시상 전개

이별 인식	원망
↓	
이별의 설움	원망의 고조
↓	
임을 보내야만 하는 이유	절제와 체념
↓	
임과의 재회 소망	소망

화자의 정서 변화에 따라 시상이 전개되면서 이별의 정한을 드러냄.

2 후렴구의 기능

- 악률을 맞추기 위한 여음구
- 반복적인 사용으로 리듬감 형성
- 통일성 부여와 형태적 안정감
- 분연의 기능

수능 발전 ✦

이별의 정한

이별로 인한 슬픔과 한(恨)은 우리 문학에서 이어 온 전통적인 정서임. 고구려의 〈황조가〉나 고대 가요인 〈공무도하가〉, 고려 가요인 〈서경별곡〉, 조선 시대 황진이의 시조, 현대 김소월의 〈진달래꽃〉 등에서 이와 같은 정서가 잘 드러남.

1 윗글에 대한 설명으로 적절하지 <u>않은</u> 것은?

① 3음보를 기본 율격으로 하고 있다.

② 고려 시대 평민들이 부르던 노래이다.

③ 분연체 형식으로 기승전결의 구조를 갖추고 있다.

④ 구전되어 오다가 조선 시대에 한글로 기록되었다.

⑤ 자연물을 통해 화자의 삶의 태도를 드러내고 있다.

학습 활동 응용 📖

2 다음 중, 윗글에 나타나는 화자의 상황 및 정서와 거리가 먼 것은?

① 나 보기가 역겨워

　가실 때에는

　말없이 고이 보내 드리우리다.　— 김소월, 〈진달래꽃〉

② 이화우 훗뿌릴 제 울며 잡고 이별흔 님

　추풍낙엽에 저도 날 싱각는가

　천 리에 외로운 꿈만 오락가락 ᄒᆞ노매　— 계랑의 시조

③ 펄펄 나는 저 꾀꼬리는

　암수 서로 정다운데

　외로운 내 몸은

　뉘와 함께 돌아갈꼬　　　　　　　— 유리왕, 〈황조가〉

④ 임아 그 물을 건너지 마오

　임은 끝내 그 물을 건너셨네

　물에 빠져 돌아가시니

　가신 임을 어찌할꼬　　— 백수 광부의 아내, 〈공무도하가〉

⑤ 가위로 싹둑싹둑 옷 마르노라면

　추운 밤에 손끝이 호호 불리네

　시집살이 길옷은 밤낮이건만

　이 내 몸은 해마다 새우잠인가　— 허난설헌, 〈빈녀음〉

---

3 ㉠의 기능으로 적절하지 <u>않은</u> 것은?

① 연을 구분 짓는다.

② 통일성이 느껴지게 한다.

③ 주제를 효과적으로 드러낸다.

④ 시 전체에 운율감을 부여한다.

⑤ 형태적으로 안정감이 느껴지게 한다.

---

4 ⓐ~ⓔ의 행위 주체가 바르게 연결되지 <u>않은</u> 것은?

① ⓐ: 임　　　　　　② ⓑ: 화자

③ ⓒ: 화자　　　　　④ ⓓ: 화자

⑤ ⓔ: 임

---

5 〈보기〉는 윗글의 일부분이다. 〈보기〉와 운율 형성 방법이 <u>다른</u> 것은?

> ● 보기 ●
>
> 가시리 가시리잇고 나는
> ᄇᆞ리고 가시리잇고 나는

① 접동 접동 아우래비 접동

② 살어리 살어리랏다. 청산에 살어리랏다.

③ 형님 온다 형님 온다 분고개로 형님 온다.

④ 거북아 거북아 머리를 내어라. 내놓지 않으면 구워 먹으리.

⑤ 창(窓) 내고자 창(窓)을 내고자 이 내 가슴에 창(窓) 내고자.

수능형 ⬆

6 윗글과 〈보기〉의 화자가 이별을 대하는 태도를 비교한 내용으로 적절한 것은?

> ● 보기 ●
>
> 서경이 서울이지마는
> 새로 닦은 곳인 작은 서울을 사랑하지마는
> 임과 이별하기보다는 길쌈하던 베를 버리고라도
> 사랑만 해 주신다면 울면서 따르렵니다
> — 작자 미상, 〈서경별곡〉

① 윗글과 〈보기〉의 화자는 모두 끝까지 임을 따르겠다는 의지를 보이고 있다.

② 윗글과 〈보기〉의 화자는 모두 이별의 슬픔을 재회에 대한 믿음으로 극복하고 있다.

③ 윗글의 화자는 떠나는 임을 원망하는 반면, 〈보기〉의 화자는 떠나는 임을 축복하고 있다.

④ 윗글의 화자는 이별이 일시적이라고 생각하지만, 〈보기〉의 화자는 이별이 영원하리라고 예감하고 있다.

⑤ 윗글의 화자는 이별의 상황을 체념하고 받아들이는 반면, 〈보기〉의 화자는 이별을 적극적으로 거부하고 있다.

청산별곡(靑山別曲) – 작자 미상

살어리 살어리랏다 청산(靑山)애 살어리랏다
멀위랑 ᄃᆞ래랑 먹고 청산(靑山)애 살어리랏다
  머루와 다래
얄리얄리 얄랑셩 얄라리 얄라

> 살겠노라 살겠노라. 청산에서 살겠노라.
> 머루와 다래를 먹고, 청산에서 살겠노라.

우러라 우러라 새여 자고 니러 우러라 새여
널라와 시름 한 나도 자고 니러 우니노라
  너보다
얄리얄리 얄라셩 얄라리 얄라

> 우는구나 우는구나 새여, 자고 일어나 우는구나 새여.
> 너보다 근심이 많은 나도 자고 일어나 울며 지내노라.

가던 새 가던 새 본다 믈 아래 가던 새 본다
㉠ 잉 무든 장글란 가지고 믈 아래 가던 새 본다
얄리얄리 얄라셩 얄라리 얄라

> 가던 새 가던 새 본다. 물 아래 가던 새 본다.
> 이끼 묻은 쟁기를 가지고, 물 아래 가던 새 본다.

이링공 뎌링공 ᄒᆞ야 나즈란 디내와손뎌
  이럭저럭
오리도 가리도 업슨 바므란 ᄯᅩ 엇디 호리라
  올 사람도 갈 사람도
얄리얄리 얄라셩 얄라리 얄라

> 이럭저럭하여 낮은 지내 왔지만.
> 올 사람도 갈 사람도 없는 밤은 또 어찌하리오.

어듸라 더디던 돌코 누리라 마치던 돌코
믜리도 괴리도 업시 마자셔 우니노라
  미워할 사람도 사랑할 사람도
얄리얄리 얄라셩 얄라리 얄라

> 어디에다 던지던 돌인가? 누구를 맞히려던 돌인가?
> 미워할 사람도 사랑할 사람도 없이 맞아서 우노라.

살어리 살어리랏다 바ᄅᆞ래 살어리랏다
ᄂᆞᄆᆞ자기 구조개랑 먹고 바ᄅᆞ래 살어리랏다
  나문재와 굴·조개
얄리얄리 얄라셩 얄라리 얄라

> 살겠노라 살겠노라. 바다에서 살겠노라.
> 나문재(해초)와 굴, 조개를 먹고, 바다에서 살겠노라.

가다가 가다가 드로라 에졍지 가다가 드로라
          외따로 떨어져 있는 부엌
사스미 짒대예 올아셔 히금(奚琴)을 혀거를 드로라
얄리얄리 얄라셩 얄라리 얄라

> 가다가 가다가 듣노라. 외딴 부엌을 지나가다가 듣노라.
> 사슴(사슴으로 분장한 광대)이 장대에 올라 가서 해금을 켜는 것을 듣노라.

가다니 ᄇᆡ브른 도긔 설진 강수를 비조라
조롱곳 누로기 ᄆᆡ와 잡ᄉᆞ와니 내 엇디 ᄒᆞ리잇고
  조롱박꽃 모양의 누룩이
얄리얄리 얄라셩 얄라리 얄라

> 가다 보니 배부른 독에 덜 익은 술을 빚는구나.
> 조롱박꽃 같은 누룩이 매워 붙잡으니, 내(안 마시고) 어찌하리오.

필수 작품의 기틀

갈래	고려 가요
주제	삶의 고뇌와 비애에서 벗어나고 싶은 욕구
특징	① 어구의 반복을 통해 의미를 강조함. ② 후렴구를 통해 밝고 경쾌한 리듬감을 형성함. ③ 고려인들의 인생관이 잘 반영되어 있음.

핵심 꼭! 체크 ✓

1 운율적 특징
① 3·3·2조, 3음보
② a–a–b–a 구조
③ 후렴구: 각 연마다 반복되어 통일감과 안정감, 리듬감을 형성. 'ㄹ, ㅇ'의 울림소리를 사용하여 밝고 경쾌한 느낌
→ 작품 전체의 애상적 분위기와는 상반

2 시어의 상징적 의미

청산 바롤	현실과 대조되는 공간, 화자의 이상향
새	화자의 고독감이 감정 이입된 동병상련의 대상
믈 아래	'청산'과 대조를 이루는 속세
밤	고독과 절망의 시간
돌	피할 수 없는 인간의 숙명
강술	현실적 고통을 일시적으로 잊게 하는 매개체

수능 발전 ✛⁺

화자에 따른 시어의 의미

화자	가던 새	잉 무든 장글
유랑민	갈던 밭	녹슨 쟁기
실연한 여인	떠나는 임	녹슨 은장도
좌절한 지식인	날아가던 새	녹슨 병기

▶ 정답과 해설 16쪽

1 윗글에 대한 설명으로 적절하지 <u>않은</u> 것은?

① 3·3·2조, 3음보의 운율이 나타난다.

② 구전되다가 한글 창제 이후 문자로 정착되었다.

③ 삶의 시름에 잠긴 애상적 어조로 노래하고 있다.

④ 경쾌한 후렴구는 작품 전체의 분위기와 잘 어울린다.

⑤ 고도의 상징과 비유적 표현으로 뛰어난 문학성을 지닌다.

2 다음 중, 소재의 함축적 의미가 바르게 연결되지 <u>않은</u> 것은?

① 청산: 이상향

② 밤: 화자의 정서가 심화되는 시간

③ 돌: 화자에게 닥친 운명적인 시련

④ 바다: 번뇌가 가득한 속세

⑤ 강술: 잠시나마 현실을 잊게 하는 소재

3 다음 밑줄 친 시어 중, 2연의 '새'와 유사한 역할을 하는 것은?

① 펄펄 나는 저 <u>꾀꼬리는</u> / 암수 서로 정다운데 / 외로운 이 내 몸은 / 뉘와 함께 돌아갈꼬
　　　　　　　　　　　　　　　　　　　　　 – 유리왕, 〈황조가〉

② 천만 리 머나먼 길에 고운 님 여의옵고 / 내 마음 둘 데 없어 냇가에 앉았으니 / 저 <u>물</u>도 내 안 같아서 울어 밤길 예놋다
　　　　　　　　　　　　　　　　　　　　　 – 왕방연의 시조

③ <u>추강(秋江)</u>에 밤이 드니 물결이 차노매라 / 낚시 드리치니 고기 아니 무노매라 / 무심한 달빛만 싣고 빈 배 저어 오노라
　　　　　　　　　　　　　　　　　　　　　 – 월산 대군의 시조

④ 혼 손에 <u>막딘</u> 잡고 또 혼 손에 가싀 쥐고 / 늙는 길 가싀로 막고 오는 백발 막딘로 치려터니 / 백발이 제 몬져 알고 즈럼길로 오더라
　　　　　　　　　　　　　　　　　　　　　 – 우탁의 시조

⑤ 산촌(山村)에 <u>눈</u>이 오니 돌길이 무쳐셰라 / 시비(柴扉)를 여지 마라 날 츠즈리 뉘 이시리 / 밤중만 일편명월(一片明月)이 긔 벗인가 ᄒ노라
　　　　　　　　　　　　　　　　　　　　　 – 신흠의 시조

수능형⬆

4 윗글을 감상한 독자의 반응으로 가장 적절한 것은?

① 고통스러운 현실에서 벗어나 자연을 벗삼는 모습이 아름다워.

② 현실에 만족하며 그 속에서 보람을 느끼는 모습은 우리에게 본보기가 될 수 있어.

③ 이상적인 삶을 동경하면서도 고통스러운 현실 때문에 괴로워하는 모습이 안타까워.

④ 암담한 현실에 비관하지 않고 자신의 삶을 적극적으로 개척해 가는 모습이 멋있어 보여.

⑤ 현실이 고통스럽더라도 마음이 통하는 이웃들과 더불어 살아가는 공동체적 삶의 자세는 배울 점이 많아.

학습 활동 응용 📖

5 ㉠에 대한 〈보기〉의 해석 중, ⓐ와 같이 해석할 때 윗글의 화자로 볼 수 있는 것은?

> ● 보기 ●
>
> '잉 무든 장글'은 화자에 따라 ⓐ이끼 묻은 쟁기, 날이 무딘 병기, 이끼 묻은 은장도 등으로 해석할 수 있다.

① 실연당한 여인

② 변방을 지키는 병사

③ 삶의 터전을 잃은 유랑민

④ 일을 하지 않는 게으른 농민

⑤ 현실에서 좌절하여 고뇌하는 지식인

6 화자가 떠나온 세계이며, '청산'과 대비를 이루는 시어를 찾아 쓰시오.

_____

가 서경(西京)이 아즐가 서경이 셔울히마르는

위 두어렁셩 두어렁셩 다링디리

닷곤 딕 아즐가 닷곤 딕 쇼셩경 고외마른
　　　　　작은 서울. '서경'을 일컬음. 사랑하지마는

위 두어렁셩 두어렁셩 다링디리

여히므론 아즐가 여히므론 질삼뵈 브리시고
여의기보다는, 이별하기보다는

위 두어렁셩 두어렁셩 다링디리

괴시란딕 아즐가 괴시란딕 우러곰 좃니노이다
사랑하신다면

위 두어렁셩 두어렁셩 다링디리

> 서경이 서울이지마는
> (삶의 기반을) 닦은 곳인 작은 서울을 사랑하지마는
> (임과) 이별하기보다는 (차라리) 길쌈 하던 베를 버리고서라도
> (저를) 사랑해 주신다면 울면서 따라가 겠습니다.

나 구슬이 아즐가 구슬이 바회예 디신들

위 두어렁셩 두어렁셩 다링디리

긴힛쭌 아즐가 긴힛쭌 그츠리잇가 나는
끈(믿음)이야

위 두어렁셩 두어렁셩 다링디리

즈믄 히를 아즐가 즈믄 히를 외오곰 녀신들

위 두어렁셩 두어렁셩 다링디리

신(信)잇둔 아즐가 신잇둔 그츠리잇가 나는

위 두어렁셩 두어렁셩 다링디리

> 구슬이 바위에 떨어진들
> 끈이야 끊어지겠습니까?
> (임과 떨어져) 천 년을 외롭게 살아간들
> (임을 사랑하고 있는) 믿음이야 끊어지 겠습니까?

다 ㉠대동강(大同江) 아즐가 대동강 너븐디 몰라셔

위 두어렁셩 두어렁셩 다링디리

빈 내어 아즐가 빈 내어 노흔다 샤공아

위 두어렁셩 두어렁셩 다링디리

네 가시 아즐가 네 가시 럼난디 몰라셔

위 두어렁셩 두어렁셩 다링디리

녈 빈예 아즐가 녈 빈예 연즌다 샤공아
가는 배

위 두어렁셩 두어렁셩 다링디리

대동강 아즐가 대동강 건너편 고즐여

위 두어렁셩 두어렁셩 다링디리

빈 타들면 아즐가 빈 타들면 것고리이다 나는

위 두어렁셩 두어렁셩 다링디리

> 대동강 넓은 줄을 몰라서
> 배를 내어놓았느냐 사공아.
> 네 아내가 음탕한 짓을 하는 줄도 모르고
> 떠나는 배에 (내 임을) 태웠느냐 사공아.
> (나의 임은) 대동강 건너편 꽃을
> 배를 타면 꺾을 것입니다.

필수 작품의 기틀

갈래	고려 가요
주제	이별의 정한
특징	① 반복법과 설의법을 사용함. ② 간결하며 소박하고 상징적인 시어를 구사함. ③ 〈가시리〉와 함께 전통적 정서 인 이별의 정한을 읊은 시가 임.

핵심 꼭! 체크 ✔

1 화자의 태도

정든 고향이나 일상적 삶을 모두 버리고 임을 따르겠다며 이별을 거부함.

　↓

적극적, 자기 중심적, 현세 지향적

2 '샤공'의 의미

임을 새로운 여인에게 데려다 주어 화 자의 사랑을 방해한다고 여기는 존재. 임에 대한 원망을 애꿎은 사공에게 돌 리며 음탕한 짓을 하는 아내에게 가 볼 것이지 대동강에 왜 배를 내어놓느냐는 푸념을 늘어놓음.

수능 발전 +

〈서경별곡〉과 〈가시리〉의 비교

서경별곡	가시리
• 주제와 갈래: 이별의 정한을 노래한 고려 가요	
• 형식: 3음보, 후렴구, 분연체	
• 화자: 여성	
이별을 거부하며 임과 함께 있는 행 복과 애정을 강조 함. → 적극적이고 현세 지향적인 여 인	자기 희생과 감정 의 절제를 통해 재 회를 기약함. → 인 고와 순정의 미덕 을 간직한 여인

▶ 정답과 해설 16쪽

학습 활동 응용 📖

1 윗글에 대한 설명으로 적절하지 <u>않은</u> 것은?

① 동일한 후렴구를 반복해 형식적으로 통일감을 주고 있다.

② 가정적 상황을 제시하며 화자의 의지를 드러내고 있다.

③ 설의적 표현을 통해 화자의 정서를 효과적으로 부각하고 있다.

④ 반어적 표현을 통해 자신이 처한 상황이 해결되기를 바라는 마음을 강조하고 있다.

⑤ 작품에 등장하는 구체적 청자에게 자신이 처한 상황에 대한 원망의 마음을 드러내고 있다.

2 윗글과 〈보기〉를 비교한 내용으로 가장 적절한 것은?

> ● 보기 ●
>
> 어져 내 일이야 그릴 줄을 모르던가
> 있으라 하더면 가랴마는 제 구태여
> 보내고 그리는 정(情)은 나도 몰라 하노라
> – 황진이의 시조

① 윗글과 〈보기〉 모두 어린 사람을 화자로 내세워 순수성을 강조하고 있다.

② 윗글과 〈보기〉 모두 감탄사나 후렴구에 자신의 감정을 담아 전달하고 있다.

③ 윗글과 〈보기〉 모두 부정적 상황을 유발한 상대에 대한 용서의 정서를 직접적으로 드러내고 있다.

④ 윗글의 화자는 상황을 대하는 적극적 태도를 드러내고, 〈보기〉의 화자는 후회하는 태도를 드러내고 있다.

⑤ 윗글은 독백적 어조로 자신의 생각을 드러내고 있고, 〈보기〉는 대화체를 활용하여 자신의 감정을 표출하고 있다.

3 윗글에서 화자의 화풀이 대상이면서 동시에 원망의 대상인 시어를 찾아 쓰시오.

_____

학습 활동 응용 📖

4 (가)~(다)에 대한 설명으로 적절하지 <u>않은</u> 것은?

① (가)는 이별을 거부하고 싶은 화자의 마음을 드러내고 있다.

② (가)는 그 어떤 것도 임과의 사랑보다 값진 것은 없다는 화자의 생각을 드러내고 있다.

③ (나)는 변함없는 자신의 사랑을 구체적 사물에 빗대어 표현하고 있다.

④ (다)에서 화자는 임이 배를 타고 강을 건넜을 때 일어날 일을 예상하며 근심에 싸여 있다.

⑤ (다)는 사공이 자신과 같은 처지에 놓이게 될 것을 염려하는 화자의 마음을 드러내고 있다.

수능형 ⬆

5 윗글을 대상으로 발표 계획을 세운 내용으로 가장 적절한 것은?

① 이별의 정한을 노래하는 작품이니 체념적인 어조로 작품을 낭독하자.

② 구슬과 끈이 바위에 떨어져 모두 사라지는 장면을 영상으로 제시하자.

③ 낭독자로 남학생을 정하여 이별을 대하는 남성의 정서를 부각시키자.

④ 화자가 서경을 떠나 쇼셩경에 머물며 임을 원망하는 장면을 그림으로 표현하자.

⑤ 사공에게 말을 건네는 부분을 낭독할 때는 거짓이 드러나지 않게 머뭇거리지 않는 태도를 보이자.

학습 활동 응용 📖

6 윗글의 ㉠과 〈보기〉의 ㉡에 대한 설명으로 가장 적절한 것은?

> ● 보기 ●
>
> 임아 그 ㉡물을 건너지 마오
> 임은 끝내 물을 건너셨네
> 물에 빠져 돌아가시니
> 가신 임을 어찌할꼬   – 백수 광부의 아내, 〈공무도하가〉

① ㉠과 ㉡은 모두 임과 화자를 단절시키는 공간이다.

② ㉠과 ㉡은 모두 죽음을 연상하게 하는 상징이다.

③ ㉠과 ㉡은 모두 화자가 지향해야 하는 대상이다.

④ ㉠은 ㉡과 달리 내세에서 재회할 가능성을 암시한다.

⑤ ㉡은 ㉠과 달리 화자가 분노의 정서를 이입한 공간이다.

05 상춘곡(賞春曲) - 정극인

비상(박), 동아, 지학사, 해냄

가 홍진(紅塵)에 뭇친 분네 이내 생애(生涯) 엇더ᄒᆞᆫ고. 녯 사ᄅᆞᆷ 풍류(風流)ᄅᆞᆯ 미ᄎᆞᆯ가 못 미ᄎᆞᆯ가. 천지간(天地間) 남자(男子) 몸이 날만ᄒᆞᆫ 이 하건마ᄂᆞᆫ, 산림(山林)에 뭇쳐 이셔 지락(至樂)을 ᄆᆞᄅᆞᆯ 것가. 수간모옥(數間茅屋)을 벽계수(碧溪水) 앏픠 두고, 송죽(松竹) 울울리(鬱鬱裏)에 풍월주인(風月主人) 되어셔라.

- 지락(至樂): 자연에 묻혀 사는 즐거움
- 벽계수(碧溪水): 푸른 시냇물

속세에 묻혀 사는 사람들이여 이 나의 생활이 어떠한가? 옛사람의 풍류에 미치겠는가, 못 미치겠는가. 세상에 남자의 몸으로 태어나 나와 비슷한 사람이 많건마는, 그들은 왜 자연에 묻혀 지내는 지극한 즐거움을 모르는 것인가? 작은 초가를 푸른 시냇물 앞에 두고, 소나무와 대나무가 울창한 속에서 자연의 주인이 되어 살고 있도다.

나 엇그제 겨을 지나 새봄이 도라오니, 도화행화(桃花杏花)ᄂᆞᆫ 석양리(夕陽裏)예 퓌여잇고, 녹양방초(綠楊芳草)ᄂᆞᆫ 세우 중(細雨中)에 프르도다. 칼로 ᄆᆞᆯ아 낸가, 붓으로 그려 낸가, 조화신공(造化神功)이 물물(物物)마다 헌ᄉᆞᄅᆞᆸ다. 수풀에 ㉠우ᄂᆞᆫ 새ᄂᆞᆫ 춘기(春氣)ᄅᆞᆯ 못내 계워 소ᄅᆡ마다 교태(嬌態)로다. 물아일체(物我一體)어니, 흥(興)이ᄋᆡ 다ᄅᆞᆯ소냐. 시비(柴扉)예 거러 보고, 정자(亭子)애 안자 보니, 소요음영(逍遙吟詠)ᄒᆞ야, 산일(山日)이 적적(寂寂)ᄒᆞᆫᄃᆡ, 한중진미(閑中眞味)ᄅᆞᆯ 알 니 업시 호재로다.

- 녹양방초(綠楊芳草): 푸른 버드나무와 향기로운 풀
- 시비(柴扉): 사립문
- 소요음영(逍遙吟詠): 천천히 거닐며 나직이 시를 읊조림.
- 한중진미(閑中眞味): 한가로움 속에 느끼는 참된 맛

엊그제 겨울이 지나고 새봄이 돌아오니, 복숭아꽃과 살구꽃은 석양 속에 피어 있고, 푸른 버드나무와 향기로운 풀은 가랑비 속에 푸르구나. 칼로 마름질해 내었는가? 붓으로 그려 내었는가? 조물주의 신비로운 재주가 사물마다 야단스럽다. 수풀에서 우는 새는 봄기운을 끝내 못 이겨 소리마다 교태로구나. 자연과 내가 한 몸이 되니, 흥겨움이 다르겠는가? 사립문 주변을 걸어 보기도 하고, 정자에도 앉아 보며, 천천히 거닐고 나직이 시를 읊조려, 산속의 하루가 적막한데, 한가로움 속에서 느끼는 참다운 맛을 알 사람 없이 나 혼자로구나.

다 이바 니웃드라, ⓐ산수(山水) 구경 가쟈스라. 답청(踏靑)으란 오ᄂᆞᆯ ᄒᆞ고, 욕기(浴沂)란 내일(來日) ᄒᆞ새. 아ᄎᆞᆷ에 채산(採山)ᄒᆞ고, 나조ᄒᆡ 조수(釣水)ᄒᆞ새. ᄀᆞᆺ 괴여 닉은 술을 갈건(葛巾)으로 밧타 노코, 곳나모 가지 것거, 수 노코 먹으리라. 화풍(和風)이 건ᄃᆞᆺ 부러 ⓑ녹수(綠水)ᄅᆞᆯ 건너오니, ㉡청향(淸香)은 잔에 지고, 낙홍(落紅)은 옷새 진다. 준중(樽中)이 뷔엿거ᄃᆞᆫ 날ᄃᆞ려 알외여라. 소동(小童) 아ᄒᆡᄃᆞ려 주가(酒家)에 술을 믈어, 얼운은 막대 집고, 아ᄒᆡᄂᆞᆫ 술을 메고, 미음완보(微吟緩步)ᄒᆞ야 시냇ᄀᆞ의 호자 안자, 명사(明沙) 조ᄒᆞᆫ 믈에 잔 시어 부어 들고, 청류(淸流)ᄅᆞᆯ 굽어보니, ᄯᅥ오ᄂᆞ니 도화(桃花)ㅣ로다. 무릉(武陵)이 갓갑도다. 져 ᄆᆡ이 긘 거이고. 송간(松間) 세로(細路)에 두견화(杜鵑花)ᄅᆞᆯ 부치 들고, 봉두(峰頭)에 급피 올나 구름 소ᄀᆡ 안자 보니, 천촌만락(千村萬落)이 곳곳이 버러 잇ᄂᆡ. ⓒ연하일휘(煙霞日輝)ᄂᆞᆫ 금수(錦繡)ᄅᆞᆯ 재폇ᄂᆞᆫ ᄃᆞᆺ. 엇그제 검은 들이 봄빗도 유여(有餘)ᄒᆞᆯ샤.

- 답청(踏靑): 봄에 파란 풀을 밟고 노는 것
- 욕기(浴沂): 개울에 멱 감기
- 채산(採山): 나물을 캠.
- 조수(釣水): 낚시
- 갈건(葛巾): 칡으로 짠 베로 만든 두건
- 화풍(和風): 화창한 봄바람
- 준중(樽中): 술독
- 미음완보(微吟緩步): 작은 소리로 읊으며 천천히 거닒.
- 송간(松間): 소나무 숲 사이
- 세로(細路): 가느다란 길
- 두견화(杜鵑花): 진달래꽃
- 금수(錦繡): 수놓은 비단

여보게 이웃 사람들아, 산수 구경 가자꾸나. 풀 밟기는 오늘 하고, 개울에 멱 감기는 내일 하세. 아침에는 산에서 나물을 캐고, 저녁에는 낚시하세. 이제 막 익은 술을 칡베로 만든 두건으로 걸러 놓고, 꽃나무 가지 꺾어, 술잔을 세어 가며 마시리라. 화창한 봄바람이 문득 불어 푸른 물을 건너오니, 맑은 향기는 잔에 스미고, 붉은 꽃잎은 옷에 떨어진다. 술독이 비었거든 나에게 알려라. 심부름하는 아이에게 술집에 술이 있는지 물어, 어른은 지팡이 짚고, 아이는 술동이 메고, 시를 나직이 읊조리며 천천히 걸어가 시냇가에 혼자 앉아, 고운 모래 맑은 물에 잔을 씻어 들고, 맑은 물을 바라보니, 떠오는 것이 복숭아꽃이로구나. 무릉도원이 가까운 듯하다. 저 들이 그곳인가? 소나무 사이로 난 좁은 길에 진달래꽃을 붙들고, 산봉우리에 급히 올라 구름 속에 앉아 보니, 수많은 촌락이 곳곳에 벌여져 있네. 안개와 노을, 빛나는 햇살은 수놓은 비단을 펼쳐 놓은 듯. 엊그제까지만 해도 거뭇거뭇했던 들에 이제 봄빛이 흘러넘치는구나.

라 ⓓ공명(功名)도 날 ᄭᅴ우고, 부귀(富貴)도 날 ᄭᅴ우니, ⓔ청풍명월(淸風明月) 외(外)예 엇던 벗이 잇ᄉᆞ올고. 단표누항(簞瓢陋巷)에 흣튼 혜음 아니 ᄒᆞᄂᆡ. 아모타, 백년행락(百年行樂)이 이만ᄒᆞᆫ ᄃᆞᆯ 엇지ᄒᆞ리.

- 백년행락(百年行樂): 평생을 즐겁게 지냄.

공명도 날 꺼리고, 부귀도 날 꺼리니, 맑은 바람과 달 외에 어떤 벗이 있겠는가? 소박한 시골 생활에도 헛된 생각 아니 하네. 아무튼 평생 누리는 즐거움이 이만하면 만족스럽지 아니한가?

필수 작품의 기틀

갈래	가사(서정 가사, 정격 가사, 양반 가사)
주제	봄의 완상(玩賞)과 안빈낙도
특징	① 서사–본사–결사의 3단 구성이 나타남. ② 공간의 이동에 따라 시상을 전개함.

핵심 꼭! 체크

1 시상 전개

서사	수간모옥	자연에 묻혀 사는 즐거움
본사	정자 → 시냇가 → 봉두	봄의 흥취와 풍류
결사	봉두	안빈낙도하는 삶의 만족감

공간의 이동에 따라 시상이 전개되고 있는데, 공간은 좁은 곳에서 점차 넓은 곳으로 확장되고 있음.

2 자연에 대한 화자의 인식과 태도

이 작품에서 자연은 완상의 대상이면서 속세와 대립되는 공간이고 친화의 대상임. 화자는 이런 자연에 묻혀 사는 소박하고 편안한 자신의 삶에 대한 자부심과 만족감을 드러내고 있음. 그리고 봄을 맞이한 자연의 흥취에 빠져 자연과 물아일체(物我一體)된 모습을 보임.

수능 발전

고전 시가 속 선인들의 가치관

우리 고전 시가 속에서 선인들은 초가삼간을 짓고 보리밥에 풋나물을 먹는 등 안빈낙도의 삶을 추구하고, 자연에 묻혀 자연과 하나가 되는 물아일체의 경지에 오르고자 함. 또한 세속의 시름을 잊고 풍월주인이 되어 풍류를 즐기는 삶을 추구함. 이처럼 선인들은 속세를 떠나 자연 속에서 자연과 동화된 삶을 자랑스럽게 여기며, 안분지족하는 이상적인 삶을 추구함.

학습 활동 응용 📖

1 윗글에 대한 설명으로 적절하지 <u>않은</u> 것은?

① 공간의 이동에 따라 시상을 전개하고 있다.

② 설의적 표현을 통해 화자의 자부심을 드러내고 있다.

③ 감정 이입을 통해 봄에 대한 화자의 흥취를 드러내고 있다.

④ 봄의 경치와 흥취를 시각적 이미지를 사용하여 표현하고 있다.

⑤ 대상에 대한 화자의 태도를 풍자적 표현을 통해 드러내고 있다.

2 (가)에서 번거롭고 속된 세상, 즉 속세를 가리키는 시어를 찾아 쓰시오.

_____

3 다음 밑줄 친 시어 중, ㉠과 시적 기능이 가장 유사한 것은?

① <u>돌</u>하 노피곰 도□샤 / 어긔야 머리곰 비취오시라
　　　　　　　　　　　　　　 – 어느 행상인의 아내, 〈정읍사〉

② 구스리 아즐가 구스리 <u>바회</u>예 디신□ / 긴힛□ 아즐가 긴힛□ 그치리잇가 　　　 – 작자 미상, 〈서경별곡〉

③ 대동강(大同江) 아즐가 대동강(大同江) 건너편 고즐여 / 비 타들면 아즐가 비 타들면 것고리이다
　　　　　　　　　　　　　　 – 작자 미상, 〈서경별곡〉

④ 천만 리(千萬里) 머나먼 길에 고은 님 여희□고 / 내 □음 둔 □ 업서 냇□의 안자시니 / 져 <u>물</u>도 □□은 □□여 우러 밤길 녜놋다 　 – 왕방연의 시조

⑤ □음이 어린 후(後) | 니 □□ 일이 다 어리다 / <u>만중운산(萬重雲山)</u>에 어□ 님 오리마□ / 지□ 님 부□ □람에 힝여 긘가 □노라　 – 서경덕의 시조

4 ㉡에 대한 설명으로 적절하지 <u>않은</u> 것은?

① 대구를 통해서 운율이 형성된다.

② '낙홍(落紅)'은 '붉은 노을'을 가리킨다.

③ 물아일체(物我一體)된 경지가 드러난다.

④ 후각과 시각 등 감각적 표현이 나타난다.

⑤ 봄을 맞이한 자연에서의 풍류가 드러난다.

5 ⓐ～ⓔ 중, 의미가 <u>이질적인</u> 것은?

① ⓐ　　② ⓑ　　③ ⓒ　　④ ⓓ　　⑤ ⓔ

학습 활동 응용 📖

6 다음 중, (라)에 드러나는 화자의 삶의 태도와 가장 유사한 것은?

① 선인교 흘러내린 물이 자하동에 흘러들어 / 반천 년 왕업이 물소리뿐이로다 / 아이야 고국흥망을 물어 무엇하리오 　　　　　　　　　 – 정도전의 시조

② 구름이 무심하다는 말이 아마도 허랑하다 / 중천에 떠 있어 임의로 다니면서 / 구태여 광명한 날빛을 따라가며 덥나니 　　　　　 – 이존오의 시조

③ 어버이 살아계실 때 섬길 일을 다하여라 / 지나간 후면 애달프다 어찌하리 / 평생에 다시 못할 일이 이뿐인가 하노라 　　　　　　 – 정철의 시조

④ 삭풍은 나무 끝에 불고 명월은 눈 속에 찬데 / 만리변성에 일장검을 짚고 서서 / 긴 휘파람 큰 한소리에 거칠 것이 없어라 　　　　 – 김종서의 시조

⑤ 짚방석 내지 마라 낙엽엔들 못 앉겠느냐 / 솔불 켜지 마라 어제 진 달 돋아온다 / 아이야 박주산채라도 없다 말고 내여라 　　　　 – 한호의 시조

수능형 ⬆

7 윗글에 드러나는 '자연'(A)과 〈보기〉의 밑줄 친 '산'(B)을 비교 감상한 내용으로 가장 적절한 것은?

> ● 보기 ●
>
> 　말에 내려 인가를 찾아가 보니 / 아낙네 문간에 나와 맞이하네 / 띠집 처마 아래 손을 앉게 하고 / 나를 위해 밥과 반찬 내어 오네 / 남편은 어디에 나가 있냐 하니 / 아침에 따비를 메고 <u>산</u>에 올라 / 산밭을 일구느라 고생을 하며 / 저물도록 돌아오지 못한다네
> 　　　　　　　　　　　　　　　 – 김창협, 〈산민〉

① A와 B는 모두 현실과 대립되는 이상적인 공간이다.

② A와 B는 모두 화자가 벗어나고 싶은 절망의 공간이다.

③ A는 풍류를 즐기는 공간이고, B는 고달픈 삶의 공간이다.

④ A는 이별을 하는 공간이고, B는 소망을 실현하는 공간이다.

⑤ A는 학문 수양의 공간이고, B는 상실의 아픔을 느끼는 공간이다.

06 속미인곡(續美人曲) - 정철

예 가는 뎌 각시 본 듯도 흔뎌이고.

텬샹(天上) 빅옥경(白玉京)을 엇디흐야 니별(離別)흐고,

히 다 뎌 져믄 날의 눌을 보라 가시는고.

어와 네여이고 내 스셜 드러 보오.

내 얼굴 이 거동이 님 괴얌즉 흔가마는
사랑받음직

엇뎐디 날 보시고 네로다 녀기실싀

나도 님을 미더 군ᄠᅳᆮ디 전혀 업서 / 이리야 교틱야 어즈
러이 흐돗썬디 / 반기시는 눛비치 녜와 엇디 다ᄅᆞ신고.

누어 싱각흐고 니러 안자 혜여흐니
헤아리니

내 몸의 지은 죄 뫼ᄀᆞ티 빠혀시니

하늘히라 원망흐며 사름이라 허믈흐랴.

셜워 플텨 혜니 조믈(造物)의 타시로다. 〈중략〉

잡거니 밀거니 놉픈 뫼히 올라가니

ⓐ 구롬은ᄏᆞ니와 ⓑ 안개는 므스 일고.

산쳔(山川)이 어둡거니 일월(日月)을 엇디 보며

지쳑(咫尺)을 모ᄅᆞ거든 쳔 리(千里)를 ᄇᆞ라보랴.

출하리 믈ᄀᆞᄋᆡ 가 ᄇᆡ 길히나 보쟈 흐니

ⓒ ᄇᆞ람이야 ⓓ 믈결이야 어둥졍 된뎌이고.
어수선하게

샤공은 어딕 가고 ⓔ 븬 ᄇᆡ만 걸렷ᄂᆞ니

강텬(江天)의 혼자 셔셔 디는 ᄒᆡ를 구버보니

님다히 쇼식(消息)이 더옥 아득흐뎌이고.

모쳠(茅簷) 춘 자리의 밤듕만 도라오니
초가집 처마

반벽쳥등(半壁靑燈) 은 눌 위흐야 불갓ᄂᆞᆫ고.

㉠ 오ᄅᆞ며 ᄂᆞ리며 헤쓰며 ᄇᆞ니니

져근덧 녁진(力盡)흐야 풋줌을 잠간 드니

졍셩(精誠)이 지극흐야 ᄭᅮᆷ의 님을 보니

옥(玉) ᄀᆞᄐᆞᆫ 얼굴이 반(半)이나마 늘거셰라.

ᄆᆞ음의 머근 말숨 슬ᄏᆞ장 숣쟈 흐니
실컷   *사뢰려고, 아뢰려고*

눈믈이 바라 나니 말숨인들 어이 흐며

졍(情)을 못다흐야 목이조차 몌여흐니

오뎐된 계셩(鷄聲)의 ᄌᆞᆷ은 엇디 ᄭᅢ돗던고.
방정맞은

어와 허ᄉᆞ(虛事)로다 이 님이 어딕 간고

결의 니러 안자 창(窓)을 열고 ᄇᆞ라보니

어엿븐 그림재 날 조촐 ᄲᅮᆫ이로다
불쌍한, 가련한

출하리 싀여디여 ㉮ 낙월(落月)이나 되야이셔
죽어서

님 겨신 창(窓) 안히 번드시 비최리라

각시님 ᄃᆞᆯ이야ᄏᆞ니와 ㉯ 구준비나 되쇼셔.

저기 가는 저 각시 본 듯도 하구나.
천상 백옥경(임이 계시는 궁궐)을 어찌하여 이별하고,
해 다 져서 저문 날에 누구를 만나러 가시는가?
어와, 너로구나. 내 이야기를 좀 들어 보오.
내 모습과 이 행동이 임에게 사랑을 받음직한가마는
어찌된 일인지 나를 보시고 너로구나 하며 특별히 여겨 주시기에
나도 임을 믿어 딴 생각이 전혀 없어 / 아양도 부리고 교태도 떨며 어지럽게 하였던지 / 반기시는 얼굴빛이 옛날과 어찌 달라졌는가?
누워 생각하고 일어나 앉아 생각해 보니
내 몸의 지은 죄가 산처럼 쌓였으니
하늘을 원망하며 사람을 탓할 수 있으랴.
서러워 여러 가지를 풀어내어 생각해 보니 조물주의 탓이로구나. 〈중략〉

(나무와 바위 등을) 잡기도 하고 밀기도 하면서 높은 산에 올라가니
구름은 물론이거니와 안개는 또 무슨 일로 끼어 있는가?
산천이 어두운데 일월을 어찌 바라보며
바로 앞도 분간할 수 없는데 천 리나 되는 먼 곳을 바라볼 수 있으랴.
차라리 물가에 가서 뱃길이나 보려고 하니
바람과 물결 때문에 어수선하게 되었구나.
뱃사공은 어디 가고 빈 배만 걸려 있는가?
강가에 혼자 서서 지는 해를 굽어보니
임 계신 곳 소식이 더욱 아득하기만 하구나.
초가집 찬 자리에 한밤중에 돌아오니
벽 가운데 걸려 있는 청사초롱은 누구를 위하여 밝혀 놓았는가?
(산을) 오르내리며 (강가를) 헤매며 방황하니
잠깐 사이에 힘이 다하여 풋잠을 잠깐 드니
정성이 지극했던지 꿈에 임을 보니
옥같이 곱던 얼굴이 반도 넘게 늙어 있구나.
마음속에 품은 생각을 실컷 사뢰려 하니
눈물이 바로 쏟아져 말도 하지 못하고 정을 풀지도 못하여 목조차 메니,
방정맞은 닭 소리에 잠은 왜 깬단 말인가?

아아, 헛된 일이로다. 이 임이 어디 갔는가?
잠결에 일어나 앉아 창을 열고 바라보니 불쌍한 그림자만이 나를 따를 뿐이로다.
차라리 죽어서 지는 달이나 되어 임 계신 창 안에 환하게 비치리라.
각시님, 달은커녕 궂은비나 되십시오.

1 윗글에 대한 설명으로 적절하지 <u>않은</u> 것은?

① 두 인물의 대화 형식으로 내용을 전개하고 있다.

② 여성의 목소리를 통해 화자의 정서를 드러내고 있다.

③ 임에 대한 화자의 그리움을 반어적으로 드러내고 있다.

④ 자연물에 상징적인 의미를 부여하여 화자의 심정을 표현하고 있다.

⑤ 우리말의 아름다움을 살려 화자의 정서를 진실하고 소박하게 표현하고 있다.

〔학습 활동 응용 📖〕

2 〈보기〉를 바탕으로 윗글을 감상한 내용으로 적절하지 <u>않은</u> 것은?

─● 보기 ●─

　이 작품은 송강 정철이 반대파인 동인의 탄핵을 받고 선조 18년(1585)에 고향인 전남 창평에서 4년 간 은거할 때 지은 가사이다. 정철은 이 작품에서 임과 이별한 여인의 애달픈 마음에 의탁하여 연군의 정을 표현하고 있다.

① '텬샹 빅옥경'은 임금이 있던 한양(궁궐)을 의미하는 것이군.

② '뎌 각시'는 작가인 정철을, '임'은 선조 임금을 의미하는 것이군.

③ '텬샹 빅옥경을 니별'한 것은 벼슬에서 물러나 창평에 은거하던 작가의 상황을 나타내는 것이군.

④ '내 스셜'은 반대파의 탄핵을 받게 된 원인을 의미하는 것으로, 작가의 억울함을 나타내는 것이군.

⑤ 이별의 원인을 자신의 운명으로 돌리는 태도는 임금을 원망하지 않는 유학자적인 태도로군.

3 ㉠에 드러나는 화자에 대한 설명으로 가장 적절한 것은?

① 임을 떠나 먼 곳으로 가려고 애쓰고 있다.

② 임에 대한 그리움으로 여기저기 헤매고 있다.

③ 임의 소식을 알 수 없는 슬픔에 좌절하고 있다.

④ 임으로 인한 괴로움을 극복하려 노력하고 있다.

⑤ 임에 대한 그리움을 잊기 위해 몸부림치고 있다.

〔수능형 ⬆〕

4 ⓐ～ⓔ 중, 시적 기능이 나머지 넷과 <u>다른</u> 것은?

① ⓐ　　② ⓑ　　③ ⓒ　　④ ⓓ　　⑤ ⓔ

5 윗글의 화자 〔뎌 각시〕(A)와 〈보기〉의 화자(B)가 대화를 나눈다고 할 때 그 내용으로 적절하지 <u>않은</u> 것은?

─● 보기 ●─

　쑴의나 님을 보려 턱 밧고 비겨시니 앙금(鴦衾)도 추도 출샤 이 밤은 언제 샐고 호르도 열두 때 흔 둘도 셜흔 날 〈중략〉 출하리 싀어디여 범나븨 되오리라 곳나모 가지마다 간 듸 죡죡 안니다가 향 므든 늘애로 님의 오시 올므리라 님이야 날인 줄 모른셔도 내 님 조츠려 호노라　　─ 정철, 〈사미인곡〉

① A: 하루 종일 산과 강가를 헤매고 다니다가 지쳐 잠깐 든 잠에서 임을 만났습니다.

② B: 꿈속에서나마 임을 만난 당신이 부럽습니다. 잠도 오지 않는 긴 밤이 너무나도 외롭습니다.

③ A: 하지만 그토록 그리워하던 임을 꿈속에서 만났으면서도 눈물이 계속 쏟아져 아무런 말도 하지 못했습니다.

④ B: 이렇게 임을 만날 수 없다면 차라리 죽어서 임에게 가까이 닿을 수 있는 범나비가 되고 싶습니다.

⑤ A: 그래요. 저도 차라리 죽어서 오랫동안 내리면서 임에게 가까이 닿을 수 있는 궂은비가 되고 싶습니다.

〔학습 활동 응용 📖〕

6 윗글의 시어 중, 〈보기〉의 밑줄 친 시어들과 의미가 가장 유사한 것은?

─● 보기 ●─

　출하리 잠을 드러 쑴의나 보려 호니 바람의 <u>디</u><u>는 닢</u>과 풀 속에 우는 <u>즘생</u> 므스 일 원수로서 잠조차 쌔오는다　　─ 허난설헌, 〈규원가〉

① 일월　　② 모첨　　③ 반벽쳥등

④ 계성　　⑤ 그림재

〔학습 활동 응용 📖〕

7 ㉮, ㉯에 대한 설명으로 적절하지 <u>않은</u> 것은?

	㉮	㉯
①	소극적 태도를 보임.	적극적 태도를 보임.
②	대상을 밝게 비춰 줌.	대상에게 슬픔을 전달함.
③	대상과 거리감이 존재함.	대상에게 밀착됨.
④	일시적으로 스쳐 지나감.	지속적으로 상대에게 남아 있음.
⑤	욕망의 이미지를 지님.	눈물의 이미지를 지님.

07 강호사시가(江湖四時歌) — 맹사성

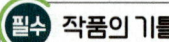
비상(박)

강호(江湖)에 봄이 드니 미친 흥(興)이 절로 난다
탁료계변(濁醪溪邊)에 금린어(錦鱗魚)가 안주(安酒)로다
막걸리를 마시며 노는 시냇가
이 몸이 한가(閒暇)하옴도 ㉠역군은(亦君恩)이샷다 〈제1수〉

> 강호에 봄이 찾아오니 깊은 흥이 절로 난다.
> 막걸리를 마시며 노는 시냇가에 싱싱한 물고기가 안주로다.
> 이 몸이 한가롭게 지내는 것도 역시 임금님의 은혜이시도다.

강호(江湖)에 여름이 드니 초당(草堂)에 일이 없다
유신(有信)한 강파(江波)는 보내나니 바람이로다
믿음직스러운 강의 물결
이 몸이 서늘하옴도 역군은(亦君恩)이샷다 〈제2수〉

> 강호에 여름이 찾아오니 초가집에 할 일이 없다.
> 믿음직스러운 강의 물결은 보내는 것이 시원한 바람이로다.
> 이 몸이 시원하게 지내는 것도 역시 임금님의 은혜이시도다.

강호(江湖)에 가을이 드니 고기마다 살쪄 있다
㉡소정(小艇)에 그물 실어 흘러가는 대로 띄워 던져두고
작은 배
이 몸이 소일(消日)하옴도 역군은(亦君恩)이샷다 〈제3수〉
어떠한 것에 재미를 붙여 심심하지 아니하게 세월을 보냄.

> 강호에 가을이 찾아오니 물고기마다 살이 올라 있다.
> 작은 배에 그물을 실어 (물결 따라) 흘러가는 대로 띄워 던져 놓고,
> 이 몸이 소일하며 지내는 것도 역시 임금님의 은혜이시도다.

강호(江湖)에 겨울이 드니 눈 깊이 한 자가 넘네
ⓐ삿갓 빗기 쓰고 누역(縷繹)으로 옷을 삼아
이 몸이 춥지 아니하옴도 역군은(亦君恩)이샷다 〈제4수〉

> 강호에 겨울이 찾아오니 (쌓인) 눈의 깊이가 한 자가 넘는다.
> 삿갓을 비스듬히 쓰고 누더기로 덧옷을 삼으니
> 이 몸이 추위를 모르고 지내는 것 역시 임금님의 은혜이시도다.

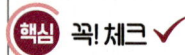
필수 작품의 기틀

갈래	평시조, 연시조(전 4수)
주제	강호에서 안빈낙도하며 임금을 생각함.
특징	① 계절의 흐름에 따라 시상을 전개함. ② 자연에 대한 예찬과 유교적 충의가 함께 드러남. ③ 각 연마다 형식을 통일하여 안정감을 드러내고 주제를 효과적으로 부각함.

핵심 꼭! 체크 ✓

1 형식상의 특징

> 강호에 (㉠) 드니 (㉡)
> (㉢)
> 이 몸이 (㉣)도 역군은이샷다

• ㉠에는 계절의 바뀜이 나타나고, ㉡에는 그에 맞는 계절의 풍취가 표현되었으며, ㉢에는 삶의 모습을 제시함. ㉣에는 '한가하옴', '서늘하옴', '소일하옴', '춥지 아니하옴'과 같이 삶의 모습을 압축하여 표현한 다음, 임금의 은혜에 대한 감사함을 나타냄.

• 각 연은 '강호에'로 시작하여 '역군은이샷다'로 끝남.
→ 이와 같은 형식적 통일성은 계절의 변화에 따라 자연과 조화를 이루며 사는 삶과 임금에 대한 충성심을 나타내는 데 효과적임.

2 화자의 주된 태도

• 탁료계변에 금린어가 안주로다
• 삿갓 빗기 쓰고 누역으로 옷을 삼아
↓
안빈낙도(安貧樂道), 안분지족(安分知足)

수능 발전 ✦✦

계절에 따라 자연을 즐기는 삶

봄	물고기를 안주 삼아 막걸리를 마시는 흥겨움
여름	강바람이 불어오는 초당에 앉아 더위를 잊고 지내는 한가로움
가을	강에 배를 띄워 놓고 고기잡이를 하는 즐거움
겨울	삿갓과 누더기로 추위를 막을 수 있는 행복함

1 윗글에 대한 설명으로 적절하지 <u>않은</u> 것은?
① 강호가도의 성격을 띤 사대부의 시가이다.
② 양반들의 유교적 가치관이 바탕이 되고 있다.
③ 계절적 배경을 제시하며 정서를 드러내고 있다.
④ 세속적 가치에 대한 내적 갈등을 암시하고 있다.
⑤ 풍류를 즐기는 삶의 모습을 구체적으로 묘사하고 있다.

2 ㉠을 이해한 내용으로 가장 적절한 것은?
① 반복적인 노출로 주제 의식이 강조되고 있군.
② 노동의 가치에 대한 긍정적 생각을 담고 있군.
③ 임금을 청자로 설정하고 있음을 보여 주고 있군.
④ 계절에 따른 화자의 정서 변화를 보여 주고 있군.
⑤ 대상을 관조하며 얻게 된 깨달음을 반복적으로 드러내고 있군.

학습 활동 응용 📖
3 ㉡을 통해 알 수 있는 내용으로 가장 적절한 것은?
① 화자는 생계를 위해 고기잡이를 하는 것이 아님을 알 수 있다.
② 화자는 강호에서도 속세에 대한 미련을 버리지 못하고 있음을 알 수 있다.
③ 계절에 따른 강호의 변화를 고기잡이에 빗대어 표현하고 있음을 알 수 있다.
④ 풍요로움을 추구하는 화자의 마음을 고기잡이를 통해 드러내고 있음을 알 수 있다.
⑤ 대상의 생명을 빼앗는 고기잡이를 통해 당쟁의 폭력성을 고발하고 있음을 알 수 있다.

4 윗글의 구조를 〈보기〉와 같이 정리할 때 빈칸에 공통으로 들어갈 1음절의 말을 쓰시오.

● 보기 ●

초장	계절에 따른 흥취
중장	계절에 따른 화자의 (　　　)의 모습
종장	화자의 정서와 (　　　)의 모습을 임금의 은혜로 귀결

학습 활동 응용 📖
5 강호 에 대한 설명으로 가장 적절한 것은?
① 화자에게 인생의 교훈을 주는 공간
② 현실 세계의 부정적 측면을 부각하는 공간
③ 화자와 조화를 이루며 만족감을 주는 공간
④ 지배층이 정치에서 궁극적으로 지향하는 공간
⑤ 임금과 신하가 서로 간의 신뢰를 확인하는 공간

6 ⓐ에 드러나는 화자의 태도와 연관된 한자 성어로 가장 적절한 것은?
① 각주구검(刻舟求劍)　　② 맥수지탄(麥秀之歎)
③ 새옹지마(塞翁之馬)　　④ 안분지족(安分知足)
⑤ 오월동주(吳越同舟)

수능형 ⬆
7 윗글에 대한 반응으로 적절하지 <u>않은</u> 것은?
① 소박하게 살아가는 화자의 삶의 모습을 발견할 수 있군.
② 자기 삶에 만족하는 화자의 삶의 태도를 드러내고 있군.
③ 자연 속에서 느끼는 화자의 정서를 직접적으로 드러내고 있군.
④ 대화를 직접 인용함으로써 생생하게 현장감을 전달하고 있군.
⑤ 각 수를 임금의 은혜라는 하나의 주제 의식으로 엮어 내고 있군.

08 만흥(漫興) – 윤선도

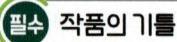

산수 간(山水間) 바회 아래 뛰집을 짓노라 ᄒᆞ니

그 모론 ᄂᆞᆷ들은 운는다 ᄒᆞ다마ᄂᆞᆫ

어리고 햐암의 ᄠᅳ디ᄂᆞᆫ 내 분(分)인가 ᄒᆞ노라 〈제1수〉

  향암(鄕闇). 시골에서 지내 온갖 사리에 어둡고 어리석은 사람

> 산수 간 바위 아래 초가집을 지으려 하니
> 나의 뜻을 모르는 남들은 비웃는다지만
> 어리석고 시골뜨기인 내 생각에는 내 분수인가 하노라.

보리밥 픗ᄂᆞ믈을 알마초 머근 후(後)에

바횟 긋 ᄆᆞᆰᄀᆞ의 슬ᄏᆞ지 노니노라

그 나믄 녀나믄 일이야 부ᄅᆞᆯ 줄이 이시랴 〈제2수〉

  알맞게

> 보리밥과 풋나물을 알맞게 먹은 후에
> 바위 끝 물가에서 실컷 노니노라.
> 그 밖의 다른 일이야 부러워할 줄이 있으랴.

잔 들고 혼자 안자 먼 뫼흘 ᄇᆞ라보니

그리던 님이 오다 반가옴이 이리ᄒᆞ랴

말ᄉᆞᆷ도 우움도 아녀도 몯내 됴하ᄒᆞ노라 〈제3수〉

> 잔 들고 혼자 앉아 먼 산을 바라보니
> 그리워하는 임이 온들 반가움이 이 정도이랴.
> (산이) 말도 없고 웃음도 없지만 (나는) 마냥 좋아하노라.

누고셔 삼공(三公)도곤 낫다 ᄒᆞ더니 만승(萬乘)이 이만ᄒᆞ랴

이제로 헤어든 소부 허유(巢父許由)ㅣ 냑돗더라

  헤아려 보니, 생각해 보니

아마도 임천한흥(林泉閑興)을 비길 곳이 업세라 〈제4수〉

> 누가 (자연이) 삼정승보다 낫다고 하더니 천자가 이만하겠는가.
> 이제 와서 생각해 보니 소부와 허유가 영리했구나.
> 아마도 자연 속에서 한가로이 지내는 흥취는 비할 데가 없으리라.

내 셩이 게으르더니 하ᄂᆞᆯ히 아ᄅᆞ실샤

  천성, 성격

인간 만ᄉᆞ(人間萬事)를 ᄒᆞᆫ 일도 아니 맛뎌

다만당 ᄃᆞ토리 업슨 강산(江山)을 딕희라 ᄒᆞ시도다 〈제5수〉

  지키라

> 내 천성이 게으른 것을 하늘이 아셔서
> 인간 세상의 수많은 일을 한 가지도 맡기지 않고
> 다만 다툴 이 없는 강산을 지키라 하시는구나.

강산이 됴타 ᄒᆞᆫ들 내 분(分)으로 누얻ᄂᆞ냐

  분수

님군 은혜(恩惠)를 이제 더욱 아노이다

아ᄆᆞ리 갑고쟈 ᄒᆞ야도 ᄒᆡ올 일이 업세라 〈제6수〉

  갚고자

> 강산이 좋다고 한들 내 분수로 (이렇게 편하게) 누워 있겠느냐.
> 임금의 은혜인 것을 이제 더욱 알 것 같구나.
> (이 은혜를) 아무리 갚고자 하여도 할 수 있는 일이 없구나.

필수 작품의 기틀

갈래	평시조, 연시조(전 6수)
주제	자연에 묻혀 사는 즐거움과 임금의 은혜에 대한 감사
특징	① 우리말의 묘미를 잘 살림. ② 중국의 고사를 인용하여 화자의 정서를 강조함. ③ 자연과 세속적인 것을 대비하여 주제를 부각함.

핵심 꼭! 체크 ✓

1 작가(화자)의 태도

작가는 벼슬길에서 많은 좌절을 맛보았기 때문에 속세를 벗어나 자연 속에 은거하고자 함. → 속세에 대한 현실 도피적인 태도를 보이며, 자연 속에서 안분지족(安分知足), 안빈낙도(安貧樂道)하려 함.

2 자연과 현실에 대한 화자의 인식

자연	화자가 지향하는 이상적인 공간

현실	정치 현실이나 속세를 의미하는 부정적인 공간

3 자연과 속세의 대조

	자연	속세
1수	산수 간 바회 아래, 뛰집	그 모론 ᄂᆞᆷ들
2수	보리밥 픗ᄂᆞ믈, 바횟 긋 ᄆᆞᆰᄀᆞ	그 나믄 녀나믄 일
3수	먼 뫼	그리던 님
4수	임천	삼공, 만승
5수·6수	강산	인간 만ᄉᆞ, ᄃᆞ토리

1 윗글의 서술상 특징으로 적절하지 <u>않은</u> 것은?

① 대조의 방법으로 대상의 가치를 드러내고 있다.

② 설의적 표현을 통해 주제 의식을 부각하고 있다.

③ 4음보의 율격을 형성하여 운율감을 조성하고 있다.

④ 청각적 심상을 통해 대상을 생동감 있게 표현하고 있다.

⑤ 자연을 의미하는 다양한 시어로 지향하는 바를 드러내고 있다.

2 〈보기〉를 참고하여 윗글을 이해한 내용으로 적절하지 <u>않은</u> 것은?

● 보기 ●

〈만흥〉은 세속에서 벗어나 자연과 더불어 살아가는 은자(隱者)의 삶에 대한 만족감을 드러내고 있는 작품이다.

① 〈제1수〉의 '어리고 햐암의 뜻'은 〈제4수〉의 '삼공'이나 '만승'을 지향하는 세속인들의 삶의 태도를 말하고 있군.

② 〈제1수〉의 '뛰집'을 짓는 것과 〈제2수〉의 '보리밥 풋ᄂ믈'을 알맞게 먹는 모습은 자연 속에서 소박하게 살아가는 모습을 구체적으로 보여 주고 있군.

③ 〈제2수〉의 '바횟 긋 믌ᄀ'와 〈제3수〉의 '먼 뫼'는 화자가 자연에서 즐기는 대상이군.

④ 〈제2수〉의 '그 나믄 녀나믄 일'은 〈제5수〉의 '인간 만ᄉ'와 같이 속세와 관련된 일을 말하는 것이겠군.

⑤ 〈제2수〉의 '부룰 줄이 이시랴'와 〈제4수〉의 '소부 허유ㅣ 냑돗더라'에서 자연과 더불어 살아가는 것에 대한 화자의 만족감을 엿볼 수 있군.

3 〈제2수〉와 〈제3수〉에 드러나는 화자의 삶을 영상물로 제작할 때 그 모습으로 적절하지 <u>않은</u> 것은?

① 말없이 먼 산을 바라보고 있는 모습

② 먼 산을 바라보며 술을 마시는 모습

③ 보리밥과 풋나물을 맛있게 먹는 모습

④ 바위 끝 물가에서 한가롭게 노닐고 있는 모습

⑤ 기다리던 임이 자신을 찾아와 반가워하는 모습

4 윗글에서 다음 빈칸에 들어갈 시어를 찾아 표를 완성하시오.

자연에서의 삶
산수 간 바회, 뛰집, 보리밥 풋ᄂ믈, 바횟 긋 믌ᄀ, (   ), 임천, (   )

↕

속세에서의 삶
그 모론 ᄂ들, 그 나믄 녀나믄 일, 그리던 님, (   ), 만승, 인간 만ᄉ, (   )

5 〈보기〉의 밑줄 친 부분이 가장 잘 드러나는 것은?

● 보기 ●

사대부 시가에는 자연에 은거한 삶을 살면서도 <u>임금의 은혜를 잊지 않는 모습</u>이 빈번히 등장한다. 맹사성의 〈강호사시가〉나 송순의 〈면앙정가〉에 나오는 '역군은이샷다'와 같은 표현이 이를 보여 준다고 할 수 있다.

① 〈제1수〉   ② 〈제3수〉   ③ 〈제4수〉
④ 〈제5수〉   ⑤ 〈제6수〉

6 윗글의 화자에 대한 독자의 반응으로 가장 적절한 것은?

① 다른 사람들의 비웃음 따위에는 신경 쓰지 않고 자신이 추구하는 삶을 살아가는군.

② 자연 안에 사는 삶에도 속세와는 다른 차원의 다툼이 존재하고 있음을 인식하는군.

③ 벼슬이나 권력을 쟁취한 소부 허유처럼 세속적 성공을 이루지 못한 것을 안타까워하는군.

④ 해 놓은 일이 없기 때문에 임금의 은혜를 갚을 수 없는 자신의 모습에 자괴감을 느끼는군.

⑤ 산을 바라보며 흥취를 즐기는 것이 임금의 은혜를 갚는 것보다 더 가치가 있다고 여기는군.

09 묏버들 갈히 것거 | 동지ㅅ달 기나긴 밤을 | 십 년을 경영ᄒ여

- 홍랑   - 황진이   - 송순

가 천재(김종) 나 천재(김수), 비상(강)
다 천재(김수), 비상(강), 창비, 지학사

가 ㉠묏버들 갈히 것거 보내노라 님의손디

자시는 창(窓) 밧긔 심거 두고 보쇼셔

밤비예 새닙곳 나거든 나린가도 너기쇼셔

> 산버들을 골라 꺾어서 보내노라, 임에게.
> 주무시는 창밖에 심어 놓고 보소서.
> 밤비에 새잎이라도 나거든 나를 보는 것처럼 여겨 주소서.

나 동지(冬至)ㅅ달 기나긴 밤을 한 허리를 버혀 내여

춘풍(春風) 니불 아레 서리서리 너헛다가
_{봄바람}

어론 님 오신 날 밤이여든 구뷔구뷔 펴리라

> 동짓달 기나긴 밤의 한가운데를 베어 내어,
> 봄바람처럼 따뜻한 이불 아래 서리서리 넣었다가
> 정든 임 오신 날 밤에 굽이굽이 펴리라.

다 십 년(十年)을 경영(經營)ᄒ여 초려 삼간(草廬三間) 지여 내니
_{계획하여}

나 ᄒ 간 ᄃᆞᆯ ᄒ 간에 청풍(淸風) ᄒ 간 맛져 두고

강산(江山)은 들일 듸 업스니 둘러 두고 보리라

> 십 년을 계획하여 세 칸짜리 초가집을 지어 내니
> 나 한 칸, 달 한 칸에 맑은 바람에 한 칸 맡겨 두고
> 강산은 들일 데가 없으니 둘러 두고 보겠노라.

필수 작품의 기틀

가

갈래	평시조, 단시조
주제	임에게 보내는 사랑
특징	① 상징법, 도치법을 사용하여 화자의 정서를 강조함. ② 여성적 어조를 사용하여 간절한 그리움을 드러냄.

나

갈래	평시조, 단시조
주제	임을 기다리는 마음
특징	① 우리말의 우수성을 잘 살려 냄. ② 추상적인 시간을 구체적인 사물로 형상화하여 표현함.

다

갈래	평시조, 단시조
주제	자연 속에서 안빈낙도하는 삶
특징	① 자연과 벗하며 살아가려는 화자의 정서를 드러냄. ② 자연물에게 방을 한 칸씩 내어 주겠다는 기발한 발상이 돋보임.

핵심 꼭! 체크 ✔

가 '묏버들'의 의미와 기능
임에 대한 화자의 사랑을 드러내는 자연물로, 화자의 마음을 임에게 전달하는 매개물임.

나 추상적 시간의 구체적 형상화
'시간'을 잘라서 사용할 수 있는 구체적인 사물처럼 변용한 발상이 참신함. 임이 없는 겨울밤을 '한 허리를 버혀 내여' → 봄 이불 아래 '서리서리 너헛다가' → 임이 오신 밤에 '구뷔구뷔 펴리라'라고 표현함.

다 화자의 태도
화자는 자연 속에서 안빈낙도하는 삶을 추구함. '달'과 '청풍'에게 초가집의 방을 한 칸씩 맡기겠다고 하며 자연을 자신과 동등한 인격체로 보고 있음.

1 (가)~(다)에 대한 설명으로 적절하지 <u>않은</u> 것은?

① (가)의 화자는 자연물을 매개로 임의 곁에 있겠다는 의지를 드러내고 있다.

② (나)에는 임에 대한 그리움과 사랑의 정서가 나타나고 있다.

③ (다)에는 안빈낙도하는 소박한 삶의 태도가 드러난다.

④ (가)~(다)는 모두 3장 형식의 시조이다.

⑤ (가)~(다)에서는 모두 삶에 대한 비관적인 인식이 드러나고 있다.

2 (가)와 〈보기〉의 화자가 나눌 수 있는 대화 내용으로 적절하지 <u>않은</u> 것은?

━━━━━ ● 보기 ●

이화우(梨花雨) 훗뿌릴 제 울며 잡고 이별(離別)흔 님

추풍낙엽(秋風落葉)에 저도 날 싱각는가

천 리(千里)에 외로온 꿈만 오락가락 흐노매

– 계랑의 시조

① (가): 눈에서 멀어지면 마음에서도 멀어진다지요. 임이 저를 잊지 않도록 저는 산버들 가지를 보내려 합니다.

② 〈보기〉: 저는 임과 너무 오래 떨어져 있어서 임에 대한 그리움이 더욱 커지는 것 같아요.

③ (가): 임이 제가 보낸 산버들을 저로 생각하기를 빌고 있답니다.

④ 〈보기〉: 저도 가을 낙엽을 임에게 보내 임이 저를 생각할 수 있도록 해 볼까 합니다.

⑤ (가): 산버들 가지를 임이 창밖에 심어 놓고 바라봤으면 좋겠네요.

3 (나)에서 우리말의 묘미를 잘 살린 음성 상징어 2가지를 찾아 쓰시오.

_____

4 (다)에 드러나는 화자의 태도와 가장 유사한 것은?

① 고울사 저 꽃이여 반(半)만 여윈 저 꽃이여 / 더도 덜도 말고 매양(每樣) 그만 허여 있셔 / 춘풍(春風)에 향기(香氣) 좇는 나뷔를 웃고 맞어 허노라

– 안민영의 시조

② 반중(盤中) 조홍(早紅)감이 고아도 보이ᄂ다 / 유자(柚子) 안이라도 품엄즉도 ᄒ다마ᄂ / 품어 가 반기리 업슬식 글노 셜워ᄒᄂ이다

– 박인로의 시조

③ 흔 손에 막ᄃ 잡고 쏘 한 손에 가싀 쥐고 / 늙ᄂ 길 가싀로 막고 오ᄂ 백발(白髮) 막ᄃ로 치려터니 / 백발(白髮)이 제 몬져 알고 즈럼길노 오더라

– 우탁의 시조

④ 짚방석(方席) 내지 마라 낙엽(落葉)인들 못 안즈랴 / 솔불 혀지 마라 어제 진 달 도다 온다 / 아희야 박주산채(薄酒山菜)ㄹ만졍 업다 말고 내여라

– 한호의 시조

⑤ 가마귀 눈비 마즈 희는 듯 검노믜라 / 야광명월(夜光明月)이 밤인들 어두오랴 / 님 향(向)흔 일편단심(一片丹心)이야 고칠 줄이 이시랴

– 박팽년의 시조

5 (다)에서 자연을 있는 그대로 두고 감상하고 싶은 화자의 정서가 나타난 3어절의 구절을 찾아 쓰시오.

_____

6 ㉠에 대한 설명으로 가장 적절한 것은?

① 사랑의 징표로 임에 대한 사랑을 드러내고 있다.

② 화자의 정서와 대비시킴으로써 임과의 사랑을 강조하고 있다.

③ 감정 이입의 대상으로 임과의 이별에 대한 원인을 제공하고 있다.

④ 의인화된 표현으로 임을 그리워하는 화자의 순수함을 상징하고 있다.

⑤ 화자의 정서를 대변하는 자연물로 화자를 떠난 임에 대한 원망을 드러내고 있다.

나무도 바윗돌도 – 작자 미상 | 논밭 갈아 – 작자 미상 | 두터비 파리를 – 작자 미상

가 나무도 바윗돌도 없는 뫼에 매게 쫓긴 ㉠까투리 안과
마음

[A]
대천(大川) 바다 한가운데 일천 석(一千石) 실은 배에 노도 잃고 닻도 잃고 용총
돛대에 매어 놓은 줄. 돛을 올리거나 내리는 데 씀.
도 끊고 돛대도 꺾고 키도 빠지고 바람 불어 물결 치고 안개 뒤섞여 잦아진 날
에 갈 길은 천리만리(千里萬里) 남은데 사면(四面)이 검어 어둑 저뭇 천지적막
남았는데
(天地寂寞) 가치노을 떴는데 수적(水賊) 만난 ㉡도사공(都沙工)의 안과
풍랑이 일 때 솟아오르는 하얀 물거품
엊그제 임 여읜 내 안이야 어디다 가을하리오

> 나무도 바윗돌도 없는 산에 매에게 쫓기는 까투리의 마음과
> 넓은 바다 한가운데 일천 석이나 되는 (짐을) 실은 배가 노도 잃고, 닻도 잃고, 돛 줄도 끊어지고, 돛대도 꺾어지고, 키
> 도 빠지고, 바람 불어 물결치고, 안개는 뒤섞여 자욱한 날에 갈 길은 천리만리 남았는데, 사방은 깜깜하고 어둑하게 저
> 물어서 천지는 고요하고 사나운 파도는 이는데 해적을 만난 도사공의 마음과
> 엊그제 임과 이별한 나의 마음이야 어디다가 비교할 수 있으랴.

나 논밭 갈아 김 매고 베잠방이 대님쳐 신들매고
논밭에 난 잡풀   베로 지은 짧은 남자용 홑바지
낫 갈아 허리에 차고 도끼 벼려 둘러메고 무림산중(茂林山中) 들어가서 삭정이 마
날카롭게 갈아
른 섶을 베고 잘라서 지게에 짊어 지팡이 받쳐 놓고 샘을 찾아가서 점심 도시락 비우
고 곰방대를 톡톡 떨어 잎담배 피워 물고 콧노래에 조을다가
석양이 재 넘어갈 제 어깨를 추스르며 ㉢긴 소리 짧은 소리 하며 어이 갈꼬 하더라

> 논밭 갈아 김매고 베잠방이 대님 쳐 신을 잡아매고
> 낫 갈아 허리에 차고 도끼를 갈아 둘러메고 울창한 산속에 들어가서 삭정이 마른 섶을 베기도 하고 자르기도 하여 지
> 게에 짊어 지팡이 받쳐 놓고 샘을 찾아가서 점심 도시락 비우고 곰방대를 톡톡 털어 잎담배 피워 물고 콧노래를 부르
> 면서 졸다가
> 석양이 고개를 넘어갈 때 어깨를 추스르며, 긴 소리 짧은 소리 하며 어이 갈까 하더라.

다 ⓐ두터비 ⓑ파리를 물고 두험 우희 치다라 안자
것넌산 바라보니 ⓒ백송골(白松骨)이 떠 잇거늘 가슴이 금즉하여 풀덕 뛰어 내닷
다가 ㉣두험 아래 잣바지거고
㉤모쳐라 날낸 낼싀만졍 에헐질 번하괘라.

> 두꺼비가 파리를 물고 두엄 위에 뛰어 올라가 앉아
> 건너편 산을 바라보니 흰 송골매가 떠 있거늘 가슴이 섬뜩하여 펄쩍 뛰어 내닫다가 두엄 아래 자빠졌구나.
> 마침 날랜 나였기에 망정이지 (하마터면) 피멍이 들 뻔했구나.

필수 작품의 기틀

가

갈래	사설시조
주제	임을 여읜 절망과 슬픔
특징	① 다양한 표현법을 사용하여 화자의 심정을 강조함. ② 자신의 절망적인 마음을 까투리, 도사공과 비교하여 드러냄.

나

갈래	사설시조
주제	농촌 생활의 즐거움
특징	① 시간 순서에 따른 시상 전개를 보임. ② 농민들의 생활상을 구체적이면서 실감 나게 묘사함.

다

갈래	사설시조
주제	탐관오리(양반)의 횡포와 허장성세 풍자
특징	① 대상(두꺼비)을 희화화함. ② 우의적 표현을 통해 탐관오리(양반)의 횡포를 풍자함.

핵심 꼭! 체크 ✓

가 다양한 수사법
임을 여읜 절망과 슬픔을 과장된 표현으로 나타낸 작품으로, 기발한 착상과 비교, 과장, 점층, 열거와 같은 다양한 수사법이 돋보임.

나 시상 전개
농민의 하루 일과에 따라 전개됨.

> 논밭 갈아 김을 맴. → 나무(삭정이)를 함. → 점심 도시락을 먹음. → 잎담배를 피우고 한숨 잠. → 석양 무렵에 노래를 부르며 귀가함.

다 상징적 의미

백송골	고위 중앙 관리(외세)

↑ 비굴함

두터비	지방 관리(탐관오리)

↓ 횡포, 수탈

파리	힘없는 백성

▶ 정답과 해설 21쪽

학습 활동 응용 📖

1 (가)~(다)에 대한 설명으로 가장 적절한 것은?

① (가), (나)는 (다)와 달리 열거법을 통해 상황을 전달하고 있다.

② (가), (나)는 (다)와 달리 비유적 표현을 활용하여 대상을 인상적으로 제시하고 있다.

③ (가), (다)는 (나)와 달리 점층적 표현으로 상황의 변화 양상을 부각하고 있다.

④ (가), (다)는 (나)와 달리 부정적 대상에 대한 화자의 정서를 직접적으로 표현하고 있다.

⑤ (나), (다)는 (가)와 달리 의문형 종결 어미를 활용하여 주제 의식을 부각하고 있다.

수능형 ⬆

2 (가)와 〈보기〉를 이해한 내용으로 적절하지 <u>않은</u> 것은?

● 보기 ●

　　이 몸이 주거 가셔 무어시 될고 ㅎ니
　봉래산(蓬萊山) 제일봉(第一峰)에 낙락장송(落落長松) 되야 이셔
　　백설(白雪)이 만건곤(滿乾坤)흘 제 독야청청(獨也靑靑)ㅎ리라
　　　　　　　　　　　　　　　　　　　　- 성삼문의 시조

① (가)는 〈보기〉와 달리 절박한 상황을 제시하여 화자의 심정과 처지를 강조하고 있다.

② (가)는 〈보기〉와 달리 중장을 길게 하여 상황을 구체적으로 묘사하고 있다.

③ 〈보기〉는 (가)와 달리 고난을 해학적으로 수용하려는 의도를 드러내고 있다.

④ (가)와 〈보기〉 모두 형식상 세 개의 부분으로 시상을 전개하고 있다.

⑤ (가)와 〈보기〉 모두 종장에서 시상을 집약하며 주제 의식을 드러내고 있다.

3 (나)에 대한 설명으로 적절하지 <u>않은</u> 것은?

① 공간의 이동이 나타나고 있다.

② 농부의 하루 일과를 사실적으로 묘사하고 있다.

③ 당대 농촌의 힘든 삶의 현실을 우회적으로 드러내고 있다.

④ 음성 상징어를 활용하여 상황을 생생하게 보여 주고 있다.

⑤ 바쁜 삶 속에서도 여유를 즐길 줄 아는 농부의 모습을 드러내고 있다.

4 [A]와 어울리는 말로 가장 적절한 것은?

① 엎친 데 덮치다

② 가는 날이 장날

③ 고생 끝에 낙이 온다

④ 까마귀 날자 배 떨어진다

⑤ 하늘이 무너져도 솟아날 구멍이 있다

학습 활동 응용 📖

5 ㉠~㉤에 대한 설명으로 가장 적절한 것은?

① ㉠: 화자가 겪고 있는 절망적인 심정을 부각하기 위하여 비교 대상을 제시하고 있다.

② ㉡: 화자가 위안을 얻기 위해 자신보다 좋지 않은 처지에 놓여 있는 대상을 상상하고 있다.

③ ㉢: 참담한 노동의 현실을 노래를 통해 잊으려 하는 모습을 드러내고 있다.

④ ㉣: 높은 지위에서 밀려난 비참한 현실을 비유적으로 표현하고 있다.

⑤ ㉤: 가치관을 지키려는 불가피한 행동에 대한 자부심을 드러내고 있다.

6 ⓐ~ⓒ가 상징하는 대상을 〈보기〉에서 찾아 각각 쓰시오.

● 보기 ●

　　(다)는 동물을 이용하여 인간 사회의 권력 관계를 풍자하고 있다. 이 작품은 최상의 권력 층인 중앙 관리 앞에서는 비굴한 모습을 보이면서, 백성을 괴롭히는 중간 관리 층인 탐관오리의 횡포와 허장성세를 비판하고 있다.

ⓐ: ＿＿＿＿＿＿＿＿＿＿＿＿＿＿＿＿＿＿＿＿

ⓑ: ＿＿＿＿＿＿＿＿＿＿＿＿＿＿＿＿＿＿＿＿

ⓒ: ＿＿＿＿＿＿＿＿＿＿＿＿＿＿＿＿＿＿＿＿

현대 소설   핵심 개념

개념 확인 문제

① 소설의 개념

작가가 현실에 있을 법한 일을 상상하여 꾸며 낸 줄글 형식의 산문 문학으로, 갑오개혁(1894년) 이후에 창작된 소설을 현대 소설이라고 함. 우리나라 최초의 현대 소설은 이광수의 〈무정〉(1917년)임.

1 다음 설명에 해당하는 소설의 특징으로 적절한 것은?

> 문학은 현실 세계와 동일하지는 않지만, 현실 세계에서 있을 법한 사건과 인간 체험을 다룬다.

① 허구성   ② 진실성
③ 개연성   ④ 서사성
⑤ 산문성

② 소설의 특징

(1) 허구성: 작가가 상상력을 통해 꾸며 낸 이야기임.
(2) 개연성: 실제로 현실에서 있을 법한 이야기를 다룸.
(3) 진실성: 허구의 세계를 그리지만, 인생의 진실이 담겨 있음.
(4) 서사성: 인물, 사건, 배경을 갖추고, 대체로 시간의 흐름에 따라 사건이 전개됨.
(5) 산문성: 서술, 묘사, 대화 등에 의해 표현되는 줄글 형식의 산문 문학임.
(6) 예술성: 문체나 구성, 표현 등을 통해 아름다움과 감동을 느낄 수 있음.

③ 소설의 3요소

주제	작가가 작품을 통해 전달하고자 하는 중심 생각
구성	인과 관계나 일정한 흐름에 의해 얽힌 이야기의 짜임새
문체	작가의 개성적인 문장 표현 방식

2 소설의 요소 중, 문장에 나타난 작가의 개성적인 표현 방식을 의미하는 것은?

① 인물   ② 배경
③ 주제   ④ 구성
⑤ 문체

④ 소설 구성의 3요소

(1) 인물
  ① 인물의 특징
  • 갈등을 일으켜 사건을 전개하고, 주제를 효과적으로 드러냄.
  • 작가의 상상력으로 창조되어 등장하는 사람이지만 현실의 인간상을 반영함.
  ② 인물의 유형

역할	주동 인물	주인공. 사건을 주도해 나가는 인물
	반동 인물	주동 인물의 의지와 행동에 맞서 갈등을 일으키는 인물
중요도	중심인물	작품에서 중심적인 역할을 하는 인물
	주변 인물	작품에서 보조적인 역할을 하는 인물
성격 변화	평면적 인물	작품의 처음부터 끝까지 성격이 변하지 않는 인물
	입체적 인물	사건의 진행 과정이나 주변 상황에 따라 성격이 변화하는 인물
집단의 대표성	전형적 인물	사회의 특정 계층이나 집단을 대표하는 인물
	개성적 인물	자신만의 뚜렷한 개성을 지니고 있는 인물

3 다음에서 설명하는 인물의 유형으로 적절한 것은?

> 같은 계층이나 집단의 사람들 중에서 그 부류의 사람들이 지닌 일반적이고 본질적인 특징을 가장 많이 지닌 인물을 의미한다.

① 주변 인물   ② 반동 인물
③ 평면적 인물 ④ 입체적 인물
⑤ 전형적 인물

  ③ 인물 제시 방법

직접 제시 (말하기)	서술자가 등장인물의 성격이나 심리를 직접적으로 제시하는 방법 ⑩ 재석이는 선생님의 칭찬에 부끄러우면서도 많이 기뻤다.
간접 제시 (보여 주기)	인물의 행동, 대화, 외양 묘사 등을 통해 독자가 등장인물의 성격이나 심리를 짐작하게 하는 방법 ⑩ 홍철이는 갑자기 얼굴 표정이 굳어지면서 아무 말도 하지 않았다.

(2) 사건

등장인물들을 중심으로 벌어지는 일들

① 갈등의 개념: 인물의 내면이나 다른 대상과의 사이에서 일어나는 대립

② 갈등의 유형

내적 갈등		한 인물의 마음속에서 일어나는 심리적 갈등
외적 갈등	개인과 개인의 갈등	등장인물들의 성격이나 생각이 대립되면서 겪는 갈등
	개인과 사회의 갈등	등장인물이 사회 제도, 관습 등과 대립하면서 겪는 갈등
	개인과 운명의 갈등	등장인물이 자신에게 주어진 운명에 의해 겪는 갈등
	개인과 자연의 갈등	등장인물이 자연재해를 겪거나 자연에 도전하면서 겪는 갈등

(3) 배경

① 배경의 역할

- 작품의 전반적인 분위기를 형성하고, 주제를 뚜렷이 드러냄.
- 인물과 사건에 사실성을 부여하고, 인물의 심리나 앞으로 일어날 사건을 암시함.
- 인물의 의식과 성격, 태도 형성에 영향을 미침.

② 배경의 종류

시간적 배경	어떤 행동이나 사건이 발생하는 시간이나 시대 등
공간적 배경	어떤 행동이나 사건이 발생하는 장소나 지역 등
시대적 · 사회적 배경	• 인물이 처한 시대적 상황이나 사회적 상황, 역사적 사건 등 • 시대를 드러내는 소재나 인물들의 말과 행동을 통해 파악함. 예 남북 이산가족 상봉, 징용, 신작로, 폭격, 통일벼, 인력거, 활동사진 등

⑤ 소설의 구성 단계

갈등이 일어나고 심화되며, 해결되는 과정

발단	인물과 배경이 소개되고 사건의 실마리가 드러남.
전개	사건이 본격적으로 전개되며 갈등이 시작됨.
위기	갈등이 심화되면서 긴장감이 고조됨.
절정	갈등과 긴장감이 최고조에 이르고 사건 해결의 실마리가 나타남.
결말	갈등이 해소되고 주인공의 운명이 결정되면서 사건이 마무리됨.

⑥ 소설의 시점

서술자가 인물이나 사건을 바라보거나 이야기를 서술하여 나가는 관점

1인칭 (작품 안)	1인칭 주인공 시점	• 주인공인 '나'가 자신의 경험과 내면세계를 서술함. • 독자에게 신뢰감과 친근감을 줌.
	1인칭 관찰자 시점	• 주변 인물인 '나'가 관찰자의 입장에서 주인공의 이야기를 서술함. • 주인공의 내면이 드러나지 않기 때문에 긴장감이 생김.
3인칭 (작품 밖)	3인칭 관찰자 시점	• 소설 밖의 서술자가 관찰자의 입장에서 인물들의 말과 행동을 객관적인 태도로 서술함. • 독자의 상상력이 개입할 여지가 많음.
	전지적 작가 시점	• 소설 밖의 서술자가 신과 같은 위치에서 인물의 행동과 심리까지 서술함. • 서술자가 많은 정보를 제공하기 때문에 독자의 상상력이 제한됨.

4 다음에 나타난 갈등의 유형을 쓰시오.

김동리의 〈역마〉는 주인공 성기의 출생 이전에 할머니와 어머니에게 있었던 만남들이 성기의 삶을 결정짓는 필연적 요소가 되도록 사건을 전개하면서, 유랑과 정착이라는 대립적 운명 가운데에 놓인 성기의 삶 전체에 긴장감을 부여하고 있다.

5 소설의 각 구성 단계에 대한 설명으로 적절하지 않은 것은?

① 발단: 인물, 배경 등이 소개된다.
② 전개: 사건이 본격적으로 전개된다.
③ 위기: 갈등과 긴장감이 최고조에 이른다.
④ 절정: 사건 해결의 실마리가 나타난다.
⑤ 결말: 모든 갈등이 해소되면서 사건이 마무리된다.

6 다음 설명에 알맞은 소설의 시점을 각각 쓰시오.

(1) 소설 밖의 서술자가 객관적인 입장에서 인물들의 말과 행동을 전달함.

(2) '나'가 주인공을 관찰하여 서술하기 때문에 주인공의 내면이 잘 드러나지 않음.

비상(박), 미래엔, 지학사

"장인님! 인젠 저 …….”

내가 이렇게 뒤통수를 긁고, 나이가 찼으니 성례를 시켜 줘야 하지 않겠느냐고 하면,
그 대답이 늘 / "이 자식아! 성례구 뭐구 미처 자라야지!"
하고 만다.

(혼인의 예식을 지냄.)

이 자라야 한다는 것은 내가 아니라 장차 내 안해가 될 점순이의 키 말이다.

(아내)

내가 여기에 와서 돈 한 푼 안 받고 일하기를 삼 년 하고 꼬박히 일곱 달 동안을 했다.
그런데도 미처 못 자랐다니까 이 키는 언제야 자라는 겐지 짜증 영문 모른다. 일을 좀 더
잘 해야 한다든지, 혹은 밥을(많이 먹는다고 노상 걱정이니까) 좀 덜 먹어야 한다든지 하
면 나도 얼마든지 할 말이 많다. 허지만, 점순이가 안죽 어리니까 더 자라야 한다는 여기
에는 어째 볼 수 없이 고만 벙벙하고 만다.

('짜장'의 방언, 과연, 정말로) (항상) (아직)

이래서 나는 애최 계약이 잘못된 걸 알았다. 이태면 이태, 삼 년이면 삼 년, 기한을 딱
작정하고 일을 해야 원, 할 것이다. 덮어놓고 딸이 자라는 대로 성례를 시켜 주마 했으
니, 누가 늘 지키고 섰는 것도 아니고, 그 키가 언제 자라는지 알 수 있는가. 그리고 난
사람의 키가 무럭무럭 자라는 줄만 알았지 붙배기 키에 모로만 벌어지는 몸도 있는 것을
누가 알았으랴. 때가 되면 장인님이 어련하랴 싶어서 군소리 없이 꾸벅꾸벅 일만 해왔다.
그럼 말이다, 장인님이 제가 다 알아채려서, "어 참, 너 일 많이 했다. 고만 장가들어라."
하고 살림도 내주고 해야 나도 좋을 것이 아니냐. 시치미를 딱 떼고 도리어 그런 소리가
나올까 봐서 지레 펄펄 뛰고 이 야단이다. 명색이 좋아 데릴사위지 일하기에 승겁기도
할뿐더러 이건 참 아무것도 아니다.

('애당초') ('붙박이'의 방언) (미리) (허울만 좋은 이름) (처가에서 데리고 사는 사위)

숙맥이 그걸 모르고 점순이의 키 자라기만 까맣게 기달리지 않었나. 〈중략〉

(어리석고 못난 사람)

"구장님, 우리 장인님과 츰에 계약하기를 …….”

(처음에)

먼저 덤비는 장인님을 뒤로 떼다밀고 내가 허둥지둥 달겨들다가 가만히 생각하고,

"아니, 우리 빙장님과 츰에 …….”

하고 첫 번부터 다시 말을 고쳤다. 장인님은 빙장님 해야 좋아하고 밖에 나와서 장인님
하면 괜스리 골을 낼라구 든다. 뱀두 뱀이래야 좋냐구, 창피스러우니 남 듣는 데는 제발
빙장님, 빙모님 하라구 일상 말조짐을 받아 오면서 난 그것두 자꾸 잊는다. 당장두 장인
님 하다 옆에서 내 발등을 꾹 밟고 곁눈질을 흘기는 바람에야 겨우 알았지만 …….

(성질, 화) (장모) (말조심)

구장님도 내 이야기를 자세히 듣드니 퍽 딱한 모양이었다. 하기야 구장님뿐만 아니라
누구든지 다 그럴 게다. 길게 길러 둔 새끼손톱으로 코를 후벼서 저리 탁 튀기며

(안타까운, 가엾은)

"그럼 봉필 씨! 얼른 성례를 시켜 주구려, 그렇게까지 제가 하구 싶다는 걸 …….”
하고 내 짐작대루 말했다. 그러나 이 말에 장인님이 삿대질로 눈을 부라리고

"아, 성례구 뭐구 기집애년이 미처 자라야 할 게 아닌가?"
하니까 고만 멀쑤룩해서 입맛만 쩍쩍 다실 뿐이 아닌가 …….

(머쓱해져서)

"그것두 그래!"

"그래, 거진 사 년 동안에도 안 자랐다니 그 킨 은제 자라지유? 다 그만두구 사경 내
슈…….”

"글쎄, 이 자식아! 내가 크질 말라구 그랬니, 왜 날 보구 떼냐?"

"빙모님은 참새만 한 것이 그럼 어떻게 앨 낳지유?(사실 장모님은 점순이보다도 귓배기 하나가 적다.)"

장인님은 이 말을 듣고 껄껄 웃드니(그러나 암만해두 돌 씹은 상이다.) 코를 푸는 척하고 날 은근히 골리려고 팔꿈치로 옆 갈비께를 퍽 치는 것이다. 더럽다. 나두 종아리의 파리를 쫓는 척하고 허리를 구부리며 그 궁둥이를 콱 떼밀었다.

---

1 윗글에 대한 설명으로 적절하지 <u>않은</u> 것은?

① 1930년대 강원도의 어느 시골 마을을 배경으로 하고 있다.

② 비속어와 과장된 표현으로 흥미와 웃음을 불러일으키고 있다.

③ 토속적인 방언의 사용으로 작품에 사실성과 현장감을 부여하고 있다.

④ 익살스런 표현과 인물의 어수룩한 말투를 통해 해학성을 유발하고 있다.

⑤ 소작농과 지주 사이의 계급 갈등을 드러내어 당대 농촌 사회의 문제점을 직접 비판하고 있다.

2 윗글의 서술상의 특징으로 적절하지 <u>않은</u> 것은?

① 서술자인 '나'의 내면 심리가 상세히 드러나 있다.

② 서술자와 독자의 거리가 가까워 독자에게 친근감을 주고 있다.

③ 독백체로 서술하여 독자에게 직접 말하는 듯한 느낌을 주고 있다.

④ 서술자가 서민들의 생활상을 객관적으로 관찰하여 서술하고 있다.

⑤ 인물의 소개 없이 바로 사건이 전개되어 독자의 흥미와 호기심을 유발하고 있다.

학습 활동 응용 📖

3 윗글에 드러나는 '나'의 성격으로 적절하지 <u>않은</u> 것은?

① 돈 한 푼 안 받고 삼 년 칠 개월을 일한 것으로 보아서 우직한 성격의 인물이다.

② 장인과의 계약이 잘못된 것을 알고 있는 것으로 보아서 상황 판단이 빠른 인물이다.

③ 점순이의 키가 자라야만 성례를 올릴 수 있다는 생각을 하는 것으로 보아서 어수룩한 인물이다.

④ 장인이 때가 되면 혼례를 시켜 줄 것이라 믿고 꾸준히 일한 것으로 보아서 무던한 성격의 인물이다.

⑤ 장인에게 뒤통수를 긁으며 이야기하는 것으로 보아서 자신의 주장을 제대로 펼치지 못하는 순박한 인물이다.

학습 활동 응용 📖

4 '나'와 장인이 갈등하는 근본 원인을 윗글에 나오는 단어를 사용하여 15자 내외의 한 문장으로 쓰시오.

_____

5 윗글에서 '나'의 처지에 어울리는 속담으로 적절한 것은?

① 누워서 떡 먹기

② 모기 보고 칼 빼기

③ 다 된 죽에 코 풀기

④ 밑 빠진 독에 물 붓기

⑤ 마파람에 게 눈 감추듯

6 윗글에서 〈보기〉의 설명에 해당하는 단어를 찾아 쓰시오.

● 보기 ●
• 서술자가 자신의 어리석음을 자각하여 스스로를 지칭한 말
• 콩과 보리를 구별 못한다는 뜻으로 어리석고 못난 사람을 비유하는 말

수능형 ⬆

7 윗글의 등장인물을 〈보기〉에 제시한 인물형과 관련지었을 때, 바르게 짝지어진 것은?

● 보기 ●
김유정의 소설 속에는 ⓐ소박하고 우직한 인물들이 많이 나온다. 그러나 이러한 인물들 이외에도 ⓑ기회주의적이고 타산적인 인물이나 ⓒ교활하고 약삭빠른 인물도 등장한다.

	ⓐ	ⓑ	ⓒ
①	'나'	장인	구장
②	장인	'나'	구장
③	장인	구장	'나'
④	'나'	구장	장인
⑤	구장	장인	'나'

"밤낮 일만 해 주구 있을 테냐?"

"영득이는 일 년을 살구두 장갈 들었는데 년 사 년이나 살구두 더 살아야 해?"

"네가 세 번째 사원줄이나 아니, 세 번째 사위."

"남의 일이라두 분하다, 이 자식아. 우물에 가 빠져 죽어."

나중에는 겨우 손톱으로 목을 따라구까지 하고, 제 아들같이 함부루 혹닥이었다. 별의
별 소리를 다 해서 그대로 옮길 수는 없으나 그 줄거리는 이렇다 …….
<small>세차게 다그치며 들볶았다</small>

우리 장인님이 딸이 셋이 있는데 맏딸은 재작년 가을에 시집을 갔다. 정말은 시집을
간 것이 아니라 그 딸도 데릴사위를 해 가지고 있다가 내보냈다. 그런데 딸이 열 살 때부
터 열아홉, 즉 십 년 동안에 데릴사위를 갈아들이기를, 동리에선 사위 부자라고 이름이
났지마는 열네 놈이란 참 너무 많다. 장인님이 아들은 없고 딸만 있는고로 그 담 딸을 데
릴사위를 해 올 때까지는 부려 먹지 않으면 안된다. 물론 머슴을 두면 좋지만 그건 돈이
<small>까닭에</small>
드니까, 일 잘 하는 놈을 고르누라고 연팡 바꿔 들였다. 또 한편, 놈들이 욕만 줄창 퍼붓
고 심히도 부려 먹으니까 뱀이 상해서 달아나기도 했겠지. 점순이는 둘째 딸인데, 내가
<small>연방</small>
일테면 그 세 번째 데릴사위로 들어온 셈이다. 내 담으로 네 번째 놈이 들어올 것을 내가
일두 참 잘 하구, 그리고 사람이 좀 어수룩하니까 장인님이 잔뜩 붙들고 놓질 않는다. 셋
<small>말하자면</small>
째 딸이 인제 여섯 살, 적어두 열 살은 돼야 데릴사위를 할 테므로 그 동안은 죽도록 부
려 먹어야 된다. 그러니 인제는 속 좀 채리고 장가를 들여 달라구 떼를 쓰고 나자뻐져라
<small>차리고</small>
이것이다.

나는 건으로 '엉, 엉.' 하며 귓등으로 들었다. 뭉태는 땅을 얻어 부치다가 떨어진 뒤로는
<small>건성으로</small>
장인님만 보면 공연히 못 먹어서 으릉거린다. 그것두 장인님이 저 달라구 할 적에 제 집
에서 위한다는 그 감투(예전에 원님이 쓰든 것이라나, 옆구리에 뽕뽕 좀먹은 걸레)를 선
뜻 주었드면 그럴 리도 없었든 걸 …….

그러나 나는 뭉태란 놈의 말을 전수히 곧이듣지 않았다. 꼭 곧이들었다면 간밤에 와서
<small>모두</small>
장인님과 싸웠지 무사히 있었을 리가 없지 않은가. 그러면 딸에게까지 인심을 잃은 장인
님이 혼자 나빴다.

실토이지 나는 점순이가 아츰상을 가지고 나올 때까지는 오늘은 또 얼마나 밥을 담았
<small>(숨기고 있던 일을) 사실대로 말함.</small> <small>아침상</small>
나 하고 이것만 생각했다. 상에는 된장찌개하고 간장 한 종지, 조밥 한 그릇, 그리고 밥
<small>간장, 고추장 따위를 담아서 상에 놓는, 종발보다 작은 그릇</small>
보다 더 수부룩하게 담은 산나물이 한 대접, 이렇다. 나물은 점순이가 틈틈이 해 오니까
두 대접이고 네 대접이고 멋대루 먹어도 좋나. 밥은 장인님이 한 사발 외엔 더 주지 말라
고 해서 안 된다. 그런데 점순이가 그 상을 내 앞에 나려놓며 제 말로 지껄이는 소리가

"구장님한테 갔다 그냥 온담 그래!"

하고 엊그제 산에서와 같이 되우 좋알거린다. 딴은 내가 더 단단히 덤비지 않고 만 것이
<small>아주 몹시 투덜거린다</small> <small>하긴</small>
좀 어리석었다, 속으로 그랬다. 나도 저 쪽 벽을 향하야 외면하면서 내 말로

"안 된다는 걸 그럼 어떻건담!"

하니까,

㉠"쇰을 잡아채지 그냥 뒤, 이 바보야!"

하고 또 얼굴이 빨개지면서 성을 내며 안으로 샐죽하니 뛰들어가지 않느냐. 이때 아무도
본 사람이 없었게 망정이지, 보았다면 내 얼굴이 ㉡_____처럼 가여웁다 했을 것이다.

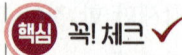

핵심 꼭! 체크 ✓

1 뭉태의 역할과 '나'의 태도

뭉태	→	나
장인의 속셈에 대한 정보 제공		뭉태의 말을 믿지 않음.

↓

장인의 교활함과
'나'의 순진함 부각

2 점순이의 역할

① 점순이의 충동질: 장인과 '나'의 싸움의 결정적 계기를 제공

② 남녀의 전도된 성격: 일반적 남녀 관계와는 다른 역할 설정을 통해 작품의 해학성이 효과적으로 드러남.

전체 줄거리

스물 여섯의 '나'는 점순이네 집에 데릴사위로 와서 삼 년 하고 꼬박 일곱 달을 일을 해 주었으나 장인어른은 점순이의 키가 미처 자라지 않았다는 핑계로 혼인을 미루기만 한다. '나'는 혼인을 시켜 달라고 떼를 써 보기도 하고, 구장님께 찾아가 탄원도 해 보지만 시원한 결정은 내려지지 않는다. '나'를 보고 바보 같다고 하는 점순이의 말에 '나'는 다시 장인어른에게 떼를 쓰게 되고, 장인과 서로 사타구니를 잡아당기며 한바탕 활극을 벌인다. 그러나 점순이는 장인의 편을 들고, 힘이 빠진 '나'는 장인어른에게 맞아 머리가 터진다. 장인어른은 '나'의 터진 머리에 약을 발라 주며 올 가을에는 꼭 성례를 시켜 줄테니 열심히 일을 하라고 한다. 그 말에 '나'는 다시 일터로 간다.

▶ 정답과 해설 22쪽

1 '뭉태'에 대한 설명으로 적절한 것은?

① 장인에 대해 호감을 지닌 인물이다.

② '나'와 장인 사이에서 갈등하는 인물이다.

③ 점순이를 사이에 두고 '나'와 갈등하는 인물이다.

④ 데릴사위에 대해 부정적으로 생각하는 인물이다.

⑤ 장인에 대한 객관적 정보를 제공해 주는 인물이다.

2 이 작품에 대한 발표 수업을 위해 조사할 항목과 내용을 작성한다고 할 때, 그 내용으로 적절하지 않은 것은?

① 문체: 사투리와 비속어, 구어체 사용 등과 이 작품의 해학성의 관계를 파악해 봐야겠어.

② 시대적 배경: 주인공의 고통스러운 처지와 일제 강점의 시대적 상황의 연관성을 따져 봐야겠군.

③ 인물의 심리: 장인과 '나'의 욕망의 차이를 알아보고 거기서 비롯되는 갈등 양상을 정리해야겠군.

④ 시점: 서술자의 작품 내에서의 위치와 역할을 살펴서 독자에게 어떤 효과를 주는지 파악해야겠군.

⑤ 구성: 과거를 회상하는 형식으로 이야기가 전개되는 역순행적 구성이 어떤 효과를 주는지 살펴봐야겠군.

3 윗글에 나타나는 갈등의 유형과 원인을 바르게 제시한 것은?

① 개인의 내면적 갈등: '나'는 점순이를 영원히 사랑할 자신이 없다.

② 개인과 사회의 갈등: 소작인과 마름의 딸은 신분이 달라 결혼할 수 없다.

③ 개인과 운명의 갈등: '나'는 소작인으로 살아갈 운명에서 벗어날 수 없다.

④ 개인과 자연의 갈등: '나'의 마음을 울렁이게 만드는 봄기운에 견딜 수가 없다.

⑤ 개인과 개인의 갈등: 장인은 성례를 미루려고 하지만, '나'는 빨리 점순이와 결혼하고 싶다.

4 〈보기〉는 윗글에 드러나는 인물 간의 태도를 정리한 것이다. ⓐ~ⓔ에 대한 내용으로 적절하지 않은 것은?

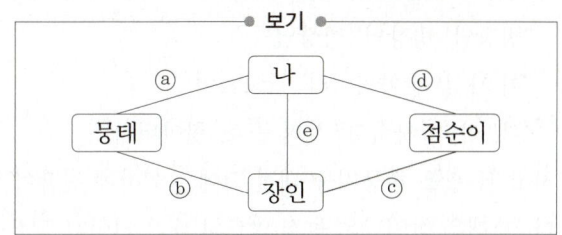

● 보기 ●

(ⓐ) 나 (ⓓ)
뭉태 — (ⓔ) — 점순이
(ⓑ) 장인 (ⓒ)

① ⓐ: 뭉태는 '나'를 충동질하고 있지만 '나'는 뭉태의 말을 그대로 믿지 않는다.

② ⓑ: 뭉태는 과거의 일로 인해 장인에 대한 좋지 않은 감정을 가지고 있다.

③ ⓒ: 점순이가 장인의 수염을 잡아채라는 것으로 보아 점순이는 장인을 미워한다.

④ ⓓ: '나'는 점순이에게 '바보' 취급을 당하여 절망감을 느끼고 있다.

⑤ ⓔ: '나'는 장인이 자신의 딸인 점순이에게 인심을 잃었다고 생각한다.

5 ㉠의 발화 의도를 15자 내외의 명령형 문장으로 쓰시오.

_____

6 ㉡에 들어갈 말로 가장 적절한 것은?

① 그늘에 앉은 소   ② 생선 훔친 고양이

③ 바람 앞의 촛불   ④ 한밤에 우는 부엉이

⑤ 에미 잃은 황새 새끼

한번은 장인님이 헐떡헐떡 기어서 올라오드니 내 바지가랭이를 요렇게 노리고서 담박
_{즉시, 단번에}
웅켜잡고 매달렸다. 악, 소리를 치고 나는 그만 세상이 다 팽그르 도는 것이

"빙장님! 빙장님! 빙장님!"

"이 자식! 잡아먹어라, 잡아먹어!"

"아! 아! 할아버지! 살려 줍쇼, 할아버지!"

하고 두 팔을 허둥지둥 내절 적에는 이마에 진땀이 쭉 내솟고 인젠 참으로 죽나 부다 했
_{몹시 애쓰거나 힘들 때 흐르는 끈끈한 땀}
다. 그래두 장인님은 놓질 않드니 내가 기어이 땅바닥에 쓰러져서 거진 까무러치게 되니
_{거의}
까 놓는다. 더럽다, 더럽다. 이게 장인님인가? 나는 한참을 못 일어나고 쩔쩔맸다. 그러
_{어찌할 줄 몰라서 정신을 못 차리고 헤매다}
나 얼굴을 드니(눈에 참 아무것도 보이지 않았다.) 사지가 부르르 떨리면서 나도 엉금엉
_{사람의 팔과 다리}
금 기어가 장인님의 바지가랭이를 꽉 웅키고 잡아나꿨다.

내가 머리가 터지도록 매를 얻어맞은 것이 이 때문이다. 그러나 여기가 또한 우리 장
인님이 유달리 착한 곳이다. 여느 사람이면 사경을 주어서라도 당장 내쫓았지, 터진 머
_{보통}
리를 불솜으로 손수 지져 주고, 호주머니에 히연 한 봉을 넣어 주고, 그리고
_{상처를 소독하기 위하여 불에 그을린 솜방망이}　　　_{일제 강점기 때의 담배 이름}

"올 갈엔 꼭 성례를 시켜 주마. 암말 말구 가서 뒷골의 콩밭이나 얼른 갈아라."

하고 등을 뚜덕여 줄 사람이 누구냐.
_{격려할}

나는 장인님이 너무나 고마워서 어느덧 눈물까지 났다. 점순이를 남기고 인젠 내쫓기
려니 하다 뜻밖의 말을 듣고,

"빙장님! 인제 다시는 안 그러겠어유…….."

이렇게 맹서를 하며 불랴살야 지게를 지고 일터로 갔다.
_{부랴부랴. 매우 급하게 서두르는 모양}

그러나 이때는 그걸 모르고 장인님을 원수로만 여겨서 잔뜩 잡아다렸다.
_{당겼다}

"아! 아! 이놈아! 놔라, 놔, 놔…….."

장인님은 헷손질을 하며 솔개미에 챈 닭의 소리를 연해 질렀다. 놓긴 왜, 이왕이면 호
_{솔개에 채여 가는 닭의 비명 소리}
되게 혼을 내주리라 생각하고 짓궂이 더 댕겼다마는, 장인님이 땅에 쓰러져서 눈에 눈물
이 피잉 도는 것을 알고 좀 겁도 났다.

"할아버지! 놔라, 놔, 놔, 놔놔."

그래도 안되니까,

"얘, 점순아! 점순아!"

　　[A]
이 악장에 안에 있었든 장모님과 점순이가 헐레벌떡하고 단숨에 뛰어나왔다.
_{악을 쓰는 것}
나의 생각에 장모님은 제 남편이니까 역성을 할는지도 모른다. 그러나 점순이는
_{옳고 그름에는 관계없이 무조건 한쪽 편을 들어 주는 일}
내 편을 들어서 속으로 고수해서 하겠지……. 대체 이게 웬 속인지(지금까지도 난
영문을 모른다.), 아버질 혼내 주기는 제가 내래 놓고 이제 와서는 달겨들며
_{혼내라고 해 놓고}
"에그머니! 이 망할 게 아버지 죽이네!"

하고 내 귀를 뒤로 잡어댕기며 마냥 우는 것이 아니냐. 그만 여기에 기운이 탁 꺾이
어 나는 얼빠진 등신이 되고 말었다. 장모님도 덤벼들어 한쪽 귀마저 뒤로 잡아채면
서 또 우는 것이다.

이렇게 꼼짝 못 하게 해 놓고 장인님은 지게막대기를 들어서 사뭇 내려조겼다. 그러나
_{거리낌 없이 마구}
나는 구태여 피할랴지도 않고 암만 해도 그 속 알 수 없는 ⓒ점순이의 얼굴만 멀거니 들
여다보았다.

"이 자식! 장인 입에서 할아버지 소리가 나오도록 해?"

핵심 꼭! 체크 ✓

1 '결말'을 '절정'에 삽입한 효과

> 절정 : '나'와 장인의 희극적 싸움
> 결말 : '나'와 장인의 갈등 해소

- 작품의 해학성 강조
- 갈등의 근본 원인이 해결되지 않음.(갈등의 반복 암시)

2 해학성의 요인

① 서로 바짓가랑이를 잡는 장인과 사위의 비상식적 행동
② 장인과 사위의 부적절한 호칭 사용
③ 점순이의 태도로 인한 상황의 반전
④ 점순이를 이해 못하는 '나'의 어수룩함

3 점순이의 이중적 태도

① 아버지에게 적극적으로 성례를 요구하라고 '나'를 충동질함.
② '나'와 아버지의 싸움에서는 아버지 편을 듦.
→ 점순이는 시집을 가고 싶은 마음과 아버지를 생각하는 마음 사이에서 갈등함.
→ '나'는 점순이의 진의를 제대로 파악하지 못함.

수능 발전 ➕

역순행적 구성의 이해

이 작품은 현재의 시점에서 과거를 회상하는 형식을 취하고 있음. 즉, 사건의 원인을 뒤에 배치하여 사건의 서술 순서가 뒤바뀐 역순행적 구성으로 이루어짐. 이를 통해 장인과 '나'의 근본적인 갈등(성례 문제)이 해결되지 않고, 이후에도 '성례의 요구 – 장인의 회유'의 형태로 갈등이 반복될 것임을 알 수 있음.

1930년대 농촌의 현실과 〈봄·봄〉

1910년부터 1930년대 후반까지 이어지는 식민지 농업 정책(토지 조사 및 산미 증식 계획 등)은 1930년대 농촌을 몰락의 길로 몰아넣음. 농민들은 점차 소작농화되었으며, 열심히 농사를 지어도 빈곤과 부채에 시달리게 됨. 그럼에도 불구하고 이 작품의 초점은 이러한 계급적 갈등을 폭로하는 데 있는 것이 아니라 '장인'과 '나'의 해학적 갈등을 그려 내는 데 있음. 이는 이 작품이 당시의 사회 현실에 대한 비판 의식을 담아 내지 못하고 있다는 비판의 주요한 근거가 됨.

1 윗글의 서술상 특징으로 가장 적절한 것은?

① 인물의 행위보다는 주로 대사를 통해 사건을 전 개시키고 있다.

② 서술자가 자신의 이야기를 들려줌으로써 독자의 연민을 얻고 있다.

③ 현학적 표현을 사용하여 인물의 성격을 부각시키 고 있다.

④ 독자들로 하여금 인물과 사건에 대해 객관적으로 접근할 수 있도록 하고 있다.

⑤ 서술자인 '나'가 인물과 사건을 권위적으로 논평 하여 주제를 선명하게 드러내고 있다.

학습 활동 응용 📖

2 [A]를 〈보기〉와 같이 시나리오로 바꾸었을 때, 이에 대한 설명으로 가장 적절한 것은?

● 보기 ●

S# 19. 점순네 마당

점순: (조금 떨어져 팔짱을 낀 채로) 그럴 줄 알았어 요. 고인 물도 밟으면 솟구친다잖아요.

장모: (다급한 목소리로) 뭐어! 얘, 얘, 점순아!

덕삼: (더 세게 힘주어 잡아당기며) 어서 혼례시켜 주세요!

장인: (충격을 받은 듯, 고통스런 어조로) 저, 저, 저, 저것이 미쳤나…….

덕삼: (조르는 듯한 어조로) 장인님 혼례 안 시키려 면 차라리 징역을 보내세요. 어서유.

장인: (체념한 듯) 알았어. 알았다고. 당장 성례시 켜 주마. 됐지? 이젠 놔라, 놔.

(C. U.) 점순 얼굴이 환하게 밝아지며, 얼굴에 웃음 이 번진다.

① 작품의 공간적 배경을 추가로 설정하였다.

② 대화로 결말을 처리하여 여운을 남기고 있다.

③ 주요 인물의 태도가 바뀌어 갈등이 해소되었다.

④ 상징적 소재를 동원하여 주제를 부각시키고 있다.

⑤ 등장인물을 추가하여 사건의 개연성을 강화하고 있다.

3 ㉠에 담긴 '나'의 심정을 속담으로 표현할 때, 적절하지 않은 것은?

① 세상에 믿을 사람 없다더니.

② 못 먹는 감 찔러나 본다더니.

③ 믿는 도끼에 발등 찍히는 꼴이군.

④ 나무에 오르라고 하고 흔드는 격이군.

⑤ 열 길 물 속은 알아도 한 길 사람 속은 모른다더니.

학습 활동 응용 📖

4 〈보기〉는 윗글의 사건들을 정리한 것이다. 사건들이 일어 난 순서대로 배열한 것은?

● 보기 ●

㉮ '나'는 기운을 차리고 일하러 나갔다.

㉯ 장인이 '나'의 바짓가랑이를 붙잡고 늘어졌다.

㉰ 점순이가 장인 편을 들어 '나'는 그만 맥이 풀렸다.

㉱ '나'는 장인의 바짓가랑이를 움켜쥐고 놓아주질 않았다.

㉲ 장인이 '나'를 치료해 주고, 성례를 약속하며 달 래 주었다.

① ㉯ – ㉱ – ㉲ – ㉰ – ㉮

② ㉯ – ㉱ – ㉰ – ㉲ – ㉮

③ ㉰ – ㉱ – ㉲ – ㉯ – ㉮

④ ㉱ – ㉯ – ㉰ – ㉲ – ㉮

⑤ ㉲ – ㉯ – ㉱ – ㉰ – ㉮

5 윗글은 절정 사이에 결말이 삽입된 독특한 구성으로 이루 어져 있다. 그 이유로 가장 적절한 것은?

① '나'의 심경 변화를 다양한 방식으로 형상화하려고

② 장인의 승리를 통해 마름과 소작인의 갈등을 극 대화하려고

③ '나'와 장인의 화해가 모든 등장인물들의 합의로 이루어졌음을 극적으로 제시하려고

④ 인물 간의 갈등이 가장 고조된 순간에 소설을 마 무리하여 독자들에게 긴장감을 조성하려고

⑤ '나'와 장인의 화해가 일시적인 것임과 '나'와 장인 의 희극적인 싸움이 주는 해학성을 부각시키려고

수능형 ⇧

6 〈보기〉의 밑줄 친 부분을 중심으로 윗글에 대해 토의할 때, 그 내용으로 적절하지 않은 것은?

● 보기 ●

한국 문학의 세계화는 두 가지 관점에서 접근할 수 있다. 첫째, 한국 문학의 특수성을 어떻게 이해 시킬 것인가, 둘째, 우리 문학이 지니고 있는 보편 성을 어떻게 찾아서 드러낼 것인가이다.

① '데릴사위'에 대해 어떻게 이해시킬 것인가?

② 역순행적 구성의 특성을 어떻게 이해시킬 것인가?

③ 당대 농촌 사회에서의 '마름'의 역할을 어떻게 이 해시킬 것인가?

④ '나'와 '점순이'의 독특한 애정 표현 방식을 어떻게 이해시킬 것인가?

⑤ 번역을 할 때, 사투리의 느낌과 토속적 분위기를 어떻게 살려 낼 수 있을까?

천재(김수), 동아

몰려 닫는 군중이 오히려 성가시고, 만세 소리가 귀가 아파 이맛살이 찌푸려질 지경이었다. / 몰려다니고 만세를 부르고 하기에 미처 날뛰느라고 정신이 없어, 손님이 없어, 손님이 부쩍 줄었다.

㉠"우랄질! 독립이 배부른가?" / 이렇게 그는 두런거리면서 반감이 솟았다.

이삼 일 지나면서부터야 삼복에게도 삼복에게다운 해방의 혜택이 나누어졌다.

십 전이나 십오 전에 박아 주던 징을, 오십 전을 받아도 눈을 부라리는 순사를 볼 수가 없었다. 순사가 없어졌다면야, 활개를 쳐가면서 무슨 짓을 하여도 상관이 없고 무서울 것이 없던 것이었다.

_{우리나라의 옛 화폐 단위}

[A] "옳아. 그렇다면 독립도 할 만한 건가 보다."

삼복은 징 열 개를 박아 주고 오 원을 받아 넣으면서 이렇게 속으로 중얼거리기까지 하였다.

㉡그러나 며칠이 못 가서 삼복은 다시금 해방을 저주하여야 하였다. 삼복이 저 혼자만 돈을 더 받으며, 더 받아 상관이 없는 것이 아니라, 첫째 도가(都家)들이 제 맘대로 재료 값을 올리던 것이었다. 징, 가죽, 고무, 실 모두가 오 곱 십 곱 비싸졌다.
_{도매상}
그러니 신기료장수는 손님한테 아무리 비싸게 받는댔자 재료를 비싼 값으로 사야 하니, 결국 도가만 살찌울 뿐이지 소득은 전과 크게 다를 것이 없었다.
_{헌 신을 꿰매어 고치는 일을 직업으로 하는 사람}

"이런 옘병헐! 그눔의 경제겐 다 어디루 가 뒈졌어. 독립은 우라진다구 독립을 헌담."

석양 때 신기료 궤짝 어깨에 멘 채 홧김에 막걸리청으로 들어가, 서너 사발 들이켜고는 그는 이렇게 게걸거렸다.

그럭저럭 구월도 열흘이 되고, 서울거리에는 미국 병정이 꼬마차와 함께 그득히 퍼졌다.

그 미국 병정들이, 거리를 구경하면서 혹은 물건을 사려면서, 말이 서로 통하지를 못하여 답답해하는 양을 보고 삼복은 무릎을 탁 쳤다. 그러나 슬플진저, 땟국과 땀에 찌든 이 누더기를 걸치고는 가망이 없을 말이었다.

'무슨 도리가 없을까?' / 반일을 궁리를 하다가 정오 때에야 한 줄기 서광을 얻었다.

총총히 집으로 돌아가 마누라를 시켜 구두 고치는 연장 일습과 재료 남은 것에다 이불이며 헌옷가지 해서 한 짐을 동네 아는 가게에다 맡기고는 한 달 기한으로 돈 백 원을 서푼 변으로 취해 오게 하였다. / 그 돈 백 원을 가지고 삼복은 흔한 넝마전으로 가서 백 원 돈이 꼭 차는 한도까지에 양복이란 명색 한 벌과 모자를 샀다. 〈중략〉
_{낮은 이자}

삼복은 종로서 전차를 내려 동쪽으로 천천히 걸으면서 물색을 하였다. 생김새가 맘씨 좋아 보이고, ㉢여느 병정이 아니라 장교쯤 가는 이라야 할 것이었다.

청년 회관 앞에서 담뱃대를 사고 있는 하나가, 몸집이 부대하고, 여느 병정은 아닌 듯하고, 얼굴이 자못 선량하여 보이는 게 선뜻 마음에 들었다. ㉣구경하는 체하고 넌지시 그 옆으로 가 섰다.

미국 장교는 담뱃대를 집어 들고 기물스러워하면서 연방 들여다보다가 값이 얼마냐고,
"하우 머취? 하우 머취?" / 하고 묻는다.
_{기이한 물건}

담뱃대 장수 영감은, 삼십 원이라고 소래기만 지른다.
_{'소리'의 속된 말}

알아들을 턱이 없어, 고개를 깨웃거리면서 다시금 하우 머춰만 찾는 것을, 기회 좋을씨고

필수 작품의 기틀

갈래	단편 소설, 풍자 소설
시점	전지적 작가 시점
배경	시간 – 해방 직후 공간 – 서울
주제	해방 직후 혼란스러운 사회상과 시대에 영합하는 기회주의자들에 대한 비판
특징	① 인물을 희화화하여 비판함. ② 판소리 사설 문체가 사용됨.

핵심 꼭! 체크 ✓

1 방삼복의 인물 유형과 주제 의식

조국, 독립 등 공동체적 삶의 의미보다 개인적 삶을 중시하고, 혼란한 상황에 재빠르게 대처하는 기회주의적 인물

자기 과시와 허세를 풍자함으로써 당시 사회를 살아가는 바람직한 인간상을 드러냄.

2 판소리 문체의 효과

'그러나 슬플진저', '사뭇 그러안을 듯이 반가워하는 양이라니' 등

• 서술자가 작중 인물과 사건에 대한 자신의 판단과 평가를 독자에게 이야기함.
• 서술자가 작중 인물보다 높은 위치에서 풍자의 대상을 조롱함.

전체 줄거리

방삼복은 외국에서 떠돌다가 10년 만에 초라해진 행색으로 돌아온다. 신기료장수였던 방삼복은 미군 장교 S 소위에게 접근하여 통역을 해 주고 그의 통역이 되어 부를 축적한다. 백 주사는 지주이자 고리대금업자로 온갖 권세와 부를 누렸으나, 해방이 되자 군중들의 습격으로 재산을 모두 빼앗긴다. 백 주사는 우연히 길에서 만난 방삼복에게 복수를 부탁하며 일제 강점기에 누렸던 부(富)를 회복하고자 한다. 방삼복이 뱉은 양칫물이 공교롭게도 그를 찾아온 S 소위 얼굴에 떨어지고, 허둥지둥 뛰쳐나온 방삼복은 S 소위에게 턱을 얻어맞는다.

라고, 삼복이가 나직이, / "더 티 원." / 하여 주었다. / 휙 돌려다 보더니, / "오, 캔 유 스피크?" / 하면서 사뭇 그러안을 듯이 반가워하는 양이라니. ⓜ아스러지도록 손을 잡고 흔드는 데는 질색할 뻔하였다. / ㉮직업이 있느냐고 물었다. 방금 실직하였노라고 대답하였다. / 그럼, 내 통역이 되어 주겠느냐고 물었다. 그러겠노라고 대답하였다.

이 자리에서 신기료장수 코삐뚤이 삼복이 미스터 방으로 승차를 하여, S라는 미국 주둔군 소위의 통역이 되었다.

---

1 윗글에 대한 설명으로 가장 적절한 것은?
① 서술자를 교체하며 인물을 입체적으로 조명하고 있다.
② 공간 묘사를 통해 앞으로 전개될 사건을 암시하고 있다.
③ 시간의 순서에 따라 인물의 행동과 심리를 묘사하고 있다.
④ 인물 간의 갈등이 고조되는 상황을 면밀하게 추적하고 있다.
⑤ 동시에 일어나고 있는 다른 사건들을 병렬적으로 제시하고 있다.

2 윗글의 내용과 일치하지 <u>않는</u> 것은?
① 서울 시내에서 적지 않은 미국 병정들을 만날 수 있었다.
② 방삼복은 자신의 계획을 담보로 돈을 투자받아 양복과 모자를 사 입었다.
③ 방삼복은 신기료장수로서 폭리를 취하게 된 것을 해방의 혜택으로 생각하였다.
④ 방삼복은 말이 통하지 않아 답답해하는 미국 병정들을 보고 아이디어가 떠올랐다.
⑤ 방삼복은 자신의 통역이 되어 주겠냐는 미군 장교의 물음에 그러겠다고 대답하였다.

3 수능형
[A]에서 짐작할 수 있는 시대 상황으로 가장 적절한 것은?
① 독립운동가와 친일파 간의 갈등이 증폭되었군.
② 모든 국민이 한마음으로 기쁘게 광복을 맞이했군.
③ 우리 국민과 미군 간에 대립하는 상황이 발생하였군.
④ 개인의 이해득실에 따른 행동으로 혼란을 겪게 되었군.
⑤ 산업이 다변화하면서 새롭게 소외된 계층이 발생하였군.

4 윗글에서 〈보기〉의 빈칸에 들어갈 2어절의 말을 찾아 쓰시오.

> **보기**
>
> '방삼복 씨'라고 하지 않고 (   )이라 한 것은 미국의 권력에 기생하여 부와 권력을 얻고자 하는 기회주의적 인간에 대한 비판의 의미를 담고 있다.

학습 활동 응용

5 ㉠~ⓜ을 통해 '방삼복'을 이해한 내용으로 가장 적절한 것은?
① ㉠: 방삼복은 만세 소리에 귀가 아파 잔뜩 화가 났군.
② ㉡: 방삼복은 해방이 되었으나 신기료장수를 벗어날 수 없는 처지를 비관하고 있군.
③ ㉢: 방삼복은 미군을 통해 돈을 벌 뿐만 아니라 권력도 얻고 싶어 하는군.
④ ㉣: 방삼복은 적극적으로 자신의 계획을 실행하지 못하는 소심한 성격을 지녔군.
⑤ ⓜ: 방삼복은 미군의 환대에 부담을 느껴 통역을 하려고 한 것에 대해 후회하고 있군.

학습 활동 응용

6 ㉮에 대한 설명으로 가장 적절한 것은?
① 외부 이야기에서 내부 이야기로 이동하고 있다.
② 판소리 사설처럼 서술자가 인물들의 말을 전하듯이 서술하고 있다.
③ 핵심적인 사건에 주목하도록 인물의 과거 회상 장면을 삽입하고 있다.
④ 독자를 등장인물과 가까운 거리에 둠으로써 인물에 공감하도록 하고 있다.
⑤ 인물 간의 관계를 부각하기 위해 인물들의 심리를 직접적으로 제시하고 있다.

일변 고을에서는 백 주사가 자식이 그런 짓을 해서 산 토지를 가지고 동네 사람한테
한편
거만히 굴고, 작인들한테 팔 할 가까운 도지를 받고, 고리대금을 하고 하였대서, 백선봉
남의 논밭을 빌려서 부치고 논밭을 빌린 대가로 해마다 내는 벼
이 도망해 와 눕는 그날 밤, 그의 본집인 백 주사의 집을 습격하였다.

집과 세간 죄다 부수고, 백선봉이 보낸 통제 배급 물자 숱한 것 죄다 빼앗기고, 가족들
은 죽을 매를 맞고, 백선봉은 처가로, 백 주사는 서울로 각기 피신하여 목숨만 우선 보전
하였다. 〈중략〉

옛날의 영화가 꿈이 되고, 일조에 몰락하여 가뜩이나 (　　ⓐ　　)처럼 초라한 자
기가 또 한 번 어깨가 옴츠러듦을 느끼지 아니치 못하였다. 그런 데다 이 녀석이, 언제
적 저라고 무엄스럽게 굴어 심히 불쾌하였고, 그래서 엔간히 자리를 털고 일어설 생각이
대중으로 보아 정도가 표준에 꽤 가깝게
몇 번이나 나지 아니한 것도 아니었다. 그러나 참았다.

보아하니 큰 세도를 부리는 것이 분명하였다. 잘만 하면 그 힘을 빌려 분풀이와 빼앗
긴 재물을 도로 찾을 여망이 있을 듯싶었다. 분풀이를 하고, 더구나 재물을 도로 찾고 하
아직 남은 희망
는 것이라면야, 코삐뚤이 삼복이는 말고, 그보다 더한 놈한테라도 머리 숙이는 것쯤 상
관할 바 아니었다.

"그러니, 여보게 미씨다 방……."

있는 말 없는 말 보태 가며, 일장 경과 설명을 한 후에 백 주사는 끝을 맺기를,
어떤 일이 벌어진 한 판
"어쨌든지 그놈들을 말이네. 그놈들을 한 놈 냉기지 말구섬 죄다 붙잡아다가 말이네.
괴수놈들일랑 목을 썰어 죽이구, 다른 놈들일랑 뼉다구가 부러지두룩 두들겨 주구, 꿇
어앉히구 항복받구, 그리구 빼앗긴 것 일일이 도루 다 찾구, 집허구 세간 쳐부신 것 말
끔 다물리구……. 그렇게만 해 준다면, 내, 내, 재산 절반 노나주문세, 절반, 응, 여보
게 미씨다 방."

"염려 마슈."

미스터 방은 선뜻 쾌한 대답이었다. / "진정인가?"
시원스러운
"머, 지끔 당장이래두, 내 입 한 번만 떨어진다 치면, 기관총 들멘 엠피가 백 명이구 천
MP(Military Police). 군사 경찰의 구실을 하는 군인
명이구 들끓어 내려가서, 들이 쑥밭을 만들어 놉니다. 쑥밭을."

"고마우이!"

백 주사는 복수하여지는 광경을 선히 연상하면서, 미스터 방의 손목을 덥석 잡는다.
잊히지 않고 눈앞에 생생하게 보이는 듯이
"백골난망이겠네."
죽어서 백골이 되어도 잊을 수 없다는 뜻으로, 남에게 큰 은덕을 입었을 때 고마움의 뜻으로 이르는 말
"놈들을 깡그리 죽여 놀 테니, 보슈." / "자네라면야 어렵겠나."

"흰말이 아니라 참 이승만 박사두 내 말 한마디면, 고만 다 제바리유."

미스터 방은 그리고는 냉수 그릇을 집어 한 모금 물고 꿀쩍꿀쩍 양치를 한다. 웬 버릇
인지, 하여간 그는 미스터 방이 된 뒤로, 술을 먹으면서 ㉠양치하는 버릇이 생겼다.

양치한 물을 처치하려고 휘휘 둘러보다, 일어서서 노대로 성큼성큼 나간다. 노대는 현
내뱉으려고　　　　　　　　　　　　　　　　　　　　　　난간
관 정통 위였다.

미스터 방이 그 걸쭉한 양칫물을 노대 아래로 아낌없이 좍 뱉는 바로 그 순간이었다.
그 순간이 공교롭게도, 마침 그를 찾으러 온 S 소위가 현관으로 일단 들어서려다 말고
(미스터 방이 노대로 나오는 기척이 들렸기 때문에) 뒤로 서너 걸음 도로 물러나,

"헬로." / 부르면서 웃는 얼굴을 쳐드는 순간과 그만 일치가 되었다.

 꼭! 체크 ✔

1 풍자적 비판 대상
- 외세(미국)와 결탁해 출세를 도모하는 사람들
- 친일로 부를 축적했다가 새로운 외세를 이용해 자신의 부를 유지하려는 사람들
- 뇌물을 청탁하는 상류층, 부조리를 용인하는 미군정 등 부정적 인물들이 득세하는 당시 사회상

2 등장인물의 특징

방삼복
신기료장수였으나 광복 직후 미군의 통역관이 되어 '미스터 방'으로 불림. 허세가 심하고 기회주의적이며 자신의 이익을 우선시하는 인물

백 주사
전형적인 친일파. 자신의 이익을 위해서는 비굴함도 참고 아첨하는 인물. 방삼복의 힘을 빌려 복수를 하고 일제 강점기에 누렸던 부를 되찾고자 함.

S 소위
광복 직후 우리나라에 실제적인 영향력을 행사한 미군 장교. 방삼복을 출세의 길로 들어서게 함.

3 '양치'의 의미
- 미국 장교의 권력을 업은 위세를 외부로 분출하고자 하는 방삼복의 허세인 동시에 권세의 허망함
- S 소위가 뒤집어쓰는 양칫물은 외세에 대한 당대 사람들의 반감

 발전

전광용의 〈꺼삐딴 리〉와의 비교

유사점
주인공들의 기회주의적인 모습을 비판함.

차이점	
〈미스터 방〉의 방삼복	• 해방 후 '미스터 방'으로 불림. • 미군 장교에게 빌붙어 권력을 행사하는 데 몰두하는 인물
〈꺼삐딴 리〉의 이인국	• 해방 이후 소련군 장교에게 '꺼삐딴 리'로 불림. • 시대 흐름에 따라 친일파, 친소파, 친미파로 변하는 인물

"에구머니!"

놀라 질겁을 하였으나 이미 뱉어진 양칫물은 퀴퀴한 냄새와 더불어 백절폭포로 내리쏟아져, 웃으면서 쳐드는 S 소위의 얼굴 정통에 가 좌르르. / "유 데빌!"

이 기급할 자식이라고, S 소위는 주먹질을 하면서 고함을 질렀고. 그 주먹이 쳐든 채 그대로 있다가, 일변 허둥지둥 버선발로 뛰쳐나와 손바닥을 싹싹 비비는 미스터 방의 턱을,

"상놈의 자식!" / 하면서 철컥, 어퍼컷으로 한 대 갈겼더라고.

권투에서, 상대편의 턱을 밑에서 위로 올려 치는 공격법

---

1 윗글의 서술상 특징으로 가장 적절한 것은?

① 서술자가 작품에 등장하여 인물과 갈등을 이루고 있다.

② 서술자가 자신의 감정이나 생각을 진솔하게 고백하고 있다.

③ 작품 밖 서술자가 상황과 사건을 전지적 시점으로 전달하고 있다.

④ 작품 밖 서술자가 객관적인 위치에서 인물에 대한 평가를 유보하고 있다.

⑤ 복수의 서술자가 등장하여 각기 다른 관점에서 인물과 사건을 평가하고 있다.

학습 활동 응용 📖

2 '백 주사'에 대한 설명으로 적절하지 <u>않은</u> 것은?

① 땅과 돈을 이용해 부를 축적했다.

② 방삼복의 무례한 언행에 불쾌한 감정을 느꼈다.

③ 사람들의 습격을 피해 온 가족을 데리고 서울로 피신했다.

④ 복수를 위해서는 어떠한 굴욕도 참을 수 있다고 생각했다.

⑤ 방삼복에게 재산을 찾으면 자기 재산의 절반을 주겠다고 제안했다.

수능형 ⬆

3 윗글의 사건 전개에서 ㉠의 역할로 가장 적절한 것은?

① 해학적 결말을 이끌어 내기 위한 장치이다.

② 방삼복의 복잡한 심정을 암시하는 장치이다.

③ 미국 문화에 대한 방삼복의 반감을 표출하는 장치이다.

④ 사건의 전개 속도를 느리게 하여 긴장감을 완화시키는 장치이다.

⑤ 미군이 주둔할 당시 사회의 주된 분위기를 보여 주는 장치이다.

4 〈보기〉의 빈칸에 들어갈 3음절의 말을 쓰시오.

> ● 보기 ●
>
> 채만식은 소설에서 해학과 풍자를 통해 당대 사회의 모순이나 부조리를 비판하도록 하는 기법을 사용한다. 이 작품에서도 방삼복이라는 부정적 인물을 우스꽝스럽게 (   )하여 웃음을 유발함으로써 인물에 대한 비판적 기능을 수행하고 있는데, 이는 탈춤이나 판소리의 전통을 이어받은 것이라고 할 수 있다.

5 ⓐ에 들어갈 말로 가장 적절한 것은?

① 초상집 개

② 구렁이 아래턱

③ 벙어리 냉가슴

④ 빛 좋은 개살구

⑤ 부처님 가운데 토막

학습 활동 응용 📖

6 윗글을 읽은 독자의 반응으로 적절하지 <u>않은</u> 것은?

① 방삼복은 백 주사를 하대하며 자신의 위세를 과시하고 있군.

② 백 주사는 자신의 뜻을 관철하기 위해 방삼복의 비위를 맞추고 있군.

③ 방삼복은 강자에게 비굴하게 구는 기회주의자적 모습을 보이고 있군.

④ S 소위는 방삼복의 거듭된 실수에 크게 분노하여 폭력을 행사하고 있군.

⑤ 방삼복은 작은 권력을 쥐고 무엇이든 할 수 있다고 허세를 부리는 인물이군.

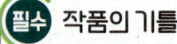

아들은, 의사인 아들은, 마치 환자에게 치료 방법을 이르듯이, 냉정히 차근차근히 이야기를 시작하였다. 외아들인 자기가 부모님을 진작 모시지 못한 것이 잘못인 것, 한집에 모이려면 자기가 병원을 버리기보다는 부모님이 농토를 버리시고 서울로 오시는 것이 순리인 것, 병원은 나날이 환자가 늘어 가나 입원실이 부족되어 오는 환자의 삼분지 일밖에 수용 못 하는 것, 지금 시국에 큰 건물을 새로 짓기란 거의 불가능의 일인 것, 마침 교통 편한 자리에 삼층 양옥이 하나 난 것, 인쇄소였던 집인데 전체가 콘크리트여서 방화 방공으로 가치가 충분한 것, 삼층은 살림집과 직공들의 합숙실로 꾸

[A] 미었던 것이라 입원실로 변장하기에 용이한 것, 각 층에 수도·가스가 다 들어온 것, 그러면서도 가격은 염한 것, 염하기는 하나 삼만 이천 원이라, 지금의 병원을 팔면 일만 오천 원쯤은 받겠지만 그것은 새 집을 고치는 데와, 수술실의 기계를 완비하는 데다 들어갈 것이니 집값 삼만 이천 원은 따로 있어야 할 것, 시골에 땅을 둔대야 일 년에 고작 삼천 원의 실리가 떨어질지 말지 하지만 땅을 팔아다 병원만 확장해 놓으면, 적어도 일 년에 만 원 하나씩은 이익을 뽑을 자신이 있는 것, 돈만 있으면 땅은 이담에라도, 서울 가까이라도 얼마든지 좋은 것으로 살 수 있는 것…….

(화재나 적의 공습에 대비하는 것 / 공장에서 일하는 사람 / 개조하기에 / 저렴한, 싼)

아버지는 아들의 의견을 끝까지 잠잠히 들었다. 그리고

"점심이나 먹어라. 나두 좀 생각해 봐야 대답허겠다."

하고는 다시 개울로 나갔고, 떨어졌던 다릿돌을 올려놓고야 들어와 그도 점심상을 받았다.

점심을 자시면서였다.

"원, 요즘 사람들은 힘두 줄었나 봐! 그 다리 첨 놀 제 내가 어려서 봤는데 불과 여남은이서 거들던 돌인데 장정 수십 명이 한나잘을 씨름을 허다니!"

(처음 놓을 때 / 열이 조금 넘는 수 / 한나절)

"ⓐ나무다리가 있는데 건 왜 고치시나요?"

"너두 ⓐ그런 소릴 허는구나. 나무가 돌만 허다든? 넌 ⓑ그 다리서 고기 잡던 생각두 안 나니? 서울루 공부 갈 때 그 다리 건너서 떠나던 생각 안 나니? 시쳇 사람들은 모두 인정이란 게 사람헌테만 쓰는 건 줄 알드라! 내 할아버님 산소에 상돌을 그 다리로 건네다 모셨구, 내가 천잘 끼구 그 다리루 글 읽으러 댕겼다. 네 어미두 그 다리루 가말 타구 내 집에 왔어. 나 죽건 그 다리루 건네다 묻어라……. 난 서울 갈 생각 없다."

(요즘 / 천자문)

"네?"

"천금이 쏟아진대두 난 땅은 못 팔겠다. 내 아버님께서 손수 이룩허시는 걸 내 눈으로 본 밭이구, 내 할아버님께서 손수 피땀을 흘려 모신 돈으로 장만허신 논들이야. 돈 있다고 어디 가 느르지논 같은 게 있구, 독시장밭 같은 걸 사? 느르지논둑에 선 느티나문 할아버님께서 심으신 거구, 저 사랑 마당엣 은행나무는 아버님께서 심으신 거다. 그 나무 밑에를 설 때마다 난 그 어룬들 동상(銅像)이나 다름없이 경건한 마음이 솟아 우러러보군 헌다. 땅이란 걸 어떻게 일시 이해를 따져 사구팔구 허느냐? 땅 없어 봐라, 집이 어딨으며 나라가 어딨는 줄 아니? 땅이란 천지 만물의 근거야. 돈 있다구 땅이 뭔지두 모르구 욕심만 내 문서 쪽으로 사 모기만 하는 사람들, 돈놀이처럼 변리만 생각허구 제 조상들과 그 땅과 어떤 인연이란 건 도시 생각지 않구 (ⓒ) 하는 사람들, 다 내 눈에 괴이한 사람들루밖엔 뵈지 않드라."

(이익과 손해 / 남에게 돈을 빌려 쓴 대가로 치르는 일정한 비율의 돈 / 도무지)

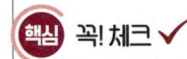

필수 작품의 기틀

갈래	단편 소설
시점	전지적 작가 시점
배경	시간 – 1940년대 공간 – 농촌 마을
주제	물질주의적 가치관에 대한 비판
특징	① '돌다리'라는 소재를 통해 전통적인 가치관과 물질주의적 가치관의 대립을 보여 줌. ② 대조적인 가치관을 지닌 인물들을 설정하여 주제를 부각함.

핵심 꼭! 체크 ✔

1 소재의 상징성

> **돌다리**
> 전통적 가치관. 인간적 관계와 정을 중시함. 아버지의 표상

> **나무다리**
> 근대적 가치관. 합리성과 효율성을 중시함. 창섭의 표상

2 '돌다리'의 의미

- 창섭이 서울로 공부 갈 때 건넘.
- 할아버님 산소에 상돌을 건너다 모심.
- 천자문을 끼고 건너 글 읽으러 다님.
- 창섭의 어머니가 가마를 타고 건너 시집을 옴.

↓

> 가족의 역사와 추억이 담겨 있음.

3 주제 의식

> **'땅이란 천지 만물의 근거야.'**
> 땅의 본래적 가치보다 금전적 가치만 중시되는 근대 자본주의의 가치관 비판

"……."

"네가 뉘 덕으루 오늘의 의사가 됐니? 내 덕인 줄만 아느냐? 내가 땅 없이 뭘루? 밭에
가 절하구 논에 가 절해야 쓴다. 자고로 하눌 하눌 허나 하눌의 덕이 땅을 통허지 않군
사람 헌테 미치는 줄 아니? 땅을 파는 건 그게 하눌을 파나 다름없는 거다."

---

1 [A]의 서술 방식에 대한 설명으로 가장 적절한 것은?

① 서술자가 등장인물의 대화를 직접 인용하고 있다.
② 서술자가 작품 속 상황을 감각적으로 묘사하고 있다.
③ 서술자가 인물의 내면 심리를 구체적으로 묘사하고 있다.
④ 서술자가 사건의 인과 관계를 논리적으로 제시하고 있다.
⑤ 서술자가 등장인물의 시각에서 이야기의 내용을 요약적으로 제시하고 있다.

2 〈보기〉의 빈칸에 공통으로 들어갈 3음절의 말을 쓰시오.

> ● 보기 ●
>
> (   )는 아버지에게 있어 가족의 삶과 깊은 관련을 맺고 있다. 아버지가 (   )를 고치는 것은 과거로부터 전해진 정신적 문화가 후대에도 이어지기를 바라는 표현으로 볼 수 있다.

3 ㉠과 ㉡을 비교한 내용으로 적절하지 않은 것은?

① ㉠과 ㉡은 만드는 과정에서 난도의 차이가 나겠군.
② ㉠과 ㉡은 완성했을 때 얼마나 튼튼하고 안정적인가에 차이가 있겠군.
③ ㉠은 근대적 사고방식을 드러내는 반면 ㉡은 전통적 사고방식을 드러내는군.
④ ㉠을 통해 유발된 아버지와 창섭의 갈등이 해소되는 과정에서 ㉡이 중심 역할을 하고 있군.
⑤ ㉠에는 효율성을 중시하는 창섭의 태도가 ㉡에는 전통적 가치를 지키려는 '아버지'의 태도가 담겨 있군.

4 ㉢에 들어갈 표현으로 가장 적절한 것은?

① 헌신짝 버리듯
② 봉사 개천 나무라듯
③ 다람쥐 쳇바퀴 돌듯
④ 번갯불에 콩 볶아 먹듯
⑤ 닭 소 보듯, 소 닭 보듯

5 ⓐ에 담긴 '아버지'의 태도를 이해한 내용으로 가장 적절한 것은?

① 자신의 생각만 옳다고 여기는 태도를 꾸짖고 있다.
② 일시적인 편리성만을 추구하는 태도를 꾸짖고 있다.
③ 웃어른의 생각을 함부로 대하는 태도를 꾸짖고 있다.
④ 상대의 말꼬리를 잡고 트집을 부리는 태도를 꾸짖고 있다.
⑤ 잘못인 줄 알면서도 고치려 하지 않는 태도를 꾸짖고 있다.

6 〈보기〉를 참고하여 윗글을 해석한 내용으로 적절하지 않은 것은?

> ● 보기 ●
>
> '장소애(場所愛)'는 인간의 안정된 삶을 보호하는 터전인 장소에 애착하는 심성이다. 근대 이전에는 '땅'과 '집'이 대표적인 장소애의 대상이었으나, 근대 이후 도시 사회에서는 이들이 도구적 대상이나 교환의 대상으로 변질되었다.

① '창섭'에게 집은 도구적 가치를 지닌 것으로, 장소애의 대상이 아니다.
② '아버지'에게 돌다리는 삶의 추억과 애환이 투영된 장소애의 대상이다.
③ 마당의 은행나무는 '아버지'에게 장소애의 대상인 집의 성격을 강화하고 있다.
④ 땅에 애착하는 '아버지'의 생각과 행동은 땅에 대한 장소애의 의미를 부각하고 있다.
⑤ 땅을 장소애의 대상으로 여기는 의식이 두루 펴져 있는 당시 상황이 전제되어 있다.

땅에는 이해를 초월한 일종 종교적 신념을 가진 아버지에게 아들의 이단적(異端的)인 계획이 용납될 리 만무였다. 아버지는 상을 물리고도 말을 계속하였다.

"너루선 어떤 수단을 쓰든지 병원부터 확장허려는 게 과히 엉뚱헌 욕심은 아닐 줄두 안다. 그러나 욕심을 부런 못쓰는 거다. 의술은 예로부터 인술(仁術)이라지 않니? 매살 순탄허게 진실허게 해라."

"……."

"네가 가업(家業)을 이어 나가지 않는다군 턴허지 않겠다. 넌 너루서 발전헐 길을 열었구, 그게 또 모리지배(謀利之輩)의 악업이 아니라 활인(活人)허는 인술이구나! 내가 어떻게 불평을 말헌? 다만 삼사대 집안에서 공들여 이룩해 논 전장을 남의 손에 내맡기게 되는 게 저윽 애석헌 심사가 없달 순 없구……."

<small>온갖 수단과 방법으로 자신의 이익만을 꾀하는 사람 / 사람을 살리는 / 개인이 소유하는 논밭</small>

"팔지 않으면 그만 아닙니까?"

"나 죽은 뒤에 누가 거두니? 너두 이제두 말했지만 너두 문서 쪽만 쥐구 서울 앉어 지주 노릇만 허게? 그따위 지주허구 작인 틈에서 땅들만 얼말 곯는지 아니? 안 된다. 팔 테다. 나 죽을 임시엔 다 팔 테다. 돈에 팔 줄 아니? 사람헌테 팔 테다. 건너 용문이는 우리 느르지논 같은 건 한 해만 부쳐 보구 죽어두 농군으로 태났던 걸 한허지 않겠다구 했다. 독시장밭을 내논다구 해 봐라, 문보나 덕길이 같은 사람은 길바닥에 나앉드라두 집을 팔아 살려구 덤빌 게다. 그런 사람들이 땅 임자 안 되구 누가 돼야 옳으냐? 그러니 아주 말이 난 김에 ⊙<u>내 유언(遺言)</u>이다. 그런 사람들 무슨 돈으로 땅값을 한목 내겠니? 몇몇 해구 그 땅 소출을 팔아 연년이 갚어 나가게 헐 테니 너두 땅값을랑 그렇게 받어 갈 줄 미리 알구 있거라. 그리구 네 모가 먼저 가면 내가 묻을 거구, 내가 먼저 가게 되면 네 모만은 네가 서울로 그때 데려가렴. 난 샘말서 이렇게 야인(野人)으루 나 죄 없는 밥을 먹다 야인인 채 묻힐 걸 흡족히 여긴다."

<small>몹시 억울하거나 원통하여 원망스럽게 생각하지 / 한꺼번에 몰아서 함을 나타내는 말 / 시골에 사는 사람</small>

"……."

"자식의 젊은 욕망을 들어 못 주는 게 애비 된 맘으루두 섭섭하다. 그러나 이 늙은이헌테두 그만 신념쯤 지켜 오는 게 있다는 걸 무시하지 말어 다구."

아버지는 다시 일어나 담배를 피우며 다리 고치는 데로 나갔다. 옆에 앉았던 어머니는 두 눈에 눈물을 쭈르르 흘리었다.

"너이 아버지가 여간 고집이시냐?"

"아뇨. 아버지가 어떤 어룬이신 건 오늘 제가 더 잘 알았습니다. 우리 아버진 훌륭헌 인물이십니다."

[A] 그러나 창섭도 코허리가 찌르르하였다. 자기의 계획하고 온 일이 실패한 것쯤은 차라리 당연하게 생각되었고, 아버지와 자기와의 세계가 격리(隔離)되는 일종의 결별(訣別)의 심사를 체험하는 때문이었다.

[B] 아들은 아버지가 고쳐 놓은 돌다리를 건너 저녁차를 타고 가 버리었다. 동구 밖으로 사라지는 아들의 뒷모양을 지키고 섰을 때 아버지의 마음도, 정말 임종에서 유언이나 하고 난 것처럼 외롭고 한편 불안스러운 심사조차 설레었다.

아버지는 종일 개울에서 허덕였으나 저녁에 잠도 달게 오지 않았다.

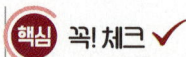

핵심 꼭! 체크 ✔

1 인물의 대조적 가치관

창섭(물질적 가치관)
땅을 금전적 가치, 물질적 수단으로만 바라봄.

↑ 병원 확장의 수단

땅
갈등의 계기이자 인물의 가치관을 드러내 주는 소재

↓ 삶의 터전

창섭의 아버지(전통적 가치관)
땅에 대한 강한 애착을 지님. 물질적인 것보다 인정과 의리를 소중히 여김.

2 '결별의 심사'가 지닌 의미

아버지는 땅을 팔아서는 안 되는 이유를 논리 정연하게 설명하고 창섭은 아버지의 '땅'에 대한 신념을 인정함. 하지만 창섭은 아버지와 자신의 가치관의 차이를 확연히 인식하고 아버지와 자기의 세계가 격리됨을 깨달음.

 발전 ✛

서술자의 태도

창섭이 땅을 팔아야 하는 이유를 요약적으로 열거함. 말투가 드러나지 않음.
아버지가 땅을 팔지 않겠다는 이유를 대화로 직접 보여 줌. 말투가 드러남.

↓

서술자가 창섭과 아버지의 말을 전달하는 방식에 차이를 두며 아버지의 가치관을 옹호하고 있음을 드러냄.

전체 줄거리

서울에서 의사를 하는 창섭은 아버지의 땅을 팔아 병원을 확장하려는 계획을 세우고 고향에 내려온다. 창섭은 장마에 내려앉은 돌다리를 고치고 있는 아버지를 만난다. 땅을 팔고 서울로 올라가자는 창섭의 제안을 듣고 창섭의 아버지는 못마땅해하며 생각할 시간을 달라고 한다. 아버지는 땅을 팔 수 없음을 분명히 하며 아들에게 자신의 가치관을 역설한다. 죽기 전에 땅을 농민들에게 넘기겠다는 아버지를 보며 창섭은 심적 거리감을 느낀다. 다음 날 아버지는 고쳐 놓은 돌다리에서 세수를 하며 땅을 지키는 삶이 옳은 삶이라는 생각을 다시 되새긴다.

1 윗글의 내용과 일치하지 <u>않는</u> 것은?

① 아버지는 야인으로 살아온 자신의 삶에 만족하는 사람이다.

② 창섭은 아버지의 이야기를 듣고 아버지만의 세계를 인정하게 된다.

③ 아버지는 땅을 사랑하는 사람이 땅의 주인이 되어야 한다고 생각한다.

④ 창섭은 아버지의 말을 통해 땅에 대한 생각이 자신과 다름을 깨달았다.

⑤ 아버지는 가업을 잇기 위해 미래에도 땅을 절대 팔지 않을 것이라고 말한다.

● 학습 활동 응용 📖

2 윗글에 나타나는 갈등 양상으로 가장 적절한 것은?

① 가족의 부양, 어떻게 할 것인가?

② 공동체적 삶과 개인의 삶, 무엇이 중요한가?

③ 삶의 터전으로 농촌과 도시, 어디를 선택할 것인가?

④ 가업을 계승할 것인가, 자신의 발전을 도모할 것인가?

⑤ 땅의 가치는 금전적 가치에 있는가, 본래적 가치에 있는가?

● 수능형 🏛

3 ㉠을 추론한 내용으로 가장 적절한 것은?

① 네게 필요하다면 필요한 대로 우선 땅을 팔아도 좋다.

② 땅을 일구어 가업을 잇는 것이 어렵다면 네 발전은 인정할 수 없다.

③ 땅을 팔아서 병원을 확장하게 되면 훌륭한 의사가 되어 가난한 환자들을 도와라.

④ 문서만 쥐고 지주 노릇하는 사람 말고 땅의 가치를 알고 실제 농사짓는 사람에게 땅을 팔 것이다.

⑤ 땅값은 땅 소출을 팔아 한목에 내도록 해서 돈이 없는 농군들이 좋은 땅을 살 수 있도록 도울 것이다.

4 윗글에서 〈보기〉와 연관된 2어절의 말을 찾아 쓰시오.

> ● 보기 ●
>
> 창섭은 아버지의 말을 듣고 땅에 대한 아버지의 신념을 인정하게 되지만, 아버지의 가치관과 자신의 가치관이 다름을 느끼고 아버지의 세계에 들어갈 수 없음을 깨닫는다. 여기에는 아버지의 생각을 존중하는 마음과 자신의 생각을 지켜 나가려는 마음이 함께 담겨 있다.

● 학습 활동 응용 📖

5 [A]와 [B]의 서술자에 대해 대화한 내용으로 적절하지 <u>않</u>은 것은?

① [A]와 [B]의 서술자는 등장인물의 심리 등 모든 것을 파악하여 전달하고 있어.

② [A]의 서술자를 창섭으로 바꾸면 '창섭'과 '자기'는 '나'로 바뀌게 되고 창섭이 자신의 심리를 직접 표현하는 식이 되지.

③ [A]의 서술자를 아버지로 바꾸면 '코허리가 찌르르하였다.'는 상대의 모습을 관찰한 '눈물이 고였다.'로 바뀔 수 있어.

④ [B]에서 '아버지'를 '나'로 바꾸면 서술자는 아버지가 될 수 있어.

⑤ [B]의 서술자를 창섭으로 바꾸면 아버지가 '외롭고 한편 불안스러운 심사'로 잠을 못 주무셨다는 이야기를 창섭이 직접 할 수 있어.

6 〈보기〉의 빈칸에 들어갈 1음절의 말을 쓰시오.

> ● 보기 ●
>
> 〈돌다리〉는 (   )을 둘러싸고 드러나는 아버지와 아들의 가치관 대립을 통해 궁극적으로는 물질만을 중시하는 세태를 비판하고 있는 소설이다.

04 겨울 나들이 ❶ – 박완서

천재(김수)

상업적으로 날리는 화가는 아니었지만 꽤 개성 있는 특이한 자기 세계를 고집하고 있어 그런대로 알려지고 평가도 받고 있는 중견 화가인 남편은 요즈음 세 번째 개인전을 앞두고 그 준비 때문에 집에 들어오지 않고 시내에 있는 아틀리에에 묵는 일이 많았다. 남편의 건강이 염려돼 나는 가끔 먹을 것을 해 가지고 나가 보고, 남편은 옷을 갈아입으러 집에 들르곤 하는 정도였다. 어제도 나는 시내에 나갔다가 로스 고기를 좀 사 가지고 아틀리에에 들렀다. 출가한 딸이 와 있었다. 남편은 출가한 딸을 모델로 그림을 그리고 있었다. 극도로 단순화, 동화화한 풍경이나 동물을 즐겨 그릴 뿐, 인물이 남편의 그림에 등장하는 걸 거의 본 적이 없는 나는 적이 놀랐다. 그리고 그 인물화는 남편의 종래의 화 <u>꽤 어지간한 정도로</u> 풍과는 전연 다른 끔찍하도록 섬세하고 생생하고 사실적인 그림이었다. 그렇게 똑같이 닮게 그린 그림이 좋은가 나쁜가는 둘째고 나는 울컥 혐오감부터 느꼈다. 혼까지 옮아 붙은 영정(影幀)을 보는 느낌이었다. 더욱 질린 건 모델인 딸과 화가인 남편이 이루고 있는 미묘한 분위기였다. 부드럽고 따습고 만족한 교감은 사랑하는 부녀 사이의 그것으로 이해할 수 있었으나 부녀 이상의 비밀스러운 무엇인가가 있었다. 둘이만 친하고 싶은 눈치가 역력했다. 둘은 나를 예의 바르게 반겼는데도 나는 밀려난 것처럼 느꼈다. <u>자취나 기미, 기억 따위가 환히 알 수 있게 또렷했다</u>

출가해서 삼 년째, 갓 돌 지난 첫애를 두고 있는 딸은 처녀 때와는 또 다른 윤택하고 기품 있는 아름다움으로 소파에 단정히 앉아 있었다. 한창때구나 하는 찬탄과 동시에 섬광처럼 눈부시게 어떤 깨달음이 왔다. 그렇지, 꼭 저맘때였겠구나! 남편이 난리 통에 첫 번째 아내와 생이별한 게 꼭 첫 번째 아내가 지금 딸만 한 나이 때였겠구나 하는 깨달음은 나에게 얼마나 충격적이었던가. 더군다나 딸은 내 친딸이 아니고 남편과 첫 번째 아내와의 사이에서 난 딸이었다. 딸은 엄마를 닮는 법이다. 남편은 딸을 통해 이북에 두고 온 당시의 아내의 모습을 되살렸음이 틀림없다. 나는 그 여자보다 훨씬 손아래지만 지금 옆에서 볼품없는 꼴로 늙어 가는데 그 여자는 남편의 가슴속에 지금의 딸의 모습처럼 빛 <u>나이나 항렬이 자기보다 낮은 관계</u> 나는 젊음과 아름다움으로 간직돼 있었구나 싶자 질투가 독사 대가리처럼 고개를 드는 걸 느꼈다. 여자의 질투를 위해선 휘어잡을 머리채가 마련돼 있어야 하는 법이다. 그러나 나는 지금 누구의 머리채를 휘어잡을 수 있단 말인가. 나는 점잖게 예사롭게 굴 수밖에 없었고, 그건 여간만 고통스러운 게 아니었다. 발산시키지 못한 질투심은 서서히 여태껏 산 게 온통 헛산 것 같은 허탈감으로 이어졌다.

사느라고 열심히 살았건만……. 이북에 노부모와 아내를 남겨 두고 어린 딸 하나만 업고 내려온 빈털터리, 게다가 나이는 나보다 열두 살이나 더 많고 직업도 불안정한 무명 화가를 불쌍해하다가 그만 사랑하게 돼서 결혼까지 하고, 홀아비와 어미 없는 어린것의 궁기를 닦아 내고, 사랑하고, 섬기며 살아온 게 큰 허탕을 친 것처럼 억울하게 여겨졌다. <u>궁한 기색</u> 속아 산 것 같은, 헛산 것 같은 기분은 씹으면 씹을수록 고약해서 나는 얼굴을 찡그렸다. 어디가 아프냐고 남편과 딸이 근심스러운 듯이 물었다. 나는 속상한 일이 좀 있는데 어디로 훨훨 혼자 여행이나 떠나고 싶다고 했다.

"하필 이 겨울에 혼자서 여행을?"

남편이 놀라다 못해 신기해했다. 요 며칠 혹독한 추위가 계속되고 있었다. 문득 아틀리에의 창을 통해 해골 같은 가로수와 인적이 드뭇한 얼어붙은 보도가 내려와 보였다.

나는 이런 을씨년스러운 도시의 겨울 풍경에 느닷없이 뭉클한 감동을 맛보았다. 그리고 그냥 투정처럼 해 본 여행 소리가 비로소 현실감을 갖고 다가왔다. 정말 당장 떠나리라 마음먹었다.

수능형

1 윗글의 서술상 특징으로 가장 적절한 것은?

① 서술자가 자신의 경험과 함께 내면을 직접 제시하고 있다.
② 장면의 빈번한 이동을 통해 긴장과 갈등을 극대화하고 있다.
③ 인물 간의 대화를 통해 주인공이 처한 상황을 알려 주고 있다.
④ 이야기 밖에 위치한 서술자가 주인공의 정서를 상세하게 제시하고 있다.
⑤ 장면에 따라 서술자를 달리 설정하여 사건에 대한 시각 차이를 드러내고 있다.

2 윗글에서 '나'가 허탈감과 배신감을 느끼며 결심하게 되는 2음절의 말을 찾아 쓰시오.

_____

학습 활동 응용

3 〈보기〉를 참고하여 윗글을 감상한 내용으로 적절하지 <u>않은</u> 것은?

> ● 보기 ●
>
> 전쟁과 분단을 다루고 있는 소설에서는 전쟁과 분단의 참혹함과 이에 상처받은 사람들의 아픔을 형상화하고 있다.

① 남편이 겪은 이산의 아픔은 전쟁이 가져다준 결과로 볼 수 있겠군.
② 남편의 종래 화풍은 전쟁이 만든 아픔을 형상화한 것으로 볼 수 있겠군.
③ '나'가 느끼는 허탈감 역시 전쟁과 분단 상황에서 비롯된 것으로 볼 수 있겠군.
④ '나'의 질투를 해소할 수 없는 것도 분단에서 기인한 것이라고 볼 수 있겠군.
⑤ '나'와 남편은 모두 전쟁과 분단에 의해 상처를 받은 사람들로 볼 수 있겠군.

4 윗글의 내용과 일치하지 <u>않는</u> 것은?

① '나'는 겨울 풍경을 보며 느낀 감동으로 자신만의 삶을 위해 떠나기로 결심한다.
② '나'는 남편과 딸에게 헌신하며 살아온 자신의 인생이 헛된 것처럼 느끼며 허탈감에 빠진다.
③ '나'는 직업도 불안정한 무명 화가였던 남편을 불쌍해하다가 사랑해서 결혼까지 하게 되었다.
④ '나'는 남편과 딸 사이의 부녀 이상의 비밀스러운 무엇인가로 인해 밀려난 것 같은 소외감을 느낀다.
⑤ '나'는 남편이 사실적으로 그린 딸의 인물화를 보고 남편이 전처를 그리워하고 있다는 생각에 혐오감을 느낀다.

학습 활동 응용

5 '나'가 갈등을 겪는 원인으로 가장 적절한 것은?

① 남편과 딸이 예의 바르게 반기지 않은 것
② 남편이 개인전 준비로 아틀리에에 묵는 일이 많아진 것
③ 남편이 기존의 화풍과 다르게 사실적인 그림을 그린 것
④ 딸의 모습이 자신과 달리 윤택하고 기품 있는 아름다움을 지닌 것
⑤ 남편이 이북에 두고 온 첫 번째 아내를 잊지 못하고 있다고 생각한 것

6 윗글의 계절적 배경에 대한 설명으로 가장 적절한 것은?

① 인물에게 닥칠 시련을 암시한다.
② 작품의 주제를 함축적으로 제시한다.
③ 인물의 심리를 효과적으로 드러낸다.
④ 인물이 지난 삶을 성찰하는 계기가 된다.
⑤ 인물이 새로운 삶을 추구하는 동기가 된다.

7 윗글에서 남편의 전처에게 느끼는 '나'의 질투심을 비유적으로 표현한 2어절의 말을 찾아 쓰시오.

_____

04 겨울 나들이 ❷

머리를 좌우로 흔들어 싫다거나 아니라는 뜻을 표시하는 짓

〈중략 부분의 줄거리〉 남편과 딸에 대한 배신감에 혼자서 겨울 여행을 떠난 '나'는 온양의 호숫가 여인숙에서 쉼 없이 도리질을 하는 노파와 시어머니인 노파를 헌신적으로 봉양하고 있는 아주머니를 만난다. 한국 전쟁 당시 아주머니는 남편의 안전을 위해 시어머니인 노파에게 도리질까지 곁들여 '모른다'는 말을 주입시켰는데, 어느 날 시어머니는 퇴각하던 인민군들을 만나게 된다.

"몰라요. 몰라요. 정말 난 모른단 말예요."

소름이 쪽 끼치고 간담이 서늘해지는 처참한 비명이었다. 그녀도 뛰어나가고 그녀의 남편까지도 엉겁결에 뛰어나갔다. 잠깐 아무도 분별력이 없었다. 저만치 뒷간 모퉁이에 패잔병인 듯싶은 지치고 남루한 인민군 서너 명이 일제히 총부리를 시어머니에게 겨누
싸움에 진 군대의 병사 가운데 살아남은 병사
고 있었다. 그들도 놀란 것 같았다. 그들은 처음부터 누굴 해치려고 나타났다기보다는 그냥 시어머니와 마주쳤거나 마주친 김에 옷이나 먹을 것을 달랄 작정이었는지도 모른다. 그런데 그들이 무슨 말을 걸기도 전에 시어머니는 그 자리에 꼼짝도 못 하고 못 박힌 채 고개만 미친 듯이 저으며 "몰라요. 난 몰라요."를 딴사람같이 드높고 새된 소리로 되
목소리가 높고 날카로운
풀이했다. 패잔병 중 한 사람의 눈에 살기가 번뜩이는가 하는 순간 총이 그녀의 남편을 향해 난사됐다. 그녀의 남편은 처참한 모습으로 나동그라지고 그들도 어디론지 도망쳤
활, 대포, 총 따위를 제대로 겨냥하지 아니하고 아무 곳에나 마구 쏨.
다. 이런 일은 일순에 일어났다.

그 후 거의 실성하다시피 한 시어머니를 오랫동안 극진히 봉양한 끝에 어느 만큼 회복은 됐지만 그때 뒷간 모퉁이에서 죽길 기를 쓰고 흔들어 대던 도리질만은 그때 같은 박력만 가졌다 뿐 멈출 줄 모르는 고질병이 되고 말았다. 그래서 도리도리 할머니라는 이 동네 명물 할머니가 됐다.

아주머니는 이런 얘기를 조금도 수다스럽지 않고 담담하고 고즈넉하게 했다.

"이젠 고쳐 드려야겠다는 생각보단 도와드려야겠다는 생각뿐이에요."

"도와드린다니요? 어떻게요?"

"당신 임의로는 못 하시는 일이고, 얼마나 힘이 드시겠어요. 삼시 잡숫는 거라도 정성껏 잡숫게 해 드리고 몸 편케 보살펴 드리고, 뭐, 그런 거죠. 대사업을 완수하시고 돌아가시는 날까지 그거야 못 해 드리겠어요."

치매가 된 채 허구한 날 도리질이나 해 대는 걸 '대사업'이라고 하는 아주머니의 농담에 웃으려다 말고 입을 다물었다. 아주머니의 태도가 조금도 농담 같지 않아서였다. 정말 대사업을 힘껏 보필하는 이의 사명감과 긍지로 아주머니의 얼굴이 은은히 빛나 보이
윗사람의 일을 도움.
기까지 했다. 나는 어쩌면 이 아주머니야말로 대사업을 하고 있는 게 아닌가 하는 생각이 들면서 ㉠등골에 전율이 지나갔다. 〈중략〉

알아들었는지 못 알아들었는지 노파는 여전히 고개만 살래살래 흔들었다. 나에겐 그 도리질이 "몰라요. 몰라요."가 아니라 "며늘아, 태식이 녀석에겐 아무 일도 없어. 글쎄 아무 일도 없다니까. 우리가 무슨 죄가 많아서 그 녀석에게까지 무슨 일이 있겠니." 하는
아주머니의 아들이자 노파의 손자
것처럼 보였다.

나는 불현듯 아직도 마주 잡고 있는 고부의 손 위에 내 손을 포개 보고 싶어졌다. 남남
시어머니와 며느리를 아울러 이르는 말
끼리이면서 가장 친한 두 손, 대사업의 동업자끼리이기도 한 이 두 손 사이를 맥맥이 흐르는 그 무엇을 직접 내 손으로 맥 짚어 보고, 느끼고, 오래 기억해 두고 싶었다. 마치 이세상 온갖 것 중 허망하지 않은 단 하나의 것에 닿아 볼 수 있는 처음이자 마지막 기회라도 되는 듯이 나는 감지덕지 그 일을 했다. 거칠지만 푸근한 두 손 위에 내 유약한 한 손이 경건하게 보태졌다.

꼭! 체크 ✔

1 '대사업'의 의미와 '나'의 깨달음

'대사업'의 의미
- 노파에게 대사업은 평생 도리질을 하는 것으로 가족을 지키려는 책임감과 사랑의 몸부림을 의미함.
- 아주머니에게 대사업은 몸이 불편한 시어머니를 끝까지 봉양하는 일을 의미함.

가족 간에 서로 사랑하고 의지하며 상처를 극복해 나가는 삶

'나'의 깨달음
가족에 대한 사랑과 가족을 위해 헌신했던 삶이 헛되지 않았음을 깨달음.

2 여정에 따른 '나'의 심리 변화

남편에 대한 배신감, 소외감, 허탈감
↓
여인숙 아주머니와 노파의 사연에 공감함.
↓
가족을 위해 살아온 자신의 삶이 헛되지 않았음을 깨달음.

3 '도리질'의 의미
- 인민군에게: 아들의 행방을 모른다.
- 며느리(아주머니)에게: 아주머니의 아들 태식이 별 탈 없을 것이다.
- '나'에게: 남편과 딸을 극진히 보살폈던 '나'의 삶이 헛되지 않았다.

전체 줄거리
'나'는 어느 날 중견 화가인 남편의 아틀리에에 들렀다가, 남편이 전처와의 사이에서 낳은 딸을 그린 초상화를 보고 남편이 북에 두고 온 아내를 그리워한다는 생각에 일종의 배반감을 느낀다. 이에 '나'는 문득 자유로워지고 싶은 생각에 집을 나와 여행을 떠난다. 그러던 '나'는 어느 인적 없는 겨울 유원지의 여인숙에서 전쟁이 가져다준 아픔을 극복하며 살아가는 여주인과 그녀의 시어머니의 모습을 보며 가족에 대한 사랑과 자신의 삶 역시 헛된 것이 아니었음을 깨닫고 집으로 돌아갈 것을 결심한다.

▶ 정답과 해설 28쪽

"할머니, 안녕히 계세요."

노파는 고개만 살래살래 흔들었지만 나는 노파가, "너는 결코 헛살지만은 않았어. 암, 헛살지 않았고말고." 하는 것처럼 느꼈다.

---

1 윗글의 인물에 대한 설명으로 적절하지 <u>않은</u> 것은?

① '나': 노파의 도리질에서 삶의 위로를 느끼게 된다.

② '나': 고부의 사연을 통해 가족애와 삶의 의미를 깨닫게 된다.

③ 노파: 인민군들이 쏜 총에 아들을 잃었다.

④ 아주머니: 시어머니에 대한 효심이 깊고 가정을 지켜 내려는 의지가 깊다.

⑤ 아주머니: 시어머니의 고질병인 도리질을 완벽하게 고쳐 드려야겠다고 생각한다.

학습 활동 응용 📖

2 '도리질'을 이해한 내용으로 적절하지 <u>않은</u> 것은?

① 남편의 안전을 위해 며느리가 노파에게 요구한 행동이었다.

② 인민군에게 한 도리질은 '아들의 행방을 모른다'는 의미를 담고 있다.

③ '나'에게 하는 도리질은 남편과 딸을 극진히 보살폈던 '나'의 삶이 헛되지 않았다는 의미로 해석할 수 있다.

④ 아주머니에게 하는 도리질은 아주머니의 아들, 즉 손자가 별 탈이 없을 것이라는 의미로 볼 수 있다.

⑤ 실성하다시피 했다가 회복된 후에도 노파가 계속 도리질을 하는 이유는 아들의 죽음이 자신과 무관하다는 것을 강조하기 위해서이다.

수능형 ⬆

3 ⊙의 의미로 가장 적절한 것은?

① 속내를 알 수 없어서 답답함을 느꼈다.

② 아주머니의 행동에서 서글픔을 느꼈다.

③ 등골이 오싹할 정도의 무서움을 느꼈다.

④ 새롭게 알게 된 것들에서 희열을 느꼈다.

⑤ 경의를 표하고 싶을 정도로 감동을 느꼈다.

4 〈보기 1〉을 참고하여 〈보기 2〉의 빈칸에 들어갈 말을 1어절로 쓰시오.

●─── 보기 1 ───●

• 나들이: 집을 떠나 가까운 곳에 잠시 다녀오는 일.

• 여행: 일이나 유람을 목적으로 다른 고장이나 외국에 가는 일.

●─── 보기 2 ───●

[제목에 '여행'이 아닌 '나들이'를 쓴 이유]

여행을 위해 집을 떠났지만 이내 갈등을 해소하고 다시 집으로 (   )을 의미한다.

학습 활동 응용 📖

5 〈보기〉를 참고하여 윗글을 감상한 내용으로 적절하지 <u>않은</u> 것은?

●─── 보기 ───●

〈겨울 나들이〉는 서울에 사는 인물이 온양으로 여행을 다녀오면서 갈등이 해소되는 과정을 보여 주는 여로형 소설이다.

① '나'가 서울을 떠난 것은 가족들에게서 느낀 허탈감이 원인이라고 할 수 있어.

② 서울을 떠난 '나'와 온양에서 만난 고부는 모두 유사한 원인에서 만들어진 상처를 공유하고 있어.

③ 온양에서 본 고부가 겪은 과거의 비극적인 삶은 가족을 지키고자 했던 마음에서 기인한 것이라고 할 수 있어.

④ '나'는 여행을 통해 온양보다 서울이라는 공간이 더 소중하다는 것을 깨닫고 내적 갈등을 해소하고 있어.

⑤ '나'가 온양에서 고부의 손 위에 자신의 손을 얹은 것은 이들의 삶의 태도에 공감했기 때문이라고 볼 수 있어.

바로 그 ㉠옷궤 이야기였다. 17, 8년 전, 고등학교 1학년 때였다. 술버릇이 점점 사나워져 가던 형이 전답을 팔고 선산을 팔고, 마침내는 그 아버지 때부터 살아온 집까지 마지막으로 팔아 넘겼다는 소식이 들려왔다. K시에서 겨울 방학을 보내고 있던 나는 도대체 일이 어떻게 되어 가는지 알아보고 싶어 옛 살던 마을을 찾아가 보았다. 〈중략〉
  〔조상의 무덤이 있는 산〕

"여기가 어디냐. 네가 누군디 내 집 앞 골목을 이렇게 서성대고 있어야 하더란 말이냐."

한참 뒤에 어디선가 누님의 소식을 듣고 달려온 노인이 문간 앞에서 어정어정 망설이고 있는 나를 보고 다짜고짜 나무랐다. 행여나 싶은 마음으로 노인을 따라 문간을 들어섰으나 집이 팔린 것은 분명해 보였다.

그날 밤 노인은 옛날과 똑같이 저녁을 지어 내왔고, 거기서 하룻밤을 함께 지냈다. 그리고 이튿날 새벽 일찍 K시로 나를 다시 되돌려 보냈다. 나중에야 안 일이지만 노인은 거기서 마지막으로 내게 저녁밥 한 끼를 지어 먹이고 당신과 하룻밤을 재워 보내고 싶어, 새 주인의 양해를 얻어 그렇게 혼자서 나를 기다리고 있었다는 것이었다. 언젠가 내가 다녀갈 때까지는 내게 하룻밤만이라도 옛집의 모습과 옛날의 분위기 속에 자고 가게 해 주고 싶어서였는지 모른다. 하지만 문간을 들어설 때부터 집 안 분위기는 이사를 나간 빈집이 분명했었다. 한데도 노인은 그때까지 매일같이 그 빈집을 드나들며 먼지를 털고 걸레질을 해 온 것이었다. 그리고 그때 노인은 아직 집을 지켜 온 흔적으로 안방 한쪽에다 이불 한 채와 옷궤 하나를 예대로 그냥 남겨 두고 있었다.

이튿날 새벽 K시로 다시 길을 나설 때서야 비로소 집이 팔린 사실을 시인해 온 노인의 심정으로는 그날 밤 그 옷궤 한 가지나마 옛집 살림살이의 흔적으로 남겨서 나의 괴로운 잠자리를 위로하고 싶었음이 분명한 것이다. 그러한 내력이 숨겨져 온 옷궤였다.

떠돌이 살림에 다른 가재도구가 없어서도 그랬겠지만, 이 20년 가까이를 노인이 한사코 함께 간직해 온 옷궤였다. 그만큼 또 나를 언제나 불편스럽게 만들어 온 물건이었다. 노인에게 빚이 없음을 몇 번씩 스스로 다짐하고 있다가도 그 옷궤만 보면 무슨 액면가 없는 빚 문서를 만난 듯 기분이 새삼 꺼림칙해지곤 하던 물건이었다.

이번에도 물론 마찬가지였다. 노인의 방을 들어선 순간에 벌써 기분을 불편스럽게 해 오던 옷궤였다. 그리고 끝내는 이틀 밤을 못 넘기고 길을 다시 되돌아갈 작정을 내리게 한 것도 알고 보면 바로 그 옷궤의 허물이 컸을지 모른다.

아내도 물론 그 옷궤에 관한 내력을 내게서 들을 만큼 듣고 있었다. 아내가 옷궤의 내력을 알고 있는 여자라면, 그 옷궤에 관한 나의 기분도 짐작을 못 할 그녀가 아니었다. 더욱이 내가 바깥에서 두 사람의 이야기를 엿듣고 있는 걸 알고서 그랬을 수도 있었다.

나는 어느새 그 콧속을 후비는 못된 버릇이 되살아날 만큼 긴장을 하고 있었다. 생각지도 않았던 곳에서 갑자기 묵은 빚 문서가 튀어나올 것 같은 조마조마한 기분이었다. 노인이 치사하게 그 묵은 빚 문서로 나를 궁지에 몰아넣으려 덤빌 수도 있었다.

㉡'그래 보라지. 누가 뭐래도 내겐 절대로 빚진 게 없으니까. 그래 본들 없는 빚이 생길 리가 있을라구.' 〈중략〉

노인은 이제 그것으로 그만 입을 다물어 버리고 말았다. 옷궤 이야기는 더 이상 들추고 싶지가 않은 모양이었다. / 하지만 아내도 이젠 그쯤에서 호락호락 물러설 여자가 아

필수 작품의 기틀

갈래	현대 소설, 단편 소설
시점	1인칭 주인공 시점
주제	어머니의 무한한 사랑에 대한 깨달음과 화해
특징	① 주로 대화를 통해 사건이 전개됨. ② 우회적으로 표현하는 말하기 방식이 사용됨. ③ 과거 회상을 통해 사건이 역순행적으로 구성됨. ④ 상징적 의미를 지닌 소재를 통해 인물의 정서를 드러냄.

핵심 꼭! 체크 ✓

1 '옷궤'의 상징적 의미

'나'	① 부인하고 싶은 노인의 사랑을 확인시켜 주는 꺼림칙한 물건 ② 떠올리고 싶지 않은 과거를 회상하게 하는 물건
노인	① 집을 지키고 있음을 나타내는 상징적인 물건 ② 아들에 대한 사랑 ③ 마지막 남은 자존심
아내	① 노인과 남편 사이의 비밀을 캘 수 있는 단서를 제공하는 물건 ② 노인과 남편의 화해를 도모하기 위한 수단

2 '빚'의 의미와 '나'의 심리

① '빚': 어머니의 사랑에 대한 심리적 부담감
② 노인에게 빚이 없음을 스스로 다짐함.
  – 빚이 있음을 느끼는 심리와 갈등

3 등장인물 간의 관계

'나' ←아내(중재자)→ 노인

• '나': ① 노인의 곁을 빨리 떠나고자 함. ② 노인이 속마음을 털어놓을까 봐 긴장함.
• 노인: ① 자식에게 부담을 주지 않으려 함. ② 떠나려는 자식을 만류하지 못함.
• 아내: ① 노인의 삶에 연민을 느낌. ② 노인과 '나'의 화해를 위해 중재함.

니었다. 노인이 입을 다물어 버리자 아내도 그만 거기서 할 말을 잃은 듯 잠시 침묵을 지
키고 있더니 이윽고는 다시 공세를 펴기 시작했다.

"하긴 어쨌거나 어머님 마음이 편하진 못하시겠어요. 뭐니뭐니해도 옛날에 사시던 집
을 지켜 오시는 게 최선이었는데 말씀이에요. ㉢도대체 그 집은 어떻게 해서 팔리게
되었어요?"

다시 그 집 얘기였다. 그 역시 모르고 묻는 소리가 아니었다. 아내는 그 옷궤의 내력과
함께 집이 팔리게 된 사정에 대해서도 모두 알고 있었다. 하면서도 그녀는 다시 노인에
게 그것을 되풀이시키려 하고 있었다. 옷궤를 구실로 그 노인의 소망을 유인해 내려는
그녀 나름의 노력의 연장이었다.

 발전 ✦

〈눈길〉의 시점상 특징

〈눈길〉의 화자는 '나'이지만, '나'는 사건
전개 과정에서 수동적이고 소극적인 태
도를 보임. 오히려 노인의 이야기를 이
끌어 내는 인물은 아내이고, '나'는 관찰
자에 가까움. 그러나 소설을 이끌어 가
는 서술자는 '나'이며 '나'의 심리 변화
가 주제를 드러내는 중요한 요소이므로
〈눈길〉의 시점은 1인칭 주인공 시점임.

---

1 윗글에 대한 설명으로 적절하지 <u>않은</u> 것은?

① 역순행적 구성 방식을 취하고 있다.
② 상징적 소재를 통해 주제를 드러내고 있다.
③ 호칭을 통해 인물 간의 거리감을 보여 주고 있다.
④ 특정한 공간에 얽힌 여러 이야기들을 나열하고
있다.
⑤ 1인칭 서술자가 자신이 보고 듣고 느낀 것을 드러
내고 있다.

수능형 ⬆

2 ㉠의 상징적 의미로 적절하지 <u>않은</u> 것은?

① 노인과 '나'의 갈등을 심화시키는 물건
② '나'에 대한 노인의 애정을 상징하는 물건
③ 노인과 '나'가 함께했던 추억을 상징하는 물건
④ '나'에게 부담스러운 과거를 떠오르게 하는 물건
⑤ 노인에 대한 '나'의 심리적 부채감을 생각나게 하
는 물건

3 '액면가 없는 빚 문서'가 궁극적으로 의미하는 바를 쓰시오.

_____

학습 활동 응용 📖

4 ㉡에 대한 설명으로 가장 적절한 것은?

① 노인에 대한 '나'의 부정적 심리가 강하게 드러나
있다.
② 강한 부정이 오히려 독자에게 강한 긍정으로 전
달되고 있다.
③ 대화에 낄 수 없는 '나'의 소외감을 반어적으로 표
출하고 있다.
④ 풀지 못한 오해가 있음을 '나'의 내면적 독백을 통
해 전달하고 있다.
⑤ 점차 불리해져 가는 상황에 대한 '나'의 불편한 심
기를 직접 드러내고 있다.

5 ㉢의 궁극적 의도로 가장 적절한 것은?

① 옷궤의 내력을 알려고
② 집이 팔린 사정을 알려고
③ 노인의 죄책감을 덜어 주려고
④ 노인과 '나'의 관계를 중재하려고
⑤ '나'의 불편한 마음을 해소하려고

6 윗글에서 과거 회상에서 현재로 돌아오는 부분을 찾아 그
첫 어절을 쓰시오.

_____

"날은 아직 어둡고 산길은 험하고, 미끄러지고 넘어지면서도 차부까지는 그래도 어떻게 시간을 대어 갈 수가 있었구나 …….”
자동차의 시발점이나 종착점에 마련한 차의 집합소

이야기를 듣고 있는 나의 머릿속에도 마침내 그날의 정경이 손에 닿을 듯 역력히 떠올랐다. 어린 자식놈의 처지가 너무도 딱해서였을까. 아니 어쩌면 노인 자신의 처지까지도 그 밖엔 달리 도리가 없었을 노릇이었는지 모른다. 동구 밖까지만 바래다 주겠다던 노인은 다시 마을 뒷산의 잿길까지만 나를 좀 더 바래 주마 우겼고, 그 잿길을 올라선 다음에는 새 신작로가 나설 때까지만 산길을 함께 넘어 가자 우겼다. 그럴 때마다 한 차례씩 애시린 실랑이를 치르고 나면 노인과 나는 더 이상 할 말이 있을 수가 없었다. 아닌 게 아니라 날이라도 좀 밝은 다음이었으면 좋았겠는데, 날이 밝기를 기다려 동네를 나서는 건 노인이나 나나 생각을 않았다. 그나마 그 어둠을 타고 마을을 나서는 것이 노인이나 나나 마음이 편했다. 노인의 말마따나 미끄러지고 넘어지면서, 내가 미끄러지면 노인이 나를 부축해 일으키고, 노인이 넘어지면 내가 당신을 부축해 가면서, 그렇게 말없이 신작로까지 나섰다. 그러고도 아직 그 면소 차부까지는 길이 한참이나 남아 있었다. 나는 결국 그 면소 차부까지도 노인과 함께 신작로를 걸었다. 아직도 날이 밝기 전이었다.
면사무소

하지만 그러고 우리는 어찌 되었던가. / 나는 차를 타고 떠나가 버렸고, 노인은 다시 그 어둠 속의 눈길을 되돌아선 것이다. 내가 알고 있는 건 거기까지뿐이었다.

노인이 그 후 어떻게 길을 되돌아갔는지는 나로서도 아직 들은 바가 없었다. 노인을 길가에 혼자 남겨 두고 차로 올라서 버린 그 순간부터 ㉠<u>나는 차마 그 노인을 생각하기 싫었고</u>, ㉡<u>노인도 오늘까지 그날의 뒷얘기는 들려준 일이 없었다.</u> 한데 노인은 웬일로 오늘사 그날의 기억을 끝까지 돌이키고 있었다. 〈중략〉

나는 갑자기 다시 노인의 이야기가 두려워지고 있었다. 자리를 차고 일어나 다음 이야기를 가로막고 싶었다. 하지만 나는 이미 그럴 수가 없었다. 사지가 말을 들어주지 않았다. 온몸이 마치 물을 먹은 솜처럼 무겁게 가라앉아 있었다. 몸을 어떻게 움직여 볼 수가 없었다. 형언하기 어려운 어떤 달콤한 슬픔, 달콤한 피곤기 같은 것이 나를 아늑히 감싸 오고 있었다.

"어떻게 하기는야. 넋이 나간 사람마냥 어둠 속에 한참이나 찻길만 바라보고 서 있을 수밖에 야……. 그 허망한 마음을 어떻게 다 말할 수가 있을 거나 …….”

노인은 여전히 옛 얘기를 하듯 하는 그 차분하고 아득한 음성으로 그날의 기억을 더듬어 나갔다.

"한참 그러고 서 있다 보니 찬바람에 정신이 좀 되돌아오더구나. 정신이 들어 보니 갈 길이 새삼 허망스럽지 않았겠냐. 지금까진 그래도 저하고 나하고 둘이서 함께 헤쳐 온 길인데 이참에는 그 길을 늙은 것 혼자서 되돌아서려니……. 거기다 아직도 날은 어둡지야……. 그대로는 암만해도 길을 되돌아설 수가 없어 차부를 찾아 들어갔더니라. 한 식경이나 차부 안 나무 걸상에 웅크리고 앉아 있으려니 그제사 동녘 하늘이 훤해져 오더구나…….
밥을 먹을 동안이라는 뜻으로 잠깐 동안을 이르는 말
그래서 또 혼자 서두를 것도 없는 길을 서둘러 나섰는디, 그때 일만은 언제까지도 잊혀질 수가 없을 것 같구나.”

"길을 혼자 돌아가시던 그때 일을 말씀이세요?"

"눈길을 혼자 돌아가다 보니 그 길엔 아직도 우리 둘 말고는 아무도 지나간 사람이 없

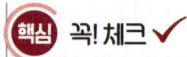
1 '눈길'의 의미

'나'	① 남몰래 집을 나서야 했던 부끄러운 기억 ② 몰락해 버린 집안 때문에 스스로 자수성가해야 하는 운명
노인	① 몰락한 집안에서 노인이 겪어야 했던 삶의 시련과 고통 ② 자식을 떠나보낸 후에 자책감으로 괴로워하며 눈물을 흘리고 돌아온 길 ③ 매정한 자식을 감싸는 숭고하고 고결한 사랑

→ 모자가 함께 겪어야 할 앞으로의 고난

2 이 글의 표현상의 특징
① 역설적 표현

> 달콤한 슬픔, 달콤한 피곤기

→ 어머니의 사랑 확인 + 어머니가 살아온 삶에 대한 연민과 죄책감
② 상징적 표현

> 발자국들, 산비둘기, 나무들

→ 자식에 대한 간절한 그리움

전체 줄거리

모처럼 휴가를 얻은 '나'는 아내와 함께 시골에 계신 노모를 찾는다. 형의 주벽과 노름으로 잘살던 옛날의 집은 남의 손에 넘어간 지 오래이다. 부모로부터 아무런 도움도 받지 않고 자수성가했다고 생각하는 '나'는 어머니의 사랑을 애써 외면하려 한다. 어머니는 아내에게 이미 남의 집이 된 그 시골집에서 '나'를 예전처럼 편안하게 하룻밤 쉬어 갈 수 있게 해 주었던 이야기를 한다. 노모와 아내가 잠자리에서 나누는 옛 이야기를 통해 '나는 밤새 차부까지 눈길을 동행하고, 당신 홀로 아침에 힘겹게 집으로 돌아오셨던 어머니의 과거사를 듣게 된다. '나'는 애써 눈물을 참고 외면하려 하지만, 어머니의 사랑 앞에서 감동의 눈물을 흘린다.

지 않았겄냐. 눈발이 그친 신작로 눈 위에 저하고 나하고 둘이 걸어온 발자국만 나란
히 이어져 있구나."

"그래서 어머님은 그 발자국 때문에 아들 생각이 더 간절하셨겠네요."

"간절하다뿐이었겄냐. 신작로를 지나고 산길을 들어서도 굽이굽이 돌아온 그 몹쓸
발자국들에 아직도 도란도란 저 아그의 목소리나 따뜻한 온기가 남아 있는 듯만 싶었
제. 산비둘기만 푸르륵 날아올라도 저 아그 넋이 새가 되어 다시 되돌아오는 듯 놀라
지고, 나무들이 눈을 쓰고 서 있는 것만 보아도 뒤에서 금세 저 아그 모습이 뛰어나올
것만 싶었지야. 하다 보니 나는 굽이굽이 외지기만 한 그 산길을 저 아그 발자국만 따
라 밟고 왔더니라. 내 자석아, 내 자석아, 너하고 둘이 온 길을 이제는 이 몹쓸 늙은것
혼자서 너를 보내고 돌아가고 있구나!"

---

1 윗글의 주제에 대해 이야기할 때 보일 수 있는 반응으로 가장 적절한 것은?

① 이제 노인 문제는 국가가 나서서 제도를 정비해야 해.

② 사람의 욕심은 끝이 없어. 말 타면 경마 잡히고 싶다는 말도 있잖아.

③ 갈등의 순간은 늘 있게 마련이야. 그래서 중재자가 필요한 것 아니겠어.

④ 부모의 사랑은 감히 그 가치를 논할 수 없을 정도로 위대한 것임을 알아야 해.

⑤ 지독한 가난은 인간을 비뚤어지게 해. 부모 자식 간의 관계도 왜곡시킬 수 있거든.

2 윗글에서 〈보기〉와 같은 상징적 의미를 지니는 단어를 찾아 쓰시오.

---- ● 보기 ●----

노인: 집안의 몰락으로 노인이 겪어야 했던 삶의 시련과 고통, 아들에 대한 노인의 사랑
'나': 몰락한 집안으로 인해 자수성가를 할 수밖에 없었던 고달픈 인생

---

3 ㉠과 ㉡에 대한 설명으로 적절하지 <u>않은</u> 것은?

① '노인'은 ㉠의 상황을 원망하고 있다.

② '나'는 ㉡의 상태가 유지되기를 바랐다.

③ ㉡은 ㉠을 지속시키는 원인 중 하나이다.

④ ㉠과 ㉡은 서로에 대한 미안함 때문이다.

⑤ ㉡이 해소되면서 ㉠도 자연스럽게 풀어진다.

4 윗글을 영상화한다고 할 때 적절하지 <u>않은</u> 것은?

① 노인은 감정을 절제하여 담담한 어조로 연기해야 해.

② 노인과 며느리가 이야기를 나누고 있는 장면을 담아야겠어.

③ 모자가 걸어가는 눈길은 밝고 낭만적으로 보일 필요가 있겠어.

④ 누운 상태로 노인의 말을 엿듣고 있는 '나'의 표정을 담아야 해.

⑤ 어둠 속의 눈길을 향해 홀로 되돌아선 노인의 뒷모습을 오버랩으로 처리하겠어.

5 윗글에서 아들에 대한 그리움을 상징적으로 나타낸 소재 3가지를 찾아 쓰시오.

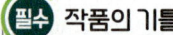

"[무공해 채소]예요." / "무공해고 뭐고 인제 그만 가져오세요."

"나는 당신에게 이 채소들을 갖다 주기 위해 지난 봄 내내 마당을 일구어 텃밭으로 만들었어요. 텃밭을 일구는 동안 손에서 피가 나기도 했죠."

"나는 연이 씨에게 손에서 피가 나도록 텃밭을 일구라고 한 적이 없어요." 〈중략〉

"장치든, 설정이든 하여간요. 난 누구처럼 엠피스리가 있는 것도 아니고 당신에게 노
남자가 새로 만나는 대상인 '나'의 친구 수아를 뜻함.
트북을 사 줄 수 없어요. 내가 당신에게 줄 수 있는 건 무공해 채소뿐이었어요. 나를 가지고 장난치지 마세요. 나는 이제 겨우 스물한 살이에요. 스물한 살 처녀에게 이러시면 죄받겠죠? 더군다나 당신은 배울 만큼 배운 사람이고 비록 노트북 없으면 못 쓰지만 이런 집도 구해서 글을 쓰고 하는 사람이잖아요?"

심장은 격렬하게 떨려 왔지만 나는 최대한 천천히 그리고 또박또박 말했다.

"야, 그동안 내가 너한테 얼마나 잘해 줬는데 이래? 너 올 때마다 내가 음식 해 주고 음악 들려주고 했던 거 생각 안 나? 생각난다면 이러면 안 되지. 너가 이러는 거 행패 부리는 거야. 행패 부리자면 너만 부릴 줄 알아? 나도 부릴 줄 알아. 하지만 내가 언제 너한테 행패 부린 적이나 있어? 단적인 예로 정미소 건만 해도 그래. 내가 나쁜 맘만
쌀 찧는 일을 전문적으로 하는 곳
먹었어도 정미소 지날 때 너 가만 안 뒀지. 근데 나 너한테 한 번도 험하게는 안 했잖아. 그리고 내가 굳이 너 같은 애한테까지 깊은 속 얘기 할 필요가 없어서 안 했는데, 내가 잘나가는 사람 같으면 뭐 이런 데서 이러고 있겠냐? 나도 누구처럼 여건만 된다면 너 같은 돼먹지 못한 계집애한테 이런 수모를 당할 사람이 아니란 거 너 알아? 야, 내가 아무리 이런 집에서 이렇게 산다고 네 눈에 내가 거지로 보이냐? 이거 필요 없으니 가져가. 에잇, 재수 없어."

나는 남자가 내던진 비닐봉지에서 쏟아져 나온 나의 고추와 상추와 치커리와 가지를 수습했다. 손이 심하게 떨리고 심장은 그보다 더 떨렸다. 눈물은 나오지 않았다. 후드득 비가 쏟아지기 시작했다.

[A]
내가 비에 젖어 걸을 때, 뒤에서 누군가도 비에 젖어 걸어오고 있었다. 칠흑 같은 밤이다. 남자다. 대화를 나누는 걸로 봐서 두 사람이다. 나는 겁이 났다. 남자 집으로 갈 때는 악에 받친 어떤 기운 때문에 무섬증도 느끼지 못했다. 그러나 돌아오는 길은 무서웠다. 나에게 융단 폭격 같은 말 폭격을 퍼부어 대던 남자가 무섭고 칠흑
여럿 또는 많은 수의 폭격기가 일정한 지역을 대상으로 철저하게 폭격하는 일
같은 밤이 무섭고 내 뒤에 오는 누군가가 무서웠다. 나는 세상이 무섭다는 것을 그날 밤 뼈저리게 체험했던 것이다. 나는 소리 없이 뛰었다. 그제야 눈물이 앞을 가렸다. 눈물이 앞을 가려, 발을 헛디뎠다. 신발이 벗겨지고 뭔가 날카로운 것이 발바닥을 찔렀다. 정미소 안으로 몸을 숨긴 뒤에야 나는 채소 봉지를 놓친 것을 알았다. 남자들이 정미소 앞에서 딱 멈추었다.

"잠깐만, 이게 뭘까?"

두 남자가 정미소 처마 밑에서 뭔가를 펼치고 있었다. 나는 어둠 속에 몸을 바짝 숨기고 숨을 죽였다.

"깐쭈, 그거 돈 아니야?"

"이건 고추야, 싸부딘. 상추도 있어. 월급날, 소주 마시고 삼겹살을 상추에 싸 먹어."

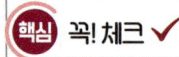 **작품의 기틀**

갈래	단편 소설, 다문화 소설, 세태 소설
시점	1인칭 주인공 시점
배경	시간 - 2000년대 공간 - 시골
주제	소외되고 상처받은 사람들의 삶의 모습과 현실 극복 의지
특징	① 날씨 묘사를 통해 인물의 심리를 표현함. ② 소외된 사람들의 이야기를 사실적으로 그림.

꼭! 체크 ✓

1 '무공해 채소'의 의미

> 실연한 '나'가 떨어뜨린 무공해 채소
>
> ↓
>
> 무공해 채소를 주운 외국인 노동자들에게는 작은 행운

'나'의 슬픔에서 외국인 노동자의 웃음이라는 희망으로 변하게 됨.

2 날씨 묘사로 드러나는 '나'의 심리

> '후드득 비가 쏟아지기 시작했다.'

'남자'에게 실연당한 '나'의 절망과 슬픔을 상징함.

전체 줄거리

치매에 걸린 엄마를 모시고 지방에서 간호조무사로 일하는 스물한 살의 '나'는 외지에서 내려와 글을 쓰고 있는 세련된 남자에게 헌신하며 남루한 현실에서 벗어나려 한다. 이러한 '나'가 그에게 줄 것은 텃밭에서 가꾼 무공해 채소뿐이다. 하지만 마음이 돌아선 남자는 채소를 들고 찾아온 '나'를 모욕한다. '나'는 절망과 슬픔에 싸인 채 어두운 밤길을 걸어가던 중 갑자기 나타난 외국인 노동자들이 무서워 정미소 안에 숨는다. 그리고 그들의 힘겨운 처지와 그들이 부르는 노래를 듣는다. 그들은 '나'가 떨어뜨린 무공해 채소를 주워 들고 즐거워하며 가고, '나'는 흐르는 눈물 속에 그들처럼 노래를 부르며 명랑하게 달을 향해 나아간다.

생각만 해도 즐거운가. 깐쭈가 노래를 부르기 시작했다. / 사랑했나 봐 잊을 수 없나 봐 자꾸 생각나 견딜 수가 없어 후회하나 봐 널 기다리나 봐…….

나는 어둠 속에 몸을 숨긴 채로 그러나 나도 모르게 입을 달싹여 남자들이 부르는 노래를 따라 불렀다.

바보인가 봐 한마디 못하는 잘 지내냐는 그 쉬운 인사도 행복한가 봐 여전한 미소는 자꾸만 날 작아지게 만들어……. / 남자들이 노래를 뚝 멈추었다. 나도 입을 다물었다.

---

1 윗글의 서술상 특징으로 가장 적절한 것은?

① 작품 속 서술자가 자신의 체험을 사실적으로 서술하고 있다.

② 작품 밖 서술자가 인물들의 다양한 체험을 병렬적으로 나열하고 있다.

③ 작품 밖 서술자가 장면을 자주 전환하며 긴박한 분위기를 형성하고 있다.

④ 작품 밖 서술자가 주인공에 대한 객관적 관찰을 통해 행적을 기록하고 있다.

⑤ 작품 속 서술자가 의식의 흐름에 따라 내용을 전개하며 인물의 무의식을 파헤치고 있다.

2 '남자'에 대한 설명으로 적절하지 않은 것은?

① '나'에게 하는 말로 볼 때 '나'를 무시하고 있다.

② '나'에게 잘해 주었지만, 그것은 사랑했기 때문이 아니었다.

③ 자신의 현재 처지를 부정적으로 보고 열등감을 지니고 있다.

④ '엠피스리'와 '노트북'을 통해 속물적인 인간임을 알 수 있다.

⑤ 하고 싶은 일을 찾아 내려온 시골에서 '나'를 통해 그 일을 이루고자 하고 있다.

학습 활동 응용 📖

3 무공해 채소에 대한 설명으로 적절하지 않은 것은?

① '나'가 사랑하는 '남자'를 위해 준비한 정성과 사랑을 의미한다.

② '남자'에게 귀찮고 필요 없는 것으로 '남자'의 몰인정함을 부각한다.

③ 깐쭈와 싸부딘이 줍게 되면서 '나'와의 새로운 친밀 관계를 형성한다.

④ '남자'가 내던짐으로써 '남자'에게 버림받은 '나'의 처지를 형상화한다.

⑤ 깐쭈와 싸부딘에게 월급날 삼겹살에 상추를 싸 먹을 수 있는 즐거운 시간을 생각나게 한다.

4 윗글에서 〈보기〉의 빈칸에 들어갈 한 문장을 찾아 쓰시오.

---- ● 보기 ● ----

소설에서 날씨는 단순한 배경의 역할을 넘어서 이야기의 분위기, 주제, 인물의 심리 상태, 사건 전개 등을 강화하는 데 중요한 역할을 한다. 이 글에서 '(   )'는 '남자'에게 버림받은 '나'의 절망감과 슬픔을 드러내고 있다.

수능형 ⬆

5 [A]를 바탕으로 〈보기〉의 ㉠, ㉡을 설명한 내용으로 적절하지 않은 것은?

---- ● 보기 ● ----

㉠ '남자'의 집 → ㉡ 돌아오는 길

① ㉠에서 '나'는 '남자'에게 모진 말을 듣고 상처를 받았다.

② ㉠으로 갈 때는 악에 받친 기운 때문에 무섭증을 느끼지 못했다.

③ ㉠으로 갈 때는 '남자'가 자신을 지켜 줄 것이라는 믿음에 무섭지 않았으나, ㉡에서는 '남자'에 대한 믿음이 사라져 무섭증을 느꼈다.

④ ㉠에서는 내리지 않던 비가 ㉡에서 오는 것과 함께 칠흑 같은 밤, 뒤에 오는 누군가 등 모든 것이 '나'의 무섭증을 강화하고 있다.

⑤ '나'가 느끼는 무섭증이 ㉡에서만 나타나는 것은 ㉠에서 '남자'에게 받은 충격으로 모든 것이 무섭게 느껴졌기 때문으로 볼 수 있다.

"난 사장님, 돈 줘 소리 못하겠어. 사장 돈 없어, 몸 아파, 어머니 아파, 사장 슬퍼."

"그래도 사장한테 말을 해야 했어."

"나는 사장님 돈 줘, 소리 못해. 왜냐, 사장 돈 없어."

"깐쭈, 언제 떠나?"

"모레. 오늘 밤, 내일 밤 자고 모레. 내일은 시내 가서 음악 시디하고 고무장갑하고 소주하고 옷하고 신발하고 여러 가지를 살 거야."

"깐쭈, 넌 너희 나라 가면 뭐 할 거야?"

"모르겠어. 가면, 엄마 아버지 누나 여동생 사촌들 만나고 산에 올라 달을 볼 거야. 우리 나라 네팔 달 볼 거야. 내가 뭘 할 건지, 달한테 물어볼 거야. 싸부딘은?"

"여동생이 한국 사람과 결혼했어. 시골이야. 동생이 남편한테 맞았어. 동생 많이 슬퍼. 형이 한국 여자랑 결혼했어. 형 여자 도망갔어. 조카 있어. 형이랑 조카 많이 슬퍼. 부모님 돌아가셨어. 우리 나라, 방글라데시 가도 나는 아무도 없어. 한국에 다 있어. 난 갈 수 없어. 형 다쳤어. 손가락 잘렸어. 조카 살려야 해."

"싸부딘, 난 한국에서 슬플 때 노래했어. 한국 발라드야. 사장이 막 욕해. 나 여기, 심장 막 뛰어. 손가락 막 떨려. 눈물 막 흘러. 그럼 노래했어. 사랑 못 했어. 억울했어. 그러면 또 노래했어. 그러면 잠이 왔어. 그러면 꿈속에서 달을 봤어. 크고 아름다운 네팔 달이야."

깐쭈가 다시 노래한다.

[A] 가을 우체국 앞에서 그대를 기다리다 노오란 은행잎들이 바람에 날려 가고 지나는 사람들같이 저 멀리 가는 걸 보네…….

나는 어둠 속에 몸을 숨긴 채 또다시 따라 했다.

[B] 세상에 아름다운 것이 얼마나 오래 남을까 한여름 소나기 쏟아져도 굳세게 버틴 꽃들과 지난겨울 눈보라에도 우뚝 서 있는 나무들같이 하늘 아래 모든 것이 저 홀로 설 수 있을까…….

싸부딘도 노래했다.

[C] 어머나 어머나 이러지 마세요 더 이상 내게 이러시면 안 돼요…….

노랫소리는 빗소리에 섞여 쌀겨 냄새 가득한 정미소 안으로 스며들었다.

"싸부딘, 여기 상추도 있고 고추도 있어. 집에 고추장 있어. 소주는 사야 해. 삼겹살은 없어. 삼겹살도 사야 해. 우리 소주 마시자."

"좋아."

두 사람이 빗속으로, 어둠 속으로 사라졌다. 명랑하게 사라졌다. 싸부딘과 깐쭈가 사라진 길 너머로 내가 지나온 길이 보였다. 그 길 너머 그 남자네 집이 보였다. 겨우 가라앉았던 심장이 다시 격렬하게 요동쳐 오기 시작했다. 나는 노래 불렀다.

[D] 사랑했나 봐 잊을 수 없나 봐 자꾸 생각나 견딜 수가 없어 후회하나 봐 널 기다리나 봐…….

나는 정미소를 나섰다. 나는 빗속에서 악을 썼다. 눈에서는 눈물이 쏟아졌다. 그러나 나는 노래 불렀다. 저기, 네팔의 설산에 떠오른 달이 보인다. 나는 달을 향해 나아갔다. 비를 맞으며 천천히, 뚜벅뚜벅, 명랑하게.

핵심 꼭! 체크 ✓

1 '명랑한 밤길'의 의미

사랑하는 남자에게 실연을 당하고 상처 받은 '나'는 외국인 노동자들의 대화를 듣고 그들에게서 희망을 느낌. 희망의 '달'을 향해 걷는 길 위에는 명랑함이 함께함.

→ '명랑한 밤길'은 현실을 극복하고 명랑하게 살아가려는 인물들의 의지를 상징적으로 보여 줌.

2 '달'을 향해 나아가는 행위의 의미

- 깐쭈에게 위안과 희망이 되는 고향의 달
- '나' 역시 네팔의 달을 떠올리며 위안과 희망을 얻음.

↓

'나'가 '달'을 향해 나아가는 것은 '남자'에게 받은 상처와 헤어짐의 아픔 속에서 절망하지 않고 당당하고 희망차게 앞으로 나아갈 것이라는 '나'의 의지를 보여 줌.

3 인물의 관계

남자
사랑을 가볍게 여기고 속물적임. 시골로 내려온 자신에게 열등감이 있음.

↓ 상처를 줌.

'나'
'남자'에게 사랑의 상처를 받지만 외국인 노동자들의 모습에서 위안과 희망을 얻음.

↓ 동질감을 느낌.

깐쭈, 싸부딘
임금도 받지 못하고 고달프게 살아가는 외국인 노동자들

 발전 ✦✦

〈명랑한 밤길〉에 나타나는 다문화주의(多文化主義)

- '나'는 특별한 이유 없이 외국인 노동자들을 무서워하고, 도시에서 온 '남자'에게는 쉽게 마음을 줌.
- '나'는 도시에서 온 '남자'에게 비인간적인 말을 들으며 실연의 상처를 받음.
- '나'는 경계하던 외국인 노동자들의 대화를 들으며 마음의 상처를 치유하게 됨.

↓

다문화 사회를 살아가는 우리들의 태도 성찰

1 윗글의 배경에 대한 설명으로 가장 적절한 것은?

① 공간적 배경인 '정미소'는 '나'와 두 남자의 갈등 상황을 설명해 준다.

② 시간적 배경인 '밤'은 두 남자의 어두운 미래를 드러내는 역할을 한다.

③ '비 오는 날씨'는 인물들이 살아가는 역사적 시대의 혼탁함을 드러내는 데 기여하고 있다.

④ '네팔의 설산에 떠오른 달'은 '나'의 헤어진 인연에 대한 미련과 원망을 동시에 드러낸다.

⑤ 지나온 길 너머 보이는 '남자네 집'은 상처를 떠올리게 하여 '나'의 마음을 괴롭게 만든다.

학습 활동 응용 📖

2 '깐쭈'와 '싸부딘'에 대한 설명으로 적절하지 <u>않은</u> 것은?

① 깐쭈에게 고향의 '달'은 위로와 함께 희망을 주는 존재이다.

② 깐쭈는 고향의 '달'을 통해 고향에서 새롭게 시작할 것을 다짐하고 있다.

③ 깐쭈는 그동안 일한 임금도 받지 못하고 고국으로 돌아가는 상황에 놓여 있다.

④ 깐쭈와 달리 싸부딘은 외국인 노동자 신분으로 어디를 가도 평안할 수 없는 처지이다.

⑤ 깐쭈와 싸부딘은 고된 삶 속에서도 희망을 품으며 긍정적인 삶의 모습을 보여 주고 있다.

3 윗글에서 〈보기〉의 빈칸에 들어갈 1어절의 말을 찾아 쓰시오.

> ● 보기 ●
>
> 이 글에서 가난한 농촌 여성과 외국인 노동자들은 모두 현실에서 소외되고 아픔을 겪는 사람들이다. 소외되고 상처받은 사회적 소수자들의 힘든 현실 상황은 밤길과 같지만 이들은 힘든 현실을 극복하고자 노력한다. 제목 '명랑한 밤길'은 이처럼 소외된 사람들이 희망을 갖고 (   ) 살아가려는 의지의 태도를 상징적으로 보여 주고 있다.

수능형⇧

4 〈보기〉를 참고하여 윗글의 작가가 궁극적으로 전달하고자 한 바를 이해한 내용으로 가장 적절한 것은?

> ● 보기 ●
>
> 〈명랑한 밤길〉은 현실에서 소외되고 상처받은 가난한 농촌 여성과 외국인 노동자들의 삶과 희망을 그린 소설이다. '나'는 가난한 여성으로, 도시에서 온 유식하고 세련된 남자에게 무시를 당한다. 그렇게 상처 입은 '나'는 밤길에서 힘든 현실을 살아가는 외국인 노동자들을 만나게 된다. 처음에 '나'는 그들에게 두려움을 느꼈지만, 그들의 상처를 알게 된 뒤 동질감을 느낀다. 그리고 돈을 주지 않는 사장마저도 감싸는 외국인 노동자들을 보며 상처를 치유받고 명랑하게 밤길을 걸어간다.

① 사회적 약자인 외국인 노동자와 여성 노동자들이 겪는 사회적 차별을 고발하고자 했다.

② 외국인 노동자의 유입으로 도래한 다문화 시대를 사는 바람직한 태도를 이야기하고자 했다.

③ 외국인 노동자가 겪는 한국 문화와 자국 문화 사이의 갈등을 극복하는 방안을 이야기하고자 했다.

④ 외국인 노동자를 한국 사회가 포용하기 위해서는 그들의 문화를 존중해야 함을 강조하고자 했다.

⑤ 외국인 노동자 등 사회적 약자들이 현실에 좌절하지 않고 긍정적 자세로 희망을 향해 나아가기를 소망하는 마음을 표현하고자 했다.

5 인물의 상황을 고려할 때, [A]~[D]의 의미로 적절하지 <u>않</u>은 것은?

① [A]는 깐쭈가 부르는 노래로, 깐쭈가 한국에서 생활하며 받은 상처를 위로해 준다.

② [B]는 '나'가 부르는 노래로, '나'가 고통의 시간을 이겨 내고 굳세게 서기를 바라는 마음이 담겨 있다.

③ [C]는 싸부딘이 부르는 노래로, 한국에서 상처받은 마음을 표현하고 있다.

④ [D]는 '나'가 부르는 노래로, '나' 역시 깐쭈와 싸부딘처럼 사랑이 회복되기를 바라고 있음을 드러낸다.

⑤ [A]~[D] 모두 인물의 마음속 고통을 치유하는 수단이라 할 수 있다.

6 윗글에서 힘든 현실을 살아가는 인물들의 고통을 치유하고 위안이 되어 주는 2음절의 소재를 찾아 쓰시오.

07 도도한 생활 ❶ - 김애란

〈앞부분의 줄거리〉 생계를 책임지고 있던 엄마의 만두 가게가 아버지의 빚보증으로 망하고, '나'는 어머니의 요구로 어린 시절부터 쳐 온 피아노를 언니가 사는 서울 변두리 반지하방으로 옮겨 와 살게 된다. 피아노를 못마땅해하는 집주인에게 피아노는 치지 않겠다는 약속을 한다. '나'는 등록금을 위해 타자 아르바이트를 하며, 언니는 편입 준비와 아르바이트를 병행하며 하루하루를 고되게 살아간다.

이대로 아무도 모르게, 아무도 모르는 일만 하다 죽을 수는 없다고, 매일 어깨에 의자를 이고 등교하는 아이처럼 평생 아르바이트만 하고 살 순 없다고 생각했다. 가끔은 손가락이 나뭇가지처럼 기다랗게 자라나는 ⓐ꿈을 꾸기도 했다. 나는 손가락만 진화한 인간 타자수가 되어 '다음 중 맞는 답을 고르시오.'라는 문장을 끊임없이 치고 있었다. 그리고 산더미만한 문제지를 들고 인쇄소에 찾아가면, 그걸 전부 나더러 풀라는 것이었다. 나는 건포도를 오물거리며 '가을이 얼마 남지 않았으니까' 하고 안도했다. '8월에는 동대문에 옷을 사러 가야지. 화장은 언니에게 배우고, 아르바이트는 반드시 집 밖에서 하는 걸로 해야겠다.'도 다음엔 레가 오는 것처럼 여름이 끝난 후 반드시 가을이 올 것 같았지만, 계절은 느릿느릿 지나가고, ㉠우리의 청춘은 너무 환해서 창백해져 있었다.

ⓑ방 안은 눅눅했다. 자판을 치다 주위를 둘러보면, 습기 때문에 자글자글 운 공기가 미역처럼 나풀대며 날아다니는 것 같았다. 벽지 위론 하나둘 곰팡이 꽃이 피었다. 피아노 뒤에 벽은 상태가 더 심했다. 건반 하나라도 누르면 꼭 그 음의 파동만큼 날아올라, 곳곳에 포자를 흩날릴 것 같은 모양이었다. 나는 피아노가 썩을까 봐 걱정이었다. 몇 번 마른걸레로 닦아 봤지만 소용없었다. 우선 달력 몇 장을 찢어 피아노 뒷면에 덧대 놓는 수밖에 없었다. 그러다 곧 피아노 건반을 확인해 보고 싶은 마음이 들었다. 시골에서부터 이고 온 것인데, 이대로 망가지면 억울할 것 같았다. 한날 마음을 먹고 피아노 의자 위에 앉았다. 그런 뒤 두 손으로 건반 뚜껑을 들어 올렸다. 손안에 익숙한 무게감이 전해져 왔다. 내가 알고 있는 무게감이었다. 곧 88개의 깨끗한 건반이 눈에 들어왔다. 악기는 악기답게 고요했다. 나는 건반 위에 손가락을 얹어 보았다. 손목에 힘을 푼 채 뭔가 부드럽게 감아쥐는 모양을 하고. 서늘하고 매끄러운 감촉이 전해졌다. 조금만 힘을 주면 원하는 소리가 날 터였다. 밖에선 공사 음이 들려왔다. 며칠 전부터 주인집을 보수하는 소리였다. 문득 피아노를 치고 싶은 마음이 들었다. 이사 후 처음 있는 일이었다. 그리고 일단 그런 마음이 들자, ㉡주체할 수 없는 감정이 솟구쳤다. 한 음 정도는 괜찮지 않을까. 소리는 금방 사라져 아무도 모를 것이다. 나는 용기 내어 손가락에 힘을 주었다.

"도—" / 도는 방 안에 갇힌 ⓒ나방처럼 긴 선을 그리며 오래오래 날아다녔다. 나는 그 소리가 아름답다고 생각했다. 가슴속 어떤 것이 엷게 출렁여 사그라지는 기분이었다. 도는 생각보다 오래 도— 하고 울었다. 나는 한 음이 완전하게 사라지는 느낌을 즐기려 눈을 감았다. 밖에서 문 두드리는 소리가 났다. 쿵쿵쿵쿵. 주먹으로 네 번이었다. 나는 얼른 피아노 뚜껑을 덮었다. 다시 쿵쿵 소리가 들렸다. 현관문을 열어 보니 주인집 식구들이었다. 체육복을 입은 남자와 그의 아내, 두 아이가 나란히 서 있었다. 사내아이는 아빠와, 계집아이는 엄마와 똑 닮아 있었다. 외식이라도 갔다 오는지 그들 모두 입에 이쑤시개를 물고 있었다. 남자가 입을 열었다.

"학생, 혹시 좀 전에 피아노 쳤어?" / ㉢나는 천진하게 말했다.

"아닌데요." / 주인 남자는 고개를 갸웃거리며 물었다. / "친 거 같은데……?"

필수 작품의 기틀

갈래	단편 소설
시점	1인칭 주인공 시점
배경	시간 - 2000년대 공간 - 서울 반지하방
주제	청년들의 열악한 생활 여건과 고단한 삶
특징	① 개인적인 공간(반지하방)과 사물(피아노)에 주목하여 주제를 형상화함. ② 개인의 일상적인 삶을 묘사하여 사회 문제를 드러냄. ③ 참신하고 감각적인 표현을 사용함.

핵심 꼭! 체크 ✔

1 제목 '도도한 생활'의 의미

> 피아노를 자유롭게 연주하며 살아가는 '도도한' 삶
>
> ↓
>
> '나'의 현실과는 거리가 먼 표현으로, 어두운 현실을 역설적으로 보여 줌.

2 인물 간의 갈등

> **'나'**
> 반지하방에 살며, 주인 남자 때문에 피아노를 마음대로 칠 수 없음.
>
> ↕ 피아노 소리로 갈등을 겪음.
>
> **주인 남자**
> '나'가 건반 하나를 눌렀을 뿐인데 문을 두드리며 피아노를 쳤는지 캐물음.

전체 줄거리

초등학교 시절 '나'가 피아노를 배우자, 특별히 음악적 재능이 있는 것이 아닌데도 어머니가 집에 어울리지 않는 피아노를 사 준다. 아버지의 빚보증 때문에 집안이 망하고, 서울권 대학에 합격한 '나'는 언니가 있는 서울로 온다. 어머니의 요구로 피아노를 가지고 온 '나'는 언니의 반지하방에서 타이핑 아르바이트를 하며 지낸다. 피아노는 습기와 곰팡이로 점점 망가져 간다. 어느 날 폭우로 방에 빗물이 들어오는데, 돈이 필요하다는 아버지의 전화를 받게 되고, 언니의 옛 애인이 술에 취해 찾아온다. 빗물이 차오르는 상황에서, '나'는 피아노를 치지 말라는 집주인의 말을 어기고 피아노를 연주하며 나의 '도도한 생활'을 지키려고 한다.

나는 다시 아니라고 했다. 주인 남자는 의심스러운 표정을 짓다가, 내가 ⓓ곰팡이 얘기 꺼내자 "지하는 원래 그렇다."라고 말한 뒤, 서둘러 2층으로 올라갔다. 나는 방으로 돌아와 피아노 옆에 기대어 앉았다. 그런 뒤 무심코 ⓔ휴대 전화 폴더를 열었다. 휴대 전화는 번호마다 고유한 음이 있어 단순한 연주가 가능했다. 1번은 도, 2번은 레, 높은음은 별표나 영을 함께 누르면 되는 식이었다. ㉣더듬더듬 버튼을 눌렀다. 미 솔미 레도시 도 파, 미 솔미 레도시도 레레레 미…… '원래 그렇다'는 말 같은 거, ㉤왠지 나쁘다는 생각이 들었다.

---

1 윗글의 서술상 특징으로 가장 적절한 것은?

① 공간 이동에 따른 인물의 심리 변화에 주목하여 서술하고 있다.

② 역순행적 구성을 통해 현재 겪고 있는 갈등의 원인을 밝히고 있다.

③ 서술자가 이야기 밖에 위치하여 주요 인물의 심리를 전달하고 있다.

④ 감각적 표현을 통해 인물이 처한 상황을 효과적으로 드러내고 있다.

⑤ 인물 간의 갈등 발생과 해소 과정이 사건 전개의 중심을 이루고 있다.

2 ㉠~㉤을 이해한 내용으로 적절하지 않은 것은?

① ㉠: 반지하방에서 아르바이트를 하며 살아가는 '나'의 고단한 삶을 보여 준다.

② ㉡: 밖에서 들리는 공사 음에 기대어 집주인과의 약속을 어기고 피아노를 치고 싶은 '나'의 충동을 나타낸다.

③ ㉢: 힘겨운 삶의 현실 속에서도 언제나 진실만을 말하며 살아간다는 '나'의 강한 자존심을 담아낸다.

④ ㉣: 더 이상 피아노를 칠 수 없게 된 상황에서 아쉬움을 달래려는 '나'의 행동을 보여 준다.

⑤ ㉤: 곰팡이와 관련된 요구를 대하는 집주인의 말과 태도가 부당하다고 여기는 '나'의 인식이 나타난다.

3 윗글에서 주인 남자의 이기적이고 무책임한 태도가 드러나는 말을 찾아 쓰시오.

_____

◀ 학습 활동 응용 📖

4 ⓐ~ⓔ에 대한 설명으로 적절하지 않은 것은?

① ⓐ: '나'의 힘든 현실의 모습이 반영되어 나타난다.

② ⓑ: 하루하루를 힘들게 살아가는 '나'의 생활 공간을 의미한다.

③ ⓒ: '도'의 피아노 소리를 비유한 표현이다.

④ ⓓ: 피아노 소리가 제대로 나지 않는다고 느끼는 원인으로 작용하고 있다.

⑤ ⓔ: 피아노를 마음대로 칠 수 없는 상황에서 찾은 대용 수단으로써의 의미를 갖는다.

◀ 수능형 🏫

5 〈보기〉를 통한 윗글의 감상으로 적절하지 않은 것은?

┌─── ● 보기 ● ───┐

1990년대 이후 소설은 역사적·시대적 문제에 집중하기보다는 개인의 일상과 같은 이야기를 주로 다루기 시작하였다. 따라서 역사적·이념적 지향성을 지닌 것이 아닌 일상 속 한 개인에게 특별한 의미가 있는 소재나 공간 등이 나타난다. 〈도도한 생활〉은 주인공 '나'가 처한 고단한 삶을 사실적이고 구체적으로 그려 내며 젊은이들이 겪는 사회적 문제를 녹여 내고 있다.

└────────────────┘

① 주인 남자의 태도는 젊은 세대의 고단한 삶에 무관심한 모습을 보여 주는군.

② 곰팡이가 핀 반지하방은 평범한 젊은이의 궁핍한 일상 공간이라는 의미로 이해할 수 있겠군.

③ '나'가 주인 남자와의 약속을 어기고 피아노를 치는 것은 권력을 남용하는 기득권 계층에 대한 청년 세대의 저항과 대립을 상징하는군.

④ '나'가 고되게 아르바이트를 하는 모습은 개인의 어려운 현실을 보여 준다는 점에서 90년대 이전의 소설들과 다른 점으로 볼 수 있겠군.

⑤ 어려운 현실에서도 더 나은 미래를 위해 편입 준비와 아르바이트를 병행하는 언니의 모습은 평범한 젊은 세대의 일상을 보여 준 것이군.

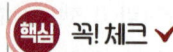

나는 멍하니 서 있다. 양말을 벗고 바지를 걷어 올렸다. 현관 앞 신발들을 모두 신발장 안에 넣고, 컴퓨터와 티브이 등 가전제품의 콘센트를 뽑았다. 피아노 주위엔 마른 수건 몇 장을 단단히 둘러놓았다. 방바닥에 고인 물은 걸레로 훔쳐 내면 될 일이었다. 나는 걸레로 바닥을 닦은 뒤 세숫대야에 물을 짜내고 훔쳐 내는 일을 반복했다. 구정물은 화장 실에 버리고, 마른 수건으로 한 번 더 물기를 없앴다. 순서대로 일을 처리하다 보니 언니 말대로 별일 아닌 것처럼 느껴졌다. ㉠조금쯤 내가 어른이 된 것 같은 기분도 들었다. 한바탕 집 안을 정리하고 숨을 돌리며 허리를 폈다. 그리고 상쾌한 표정으로 주위를 둘 러봤다. 조금 전 물기를 닦아 낸 곳에 다시 빗물이 고여 있었다. 아까보다 더 많은 양이 었다. 나는 하얗게 질려 언니에게 전화했다.

"언니." / 언니가 주위 눈치를 보는 듯 조그맣게 대꾸했다.

"왜?" / 나는 울먹이며 말했다. / "비 와." / 언니가 한숨을 쉬며 답했다.

㉡"그래, 아까도 말했잖아." / 나는 아이처럼 훌쩍였다. / "응, 근데 자꾸 와."

언니는 조용히 나를 타이르며 집으로 갈 테니, 그때까지만 참으라고 했다.

"언제 올 건데?"

언니는 모르겠다고, 하지만 곧 가겠다는 말만 반복했다. 나는 전화를 끊고 손등으로 눈물을 훔쳤다. 물은 발등까지 차올랐다. ㉢빗물에서 매캐하고 비릿한 도시 냄새가 났 다. 주인집에 도움을 청할까 싶었지만, 너무 늦은 시간이었다. 어쨌든 다시 일을 시작해 야 했다. 우선 컴퓨터 전선을 한데 묶어 서랍장 위에 올려놓았다. 그리고 ㉣쓰레받기를 이용해 빗물을 퍼내기 시작했다. 물은 계단과 창문을 타고 자꾸자꾸 들어왔다. 〈중략〉

물은 정강이까지 올라와 있었다. 책장 아래 칸의 책들은 빗물에 퉁퉁 불어 가고 있었 다. 그중에는 언니가 아직 풀지 못한 영어 문제집도 있었다. 나는 가까스로 사내를 옮겨 피아노 의자 위에 누일 수 있었다. 사내는 평온한 표정을 지었다. 몸통이 기역 자로 꺾 여, 발목은 물에 잠긴 채였다. 나는 한숨을 쉰 뒤 사내를 바라봤다. 양 볼이 불그스레한 게 좀 모자라 보였다. 한참 사내의 얼굴을 보고 있자니, 언니가 말한 이 얘기가 떠올랐 다. 그러자 나도 사내의 이를 보고 싶다는 마음이 들었다. 신속하게, 잠깐만 보면 괜찮지 않을까 하고. 나는 사내의 입술을 향해 조심스럽게 손을 뻗었다. 그는 자세가 불편한지 돌아누웠다. ㉮나는 다급히 손을 거두며 스스로를 책망했다. 셋방이 물에 잠겨 가는데 무슨 짓인가 싶었다. 빗물은 어느새 무릎까지 차 있었다. 나는 피아노가 물에 잠겨 가고 있다는 걸 깨달았다. 저대로 두다간 못 쓰게 될 것이 분명했다. ㉤순간 '쇼바'를 잔뜩 올 린 오토바이 한 대가 부르릉 — 가슴을 긁고 가는 기분이 들었다. Ⓐ≪오토바이가 일으 키는 흙먼지 사이로 수천 개의 만두가 공기 방울처럼 떠올랐다 사라졌다. 언니의 영어 교재도, 컴퓨터와 활자 디귿도, 아버지의 전화도, 우리의 여름도 모두 하늘 위로 떠올랐 다 톡톡 터져 버렸다.≫ 나는 피아노 뚜껑을 열었다. 깨끗한 건반이 한눈에 들어왔다. ⓐ건반 위에 가만 손가락을 얹어 보았다. 엄지는 도, 검지는 레, 중지와 약지는 미 파. 아무 힘도 주지 않았는데 ⓑ어떤 음 하나가 긴소리로 우는 느낌이 들었다. 나는 나도 모 르게 손가락에 힘을 주었다.

"도—" / 도는 긴소리를 내며 방 안을 날아다녔다. ⓒ나는 레를 짚었다.

"레—"/ 사내가 자세를 틀어 기역 자로 눕는 모습이 보였다. ⓓ나는 편안하게 피아노

핵심 꼭! 체크 ✓

1 '피아노'의 의미
- 엄마가 꿈꾸었던 '도도한 생활'의 상징
- 부모로서 자녀가 누리기를 희망했던 삶의 기준
- '나'의 도도한 생활을 지키는 보루
- 엄마와 '나'의 마지막 자존심

2 '반지하방'의 상징성
- 집주인 때문에 피아노를 마음대로 칠 수 없음.
- 곰팡이가 피고 비가 새어 들어옴.
  → 쾌적하지 못한 삶의 공간으로 꿈마저도 버려야 하는 고단한 현실을 상징함.

3 감각적 표현

> - 오토바이 한 대가 부르릉 – 가슴을 긁고 가는 기분이 들었다.
> - 오토바이가 일으키는 흙먼지 사이로 수천 개의 만두가 공기 방울처럼 떠올랐다 사라졌다.
> - 언니의 영어 교재도, 컴퓨터와 활자 디귿도, 아버지의 전화도, 우리의 여름도 모두 하늘 위로 떠올랐다 톡톡 터져 버렸다.

↓

> 절망적인 상황 속에서 '나'가 느끼는 감정을 감각적이고 환상적으로 표현함.

수능 발전 ✚✦

인물들의 열망이 담긴 소재

만두	자식들을 잘 키우고자 하는 엄마의 노력
영어 교재	영문과로 편입하고 싶은 언니의 꿈
컴퓨터	학교에 가고 싶은 '나'의 등록금을 마련하기 위한 도구

를 연주하기 시작했다. 하나 둘 손끝에서 돋아나는 음표들이 눅눅했다.

"솔 미 도레 미파솔라솔……" / 물에 잠긴 페달에 뭉텅뭉텅 공기 방울이 새어 나왔다.

ⓔ음은 천천히 날아올라 어우러졌다 사라졌다. / "미미 솔 도라 솔……"

사내의 몸에서 만두처럼 김이 모락모락 피어났다. 빗줄기는 거세졌다 잦아지길 반복하고, 검은 비가 출렁이는 반지하에서 나는 피아노를 치고, 발목이 물에 잠긴 채 그는 어떤 꿈을 꾸는지 웃고 있었다.

---

1 ㉮에 대한 설명으로 가장 적절한 것은?

① 사내를 불편하게 눕힌 것을 바로잡으려는 생각이 담겨 있다.

② 사내의 얼굴을 한참 보고 있던 자신의 행동에 대한 후회가 담겨 있다.

③ 사내의 이를 보고자 했던 계획이 틀어진 것에 대한 아쉬움이 담겨 있다.

④ 물이 들어오는 방인 줄 모르고 반지하방으로 이사를 한 것에 대한 자책이 담겨 있다.

⑤ 방이 빗물에 잠기는 문제를 인식하고도 다른 생각을 한 자신에 대한 꾸짖음이 담겨 있다.

학습 활동 응용 📖

2 ㉠~㉤을 이해한 내용으로 적절하지 <u>않은</u> 것은?

① ㉠: '나'는 집에 들이친 빗물을 처리하며 스스로 뿌듯한 감정을 느끼고 있다.

② ㉡: 흘러드는 빗물에 놀라는 '나'와 달리 언니는 대수롭지 않게 여기고 있다.

③ ㉢: 빗물에 대한 후각적 반응에서 서울 생활에 대한 '나'의 부정적 인식을 엿볼 수 있다.

④ ㉣: 현실적 어려움에서 벗어나기 위해 적극적으로 노력하는 '나'의 모습을 보여 주고 있다.

⑤ ㉤: 피아노가 빗물에 잠기는 상황을 해결할 좋은 방법이 떠올랐음을 나타내고 있다.

3 〈보기〉의 빈칸에 공통으로 들어갈 1어절의 말을 쓰시오.

> ─────── ● 보기 ●───────
>
> '나'는 비에 잠겨 이제 못 쓰게 될 피아노를 치기 시작한다. 이는 폭우로 방이 빗물에 잠기고 있는 불안하고 두려운 상황에서 (   ) 생활, 즉 (   ) 자존심을 지키고 싶은 마음의 표현이라 할 수 있다.

수능형⬆

4 Ⓐ에 대한 설명으로 적절하지 <u>않은</u> 것은?

① '수천 개의 만두'가 공기 방울처럼 떠올랐다 사라진 것은 가족의 생계를 책임진 엄마의 만두 가게가 아버지의 빚보증으로 망하게 된 사건과 연결되겠군.

② '언니의 영어 교재'는 대학 편입을 준비하는 언니의 꿈이 담긴 대상이겠군.

③ '컴퓨터'는 등록금을 마련하기 위해 아르바이트를 하는 '나'의 노력을 나타내겠군.

④ '우리의 여름'은 '나'와 언니가 반지하방에서 함께 지내며 쌓은 좋은 추억을 의미하겠군.

⑤ '모두 하늘 위로 떠올랐다 톡톡 터져 버렸다.'는 '나'와 관련된 것들에게 느끼는 기분을 감각적으로 표현한 것이군.

5 ⓐ~ⓔ에 담긴 의미로 적절하지 <u>않은</u> 것은?

① ⓐ: 물에 잠겨 가는 피아노를 보고 피아노를 치고자 하는 나의 욕구가 드러난다.

② ⓑ: 어떤 음 하나가 긴소리로 운다고 표현하여 빗물이 차오르는 반지하방의 절망적인 상황을 부각한다.

③ ⓒ: '도'만 반복했던 이전과 달리 다른 음으로 연주를 이어 가는 모습으로, 억눌렸던 꿈과 자유가 발산됨을 의미한다.

④ ⓓ: 피아노가 물에 잠겨 더 이상 피아노를 못 쓰게 될 것이라는 분노와 울분의 심정이 드러난다.

⑤ ⓔ: 공감각적 표현으로 청각의 시각화가 나타난다.

6 윗글에서 '나'의 자부심이자 위안거리로, 도도한 생활을 지키는 보루를 의미하는 소재를 찾아 쓰시오.

고전 소설 핵심 개념

① 고전 소설의 개념

고전 소설은 설화, 패관 문학, 가전체 등의 문학적 전통을 바탕으로 중국의 전기(傳奇), 화본(話本) 등의 영향을 받아 생겨난 산문 문학의 한 갈래로, 갑오개혁 이전까지 쓰인 옛 소설을 말함.

② 고전 소설의 특징

(1) 한문 소설

한문 소설의 주인공은 재자가인(才子佳人: 재주 있는 남자와 아름다운 여인을 아울러 이르는 말)적인 인물이고, 한문 문어체로 사물을 미화하여 표현하였음. 또한 일상적이거나 현실적이지 않고, 초현실적이거나 괴기한 내용을 그리고 있으며, 구성이 평면적이고 사건의 전개가 우연성에 의존하고 있음.

(2) 한글 소설

최초의 한글 소설은 광해군 때 허균이 지은 〈홍길동전〉으로, 이 작품의 등장은 당시의 사회 분위기와 맞물린 것이었음. 임진왜란은 조선 사회 구조의 기본이었던 신분 질서의 혼란을 가져오고 평민 의식을 성장시킴. 이러한 현상은 평민 계층의 문화적 참여와 형식적 제약이 거의 없는 산문의 발달을 촉진시킴.

주제	• 현실 인식: 현실적인 갈등의 요인을 찾아 형상화함. 예 〈홍길동전〉 • 윤리성 강조: 사회의 보편적인 윤리를 강조함. 예 〈심청전〉 – 효, 〈흥부전〉 – 우애, 〈춘향전〉 – 정절
구성	• 평면적 구성: 시간의 흐름에 따라 서술함. • 전기적(傳記的) 구성: 주인공이 태어나 죽을 때까지의 사건을 시간의 순서에 따라 서술함.
결말	행복한 결말: 인과응보(因果應報)를 통한 권선징악(勸善懲惡)적 주제
인물	• 평면적 인물: 인물의 성격이 처음부터 끝까지 변하지 않음. • 전형적 인물: 어떤 부류의 특징을 가장 잘 나타내는 인물이 등장함.
사건	• 우연성: 필연적인 상황이나 원인 없이 우연적으로 발생함. • 비현실성: 현실 세계에서 불가능한 초현실적 사건이 발생함.
배경	양반 소설은 중국이 배경인 경우가 많고, 평민 소설은 우리나라를 무대로 하는 경우가 많으나 대부분 비현실적임.
작자	미상인 경우가 많음.

③ 고전 소설의 전개

(1) 조선 전기

김시습의 〈금오신화〉에 이어 전기(傳奇) 소설, 사회 소설이 주류를 이루었으며, 임제의 〈원생몽유록〉과 같은 몽유록 계열의 소설이 유행하였으나, 소설 창작이 활발하게 이루어지지는 않았음.

(2) 조선 후기

허균의 〈홍길동전〉 이후부터 본격적으로 시작된 고전 소설은 17세기에 들어서면서 창작이 활발해지고, 상당한 규모의 독자층이 형성됨. 숙종 때 김만중이 〈구운몽〉, 〈사씨남정기〉 등을 창작하면서 소설의 수준을 한층 끌어올렸으며, 〈춘향전〉, 〈흥부전〉, 〈심청전〉 등의 판소리계 소설이 나타나기도 함. 또한 군담 소설을 비롯하여 〈허생전〉, 〈양반전〉 등의 한문 소설, 장편 대하소설 등이 창작되기도 함.

개념 확인 문제

1 다음 중, 고전 소설에 대한 설명으로 적절하지 <u>않은</u> 것은?

① 산문 문학의 한 갈래이다.
② 사건의 발생이 필연적이다.
③ 공간적 배경이 대부분 비현실적이다.
④ 대부분 시간의 흐름에 따라 사건이 전개된다.
⑤ 주인공은 특정 집단의 성격을 대표하는 인물들이 많다.

2 고전 소설과 현대 소설을 나누는 기점을 쓰시오.

_____

3 다음 중, 고전 소설의 특징이 <u>아닌</u> 것은?

① 작가가 알려지지 않은 작품들이 많다.
② 권선징악적 주제를 드러내는 작품이 많다.
③ 전 세계를 배경으로 삼은 작품들이 많다.
④ 재자가인형의 인물이 주인공인 경우가 많다.
⑤ 초현실적이거나 기괴한 사건들이 발생하기도 한다.

4 〈보기〉에 제시된 작품들의 제목을 통해 알 수 있는 고전 소설의 특징으로 적절한 것은?

⦁ 보기 ⦁
〈춘향전〉, 〈흥부전〉, 〈홍길동전〉, 〈심청전〉, 〈전우치전〉

① 행복한 결말로 끝을 맺는다.
② 주인공의 성격이 평면적이다.
③ 주인공의 일대기를 다루고 있다.
④ 사회의 보편적인 윤리를 강조하고 있다.
⑤ 현실 세계에서 일어나기 힘든 사건을 다루고 있다.

❹ 고전 소설의 유형

(1) 한문 소설

금오신화	만복사저포기	양생과 죽은 여인이 생사를 초월한 사랑을 나눔.
	이생규장전	이생과 최랑이 부부로 살다가, 최랑이 죽자 죽은 최랑의 환신과 이생이 사랑을 이어 감.
	취유부벽정기	홍생이 죽어 선녀가 된 기씨녀와 만나 시를 주고받음.
	용궁부연록	한생이 꿈에서 용궁에 초대되어 환대를 받고 돌아옴.
	남염부주지	박생이 꿈에 남염부주라는 지옥에 가서 염왕을 만나 대담을 나누고 돌아옴.
화사		국가와 군신을 꽃에 비유하여 흥망성쇠의 역사를 기록함.
수성지		현실에 대한 불만과 울적한 심정을 의인법으로 표현함.
원생몽유록		원자허라는 인물이 꿈속에서 단종과 사육신을 만나 비분한 마음으로 흥망의 도를 토론함.

(2) 군담 소설
임진왜란, 병자호란 이후 발생하여 조선 후기에 유행했던 한글 소설의 한 유형으로, 전쟁 이야기가 주된 줄거리가 되는 일련의 소설을 말함. 임진왜란과 병자호란 이후, 황폐해진 조선 사회에서는 수많은 군담 소설이 만들어졌는데, 이는 전란의 피해와 민족 자존심의 훼손을 상상력으로 회복하고자 하는 당대 민중들의 의지가 발현된 것으로 볼 수 있음.
예 창작 군담 소설: 〈유충렬전〉, 〈조웅전〉, 〈소대성전〉 등
역사 군담 소설: 〈임진록〉, 〈임경업전〉, 〈박씨전〉 등

(3) 판소리계 소설
판소리로 불렸던 소설을 포함하여 판소리와 밀접한 관련을 맺고 있는 소설을 함께 일컬음. 판소리계 소설은 어느 특정 작가에 의해 창작된 것이 아니라 판소리와 소설을 향유하던 민중들의 공동작이라고 볼 수 있음. 또한 관념적인 내용보다는 현실적인 경험을 바탕으로 구수한 해학과 신랄한 풍자를 통해 조선 후기의 생활상을 생동감 있게 형상화한 내용이 많음.
예 〈춘향전〉, 〈심청전〉, 〈흥부전〉, 〈별주부전〉, 〈배비장전〉, 〈옹고집전〉

(4) 가정 소설
전실 소생에 대한 계모의 학대, 남편의 사랑을 차지하려는 처첩 간의 싸움 등 가정 내의 갈등을 다룬 소설
예 〈사씨남정기〉, 〈창선감의록〉, 〈장화홍련전〉, 〈콩쥐팥쥐전〉

(5) 애정 소설
남녀 간의 사랑을 다룬 소설로, 비극적 결말의 〈운영전〉을 제외하고는 대체로 시련을 겪은 후에 사랑을 성취하는 내용이 많음.
예 〈운영전〉, 〈숙영낭자전〉, 〈채봉감별곡〉, 〈숙향전〉, 〈영영전〉

(6) 세태 풍자 소설
봉건적 사상에서 벗어나지 못한 사대부 계층의 남성들을 풍자의 대상으로 하면서 희화화하는 내용이 많음.
예 〈배비장전〉, 〈이춘풍전〉, 〈서대주전〉, 〈두껍전〉

(7) 대하소설
주인공의 영웅적 투쟁, 남녀의 헤어짐과 만남 등의 소재를 복합적으로 다룬 소설. 여러 편이 연작 형태를 띠고 있는 경우도 있기 때문에 그 분량이 매우 방대함.
예 〈명주보월빙〉, 〈완월회맹연〉, 〈임화정연〉, 〈윤하정삼문취록〉

개념 확인 문제

5 다음 중, '재자가인(才子佳人)적 인물'과 거리가 먼 작품은?
① 〈춘향전〉
② 〈이생규장전〉
③ 〈만복사저포기〉
④ 〈흥부전〉
⑤ 〈홍길동전〉

6 최초의 한글 소설의 제목을 쓰시오.
_____

7 다음 중, 소설의 문체가 다른 하나는?
① 〈흥부전〉　② 〈심청전〉
③ 〈임진록〉　④ 〈춘향전〉
⑤ 〈별주부전〉

8 다음 중, 초현실적인 내용이 담긴 소설이 아닌 것은?
① 〈흥부전〉　② 〈심청전〉
③ 〈양반전〉　④ 〈박씨전〉
⑤ 〈홍길동전〉

9 다음 중, 결말 구조가 다른 하나는?
① 〈운영전〉　② 〈박씨전〉
③ 〈구운몽〉　④ 〈홍길동전〉
⑤ 〈콩쥐팥쥐전〉

10 다음 중, 가정 소설의 주된 내용으로 볼 수 없는 것은?
① 처첩 간의 갈등
② 가문의 몰락과 부흥
③ 형제간의 시기와 모함
④ 전쟁으로 인해 흩어진 가족
⑤ 전실 소생에 대한 계모의 학대

고전 소설

01 구운몽(九雲夢) ❶ — 김만중

〈앞부분의 줄거리〉 중국 당나라 때 인도에서 온 육관 대사가 남악 형산 연화봉에서 불법을 베푼다. 동정 용왕이 설법 자리에 늘 참석하자 대사는 제자 성진(性眞)을 보내 사례하는데, 성진은 용왕의 술대접을 받고 돌아오던 중 석교에서 남악 위 부인의 시녀 여덟 명을 만나 복숭아꽃으로 구슬을 만들어 준다. 성진은 팔선녀의 아름다움에 미혹당하고 세속의 부귀공명으로 번뇌하다가, 육관 대사의 명으로 팔선녀와 함께 인간 세상으로 추방된다.

성진은 회남 수주현 양 처사의 아들 양소유(楊少游)로 태어난다. 10세에 그 부친이 신선의 세계로 떠나간 뒤, 어머니를 모시고 지내다가 15세에 과거를 보러 떠난다. 화주 화음현의 진채봉은 양소유의 풍채를 보고 혼약을 정하나, 반란이 일어나 양소유는 남전산으로 피난을 가고, 진채봉은 그 부친의 죄로 궁녀로 잡혀간다. 양소유는 남전산에서 도인에게 음악을 배우고 귀가했다가 이듬해 다시 과거길에 오른다. 낙양에서 기생 계섬월과 인연을 맺고, 장안에서는 여자로 변장하여 거문고 연주를 하면서 당대 최고의 규수인 정경패의 미모를 몰래 살펴본다.

양소유는 장원 급제한 뒤 한림학사가 되어 정경패와 정식으로 혼약을 하고, 정경패는 가춘운을 양소유의 첩으로 보내면서 가춘운과 함께 계교를 써 전날 양소유에게 속은 부끄러움을 씻는다. 연나라 왕이 배반하자 양소유는 사신으로 가 항복을 받고, 귀로에 자신을 따라온 적경홍과 인연을 맺는다. 예부 상서가 된 양소유는 퉁소 연주가 계기가 되어 난양 공주와 혼인하라는 황제의 명을 받으나, 정경패와의 혼약을 들어 거부하다가 투옥된다.

토번이 침략하자 황제는 양소유로 하여금 대적케 한다. 연전연승하던 중 토번왕이 보낸 자객 심요연과 인연을 맺고, 꿈속에 백룡담에 들어가 동정 용왕의 딸 백능파와 인연을 맺고는 그녀를 위해 남해 용왕의 아들을 제압한다. 한편, 난양 공주는 정경패를 찾아가 그 인품에 감복하고, 태후는 정경패를 영양 공주에 봉한다. 개선한 양소유는 승상이 되고, 태후는 두 공주와 진채봉을 양소유와 결혼하게 한다. 양소유는 고향의 모친을 모시고 와 잔치를 열고, 황제의 동생 월왕과 낙유원에서 사냥 경기를 하는 등 처첩들과 더불어 행복한 나날을 보내고, 처첩들은 관음보살 앞에서 형제의 의를 맺는다. 세월이 흐른 뒤 양소유는 은퇴를 거듭 청하고, 황제는 마지못하여 취미궁을 하사하여 살게 한다.

필수 작품의 기틀

갈래	고전 소설, 몽자류 소설, 염정 소설, 양반 소설
배경	시간 – 중국 당나라 때 공간 – [현실] 남악 형산 연화봉 [꿈] 중국의 여러 지방
주제	인생무상의 깨달음을 통한 허무의 극복
특징	① '현실 – 꿈 – 현실'의 이중적 환몽 구조를 지닌 '몽자류 소설'의 효시임. ② 선계가 현실적 공간, 인간계가 비현실적 공간으로 설정되어 있으며, 꿈속 양소유의 삶은 영웅 소설의 구조를 지니고 있음. ③ 유교·불교·도교 사상이 나타나며, 그중 불교의 공(空) 사상이 핵심 사상임. ④ 우연적·전기적·비현실적 내용이 나타남.

핵심 꼭! 체크 ✓

1 제목의 상징적 의미

구(九)	— 인물	성진(소유) + 팔선녀(부인들)
운(雲)	— 주제	인생무상(人生無常)
몽(夢)	— 구성	환몽 구조(현실 → 꿈 → 현실)

2 성진이 인간계로 추방당하는 원인

불가의 적막함에 회의를 품고, 팔선녀의 아름다움과 세속적 부귀공명으로 번뇌함.

3 환몽 구조와 공간적 배경 이해

남악 형산 연화봉	회남 수주현
현실	꿈
성진	양소유
천상계	인간계
불교적	유교적

지학사

1 윗글에 대한 설명으로 적절하지 <u>않은</u> 것은?

① 우연적인 사건 전개와 전기적(傳奇的) 요소가 많다.

② 꿈속의 세계는 영웅의 일대기 형식으로 전개되고 있다.

③ 조선 후기 민중 의식의 성장을 기반으로 한 서민 문학의 대표작이다.

④ 한국인의 사상적 기반인 유·불·선교의 이념이 총체적으로 반영되어 있다.

⑤ 꿈의 세계는 유교적 사상을 바탕으로 입신양명과 부귀공명에 대한 이야기를 담고 있다.

학습 활동 응용 📖

2 다음은 '구운몽'이라는 제목의 상징적 의미를 정리한 것이다. 적절하지 <u>않은</u> 것은?

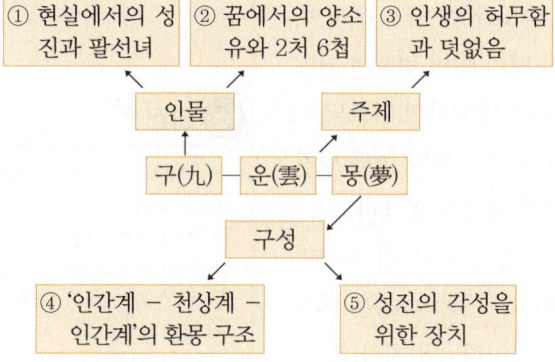

3 윗글을 읽고 학생들이 정리한 내용으로 적절하지 <u>않은</u> 것은?

① 주인공인 성진은 남악 형산 육관 대사의 제자이다.

② 정경패는 양소유와 혼인을 한 후 영양 공주에 봉해진다.

③ 인간 세상의 양소유는 유교적 사상에 따라 성공적인 삶을 살고 있다.

④ 성진과 희롱하던 팔선녀는 모두 현실 세계에서 양소유와 인연을 맺는다.

⑤ 성진이 인간 세상으로 추방된 것은 불제자의 신분에 맞지 않는 행동을 했기 때문이다.

4 윗글의 바탕이 되는 설화와 영향 관계에 있는 작품의 연결로 적절한 것은?

① 구토 설화 - 토의간   ② 방이 설화 - 연의각

③ 조신 설화 - 옥루몽   ④ 신원 설화 - 옥중화

⑤ 효녀 지은 설화 - 강상련

5 윗글을 감상할 때, 고려할 사항으로 적절하지 <u>않은</u> 것은?

① 작가와 대화하는 마음으로 적극적으로 읽는다.

② 전체 내용을 통해 주제가 무엇인지 파악해 가며 읽는다.

③ 작가가 이 글을 쓴 의도가 무엇인지를 파악하며 읽는다.

④ 사건의 전개에 따른 인물의 심리를 잘 파악하며 읽는다.

⑤ 작가, 독자, 작품이 각각 독립적으로 존재함을 인식하며 읽는다.

수능형 ⬆

6 다음 중, 〈보기〉의 A에 주목하여 윗글을 감상한 것은?

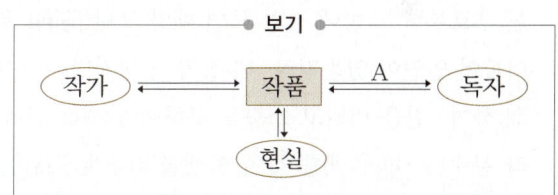

① 이 글은 김만중이 어머니를 위로하기 위해 하룻밤 사이에 지은 이야기라고 하더군.

② 이 글은 유·불·선의 3교를 바탕으로 하되, 그중 핵심 사상은 불교임을 알 수 있군.

③ 여덟 명의 여인을 만나 인연을 맺는데, 그중 정경패와의 인연이 가장 힘들게 맺어지고 있군.

④ 양소유가 느끼는 인생무상은 우리 시대에 부귀영화를 누리는 재벌들에게도 뭔가 깨달음을 줄 거라고 생각해.

⑤ 꿈을 인간계로 설정한 것은 인생이 한낱 꿈처럼 허망한 거라는 걸 말하고자 하는 작가의 의도라고 볼 수 있지.

"승상이 공을 이미 이루고 부귀 극하여 만인이 부러워하고 천고에 듣지 못한 바라. 좋은 날을 당하여 풍경을 희롱하며 꽃다운 술은 잔에 가득하며 사랑하는 사람이 곁에 있으니, 이 또한 인생에 즐거운 일이거늘, 통소 소리 이러하니 오늘 통소는 옛날 통소가 아니로소이다."

승상이 옥소를 던지고 부인 낭자를 불러 난간을 의지하고 손을 들어 두루 가리키며 가로되,

"북(北)으로 바라보니 평평한 들과 무너진 언덕에 석양이 시든 풀에 비친 곳은 진시황의 아방궁(阿房宮)이요, 서(西)로 바라보니 슬픈 바람이 찬 수풀에 불고 저문 구름이 빈 산에 덮인 데는 한 무제(漢武帝)의 무릉(茂陵)이요, 동(東)으로 바라보니 분칠(粉漆)한 성(城)이 청산(靑山)을 둘렀고 붉은 박공(博栱)이 반공(半空)에 숨었는데, 명월은 오락가락하되 옥난간을 의지할 사람이 없으니, 이는 현종(玄宗) 황제가 태진비(太眞妃)로 더불어 노시던 화청궁(華淸宮)이라. 이 세 임금은 천고 영웅(英雄)이라. 사해(四海)로 집을 삼고 억조(億兆)로 신첩(臣妾)을 삼아 호화 부귀 백 년을 짧게 여기더니 이제 다 어디 있느뇨?

소유는 본디 하남 땅 ㉠베옷 입은 선비라. 성천자(聖天子) 은혜를 입어 벼슬이 장상(將相)에 이르고, 여러 낭자 서로 좇아 은정(恩情)이 ㉡백 년이 하루 같으니, 만일 전생 숙연(宿緣)으로 모여 인연(因緣)이 다하면 각각 돌아감은 천지에 떳떳한 일이라. 우리 백 년 후 높은 대 무너지고, 굽은 못이 이미 메이고, 가무(歌舞)하던 땅이 이미 변하여 거친 산과 시든 풀이 되었는데, ⓐ초부(樵夫)와 목동(牧童)이 오르내리며 탄식하여 가로되,

㉮"이것이 양 승상의 여러 낭자로 더불어 놀던 곳이라. 승상의 부귀 풍류와 여러 낭자의 옥용화태(玉容花態) 이제 어디 갔느뇨?"하리니 ㉢어이 인생이 덧없지 않으리오?

내 생각하니 천하에 유도(儒道)와 선도(仙道)와 불도(佛道)가 가장 높으니 이 이른바 삼교라. 유도는 생전(生前) 사업과 신후 유명(身後留名)할 뿐이요, 신선(神仙)은 예부터 구하여 얻은 자가 드무니 진시황, 한 무제, 현종 황제를 볼 것이라. 내 치사(致仕)한 후로부터 ㉯밤에 잠만 들면 매양 포단(蒲團) 위에서 참선하여 뵈니 이 필연 불가로 더불어 인연이 있는지라. 내 장차 ㉣장자방(張子房)의 적송자(赤松子) 좇음을 효칙(效則)하여, 집을 버리고 스승을 구하여 남해를 건너 관음(觀音)을 찾고, 오대(五臺)에 올라 문수(文殊)께 예를 하여 불생불멸(不生不滅)할 도를 얻어 진세(塵世) 고락(苦樂)을 초월하려 하되, 여러 낭자로 더불어 반생을 좇았다가 일조(一朝)에 이별하려 하니 슬픈 마음이 자연 곡조(曲調)에 나타남이로소이다."

여러 낭자는 다 전생에 근본이 있는 사람이라. 또한 세속 인연이 지날 때니 이 말을 듣고 자연 감동하여 이르되,

"부귀 번화 중 이렇듯 청정(淸淨)한 마음을 내시니 장자방을 어이 족히 이르리오? 첩 등 자매 팔 인이 당당히 심규(深閨) 중에서 분향(焚香) 예불하여 상공 돌아오시기를 기다릴 것이니, ㉤상공이 이번 행하시매 벅벅이 밝은 스승과 어진 벗을 만나 큰 도를 얻으리니 득도(得道)한 후에 부디 첩 등을 먼저 제도(濟度)하소서."

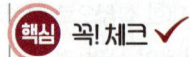

1 양 승상의 의도와 심리
① 세 임금을 언급한 의도: 자신도 죽을 것이고, '취미궁' 역시 쇠락할 것임. → 인생무상(人生無常)
② '어이 인생이 덧없지 않으리오': 인생무상(人生無常) → 주제 의식 표출

2 양 승상의 내면 갈등
승상이 인생무상을 느끼고 불가에 귀의할 것을 결심하나, 부인들과 헤어질 것을 생각하니 슬픈 마음이 듦.

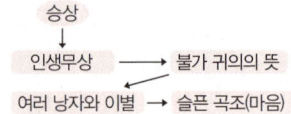

```
          승상
           │
        인생무상  ──→  불가 귀의의 뜻
           │
   여러 낭자와 이별 ──→ 슬픈 곡조(마음)
```

3 여러 낭자의 태도
양소유가 불교에 귀의함에 감동함. → 부창부수, 여필종부, 바늘 가는 데 실 가는 격

〈구운몽〉에 나타난 사회·문화적 상황
① 등고절(중국의 명절)이 있었음.
② 유·불·선(仙)의 삼교가 융성함.
③ 일부 다처제의 남성 중심적 사회임.
④ 유교의 출세주의가 보편적인 가치관임.
⑤ 당대의 대립과 갈등을 불교 사상으로 해결하려 한 작가의 의도가 공(空) 사상으로 나타남.

전체 줄거리
당나라 때 육관 대사의 총애를 받던 제자 성진이 팔선녀의 아름다움에 미혹되어 번뇌를 겪다가 팔선녀와 함께 속세로 추방된다. 성진은 인간 세상에서 양처사의 아들로 태어나 입신양명을 이루고, 팔선녀의 후신인 두 부인과 여섯 낭자를 거느리며 부귀영화를 누린다. 양소유는 벼슬에서 은퇴한 후 인생의 부귀영화가 덧없음을 깨닫게 되고, 그때 한 호승(육관 대사)이 나타나 그의 꿈을 깨운다. 양소유는 꿈에서 깨어나 다시 성진으로 돌아온 후, 세속의 부귀영화에 대해 번뇌한 것을 뉘우치고 팔선녀와 함께 육관 대사의 가르침을 듣고 큰 도를 얻어 극락세계로 간다.

〈앞부분의 줄거리〉 명나라 개국 공신의 자손인 유심은 늦도록 자식이 없다가 부인 장씨와 형산에 치성을 드리고 신이한 꿈을 꾼 뒤 마침내 아들 충렬을 얻는다. 충렬은 원래 천상계의 신선인 자미성이었는데, 정한담으로 환생한 익성의 모함을 받아 지상계로 내려오게 된 것이다. 유심은 정한담 무리의 계략에 빠져 역적으로 몰려 귀양을 가고, 부인 장씨는 충렬과 함께 달아나다가 도적에게 붙잡힌다. 도적들은 충렬을 강물에 던져 버린다.

> ┌ **회사정에서 다행히 대인(大人)을 만나고,**
> [A] 굴원의 충혼을 기려 후세 사람이 지은 정자
> └ **늙은 재상은 옥문관으로 귀양을 가다.**

각설. 이때 충렬은 모친을 잃고 물에 빠져 살길이 없었다. 그러다가 문득 두 발이 닿아 자세히 살펴보니 물속의 큰 바위였다. 그 위에 올라앉아 하늘을 우러러 어미를 찾았으나 간 데 없고, 사방을 돌아보니 푸른 산이 은은하고 다만 물새 소리만 들릴 뿐이었다. 강가에서 수많은 원숭이들이 밤늦도록 슬피 우니, 충렬이 통곡하며 바위 위에 서 있더라.

이때 남경의 장사꾼들이 재물을 많이 싣고 북경으로 가면서 ㉮회수에 배를 띄워 놓고
난징. 중국 장쑤 성(江蘇省) 서남쪽에 있는 도시   '베이징'을 우리 한자음으로 읽은 이름
두둥실 중류로 내려가는데, 처량한 울음소리가 바람을 타고 들려오는지라. 뱃사람들이 이상하게 생각하여 배를 바삐 저어 우는 곳을 찾아가니, 과연 ⓐ한 동자 물에 서서 슬피 울고 있었다. 급히 건져 배 안에 올려 놓고 사연을 물으니,

"해상에서 수적을 만나 어미를 잃고 웁니다."

하는지라. 뱃사람들이 슬픔에 젖어서 충렬을 물가에 내려놓고 가고 싶은 대로 가라고 한 후 배를 띄워 북경으로 향하더라.

충렬은 뱃사람들과 이별하고 정처 없이 다니었다. 이 마을 저 마을을 돌아다니면서 구걸하여 먹고, 아무 데서나 빌어서 잠을 자곤 했다. 아침에는 동쪽에 있고 저녁에는 서쪽에 있으니 가을바람에 흩날리는 ⓑ낙엽이요, 오가는 데 종적이 없으니 푸른 하늘을 떠다니는 ⓒ뜬구름이었다. 얼굴이 비쩍 말라 죽은 사람 같고 차림새가 말이 아니었다. 가슴 속의 대장성은 때 속에 묻혀 있고 등 위의 삼태성은 헌 옷 속에 묻혔으니, 활달한 기남자
재주와 슬기가 남달리 뛰어난 남자
(奇男子)가 도리어 걸인이 되었구나. 〈중략〉

동쪽 벽 위에 새로운 글 두 줄이 씌어 있거늘, 그 글을 보니,

"모년 모월 모일에 남경 유 주부는 간신에게 패(敗)를 보고 연경으로 귀양 가다가 멱라
예전에, 우리나라에서 '미수이 강'을 이르던 말. 중국 초나라의 굴원이 투신한 강으로 알려져 있음.
수에 빠져 죽노라."

하였거늘, 충렬이 그 글을 보고 정자 위에 꺼꾸러져 방성통곡하며 말하기를, / "우리 부친이 연경으로 간 줄만 알았더니 이 물에 빠지셨구나. 나 혼자 살아나서 세상에 무엇을 하겠는가. 회수에 모친을 잃고 멱라수에 부친을 잃었으니, 무슨 면목으로 세상에 살아남을 것인가. 나도 함께 빠지리라."

하고, 물가에 내려가니 충렬의 울음소리가 용궁에까지 사무쳤는지라. 천신이 무심할 것인가.

이때 영릉 땅에는 강희주라 하는 재상이 살고 있었으니, 소년 시절에 과거에 합격하여 승상 벼슬을 하다가 간신의 참소를 만나 벼슬을 그만두고 고향으로 돌아와 있었다. 그러나 ⓓ충신이 오로지 국가를 잊지 못하여 항상 천자가 잘못 결정하는 일이 있으면 상소하여 구원하니, 조정의 신하들이 그의 직간을 꺼렸다. 그중에도 정한담과 최일귀가 강 승상을 가장 미워하였다. 강 승상이 마침 본부(本府)에 갔다가 돌아오는 길에 우편(右便)

필수 작품의 기틀

갈래	고전 소설, 국문 소설, 영웅 소설, 군담 소설
시점	전지적 작가 시점
배경	시간 – 중국 명나라 시대 공간 – 중국 명나라
주제	유충렬의 고난과 영웅적인 행적
특징	① 영웅 소설의 전형적인 요소를 두루 갖춤. ② 병자호란 후 청나라에 대한 적개심이 반영됨. ③ 천상계와 지상계의 이원적 공간이 나타남.

핵심 꼭! 체크 ✔

1 이 글의 영웅 서사적 구조

고귀한 혈통	현직 고관 유심의 외아들
비정상적인 출생	부모가 산천에 기도하여 늦게 얻은 아들
비범한 재능	천상계에서 적강(謫降)하여 비범한 능력을 지님.
어렸을 때의 위기	간신 정한담의 박해로 죽을 고비에 처함.
구출과 양육	강희주를 만나 그의 사위가 되고, 노승을 만나 도술을 배움.
성장 후 위기	강희주가 유배당하고, 정한담이 외적과 함께 반란을 일으킴.
행복한 결말	반란을 평정하고 부귀영화를 누림.

2 천상계와 지상계의 이원 구조

▶ 정답과 해설 33쪽

학습 활동 응용

1 윗글에 나타난 인물의 태도로 적절하지 않은 것은?

① 승상은 인생의 무상함에 대해 자각하고 있다.
② 승상은 유도의 한계를 선도로 극복하려 한다.
③ 승상은 낭자들과의 이별을 무척 슬퍼하고 있다.
④ 낭자들은 이별 이후 승상과의 재회를 소망하고 있다.
⑤ 낭자들은 승상의 심리 변화를 기꺼이 받아들이고 있다.

2 ㉠~㉤에 대한 설명으로 적절하지 않은 것은?

① ㉠: 벼슬하지 않은 선비
② ㉡: 세월이 빠르게 흘러갔으니
③ ㉢: 양 승상의 속세에 대한 미련과 아쉬움이 나타남.
④ ㉣: 장자방이 신선술을 배우고자 적송자를 좇음을 본받아
⑤ ㉤: 승상의 뜻을 따라 부인들이 호응함.

3 다음 중, ⓐ와 의미하는 바가 다른 하나는?

① 갑남을녀(甲男乙女) ② 장삼이사(張三李四)
③ 남남북녀(南男北女) ④ 필부필부(匹夫匹婦)
⑤ 우부우부(愚夫愚婦)

4 ㉮에 나타난 정서를 가장 잘 반영한 것은?

① 이화에 월백하고 은한은 삼경인 제 / 일지 춘심을 자규야 알랴마는 / 다정도 병인 양하여 잠 못 들어 하노라 - 이조년
② 삼동에 베옷 입고 암혈에 눈비 맞아 / 구름 낀 볕뉘도 쬔 적이 없건마는 / 서산에 해 지다 하니 눈물계워 하노라 - 조식
③ 백일은 서산에 지고 황하는 동해로 들고 / 고금 영웅은 북망으로 가단말가 / 두어라 물유성쇠니 한할 줄이 있으랴 - 최충
④ 어뎌 내 일이여 그릴 줄을 모로던가 / 이시라 하더면 가랴마난 제 구태야 / 보내고 그리난 정은 나도 몰라하노라 - 황진이
⑤ 오늘도 다 새거다 호미 메고 가쟈스라 / 내 논 다 메여든 네 논 좀 매어 주마 / 올 길에 뽕 따다가 누에 먹어 보쟈스라 - 정철

5 양 승상의 말에 대한 여러 낭자의 반응을 평가하는 말
가장 적절한 것은?

① 팔은 안으로 굽는다더니, 남편의 잘못을 감싸
도는군.
② 억지로 대답하는 걸 보면 마음에 없는 염불을
는 거야.
③ 바늘 가는 데 실 간다더니, 남편의 말에 순
따르는군.
④ 쇠뿔도 단김에 빼다더니, 남편이 말을 꺼내
자 집을 나서는군.
⑤ 뜻도 모르고 남편을 따르는 걸 보면, 남이
다고 하니 거름 지고 나서는 꼴이야.

6 ㉯가 윗글에서 지니는 기능으로 적절한 것은?

① 사건을 속도감 있게 진행시켜 준다.
② 사건 해결의 결정적 열쇠를 제시하여 준다.
③ 사건을 구체화함으로써 인물의 체험을 확
다.
④ 양소유가 자신의 심정을 토로할 수 있도
기를 조성한다.
⑤ 꿈에서 깨어나 인세를 벗어나는 복선이
(성진의 삶)를 환기시켜 준다.

수능형

7 〈보기〉의 화자가 윗글의 양 승상에게 해 줄 수
가장 적절한 것은?

보기

"손도 저 물과 달을 아는가? 가는 것은
으되 일찍이 가지 않았으며, 차고 비는
와 같으되 마침내 줄고 늚이 없으니,
서 보면 천지도 한순간일 수밖에 없으
지 않는 데서 보면 사물과 내가 다 다
니 또 무엇을 부러워하리오?" -

① 인생이 덧없다고 생각하는 점이 저와
② 세상은 순리대로 살아가야 행복할 수
까요.
③ 흘러간 물이 다시 오지 않듯이 인생
가면 다시 오지 않으니 허망합니다.
④ 물은 바다로 흘러가고 달은 기울면
처럼 당신은 다시 부귀영화를 누릴
⑤ 보기에 따라 인생은 무상할 수도,
으니 인생을 바라보는 관점을 바꿔
떨까요.

주점(酒店)에서 자다가, 오색구름이 멱라수에 어리었는데 ⓔ청룡이 물속에 빠지려 하면서 하늘을 향하여 무수히 통곡하고 백사장을 배회하는 꿈을 꾸었다. 마음속으로 이상하게 생각하여 날 새기를 기다리다가 새벽닭이 울고 날이 밝자 ㉯멱라수로 바삐 달려 갔다. 가서 보니 과연 어떤 동자가 물가에 앉아 울고 있는지라.

1 윗글의 특징으로 적절하지 <u>않은</u> 것은?
① 충신과 간신의 갈등이 드러나 있다.
② 관습적인 표현을 사용하여 장면을 전환하였다.
③ 천상과 지상의 이중 구조로 사건이 전개되고 있다.
④ 실세한 권력층의 세력 회복 의식이 잠재되어 있다.
⑤ 서술자가 인물과 사건을 객관적으로 바라보고 있다.

학습 활동 응용 📖

2 〈보기〉의 ㄱ~ㅅ 중, 윗글에서 알 수 있는 영웅 소설의 특징끼리 묶인 것은?

● 보기 ●
ㄱ. 고귀한 혈통   ㄴ. 기이한 잉태 및 탄생
ㄷ. 어려서의 시련   ㄹ. 조력자의 도움
ㅁ. 탁월한 능력   ㅂ. 성장 후의 시련
ㅅ. 능력을 발휘하여 위업을 이룸.

① ㄱ, ㄷ, ㄹ
② ㄱ, ㄴ, ㄷ, ㄹ
③ ㄴ, ㄷ, ㄹ, ㅂ, ㅅ
④ ㄴ, ㄷ, ㄹ, ㅁ, ㅂ, ㅅ
⑤ ㄱ, ㄴ, ㄷ, ㄹ, ㅁ, ㅂ

학습 활동 응용 📖

3 [A]의 기능으로 적절한 것은?
① 사건 전개를 지연시킴.
② 시간적, 공간적 배경을 드러냄.
③ 사건 전개에 생동감, 사실감을 줌.
④ 앞으로 전개될 사건을 미리 알려 줌.
⑤ 주제를 강조하고 낭만적 분위기를 형성함.

수능형 ⬆

4 ⓐ~ⓔ 중, 가리키는 대상이 <u>다른</u> 하나는?
① ⓐ   ② ⓑ   ③ ⓒ   ④ ⓓ   ⑤ ⓔ

5 다음 중, 강희주 의 인물됨을 나타내는 시조로 적절한 것은?
① 이화우 흩뿌릴 제 울며 잡고 이별한 님
  추풍낙엽에 저도 날 생각는가
  천 리에 외로운 꿈만 오락가락 하노매   – 계랑
② 흥망이 유수하니 만월대도 추초 ㅣ 로다
  오백 년 왕업이 목적에 부쳐시니
  석양에 지나는 객이 눈물계워 하노라   – 원천석
③ 이 몸이 주거 가셔 무어시 될꼬 하니
  봉래산 제일봉에 낙락장송 되야 이셔
  백설이 만건곤할 제 독야청청하리라   – 성삼문
④ 춘산에 눈 녹인 바람 건듯 불고 간 듸 업다
  져근듯 비러다가 마리 우희 블니고져
  귀 밋태 해 묵은 서리를 녹여 볼가 하노라   – 우탁
⑤ 짚방석 내지 마라, 낙엽엔들 못 안즈랴
  솔불 혀지 마라 어제 진 달 도다온다
  아희야 박주산채일망정 업다 말고 내여라   – 한호

학습 활동 응용 📖

6 ㉮와 ㉯에 대한 설명으로 적절하지 <u>않은</u> 것은?
① ㉮는 ㉯와 달리 주인공이 죽음을 선택하는 공간이다.
② ㉮는 주인공, ㉯는 주인공 부자의 고난이 부각된 공간이다.
③ ㉯는 ㉮와 달리 글로써 부친의 안위를 알게 되는 공간이다.
④ ㉮와 ㉯는 주인공에게 부모를 잃었다는 절망감을 주는 공간이다.
⑤ ㉮와 ㉯는 모두 주인공이 조력자의 도움을 받게 되는 공간이다.

〈중략 부분의 줄거리〉 유충렬은 갑주와 창검을 갖추고, 노승의 도움으로 송림사를 찾아가 천사마를 얻어 전장으로 향한다. 한편 천자는 정한담에게 여러 번 패하고 항복을 결심한다.

각설, 이때 유충렬이 금산성 하에서 망기(望氣)하다가 형세 위급함을 보고 ⓐ 일광주
나타나 있는 기운을 보아서 일의 조짐을 알아냄.
용린갑(龍鱗甲)에 장성검을 높이 들고 천사마를 채질하여 바삐 중군소(中軍所)에 들어가
조정만을 보고 성명을 올려 싸우기를 청하되, 중군이 바삐 나와 손을 잡고 울며 왈,

"그대 충성은 지극하나 지금 황상이 항복하려 하시고 또한 적진 형세 저러하니 그대
청춘이 전장백골(戰場白骨) 될 것이니 원통하고 망극하다."

충렬이 불승분기(不勝忿氣)하여 진문(陣門) 밖에 나서면서 벽력같이 소리하여 적장(敵
진영(陣營)으로 드나드는 문
將)을 불러 왈,

"이봐, 역적 정한담아! 남경 동성문 내에 사는 유충렬을 아는다 모르는다. 바삐 나와
목을 들이라."

하는 소리 양진이 뒤놀며 천지 강산이 진동하니, 문걸이 대경(大驚)하여 돌아보니 일광
한곳에 붙어 있지 않고 이리저리 몹시 흔들리며
투구 안채 쏘이고 ⓑ 용린갑은 혼신을 감추고 ⓒ 천사마는 비룡 되어 운무(雲霧) 중에 싸
여, 공중에 소리만 나고 제눈에는 보이지 아니하니 창검만 높이 들고 주저주저하던 차에
벽력같은 소리 끝에 ⓓ 장성검이 번듯하며 정문걸의 머리 공중에 베어 들고 ⓔ 중군으로
달려드니, 조정만이 엎어지며 문밖에 급히 나와 손을 잡고 들어갈 제, 이때 천자는 옥새
를 목에 걸고 항서를 손에 들고 진문 밖에 나오다가 뜻밖에 호통 소리 나며 일원대장이
문걸의 머리를 베어 들고 중군으로 들어가거늘, 대경 대희하여 중군을 급히 불러 왈,

"적장 베던 장수 성명이 뉘냐. 바삐 입시(入侍)하라."
대궐에 들어가서 임금을 뵙던 일
충렬이 말에서 내려 천자 전에 복지(伏地)하되, 천자 급히 문 왈,
땅에 엎드림.
"그대는 뉘신지 죽을 사람을 살리는가?"

충렬이 저의 부친과 강희주 죽음을 절분(切忿)히 여겨 통곡하며 여쭈옵대,
몹시 원통하고 분하게

[A]
"소장은 동성문 내에 거(居)하던 정언 주부 유심의 아들 충렬이옵더니 주류개걸
두루 돌아다니며 빌어서 먹음.
(周流丐乞)하여 만 리 밖에 있삽다가 아비 원수 갚으려고 여기 잠깐 왔삽거니와
폐하 정한담에게 곤핍(困乏)하심은 몽중(夢中)이로소이다. 전일에 정한담을 충신
이라 하시더니 충신도 역적 되나이까? 그놈의 말을 듣고 충신을 원찬(遠竄)하여
먼 곳으로 귀양을 보냄.
다 죽이고 이런 환(患)을 만나시니 천지 아득하고 일월이 무광(無光)하옵니다."

슬피 통곡하며 머리를 땅에 두드리니 ㉠ 산천초목(山川草木)도 슬퍼하며 만진중(滿陳
中)이 낙루 아니할 이 없더라.

천자 이 말을 들으시고 [㉡] 할 말 없어 우두커니 앉았더니, 태자 적진에 잡
혀 갔다가 본진에서 문걸 목을 베임을 보고 탈신(脫身) 도주(逃走) 급히 와서 충렬의 손
을 붙들고 왈,

"경이 이게 웬 말인가. 옛날 주성왕도 관채(菅蔡)의 말을 듣고 주공(周公)을 의심터니
회과자책(悔過自責)하여 성군(聖君)이 되었으니 충신이 다 죽기는 막비천운(莫非天
잘못을 뉘우쳐 스스로 꾸짖음.   모두 다 하늘이 정한 운명임.
運)이라. 그런 말을 하지 말고 진충갈력(盡忠竭力)하여 황상을 도우시면 태산 같은 그
충성을 다하고 있는 힘을 다 바침.
공로는 천하를 반분(半分)하고 하해(河海) 같은 그 은혜는 풀을 맺어 갚으리라."
큰 강과 바다를 아울러 이르는 말
충렬이 울음을 그치고 태자 상(相)을 보니, 천자 기상(氣象) 적실하고 일대성군(一代聖
君)이 될 듯하여 투구 벗어 땅에 놓고 천자 전에 사죄(謝罪) 왈,

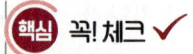
핵심 꼭! 체크 ✓

1 글의 주제
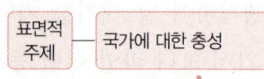
표면적 주제 ── 국가에 대한 충성

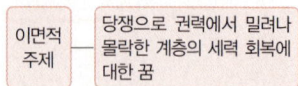
이면적 주제 ── 당쟁으로 권력에서 밀려나 몰락한 계층의 세력 회복에 대한 꿈

이 글은 충과 효를 중시하면서도, 국가의 위기 때 공을 세워 세력을 회복하려는 몰락한 양반층의 바람을 담고 있음.

2 글에 반영된 사회적 현실
이 글은 병자호란을 겪고 난 조선 후기의 시대상을 반영함. 가달의 정벌을 둘러싼 유심과 정한담의 대결은 당시 조정의 세력 다툼으로 볼 수 있으며, 호국(胡國)에 의해 황제의 가족들이 포로가 된 것은 강화도의 함락으로 왕실의 인물들이 포로가 된 것을 반영했다고 볼 수 있음. 또한 유충렬이 호국을 정벌하고 통쾌한 설욕을 한 것은 병자호란 때 당한 고통과 패배 의식을 소설을 통해 극복하고자 한 것임.

전체 줄거리
대명국 영종 황제 즉위 초에 정언 주부(正言注簿) 유심과 부인 장씨는 자식이 없자 남악 형산에 들어가 치성을 드리고 아들 충렬을 얻는다. 충렬이 7세 때 역심을 품은 정한담, 최일귀 등이 유심을 모함하여 귀양 보내고, 그의 가족마저 살해하려 하는데, 충렬은 강희주의 도움과 천우신조로 위기에서 벗어난다. 충렬은 백룡사의 노승을 만나 무술과 병법을 익힌다. 이때 남적과 북적이 명나라에 쳐들어오자, 정한담은 이들과 합세하여 천자를 공격한다. 그러나 충렬이 등장하여 단신으로 반란군을 제압한 다음, 잡혀간 황실 가족을 구출하고 아버지 유심과 장인 강희주도 구해 낸다. 이후, 이별하였던 어머니와 아내를 다시 만나고, 충렬은 높은 벼슬에 올라 부귀영화를 누린다.

"소장이 아비 죽음을 한탄(恨歎)하여 분심이 있는 고로 격절(激切)한 말씀을 폐하 전에
아뢰었으니 죄사무석(罪死無惜)이라. 소장이 죽사온들 폐하를 돕지 아니하오리까?"
말이나 글 따위가 격렬하고 절실한
죄가 무거워서 죽어도 안타깝지 아니함.
천자 충렬의 말을 듣고 친히 계하(階下)에 내려와서 투구를 씌우면서 손을 잡고 하는 말이,
"과인(寡人)은 보지 말고 그대 선조 창건하던 일을 생각하여 나라를 도와주면 태자 하
던 말대로 그대 공을 갚으리라."

 발전 ✦

고전 소설의 일반적 특징
• 인물: 전형적 인물
• 사건: 우연적, 비현실적 사건 전개
• 시점: 전지적 작가 시점
• 주제: 권선징악
• 배경: 막연한 시공간적 배경

1 윗글의 인물들에 대한 설명으로 적절하지 <u>않은</u> 것은?

① 충렬은 천자의 잘못을 일깨우는 말을 하고 있다.
② 천자는 권위를 내세워 충렬의 충성을 강요하고
있다.
③ 태자는 천자의 잘못을 인정하며 충렬을 회유하고
있다.
④ 충렬은 비범한 능력을 발휘하여 적장을 제압하고
있다.
⑤ 충렬은 천자와 나라를 위해 싸움에 임할 것을 맹
세하고 있다.

2 ⓐ∼ⓔ 중, '유충렬'의 영웅성을 부각시키는 소재가 <u>아닌</u>
것은?

① ⓐ　　② ⓑ　　③ ⓒ　　④ ⓓ　　⑤ ⓔ

3 〈보기〉를 참고로 할 때, [A]에서 유추할 수 있는 윗글의 창
작 동기로 가장 적절한 것은?

● 보기 ●

　　이 글은 병자호란의 경험을 주된 모티프로 차용
하고 있다. 가달의 정벌을 두고 이루어진 유심과
정한담의 대결은 병자호란 때 주전파(主戰派)와
주화파(主和派)의 대립을 반영한 것이다.

① 병자호란의 실상 고발
② 신분 변동의 양상 제시
③ 유교적 윤리관의 회복 소망
④ 청나라에 대한 적개심의 표출
⑤ 몰락한 양반들의 세력 회복 의지

수능형⬆

4 ㉠과 같은 서술상의 특징이 드러나지 <u>않는</u> 것은?

① 병부(兵符) 잃고 송편 들고, 탕건 잃고 용수 쓰고,
갓 잃고 소반(小盤) 쓰고, 칼집 쥐고 오줌 누기. 부
서지는 것은 거문고요, 깨지는 것은 북과 장고라.
② 어사또 남원 공사(公事) 닦은 후에 춘향 모녀와
향단이를 서울로 치행(治行)할 제, 위의(威儀) 찬
란하니 세상 사람들이 누가 아니 칭찬하랴.
③ 저 사령 거동 보소. / "어느 양반이관대, 우리 안
전(案)님 걸인 혼금(閽禁)하니 그런 말은 내도 마
오."/ 등 밀쳐 내니 어찌 아니 명관(名官)인가.
④ 한참 이리 즐길 적에 춘향 모 들어와서 가없이 즐
겨하는 말을 어찌 다 설화(說話)하랴. 춘향의 높은
절개 광채 있게 되었으니 어찌 아니 좋을쏜가?
⑤ 어사또 들어가 단좌(端坐)하여 좌우를 살펴보니,
당상(堂上)의 모든 수령 다담을 앞에 놓고 진양조
양양(洋洋)할 제 어사또 상을 보니 어찌 아니 통
분하랴.

5 문맥을 고려할 때, ㉡에 들어갈 한자 성어로 가장 적절한
것은?

① 진퇴양난(進退兩難)
② 절치부심(切齒腐心)
③ 후안무치(厚顔無恥)
④ 고립무원(孤立無援)
⑤ 후회막급(後悔莫及)

03 이생규장전(李生窺牆傳) ❶ – 김시습

천재(김수)

어느 날 이생은 담장 안을 들여다보았다. 거기에는 이름난 꽃들이 만발하였고 벌과 새들이 다투어 재잘거리고 있었다. 담장 곁에는 작은 누각이 꽃떨기 사이로 은은히 비치는데, 주렴이 반쯤 내려져 있고 비단 휘장은 낮게 드리워져 있었다. 거기에 한 미인이 있었다. 미인은 자수를 하다가 조금 지쳐서 바늘을 잠시 멈추고 있는 참이었다. 미인은 턱을 괴고서 시를 읊었다.

구슬 따위를 꿰어 만든 발

[A]

사창(紗窓)에 홀로 기대 앉아 수놓기도 더디구나
여인이 거처하는 규방
활짝 핀 꽃떨기에 꾀꼬리는 지저귀고
살랑이는 봄바람을 부질없이 원망하며 / 말없이 바늘 멈추고는 생각에 잠겨 있네

저기 가는 저 총각은 어느 집 도련님일까
푸른 옷깃 넓은 띠가 늘어진 버들 사이로 비쳐 오네
이 몸이 죽어 가서 대청 위의 제비 되면
주렴 위를 가볍게 스쳐 담장 위를 날아 넘으리

이생은 여인이 읊은 시를 듣고 나니 마음이 싱숭생숭하여 견딜 수가 없었다. 그러나 그 집의 담이 높고도 가파르며 안채가 깊숙한 곳에 있었으므로 어찌할 도리가 없었다. 어느 날 이생은 학교에서 돌아오는 길에 꾀를 내어, 흰 종이 한 폭에다가 시 세 수를 적어서 기와 쪽에 매달아 담 안으로 던졌다.

[B]

무산(巫山) 열 두 봉우리 첩첩이 쌓인 안개 속에
반쯤 드러난 봉우리가 붉고도 푸르구나
양왕의 외로운 꿈을 수고롭게 하지 마오 / 구름 되고 비가 되어 양대에서 만나 보세

사마상여(司馬相如)가 되어 탁문군(卓文君)을 꾀어내려니
마음속에 품었던 생각은 이미 다 이루어졌네
붉은 담머리의 복사꽃과 오얏꽃은 / 바람에 날려서 어디로 떨어지나

좋은 인연 되려는지 나쁜 인연 되려는지
부질없는 이 내 시름 하루가 일 년 같아라
스물 여덟 자로 황혼의 기약을 맺었으니 / 남교에서 어느 날 신선을 만나려나

최씨 여인이 몸종 향아(香兒)를 시켜서 그 편지를 주워다 보니, 바로 이생이 지은 시였다. 최씨 여인이 그 시를 펼쳐서 두세 번 읽고는 마음속으로 혼자 기뻐하였다. 종이에 여덟 자를 써서 담 밖으로 던져 주었다.

"님이여. 의심 마세요. 황혼에 만나기로 하세요."

이생이 그 말대로 황혼이 되자 최씨 여인의 집을 찾아갔다. 갑자기 복사꽃 한 가지가 담 위로 넘어오면서 하늘거리는 그림자가 나타났다. 이생이 가까이 가서 살펴보니 그넷

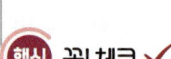

작품의 기틀

갈래	한문 소설, 전기 소설, 명혼 소설, 염정 소설
성격	전기적, 비극적, 환상적
배경	시간 – 고려 공민왕 때 공간 – 송도(개성)
주제	죽음을 초월한 남녀 간의 사랑
특징	① 비현실적이고 신비로운 내용을 다룸. ② 시를 삽입하여 등장인물의 심리를 효과적으로 전달함. ③ 최씨 여인이 죽기 전의 이야기와 죽은 후의 이야기가 제시됨.

핵심 꼭! 체크 ✔

1 삽입 시의 역할

- 문체와 분위기에 변화를 주어 작품의 단조로움을 감소시킴.
- 작품 전반에 서정적인 분위기를 줌.
- 삽입 시의 내용이 인물의 상황과 감정을 담아내고 있어 독자가 인물의 속내를 파악하는 데 도움을 줌.

2 제목 '이생규장전'의 의미

이생이 담 안을 엿보는 이야기

이생이 담장 안을 들여다보다 최씨 여인의 아름다움에 반한 장면과 연관됨. 이생과 최씨 여인의 사랑 이야기임을 드러냄.

전체 줄거리

이생은 공부를 하러 가던 도중, 어느 집 담장 안의 최씨 여인을 우연히 보게 된다. 둘은 사랑에 빠지게 되지만 이생의 부모가 반대하여 만남을 지속할 수 없게 된다. 그러나 상사병에 걸린 최씨 여인에게 자초지종을 들은 최씨 여인의 부모 덕분에 둘은 혼인을 하게 된다. 홍건적이 쳐들어 왔을 때 정조를 빼앗기지 않으려고 저항하던 최씨 여인은 홍건적의 손에 죽게 된다. 난이 끝나고 되돌아온 이생이 슬퍼하고 있을 때 최씨 여인의 원혼이 돌아오고, 둘은 다시 정답게 지낸다. 그러나 최씨 여인은 이미 죽은 몸이기 때문에 이승에 오래 머물 수 없어, 마지막으로 작별의 시와 이별주를 나눈 후 슬픈 이별을 한다. 그 후 이생도 시름시름 앓다가 세상을 떠나고 만다.

줄에 대바구니를 매어서 아래로 늘어뜨려 놓았다. 이생은 그 줄을 잡고 담을 넘었다.

　마침 달이 동산에 떠오르고 꽃 그림자가 땅에 비껴 맑은 향내가 사랑스러웠다. 이생은 자기가 신선 세계에 들어왔다고 생각하여 마음은 비록 기뻤지만, ㉠자기의 마음이나 지금 하려는 일이 비밀스러워서 머리칼이 모두 곤두섰다.

---

1 윗글에 대한 설명으로 가장 적절한 것은?

① 서술자가 특정 인물의 시각에서 사건을 서술한다.
② 현재와 과거의 사건을 병치시켜 사건의 전모를 드러낸다.
③ 인물 간의 대화가 진행될수록 인물 사이의 갈등이 드러난다.
④ 남녀가 만나 사랑하는 낭만적 상황이 공간 묘사를 통해 형상화된다.
⑤ 조력자의 조언과 행동에 힘입어 남녀 주인공 사이의 장애물이 제거된다.

⬛ 학습 활동 응용 📖

2 [A]와 [B]에 대한 설명으로 적절하지 <u>않은</u> 것은?

① [A]를 통해 이생은 최씨 여인의 심정을 알게 되고, [B]를 통해 이생은 자신의 심정을 최씨 여인에게 전달할 수 있게 된다.
② [A]에서 최씨 여인은 봄을 맞아 느끼는 연정을 노래한 반면, [B]에서 이생은 최씨 여인을 만나고 싶은 마음을 표현하고 있다.
③ [A]에서 최씨 여인은 자연물을 통해, [B]에서 이생은 고사 속 연인을 통해 상대와의 만남에 대한 기대와 소망을 표현하고 있다.
④ [A]에서 최씨 여인은 특정 수신자를 전제로 하지 않은 반면, [B]에서 이생은 최씨 여인을 수신자로 정하여 자신의 마음을 표현하고 있다.
⑤ [A]에서 최씨 여인은 담장을 넘지 못하고 주저하는 임에 대한 원망을, [B]에서 이생은 최씨 여인에게 곧 만나러 가겠다는 다짐을 노래하고 있다.

3 ㉠에 담긴 이생의 심정으로 가장 적절한 것은?

① 두렵지 않은 척 태연자약(泰然自若)하는 것이겠군.
② 남의 집 담을 넘은 상황에서 명재경각(命在頃刻)의 심정이겠군.
③ 몰래 담을 넘은 상황이니 불안과 두려움에 전전긍긍(戰戰兢兢)이겠군.
④ 사랑을 찾아 어떤 위험도 감수하려는 마음이 백척간두(百尺竿頭)겠군.
⑤ 담을 넘지 못하다가 여인의 도움으로 담을 넘은 상황이니 기고만장(氣高萬丈)이겠군.

4 윗글에서 〈보기〉의 빈칸에 들어갈 2음절의 말을 찾아 쓰시오.

● 보기 ●

　이 글에서 (　　　　)은 남녀의 사랑을 가로막는 장애물로, 만남을 이루기 위해 넘어야 할 '물리적 경계'이자 사랑의 제약이 되는 '규범적 질서'라고 볼 수 있다.

⬛ 수능형 ⬆

5 윗글과 〈보기〉를 비교하며 감상한 내용으로 적절하지 <u>않은</u> 것은?

● 보기 ●

　진사는 그날 몰래 수성궁을 살펴보았는데, 담장이 높고 험준해서 몸에 날개를 달지 않으면 넘어갈 수가 없었습니다. 그래서 집으로 돌아와 묵묵히 말을 하지 않고 근심스런 얼굴로 앉아 있었습니다. 〈중략〉
　"어찌 일찍이 말을 하지 않으셨습니까? 제가 마땅히 그 일을 도모하겠습니다." / 특이 즉시 사다리를 만들었는데 아주 가볍고 단순했으며, 능히 접거나 펼 수 있었습니다. 둘둘 말면 병풍을 접은 것과 같고, 펼치면 대여섯 길 정도 되어 손으로 운반할 수도 있었습니다. 특이 사용법을 가르쳐 주며 말했습니다. / "이 사다리를 가지고 궁궐 담에 오르고, 다시 안에서 접었다 폈다 하십시오. 내려올 때도 역시 그와 같이 하십시오."
　　　　　　　　　　　　　– 작자 미상, 〈운영전〉

① 윗글과 〈보기〉 모두 쉽게 접근할 수 없는 공간이 설정되어 있다.
② 윗글과 〈보기〉 모두 소재를 통해 인물의 암울한 앞날을 암시하고 있다.
③ 윗글과 〈보기〉의 주인공 모두 담을 넘어갈 수 없는 것에 대해 안타까움을 느끼고 있다.
④ 〈보기〉는 윗글에 비해 담을 넘는 도구의 모양과 사용법이 비교적 상세하게 소개된다.
⑤ 윗글에서는 담 안에 있는 사람의 도움을 받지만 〈보기〉에서는 담 바깥에 있는 사람의 도움을 받는다.

"저는 본디 양가의 딸로서 어릴 때부터 가정의 교훈을 받아 자수와 바느질에 힘썼
고, <u>시서</u>와 예법을 배웠으므로 규중의 법도만 알았을 뿐 어찌 집 밖의 일을 알았
지서 글씨
겠습니까? 그러나 낭군께서 붉은 살구꽃이 피어 있는 담 안을 엿보게 되자 저는
스스로 몸을 바쳤으며, 꽃 앞에서 한 번 웃고 난 후 평생의 가약을 맺었고, 휘장
속에서 거듭 만났을 때는 정이 백 년을 넘쳤습니다. 사세가 이렇게 되자 슬픔과
부끄러움을 차마 견딜 수 없었습니다. 장차 백년해로의 낙을 누리려 했는데 어찌
<u>횡액(橫厄)</u>을 만나 구렁에 넘어질 줄 알았겠습니까? 이리 같은 놈들에게 정조를
뜻밖에 닥쳐오는 불행
잃지는 않았으나, 육체는 진흙탕에서 찢겼사옵니다. 진실로 천성이 그렇게 만든
것입니다만, 인정으로는 차마 할 수 없는 일이었습니다. 저는 낭군과 궁벽한 산골
[A] 에서 헤어진 후론 짝 잃은 새가 되고 말았던 것입니다. 집도 없어지고 부모님도
잃었으니, 피곤한 혼백의 의지할 곳 없음이 한스러웠습니다. 의리(義理)는 중하고
목숨은 가벼우므로 쇠잔한 몸뚱이로서 치욕을 면한 것만은 다행이었습니다만, 누
가 산산조각 난 제 마음을 불쌍히 여겨 주겠습니까? 〈중략〉 그러나 이제 봄바람
이 깊은 골짜기에 불어와서 제 환신이 이승에 되돌아왔습니다. 낭군과 저와는
<u>삼세</u>의 깊은 인연이 맺어져 있는 몸, 오랫동안 뵙지 못한 정을 이제 되살려서 결
전세, 현세, 내세
코 옛날의 맹세를 저버리지 않겠습니다. 낭군께서 지금도 삼세의 인연을 알아주
신다면 끝내 고이 모실까 합니다. 낭군께서는 허락해 주시겠습니까?"

이생은 매우 기뻐하고 감사히 여기며, ㉠"그것이 원래 나의 소원이오."라고 대답했다.
둘은 말을 주고받았다.

이생은, ㉡"모든 <u>가산</u>은 어떻게 되었소?"라고 물었다.
한집안의 재산
"하나도 잃지 않고 어떤 골짜기에다 묻어 두었습니다."

"그럼 양가 부모님의 유골은 어찌 되었소?"

"하는 수 없이 어떤 곳에 그냥 내버려 두었습니다."

이야기를 마치고 함께 취침하니 기쁜 정은 옛날과 조금도 다를 바 없었다. 이튿날 부
부는 가산을 묻어 둔 곳을 찾아갔다. 그곳에는 금은 몇 덩이와 약간의 재물이 있었다. 그
들은 ㉢<u>양가 부모의 유골을 거두고 금은, 재물을 팔아 각각 오관산 기슭에 합장하고는</u>
<u>나무를 세우고 제사를 드려 모든 예를 다 마쳤다.</u>

그 후 이생은 ㉣<u>벼슬을 구하지 않고 최씨 여인과 함께 살았고,</u> 피란 갔던 노복들도 찾
아왔다. 이생은 이제 세상사를 완전히 잊은 채 친척의 길흉사에도 가 보지 않고 집에서
늘 최씨 여인과 함께 시를 지어 주고받으며 즐거이 세월을 보냈다.

㉤<u>어느덧 몇 년이 지난 어느 날 밤에 최씨 여인은,</u> "세 번 가약을 맺었건만, 세상일은
뜻대로 되지 않나 봅니다. 즐거움도 다하기 전에 슬픈 이별이 닥쳐왔습니다."라고 말하
고는 오열하였다. 이생은 깜짝 놀라면서 물었다.

"그 무슨 까닭으로 그런 말씀을 하시오?" / 여인은 대답했다.

"저승길은 피할 수가 없습니다. 하느님께서 저와 낭군의 연분이 끊어지지 않았고 또
전생에 아무런 죄악도 없었으므로, 이 몸을 환신(幻身)시켜 잠시 낭군을 뵈어 시름을
풀게 했던 것입니다. 그러나 오랫동안 인간 세상에 머물러 있으면서 산 사람을 미혹할
수는 없습니다."

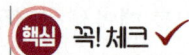
꼭! 체크 ✓

1 최씨 여인의 인물됨
- 이생과의 첫 만남에서 매우 적극적인 자세를 취함.
- 죽어서도 원혼이 되어 다시 이생을 찾아감.
- 이생에 대한 지조와 절개를 지키기 위해 목숨을 내놓음.

→ 적극적이고 의지적인 여성상

2 현실성과 전기성(傳奇性)

현실성 (전반부)	최씨 여인이 본래부터 귀신이 아니라 홍건적의 난을 겪으며 원혼이 될 수밖에 없었던 현실적 조건을 제시함.
전기성 (후반부)	이미 죽은 최씨 여인이 이승으로 돌아와 이생과 다시 사랑을 하게 된다는 점에서 전기성이 드러남.

3 비극적 결말의 제시

죽은 최씨 여인이 인간 세상에서 오랫동안 머물 수 없기에, 살아 있는 이생과 죽은 최씨 여인의 이별은 필연적임.

↓

이별이라는 비극적 결말에 이르지만 이생과 최씨 여인의 애틋한 사랑은 더욱 강조됨.

 발전 ➕

사상적 배경

유교	• 최씨 여인이 절개를 지키기 위해 죽음에 이름. • 재물을 팔아 부모님의 유골을 합장하고 제사를 드리며 예를 마침.
불교	최씨 여인이 결국 운명에 순응하고 저승으로 돌아가면서 이생과 최씨 여인의 재회가 허무하게 끝남.
도교	최씨 여인의 영혼이 환신하여 나타남.

하더니 시비(侍婢)에게 명하여 술을 올리게 하고는 옥루춘곡(玉樓春曲)에 맞추어 노래를
곁에서 시중을 드는 계집종
지어 부르면서 이생에게 술을 권했다.

ⓐ도적 떼 밀려와서 처참한 싸움터에 / 떼죽음을 당하니 ⓑ원앙도 짝을 잃고
여기저기 흩어진 해골 그 누가 묻어 주리 / ⓒ피투성이 떠도는 혼은 하소연도 할 곳 없
네 / 슬프다 이 내 몸은 무산(巫山) 선녀 될 수 없고 / ⓓ깨진 거울 다시 갈라지니 마음
만 쓰려 / 이로부터 작별하면 둘 모두 아득하네 / ⓔ천상과 인간 세상 소식도 막히리라

학습 활동 응용 📖

1 최씨 여인의 말인 [A]에 대한 설명으로 적절하지 <u>않은</u> 것은?

① 이생에게 인연을 이어 갈 것을 제안하고 있다.
② 회상을 통해 이생과 지난날 있었던 일들을 상기
하고 있다.
③ 죽음의 과정을 묘사하며 이생이 죄책감을 느끼도
록 유도하고 있다.
④ 정절을 목숨보다 중요하게 여기는 유교적 도덕관
념이 나타나고 있다.
⑤ 비유적 표현을 사용하여 횡액을 겪은 후의 심정을
진솔하게 드러내고 있다.

2 ㉠~㉤에 대한 설명으로 적절하지 <u>않은</u> 것은?

① ㉠: 최씨 여인이 죽은 사람의 환신이어도 인연이
계속되기를 소망하는 이생의 마음이 담겨 있다.
② ㉡: 물질적인 것을 중시하는 이생의 속물적 근성
을 확인할 수 있다.
③ ㉢: 부모를 생각하는 효 사상이 드러나 있다.
④ ㉣: 최씨 여인에 대한 사랑이 출세나 명예보다 소
중함이 드러나 있다.
⑤ ㉤: 시간의 경과로, 새로운 사건 전개를 위한 장
면 전환이 나타나 있다.

3 〈보기〉의 빈칸에 들어갈 3음절의 말을 쓰시오.

● 보기 ●
이 글은 인간 세상의 이생과 죽은 최씨 여인의
비현실적인 사랑 이야기를 통해 (   )을
획득하고 있다.

수능형 ⬆

4 윗글에 드러나는 작가의 생각으로 가장 적절한 것은?

① 이승의 질서는 저승에서도 연속되므로 그 질서에
따라야 한다.
② 이승의 사람이 죽으면 육신은 이승에 남고, 영혼
은 저승으로 떠난다.
③ 이승의 사람이 죽어 저승으로 가면 다시 태어나
새로운 삶을 살아간다.
④ 이승에서의 업보 때문에 저승에 가게 되면 천국이
나 지옥으로 가게 된다.
⑤ 사람이 죽으면 영혼은 잠시 이승에 머물 수 있지
만 결국 저승으로 가야 한다.

5 ⓐ~ⓔ에 대한 이해로 적절하지 <u>않은</u> 것은?

① ⓐ: 비극이 일어나게 된 배경이 드러나는군.
② ⓑ: 이생과 최씨 여인을 상징하는 객관적 상관물
이라 할 수 있군.
③ ⓒ: 죽은 최씨 여인의 비참한 처지를 나타내고 있
군.
④ ⓓ: '거울'을 통해 상황을 함축적으로 표현하며 낭
만적 분위기를 조성하는군.
⑤ ⓔ: 이승과 저승의 단절로 슬픔이 극대화되고 있군.

6 〈보기〉의 빈칸에 들어갈 2음절의 말을 각각 쓰시오.

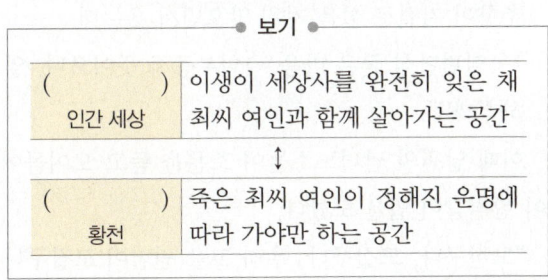

● 보기 ●

( ) 인간 세상	이생이 세상사를 완전히 잊은 채 최씨 여인과 함께 살아가는 공간
↕	
( ) 황천	죽은 최씨 여인이 정해진 운명에 따라 가야만 하는 공간

춘향전(春香傳) ❶ - 작자 미상

가 연연(娟娟)히 고운 기생 그 중에 많건마는 사또께옵서는 근본 춘향의 말을 높이 들
  _{아름답고 예쁘게}
었는지라 사또 수노 불러 묻는 말이
       _{관아에서 일하는 노비들 중 우두머리}

"기생 점고 다 되어도 춘향은 안 부르니, 퇴기냐?"

수노 여쭈오되,

"춘향 모는 기생이되 춘향은 기생이 아닙니다."

사또 문왈,

"춘향이가 기생이 아니면 어찌 규중에 있는 아이 이름이 높이 나느냐?"

수노 여쭈오되,

"근본이 기생의 딸이옵고 덕색(德色)이 장한고로 권문세족 양반네와 일등 재사(一等才
士) 한량들과 내려오신 등내(等內)마다 구경코자 간청하되, 춘향 모녀 불청(不聽)키로
양반 상하 물론하고 액내지간(額內之間) 소인 등도 십 년 일득대면(一得對面)하되 언
          _{같은 동네 사람 사이}
어 수작 없었더니, 천정(天定)하신 연분인지 구관(舊官) 사또 자제 이 도련님과 백년
기약 맺사옵고, 도련님 가실 때에 입장 후(入丈後)에 데려가마 당부하고, 춘향이도 그
리 알고 수절(守節)하여 있습니다."

사또 분을 내어,

"이놈, 무식한 상놈인들, 그게 어떠한 양반이라고 엄부시하(嚴父侍下)요, 미장전 도련
                        _{엄한 부모를 모시고 있음.}
님이 하방에 작첩(作妾)하여 살자 할꼬. 이놈, 다시는 그런 말을 입 밖에 내어서는 죄
를 면치 못하리라. 이미 내가 저 하나를 보려다가 못 보고 그저 말랴. 잔말 말고 불러
오라."

춘향을 부르란 청령(聽令)이 나는데 이방 호장이 여쭈오되,
                    _{고을 구실아치의 우두머리}
"춘향이가 기생도 아닐 뿐 아니오라 구등(舊等) 사또 자제 도련님과 맹약(盟約)이 중
(重)하온데, 연치(年齒)는 부동(不同)이나 동반(同班)의 분의(分義)로 부르라기 사또 정
                            _{자기의 분수에 알맞은 정당한 도리}
체(政體)가 손상할까 저어하옵니다."

사또 대노하여

"만일 춘향을 시각 지체하다가는 공형(公兄) 이하로 각청(各廳) 두목을 일병태거(一竝
汰去)할 것이니 빨리 대령 못 시킬까?" 〈중략〉

나 곤장 태장 치는 데는 사령이 서서 하나 둘 세지마는, 형장부터는 법장(法杖)이라 형
                                    _{법률에 의한 형장}
리와 통인이 닭쌈하는 모양으로 마주 엎드려서 하나 치면 하나 긋고, 둘 치면 둘 긋고,
무식하고 돈 없는 놈 술집 담벼락에 술값 긋듯이 그어 놓으니, 한 일 자가 되었구나.

춘향이 저절로 설움 겨워 맞으면서 우는데,

"㉠일편단심 굳은 마음 ㉡일부종사 뜻이오니, 일 개 형벌 일 년을 치신들 일각이나 변
하리까?"

이때 남원의 남녀노소들이 소문을 듣고 모여들어 그 광경을 구경할 제 좌우의 한량들
이 한결같이 입을 모았다.

"모질구나, 모질구나, 우리 고을 원님이 모질구나. 저런 형벌이 왜 있으며 저런 매질이
왜 있는가. 저 집장사령 놈 낯짝이나 잘 봐 두자. 관아 문 밖으로 나오면 당장에 죽이

갈래	고전 소설, 판소리계 소설
성격	풍자적, 해학적, 서민적
시점	전지적 작가 시점
주제	• 신분을 초월한 지고지순한 사랑 • 신분적 갈등을 극복한 인간 해방 • 탐관오리의 횡포에 대한 풍자
특징	① 양반 어투와 평민 어투, 한자어와 우리말이 혼재되어 나타남. ② 곳곳에 판소리 사설투의 문장이 나타남. ③ 서술자의 개입에 의한 편집자적 논평이 자주 나타남. ④ 풍자와 해학에 의한 골계미가 두드러짐.

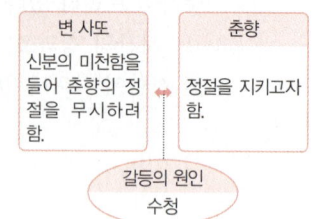

핵심 꼭! 체크 ✔

1 '변 사또'와 '춘향'의 갈등 양상

변 사또		춘향
신분의 미천함을 들어 춘향의 정절을 무시하려 함.	↔	정절을 지키고자 함.

갈등의 원인
수청

변 사또와 춘향 사이의 갈등은 탐관오리에 대한 저항의 의미를 지니며, 이 작품에서 가장 중심을 이루는 갈등임.

2 '춘향'이 부른 〈십장가(十杖歌)〉의 효과
춘향은 집장사령에게 매를 맞으면서 그 숫자에 맞추어 자신의 절개를 읊는데, 이것이 〈십장가(十杖歌)〉임. 두운(頭韻)에 맞춰 리듬감 있게 이 도령에 대한 춘향 자신의 정절을 되새김으로써 유교적 정조 관념을 고취시킴.

리라."

보고 듣는 사람이야 누가 눈물을 흘리지 않으랴.

'딱' 소리를 내며 둘째 낱이 다리에 붙었다.

"ⓒ이비절(二妃節)을 아옵는데 ⓔ불경이부 이내 마음 이 매 맞고 영 죽어도 이 도령은 못 잊겠소."

셋째 낱이 딱 붙이니

"삼종지례(三從之禮) 지중한 법 삼강오륜(三綱五倫) 알았으니, ⓜ삼치형문(三致刑問) 끝에 귀양을 갈지라도 삼청동 우리 낭군 이 도령은 못 잊겠소."

넷째 낱이 딱 붙이니

"사대부 사또님은 사민공사(四民公事) 살피지 않고 위력공사(威力公事) 힘을 쓰니, 사
_{봉건 사회의 네 신분에 대한 일, 즉 백성을 살피는 일}
방팔방(四坊八坊) 남원 백성 원망함을 모르시오. 사지를 가른대도 사생동거(死生同居) 우리 낭군 사생간(死生間)에 못 잊겠소."

수능 발전

〈춘향전〉의 근원 설화
• 염정 설화: 남녀 간의 연애와 사랑을 다룬 내용의 설화
• 열녀 설화: 여자가 고난 속에서도 정절을 지킨다는 내용의 설화
• 신원(伸寃) 설화: 억울하게 죽은 혼의 원한을 푸는 내용의 설화
• 관탈 민녀(官奪民女) 설화: 임금이나 관리가 평민 여자의 정절을 빼앗는다는 내용의 설화
• 암행어사 설화: 암행어사가 권력자의 횡포를 징계하고 약자의 한을 풀어 주는 내용의 설화

---

1 윗글에 대한 설명으로 적절하지 않은 것은?

① 여러 사람들에 의해 집단 창작된 작품이다.
② 남녀 간의 애정 문제를 다룬 염정 소설이다.
③ 창자에 의해 무대에서 가창되던 노래 형식이다.
④ 보는 각도에 따라 상이한 주제를 이끌어 낼 수 있다.
⑤ 어사 설화, 염정 설화, 신원 설화 등 다양한 근원 설화를 바탕으로 창작되었다.

3 (나)에서 편집자적 논평이 드러난 구절을 찾아 쓰시오.

_____

4 ㉠~㉤ 중, 의미하는 바가 다른 하나는?

① ㉠   ② ㉡   ③ ㉢   ④ ㉣   ⑤ ㉤

2 윗글에 나타난 인물들의 심리를 잘못 추리한 것은?

① 수노: 말도 못 섞어 본 춘향이를 자꾸 불러 내라고 하니 난감하기 짝이 없군.
② 한량들: 변 사또를 직접 비난할 수는 없으니 매를 치는 집장사령에게나 화풀이를 해야겠군.
③ 춘향: 이미 떠나 버린 도련님을 못 잊어 이런 고생을 하고 있으니 나도 미련하기 짝이 없구나.
④ 호장: 구관 사또 자제분과 연을 맺은 춘향에게 수청을 들라 하면 사또의 관리로서의 체면이 떨어질까 걱정이네.
⑤ 변 사또: 아직 장가도 안 간 어린 도령이 무슨 첩을 둔다고. 그깐 건 상관 말고 춘향이를 불러 수청을 들게 해야겠다.

5 윗글에서 찾아볼 수 있는 우리 문학의 전통이 아닌 것은?

① 인물의 전형성   ② 해학과 풍자
③ 자연 친화 사상   ④ 노래하는 듯한 문체
⑤ 선인과 악인의 갈등

가 "암행어사 출두야!"

외치는 소리에 강산이 무너지고 천지가 뒤집히는 듯 초목금수(草木禽獸)인들 아니 떨랴. 남문에서, / "출두야!"

북문에서, / "출두야!" / 동서문 출두 소리 청천(靑天)에 진동하고,

"모든 아전들 들라." / 외치는 소리에 육방(六房)이 넋을 잃어,

"공형이오." / 등채로 휘닥딱. / "애고 죽겠다."

"공방, 공방." / 공방이 자리 들고 들어오며,

"안 하겠다던 공방을 하라더니 저 불 속에 어찌 들랴."

등채로 휘닥딱. / "애고 박 터졌네."

좌수, 별감 넋을 잃고, 이방, 호방 혼을 잃고 나졸들이 분주하네.

나 모든 수령 도망할 제 거동 보소. 인궤(印櫃) 잃고 강정 들고, 병부(兵符) 잃고 송편 들고, 탕건(宕巾) 잃고 용수 쓰고, 갓 잃고 소반(小盤) 쓰고, 칼집 쥐고 오줌 누기. 부서지는 것은 거문고요, 깨지는 것은 북과 장고라. 본관 사또가 똥을 싸고 멍석 구멍 새앙쥐 눈 뜨듯 하고, 안으로 들어가서,

<small>도장을 넣어 두는 상자 / 조선 시대에 군대를 동원하는 표지로 쓰던 나무패 / 술이나 장을 거르는 긴 통</small>

"어 추워라. 문 들어온다 바람 닫아라. 물 마른다 목 들여라."

관청색은 상을 잃고 문짝을 이고 내달으니, 서리, 역졸 달려들어 후닥딱.

"애고 나 죽네."

다 이때 어사또 분부하되,

"이 골은 대감이 좌정하시던 골이라, 잡소리를 금하고 객사(客舍)로 옮겨라."

자리에 앉은 후에 / "본관 사또는 봉고파직(封庫罷職)하라." / 분부하니,

"본관 사또는 봉고파직이오!"

사대문에 방을 붙이고 옥 형리 불러 분부하되, / "네 골 옥에 갇힌 죄수를 다 올리라."

호령하니 죄인을 올리거늘, 다 각각 죄를 물은 후에 죄가 없는 자는 풀어 줄새,

"저 계집은 무엇인고?" / 형리 여쭈오되,

"기생 월매의 딸이온데, 관청에서 포악(暴惡)한 죄로 옥중에 있삽내다."

"무슨 죄인고?" / 형리 아뢰되,

"본관 사또 수청(守廳) 들라고 불렀더니 수절(守節)이 정절(貞節)이라 수청 아니 들려 하고, 사또에게 악을 쓰며 달려든 춘향이로소이다."

라 어사또 분부하되,

"너 같은 년이 수절한다고 관장에게 포악하였으니 살기를 바랄쏘냐. 죽어 마땅하되 내 수청도 거역할까?"

춘향이 기가 막혀

"내려오는 관장(官長)마다 모두 명관이로구나. 어사또 들으시오. 층암절벽(層巖絕壁) 높은 바위가 바람 분들 무너지며, 청송녹죽(靑松綠竹) 푸른 나무가 눈이 온들 변하리까. / 그런 분부 마옵시고 어서 바삐 죽여 주오." / 하며,

"향단아, 서방님 어디 계신가 보아라. 어젯밤에 옥 문간에 와 계실 제 천만당부하였더니 어디를 가셨는지 나 죽는 줄 모르는가."

핵심 꼭! 체크 ✔

1 〈춘향전〉의 형성과 현대적 변용 과정

근원 설화: 열녀, 관탈 민녀, 암행어사 설화 등 → 판소리: 춘향가 → 고전 소설: 춘향전(열녀춘향수절가) → 신소설: 옥중화 → 현대 소설: 일설 춘향전, 춘향면 등 → 현대시: 수정가, 추천사, 춘향 유문 등 → 영화 · 드라마: 춘향면, 쾌걸 춘향 등

2 풍자와 해학

암행어사가 출두하는 부분에서 관리들이 당황해하는 모습을 과장된 행위와 언어유희를 통해 희화화하고 있는데, 이러한 해학적 표현은 변학도로 대표되는 당대의 부도덕한 지배 계층을 풍자하고, 그들의 권위를 추락시킴으로써 웃음을 유발함.

3 장면의 극대화

어사출또로 관리들이 당황하는 부분은 장면의 극대화가 이루어진 부분으로, 열거와 대구 등을 통한 확장으로 생동감과 현실감을 줌. 이러한 장면의 극대화는 판소리 소리꾼이 공연을 할 때 이야기의 전체적인 짜임보다 흥미와 감동을 위해 관객이 관심을 보이는 대목을 집중적으로 확장하고 부연하는 것을 일컬음. 판소리계 소설에서는 이러한 장면의 극대화가 부분적으로 사용됨.

전체 줄거리

퇴기 월매와 성 참판 사이에서 태어난 춘향은 어느 봄날, 남원 부사의 아들 이몽룡과 만나 백년가약의 인연을 맺는다. 서로 사랑에 빠져 있던 두 사람은 몽룡의 부친이 한양으로 가게 되자 훗날을 기약하며 헤어진다. 새로 남원 부사로 부임한 변학도는 오자마자 춘향의 미모를 탐내면서 기생의 딸이라는 점을 내세워 춘향에게 수청을 요구한다. 그러나 춘향은 이를 거부하며 정절을 지키다가 모진 시련을 겪는다. 한편 한양으로 올라간 몽룡은 과거에 급제하고 암행어사가 되어 남원으로 내려온다. 걸인으로 변장한 몽룡은 변학도의 학정과 춘향의 사정을 알게 되고, 변학도의 생일날 어사출또를 하여 변학도를 파직하고 춘향을 구해 낸다. 이후 춘향은 정렬부인이 되고, 후손들은 대대로 행복하게 산다.

마 어사또 분부하되,

"얼굴 들어 나를 보라."

하시니, 춘향이 고개를 들어 위를 살펴보니 걸인으로 왔던 낭군이 분명히 어사또가 되어 앉았구나. 반 웃음 반 울음에

"얼씨구나 좋을씨고. 어사 낭군 좋을씨고. 남원 읍내 추절(秋節) 들어 떨어지게 되었더니, 객사에 봄이 들어 이화 춘풍(李花春風) 날 살린다. 꿈이냐 생시냐, 꿈을 깰까 염려로다."

한참 이리 즐길 적에 춘향 모 들어와서 가없이 즐겨하는 말을 어찌 다 설화(說話)하랴. 춘향의 높은 절개 광채 있게 되었으니 어찌 아니 좋을쏜가?

 발전 ✦

〈춘향전〉에 드러난 사상적 배경
• 인간 평등 사상: 계급 의식 타파, 인간의 존엄성 존중
• 자유연애 사상: 봉건적인 규범에 의한 만남 거부
• 사회 개조 사상: 탐관오리의 수탈과 횡포 징계
• 열녀 불경이부 사상: 지조와 정절의 유교적 가치 강조

학습 활동 응용 📖

1 윗글의 표현상 특징으로 보기 어려운 것은?

① 혼란스러운 상황을 우스꽝스럽게 표현하고 있다.
② 중심인물의 내면 심리가 섬세하게 묘사되고 있다.
③ 서민층의 언어와 양반층의 언어가 혼재되어 있다.
④ 서술자가 개입하여 장면에 대한 논평을 하고 있다.
⑤ 소리의 유사성을 활용한 언어유희가 나타나고 있다.

2 윗글의 등장인물에 대한 감상으로 적절하지 않은 것은?

① 각 고을 수령들은 혼비백산(魂飛魄散)했겠군.
② 춘향은 극적으로 기사회생(起死回生)한 셈이군.
③ 무죄인들은 사필귀정(事必歸正)의 심정이었겠군.
④ 어사또는 시시비비(是是非非)를 분명하게 가렸군.
⑤ 본관 사또는 토사구팽(兎死狗烹)을 당한 셈이로군.

3 (나)에 대한 설명으로 적절하지 않은 것은?

① 하나의 장면을 극대화하여 흥미를 더하고 있다.
② 부정적 인물의 언행을 희화화하여 풍자하고 있다.
③ 현학적 표현을 사용하여 긴장감을 고조시키고 있다.
④ 열거와 반복을 통해 요란한 분위기를 강조하고 있다.
⑤ 유사한 문장 구조의 반복으로 리듬감을 형성하고 있다.

4 윗글에서 〈보기〉의 설명에 해당하는 공간을 찾아 쓰시오.

● 보기 ●

재생(再生)을 위해 반드시 겪어야 하는 상징적인 시련의 과정을 '통과 의례'라고 할 때 우리 문학에서도 지금보다 나은 삶을 살기 위해서 시련과 고통을 극복해야 하는 과정이 나타난다. 예를 들어 〈단군 신화〉에서 곰이 쑥과 마늘을 먹으며 지내야 했던 '굴'이나, 〈심청전〉에서 심청이가 뛰어들었던 '인당수' 등은 통과 의례를 위한 제의적(祭儀的) 공간이라고 볼 수 있다.

학습 활동 응용 📖

5 〈보기〉는 윗글의 갈등 관계를 정리한 것이다. ㉮의 측면에서 볼 때, 윗글의 주제로 가장 적절한 것은?

● 보기 ●

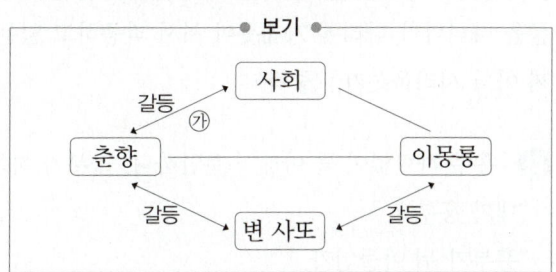

① 여성의 변함없는 지조와 정절 강조
② 청춘 남녀의 순수하고 아름다운 사랑
③ 신분적 제약을 벗어난 인간 해방의 소망
④ 탐관오리의 횡포에 대한 풍자와 징벌 욕구
⑤ 충효와 신의 등 유교적 윤리의 사회적 실현

고전 소설

05 흥부전(興夫傳) ❶ － 작자 미상

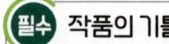

비상(박), 동아

가 놀부 심사를 볼작시면 ㉠초상난 데 춤추기, 불붙는 데 부채질하기, 해산한 데 개 잡기, 장에 가면 억매흥정하기, 집에서 몹쓸 노릇하기, 우는 아해 볼기 치기, 갓난 아해 똥 먹이기, 무죄한 놈 뺨 치기, 빚값에 계집 빼앗기, 늙은 영감 덜미 잡기, 아해 밴 계집 배 차기, 우물 밑에 똥 누기, 오려논에 물터놓기, 잦힌 밥에 돌 퍼붓기, 패는 곡식 이삭 자르
올벼(일찍 익은 벼를 심은 논
기, 논두렁에 구멍 뚫기, 호박에 말뚝 박기, 곱사 등이 엎어 놓고 발꿈치로 탕탕 치기, 심사가 모과나무의 아들이라. 이놈의 심술은 이러하되, 집은 부자라 호의호식하는구나. 흥부는 집도 없이 집을 지으려고 집 재목을 내려 갈 양이면 만첩청산(萬疊靑山) 들어가서 소부등 대부등을 와들렁 퉁탕 버혀다가 안방, 대청, 행랑, 몸채, 내외 분합 물림퇴에
작은 나무와 큰 나무   본채의 앞뒤나 좌우에 딸린 약 반 칸 크기의 칸살
살미 살창 가로닫이 입 구(口)자로 지은 것이 아니라, 이놈은 집 재목을 내려 하고 수수밭 틈으로 들어가서 수수깡 한 뭇을 버혀다가 안방, 대청, 행랑, 몸채 두루 짚어 말집을
추녀가 사방을 빙 돌아가게 지은 집
꽉 짓고 돌아보니, 수숫대반 뭇이 그저 남았구나. ㉡방 안이 넓든지 말든지 양주(兩主)
드러누워 기지개 켜면 발은 마당으로 가고, 대고리는 뒤꼍으로 맹자 아래 대문하고 엉덩이는 울타리 밖으로 나가니, 동리 사람이 출입하다가 이 엉덩이 불러들이소 하는 소리, 흥부 듣고 깜짝 놀라 대성통곡 우는 소리,

"애고 답답 설운지고. 어떤 사람 팔자 좋아 대광보국숭록대부 삼태육경(大匡輔國崇祿
정일품의 종친, 의빈, 문무관에게 주던 으뜸 품계 삼정승과 육조 판서를 통틀어 이르던 말
大夫三台六卿)되어 나서 고대광실 좋은 집에 부귀공명 누리면서 호의호식 지내는고.
매우 크고 좋은 집
내 팔자 무슨 일로 말(斗)만한 오막집에 성소광어공정(星疎光於空庭)하니 지붕 아래
별이 빈 뜰에서 빛남.
별이 뵈고, 청천한운세우시(靑天寒雲細雨時)에 우대랑이 방중(房中)이라. 문밖에 세우
맑은 날에 찬 가랑비가 올 때
(細雨) 오면 방 안에 큰비 오고 폐석초갈 찬방 안에 헌 자리 벼룩 빈대 등이 피를 빨아
나쁜 자리와 나쁜 옷
먹고, 앞문에는 살만 남고 뒷벽에는 외만 남아 동지섣달 한풍이 살 쏘듯 들어오고 어
흙벽을 바르기 위해 벽 속에 엮은 나뭇가지
린 자식 젖 달라 하고 자란 자식 밥 달라니 차마 설워 못 살겠네."

가난한 중 우엔 자식은 해마다 낳아서 한 서른 남짓 되니, ㉢입힐 길이 전혀 없어 한방에 몰아넣고 멍석으로 쓰이고 대강이만 내어놓으니, 한 녀석이 똥이 마려우면 뭇 녀석이 시배로 따라간다. 〈중략〉

이렇듯 보챈들 무엇 먹여 살려 낼꼬. ㉣집 안에 먹을 것이 있든지 없든지 소반이 네 발로 하늘께 축수(祝手)하고, 솥이 목을 매어 달렸고 조리가 턱걸이를 하고, 밥을 지어 먹으려면 책력(冊曆)을 보아 갑자일이면 한 때씩 먹고, 새앙쥐가 쌀알을 얻으려고 밤낮 보름을 다니다가 다리에 가래톳이 서서 파종하고 앓는 소리, 동리 사람이 잠을 못 자니 어찌 아니 서러울쏜가. 〈중략〉

나 흥부 하릴없이 뜰 아래서 문안하니, 놀부가 하는 말이, "네가 뉘고."

"내가 흥부요."

"흥부가 뉘 아들인가."

㉤"애고 형님 이것이 우엔 말이요. 비나이다. 형님 전에 비나이다. 세 끼 굶어 누운 자식 살려 낼 길 전혀 없으니 쌀이 되나 벼가 되나 양단간에 주시면 품을 판들 못 갚으며, 일을 한들 공(空)할쏜가. 부디 옛일을 생각하여 사람을 살려 주오."

애걸하니 놀부 놈의 거동 보소. 성낸 눈을 부릅뜨고 볼을 올려 호령하되,

필수 작품의 기틀

갈래	고전 소설, 판소리계 소설
성격	풍자적, 해학적, 교훈적
시점	전지적 작가 시점
주제	• 형제간의 우애와 권선징악 • 빈농과 신흥 부농의 갈등
특징	① 판소리의 흔적으로 운율감이 있는 표현이 나타남. ② 변화되어 가는 조선 후기의 사회상을 반영함. ③ 과장된 표현, 익살, 해학적 묘사 등을 통해 골계미가 나타남.

핵심 꼭! 체크 ✔

1 이 글에 나타난 해학성

• 물질적 궁핍이라는 비극적인 상황을 건강한 웃음으로 희화화함.

• 토속적인 어휘와 과장된 표현을 사용함.

• 놀부와 흥부의 심성을 극명하게 대조, 과장함.

2 이 글의 주제 의식

표면적 주제	• 형제간의 우애 • 권선징악(勸善懲惡) • 인과응보(因果應報) • 개과천선(改過遷善)
이면적 주제	빈농과 신흥 부농 간의 갈등

3 등장인물의 특징

같은 형제이면서도 사회적 지위가 다르게 설정되어 서민층의 양면성을 드러냄.

흥부	선량하고 우애와 신의가 있으나 가난하고 무능한 인물. 소작의 기회마저 얻지 못하고 모든 생산 수단을 상실하여 품팔이꾼으로 전락한 영세 농민을 반영
놀부	탐욕과 심술로 가득한 악인. 부유해진 경영형 서민 농부를 반영
흥부 아내	선량하지만 현실 인식이 빠르고 고난을 극복하려는 의지를 지닌 인물

"너도 염치없다. 내 말 들어 보아라. 천불생무록지인(天不生無祿之人)이요, 지불생무
명지초(地不生無名之草)라. 네 복을 누를 주고 나를 이리 보채느뇨. 쌀이 많이 있다 한
들 너 주자고 노적 헐며, 벼가 많이 있다고 너 주자고 섬을 헐며, 돈이 많이 있다 한들
괴목궤에 가득 든 것을 문을 열며, 가룻되나 주자 한들 북고왕 염소독에 가득 넣은 것
을 독을 열며, 의복이나 주자 한들 집안이 고루 벗었거든 너를 어찌 주며, 찬밥이나 주
자 한들 새끼 낳은 거먹 암캐 부엌에 누웠거든 너 주자고 개를 굶기며, 지게미나 주자
한들 구중방(九重房) 우리 안에 새끼 낳은 돝이 누웠으니 너 주자고 돝을 굶기며, 겻섬
이나 주자 한들 큰 농우(農牛)가 네 필이니 너 주자고 소를 굶기랴. 염치없다. 흥부 놈
아."

(천불생무록지인: 어떠한 사람이든 먹고살 것은 타고남.)
(지불생무명지초: 땅은 이름 없는 풀을 내지 않음.)
(괴목궤: 홰나무로 만든 상자)
(지게미: 모주(母酒)를 짜내고 남은 찌꺼기)
(돝: 돼지)
(겻섬: 겨를 담은 섬)

판소리의 언어
판소리계 소설에는 우리말과 한문 어구
들이 모두 사용됨. 이는 소설에 영향을
끼친 판소리가 처음에는 민중들이 향유
하는 갈래였다가 나중에는 계층을 구분
하지 않고 폭넓게 수용되었다는 점을
알려 줌.

1 윗글에 대한 설명으로 적절하지 <u>않은</u> 것은?
① 주로 현재형의 시제를 사용한다.
② 열거법과 과장법이 자주 사용된다.
③ 상반된 인물의 대립 구조가 나타난다.
④ 운문투와 산문투가 혼재되어 나타난다.
⑤ 기이한 비현실적인 요소가 두드러지게 나타난다.

학습 활동 응용

2 윗글과 관련하여 〈보기〉의 밑줄 친 부분에 대한 답을 한다
고 할 때, 가장 적절한 것은?

─● 보기 ●─
판소리가 유난스럽게 해학을 추구하는 특색에
서 우리 민중들이 삶을 어떻게 바라보았으며, 갈
등을 어떻게 극복하였는가 하는 점을 추리해 볼
수 있다.

① 부조리한 현실을 치열한 비판 정신을 통해 극복
하고자 하였다.
② 가난이라는 비참한 상황을 해학을 통해 웃음으로
극복하고자 하였다.
③ 사회 계층 간의 대립 문제를 가족애의 회복을 통
해 극복하고자 하였다.
④ 가난에 대한 심리적 보상을 문학이라는 장치를
통해 극복하고자 하였다.
⑤ 비도덕적인 인물과의 갈등 상황을 유교적 이념의
내면화를 통해 극복하고자 하였다.

3 〈보기〉를 고려할 때, 윗글의 '흥부'와 '놀부'에 대한 설명으
로 적절하지 <u>않은</u> 것은?

─● 보기 ●─
흥부와 놀부는 같은 형제이면서도 서민층의 양
면성이 반영된 인물들이다. 놀부는 부유해진 서민
농부의 반영인 반면, 흥부는 모든 생산 수단을 상
실하여 품팔이꾼으로 전락한 영세 농민을 반영한
인물이다.

① '흥부'는 몰락한 양반의 신분 회복 의지를 보여 주
는 인물이다.
② '흥부'의 가난한 모습은 당시 가난에 허덕이던 농
민층을 대변한다.
③ '놀부'는 당시 경제적으로 성장한 서민 부농(富農)
층을 대표하는 인물이다.
④ '흥부'와 '놀부'는 농민 계층의 분화 과정이라는 시
대상이 반영된 인물들이다.
⑤ '흥부'와 '놀부'의 대립적 인간상을 통해 서민들이
중시했던 도덕적 가치를 알 수 있다.

4 ㉠~㉤ 중, 해학적인 표현으로 볼 수 <u>없는</u> 것은?
① ㉠   ② ㉡   ③ ㉢   ④ ㉣   ⑤ ㉤

학습 활동 응용

5 윗글에서 놀부의 마음씨를 비유적으로 표현한 2어절의 말
을 찾아 쓰시오.

_____

가 흥부 아내 거동 보소. 흥부 오기를 기다리며 우는 아기 달래올 제 물레질하며,

㉠"아가 아가 우지 마라. 어제저녁 김 동지 집 용정(春精) 방아 찧어 주고 쌀 한 되 얻어다가 너희들만 끓여 주고 우리 양주 어제저녁 이때까지 그저 있다." / "잉잉잉."

> 곡식을 찧음.

㉡"너 아버지 저 건너 아주버니 집에 가서 돈이 되나 쌀이 되나 양단간에 얻어 오면, 밥을 짓고 국을 끓여 너도 먹고 나도 먹자. 우지 마라." / "잉잉잉."

아무리 달래어도 악치듯 보채는구나.

[A] 흥부 아내 하릴없이 흥부 오기 기다릴 제, 의복 치장 볼작시면 깃만 남은 저고리, 다 떨어진 누비바지, 몽당치마 떨쳐입고 목만 남은 헌 버선에 뒤축 없는 짚신 신고, 문밖에 썩 나서며 머리 위에 손을 얹고 기다릴 제, 칠년대한 가문 날에 비 오기 기다리듯,

> 칠 년 동안이나 계속되는 큰 가뭄

구년지수(九年之水) 장마 진 뒤볕 나기 기다리듯, 제갈량(諸葛亮) 칠성단(七星

> 오랫동안 계속되는 큰 홍수   중국 삼국 시대 촉한(蜀漢)의 전략가

檀)에 동남풍 기다리듯, 강태공(姜太公) 위수(渭水) 상(上)에 시절 기다리듯, 만 리

> 중국 주나라의 정치가

(萬里) 전장(戰場)에 승전(勝戰)하기 기다리듯, 어린아이 경풍(驚風)에 의원 기다리듯, 독수공방(獨守空房)에 낭군 기다리듯, 춘향이 죽게 되어 이 도령 기다리듯, 과년

> 아내가 남편 없이 혼자 지내는 것

한 노처녀 시집가기 기다리듯, 삼십 넘은 노도령 장가가기 기다리듯, 장중(場中)에 들어가서 과거(科擧)하기 기다리듯 세 끼 굶어 누운 자식 흥부 오기 기다린다.

나 "애고애고 설운지고."

흥부 울며 건너오니 흥부 아내 내달아 두 손목을 덥석 잡고,

"우지 마오. 어찌하여 울으시오. 형님 전에 말하다가 매를 맞고 건너 옵나. 출문망(出門望) 허위허위 오는 사람 몇몇이 날 속인고. 어찌하여 이제 옵나."

흥부는 어진 사람이라 하는 말이

"형님이 서울 가고 아니 계시기에 그저 왔습네."

"그러하면 저를 어찌 하잔 말고. 짚신이나 삼아 팔아 자식들을 살려 내옵소."

"짚이 있습나?" / "저 건너 장자(長者) 집에 가서 얻어 보옵소."

흥부 거동 보소. 장자 집에 가서,

"장자님 계시오?" / "게 누군고?"

"흥부요." / " 흥부 어찌 왔노?"

"장자님, 편히 계시오니이까?"

"자네는 어찌나 지내노?"

"지내노라니 오죽하오. 짚 한 뭇만 주시면 짚신을 삼아 팔아 자식들을 살리겠소."

> 장작, 채소 따위의 작은 묶음을 세는 단위

"그리 하소. 불쌍하이." 〈중략〉

다 이때 본읍(本邑) 김 좌수가 흥부를 불러 하는 말이,

"돈 삼십 냥을 줄 것이니 내 대신으로 감영(監營)에 가 매를 맞고 오라."

하니, 흥부 생각하되, 삼십 냥을 받아 열 냥어치 양식 팔고, 닷 냥어치 반찬 사고, 닷 냥어치 나무 사고 열 냥이 남거든 매 맞고 와서 몸조섭을 하리라 하고 감영으로 가려 할 제, 흥부 아내 하는 말이,

"가지 마오. 부모 혈육을 가지고 매 삯이란 말이 우엔 말이오."

1 글에 드러난 사회상

〈흥부전〉은 화폐 경제가 활성화되었던 조선 후기의 작품. 흥부가 매품을 파는 대목에서 그 시대에 물물 교환이 아닌 돈을 매개로 한 경제 활동이 이루어졌음을 알 수 있음. 또한 매품팔이를 통해 매품을 팔아야 할 정도로 가난한 사람들이 많았음을 알 수 있음.

2 이 글의 형성 과정

설화
방이 설화, 박 타는 처녀 설화

판소리
흥부가(박타령)

고전 소설
흥부전

신소설
연의 각

수능 발전 ➕

판소리계 소설의 특징

• 편집자적 논평이 자주 나타남.
• 비속한 서민층의 언어와 고상한 양반의 언어가 공존함.
• 절망적 상황에서도 웃음을 잃지 않는 해학성이 두드러짐.
• 여러 사람에 의해 형성된 적층 문학으로 이본(異本)이 많음.

전체 줄거리

심술 고약한 형 놀부는 부모의 유산을 독차지하고 순하고 착한 흥부를 내쫓는다. 굶주린 자식들을 보다 못한 흥부가 놀부의 집으로 쌀을 구하러 갔으나 매만 맞고 돌아온다. 품팔이와 매품팔이 등 갖은 고생을 하지만 흥부는 여전히 가난하다. 어느 봄날, 흥부는 다리가 부러진 제비를 치료해 주고, 이듬해 그 제비가 흥부의 은혜에 보답코자 박씨 하나를 물어다 준다. 그 박씨를 심어 얻은 박에서 금은보화가 나와 흥부는 큰 부자가 된다. 그 소문을 듣고 놀부는 제비 다리를 일부러 부러뜨리고, 다시 고쳐 준다. 제비는 놀부에게도 박씨를 주었으나, 놀부의 박에서는 괴인, 괴물이 쏟아져 나와 놀부는 패가망신한다. 흥부가 패가망신한 놀부에게 재물을 나누어 주어 살게 해 주자 놀부는 개과천선한다.

하고, 아무리 만류하되 종시(終是) 듣지 아니하고 감영으로 내려가더니, ┌─ⓒ─┐,
마침 나라에서 사가 내려 죄인을 방송(放送)하시니, 흥부 매품도 못 팔고 그저 온다.

국가적인 경사가 있을 때 죄인을 용서하여 놓아주던 일

흥부 아내 내달아 하는 말이,

"매를 맞고 왔습나."

"아니 맞고 왔습네."

---

1 윗글의 내용과 일치하는 것은?

① 흥부 아내는 무능력한 흥부를 질타하고 있다.

② 흥부 아내는 자식들보다 흥부를 더 중시하고 있다.

③ 흥부 아내는 놀부를 원망하는 흥부를 위로하고 있다.

④ 흥부 아내는 매품을 어쩔 수 없는 일이라 여기고 있다.

⑤ 흥부 아내는 흥부가 쌀이나 돈을 얻어 오리라고 기대하고 있다.

학습 활동 응용 📖

2 윗글에 나타난 당대의 사회상으로 적절하지 <u>않은</u> 것은?

① 매품을 파는 일이 성행했다.

② 생계를 위협받는 서민들이 있었다.

③ 품삯으로 돈 대신 곡식을 얻기도 했다.

④ 나라에서 죄인을 용서하여 풀어 주기도 했다.

⑤ 이웃 간의 따뜻한 인정이 점차 사라지고 있다.

3 (가)~(다)와 관련한 한자 성어로 적절하지 <u>않은</u> 것은?

① (가): 흥부네의 삼순구식(三旬九食)의 처지가 드러나 있다.

② (가): 흥부 아내는 흥부가 오기를 학수고대(鶴首苦待)하고 있다.

③ (나): 흥부는 아내를 감언이설(甘言利說)로 속이고 있다.

④ (나): 흥부 아내가 흥부에게 호구지책(糊口之策)을 제안하고 있다.

⑤ (다): 흥부는 궁여지책(窮餘之策)으로 매품을 팔려 하고 있다.

학습 활동 응용 📖

4 [A]에 대한 설명으로 적절하지 <u>않은</u> 것은?

① 반복과 열거를 통해 운율감을 드러낸다.

② 장면의 극대화를 통해 독자의 흥미를 높인다.

③ 고사를 인용하여 인물의 현학적 태도를 드러낸다.

④ 비유를 통해 인물의 심리를 해학적으로 드러낸다.

⑤ 외양 묘사를 통해 인물의 처지를 간접적으로 드러낸다.

수능형 ⤊

5 ㉠과 ㉡의 말하기 방식으로 가장 적절한 것은?

	㉠	㉡
①	의도를 관철시키기 위해 상대방을 속이고 있다.	앞으로 일어날 상황을 제시하여 겁을 주고 있다.
②	자신의 상황을 부각하여 상대방을 위로하고 있다.	앞으로의 상황을 가정하여 상대방을 설득하고 있다.
③	구체적인 사례를 소개하여 해결법을 일러 주고 있다.	상대방에 대한 믿음을 가지고 간청하고 있다.
④	자신의 약점을 밝혀 상대방의 동정을 사려 하고 있다.	조건을 제시하여 상대방을 윽박지르고 있다.
⑤	우회적인 말하기로 상대방의 잘못을 깨우치고 있다.	상황의 불가피성을 들어 상대방을 압박하고 있다.

6 문맥상 ⓒ에 들어갈 속담으로 적절한 것은?

① 혹 떼려다 혹 붙인 격이라고

② 평안 감사도 저 싫으면 그만이라고

③ 고래 싸움에 새우등 터지는 격이라고

④ 포수 집 강아지 범 무서운 줄 모른다고

⑤ 안되는 놈은 뒤로 자빠져도 코가 깨진다고

수필·극   핵심 개념

수필

❶ 수필의 개념

글쓴이의 경험에서 우러나온 생각과 느낌을 형식이나 내용의 제한 없이 자유롭고 솔직하게 표현한 글

(1) 글쓴이의 체험, 인생관, 가치관 등 개성적 면모가 드러남.
(2) 글쓴이의 개인적인 경험과 생각이 진솔하게 드러나는 자기 고백적인 글로, 유머와 위트를 통해 웃음을 자아내기도 하며 지적 감흥을 줌.
(3) 비전문적인 글로, 형식에 제약이 없고 일상생활의 모든 것이 소재가 됨.
(4) 독자는 글쓴이의 경험과 깨달음에서 교훈을 얻고 삶을 성찰하게 됨.

❷ 수필과 소설의 비교

구분	수필	소설
내용	작가가 경험한 사실	작가가 꾸며 낸 허구
형식	자유로운 형식	의도적인 구성(플롯)

❸ 고전 수필의 발달

(1) 고려 시대: 구전되던 이야기에 채록자의 주관적 견해가 덧붙여지면서 수필의 성격을 띤 '패관 문학(稗官文學)'이 발달함.
(2) 조선 전기: 설화, 전기, 야담, 시화(詩話), 견문, 일기, 신변잡기 등 내용과 형태가 다양해지고 영역별로 분화됨.
(3) 조선 후기: 양난을 겪으며 개인적 체험과 역사적 사실에 대해 기록해야 할 필요성을 느끼게 되고 작가층이 확대되었으며 한글로 씌어진 일기, 기행, 궁중 수필 등이 활발히 창작됨.

❹ 고전 수필의 갈래

(1) 한문 수필: 중국 한문의 형식을 빌린 문(文), 설(說), 서(序), 서(書), 기(記) 등의 여러 양식이 있음.
(2) 한글 수필: 조선 후기에 주로 창작되었으며 서간, 일기, 기행, 궁중 수필, 제문, 야담 등이 있음.

희곡

❶ 희곡의 개념

무대 상연을 전제로 한 연극의 대본으로, '막(幕)'과 '장(場)'을 구성단위로 함.

❷ 희곡의 특징

(1) 무대 상연을 위한 문학이므로, 시·공간적 배경, 등장인물의 수 등에 제약을 받음.
(2) 인물의 대사와 행동으로 전개되는, 갈등과 대립의 문학임.
(3) 사건을 현재형으로 표현하여 사건이 직접 눈앞에서 일어나는 듯한 효과를 줌.

개념 확인 문제

1 수필의 특징으로 적절하지 않은 것은?

① 비전문적인 글
② 형식이 자유로운 글
③ 소재의 제약이 없는 글
④ 글쓴이의 체험, 가치관이 드러나는 글
⑤ 현실에 있음 직한 허구적 내용을 쓴 글

2 고전 수필에 대한 설명으로 적절하지 않은 것은?

① 생각이나 느낌을 자유로운 형식으로 쓴 글이다.
② 처음에는 한문으로 쓰이다가 나중에는 한글로 쓰였다.
③ 일기, 서간, 기행, 야담, 전기 등 다양한 형태로 창작되었다.
④ 임진왜란과 병자호란 이후 새롭게 등장한 문학 갈래이다.
⑤ 민간에 구전되는 이야기를 한문으로 채록하는 과정에서 채록자의 창의가 가미되어 발달했다.

3 희곡에 대한 설명으로 적절하지 않은 것은?

① 현재 시제를 사용한다.
② 시·공간의 제약이 적다.
③ 무대 상연을 전제로 한다.
④ '막'과 '장'을 구성단위로 한다.
⑤ 인물 간의 갈등과 대립이 드러난다.

4 다음 설명에 맞는 대사의 유형을 〈보기〉에서 골라 기호로 쓰시오.

● 보기 ●
㉠ 대화 ㉡ 독백 ㉢ 방백

(1) 관객에게는 들리지만, 다른 인물에게는 들리지 않는 것으로 약속하고 하는 말 (   )
(2) 한 인물이 상대역 없이 혼자 하는 말 (   )
(3) 등장인물들이 서로 주고받는 말 (   )

(4) 희곡의 구성 단계는 '발단-전개-절정-하강-대단원'임.

❸ 희곡의 구성 요소

해설		등장인물, 장소, 무대 등을 설명해 주는 부분으로, 극의 첫머리에 제시됨.
대사	대화	등장인물끼리 주고받는 말
	독백	한 인물이 상대역 없이 혼자 하는 말
	방백	관객에게는 들리지만, 다른 인물에게는 들리지 않는 말
지시문	무대 지시문	무대 장치, 분위기, 효과음, 장소, 시간 등을 지시함.
	동작 지시문	등장인물의 행동, 표정, 심리, 말투 등을 지시함.

시나리오

❶ 시나리오의 개념

영화나 드라마 제작을 목적으로 쓴 대본

❷ 시나리오의 특징

(1) 장면(Scene)을 기본 단위로 하며, 카메라 촬영을 위해 특수한 용어가 사용됨.
(2) 대사와 행동을 통해 사건이 전개되며, 시간·공간·인물 수의 제약을 거의 받지 않음.
(3) 시나리오의 구성 요소는 '해설', '대사', '지시문', '장면 번호(S#)'임.

❸ 시나리오 용어

S#(Scene Number)	장면 번호
NAR.(Narration)	화면 밖에서 들려오는 설명 형식의 대사로, 인물의 내적 독백에 사용됨.
F. I.(Fade In)	처음에 어둡던 화면이 차차 밝아짐.
F. O.(Fade Out)	처음에 밝던 화면이 차차 어두워짐.
O. L.(Over Lap)	앞 장면에 다음 장면이 겹쳐지면서 이전 화면이 서서히 사라짐.
C. U.(Close Up)	어떤 대상이나 인물, 또는 그 일부를 두드러지게 화면에 확대하는 것
Ins.(Insert)	화면의 특정 동작이나 상황을 강조하기 위해 삽입한 화면
E.(Effect)	효과음(음향 효과)
몽타주(Montage)	따로따로 촬영한 화면을 떼어 붙여 편집하는 기법으로, 사건의 진행을 축약시켜 보여 주는 효과가 있음.
플래시백 (Flash back)	장면의 순간적인 변화를 연속으로 보여 주는 기법으로, 긴장의 고조, 감정의 격렬함, 과거 회상 장면을 나타내는 데 쓰임.

❹ 희곡, 시나리오, 소설의 비교

	희곡	시나리오	소설
차이점	무대 상연 목적	영화와 드라마 제작 목적	독자에게 읽히는 것이 목적
	막과 장	장면(Scene)	–
	등장인물의 대사와 행동으로 이야기가 전개됨.		서술자의 서술로 전개됨.
	직접적 심리 묘사가 불가능함.		직접적 심리 묘사가 가능함.
	시간적·공간적 제약을 받음.	시간적·공간적 제약이 거의 없음.	시간적·공간적 제약이 없음.
공통점	• 작가의 상상력으로 꾸며 낸 허구의 이야기로, 산문 문학의 한 갈래임.		
	• 인생의 진실을 추구함.	• 대립과 갈등을 본질로 함.	

---

5 다음에서 설명하는 희곡의 구성 단계를 쓰시오.

> 지금까지의 갈등과 대립이 사라지고 모든 사건이 해결되는 부분으로, 주인공의 운명이 결정된다.

_____

6 다음 중, 시나리오의 구성 요소가 아닌 것은?

① 막 　　② 해설
③ 대사 　　④ 지시문
⑤ 장면 번호

7 다음에서 설명하는 시나리오 용어로 적절한 것은?

> 따로따로 촬영한 화면을 떼어 붙여 편집하는 기법으로, 사건의 진행을 축약시켜 보여 주는 효과를 얻을 수 있다.

① NAR. 　　② C. U.
③ F. I. 　　④ 몽타주
⑤ 플래시백

8 한 화면이 끝나기 전에 다음 화면이 겹쳐지면서 먼저 화면이 차차 사라지게 하는 촬영 기법을 쓰시오.

_____

9 시나리오와 소설의 공통점으로 적절한 것은?

① 장면을 구성단위로 한다.
② 대립과 갈등을 본질로 한다.
③ 무대 상연을 목적으로 한다.
④ 직접적인 심리 묘사가 가능하다.
⑤ 주로 묘사와 서술에 의해 이야기가 전개된다.

01 풀 비린내에 대하여 - 나희덕

면허를 따 놓고도 5년이 넘도록 차를 살 생각이 별로 없었다. 그런데 아이들을 데리고 객지로 이사한 후로는 하나부터 열까지 내 손으로 해결해야 했고, 어쩔 수 없이 운전을 하게 되었다. 물론 처음엔 출퇴근 때나 장을 볼 게 많을 때만 차를 가지고 다녔다. 그러 나 마음이 답답할 때 무작정 차를 몰고 교외로 나가는 습관이 생겨나기 시작했고, 실제 적인 목적 없이도 차를 모는 일이 잦아졌다. 누구의 방해도 받지 않고 나를 어디로든 데 려다줄 수 있는 밀폐된 공간에 그렇게 조금씩 길들여져 갔다.

고향을 떠나 머무르는 곳

도시의 주변 지역

스웨덴의 생태학자인 에민 텡스룀은 자동차라는 물건이 "자기 자신의 영토 안에 머물 고자 하는 의지와 이 영토 밖으로 움직일 필요성을 동시에 충족해 준다."라고 말한 바 있 다. 현대인들이 자동차라는 '아늑한 자궁'으로부터 잠시도 떨어지고 싶어 하지 않는 것도 바로 이 ㉠모순된 욕망을 자동차라는 공간이 해결해 주기 때문일 것이다. 앞에서 말한 '감성적 기계'처럼 자동차를 해체하지 않아도 자동차는 이미 충분히 '감성적 기계' 노릇을 하고 있는 셈이다.

자동차를 해체하여 새로운 용도로 거듭나게 한 '감성적 기계'라는 미술 작품

하지만 얼마 안 가서 자동차에 대한 낯설고 당혹스러운 경험을 하게 되었다. 갑자기 서울에 갈 일이 생겼는데 주말이라 차표를 구할 수 없었다. 몇 번을 망설이다가 나는 초보 주제에 식구들을 태우고 서울로 가는 고속 도로로 접어들었다. 긴장을 해서인지 무 사히 서울에 도착해서 일을 보고 다음 날 밤에 광주로 돌아올 수는 있었다. 그런데 밤에 고속 도로를 달리다 보니 차창에 무언가 타닥타닥 부딪치는 소리가 났다. 처음엔 그저 속도 때문에 모래 알갱이 같은 게 튀는 소리려니 했다.

다음 날 아침 출근을 하려는데 유리창은 물론이고 앞 범퍼에 푸르죽죽한 것들이 잔뜩 엉겨 있었다. 그것은 흙먼지가 아니라 수많은 풀벌레들이 달리는 차체에 부딪쳐 죽은 잔 해였다. 마치 거대한 모터 주위에 두텁게 쌓여 있는 먼지 뭉치처럼 말이다. 그것을 닦아 내려다 나는 지난밤 엄청난 범죄라도 저지른 사람처럼 손발이 후들후들 떨려 도망치듯 세차장으로 갔다. 그러나 세차 기계의 물살에도 엉겨 붙은 풀벌레들의 흔적은 완전히 지 워지지 않았다. 운전대를 잡을 때마다 풀 비린내는 몸서리치는 기억으로 남았고, 나는 손을 씻고 또 씻었다.

시속 100킬로미터 정도의 속력에 그렇게 많은 풀벌레가 짓이겨졌다는 것도 믿기 어려 웠지만, 이런 살상의 경험을 모든 운전자들이 초경처럼 겪었으리라는 사실이야말로 나 에게는 예상치 못한 충격이었다. 인간에게 안락한 공간이 다른 생명을 해칠 수 있다는 자각이 그제서야 찾아왔다.

옛날 티베트의 승려들은 입을 열어 말을 할 때마다 공기 중의 미생물을 죽이게 될까 봐 얼굴에 일곱 겹의 천을 두르고 다녔다고 한다. 그걸 생각하면 자동차를 몰고 다니는 것 자체가 엄청난 살생 행위라고도 말할 수 있을 것이다. 그렇다고 하루아침에 차를 없 앨 수도 없는 형편이어서 나는 자동차에 대한 태도를 정리할 필요를 느꼈다. 차를 유지 하되 사용을 최소화하고 의존도를 낮추는 선에서 타협할 수밖에 없었다. 그리고 그 '감 성적 기계'의 편안함에 길들여지려는 순간마다 그것이 풀 비린내뿐만 아니라 피비린내를 불러올 수도 있다는 자각을 잊지 않으려고 한다.

운전을 시작하기 전까지 나는 걷기 예찬자였고, 인공적인 공간보다는 자연 속에 머물

필수 작품의 기틀

갈래	경수필
성격	체험적, 생태적, 비판적, 성찰적
주제	생태 문제에 대한 성찰과 문명의 이기를 받아들이는 태도
특징	① 글쓴이의 경험을 바탕으로 생 태 문제를 성찰함. ② 생태학자의 말을 인용하여 자 동차에 대한 인간의 모순적 욕망을 밝힘.

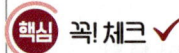

핵심 꼭! 체크 ✔

1 글쓴이의 경험과 성찰

경험
고속 도로에서 운전하는 동안 수많은 풀 벌레가 자동차 앞 유리에 짓이겨짐.

↓

성찰
인간에게 편안한 공간이 다른 생명을 해 칠 수 있음을 잊지 말아야 함.

2 '풀 비린내'의 의미

글쓴이의 차에 부딪쳐 죽은 풀벌레들의 냄새

↓

- 자동차가 생명을 해치는 무기가 될 수 있음을 깨닫고 반성을 하게 됨.
- 자동차를 최소한으로 사용하겠다고 결심함.

수능 발전 ✦

글쓴이 나희덕의 생태적 사유
생태적 사유란 생물들이 조화롭게 살아 가는 데 관심을 기울이는 사유를 말함. 글쓴이 나희덕은 자연이라는 생명 공동 체의 한 개체를 들여다보면, 그 몸은 또 다른 개체들로 이루어진 공동체라고 주 장함. 글쓴이는 운전 경험을 통해 생명 은 소중하며, 자신의 이익을 위해 다른 생명을 해칠 권리는 없다는 생태적 사 유를 이끌어 냄.

기를 누구보다 좋아했다. 그러나 ⓛ차를 소유하고부터는 생태적인 어떤 발언도 할 자격이 없다는 생각이 들곤 한다. 차를 소유하되 그에 종속되지 않는다는 것, 이런 아슬아슬한 줄타기가 앞으로 얼마나 지속될 수 있을지 모르겠다. 다만 그날 아침의 풀 비린내가 원죄 의식처럼 운전대를 잡은 내 손에 남아 있을 따름이다.

<small>인류의 시조인 아담과 하와가 선악과를 따 먹은 죄 때문에 모든 인간이 날 때부터 가지고 있다는 죄</small>

수능형

1 윗글에 대한 설명으로 가장 적절한 것은?
① 일상적 경험에서 얻은 깨달음을 진솔하게 서술하고 있다.
② 자신이 연구한 분야에서 새로운 도전을 하게 된 각오를 밝히고 있다.
③ 주로 객관적인 태도로 대상을 관조하며 대상이 가진 가치를 탐색하고 있다.
④ 비유적 표현을 활용하여 가족과 사회에 대한 따뜻한 시선의 중요성을 부각하고 있다.
⑤ 대상에 대한 대중의 관점이 변화한 양상을 제시하고 이를 통해 자신의 인생관을 드러내고 있다.

학습 활동 응용

2 윗글의 내용과 일치하지 않는 것은?
① 글쓴이는 다른 생명을 보호하기 위해 자동차 운전을 그만두기로 결심한다.
② 글쓴이는 면허를 딴 직후에는 운전을 하지 않다가 필요에 의해 운전을 하게 된다.
③ 글쓴이는 대중교통을 이용할 수 없는 상황에서 부득이하게 운전하여 서울을 다녀온다.
④ 글쓴이는 풀벌레들이 달리는 자동차 차체에 부딪쳐 죽은 사건을 통해 자동차에 대해 성찰한다.
⑤ 글쓴이는 미생물도 죽게 하지 않으려는 티베트 승려들의 일화를 바탕으로 자동차를 모는 것이 살생 행위라 깨닫는다.

3 〈보기〉의 빈칸에 들어갈 말을 차례대로 쓰시오.

— 보기 —

제목 '풀 비린내에 대하여'에서 (   )는 (   ) 심상을 활용한 인상적인 표현으로, 달리는 자동차에 부딪쳐 죽은 수많은 풀벌레의 냄새를 의미한다. 글쓴이는 이를 통해 자신이 안락함과 편안함을 누릴 때 다른 생명은 죽어 갈 수도 있다는 깨달음을 얻는다.

4 윗글의 맥락을 고려할 때, ㉠에 포함되는 내용을 〈보기〉에서 골라 바르게 묶은 것은?

— 보기 —

ⓐ 자동차에 대한 낯섦
ⓑ 자동차가 주는 불안
ⓒ 자동차에 종속되지 않는 의지
ⓓ 자기 영토 밖으로 움직일 필요성
ⓔ 자기 영토 안에 머물고자 하는 의지
ⓕ 자동차를 그 자체로 수용하려는 생각

① ⓐ, ⓑ　　② ⓒ, ⓕ　　③ ⓓ, ⓔ
④ ⓐ, ⓑ, ⓒ　　⑤ ⓓ, ⓔ, ⓕ

학습 활동 응용

5 ⓛ과 같이 생각한 이유로 가장 적절한 것은?
① 원죄 의식을 해결하기 위한 고뇌의 시간을 지나고 있기 때문에
② 자동차의 운행보다 걷기를 좋아했던 자신의 소신을 꺾었기 때문에
③ 자동차 운전에 대해 유보적인 생각을 가질 수밖에 없는 현실 때문에
④ 생태에 대한 자신의 가치관을 자동차를 통해서 구현하려 했기 때문에
⑤ 자동차의 운행은 다른 생명을 죽일 수 있다는 가능성을 내재하고 있기 때문에

6 윗글에서 현대인들에게 자동차가 안락하고 편안한 공간임을 비유적으로 표현한 2어절의 말을 찾아 쓰시오.

02 이옥설(理屋設) – 이규보

비상(강), 미래엔

집에 오래 지탱할 수 없이 퇴락한 행랑채 세 칸이 있어서 나는 마지못하여 그것을 모두 수리하게 되었다. 그중 두 칸은 비가 샌 지 오래되었는데, 나는 그것을 알고도 어물어물하다가 수리하지 못하였고, 다른 한 칸은 한 번밖에 비를 맞지 않았기 때문에 급히 기와를 갈았던 것이다.
_{대문간 곁에 있는 집채 = 문간채}

그런데 수리하고 보니, ㉠비가 샌 지 오래된 것은 서까래·추녀·기둥·들보가 모두 썩어서 못 쓰게 되어 수리비가 많이 들었고, 한 번밖에 비를 맞지 않은 것은 재목들이 모두 완전하여 다시 쓸 수 있었기 때문에 수리비가 적게 들었다.
_{한옥 구조물들}

나는 여기에서 이렇게 생각한다. 사람의 몸에 있어서도 역시 마찬가지이다. 잘못을 알고서도 바로 고치지 않으면 곧 그 자신이 나쁘게 되는 것이 마치 나무가 썩어서 못 쓰게 되는 것과 같으며, 잘못을 알고 고치기를 꺼려하지 않으면 다시 좋은 사람이 되는 것이 저 집의 재목처럼 말끔하게 다시 쓸 수 있는 것이다.

이뿐만 아니라, 나라의 정사도 이와 마찬가지다. 모든 일에 있어서, 백성을 좀먹는 무리들을 내버려 두었다가는 백성이 도탄에 빠지고 나라가 위태롭게 된다. ㉡그런 연후에 급히 바로잡으려 하면 이미 썩어 버린 재목처럼 때는 늦은 것이다. 어찌 삼가지 않을 수 있겠는가?

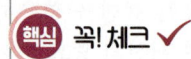 **작품의 기틀**

갈래	고전 수필, 한문 수필, 설(說)
성격	예시적, 경험적, 교훈적, 유추적
주제	잘못을 미리 알고 고쳐 나가는 자세의 중요성
특징	① '사실-의견'의 구성 방식을 취함. ② 구체적 경험을 통해 깨달은 바를 인간사 일반으로 확대 적용하여 이치를 밝힘.

핵심 꼭! 체크 ✔

1 글의 전개 방식

경험
퇴락한 행랑채 수리

↓ 유추

깨달음
사람: 잘못을 알고도 고치지 않으면 더 나빠지고 잘못을 알고 빨리 고치면 다시 좋은 사람이 될 수 있음.

↓ 확대 적용

깨달음의 확장
정치: 백성을 좀먹는 무리들을 내버려 두면 백성이 도탄에 빠져 나라가 위태롭게 됨.

2 제목 '이옥설'의 의미

'이옥'은 '집을 수리하다'라는 뜻으로, 집을 수리한 경험에서 깨달은 삶의 이치를 담고 있음.

 **발전 ✛**

'설(設)'의 특징

• 한문 문체의 고전 수필로 사물의 이치를 풀이한 뒤 글쓴이의 의견을 덧붙임.
• 사실을 먼저 제시하고 그것에 의미를 부여하는 방식으로 전개됨.
• 비유적, 우의적인 방법을 많이 사용하며 교훈적인 내용을 담고 있음.
• 대표적으로 고려 시대 이규보의 〈이옥설〉 외에, 〈경설〉, 〈슬견설〉, 조선 시대 강희맹의 〈훈자오설〉, 권호문의 〈축묘설〉 등이 있음.

학습 활동 응용 📖

1 윗글에 대한 설명으로 적절하지 <u>않은</u> 것은?

① '나'는 글쓴이 자신으로 볼 수 있다.

② 한문 수필의 한 종류인 '설(說)'에 해당한다.

③ 구전으로 전승되다가 조선 시대에 기록되었다.

④ 경험은 사실적으로, 의견은 비유적으로 전달한다.

⑤ 독자에게 교훈을 전달하려는 의도를 지니고 있다.

2 윗글의 서술상의 특징으로 가장 적절한 것은?

① 대비되는 상황을 제시하여 결과를 비교하고 있다.

② 예상되는 반론을 비판하여 주장을 강화하고 있다.

③ 권위자의 말을 인용하여 주장을 뒷받침하고 있다.

④ 보편적인 진리를 구체적인 경험에 적용하고 있다.

⑤ 자문자답으로 글을 마무리하여 의미를 강조하고 있다.

3 윗글의 내용과 일치하는 것은?

① '나'는 총 세 채의 행랑채를 소유하고 있다.

② '나'는 경제적인 문제로 행랑채를 수리하지 못했다.

③ '나'는 오점을 지닌 사람도 변화될 수 있다고 본다.

④ '나'는 근검절약하는 자세의 중요성을 이야기하고 있다.

⑤ '나'는 비를 맞은 재목은 모두 재사용할 수 없음을 알게 되었다.

4 윗글의 글쓴이가 깨달음을 얻게 된 경험을 2어절로 쓰시오.

_____

수능형⬆

5 ㉠과 ㉡에 어울리는 표현으로 가장 적절한 것은?

	㉠	㉡
①	쇠귀에 경 읽기	동량지재(棟梁之材)
②	낫 놓고 기역 자도 모른다	금상첨화(錦上添花)
③	비 온 뒤에 땅이 굳어진다	점입가경(漸入佳境)
④	빈대 잡으려고 초가삼간 태운다	설상가상(雪上加霜)
⑤	호미로 막을 것을 가래로 막는다	사후약방문(死後藥方文)

학습 활동 응용 📖

6 〈보기〉를 바탕으로 윗글을 이해한 내용으로 적절하지 <u>않은</u> 것은?

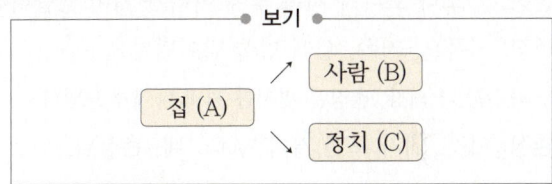

① A에는 행랑채를 고친 사실적 경험이 드러난다.

② B에는 A의 '집'과 B의 '사람'의 유사점에 바탕을 둔 유추가 나타난다.

③ A에서 얻은 깨달음이 C에서 '나라의 정사'라는 새로운 영역에 적용되고 있다.

④ C에는 백성에게 해가 될 것을 개혁하자는 B의 주장이 반복되고 있다.

⑤ 'A → B → C'로 전개되면서 글쓴이의 사고가 사회적 차원으로 확장되고 있다.

7 윗글에서 〈보기〉의 빈칸에 들어갈 2음절의 말을 찾아 쓰시오.

> 보기
>
> 〈이옥설〉은 실생활의 체험을 예로 들어 인간의 삶의 이치와 나라를 다스리는 경륜을 깨우쳐 주는 수필이다. 길이가 짧은 수필이지만 집수리와 같은 평범한 예를 통해 작은 (   )이라도 그것을 알고 미리 고치지 않으면 더 큰 문제가 생기게 되고, 그것으로 인하여 더 큰 낭패를 볼 수 있음을 가르쳐 주고 있다.

03 파수꾼 – 이강백

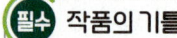

〈앞부분의 줄거리〉 이리 떼의 습격을 미리 알리기 위해 세 명의 파수꾼이 마을 밖의 황야에 있는 망루에서 들판을 지킨다. 새로 파견된 파수꾼 '다'는 실제로 이리 떼를 보지 못했고, "이리 떼가 나타났다."라고 외치는 파수꾼들의 신호만 들을 뿐이다. 어느 날 파수꾼 '다'는 망루에 올라가게 되고 이리 떼의 정체가 흰 구름에 불과하다는 사실을 알게 된다. 파수꾼 '다'는 마을 사람들에게 진실을 알리자는 편지를 촌장에게 보낸다.

촌장: 수고하시는군요, 파수꾼님. / 나: 아, ⓐ촌장님, 여긴 웬일이십니까?
　　경계하여 지키는 일을 하는 사람

촌장: 추억을 더듬으러 왔습니다. ㉠이 황야는 내가 어린 시절 야생 딸기를 따러 오곤 했던 곳이지요. 그땐 이리가 무섭지도 않았나 봐요. 여기저기 덫이 깔려 있고 망루 위의 파수꾼이 외치는데도 어린 난 딸기 따기에만 열중했었으니까요. 그 즐거웠던 옛 추억, 오늘 아침 나는 그 추억을 상기시켜 주는 편지를 받았습니다. 그래 이곳엘 찾아온 거예요.

나: 잘 오셨습니다. 촌장님.

촌장: ㉡오래 뵙지 못했더니 그동안 흰머리가 더 많아지셨군요.

나: 촌장님두요, 더 늙으셨어요.

촌장: ㉢오다 보니까 저쪽 덫에 이리가 치어 있습니다. / 나: 이리요? 어느 쪽이죠?

촌장: 저쪽요, 저쪽. 찔레 넝쿨 밑이던가요……. / 나: 드디어 잡는군요!

　　파수꾼 나 퇴장. 촌장은 편지를 꺼내 다에게 보인다.

촌장: 이것, 네가 보낸 거니? / 다: 네, 촌장님.

촌장: 나를 이곳에 오도록 해서 고맙다. 한 가지 유감(遺憾)스러운 건, ㉣이 편지를 가져온 운반인이 도중에서 읽어 본 모양이더라. '이리 떼는 없구, 흰 구름뿐.' ㉤그 수다쟁이가 사람들에게 떠벌리고 있단다. 조금 후엔 모두들 이곳으로 몰려올 거야. 물론 네 탓은 아니다. 몰려오는 사람들은, 말하자면 불청객이지. 더구나 그들은 화가 나서 도끼라든가 망치를 들고 올 거다. / 다: 도끼와 망치는 왜 들고 와요?

촌장: 망루를 부순다고 그러겠지. 그 성난 사람들만 오지 않는다면 난 너하구 딸기라도 따러 가고 싶다. 난 어디에 딸기가 많은지 알고 있거든. 이리 떼를 주의하라는 팻말 밑
　　적이나 주위의 동정을 살피기 위하여 높이 지은 다락집
엔 으레히 잘 익은 딸기가 가득하단다.

다: 촌장님은 이리가 무섭지 않으세요? / 촌장: 없는 걸 왜 무서워하겠니?

다: 촌장님도 아시는군요? / 촌장: 난 알고 있지.

다: 아셨으면서 왜 숨기셨죠? 모든 사람들에게, 저 덫을 보러 간 파수꾼에게, 왜 말하지 않는 거예요? / 촌장: 말해 주지 않는 것이 더 좋기 때문이다.

다: 거짓말 마세요, 촌장님! 일생을 이 쓸쓸한 곳에서 보내는 것이 더 좋아요? 사람들도 그렇죠! '이리 떼가 몰려온다.' 이 헛된 두려움에 시달리고 사는데 그게 더 좋아요?

촌장: 애야, 이리 떼는 처음부터 없었다. 없는 걸 좀 두려워한다는 것이 뭐가 그렇게 나쁘다는 거냐? 지금까지 단 한 사람도 이리에게 물리지 않았단다. 마을은 늘 안전했어. 그리고 사람들은 이리 떼에 대항하기 위해서 단결했다. 그들은 질서를 만든 거야. 질서, 그게 뭔지 넌 알기나 하니? 모를 거야, 너는. 그건 마을을 지켜 주는 거란다. 물론 저 충직(忠直)한 파수꾼에겐 미안해. 수천 개의 쓸모없는 덫들을 보살피고 양철 북을
　　충성스럽고 정직함
요란하게 두들겼다. 허나 말이다, 그의 일생이 그저 헛되다고만 할 순 없어. 그는 모든 사람들을 위해 고귀(高貴)하게 희생한 거야. 난 네가 이러한 것들을 이해해 주기 바란
　　지위가 높고 귀하게
다. 만약 네가 새벽에 보았다는 구름만을 고집한다면, 이런 것들은 허사(虛事)가 된다.

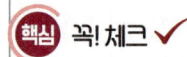

필수 작품의 기틀

갈래	희곡(단막극, 풍자극)
성격	풍자적, 상징적
주제	진실이 통하지 않는 사회의 비극과 진실에 대한 열망
특징	① 상징성이 강한 인물과 소재의 사용 ② 이솝 우화 〈늑대와 양치기 소년〉을 모티프로 현실을 그려 냄.

핵심 꼭! 체크 ✔

1 소재의 상징적 의미

이리 떼	체제 유지를 위해 도구로 삼은 가공의 적
흰 구름	진실
딸기	진실의 왜곡을 통해 촌장이 홀로 누리게 되는 실리
양철 북	가공의 적에 대한 대중의 불안감을 키우기 위한 수단
팻말	명분 뒤에 숨겨진 실리를 촌장이 독차지하게 하는 수단

2 이 글에 반영된 시대적 상황

1970년대는 군사 독재 시대로 북한과 대립이 극심했고, 이에 따라 반공 사상이 팽배했음. 독재 정권은 이런 대립 상황을 적극적으로 활용하여 내부의 여론을 잠재우고 자신의 권력을 유지할 수 있었음. 이 글은 이러한 시대 현실을 풍자하고 있음.

전체 줄거리

이리 떼가 존재하지 않는다는 파수꾼 '다'의 편지를 받고 촌장이 망루로 찾아온다. 촌장은 파수꾼 '다'에게 이리 떼가 존재하지 않는다는 사실을 인정한다. 진실을 알리려는 파수꾼 '다'를 촌장이 여러 가지 이유를 들어 회유한다. 촌장의 회유에 넘어가 파수꾼 '다'가 거짓말을 하게 된다. 거짓말을 한 것을 빌미로 촌장이 파수꾼 '다'를 망루에서 벗어나지 못하게 한다.

저 파수꾼은 늙도록 헛북이나 친 것이 되구, 마을의 질서는 무너져 버린다. 얘야, 넌 이렇게 모든 걸 헛되게 하고 싶진 않겠지?

수능형⇪

1 윗글을 통해 알 수 있는 내용으로 적절하지 <u>않은</u> 것은?

① 촌장은 이리 떼가 없다는 사실을 알고 있었다.

② 촌장은 파수꾼 '다'가 보낸 편지 때문에 망루로 찾아왔다.

③ 마을 사람들은 이리 떼의 존재로 인해 두려움에 떨고 있다.

④ 편지를 전달하던 운반인이 마을 사람들에게 편지의 내용을 알렸다.

⑤ 촌장은 추억을 상기시켜 준 편지를 보낸 파수꾼 '다'에게 진심으로 감사하고 있다.

2 윗글에서 〈보기〉의 빈칸에 들어갈 2어절의 말을 찾아 쓰시오.

> ● 보기 ●
>
> 〈파수꾼〉에서 (　　　　)는 촌장의 권력을 유지하기 위한 가공의 적으로, 마을 사람들에게 공포의 대상이다.

_____

수능형⇪

3 윗글의 팻말과 딸기에 대한 해석으로 가장 적절한 것은?

① '딸기'는 본연의 직무에 충실한 파수꾼들에게 촌장이 제공해 왔던 보상을 뜻한다.

② '팻말'은 촌장이 지난날을 돌아보며 자신의 가치관을 바꾸도록 하는 기능을 한다.

③ '팻말'은 명분 뒤에 숨겨진 '딸기'라는 실리를 촌장이 차지하게 하는 수단이 된다.

④ '팻말'은 이리 떼라는 위협으로부터 '딸기'라는 공동체적 가치를 보호하는 기능을 한다.

⑤ '딸기'는 '팻말'이라는 금기와 이리 떼라는 위협 아래에서도 사라지지 않는 희망을 나타낸다.

4 ㉠~㉤ 중, 〈보기〉의 밑줄 친 부분에 해당하지 <u>않는</u> 것은?

> ● 보기 ●
>
> 일반적으로 희곡은 무대화를 전제로 창작된다. 작가는 무대의 제약을 고려하여 관객의 눈앞에 드러나는 무대 공간을 중심으로 극중 사건을 전개하고 <u>무대 위에서 보여 줄 수 없거나 보여 주지 않아도 되는 사건은 무대 밖의 공간에서 일어나는 것으로 처리한다.</u>

① ㉠　　② ㉡　　③ ㉢　　④ ㉣　　⑤ ㉤

학습 활동 응용 📖

5 〈보기〉의 ㉮~㉺ 중, 윗글에 나타나는 갈등 양상으로 적절한 것은?

> ● 보기 ●
>
> 산문 문학에 나타나는 갈등은 크게 내적 갈등과 외적 갈등으로 구분할 수 있다. ㉮<u>내적 갈등</u>은 한 인물의 심리적 모순, 대립에 의해 일어나는 갈등이다. 외적 갈등은 인물과 인물 사이에서 발생하는 ㉯<u>인물과 인물 간의 갈등</u>, 개인과 개인이 속한 사회의 제도·의식 사이에서 벌어지는 ㉰<u>인물과 사회 간의 갈등</u>, 인물의 숙명으로 인해 발생하는 ㉱<u>인물과 운명 간의 갈등</u>, 인물이 자연과 대결하면서 생겨나는 ㉲<u>인물과 자연 간의 갈등</u>으로 구분할 수 있다.

① ㉮　　② ㉯　　③ ㉰　　④ ㉱　　⑤ ㉲

학습 활동 응용 📖

6 다음 중, ⓐ와 같은 높임 표현이 나타나는 것은?

① 회장님께서 곧 오신답니다.

② 외할머니께서 방금 오셨다.

③ 그렇게 말씀하시면 곤란하지요.

④ 나는 할머니를 모시고 병원에 갔다.

⑤ 은수 할아버지께서는 잠귀가 밝으신 편이다.

04 결혼 – 이강백

남자: 내 것이라곤 없습니다. / 여자: (충격을 받는다.)

남자: 모두 빌린 것들뿐이었지요. 저기 두둥실 떠 있는 달님도, 저 은빛의 구름도 이 하늬바람도, 그리고 어쩌면 여기 있는 나마저도, 또 당신마저도…… (미소를 짓고) 잠시

_{서쪽에서 부는 바람}

빌린 겁니다. / 여자: 잠시 빌렸다구요? / 남자: 네, 그렇습니다.

하인, 엄청나게 큰 구두 한 짝을 가져오더니 주저앉아 발에 신는다. 그 구둣발로 차 낼 듯한 험악한 분위기가 조성된다.

남자: 결혼해 주십시오. 당신을 빌린 동안에 오직 당신만을 사랑하겠습니다.

여자: ……. 아, 어쩌면 좋아?

하인, 구두를 거의 다 신는다.

여자: 맹세는요, 맹세는 어떻게 하죠? 어머니께 오른손을 든…….

남자: 글쎄 그건……. (탁상 위의 사진들을 쓸어 모아 여자에게 주면서) 이것을 보여 드립시다. 시간이 가고 남자에게 남는 건 사랑이라면…… 여자에게 남는 건 무엇이겠습니까? 그건 사진 석 장입니다. 젊을 때 한 장, 그 다음에 한 장, 늙고 나서 한 장. 당신 어머니도 이해할 겁니다.

여자: 이해 못하실 걸요, 어머닌. (천천히 슬프고 낙담해서 사진들을 핸드백 속에 담는다.) 오늘 즐거웠어요. 정말이에요……. 그럼, 안녕히 계세요.

여자, 작별 인사를 하고 문전까지 걸어 나간다.

남자: 잠깐만요, 덤. / 여자: (멈칫 선다. 그러나 얼굴은 남자를 외면한다.)

남자: 가는 겁니까? 나를 두고? / 여자: (침묵)

남자: 덤으로 내 말을 조금 더 들어 봐요. / 여자: (악의적인 느낌이 없이) 당신은 사기꾼이에요.

남자: 그래요, 난 사기꾼입니다. 이 세상 것을 잠시 빌렸었죠. 그리고 시간이 되니까 하나 둘씩 되돌려 줘야 했습니다. 이미 난 본색이 드러나 이렇게 빈털터리입니다. 그러나 덤, 여기 있는 사람들에게 물어봐요. 누구 하나 자신 있게 이건 내 것이다, 말할 수 있는가를. 아무도 없을 겁니다. 없다니까요. 모두들 덤으로 빌렸지요. 눈동자, 코, 입술, 그 어느 것 하나 자기 것이 아니고 잠시 빌려 가진 거예요. (누구든 관객석의 사람을 붙들고 그가 가지고 있는 물건을 가리키며) 이게 당신 겁니까? 정해진 시간이 얼마지요? 잘 아꼈다가 그 시간이 되면 꼭 돌려주십시오. 덤, 이젠 알겠어요?

여자, 얼굴을 외면한 채 걸어 나간다.

하인, 서서히 무거운 구둣발을 이끌고 남자에게 다가온다. 남자는 뒷걸음질을 친다. 그는 마지막으로 절규하듯이 여자에게 말한다.

남자: 덤, 난 가진 것 하나 없습니다. 모두 빌렸던 겁니다. 그런데 덤, 당신은 어떻습니까? 당신이 가진 건 뭡니까? 무엇이 정말 당신 겁니까? (넥타이를 빌렸었던 남성 관객에게) 내 말을 들어 보시오. 그럼 당신은 나를 이해할 거요. 내가 당신에게서 넥타이를 빌렸을 때, 그때 내가 당신 물건을 어떻게 다뤘소? 마구 험하게 했었소? 어딜 망가뜨렸소? 아니오, 그렇진 않았습니다. 오히려 빌렸던 것이니까 소중하게 아꼈다간 되돌려 드렸지요. 덤, 당신은 내 말을 들었소? 여기 증인이 있습니다. 이 증인 앞에서 약속하지만, 내가 이 세상에서 덤 당신을 빌리는 동안에, 아끼고, 사랑하고, 그랬다가 언

필수 작품의 기틀

갈래	희곡(단막극, 실험극)
주제	소유의 본질과 진정한 사랑의 의미
성격	풍자적, 희극적, 교훈적
배경	시간 – 현대 공간 – 어느 저택
특징	① 특별한 무대 장치가 없음. ② 관객을 극중으로 끌어들임. ③ 이야기책의 내용을 극중 현실로 바꾸는 기법을 사용함.

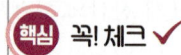

핵심 꼭! 체크 ✔

1 작품의 주제 의식

소유의 본질	진정한 사랑
세상 모든 것이 빌린 것이므로 소중하게 아꼈다가 되돌려 주어야 함. →	사랑하는 사람을 빌리는 동안 아끼고 헌신적으로 사랑할 것임.

한정된 시간 안에 결혼을 해야 하는 가난한 사기꾼의 결혼 성공담을 제재로 하여, 소유의 본질과 진정한 사랑의 의미를 극적으로 구현함.

2 결혼 조건에 대한 인물의 인식 변화

	발단	대단원
결혼의 조건	외적인 부(富)의 정도	헌신적인 사랑
결혼 조건의 성격	순간적, 외면적 가치	절대적, 본질적 가치

전체 줄거리

스스로를 사기꾼이라고 부르는 남자가 부자의 집과 물건을 한정된 시간 동안 빌릴 수 있는 기회를 얻는다. 남자는 그 기회를 이용하여 처음 보는 여자와 결혼하려 한다. 그러나 부잣집에서 함께 빌렸던 하인이 남자에게서 물건을 하나씩 회수해 가자 빈털터리인 남자의 실제 형편이 드러난다. 남자는 세상에 절대적인 소유는 없으며, 우리가 가진 것이 실제로는 잠시 빌리는 것일 뿐이라는 말로 여자를 설득한다. 곧 남자는 절대적인 것은 무엇을 소유하느냐의 문제가 아니라 상대방에 대한 헌신적인 사랑이어야 함을 내세우며 여자와의 결혼에 성공한다.

젠가 그 시간이 되면 공손하게 되돌려 줄 테요. 덤! 내 인생에서 당신은 나의 소중한
덤입니다. 덤! 덤! 덤!

　남자, 하인의 구둣발에 걸어차인다. 여자, 더 이상 참을 수 없다는 듯 다급하게 되돌아와서 남자
를 부축해 일으키고 포옹한다.

여자: 그만해요! / 남자: 이제야 날 사랑합니까?

여자: 그래요! 당신 아니고 또 누굴 사랑하겠어요!

남자: 어서 결혼하러 갑시다. 구둣발에 차이기 전에!

여자: 이래서요, 어머니도 말짱한 사기꾼과 결혼했다던데…….

남자: 자아, 빨리 갑시다. / 여자: 네, 어서 가요!

학습 활동 응용 📖

1 윗글의 갈래상 특징으로 적절하지 <u>않은</u> 것은?
① 대화, 독백, 방백의 대사가 사용된다.
② 서술자의 해설에 의해 심리가 제시된다.
③ 등장인물의 대사와 행동을 통해 전개된다.
④ 무대 상연을 전제로 현재화되어 표현된다.
⑤ 시간적 배경과 공간적 배경 등에 제약이 있다.

2 윗글에 대한 설명으로 적절하지 <u>않은</u> 것은?
① 주인공의 가치관이 입체적으로 변화하고 있다.
② 등장인물의 개성적 성격 제시에 주안점을 두고
  있다.
③ 작품의 구조상 시간의 흐름이 중요한 역할을 하
  고 있다.
④ 인물을 통해 진정한 사랑에 대한 성찰을 유도하
  고 있다.
⑤ 소유에 집착하는 현대 사회의 부정적 단면을 비
  판하고 있다.

3 윗글에 나타나는 희곡의 실험적인 기법으로 볼 수 <u>없는</u> 것
은?
① 관객과의 대화
② 소품을 관객에게 빌림.
③ 매우 제한적인 등장인물의 수
④ 관객을 증인으로 내세우는 사건 전개
⑤ 대사 없이 인물을 구둣발로 차는 하인의 역할

수능형 ⬆

4 윗글에 대해 감상한 내용으로 적절하지 <u>않은</u> 것은?
① 젊음도 시간의 흐름에 따라 변한다고 생각하면
  인생이란 참 무의미한 것 같아.
② 내 전부가 빌린 것이라면 그것들을 소중하게 아
  끼고 보살펴야 함을 깨닫게 되었어.
③ 이 작품을 통해 물질 만능주의 시대에서 바람직
  한 가치는 무엇인지 생각하게 되었어.
④ 빈털터리의 청혼을 받아들이는 여성을 보면서 결
  혼의 조건은 무엇인지 고민해 보았어.
⑤ 세상의 모든 것이 빌린 것이라고 한다면, 더 많이
  가지려고 노력하는 것은 헛된 욕심이라는 생각이
  들었어.

학습 활동 응용 📖

5 윗글의 주제 의식을 〈보기〉처럼 정리한다고 할 때, ⓐ와
ⓑ에 들어갈 말을 각각 쓰시오.

> ● 보기 ●
>
> 　작가 이강백은 〈결혼〉을 통해 세상의 모든 것들
> 은 빌린 것이기에 ⓐ 가 부질없다는 것과 사람
> 자체보다 외적인 요소를 중시하는 현대인에게 진
> 정한 ⓑ 의 의미를 일깨우고자 했다.

ⓐ: _____　　ⓑ: _____

6 윗글에서 외적인 조건은 시간의 흐름에 따라 변한다는 것
을 보여 주는 소품을 찾아 3어절로 쓰시오.

_____

이상한 변호사 우영우 – 소덕동 이야기 – 문지원

천재(김종), 지학사

〈앞부분의 줄거리〉경해도의 시골 마을 소덕동에 함운 신도시의 행복로 건설로 마을이 두 동강이 날 위기에 처하자, 마을을 지키려는 주민들은 경해도를 상대로 소송을 하고자 한다. 법무 법인 한바다의 변호사 우영우는 경해도의 결정에 반대하는 주민들의 뜻을 모으려 하지만, 상대 변호사 태수미의 주민 분열 전략으로 찬성 인원이 더 많아진다.

S# 33. 법정(내부/낮).

세 번째 변론 기일.
_{변론이 이루어지는 날 = 재판일}
재판장: 주민들 동의서는 다 받았습니까? 결과가 어떻게 되죠?

명석: 저, 재판장님…….

명석이 난처한 표정으로 우물쭈물 일어서자, 수미가 재빠르게 일어나 말을 가로챈다.

수미: 소덕동의 인구는 4,176명이고 가구는 2,513개입니다. 동의서는 가구 기준으로 받았는데 경해도의 결정에 동의한 가구는 총 1,557세대로 전체의 과반수가 넘습니다.

재판장: (명석에게) 피고 대리인의 말이 맞습니까?

명석: 네, 재판장님. 하지만 동의서는…….

재판장: (말 자르며) 그럼 현장 검증 때 말했던 대로, 재판부는 원고의 청구를 기각할 수밖에 없겠습니다. 이상…….
_{소송 내용이 이유가 없다고 판단하여 소송을 종료하는 일}

이대로 재판이 끝나 버릴 위기에 한수, 현우, 한바다 변호사들이 긴장한다. 명석이 다급하게 맞선다.

명석: 재판장님! 재판부 기피 신청을 하겠습니다. 기피 신청에 대한 인용 여부가 결정될 때까지 소송 진행을 정지해 주십시오.
_{불공정한 재판을 할 우려가 있을 때 법관을 직무 집행에서 배제시킬 것을 신청하는 제도}

재판장: 뭐요? 청구 기각될 거 같으니까 지금 시간 끌기 하는 겁니까? 대체 무슨 근거로 기피 신청을 한다는 거예요?

명석: 지난 현장 검증 때 재판장님께서 쓰고 오신 우산 기억하십니까?

재판장: 우산?

영우가 일어나 재판장과 수미에게 사진을 한 장씩 가져다준다. 정의일보 기자가 현장 검증 때 찍은 것으로, 사진 속 재판장의 우산 귀퉁이에 돌고래 로고가 새겨진 것이 보인다.

영우: 재판장님이 들고 있는 우산에는 돌고래 모양이 새겨져 있습니다. 얼핏 '큰돌고래' 같다고 생각하실 수도 있겠지만 큰돌고래보다는 몸통이 날씬하고 길쭉하니 이것은 '남방큰돌고래'라고 판단하는 것이…….

재판장: (버럭) 지금 무슨 소리 하는 겁니까!
_{성이 나서 갑자기 기를 쓰거나 소리를 냅다 지르는 모양}
재판장이 내지른 큰 소리에 영우가 놀라 눈을 꼭 감는다. 그러면서도 뒷말을 잊지 않고 마저,

영우: 좋겠습니다.

명석: ㉠재판장님, 이 돌…… (고래라고 하려다가) 이 남방큰돌고래는 경포건설의 로고입니다. 사진 속 재판장님께서 들고 계신 우산은 경포건설이 함운 신도시에 건설 예정인 '경포 오션 파크 아파트'의 모델 하우스에서 방문객들에게 나눠 준 우산이고요.

그제야 한바다의 의도를 이해한 수미가 ㉡헛웃음을 웃는다.

명진과 찬일, 태산 변호사들이 긴장하고, 법정 안이 술렁인다.

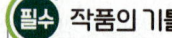

필수 작품의 기틀

갈래	드라마 대본
배경	현대(2020년대)
주제	사회적 편견과 차별에 맞서는 인물에 대한 이해와 공감
특징	① 법적 지식을 바탕으로 사건이 해결됨. ② 다양한 사건과 에피소드가 나열됨. ③ 자폐 스펙트럼이라는 장애에 대한 사회적 시선과 이에 맞서는 인물의 심리 묘사가 뛰어남.

핵심 꼭! 체크 ✓

1 갈등 관계

원고 – 마을 주민들
• 마을을 지키려는 주민(한수, 현우) • 그들을 대리하는 법무 법인 한바다의 변호사(영우, 명석)

↕ 법정 다툼

피고 – 경해도
• 마을을 관통하는 행복로를 건설하여 함운 신도시를 완성하려는 경해도 • 그들을 대리하는 법무 법인 태산의 변호사(태수미)

2 우영우에게 '고래'가 지니는 의미

• 자폐 스펙트럼으로 사회적 상호 작용이 어려운 우영우에게 심리적 위안과 도피처가 되는 존재
• 자유롭게 바다를 유영하는 크고 힘 있는 모습으로, 거친 세상과 부딪히는 우영우가 닮고 싶은 존재
• 중요한 사건을 해결할 때 떠오르는 존재로, 문제를 해결할 수 있는 독창적인 아이디어를 상징

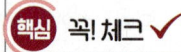

전체 줄거리

천재적인 기억력을 지닌 변호사 우영우는 자폐 스펙트럼 장애를 지니고 있어 사회적 상호 작용에 어려움을 겪는다. 법무 법인 한바다에 변호사로 취직한 우영우는 첫날부터 남다른 관점으로 사건에 접근하고, 이를 통해 창의적이면서도 논리적인 방식으로 다양한 법적 문제들을 해결한다.

전 16부작 드라마로 각 에피소드는 우영우가 맡은 사건을 중심으로 진행되며, 이 과정에서 우영우는 장애를 바라보는 사회적 시선 및 편견과 마주하게 된다. 그러나 우영우는 그런 차별적 시선을 독특한 아이디어와 법률적 재능으로 이겨 내며 사건들을 해결한다.

학습 활동 응용 📖

1 윗글에 대한 설명으로 적절하지 <u>않은</u> 것은?

① 사건 전개가 현재 시점으로 이루어지고 있다.
② 대사와 행동을 통해 인물 사이의 갈등이 전달되고 있다.
③ 특정 장소와 시간을 배경으로 하는 장면 단위로 구성되어 있다.
④ 극중 상황 전개에 필요한 시각 자료가 시청자들에 제시되고 있다.
⑤ 하나의 장면에서 여러 공간을 통해 펼쳐지는 사건을 동시에 보여 주고 있다.

2 ㉠을 통해 드러나는 인물의 태도로 가장 적절한 것은?

① 확실하지 않은 것에 의문을 품는 꼼꼼함이 드러난다.
② 상대의 눈치를 보며 말을 바꾸는 소심함이 드러난다.
③ 사소한 것도 정확히 전달하려는 철두철미함이 드러난다.
④ 상대를 존중하고 배려하기 위해 노력하는 따뜻함이 드러난다.
⑤ 주위의 관심을 끌어 자신에게 집중시키려는 노련함이 드러난다.

수능형 🏫

3 〈보기〉를 참고하여 윗글의 상황을 판단한 내용으로 적절하지 <u>않은</u> 것은?

┌─────── ● 보기 ●───────┐
• 원고: 법원에 민사 소송을 제기한 사람.
• 피고: 민사 소송에서, 소송을 당한 측의 당사자.
• 기각: 소송을 수리한 법원이, 소나 상소가 형식적인 요건은 갖추었으나, 그 내용이 실체적으로 이유가 없다고 판단하여 소송을 종료하는 일.
└──────────────────────┘

① 법무 법인 한바다의 변호사들은 원고 측이 고용한 대리인이다.
② 태수미와 태산 변호사들은 피고 측의 주장을 대신하는 대리인이다.
③ 행복로 건설에 반대하는 주민들은 원고, 찬성하는 주민들은 피고가 된다.
④ 재판장에 의해 기각이 이루어지면 결국 경해도가 승소한다는 뜻으로 볼 수 있다.
⑤ 이 소송은 소송을 제기한 사람과 상대방이 서로의 주장을 내세우는 민사 소송이다.

4 ㉡에 담겨 있는 인물의 심리로 적절하지 <u>않은</u> 것은?

① 뒤늦게 상황을 파악했다는 어이없음
② 예상치 못한 공격을 받았다는 씁쓸함
③ 결국 재판에서 지게 되었다는 허탈감
④ 상대의 날카로운 지적에 대한 놀라움
⑤ 아무래도 인용이 될 것 같다는 낭패감

5 윗글에서 〈보기〉의 빈칸에 들어갈 1어절의 소재를 찾아 쓰시오.

┌─────── ● 보기 ●───────┐
원고의 청구가 기각될 수 있는 위기의 상황에서 원고 측은 재판부 기피 신청을 하는데, (   )은 그 기피 신청의 결정적 근거로 작용하고 있다.
└──────────────────────┘

학습 활동 응용 📖

6 〈보기〉를 참고하여 '우영우'에 대해 설명한 내용으로 가장 적절한 것은?

┌─────── ● 보기 ●───────┐
자폐 스펙트럼 장애를 지닌 변호사 우영우는 어려서부터 특정 관심사에 강한 몰입을 보이는 인물이다. 가장 애정을 느끼는 대상인 고래는, 장애로 인해 사회적 상호 작용에 어려움을 겪는 우영우에게 일종의 심리적 위안이 되어 주는 존재이다. 또 바다를 자유롭게 누비는 거대한 고래는 우영우가 닮고 싶은 존재이며, 문제 해결과 관련된 독창적인 생각이 떠오르는 순간을 상징적으로 표현하는 기능도 한다.
└──────────────────────┘

① 우영우가 재판장과 수미에게 사진을 가져다주는 것은, 우영우가 특정 관심사에 강한 몰입을 드러내는 모습으로 볼 수 있겠군.
② 사진 속 우산 귀퉁이에 새겨진 '돌고래 로고'는, 우영우가 독창적인 생각을 떠올리는 순간을 상징적으로 나타내기 위한 것으로 볼 수 있겠군.
③ 우영우가 재판장에게 '큰돌고래'와 '남방큰돌고래'에 대해 상세하게 설명하는 것은, 우영우가 사회적 상호 작용에 어려움을 겪는 모습으로 볼 수 있겠군.
④ 우영우가 재판장의 큰 소리에 놀라 눈을 꼭 감는 것은, 우영우가 고래를 상상하며 심리적 위안을 받고자 하는 행동으로 볼 수 있겠군.
⑤ 우영우가 뒷말을 잊지 않고 '좋겠습니다'라고 끝까지 말을 잇는 것은, 문제 해결의 방법을 제시하려는 우영우의 의지가 드러난 모습으로 볼 수 있겠군.

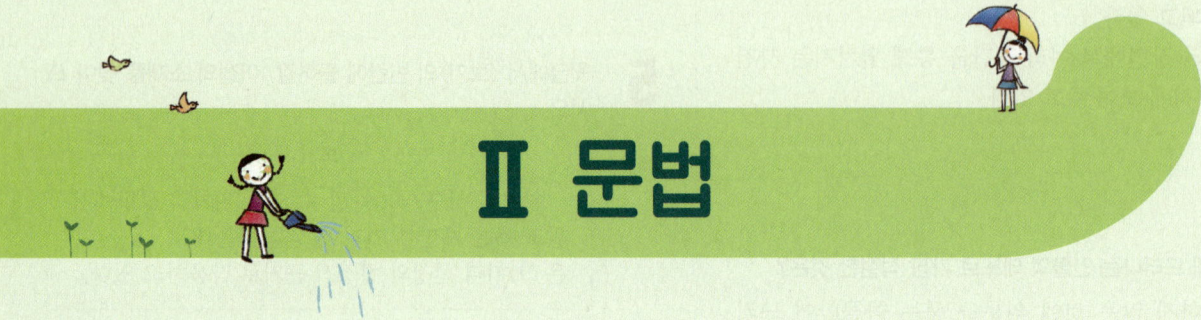

Ⅱ 문법

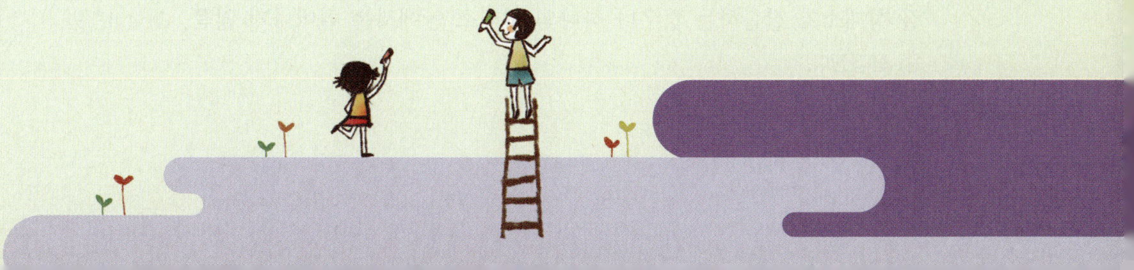

- 한 음운이 일정한 환경에서 다른 음운으로 바뀌어 소리 나는 현상
- 음운 변동은 발음을 더 쉽게 하기 위한 목적과 표현을 명료하게 하여 뜻을 좀 더 분명하게 전달하기 위해 일어남. 음운 변동과 발음, 표기 사이에는 밀접한 관련이 있음.

교체	• 한 음운이 다른 음운으로 바뀜.(A + B → A + C) • '대치'라는 용어를 쓰기도 함. • 비음화, 유음화, 된소리되기, 구개음화 등이 이에 해당함.
축약	• 두 개의 음운이 합쳐져 제3의 한 개 음운으로 바뀜.(A + B → C) • 거센소리되기가 이에 해당함.
첨가	• 없던 음운이 추가됨.(A + B → ACB) • 반모음 첨가가 이에 해당함.
탈락	• 원래 있던 음운이 없어짐.(A + B → A) • 모음 탈락이 이에 해당함.

❶ 비음화

- 비음이 아닌 자음 'ㄱ, ㄷ, ㅂ'이 비음 'ㄴ, ㅁ'의 영향을 받아 각각 비음 'ㅇ, ㄴ, ㅁ'으로 바뀌는 현상 ⑩ 국민[궁민], 닫는대[단는대], 밥물[밤물]
- 조음 위치는 그대로이고 조음 방법만 바뀌는 현상으로 교체 중 동화 현상에 해당함.
- 단어와 단어 사이에서도 일어남. ⑩ 밥 먹는대[밤멍는대]
- 이 외에 '종로[종노]', '섭리[섭니 → 섬니]'와 같이 유음의 비음화도 있음.

유음의 비음화	• 받침 'ㅁ, ㅇ' 뒤에 오는 유음 'ㄹ'은 비음 'ㄴ'으로 발음됨. ⑩ 강릉[강능] • 받침 'ㄱ, ㅂ' 뒤에 오는 유음 'ㄹ'도 비음 'ㄴ'으로 발음됨. ⑩ 협력[협녁 → 혐녁]

❷ 유음화

- 유음이 아닌 자음 'ㄴ'이 앞이나 뒤에 오는 유음 'ㄹ'의 영향을 받아 유음 'ㄹ'로 바뀌는 현상 ⑩ 칼날[칼랄], 논리[놀리]
- 조음 위치는 그대로이고 조음 방법만 바뀌는 현상으로 교체 중 동화 현상에 해당함.
- 'ㄹ'이 'ㄴ' 뒤에 올 때에는 유음화가 일어나지 않기도 함. ⑩ 등산로[등산노]

❸ 된소리되기

- 예사소리 'ㄱ, ㄷ, ㅂ, ㅅ, ㅈ'이 앞의 소리에 영향을 받아 된소리인 'ㄲ, ㄸ, ㅃ, ㅆ, ㅉ'으로 바뀌는 현상 ⑩ 국밥[국빱], 닭장[닥짱], 낯설다[낟썰다]
- 음절 끝 'ㄱ, ㄷ, ㅂ' 뒤에 'ㄱ, ㄷ, ㅂ, ㅅ, ㅈ'이 올 때 일어남. ⑩ 독서[독써]
- 용언의 어간 받침 'ㄴ, ㅁ' 뒤에 'ㄱ, ㄷ, ㅅ, ㅈ'으로 시작하는 어미가 올 때 일어남.
  ⑩ 감고[감꼬], 없대[언따], 앉소[안쏘], 신지[신찌]
- 한자어에서 'ㄹ' 받침 뒤에 연결되는 'ㄷ, ㅅ, ㅈ'에서 일어남. ⑩ 갈등[갈뜽], 말살[말쌀], 발전[발쩐]
- 관형사형 '−(으)ㄹ' 뒤에 연결되는 'ㄱ, ㄷ, ㅂ, ㅅ, ㅈ'에서 일어남. ⑩ 만날 사람[만날싸람]

❹ 구개음화

- 구개음이 아닌 'ㄷ, ㅌ'이 모음 'ㅣ'나 반모음 'ĭ[j]'로 시작하는 형식 형태소(조사나 접미사)를 만나 구개음 'ㅈ, ㅊ'으로 바뀌는 현상 ⑩ 굳이[구지], 같이[가치]
- 구개음화는 실질 형태소와 형식 형태소가 결합할 때 일어나므로 실질 형태소와 실질 형태소가 결합하는 경우나 하나의 형태소 안에서는 일어나지 않음. ⑩ 밭이랑[반니랑], 잔디[잔디]

개념 확인 문제

1 음운 변동에 대한 설명으로 맞으면 ○표, 틀리면 ×표를 하시오.

(1) 음운 변동은 발음을 쉽고 편하게 하기 위해 일어난다.
　　　　　　　　(　)

(2) 음운 변동 중 없던 음운이 더해지는 것은 축약이다.
　　　　　　　　(　)

(3) 음운 변동이 일어나는 단어는 음운 변동의 결과가 표기에 모두 반영된다. (　)

(4) 한 음운이 어떤 음운의 영향으로 다른 음운으로 바뀌는 것은 교체에 해당한다.
　　　　　　　　(　)

2 다음 빈칸에 들어갈 적절한 말을 쓰시오.

(1) '좋고[조코]'와 같이 두 개의 음운이 합쳐져 다른 한 개의 음운으로 바뀌는 것을 음운의 (　　)(이)라고 한다.

(2) 비음이 아닌 것이 비음의 영향을 받아 비음으로 바뀌는 현상을 (　　)(이)라고 한다.

(3) 예사소리가 (　　)(으)로 바뀌는 현상을 된소리되기라고 한다.

3 다음 단어의 올바른 발음을 쓰시오.

(1) 앞마당 [　　]
(2) 적는다 [　　]
(3) 권력 [　　]
(4) 붙이다 [　　]
(5) 갈등 [　　]
(6) 해돋이 [　　]
(7) 단란 [　　]

4 다음 중, 음운 변동 현상이 다른 하나는?

① 닭장　　② 덮개
③ 물질　　④ 솜이불
⑤ 옷고름

⑤ 음절의 끝소리 규칙

- 음절의 끝에서는 자음 'ㄱ, ㄴ, ㄷ, ㄹ, ㅁ, ㅂ, ㅇ'의 일곱 개만 발음됨. 따라서 이외에 다른 자음이 음절의 끝에 오게 되면 이 일곱 개의 자음 가운데 하나로 바뀌어 발음됨. ⓔ 부엌[부억], 무릎[무릅]
- 다만, 뒤에 모음으로 시작되는 형식 형태소가 오면 앞 음절의 받침을 뒤 음절의 첫소리로 옮겨 발음함. ⓔ 부엌은[부어큰]

⑥ 두음 법칙

- 한자어 첫머리에 'ㄹ'이나 'ㄴ'이 오는 것을 회피하는 현상 ⓔ 경로 – 노인, 은닉 – 익명
- 'ㄹ'은 모음 'ㅣ'나 반모음 'ㅣ[j]' 앞에서 탈락 ⓔ 밀림 – 임야
- 'ㄹ'은 다른 모음 앞에서는 'ㄴ'으로 바뀜. ⓔ 미래 – 내일
- 'ㄴ'은 모음 'ㅣ'나 반모음 'ㅣ[j]' 앞에서 탈락 ⓔ 남녀 – 여자
- 두음 법칙은 교체와 탈락 두 가지 현상으로 나타남.

⑦ 거센소리되기

- 예사소리 'ㄱ, ㄷ, ㅂ, ㅈ'이 'ㅎ'과 만나 거센소리 'ㅋ, ㅌ, ㅍ, ㅊ'으로 바뀌는 현상
  ⓔ 국화[구콰], 좋다[조타], 좁히다[조피다], 쌓지[싸치]
- 두 음운이 합쳐져서 하나의 음운이 되는 축약 현상 중 하나. 모음 축약도 있음.

모음 축약	모음 'ㅣ'나 'ㅗ/ㅜ'가 다른 모음과 결합하여 하나의 모음을 이루는 현상. 이때 한 모음은 반모음으로 변하여 이중 모음을 이룸. ⓔ 가지-+-에[가져], 오-+-아서[와서]

⑧ 반모음 첨가

- 모음 'ㅣ' 뒤에 다른 모음이 올 때 둘 사이에 반모음 'ㅣ[j]'가 첨가되는 현상
  ⓔ 피어[피여(표준 발음)], 좋-+-아 → 좋아[조와(표준 발음으로 인정되지 않음.)]

반모음	자음과 모음의 성격을 반반씩 가진 음으로, 홀로 음절을 이루지 못하는 아주 짧은 모음을 말함. 반모음은 단모음과 결합하여 이중 모음으로 발음되는데, 우리말의 반모음으로는 'ㅑ, ㅕ, ㅛ, ㅠ' 등에 들어 있는 'ㅣ[j]', 'ㅘ, ㅝ, ㅙ, ㅞ' 등에 들어 있는 'ㅗ/ㅜ[w]'가 있음.

- 없던 음운이 추가되는 첨가 현상 중 하나. 반모음 첨가 외에 'ㄴ' 첨가가 있음.

'ㄴ' 첨가	합성어를 이룰 때, 앞말이 모음으로 끝나고 뒷말이 'ㄴ, ㅁ'으로 시작되면 'ㄴ' 소리가 첨가되고, 앞말의 음운과 상관없이 모음 'ㅣ'나 반모음 'ㅣ[j]'로 시작될 때 'ㄴ' 또는 'ㄴㄴ'이 첨가되는 현상 ⓔ 이+몸 → 잇몸[인몸], 나무+잎 → 나뭇잎[나문닙]

⑨ 모음 탈락

- 어떤 모음이 일정한 환경에서 탈락되어 발음되지 않는 현상 ⓔ 크-+-어서 → 커서
- 용언 어간 끝의 모음 'ㅏ/ㅓ'가 '-아서/-어서'와 같이 '-아/-어'로 시작하는 어미와 결합할 때 하나의 모음이 탈락 ⓔ 가-+-아서 → 가서, 서-+-어라 → 서라
- 용언 어간 끝의 모음 'ㅡ'가 모음으로 시작하는 어미 앞에서 탈락 ⓔ 담그-+-아 → 담가
- 모음 탈락은 음운의 탈락에 해당하며 이외에도 자음군 단순화와 자음 탈락이 있음.

자음군 단순화	음절 말에 두 개의 자음(겹받침)이 올 때, 자음 하나가 탈락되는 현상 ⓔ 앞 자음이 탈락: 닭[닥], 읽대[익따], 삶다[삼ː따], 맑다[막따] 뒤 자음이 탈락: 몫[목], 앉다[언따], 여덟[여덜], 훑다[훌따]	
자음 탈락	'ㄹ' 탈락	동사나 형용사의 어간 말 자음 'ㄹ'이 몇몇 어미 앞에서 탈락하는 현상 ⓔ 둥글다: 둥그니, 둥급니다, 둥그오
	'ㅎ' 탈락	동사나 형용사의 어간 말 자음 'ㅎ'이 모음으로 시작하는 어미 앞에서 탈락하는 현상 ⓔ 좋다: 좋으니[조으니], 좋아서[조아서]

개념 확인 문제

5 다음 단어에서 일어나는 음운의 변동 현상을 쓰시오.

(1) 미닫이 → [미다지]
(   )
(2) 국사발 → [국싸발]
(   )
(3) 잡는다 → [잠는다]
(   )

6 다음 중, 제시된 단어가 음운 변동 현상의 예로 적절하지 않은 것은?

① 교체 – 국물
② 교체 – 입구
③ 축약 – 낙하산
④ 첨가 – 되어
⑤ 탈락 – 천리

7 다음 문장의 밑줄 친 부분에 해당하는 음운 변동을 〈보기〉에서 찾아 기호를 쓰시오.

● 보기 ●
㉠ 거센소리되기 ㉡ 모음 탈락
㉢ 반모음 첨가 ㉣ 유음화

(1) 이 책은 내 것이오. (   )
(2) 저 모자를 한번 써 봐.
(   )
(3) 막힌 공간이 답답하다.
(   )
(4) 설날에 할아버지께 세배를 드렸다. (   )

8 다음 중, 거센소리되기가 나타나지 않는 것은?

① 법학 ② 축하 ③ 닫히다
④ 하얗게 ⑤ 물놀이

9 다음 중, 교체에 해당하지 않는 것은?

① 바깥 ② 백합 ③ 발달
④ 실내 ⑤ 꽃다발

1 〈보기〉를 참고하여 이해한 내용으로 적절하지 <u>않은</u> 것은?

●보기●

　동화 현상은 한 음운이 인접하는 다른 음운의 성질을 닮아 가는 현상이다. 동화에는 'ㄴ, ㅁ'의 앞에서 'ㄱ, ㄷ, ㅂ'이 'ㅇ, ㄴ, ㅁ'으로 변하는 비음화, 'ㄹ'의 앞뒤에서 'ㄴ'이 'ㄹ'로 변하는 유음화, 끝소리가 'ㄷ, ㅌ'인 형태소가 모음 'ㅣ'로 시작되는 형식 형태소와 만났을 때 'ㄷ, ㅌ'이 'ㅈ, ㅊ'으로 변하는 구개음화가 있다.

① '밥물'은 [밤물]로 발음해야 한다.
② '밭이'는 [바치]로 발음해야 한다.
③ '난리'는 [난니]로 발음해야 한다.
④ '땀받이'는 [땀바지]로 발음해야 한다.
⑤ '먹는다'는 [멍는다]로 발음해야 한다.

2 다음 ㉠~㉢의 음운 변동에 대한 설명으로 적절한 것은?

　㉠ 빗 → [빋], 앞 → [압], 안팎 → [안팍]
　㉡ 약밥 → [약빱], 잡다 → [잡따]
　㉢ 놓지 → [노치], 맏형 → [마텽]

① ㉠과 ㉡은 음절 종성에 놓인 자음이 바뀌는 변동이다.
② ㉠은 거센소리를 예사소리로, ㉢은 거센소리를 된소리로 바꾸는 변동이다.
③ ㉠과 ㉢의 변동이 모두 일어난 예로 '따뜻하다 → [따뜨타다]'를 들 수 있다.
④ ㉡과 ㉢의 변동은 뒤의 자음이 앞의 자음에 동화된 것이다.
⑤ ㉡은 음운의 첨가에, ㉢은 음운의 축약에 속한다.

3 〈보기〉는 음운 변동 현상을 기호화한 것이다. ㉠, ㉡에 해당하는 예로 적절한 것은?

●보기●

• 교체: A → B　　• (㉠): A + B → A
• 첨가: A + B → ACB　• (㉡): A + B → C

	㉠	㉡
①	싫어도	국화
②	소나무	읊다
③	많고	집합
④	가져	입학
⑤	낳은	값

4 〈보기 1〉을 참고하여 〈보기 2〉의 ㉠~㉤에 대해 설명한 내용으로 가장 적절한 것은?

●보기 1●

[구개음화]
　교체 현상의 하나로, 받침이 'ㄷ', 'ㅌ'인 형태소가 모음 'ㅣ'나 반모음 'ㅣ[j]'로 시작되는 형식 형태소와 만나면 그것이 각각 구개음 [ㅈ], [ㅊ]이 되거나, 'ㄷ' 뒤에 형식 형태소 '-히-'가 올 때 'ㅎ'과 결합하여 이루어진 [ㅌ]이 [ㅊ]이 되는 현상

●보기 2●

• 나는 벽에 ㉠붙인 게시물을 떼었다.
• 교수는 문제의 원인을 ㉡낱낱이 밝혔다.
• 그녀는 평생 ㉢밭이랑을 일구며 살았다.
• 그의 말소리는 소음에 ㉣묻히고 말았다.
• 그는 겨울에도 방에서 ㉤홑이불을 덮고 잤다.

① ㉠의 '붙-'은 접미사의 모음 'ㅣ'와 만나므로 구개음화 현상이 일어나지 않는다.
② ㉡의 '-이'는 실질 형태소이므로 '낱'의 받침 'ㅌ'은 [ㅊ]으로 발음되지 않는다.
③ ㉢의 '이랑'은 모음 'ㅣ'로 시작되는 형식 형태소이므로 '밭'의 'ㅌ'은 [ㅊ]으로 발음된다.
④ ㉣의 '묻-'은 접미사 '-히-'와 만나므로 'ㄷ'이 'ㅎ'과 결합하여 이루어진 [ㅌ]은 [ㅊ]으로 발음된다.
⑤ ㉤의 '홑-'과 결합한 '이불'은 모음 'ㅣ'로 시작되는 실질 형태소이므로 '홑-'의 받침 'ㅌ'은 구개음화 현상이 일어난다.

5 〈보기〉에서 (ㄱ)과 (ㄴ)의 '음운 변동'을 바르게 짝지은 것은?

●보기●

• 어떤 음운이 그 놓이는 환경에 따라 다른 음운으로 바뀌는 현상을 음운 변동이라고 한다. 음운 변동은 그 결과에 따라 한 음운이 다른 음운으로 바뀌는 교체, 원래 있던 음운이 없어지는 탈락, 없던 음운이 추가되는 첨가, 두 개의 음운이 합쳐져서 하나로 되는 축약으로 분류할 수 있다.
• 음운 변동의 예: 숱한 → [숟한] → [수탄]
　　　　　　　　　　　(ㄱ)　　(ㄴ)

	(ㄱ)	(ㄴ)
①	교체	축약
②	교체	첨가
③	탈락	축약
④	첨가	교체
⑤	첨가	탈락

6 〈보기 1〉을 참고할 때, 〈보기 2〉의 ㄱ~ㅁ 중 '축약'의 사례에 해당하지 <u>않는</u> 것은?

●보기 1●

'축약'은 두 음운이 만날 때 두 음운이 합쳐져서 하나의 음운이 되는 현상을 말한다. 축약에는, 'ㅂ, ㄷ, ㅈ, ㄱ'과 'ㅎ'이 만나 'ㅍ, ㅌ, ㅊ, ㅋ'이 되는 자음의 축약과 '다니어'가 '다녀'로, '오아서'가 '와서'로 되는 것처럼 두 모음이 축약되어 한 음절로 되는 모음의 축약이 있다.

●보기 2●

어간		어미		표기		발음
ㄱ. 끓-	+	-어	→	끓어		[끄러]
ㄴ. 좋-	+	-고	→	좋고		[조코]
ㄷ. 가지-	+	-어	→	가져		[가져]
ㄹ. 미루-	+	-어	→	미뤄		[미뤄]
ㅁ. 보-	+	-아서	→	봐서		[봐서]

① ㄱ
② ㄴ
③ ㄷ
④ ㄹ
⑤ ㅁ

7 〈보기〉를 바탕으로 음운 변동을 바르게 이해한 것은?

●보기●

음운의 변동은 크게 네 가지로 나눌 수 있다. 어떤 음운이 다른 음운으로 바뀌는 ㉠교체, 어떤 음운이 없어지는 ㉡탈락, 새로운 음운이 생기는 ㉢첨가, 두 음운이 하나의 음운으로 합쳐지는 ㉣축약이 그것이다.

① '가랑잎[가랑닙]'에서는 ㉢과 ㉡의 음운 변동이 일어난다.
② '값지다[갑찌다]'에서는 ㉠과 ㉢의 음운 변동이 일어난다.
③ '숱하다[수타다]'에서는 ㉣과 ㉡의 음운 변동이 일어난다.
④ '급행열차[그팽녈차]'에서는 ㉣과 ㉢의 음운 변동이 일어난다.
⑤ '서른여덟[서른녀덜]'에서는 ㉠과 ㉣의 음운 변동이 일어난다.

8 〈보기〉의 ㉠~㉤의 밑줄 친 부분과 동일한 음운 변동이 일어난 예가 모두 바르게 제시된 것은?

●보기●

국어에는 거센소리되기, 자음군 단순화, 된소리되기, 비음화, 유음화 등의 음운 변동이 있다.

㉠ 내가 좋아하는 음식은 <u>밥하고</u>[바파고] 떡이다.
㉡ 옷에 <u>흙까지</u>[흑까지] 묻히고 시내를 쏘다녔다.
㉢ 우리는 손을 <u>잡고</u>[잡꼬] 마냥 즐거워하였다.
㉣ 그는 고전 음악을 즐겨 <u>듣는다</u>[든는다].
㉤ <u>칼날</u>[칼랄]에 다치지 않도록 조심하여야 한다.

① ㉠의 예 : 먹히다, 목걸이
② ㉡의 예 : 값싸다, 닭똥
③ ㉢의 예 : 굳세다, 솜이불
④ ㉣의 예 : 겁내다, 맨입
⑤ ㉤의 예 : 잡히다, 설날

9 〈보기〉의 (ㄱ)과 (ㄴ)에 나타나는 음운 변동으로 적절한 것은?

●보기●

음운 변동은 한 음운이 다른 음운으로 바뀌는 '교체', 원래 있던 음운이 없어지는 '탈락', 없던 음운이 추가되는 '첨가', 두 개의 음운이 합쳐져서 하나로 되는 '축약'으로 분류할 수 있다.
단어에 따라 아래 예와 같이 한 단어에서 두 가지 음운 변동이 일어나는 경우도 있다.

예 물약 → [물냑] → [물략]
　　　　(ㄱ)　　　(ㄴ)

	(ㄱ)	(ㄴ)
①	첨가	교체
②	첨가	탈락
③	탈락	교체
④	교체	첨가
⑤	교체	축약

10 〈보기〉와 같은 활동 과제를 수행한 결과로 적절한 것은?

● 보기 ●

[활동 과제]
　음운 변동의 유형에는 '교체', '탈락', '첨가', '축약'이 있다.
　ⓐ: 교체 – 한 음운이 다른 음운으로 바뀌는 현상
　ⓑ: 탈락 – 한 음운이 없어지는 현상
　ⓒ: 첨가 – 없던 음운이 새로 생기는 현상
　ⓓ: 축약 – 두 음운이 합쳐져 다른 음운으로 바뀌는 현상

　다음 사례가 ⓐ~ⓓ 중, 어떤 음운 변동에 해당하는지 생각해 보자.
　　옷하고[오타고]　　홑이불[혼니불]

	옷하고[오타고]	홑이불[혼니불]
①	ⓐ, ⓒ	ⓐ, ⓑ
②	ⓐ, ⓓ	ⓐ, ⓒ
③	ⓐ, ⓓ	ⓑ, ⓒ
④	ⓑ, ⓒ	ⓑ, ⓓ
⑤	ⓑ, ⓒ	ⓒ, ⓓ

11 〈보기〉를 바탕으로 음운의 탈락에 대해 이해한다고 할 때, 적절하지 <u>않은</u> 것은?

● 보기 ●

ⓐ '돌다'의 활용: '돌–'+'–고' → 돌고,
　　　　　　　　　'돌–'+'–니' → 도니 ……
ⓑ '낳다'의 활용: '낳–'+'–고' → 낳고,
　　　　　　　　　'낳–'+'–아' → 낳아 ……
ⓒ '쓰다'의 활용: '쓰–'+'–고' → 쓰고,
　　　　　　　　　'쓰–'+'–어' → 써 ……
ⓓ '가다'의 활용: '가–'+'–고' → 가고,
　　　　　　　　　'가–'+'–아' → 가 ……

① ⓐ에서는 어간의 끝소리 'ㄹ'이 'ㄴ'으로 시작하는 어미 앞에서 탈락되는군.
② ⓑ에서는 '낳아'를 [나아]로 발음하므로 음운의 탈락이 표기에 반영되는군.
③ ⓒ에서는 어간의 모음 'ㅡ'가 모음으로 시작하는 어미 앞에서 탈락되는군.
④ ⓓ에서는 어간의 모음과 동일 음운이 연결될 경우 한 음운이 탈락되는군.
⑤ ⓐ~ⓓ를 보니, 음운의 탈락에는 자음의 탈락과 모음의 탈락이 있음을 알 수 있군.

12 다음은 음운 변동에 대한 선생님의 설명이다. 질문에 대한 답으로 적절한 것은?

선생님: 음운 변동에는 한 음운이 다른 음운으로 바뀌는 현상인 '교체', 있던 음운이 없어지는 현상인 '탈락', 없던 음운이 새로 생기는 현상인 '첨가', 두 음운이 하나의 음운으로 합쳐지는 현상인 '축약'이 있습니다.
　　그러면 '국물[궁물]'과 '몫[목]'에서는 각각 어떤 음운 변동이 일어날까요?

	국물	몫
①	교체	탈락
②	교체	첨가
③	탈락	축약
④	첨가	교체
⑤	첨가	탈락

13 〈보기〉의 설명에 따를 때, 음운 변동 ⓐ, ⓑ가 모두 일어나는 단어로 적절한 것은?

● 보기 ●

　다음은 '맨입'과 '국민'을 발음할 때에 일어나는 음운 변동을 나타낸 것이다. '맨입'은 음운 변동 ⓐ가 일어나 [맨닙]으로 발음되고, '국민'은 음운 변동 ⓑ가 일어나 [궁민]으로 발음된다.

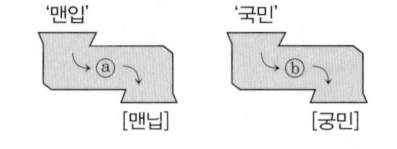

① 막일　　② 담요　　③ 낙엽
④ 곡물　　⑤ 강약

14 〈보기〉의 ㉠~㉣에 대한 이해로 적절한 것은?

● 보기 ●

　음운의 변동 중 ㉠축약은 두 음운이 합쳐져서 하나의 음운으로 줄어드는 현상을 말한다. 반면 ㉡탈락은 두 음운이 만나면서 한 음운이 사라져 소리가 나지 않는 현상을 말한다. 이러한 축약과 탈락은 ㉢자음에서 일어나는 경우와 ㉣모음에서 일어나는 경우가 있다.

① '싫다[실타]'는 ㉠과 ㉣에 해당된다.
② '좋아요[조아요]'는 ㉡과 ㉣에 해당한다.
③ '울– + –는 → 우는'은 ㉠과 ㉢에 해당된다.
④ '크– + –어서 → 커서'는 ㉡과 ㉣에 해당한다.
⑤ '나누– + –었다 → 나눴다'는 ㉠과 ㉢에 해당한다.

15 〈보기〉의 활동 과제를 수행한 결과로 적절한 것은?

● 보기 ●

[활동 과제]
　음운 변동의 유형에는 '교체', '첨가', '탈락', '축약'이 있다.
　ⓐ: 교체 – 한 음운이 다른 음운으로 바뀌는 현상
　ⓑ: 첨가 – 없던 음운이 새로 생기는 현상
　ⓒ: 탈락 – 한 음운이 없어지는 현상
　ⓓ: 축약 – 두 음운이 합쳐져 다른 음운으로 바뀌는 현상

　㉠과 ㉡에 해당하는 음운 변동을 ⓐ~ⓓ 중에서 골라보자.

불여우 → [불녀우] → [불려우]
　　　　　㉠　　　　　㉡

	㉠	㉡
①	ⓐ	ⓐ
②	ⓐ	ⓑ
③	ⓑ	ⓐ
④	ⓑ	ⓒ
⑤	ⓒ	ⓓ

16 〈보기〉의 ㉠, ㉡에 해당하는 단어로 적절한 것은?

● 보기 ●

　된소리되기는 'ㄱ, ㄷ, ㅂ, ㅅ, ㅈ'과 같은 예사소리가 'ㄲ, ㄸ, ㅃ, ㅆ, ㅉ'과 같은 된소리로 바뀌어 소리 나는 음운 현상이다. 된소리되기의 유형은 다음과 같다.
　• 받침 'ㄱ, ㄷ, ㅂ' 뒤에 연결되는 자음 'ㄱ, ㄷ, ㅂ, ㅅ, ㅈ'을 된소리로 발음하는 유형
　• 어간 받침 'ㄴ(ㄵ), ㅁ(ㄻ)' 뒤에 결합되는 어미의 첫소리 'ㄱ, ㄷ, ㅅ, ㅈ'을 된소리로 발음하는 유형 ………………………………… ㉠
　• 한자어에서 'ㄹ' 받침 뒤에 결합되는 자음 'ㄷ, ㅅ, ㅈ'을 된소리로 발음하는 유형 ………… ㉡

	㉠	㉡
①	신다	굴곡(屈曲)
②	앉다	불법(不法)
③	넓다	갈등(葛藤)
④	담다	발전(發展)
⑤	긇다	월세(月貰)

17 〈보기 1〉의 ⓐ, ⓑ의 밑줄 친 부분에 나타나는 음운 현상에 대한 설명을 〈보기 2〉에서 찾아 바르게 짝지은 것은?

● 보기 1 ●

　ⓐ 나는 <u>듬직한</u> 맏형이 좋다.
　　[나는 듬지칸 마텽이 조타]

　ⓑ <u>작문</u> 시간에 <u>해돋이</u>를 주제로 글을 쓴다.
　　[장문 시가네 해도지를 주제로 그를 쓴다]

● 보기 2 ●

　ㄱ. 두 음운이 하나의 음운으로 줄어든다.
　ㄴ. 두 음운이 만나 그중의 하나가 탈락한다.
　ㄷ. 두 음운이 만나 그중의 하나가 다른 음운으로 바뀐다.
　ㄹ. 두 음운이 합쳐질 때 그 사이에 새로운 음운이 덧붙는다.

	ⓐ	ⓑ
①	ㄱ	ㄷ
②	ㄱ	ㄹ
③	ㄴ	ㄷ
④	ㄴ	ㄹ
⑤	ㄷ	ㄹ

18 〈보기〉는 자음 동화와 관련한 국어 수업의 한 장면이다. ㉠, ㉡에 들어갈 예를 바르게 짝지은 것은?

● 보기 ●

선생님: 두 개의 자음이 이어서 소리가 날 때, 소리 내기 쉽도록 어느 한 쪽이 다른 쪽의 소리를 닮거나, 서로 닮는 방향으로 변동하는 것을 '자음 동화'라고 합니다.
　다음 현상이 일어나는 예를 찾아볼까요?

'ㄱ, ㄷ, ㅂ'이 비음 'ㄴ, ㅁ'의 앞에서 비음 'ㅇ, ㄴ, ㅁ'으로 바뀌는 현상	㉠
비음 'ㄴ'이 유음 'ㄹ' 앞뒤에서 'ㄹ'로 바뀌는 현상	㉡

	㉠	㉡
①	먹물[멍물]	중력[중녁]
②	국밥[국빱]	설날[설랄]
③	입는[임는]	막내[망내]
④	닫는[단는]	권리[궐리]
⑤	솜이불[솜니불]	물난리[물랄리]

제1장 총칙

제1항 한글 맞춤법은 표준어를 소리대로 적되, 어법에 맞도록 함을 원칙으로 한다.

제2항 문장의 각 단어는 띄어 씀을 원칙으로 한다.

제3항 외래어는 '외래어 표기법'에 따라 적는다.

제3장 소리에 관한 것

제1절 된소리

제5항 한 단어 안에서 뚜렷한 까닭 없이 나는 된소리는 다음 음절의 첫소리를 된소리로 적는다.

1. 두 모음 사이에서 나는 된소리

| 소쩍새 | 어깨 | 오빠 | 으뜸 | 아끼다 | 기쁘다 | 깨끗하다 | 어떠하다 |
| 해쓱하다 | 가끔 | 거꾸로 | 부썩 | 어찌 | 이따금 | | |

2. 'ㄴ, ㄹ, ㅁ, ㅇ' 받침 뒤에서 나는 된소리

| 산뜻하다 | 잔뜩 | 살짝 | 훨씬 | 담뿍 | 움찔 | 몽땅 | 엉뚱하다 |

다만, 'ㄱ, ㅂ' 받침 뒤에서 나는 된소리는, 같은 음절이나 비슷한 음절이 겹쳐 나는 경우가 아니면 된소리로 적지 아니한다.

| 국수 | 깍두기 | 딱지 | 색시 | 싹둑(~싹둑) 법석 | 갑자기 | 몹시 |

제2절 구개음화

제6항 'ㄷ, ㅌ' 받침 뒤에 종속적 관계를 가진 '-이(-)'나 '-히-'가 올 적에는, 그 'ㄷ, ㅌ'이 'ㅈ, ㅊ'으로 소리나더라도 'ㄷ, ㅌ'으로 적는다. (ㄱ을 취하고, ㄴ을 버림.)

ㄱ	ㄴ	ㄱ	ㄴ	ㄱ	ㄴ
맏이	마지	핥이다	할치다	해돋이	해도지
걷히다	거치다	굳이	구지	닫히다	다치다
같이	가치	묻히다	무치다	끝이	끄치

제3절 'ㄷ' 소리 받침

제7항 'ㄷ' 소리로 나는 받침 중에서 'ㄷ'으로 적을 근거가 없는 것은 'ㅅ'으로 적는다.

| 덧저고리 | 돗자리 | 엇셈 | 웃어른 | 핫옷 | 무릇 | 사뭇 | 얼핏 |
| 자칫하면 | 뭇[衆] | 옛 | 첫 | 헛 | | | |

제4절 모음

제8항 '계, 례, 몌, 폐, 혜'의 'ㅖ'는 'ㅔ'로 소리 나는 경우가 있더라도 'ㅖ'로 적는다. (ㄱ을 취하고, ㄴ을 버림.)

ㄱ	ㄴ	ㄱ	ㄴ	ㄱ	ㄴ	ㄱ	ㄴ
계수(桂樹)	계수	혜택(惠澤)	헤택	사례(謝禮)	사레	계집	게집
연몌(連袂)	연메	핑계	핑게	폐품(廢品)	페품	계시다	게시다

다만, 다음 말은 본음대로 적는다.

| 게송(偈頌) | 게시판(揭示板) | 휴게실(休憩室) |

---

1 한글 맞춤법에 대한 설명으로 맞으면 ○표, 틀리면 ×표를 하시오.

(1) 한글 맞춤법은 소리 나는 대로 적는 것이 기본 원칙이다.
( )

(2) 문장의 각 단어는 띄어 쓰는 것을 원칙으로 한다. ( )

(3) 외래어도 국어이므로 한글 맞춤법에 따라 적는다. ( )

2 다음 문장에서 맞춤법 표기에 맞는 단어를 골라 ○표를 하시오.

(1) 그는 메모만 (잔득 / 잔뜩) 남긴 채 (갑자기 / 갑짜기) 사라져 버렸다.

(2) 농장 (안밖 / 안팎)에는 (수닭 / 수탉) 울음소리가 가득했다.

(3) 그는 국가 대표 선수(로서 / 로써) 맡은 바를 다 했다.

3 다음 중, 단어의 표기가 적절하지 않은 것은?

① 살짝　　② 몽땅
③ 싹뚝　　④ 거꾸로
⑤ 산뜻하다

4 다음의 ㉠과 ㉡에 들어갈 적절한 말을 각각 쓰시오.

'핥이다'를 '할치다'로 쓰지 않는 것은 (㉠) 나는 대로 적는 것보다 (㉡)에 맞는 표기를 원칙으로 하기 때문이다.

5 다음 중, 맞춤법에 어긋나는 것은?

① 사뭇, 무릇
② 법썩, 깍두기
③ 자칫, 돗자리
④ 색시, 해쓱하다
⑤ 뚝배기, 엉뚱하다

제5절 두음 법칙

제10항 한자음 '녀, 뇨, 뉴, 니'가 단어 첫머리에 올 적에는, 두음 법칙에 따라 '여, 요, 유, 이'로 적는다. (ㄱ을 취하고, ㄴ을 버림.)

ㄱ	ㄴ	ㄱ	ㄴ	ㄱ	ㄴ
여자(女子)	녀자	유대(紐帶)	뉴대	연세(年歲)	년세
이토(泥土)	니토	요소(尿素)	뇨소	익명(匿名)	닉명

다만, 다음과 같은 의존 명사에서는 '냐, 녀' 음을 인정한다.

냥(兩)	냥쭝(兩-)	년(年) (몇 년)

[붙임 1] 단어의 첫머리 이외의 경우에는 본음대로 적는다.

남녀(男女)	당뇨(糖尿)	결뉴(結紐)	은닉(隱匿)

[붙임 2] 접두사처럼 쓰이는 한자가 붙어서 된 말이나 합성어에서, 뒷말의 첫소리가 'ㄴ' 소리로 나더라도 두음 법칙에 따라 적는다.

신여성(新女性)	공염불(空念佛)	남존여비(男尊女卑)

[붙임 3] 둘 이상의 단어로 이루어진 고유 명사를 붙여 쓰는 경우에도 붙임 2에 준하여 적는다.

한국여자대학	대한요소비료회사

제11항 한자음 '랴, 려, 례, 료, 류, 리'가 단어의 첫머리에 올 적에는, 두음 법칙에 따라 '야, 여, 예, 요, 유, 이'로 적는다. (ㄱ을 취하고, ㄴ을 버림.)

ㄱ	ㄴ	ㄱ	ㄴ	ㄱ	ㄴ
양심(良心)	량심	용궁(龍宮)	룡궁	역사(歷史)	력사
유행(流行)	류행	예의(禮儀)	례의	이발(理髮)	리발

다만, 다음과 같은 의존 명사는 본음대로 적는다.

리(里): 몇 리냐?
리(理): 그럴 리가 없다.

[붙임 1] 단어의 첫머리 이외의 경우에는 본음대로 적는다.

개량(改良)	선량(善良)	수력(水力)	협력(協力)	사례(謝禮)	혼례(婚禮)
와룡(臥龍)	쌍룡(雙龍)	하류(下流)	급류(急流)	도리(道理)	진리(眞理)

다만, 모음이나 'ㄴ' 받침 뒤에 이어지는 '렬, 률'은 '열, 율'로 적는다. (ㄱ을 취하고 ㄴ을 버림.)

ㄱ	ㄴ	ㄱ	ㄴ	ㄱ	ㄴ
나열(羅列)	나렬	치열(齒列)	치렬	비열(卑劣)	비렬
분열(分裂)	분렬	선열(先烈)	선렬	진열(陳列)	진렬
규율(規律)	규률	비율(比率)	비률	실패율(失敗率)	실패률
선율(旋律)	선률	전율(戰慄)	전률	백분율(百分率)	백분률

제6절 겹쳐 나는 소리

제13항 한 단어 안에서 같은 음절이나 비슷한 음절이 겹쳐 나는 부분은 같은 글자로 적는다. (ㄱ을 취하고, ㄴ을 버림.)

ㄱ	ㄴ	ㄱ	ㄴ
딱딱	딱닥	꼿꼿하다	꼿곳하다
누누이(屢屢-)	누루이	짭짤하다	짭잘하다

개념 확인 문제

6 다음 중, 표기가 바르지 않은 것은?

① 양심 ② 유행
③ 역이용 ④ 서울녀관
⑤ 해외여행

7 다음 중, 올바른 표기에 ○표를 하시오.

(1) 례의, 예의
(2) 수력, 수역
(3) 급류, 급뉴
(4) 수렬, 수열
(5) 개량, 개양
(6) 년이율, 연이율
(7) 진행률, 진행율
(8) 녀학교, 여학교
(9) 구름량, 구름양
(10) 감소량, 감소양

8 다음 제시된 단어를 통해 알 수 있는 두음 법칙과 관련한 한글 맞춤법 규정으로 적절하지 않은 것은?

① 이치 – 의존 명사는 본음대로 적는다.
② 신립 – 외자로 된 이름을 성에 붙여 쓸 경우에도 본음대로 적을 수 있다.
③ 국련(국제 연합) – 준말에서 본음으로 소리 나는 것은 본음대로 적는다.
④ 열역학 – 접두사처럼 쓰이는 한자가 붙어서 된 말이나 합성에서, 뒷말의 첫소리가 'ㄴ' 또는 'ㄹ' 소리로 나더라도 두음 법칙에 따라 적는다.
⑤ 육천 육백 – 둘 이상의 단어로 이루어진 고유 명사를 붙여 쓰는 경우나 십진법에 따라 쓰는 수도 두음 법칙에 따라 적는다.

9 다음 중, 표기가 바르지 않은 것은?

① 똑딱똑딱 ② 슥삭슥삭
③ 눅눅하다 ④ 씁쓸하다
⑤ 싹싹하다

제4장 형태에 관한 것

제1절 체언과 조사

제14항 체언은 조사와 구별하여 적는다.

떡이	떡을	떡에	떡도	떡만	값이	값을	값에	값도	값만

제2절 어간과 어미

제15항 용언의 어간과 어미는 구별하여 적는다.

먹다	먹고	먹어	먹으니	젊다	젊고	젊어	젊으니

[붙임 1] 두 개의 용언이 어울려 한 개의 용언이 될 적에, 앞말의 본뜻이 유지되고 있는 것은 그 원형을 밝히어 적고, 그 본뜻에서 멀어진 것은 밝히어 적지 아니한다.

(1) 앞말의 본뜻이 유지되고 있는 것

넘어지다	늘어나다	늘어지다	돌아가다	되짚어가다	들어가다
떨어지다	벌어지다	엎어지다	접어들다	틀어지다	흩어지다

(2) 본뜻에서 멀어진 것

드러나다	사라지다	쓰러지다

[붙임 2] 종결형에서 사용되는 어미 '-오'는 '요'로 소리나는 경우가 있더라도 그 원형을 밝혀 '오'로 적는다. (ㄱ을 취하고, ㄴ을 버림.)

ㄱ	ㄴ
이것은 책이오.	이것은 책이요.
이리로 오시오.	이리로 오시요.
이것은 책이 아니오.	이것은 책이 아니요.

[붙임 3] 연결형에서 사용되는 '이요'는 '이요'로 적는다. (ㄱ을 취하고, ㄴ을 버림.)

ㄱ	ㄴ
이것은 책이요, 저것은 붓이요, 또 저것은 먹이다.	이것은 책이오, 저것은 붓이오, 또 저것은 먹이다.

제3절 접미사가 붙어서 된 말

제19항 어간에 '-이'나 '-음/-ㅁ'이 붙어서 명사로 된 것과 '-이'나 '-히'가 붙어서 부사로 된 것은 그 어간의 원형을 밝히어 적는다.

1. '-이'가 붙어서 명사로 된 것

길이	깊이	높이	다듬이	땀받이	달맞이	먹이	미닫이	벌이
벼훑이	살림살이	쇠붙이						

2. '-음/-ㅁ'이 붙어서 명사로 된 것

걸음	묶음	믿음	얼음	엮음	울음	웃음	졸음	죽음	앎

3. '-이'가 붙어서 부사로 된 것

같이	굳이	길이	높이	많이	실없이	좋이	짓궂이

4. '-히'가 붙어서 부사로 된 것

밝히	익히	작히

다만, 어간에 '-이'나 '-음'이 붙어서 명사로 바뀐 것이라도 그 어간의 뜻과 멀어진 것은 원형을 밝히어 적지 아니한다.

굽도리	다리[髢]	목거리(목병)	무녀리	코끼리	거름(비료)	고름[膿]	노름(도박)

---

10 다음 중, 표기가 바르지 <u>않은</u> 것은?

① 넘어지다
② 벌어지다
③ 틀어지다
④ 쓰러지다
⑤ 들어나다

11 다음 문장이 맞춤법에 맞으면 ○표, 틀리면 ×표를 하시오.

(1) 어서 오시오. ( )
(2) 내가 찾는 것은 모자가 아니요. ( )
(3) 저것은 벼요, 이것은 쌀이요, 요것은 밥이다. ( )

12 다음의 설명을 참고로 할 때, 표기에 적용된 규정이 다른 것은?

> 어간에 '-이'나 '-음/-ㅁ'이 붙어서 명사로 된 것은 그 어간의 원형을 밝히어 적는다. 다만 어간에 '-이'나 '-음' 이외의 모음으로 시작된 접미사가 붙어서 다른 품사로 바뀐 것이나, '-이'나 '-음'이 붙어서 명사로 바뀐 것이라도 그 어간의 뜻과 멀어진 것은 원형을 밝히어 적지 않는다.

① 마중   ② 무덤
③ 너머   ④ 노름
⑤ 마개

13 다음 중, 표기가 바르지 <u>않은</u> 것은?

① 앎   ② 높이
③ 짓궂이   ④ 벼훑이
⑤ 실업시

[붙임] 어간에 '-이'나 '-음' 이외의 모음으로 시작된 접미사가 붙어서 다른 품사로 바뀐 것은 그 어간의 원형을 밝히어 적지 아니한다.

(1) 명사로 바뀐 것

귀머거리	까마귀	너머	뜨더귀	마감	마개	마중
무덤	비렁뱅이	쓰레기	올가미	주검		

(2) 부사로 바뀐 것

거뭇거뭇	너무	도로	뜨덤뜨덤	바투	불긋불긋	비로소
오긋오긋	자주	차마				

(3) 조사로 바뀌어 뜻이 달라진 것

나마	부터	조차

제20항 명사 뒤에 '-이'가 붙어서 된 말은 그 명사의 원형을 밝히어 적는다.

1. 부사로 된 것

곳곳이	낱낱이	몫몫이	샅샅이	앞앞이	집집이

2. 명사로 된 것

곰배팔이	바둑이	삼발이	애꾸눈이	육손이	절뚝발이/절름발이

[붙임] '-이' 이외의 모음으로 시작된 접미사가 붙어서 된 말은 그 명사의 원형을 밝히어 적지 아니한다.

꼬락서니	끄트머리	모가치	바가지	바깥	사타구니	싸라기
이파리	지붕	지푸라기	짜개			

제25항 '-하다'가 붙는 어근에 '-히'나 '-이'가 붙어서 부사가 되거나, 부사에 '-이'가 붙어서 뜻을 더하는 경우에는 그 어근이나 부사의 원형을 밝히어 적는다.

1. '-하다'가 붙는 어근에 '-히'나 '-이'가 붙는 경우

급히	꾸준히	도저히	딱히	어렴풋이	깨끗이

[붙임] '-하다'가 붙지 않는 경우에는 소리대로 적는다.

갑자기	반드시(꼭)	슬며시

2. 부사에 '-이'가 붙어서 역시 부사가 되는 경우

곰곰이	더욱이	생긋이	오뚝이	일찍이	해죽이

제4절 합성어 및 접두사가 붙은 말
제27항 둘 이상의 단어가 어울리거나 접두사가 붙어서 이루어진 말은 각각 그 원형을 밝히어 적는다.

국말이	꺾꽂이	꽃잎	끝장	물난리	밑천	부엌일
싫증	옷안	웃옷	젖몸살	첫아들	칼날	팥알

[붙임 1] 어원은 분명하나 소리만 특이하게 변한 것은 변한 대로 적는다.

할아버지	할아범

[붙임 2] 어원이 분명하지 아니한 것은 원형을 밝히어 적지 아니한다.

골병	골탕	끌탕	며칠	아재비	오라비	업신여기다	부리나케

[붙임 3] '이[齒, 虱]'가 합성어나 이에 준하는 말에서 '니' 또는 '리'로 소리 날 때에는 '니'로 적는다.

간니	덧니	사랑니	송곳니	앞니	어금니	윗니
젖니	톱니	틀니	가랑니	머릿니		

14 다음 중, 표기가 바르지 않은 것은?

① 얼음   ② 비로서
③ 깨끗이   ④ 샅샅이
⑤ 귀머거리

15 다음 한글 맞춤법 규정과 해당 단어의 연결이 잘못된 것은?

① 명사나 혹은 용언의 어간 뒤에 자음으로 시작된 접미사가 붙어서 된 말은 그 명사나 어간의 원형을 밝히어 적는다. – 잎사귀
② 용언의 어간에 '-기-, -리-, -이-, -히-, -구-, -우-, -추-, -으키-, -이키-, -애-'와 같은 접미사들이 붙어서 이루어진 말들은 그 어간을 밝히어 적는다. – 갖추다
③ '-하다'나 '-거리다'가 붙는 어근에 '-이'가 붙어서 명사가 된 것은 그 원형을 밝히어 적는다. – 홀쭉이
④ '-거리다'가 붙을 수 있는 시늉말 어근에 '-이다'가 붙어서 된 용언은 그 어근을 밝히어 적는다. – 숙더기다
⑤ '-하다'나 '-없다'가 붙어서 된 용언은 그 '-하다'나 '-없다'를 밝히어 적는다. – 텁텁하다

16 다음 중, 표기가 바르지 않은 것을 모두 고르시오.

㉠ 땀바지	㉡ 쇠붙이
㉢ 엮음	㉣ 목거리(목병)
㉤ 이파리	㉥ 오뚜기
㉦ 반듯이	㉧ 몫아치
㉨ 낱낱이	㉩ 몫몫이
㉪ 끄트머리	㉫ 사타구니
㉬ 꼬락서니	㉭ 짚으라기

제28항 끝소리가 'ㄹ'인 말과 딴 말이 어울릴 적에 'ㄹ' 소리가 나지 아니하는 것은 아니 나는 대로 적는다.

다달이(달-달-이)	따님(딸-님)	마되(말-되)	마소(말-소)
무자위(물-자위)	바느질(바늘-질)	부삽(불-삽)	부손(불-손)
싸전(쌀-전)	여닫이(열-닫이)	우짖다(울-짖다)	화살(활-살)

제29항 끝소리가 'ㄹ'인 말과 딴 말이 어울릴 적에 'ㄹ' 소리가 'ㄷ' 소리로 나는 것은 'ㄷ'으로 적는다.

반짇고리(바느질~)	사흗날(사흘~)	삼짇날(삼질~)	섣달(설~)
숟가락(술~)	이튿날(이틀~)	잗주름(잘~)	푿소(풀~)

제30항 사이시옷은 다음과 같은 경우에 받치어 적는다.
1. 순우리말로 된 합성어로서 앞말이 모음으로 끝난 경우
(1) 뒷말의 첫소리가 된소리로 나는 것

고랫재	귓밥	나룻배	나뭇가지	냇가	댓가지	뒷갈망	맷돌
머릿기름	모깃불	못자리	바닷가	뱃길	볏가리	부싯돌	선짓국
쇳조각	아랫집	우렁잇속	잇자국	잿더미	조갯살	찻집	쳇바퀴

(2) 뒷말의 첫소리 'ㄴ, ㅁ' 앞에서 'ㄴ' 소리가 덧나는 것

멧나물	아랫니	텃마당	아랫마을	뒷머리	잇몸	깻묵	냇물	빗물

(3) 뒷말의 첫소리 모음 앞에서 'ㄴㄴ' 소리가 덧나는 것

도리깻열	뒷윷	두렛일	뒷일	뒷입맛	베갯잇	욧잇	깻잎

2. 순우리말과 한자어로 된 합성어로서 앞말이 모음으로 끝난 경우
(1) 뒷말의 첫소리가 된소리로 나는 것

귓병	머릿방	뱃병	봇둑	사잣밥	샛강	아랫방	자릿세	전셋집	찻잔
찻종	촛국	콧병	탯줄	텃세	핏기	햇수	횟가루	횟배	

(2) 뒷말의 첫소리 'ㄴ, ㅁ' 앞에서 'ㄴ' 소리가 덧나는 것

곗날	제삿날	훗날	툇마루	양칫물

(3) 뒷말의 첫소리 모음 앞에서 'ㄴㄴ' 소리가 덧나는 것

가욋일	사삿일	예삿일	훗일

3. 두 음절로 된 다음 한자어

곳간(庫間)	셋방(貰房)	숫자(數字)	찻간(車間)	툇간(退間)	횟수(回數)

제31항 두 말이 어울릴 적에 'ㅂ' 소리나 'ㅎ' 소리가 덧나는 것은 소리대로 적는다.
1. 'ㅂ' 소리가 덧나는 것

댑싸리(대ㅂ싸리)	멥쌀(메ㅂ쌀)	볍씨(벼ㅂ씨)	입때(이ㅂ때)
입쌀(이ㅂ쌀)	접때(저ㅂ때)	좁쌀(조ㅂ쌀)	햅쌀(해ㅂ쌀)

2. 'ㅎ' 소리가 덧나는 것

머리카락(머리ㅎ가락)	살코기(살ㅎ고기)	수캐(수ㅎ개)	수컷(수ㅎ것)	수탉(수ㅎ닭)
안팎(안ㅎ밖)	암캐(암ㅎ개)	암컷(암ㅎ것)	암탉(암ㅎ닭)	

제5절 준말
제35항 모음 'ㅗ, ㅜ'로 끝난 어간에 '-아/-어, -았-/-었-'이 어울려 'ㅘ/ㅝ, 왔/웠'으로 될 적에는 준 대로 적는다.

본말	준말	본말	준말	본말	준말
꼬아	꽈	꼬았다	꽜다	보아	봐
보았다	봤다	쏘아	쏴	쏘았다	쐈다
두어	둬	두었다	뒀다	쑤어	쒀
쑤었다	쒔다	주어	줘	주었다	줬다

[붙임 1] '놓아'가 '놔'로 줄 적에는 준 대로 적는다.

[붙임 2] 'ㅚ' 뒤에 '-어, -었-'이 어울려 'ㅙ, ㅙㅆ'으로 될 적에도 준 대로 적는다.

본말	준말	본말	준말	본말	준말
괴어	괘	괴었다	괬다	되어	돼
되었다	됐다	뵈어	봬	뵈었다	뵀다
쇠어	쇄	쇠었다	쇘다	쐬어	쐐

제40항 어간의 끝음절 '하'의 'ㅏ'가 줄고 'ㅎ'이 다음 음절의 첫소리와 어울려 거센소리로 될 적에는 거센소리로 적는다.

본말	준말	본말	준말	본말	준말
간편하게	간편케	다정하다	다정타	연구하도록	연구토록
정결하다	정결타	가하다	가타	흔하다	흔타

제5장 띄어쓰기

제1절 조사

제41항 조사는 그 앞말에 붙여 쓴다.

꽃이	꽃마저	꽃밖에	꽃에서부터	꽃으로만
꽃이나마	꽃이다	꽃입니다	꽃처럼	어디까지나

제2절 의존 명사, 단위를 나타내는 명사 및 열거하는 말 등

제42항 의존 명사는 띄어 쓴다.

아는 것이 힘이다.	나도 할 수 있다.	먹을 만큼 먹어라.
아는 이를 만났다.	네가 뜻한 바를 알겠다.	그가 떠난 지가 오래다.

제43항 단위를 나타내는 명사는 띄어 쓴다.

한 개	차 한 대	금 서 돈	소 한 마리	옷 한 벌	열 살	조기 한 손
연필 한 자루	버선 한 죽	집 한 채	신 두 켤레	북어 한 쾌		

다만, 순서를 나타내는 경우나 숫자와 어울리어 쓰이는 경우에는 붙여 쓸 수 있다.

두시 삼십분 오초	제일과	삼학년	육층	1446년 10월 9일	2대대
16동 502호	제1실습실	80원	10개	7미터	

제44항 수를 적을 적에는 '만(萬)' 단위로 띄어 쓴다.

십이억 삼천사백오십육만 칠천팔백구십팔	12억 3456만 7898

제45항 두 말을 이어 주거나 열거할 적에 쓰이는 말들은 띄어 쓴다.

국장 겸 과장	열 내지 스물	청군 대 백군	책상, 걸상 등이 있다
이사장 및 이사들	사과, 배, 귤 등등	사과, 배 등속	부산, 광주 등지

제46항 단음절로 된 단어가 연이어 나타날 적에는 붙여 쓸 수 있다.

좀더 큰것	이말 저말	한잎 두잎

23 다음 중, 준말의 표기가 바른 것은?

① 뉘여 ② 적잖은
③ 아뭏든 ④ 생각컨대
⑤ 익숙치 않다

24 다음 중, 표기가 바르지 않은 것은?

① 회상컨대
② 맹세컨대
③ 범상치 않다
④ 확실치 않다
⑤ 넉넉치 않다

25 다음 중, 밑줄 친 부분의 띄어쓰기가 적절하지 않은 것은?

① 언니는 그저 웃고만 있었다.
② 옆집은 새로 차 한 대 뽑았대.
③ 이곳에 온 지도 삼년 육개월이 되었구나.
④ 우리 두 사람이 만난 지 벌써 두 달이 지났다.
⑤ 제발 학교에서만이라도 공부 좀 열심히 해라.

26 다음 중, 밑줄 친 부분의 띄어쓰기가 적절하지 않은 것은?

① 저분이 우리 회사의 팀장겸 차장이다.
② 옷 담을 가방을 좀더 큰것으로 주십시오.
③ 가을이 되니 낙엽이 한잎 두잎 떨어진다.
④ 시장에서 사과와 배, 감 등의 과일을 샀다.
⑤ 그 가게는 연간 십오억 육천칠백만 원을 벌어들인다.

제3절 보조 용언

제47항 보조 용언은 띄어 씀을 원칙으로 하되, 경우에 따라 붙여 씀도 허용한다. (ㄱ을 원칙으로 하고, ㄴ을 허용함.)

ㄱ	ㄴ	ㄱ	ㄴ
불이 꺼져 간다.	불이 꺼져간다.	비가 올 성싶다.	비가 올성싶다.
내 힘으로 막아 낸다.	내 힘으로 막아낸다.	잘 아는 척한다.	잘 아는척한다.

다만, 앞말에 조사가 붙거나 앞말이 합성 동사인 경우, 그리고 중간에 조사가 들어갈 적에는 그 뒤에 오는 보조 용언은 띄어 쓴다.

잘도 놀아만 **나는구나**!	책을 읽어도 보고…….	네가 덤벼들어 **보아라**.
이런 기회는 다시없을 듯하다.	그가 올 듯도 하다.	잘난 체를 한다.

제4절 고유 명사 및 전문 용어

제48항 성과 이름, 성과 호 등은 붙여 쓰고, 이에 덧붙는 호칭어, 관직명 등은 띄어 쓴다.

김양수(金良洙)	서화담(徐花潭)	채영신 씨	최치원 선생
박동식 박사	충무공 이순신 장군		

다만, 성과 이름, 성과 호를 분명히 구분할 필요가 있을 경우에는 띄어 쓸 수 있다.

남궁억 / 남궁 억	독고준 / 독고 준	황보지봉(皇甫芝峰) / 황보 지봉

제49항 성명 이외의 고유 명사는 단어별로 띄어 씀을 원칙으로 하되, 단위별로 띄어 쓸 수 있다. (ㄱ을 원칙으로 하고, ㄴ을 허용함.)

ㄱ	ㄴ	ㄱ	ㄴ
대한 중학교	대한중학교	한국 대학교 사범 대학	한국대학교 사범대학

제50항 전문 용어는 단어별로 띄어 씀을 원칙으로 하되, 붙여 쓸 수 있다. (ㄱ을 원칙으로 하고, ㄴ을 허용함.)

ㄱ	ㄴ	ㄱ	ㄴ
만성 골수성 백혈병	만성골수성백혈병	중거리 탄도 유도탄	중거리탄도유도탄

제6장 그 밖의 것

제55항 두 가지로 구별하여 적던 다음 말들은 한 가지로 적는다. (ㄱ을 취하고, ㄴ을 버림.)

ㄱ	ㄴ
맞추다(입을 맞춘다. 양복을 맞춘다.)	마추다
뻗치다(다리를 뻗친다. 멀리 뻗친다.)	뻐치다

제56항 '-더라, -던'과 '-든지'는 다음과 같이 적는다.

1. 지난 일을 나타내는 어미는 '-더라, -던'으로 적는다. (ㄱ을 취하고, ㄴ을 버림.)

ㄱ	ㄴ
지난 겨울은 몹시 춥더라.	지난 겨울은 몹시 춥드라.
깊던 물이 얕아졌다.	깊든 물이 얕아졌다.
그렇게 좋던가?	그렇게 좋든가?

2. 물건이나 일의 내용을 가리지 아니하는 뜻을 나타내는 조사와 어미는 '(-)든지'로 적는다. (ㄱ을 취하고, ㄴ을 버림.)

ㄱ	ㄴ
배든지 사과든지 마음대로 먹어라.	배던지 사과던지 마음대로 먹어라.
가든지 오든지 마음대로 해라.	가던지 오던지 마음대로 해라.

개념 확인 문제

27 다음 밑줄 친 부분의 띄어쓰기가 적절하지 <u>않은</u> 것은?

① 아무래도 눈이 올<u>성싶다</u>.
② 어디 한번 <u>덤벼들어보아라</u>.
③ 그는 모르면서도 언제나 <u>아는 척한다</u>.
④ 일기 예보와 달리 곧 비가 <u>올 듯도 하다</u>.
⑤ 홍수로 모든 것이 강물에 <u>떠 내려가 버렸다</u>.

28 다음 중, 띄어쓰기가 적절하지 <u>않</u>은 것은?

① 정수빈씨
② 선우재덕
③ 이충무공
④ 손해배상청구
⑤ 서울대공원관리사업소 동물 관리과

29 다음 문장이 맞춤법에 맞으면 ○표, 틀리면 ×표를 하시오.

(1) 시험이 끝난 후 친구와 답을 마추어 보았다. ( )
(2) 맞춤 구두를 샀더니 발이 편하더군. ( )
(3) 나폴레옹의 세력은 이탈리아까지 뻗쳤다. ( )
(4) 어젯밤에 먹은 족발이 얼마나 맛있던지 아직도 군침이 도네. ( )
(5) 이거던 저거던 빨리 결정을 해라. ( )
(6) 그는 홈런을 친 게 언제였든지 기억도 안 난다. ( )

30 다음 중, 표기가 바른 것은?

① 땟깔   ② 일군
③ 지겟군   ④ 객쩍다
⑤ 콧배기

▶ 정답과 해설 46쪽

1 다음 ㉠에 들어갈 적절한 말을 쓰시오.

> 우리말을 한글로 적을 때 지켜야 할 기준을 정하여 놓은 것을 _____㉠_____(이)라고 한다.

---

2 〈보기〉를 바탕으로 ㄱ~ㅁ을 이해한 내용으로 적절하지 <u>않</u>은 것은?

● 보기 ●

한글 맞춤법 제15항 용언의 어간과 어미는 구별하여 적는다.
[붙임 2] 종결형에서 사용되는 어미 '-오'는 '요'로 소리 나는 경우가 있더라도 그 원형을 밝혀 '오'로 적는다. 예 이것은 책이오. / 이것은 책이 아니오.
[붙임 3] 연결형에서 사용되는 '이요'는 '이요'로 적는다. 예 이것은 책이요, 저것은 붓이요, 또 저것은 먹이다.

선생님의 설명: 제15항 [붙임 2]에서 설명하는 어미 '-오'는 하오체 종결 어미입니다. 이 어미 '-오'는 [오]로 발음하는 것이 원칙이지만 [요]로 발음할 수도 있습니다. 그리고 이 '-오'가 '이다', '아니다'의 어간 뒤에 붙어 '-이오'로 활용할 때, '차(車)'처럼 모음으로 끝나는 체언과 결합하는 경우 '차이오 → 차요'와 같이 '-이오'가 '-요'로 줄어 쓰이기도 합니다. 이때 '-이오'가 줄어든 형태인 '-요'는 청자에게 존대의 뜻을 나타내는 보조사 '요'와 그 형태나 발음이 동일하기 때문에 언어생활에서 주의가 필요합니다.
이제 다음 제시된 자료를 분석해 봅시다. 단, ㄹ과 ㅁ은 모두 말하는 도중에 상대 높임의 등급을 바꾸지 않는다고 가정합니다.

ㄱ. 이것은 들판이요, 저것은 하늘<u>이오</u>.
ㄴ. 선배: 고향이 어디니? / 후배: 서울<u>요</u>.
ㄷ. (고향을 묻는 물음에 대한 답) <u>부산이오</u>.
ㄹ. 무얼 좋아하시오? 소설이오? 아니면 영화<u>요</u>?
ㅁ. 무얼 좋아하세요? 소설<u>요</u>? 아니면 영화<u>요</u>?

① ㄱ의 밑줄 친 '이오'는 [이요]로 발음할 수 있다.
② ㄴ의 밑줄 친 '요'를 '이요'로 바꾸어 적을 수 있다.
③ ㄷ의 밑줄 친 '부산이오'는 하오체 문장에 해당한다.
④ ㄹ의 밑줄 친 '요'는 모음으로 끝나는 체언 뒤에서 '-이오'가 줄어든 형태에 해당한다.
⑤ ㅁ의 밑줄 친 '요'는 둘 다 청자에게 존대의 뜻을 나타내는 보조사에 해당한다.

---

3 〈보기〉의 Ⓐ, Ⓑ를 보여 주는 예로 가장 적절한 것은?

● 보기 ●

〈한글 맞춤법 제1항〉
한글 맞춤법은 Ⓐ표준어를 소리대로 적되, Ⓑ어법에 맞도록 함을 원칙으로 한다.

	Ⓐ	Ⓑ		Ⓐ	Ⓑ
①	해	달	②	밭	물다
③	흙	가다	④	바람	오리
⑤	달리다	닭다			

---

4 〈보기 1〉을 바탕으로 〈보기 2〉를 이해한 내용으로 적절하지 <u>않</u>은 것은?

● 보기 1 ●

한글 맞춤법은 표준어를 소리 나는 대로 적되, 어법에 맞도록 함을 원칙으로 하고 있다. 표준어를 소리 나는 대로 적는다는 것은 표준어의 발음대로 적는다는 뜻이다.
그런데 이 원칙만을 적용하기 어려운 경우도 있다. 예를 들어, '꽃(花)'이란 단어의 경우 '꽃', '꽃이', '꽃나무'를 소리대로 적으면 [꼳], [꼬치], [꼰나무]가 되는데, 이와 같이 적으면 그 뜻이 얼른 파악되지 않고 독서의 능률도 크게 떨어질 수 있다. 그래서 '꽃'처럼 형태소의 본 모양을 밝히어 적는 방법, 즉 어법에 맞도록 한다는 또 하나의 원칙이 붙은 것이다.

● 보기 2 ●

ㄱ. 거리를 좁히다.
ㄴ. 산 너머로 넘어 갔다.
ㄷ. 읽지 않고는 읽기 능력이 길러지지 않는다.

① ㄱ의 '거리'는 표준어의 발음대로 적은 것이군.
② ㄱ의 '좁히다'는 어법에 맞도록 적은 것이군.
③ ㄴ의 '너머'는 형태소의 본 모양을 밝혀 적은 것이군.
④ ㄴ의 '넘어'는 독서의 능률을 올리기 위한 표기이군.
⑤ ㄷ의 '읽-'은 뜻을 쉽게 파악하기 위한 표기이군.

---

5 다음 중, 맞춤법에 맞지 <u>않</u>는 것은?

① 간편하게 → 간편게
② 거북하지 → 거북지
③ 생각하건대 → 생각건대
④ 깨끗하지 않다 → 깨끗지 않다
⑤ 익숙하지 않다 → 익숙지 않다

6 〈자료〉의 밑줄 친 발음 표시 부분을 맞춤법에 맞게 표기할 때에 적용되는 원칙을 〈보기〉에서 찾아 바르게 짝지은 것은?

● 자료 ●

㉠ 이것은 유명한 책이 [아니요].
㉡ 영화 구경 [가지요].
㉢ 이것은 [설탕이요], 저것은 소금이다.

● 보기 ●

○용언의 어간과 어미는 구별하여 적는다.
 • 종결형에서 사용되는 어미 '–오'는 '요'로 소리 나는 경우가 있더라도 그 원형을 밝혀 '오'로 적는다. ……………………………………… ⓐ
   이리로 오시오.(○) 이리로 오시요.(×)
 • 연결형에서 사용되는 '이요'는 '이요'로 적는다. ……………………………………… ⓑ
   이것은 책이요, 저것은 붓이다.(○)
   이것은 책이오, 저것은 붓이다.(×)
○어미 뒤에 덧붙는 조사 '요'는 '요'로 적는다. ‥ ⓒ
   읽어 읽어요   먹을게 먹을게요

① ㉠ – ⓐ   ② ㉠ – ⓑ   ③ ㉡ – ⓑ
④ ㉢ – ⓐ   ⑤ ㉢ – ⓒ

7 〈보기〉는 한글 맞춤법 제1항이 파생어와 합성어에 적용된 예를 찾아본 것이다. ㉠~㉤에 들어갈 예로 적절한 것은?

● 보기 ●

제1항 한글 맞춤법은 표준어를 ⓐ소리대로 적되, ⓑ어법에 맞도록 함을 원칙으로 한다.

	파생어	합성어
ⓐ만 충족한 경우	㉠	㉡
ⓑ만 충족한 경우	㉢	㉣
ⓐ, ⓑ 모두 충족한 경우	㉤	줄자(줄+자), 눈물(눈+물)

① ㉠: 이파리(잎+아리), 얼음(얼+음)
② ㉡: 마소(말+소), 낮잠(낮+잠)
③ ㉢: 웃음(웃+음), 바가지(박+아지)
④ ㉣: 옷소매(옷+소매), 밥알(밥+알)
⑤ ㉤: 꿈(꾸+ㅁ), 사랑니(사랑+이)

8 밑줄 친 부분이 한글 맞춤법에 맞게 쓰인 것은?

① 힘든 일은 제가 다 알아서 <u>할게요</u>.
② 무엇을 <u>하던지</u> 최선을 다했으면 좋겠어.
③ 오늘 소풍 가는 날인데 비가 와서 <u>어떻해</u>.
④ 네가 원하는 꿈을 꼭 이룰 수 있기를 <u>바래</u>.
⑤ <u>넉넉치</u> 않은 살림이지만 어려운 사람을 돕자.

9 〈보기〉를 바탕으로 한글 맞춤법에 대해 탐구한 내용으로 적절하지 <u>않은</u> 것은?

● 보기 ●

제5항 한 단어 안에서 뚜렷한 까닭 없이 나는 된소리는 다음 음절의 첫소리를 된소리로 적는다.
1. 두 모음 사이에 나는 된소리 ……………………… ⓐ
2. 'ㄴ, ㄹ, ㅁ, ㅇ' 받침 뒤에서 나는 된소리 ‥‥ ⓑ
 다만, 'ㄱ, ㅂ' 받침 뒤에서 나는 된소리는, 같은 음절이나 비슷한 음절이 겹쳐 나는 경우가 아니면 된소리로 적지 아니한다. …………………… ⓒ

① [으뜸]으로 소리 나는 말은 ⓐ에 따라 '으뜸'으로 표기해야겠군.
② [거꾸로]로 소리 나는 말은 ⓐ에 따라 '거꾸로'로 표기해야겠군.
③ [살짝]으로 소리 나는 말은 ⓑ에 따라 '살짝'으로 표기해야겠군.
④ [씩씩]으로 소리 나는 말은 ⓑ에 따라 '씩씩'으로 표기해야겠군.
⑤ [낙찌]로 소리 나는 말은 ⓒ에 따라 '낙지'로 표기해야겠군.

10 〈보기 1〉의 ㉠~� 중, 〈보기 2〉의 ⓐ, ⓑ, ⓒ가 해당하는 경우를 순서대로 고른 것은?

● 보기 1 ●

사이시옷은 다음과 같은 경우에 받치어 적는다.

1. 순우리말로 된 합성어(앞말이 모음으로 끝남.)

뒷말의 첫소리가 된소리로 나는 것 ………… ㉠	뒷말의 첫소리 'ㄴ, ㅁ' 앞에서 'ㄴ' 소리가 덧나는 것 ……… ㉡	뒷말의 첫소리 모음 앞에서 'ㄴㄴ' 소리가 덧나는 것 ……… ㉢

2. 순우리말과 한자어로 된 합성어(앞말이 모음으로 끝남.)

뒷말의 첫소리가 된소리로 나는 것 ………… ㉣	뒷말의 첫소리 'ㄴ, ㅁ' 앞에서 'ㄴ' 소리가 덧나는 것 …… ㉤	뒷말의 첫소리 모음 앞에서 'ㄴㄴ' 소리가 덧나는 것 ……… ㉥

3. 두 음절로 된 다음 한자어
- 곳간, 셋방, 숫자, 찻간, 툇간, 횟수

● 보기 2 ●

ⓐ 제삿날   ⓑ 텃마당   ⓒ 깻잎

① ㉠–㉡–㉢   ② ㉠–㉥–㉣   ③ ㉡–㉤–㉥
④ ㉤–㉡–㉢   ⑤ ㉤–㉡–㉥

11 〈보기〉를 바탕으로 한글 맞춤법에 대해 탐구한 내용으로 적절하지 <u>않은</u> 것은?

● 보기 ●

제15항 용언의 어간과 어미는 구별하여 적는다. ⑦
....

예 먹어(○) / 머거(×), 좋고(○) / 조코(×)

[붙임 1] 두 개의 용언이 어울려 한 개의 용언이 될 적에, 앞말의 본뜻이 유지되고 있는 것은 그 원형을 밝히어 적고, 그 본뜻에서 멀어진 것은 밝히어 적지 아니한다. ⑭
....
　(1) 앞말의 본뜻이 유지되고 있는 것 예 늘어나다
　(2) 본뜻에서 멀어진 것 예 사라지다. 쓰러지다

[붙임 2] 종결형에서 사용되는 어미 '-오'는 '요'로 소리 나는 경우가 있더라도 그 원형을 밝혀 '오'로 적는다. ⑭
....
　예 이리로 오시오.

① ⑦를 보니, 어간이 표시하는 의미와 어미가 표시하는 의미가 쉽게 파악될 수 있게 표기한 것이라 할 수 있군.

② '고개를 넘어 가다.'에서 '넘어'로 적는 것은 ⑦의 '먹어'를 표기할 때 적용된 규정을 따른 것이군.

③ '격차가 벌어지다.'에서 '벌어지다'로 적는 것은 ⑭의 '사라지다'를 표기할 때 적용된 규정을 따른 것이군.

④ '교실로 들어가다.'에서 '들어가다'로 적는 것은 ⑭의 '앞말의 본뜻이 유지되고 있는 것'에 해당하기 때문이군.

⑤ '이것이 당신 것이오?'에서 '것이오'로 적는 것은 ⑭의 '오시오'를 표기할 때 적용된 규정을 따른 것이군.

12 밑줄 친 부분의 띄어쓰기가 적절하지 <u>않은</u> 것은?

① 네 생각<u>대로</u> 하렴.
　마음 가는 <u>대로</u> 해라.

② 공부한<u>만큼</u> 좋은 결과가 있을 거야.
　코끼리도 고래 <u>만큼</u> 오래 살 수 있다.

③ 먹어 봐도 맛있는<u>지</u> 없는지 모르겠어.
　막차가 떠난 <u>지</u> 30분도 넘었다.

④ 동생과 <u>같이</u> 여행을 가기로 했다.
　아이 손바닥이 단풍잎<u>같이</u> 예쁘다.

⑤ 도대체 이게 얼마 <u>만</u>인가.
　그는 연습<u>만</u> 수십 번 했다.

13 〈보기〉를 보고 한글 맞춤법에 대해 탐구한 내용으로 적절하지 <u>않은</u> 것은?

● 보기 ●

⑦ 제42항 의존 명사는 띄어 쓴다.
　예 아는 것이 힘이다. 나도 할 수 있다.

⑭ 제43항 단위를 나타내는 명사는 띄어 쓴다.
　예 한 개, 차 한 대, 소 한 마리

⑭ 다만, 순서를 나타내는 경우나 숫자와 어울리어 쓰이는 경우에는 붙여 쓸 수 있다.
　예 삼학년, 16동 502호

⑭ 제45항 두 말을 이어 주거나 열거할 적에 쓰이는 말들은 띄어 쓴다.
　예 국장 겸 과장, 이사장 및 이사들, 청군 대 백군

⑩ 제47항 보조 용언은 띄어 씀을 원칙으로 하되, 경우에 따라 붙여 씀도 허용한다. 다만, 앞말에 조사가 붙거나 앞말이 합성 동사인 경우, 그리고 중간에 조사가 들어갈 적에는 그 뒤에 오는 보조 용언은 띄어 쓴다. 예 불이 꺼져 간다. 불이 꺼져간다. / 비가 올 듯하다. 비가 올듯하다.

① ⑦의 규정에 따르면, '먹을 뿐이다'는 띄어 쓰지만 '남자뿐이다'는 붙여 써야 하는군.

② ⑭의 규정에 따르면, '집 한 채를 마련했다.'의 '집 한 채'는 띄어 써야 하는군.

③ ⑭의 규정에 따르면, '육 층'은 띄어 쓰는 것이 원칙이지만 붙여 쓸 수도 있군.

④ ⑭의 규정에 따르면, '열 내지 스물'의 '내지'는 띄어 써야 하는군.

⑤ ⑩의 규정에 따르면, '우리들은 뛰놀고 싶다.'의 '뛰놀고 싶다'는 '뛰놀고싶다'로 붙여 쓸 수 있군.

14 〈보기〉의 내용을 참고하였을 때, 밑줄 친 부분의 띄어쓰기가 적절하지 <u>않은</u> 것은?

● 보기 ●

⑦ 보조 용언은 띄어 씀을 원칙으로 하되, 경우에 따라 붙여 씀도 허용한다.

⑭ 앞말에 조사가 붙거나 앞말이 합성 동사인 경우, 그리고 중간에 조사가 들어갈 적에는 그 뒤에 오는 보조 용언은 띄어 쓴다.

⑭ 보조 용언이 거듭되는 경우는 앞의 보조 용언만을 붙여 쓸 수 있다.

① 일이 다 <u>되어가는 듯하다</u>.

② 값을 <u>물어만 보고</u> 가버렸다.

③ 그 책은 다시 한 번 <u>읽어 볼만하다</u>.

④ 학생들이 무척 소란스럽게 <u>떠들어댄다</u>.

⑤ 장마가 계속 이어졌는데 오늘도 비가 <u>올성싶다</u>.

15 〈보기〉의 한글 맞춤법 규정을 적용한 것으로 옳지 <u>않은</u> 것은?

● 보기 ●

제19항 어간에 '-이'나 '-음/-ㅁ'이 붙어서 명사로 된 것과 '-이'나 '-히'가 붙어서 부사로 된 것은 그 어간의 원형을 밝히어 적는다. ………… ㉠
[붙임] 어간에 '-이'나 '-음' 이외의 모음으로 시작된 접미사가 붙어서 다른 품사로 바뀐 것은 그 어간의 원형을 밝히어 적지 아니한다. …… ㉡

제20항 명사 뒤에 '-이'가 붙어서 된 말은 그 명사의 원형을 밝히어 적는다. ………… ㉢
[붙임] '-이' 이외의 모음으로 시작된 접미사가 붙어서 된 말은 그 명사의 원형을 밝히어 적지 아니한다. ………… ㉣

제21항 명사나 혹은 용언의 어간 뒤에 자음으로 시작된 접미사가 붙어서 된 말은 그 명사나 어간의 원형을 밝히어 적는다. ………… ㉤

① '다듬이'로 표기하는 것은 ㉠의 규정을 적용한 것이군.
② '마개'를 '막애'로 표기하지 않는 것은 ㉡의 규정을 적용한 것이군.
③ '삼발이'를 '삼바리'로 표기하지 않는 것은 ㉢의 규정을 적용한 것이군.
④ '귀머거리'로 표기하는 것은 ㉣의 규정을 적용한 것이군.
⑤ '덮개'로 표기하는 것은 ㉤의 규정을 적용한 것이군.

16 〈보기〉의 한글 맞춤법 조항을 참고하였을 때, 맞춤법에 맞는 어휘끼리 묶인 것은?

● 보기 ●

• 한자음 '녀, 뇨, 뉴, 니'가 단어 첫머리에 올 적에는, 두음 법칙에 따라 '여, 요, 유, 이'로 적는다.
• 단어의 첫머리 이외의 경우에는 본음대로 적는다.
• 접두사처럼 쓰이는 한자가 붙어서 된 말이나 합성어에서, 뒷말의 첫소리가 'ㄴ' 소리로 나더라도 두음 법칙에 따라 적는다.

① 여자(女子) – 년도(年度)
② 소녀(少女) – 연세(年歲)
③ 남녀(男女) – 녀성(女性)
④ 만년(晩年) – 당요(糖尿)
⑤ 공념불(空念佛) – 남존녀비(男尊女卑)

17 다음을 참고하여 〈보기〉의 〈탐구 대상〉을 과정에 따라 탐구했을 때, ㉠과 ㉡에 해당하는 것을 바르게 짝지은 것은?

〈한글 맞춤법〉

제23항 '-하다'나 '-거리다'가 붙는 어근에 '-이'가 붙어서 명사가 된 것은 그 원형을 밝히어 적는다.
[붙임] '-하다'나 '-거리다'가 붙을 수 없는 어근에 '-이'나 또는 다른 모음으로 시작되는 접미사가 붙어서 명사가 된 것은 그 원형을 밝히어 적지 아니한다.

● 보기 ●

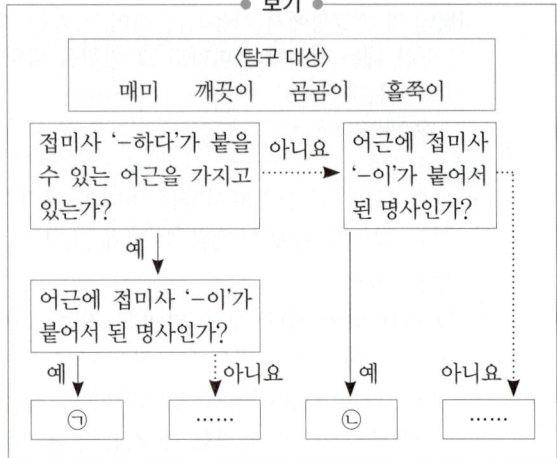

〈탐구 대상〉
매미   깨끗이   곰곰이   홀쭉이

접미사 '-하다'가 붙을 수 있는 어근을 가지고 있는가? → 아니요 → 어근에 접미사 '-이'가 붙어서 된 명사인가?

예 ↓

어근에 접미사 '-이'가 붙어서 된 명사인가?

예 ↓ ㉠   아니요 ↓ ……   예 ↓ ㉡   아니요 ↓ ……

	㉠	㉡
①	홀쭉이	깨끗이
②	홀쭉이	매미
③	곰곰이	매미
④	깨끗이	홀쭉이
⑤	매미	홀쭉이

18 〈보기〉의 ㉠~㉥ 중, 띄어쓰기가 맞게 쓰인 것을 모두 고른 것은?

● 보기 ●

㉠ 학교에서 만이라도
㉡ 그릇을 깨뜨려버렸다.
㉢ 이사장 및 이사들
㉣ 잘난 체를 한다.
㉤ 집을 떠난지가 오래다.
㉥ 좀 더 많이 주세요.
㉦ 최치원 박사

① ㉠, ㉥, ㉦
② ㉢, ㉣, ㉥
③ ㉠, ㉢, ㉤, ㉦
④ ㉡, ㉢, ㉣, ㉤
⑤ ㉡, ㉢, ㉥, ㉦

19 〈보기 1〉의 한글 맞춤법의 규정을 볼 때, 〈보기 2〉의 밑줄 친 낱말들에 대한 설명으로 적절하지 <u>않은</u> 것은?

●보기 1●

제32항 단어의 끝모음이 줄어지고 자음만 남은 것은 그 앞의 음절에 받침으로 적는다.

제35항 모음 'ㅗ, ㅜ'로 끝난 어간에 '-아/-어, -았-/-었-'이 어울려 'ㅘ/ㅝ, 왔/웠'으로 될 적에는 준 대로 적는다.

제38항 'ㅏ, ㅗ, ㅜ, ㅡ' 뒤에 '-이어'가 어울려 줄어질 적에는 준 대로 적는다.

제39항 어미 '-지' 뒤에 '않-'이 어울려 '-잖-'이 될 적과 '-하지' 뒤에 '않-'이 어울려 '-찮-'이 될 적에는 준 대로 적는다.

제40항 어간의 끝음절 '하'의 'ㅏ'가 줄고 'ㅎ'이 다음 음절의 첫소리와 어울려 거센소리로 될 적에는 거센소리로 적는다.

●보기 2●

㉠ 좌절을 <u>디디고</u> 일어서야 꿈을 이룰 수 있다.

㉡ 그 책을 잘 <u>보았으면</u> 점수가 더 좋았을 거야.

㉢ 그 사람은 수심에 <u>싸여</u> 얼굴을 잔뜩 찌푸리고 있었다.

㉣ 오랜 노력의 결과로 이제 그 사람도 <u>적잖은</u> 연봉을 받는다.

㉤ 그 지역의 전통문화를 <u>연구하도록</u> 지속적인 지원이 있어야 한다.

① ㉠은 제32항에 따르면 '딛고'로 줄여 쓸 수 있다.

② ㉡은 제35항에 따르면 '봤으면'으로 줄여 쓸 수 있다.

③ ㉢은 제38항에 따르면 '쌓이어'를 줄여 쓴 것임을 알 수 있다.

④ ㉣은 제39항에 따르면 '적지 않은'을 줄여 쓴 것임을 알 수 있다.

⑤ ㉤은 제40항에 따르면 '연구토록'으로 줄여 쓸 수 있다.

20 〈보기〉의 한글 맞춤법 조항을 참고할 때, 맞춤법에 맞지 <u>않는</u> 것은?

●보기●

'-하다'가 붙는 어근에 '-히'나 '-이'가 붙어서 부사가 되거나, 부사에 '-이'가 붙어서 뜻을 더하는 경우에는 그 어근이나 부사의 원형을 밝히어 적는다.

① 급히   ② 더욱이   ③ 생그시

④ 해죽이   ⑤ 어렴풋이

21 다음은 받아쓰기 답안지이다. 고쳐 쓴 내용이 적절하지 <u>않은</u> 것은?

• 그 영화는 사람들을 공포와 <u>전률</u>에 휩싸이게 했다. → 전율 ·· ①

• 할머니는 <u>연노</u>하셔서 멀리 가실 수 없습니다. → 연로 ·· ②

• 그는 간만에 양복과 구두를 새로 <u>마추었다</u>. → 맞추었다 ······································ ③

• 이번 일로 내가 얼마나 <u>놀랐던지</u> 몰라. → 놀랐든지 ·· ④

• 새로 들어온 직원은 굉장히 <u>싹삭한</u> 편이다. → 싹싹한 ·· ⑤

22 〈보기〉를 참고할 때, 띄어쓰기가 적절하지 <u>않은</u> 것은?

●보기●

제47항 보조 용언은 띄어 씀을 원칙으로 하되, 경우에 따라 붙여 씀도 허용한다. 다만, 앞말에 조사가 붙거나 앞말이 합성 동사인 경우, 그리고 중간에 조사가 들어갈 적에는 그 뒤에 오는 보조 용언은 띄어 쓴다.

① 막내도 이제 늙어간다.

② 동생이 어머니를 도와드린다.

③ 책을 읽어나보고 이야기를 하자.

④ 이번에는 네가 덤벼들어 보아라.

⑤ 결국은 강물에 떠내려가 버렸다.

23 〈보기 1〉을 참고하여 〈보기 2〉의 '밖에'를 탐구한 내용으로 적절하지 <u>않은</u> 것은?

●보기 1●

[한글 맞춤법]

제2항 문장의 각 단어는 띄어 씀을 원칙으로 한다.

제41항 조사는 그 앞말에 붙여 쓴다.

●보기 2●

㉠ 우리는 웃을 수<u>밖에</u> 없었다.

㉡ 아이들은 잠시 <u>밖에</u> 나가 있어야 했다.

① ㉠의 '밖에'는 조사로 보아야겠군.

② ㉠의 '밖에'를 붙여 쓴 것은 부정을 나타내는 말과 함께 쓰일 때이군.

③ ㉡의 '밖에'는 명사와 조사의 결합으로 보아야겠군.

④ ㉡의 '밖'은 ㉠과 달리 '바깥'과 바꾸어 쓸 수 있겠군.

⑤ ㉠과 ㉡ 모두 '밖에'는 '밖'과 '에'의 두 단어로 보아야겠군.

24 〈보기〉의 과제를 해결한 내용으로 적절하지 <u>않은</u> 것은?

● 보기 ●

※ **과제**: 다음 예문은 띄어쓰기가 올바른 문장입니다. 이를 통해 띄어쓰기 규정을 알아볼까요?

㉠ 너는 <u>일밖에</u> 모르니?
㉡ 연필 <u>두 자루</u>가 있습니다.
㉢ 나는 그저 <u>웃고만 있었다.</u>
㉣ 너무 <u>아는 척</u>을 하지 말아야 해.
㉤ <u>청군 대 백군</u>으로 나눠 경기를 했다.

① ㉠: '일'과 '밖에'를 붙여 쓴 것을 보니, 조사는 붙여 쓰는군.
② ㉡: '두'와 '자루'를 띄어 쓴 것을 보니, 단위를 나타내는 명사는 띄어 쓰는군.
③ ㉢: '웃고만'과 '있었다'를 띄어 쓴 것을 보니, 본용언끼리는 띄어 쓰는군.
④ ㉣: '아는'과 '척'을 띄어 쓴 것을 보니, 의존 명사는 띄어 쓰는군.
⑤ ㉤: '청군', '대', '백군'을 각각 띄어 쓴 것을 보니, 두 말을 이어 줄 때에 쓰이는 말은 띄어 쓰는군.

25 〈보기〉의 규정을 잘못 적용한 것은?

● 보기 ●

〈한글 맞춤법〉
제35항 모음 'ㅗ, ㅜ'로 끝난 어간에 '-아/-어, -았-/-었-'이 어울려 'ㅘ/ㅝ, ㅘ/ㅝ'으로 될 적에는 준 대로 적는다.
[붙임 1] '놓아'가 '놔'로 줄 적에는 준 대로 적는다.
[붙임 2] 'ㅚ' 뒤에 '-어, -었-'이 어울려 'ㅙ, ㅙ'으로 될 적에도 준 대로 적는다.
제36항 'ㅣ' 뒤에 '-어'가 와서 'ㅕ'로 줄 적에는 준 대로 적는다.
제37항 'ㅏ, ㅕ, ㅗ, ㅜ, ㅡ'로 끝난 어간에 '-이-'가 와서 각각 'ㅐ, ㅖ, ㅚ, ㅟ, ㅢ'로 줄 적에는 준 대로 적는다.

① '놓이어'를 '놓여'로 쓴 것은 제35항 [붙임 1]에 따른 것이다.
② '꾸었다'를 '꿨다'로 쓴 것은 제35항에 따른 것이다.
③ '누이니'를 '뉘니'로 쓴 것은 제37항에 따른 것이다.
④ '참되어'를 '참돼'로 쓴 것은 제35항 [붙임 2]에 따른 것이다.
⑤ '치이었다'를 '치였다'로 쓴 것은 제36항에 따른 것이다.

26 〈보기〉는 한글 맞춤법 수업 중 준말과 관련한 학습지의 일부이다. 학생의 반응으로 적절하지 <u>않은</u> 것은?

● 보기 ●

제40항 어간의 끝음절 '하'의 'ㅏ'가 줄고 'ㅎ'이 다음 음절의 첫소리와 어울려 거센소리로 될 적에는 거센소리로 적는다. ·············· ㉠
예 간편하게 → 간편케
[붙임 1] 'ㅎ'이 어간의 끝소리로 굳어진 것은 받침으로 적는다. ····························· ㉡
예 아무렇다, 어떻다
[붙임 2] 어간의 끝음절 '하'가 아주 줄 적에는 준 대로 적는다. 이는 어간의 끝음절 '하'가 줄어진 형태로 관용되고 있는 형식으로, 안울림소리 받침 뒤에서 나타난다. ····················· ㉢
예 넉넉하지 → 넉넉지

① '다정하다'를 '다정타'로 적는 것은 ㉠의 규정을 따른 결과라고 볼 수 있겠군.
② '분발토록'은 ㉠에 따라 '분발하도록'에서 '하'의 'ㅏ'가 줄고 'ㅎ'이 다음 음절의 'ㄷ'과 어울려 거센소리로 된 결과이겠군.
③ '이렇다'를 '이러타'로 적지 않는 것은 ㉡의 규정을 따른 결과라고 볼 수 있겠군.
④ '무심하지'는 ㉢의 규정에 따라 '하'가 줄어진 형태인 '무심지'로 적을 수 있겠군.
⑤ '깨끗하지'는 '하' 앞에 안울림소리 받침이 오는 것으로 보아 ㉢의 규정에 따라 '깨끗지'로 적을 수 있겠군.

27 〈보기〉의 한글 맞춤법 규정을 ⓐ~ⓔ와 바르게 연결한 것은?

● 보기 ●

ㄱ. 제14항 체언은 조사와 구별하여 적는다.
ㄴ. 제33항 체언과 조사가 어울려 줄어지는 경우에는 준 대로 적는다.

• 너는 ⓐ무얼 좋아하니?
• ⓑ이건 값이 너무 비싸다.
• ⓒ너희 사진은 어디에 있니?
• 나는 항상 ⓓ여기에 있을게.
• ⓔ그게 바로 문제의 핵심이다.

① ⓐ - ㄱ   ② ⓑ - ㄱ   ③ ⓒ - ㄴ
④ ⓓ - ㄴ   ⑤ ⓔ - ㄴ

28 〈보기〉의 선생님의 설명을 바탕으로 할 때, ㉠에 들어갈 말로 적절하지 <u>않은</u> 것은?

● 보기 ●

학 생: '되어요, 돼요, 되요' 중에서 어느 게 맞는지 궁금해요.
선생님: "어간 모음 'ㅚ' 뒤에 '-어'가 붙어서 'ㅙ'로 줄어지는 것은 'ㅙ'로 적는다."라는 맞춤법 규정에 따르면 '되어요'는 어간 '되-'에 '-어요'가 결합된 것이므로 '돼요'로 줄어들 수 있어. 그러니까 '되어요, 돼요'는 맞는 말이지만 '되요'는 틀린 말이지. '(바람을) 쐬다, (턱을) 괴다, (나사를) 죄다, (어른을) 뵈다, (명절을) 쇠다' 등도 이 규정에 따라 적으면 돼.
학 생: 아, 그러면 ＿＿＿＿＿＿＿ ㉠

① '쐬어라'는 '쐬-'와 '-어라'가 결합된 것이므로 '쐐라'로 줄어들 수 있겠네요.
② '괴-'와 '-느냐'가 결합될 때는 '어'가 들어갈 수 없으므로 '괘느냐'는 틀린 말이겠네요.
③ '좨도'는 '죄-'와 '-어도'가 결합된 말이 줄어든 것이겠네요.
④ '뵈-'가 '-어서'와 결합되면 '봬서'로 줄어들 수 있겠네요.
⑤ '쇠-'와 '-더라도'가 결합될 때는 '쇄더라도'로 적으면 틀린 것이겠네요.

29 〈보기〉를 참고하여 각 항목에 해당하는 예문을 작성하였다. 적절하지 <u>않은</u> 것은?

● 보기 ●

1. '같이'가 조사로 쓰일 경우 – 앞말에 붙여 쓴다.
ㄱ. 체언 뒤에 붙어 '~처럼'의 뜻일 때
ㄴ. '때'를 나타내는 명사 뒤에 붙어 '때'를 강조할 때

2. '같이'가 부사로 쓰일 경우 – 앞말과 띄어 쓴다.
ㄷ. '바로 그대로'의 의미일 때
ㄹ. '서로 함께'의 의미일 때
ㅁ. '어떤 상황이나 행동 따위와 다름이 없이'의 의미일 때

① ㄱ: 그는 눈같이 맑은 영혼의 소유자였다.
② ㄴ: 내일은 새벽같이 일어나야 한다.
③ ㄷ: 예상한 바와 같이 우리 반이 이겼어.
④ ㄹ: 지난 10년 동안 같이 알고 지낸 사이야.
⑤ ㅁ: 은숙이와 친구는 같이 사업을 했다.

30 〈보기〉를 참고할 때, '사이시옷'에 대한 설명으로 적절하지 <u>않은</u> 것은?

● 보기 ●

제30항 사이시옷은 다음과 같은 경우에 받치어 적는다.
1. 순우리말로 된 합성어로서 앞말이 모음으로 끝난 경우
⑴ 뒷말의 첫소리가 된소리로 나는 것
  고랫재 귓밥 나룻배 냇가
⑵ 뒷말의 첫소리 'ㄴ, ㅁ' 앞에서 'ㄴ' 소리가 덧나는 것
  잇몸 깻묵 냇물 빗물
⑶ 뒷말의 첫소리 모음 앞에서 'ㄴㄴ' 소리가 덧나는 것
  베갯잇 깻잎 나뭇잎 댓잎

2. 순우리말과 한자어로 된 합성어로서 앞말이 모음으로 끝난 경우
⑴ 뒷말의 첫소리가 된소리로 나는 것
  귓병 샛강 아랫방
⑵ 뒷말의 첫소리 'ㄴ, ㅁ' 앞에서 'ㄴ' 소리가 덧나는 것
  곗날 제삿날 툇마루
⑶ 뒷말의 첫소리 모음 앞에서 'ㄴㄴ' 소리가 덧나는 것
  가욋일 사삿일 훗일

① 제30항 1-⑴에 따라 '나무+가지'는 '나뭇가지'로 적어야 한다.
② 제30항 1-⑵에 따라 '아래+마을'은 '아랫마을'로 적어야 한다.
③ 제30항 1-⑶에 따라 '뒤+윷'은 '뒷윷'으로 적어야 한다.
④ 제30항 2-⑴에 따라 '전세+집'은 '전셋집'으로 적어야 한다.
⑤ 제30항 2-⑵에 따라 '예사+일'은 '예삿일'로 적어야 한다.

31 밑줄 친 부분이 한글 맞춤법에 맞게 쓰인 것은?
① <u>엇저녁</u>에는 고향 친구들과 만나서 식사를 했다.
② 그가 발의한 안건은 다음 회의에 <u>부치기</u>로 했다.
③ <u>적짢은</u> 사람들이 그 의견에 찬성의 뜻을 보였다.
④ 동생은 누나가 직접 만든 <u>깍뚜기</u>를 먹어 보았다.
⑤ 저기 <u>넙적하게</u> 생긴 바위가 우리들의 놀이터였다.

❶ 높임 표현

(1) **주체 높임법**: 서술의 주체를 높이는 표현으로, 서술상의 주체가 화자보다 나이가 많거나 사회적 지위가 높을 때 사용함.

주체 높임 선어말 어미 '-(으)시-'를 사용	예 어머니께서 저녁을 차리신다.
주격 조사 '이/가' 대신 '께서'를 사용	예 할머니께서 벌써 가셨다.
주어 명사에 접사 '-님'을 덧붙임.	예 선생님께서 책을 읽으신다.
'계시다', '주무시다', '잡수시다', '편찮으시다' 등의 특수 어휘를 사용	예 할아버지께서 방에서 주무신다.

직접 높임	높여야 할 대상인 주체를 직접 높임. 예 아버지께서는 외출하셨다.
간접 높임	높여야 할 대상인 주체의 신체, 소유물, 생각이나 주체와 관련된 사물을 높여 주체를 간접적으로 높임. 예 삼촌께서 키가 크시다.

(2) **객체 높임법**: 목적어나 부사어가 지시하는 동작의 대상, 즉 서술의 객체를 높이는 표현

부사격 조사 '에게' 대신 '께'를 사용	예 철수가 아버지께 성적표를 드렸다.
'드리다', '모시다', '여쭙다', '뵙다' 등의 특수 어휘를 사용	예 아버지를 모시고 병원에 갔다.

(3) **상대 높임법**

- 청자를 높이거나 낮추어 말하는 표현
- 주로 종결 어미로 실현되며 크게 격식체와 비격식체로 나뉨.

	격식체				비격식체	
	해라체 (아주낮춤)	하게체 (예사낮춤)	하오체 (예사높임)	하십시오체 (아주높임)	해체 (두루낮춤)	해요체 (두루높임)
평서형	-(는/ㄴ)다	-네	-(으)오	-(으)십니다	-아/-어	-아요/-어요
의문형	-(는)냐?, 니?	-(느)ㄴ가?	-(으)오?	-(으)십니까?	-아/-어?	-아요/-어요?
명령형	-(어)라/ -(아)라	-게	-(으)오	-(으)십시오	-아/-어	-아요/-어요
청유형	-자	-세	-(으)ㅂ시다	-(으)시지요	-아/-어	-아요/-어요
감탄형	-(는)구나	-(는)구먼	-(는)구려	–	-아/-어	-아요/-어요

격식체	공식적이고 청자와 다소 거리를 두고 예의를 갖추는 상황에서 쓰임.
비격식체	사적이고 청자와 가깝고 친밀감을 나타내는 상황에서 쓰임.

(4) **잘못된 높임 표현**

- 높여야 할 대상을 제대로 높이지 않거나 높이지 말아야 할 대상을 높이는 경우
  예 "철수야, 선생님이 너 교무실로 오시래."
- 사물에 대한 존칭 등 과도한 높임 표현을 사용하는 경우
  예 "주문하신 커피 나오셨습니다."

❷ 피동 표현

- 주어가 동작을 제힘으로 행하는 것을 '능동'이라 하고, 주어가 다른 주체에 의해 동작을 당하게 되는 것을 '피동'이라 함.

능동문 　주어　　목적어　서술어
　　　　고양이가 쥐를 잡았다.

피동문 　쥐가 고양이에게 잡혔다.
　　　　주어　부사어　　서술어

▶ 정답과 해설 50쪽

파생적 피동	능동사의 어간에 피동 접미사 '-이-, -히-, -리-, -기-'를 결합, 일부 명사 뒤에 접사 '-되다'를 결합	예 보다 → 보이다 듣다 → 들리다
통사적 피동	능동사의 어간에 '-아/어지다', '-게 되다'를 결합	예 멀다 → 멀어지다 말하다 → 말하게 되다

- 피동 표현은 주로 동작이나 행위의 주체가 확실하지 않거나 밝히지 않고자 할 때, 동작이나 행위를 당하는 대상을 강조하고자 할 때, 내용에 객관성을 높이거나 내용에 대한 책임을 회피하고자 할 때 사용됨.
- 피동 표현을 사용하지 않아도 될 때 피동 표현을 사용하거나 '보여지다', '믿겨지다'처럼 피동 접미사에 통사적 피동이 결합한 이중 피동은 잘못된 표현임.

③ 시간 표현

(1) 시제: 화자가 말하는 시점(발화시)을 기준으로 하여 말하고자 하는 사건의 시간(사건시)이 현재, 과거, 미래의 어느 시점에서 일어났는지를 나타내는 문법 범주

과거 시제	사건시가 발화시보다 앞서는 시제	• 선어말 어미 '-았-/-었-', '-더-', '-았었-/-었었-'을 활용 • 동사에는 관형사형 어미 '-(으)ㄴ', '-더'에 '-(으)ㄴ'이 합쳐진 '-던'을 활용, 형용사와 서술격 조사에는 '-던'을 활용 • 시간 부사어 '어제', '옛날' 등을 활용
현재 시제	발화시와 사건시가 일치하는 시제	• 동사에는 선어말 어미 '-ㄴ-/-는-'을 활용. 형용사와 서술격 조사의 경우 선어말 어미 없이 기본형으로 나타냄. • 동사에는 관형사형 어미 '-는'을, 형용사와 서술격 조사에는 '-(으)ㄴ'을 활용 • 시간 부사어 '오늘', '지금' 등을 활용
미래 시제	사건시가 발화시보다 나중인 시제	• 선어말 어미 '-겠-', '-(으)리-'를 활용 • 관형사형 어미 '-(으)ㄹ'을 활용 • 시간 부사어 '내일', '내년' 등을 활용

(2) 동작상: 발화시를 기준으로 동작이 진행되고 있는지 완결되었는지를 나타내는 문법 범주

진행상	말하는 시점을 기준으로 동작이 진행되고 있음.	'-고 있다', '-아/-어 가다'
완료상	말하는 시점을 기준으로 동작이 완료됨.	'-아/-어 있다', '-아/-어 버리다'

④ 인용 표현

- 다른 사람의 말이나 글을 직접 또는 간접적으로 자신의 말이나 글 속에 끌어다 쓰는 표현

직접 인용	• 다른 사람의 말이나 글을 원래의 형식과 내용을 그대로 유지한 채 인용 • 해당 인용절에 큰 따옴표로 표시하고, 인용절 다음에 조사 '라고' 또는 '하고'를 붙임. • 직접 말을 전하는 듯한 생생한 느낌을 줄 수 있음. 예 그는 "내가 바로 스파이더맨이다."라고 소리쳤다.
간접 인용	• 다른 사람의 말이나 글을 인용할 때 그 형식은 유지하지 않고 내용만 끌어다 쓰는 인용 • 따옴표 없이 해당 인용절 다음에 조사 '고'를 붙임. 서술격 조사 '이다'로 끝난 경우는 '이라고'를 사용함. • 직접 인용을 사용할 때보다 매끄럽고 간결한 느낌을 줄 수 있음. 예 그는 자기가 직접 가겠다고 말했다.

- 직접 인용 표현을 간접 인용 표현으로 바꿀 경우 인칭 대명사나 지시 표현, 높임 표현, 문장 종결 표현 등이 달라지므로 주의해야 함.
  예 언니는 어제 거실에서 "너, 여기 청소 좀 해."라고 말했다.
  → 언니는 어제 거실에서 나에게 거실 청소 좀 하라고 말했다.

개념 확인 문제

5 다음 설명이 맞으면 ○표, 틀리면 ×표를 하시오.

(1) 주어가 남에게 어떤 동작을 하도록 시키는 것을 '피동'이라고 한다. (　　)
(2) 능동사의 어간에 피동 접미사 '-이-'가 결합된 경우 파생적 피동이라고 한다. (　　)
(3) 피동 표현은 동작이나 행위의 주체를 강조하고자 할 때 사용된다. (　　)

6 다음 문장이 〈보기〉의 ㉠~㉤ 중 어디에 해당하는지 기호로 쓰시오.

┌──── ● 보기 ● ────┐
㉠ 현재 시제　㉡ 과거 시제
㉢ 미래 시제　㉣ 진행상
㉤ 완료상
└─────────────┘

(1) 학교에 간다. (　　)
(2) 어제 비가 왔다. (　　)
(3) 학교에 갈 것이다. (　　)
(4) 불이 켜져 있다. (　　)
(5) 점심을 먹고 있다. (　　)

7 다음 문장을 직접 인용은 간접 인용 표현으로, 간접 인용은 직접 인용 표현으로 바르게 고치시오.

(1) 철수는 자기 형이 드디어 우승을 차지했다고 말했다.
　→ (　　　　　　　)
(2) 지원이는 나에게 "너도 이 책을 읽었니?"라고 물었다.
　→ (　　　　　　　)

8 다음 중, 바른 표현의 문장은?

① 나는 어제 야구를 볼 것이다.
② 교장 선생님 말씀이 있으시겠습니다.
③ 성금은 유용하게 쓰여질 것으로 보여진다.
④ 친구는 나에게 "라면 먹을래?"고 물었다.
⑤ 인명을 보호할 수 있는 법안이 조속히 마련되어져야 한다.

1 〈보기〉의 ㉠~㉤에 대한 설명으로 적절하지 <u>않은</u> 것은?

━━━━● 보기 ●━━━━

　높임법은 화자가 높이려는 대상이 누구인지에 따라 주체 높임법, 상대 높임법, 객체 높임법으로 구분된다. 주체 높임법은 주어가 나타내는 대상인 주체를 높이는 것이며, 상대 높임법은 대화의 상대인 청자를 높이거나 낮추는 것이고, 객체 높임법은 문장의 목적어나 부사어가 나타내는 대상인 객체를 높이는 것이다.

　㉠ 할머니께서 책을 읽고 계신다.
　㉡ 누나는 어머니께 모자를 선물로 드렸다.
　㉢ 할아버지께서 월요일 오후에 병원에 가신다.
　㉣ (선생님과의 대화 중) 선생님, 제가 드릴 말씀이 있습니다.
　㉤ (아버지와의 대화 중) 아버지, 저는 아버지를 예전부터 존경해 왔습니다.

① ㉠은 주체인 '할머니'를 높이는 데에 '께서'와 '계시다'를 사용하고 있다.
② ㉡은 객체인 '어머니'를 높이는 데에 '께'와 '드리다'를 사용하고 있다.
③ ㉢은 주체인 '할아버지'를 높이는 데에 '께서'와 '-시-'를 사용하고 있다.
④ ㉣은 주체인 '선생님'을 높이는 데에 '말씀'을 사용하고 있다.
⑤ ㉤은 상대인 '아버지'를 높이는 데에 '-습니다'를 사용하고 있다.

2 〈보기〉의 높임 표현에 대한 설명으로 적절하지 <u>않은</u> 것은?

━━━━● 보기 ●━━━━

점원: 손님, 어떤 옷을 ㉠찾으십니까?
손님: 셔츠를 좀 보려고요. ㉡저희 아버지께서 입으실 거거든요.
점원: 이 셔츠는 어떠세요? 선물로 ㉢드리시면 무척 좋아하실 겁니다.
손님: 저희 아버지는 ㉣어깨가 넓으신데 잘 맞을지 모르겠네요.
점원: 그러시면 ㉤어르신을 모시고 한번 들러 주세요.

① ㉠: '-ㅂ니까'라는 종결 어미를 사용하여 말을 듣는 상대를 높이고 있다.
② ㉡: '저희'라는 자신을 낮추는 어휘를 사용하여 '아버지'를 높이고 있다.
③ ㉢: '-시-'를 사용해서 선물을 주는 사람을, '드리다'를 사용해서 선물을 받는 사람을 동시에 높이고 있다.
④ ㉣: '아버지'가 높임의 대상이므로 그 신체의 일부가 주어로 올 때도 높임 표현을 쓰고 있다.
⑤ ㉤: 높임을 나타내는 특정한 어휘를 사용하여 높임의 의도를 표현하고 있다.

3 다음은 높임 표현과 관련된 '학습 활동'의 일부이다. 질문에 대한 답으로 적절하지 <u>않은</u> 것은?

┌─ 학습 활동 ─────────────

　다음의 높임 표현에 대한 설명을 참고하여, 아래의 질문에 답해 보자.

　우리말의 높임법은 높이는 대상에 따라 주어가 나타내는 대상을 높이면 주체 높임, 청자를 높이면 상대 높임, 목적어나 부사어가 나타내는 대상을 높이면 객체 높임으로 구분할 수 있습니다. 이러한 높임법은 조사, 특수 어휘, 선어말 어미, 종결 어미 등에 의해 실현됩니다.

질문: 제시된 문장에 실현된 높임 표현에 대해 탐구해 보자.

　㉠ 아버지, 할머니께 선물 드리셨어요?
　㉡ 어머니, 아버지께서 저녁을 드시러 나가셨습니다.
　㉢ 삼촌, 어머니께서 아버지를 모시고 오라고 얘기하시는데요.

① ㉠에는 부사어가 나타내는 대상을 높일 때 사용하는 조사가 있다.
② ㉢에서는 특수 어휘를 사용하여 목적어가 나타내는 대상을 높이고 있다.
③ ㉠과 ㉡에서는 종결 어미를 사용하여 듣는 상대를 높이고 있다.
④ ㉠과 ㉢에는 주어가 나타내는 대상을 높일 때 사용하는 조사가 있다.
⑤ ㉡과 ㉢에는 주어가 나타내는 대상을 높일 때 사용하는 선어말 어미가 있다.

4 〈보기〉의 밑줄 친 방법을 이용한 높임법이 <u>아닌</u> 것은?

─● 보기 ●─

높임법에는 문법적인 요소를 이용하는 것 외에도 어휘적인 것을 이용하는 방법이 있다. 예를 들어 '주무시다'라는 어휘는 잠을 자는 주체를 높이기 위한 높임말이다. 또는 '저, 소인'과 같이 자신을 낮추는 낮춤말을 사용하여 상대를 높이는 경우도 있다. 그리고 '드리다, 뵙다'와 같은 어휘는 행위의 대상인 객체를 높이는 어휘이다.

① 선생님께서는 댁으로 들어가셨습니다.
② 어서 가서 할아버지를 모시고 오너라.
③ 할머니께서 옥수수를 드시고 계십니다.
④ 아버지는 지금 동생과 함께 낚시터에 계신다.
⑤ 아버지께서 침침한 눈을 비비시며 신문을 보신다.

5 〈보기〉의 ㉠~㉤에 대한 설명으로 옳은 것은?

─● 보기 ●─

높임법은 화자가 높이려는 대상이 누구인지에 따라 주체 높임법, 상대 높임법, 객체 높임법으로 구분된다. 주체 높임법은 주어가 나타내는 대상인 주체를 높이는 것이며, 상대 높임법은 대화의 상대인 청자를 높이거나 낮추는 것이고, 객체 높임법은 문장의 목적어나 부사어가 나타내는 대상인 객체를 높이는 것이다.

동생: 학교 다녀왔습니다.
누나: ㉠이제 오는구나.
동생: 누나밖에 없어? ㉡아버지 안 계신 거야?
누나: 응. 너 저녁 안 먹었지? ㉢아버지께 전화 드리고 얼른 나가자.
동생: 무슨 일인데?
누나: ㉣아버지께서 너 데리고 식당으로 오라셨어. ㉤할머니 모시고 저녁 먹으러 가자고 그러시더라.

① ㉠은 '-는구나'를 사용하여 상대인 동생을 높이고 있다.
② ㉡은 '계시다'를 사용하여 객체인 '아버지'를 높이고 있다.
③ ㉢은 '께'를 사용하여 주체인 '아버지'를 높이고 있다.
④ ㉣은 '께서'를 사용하여 객체인 '아버지'를 높이고 있다.
⑤ ㉤은 '모시다'를 사용하여 객체인 '할머니'를 높이고 있다.

6 〈보기 1〉을 참고할 때, 〈보기 2〉의 ㉠~㉢에 들어갈 말을 바르게 짝지은 것은?

─● 보기 1 ●─

높임 종류	높임 대상	높임 실현 방법
주체 높임	서술어의 주체	• '께서', '-(으)시-' 등 • '편찮다', '잡수다' 등
객체 높임	서술어의 객체	• '께' 등 • '여쭈다', '드리다', '뵙다' 등
상대 높임	화자의 말을 듣는 상대	• 종결 어미

─● 보기 2 ●─

[분석 문장] "어머니, 아버지께서 할아버지께 선물을 드리러 큰댁에 가시었어요."

높임 종류	주체 높임	객체 높임	상대 높임
높임 대상	㉠	㉡	어머니
높임 실현 방법	께서, -시-	께, 드리다	㉢

	㉠	㉡	㉢
①	아버지	할아버지	-요
②	아버지	할아버지	께
③	할아버지	아버지	-시-
④	할아버지	아버지	-요
⑤	할아버지	아버지	께

7 〈보기〉의 ㉠, ㉡이 모두 사용된 문장은?

─● 보기 ●─

우리말에서는 일반적으로 선어말 어미나 종결 어미, 조사 등을 통해 높임을 표현하지만, **어휘를 통해 높임을 표현하는 경우도 있다.** 높임 표현에 쓰이는 어휘들은 다음과 같이 분류할 수 있다.

• 주체를 높이는 용언(예 계시다) ················ ㉠
• 객체를 높이는 용언(예 드리다)
• 높여야 할 인물을 직접 높이는 명사(예 선생님)
• 높여야 할 인물과 관련된 것을 높이는 명사 (예 진지) ················ ㉡

① 나는 아직 그분의 성함을 기억하고 있다.
② 누나는 여쭐 것이 있다며 할머니 댁에 갔다.
③ 연세가 많으신 할머니께서는 홍시를 잘 잡수신다.
④ 우리는 부모님을 모시고 바닷가로 여행을 떠났다.
⑤ 어머니께서는 몹시 피곤하셨는지 거실에서 주무신다.

8 〈보기〉의 [가]에 들어갈 문장으로 적절한 것은?

● 보기 ●

선생님: 우리말의 높임 표현에는 다음과 같이 세 종류가 있습니다.

- 상대 높임법: 화자가 청자, 즉 상대를 높이거나 낮추는 방법(종결 어미에 의해 실현)
- 주체 높임법: 문장에서 서술의 주체를 높이는 방법(조사, 선어말 어미, 특수 어휘에 의해 실현)
- 객체 높임법: 문장에서 목적이나 부사어가 지시하는 대상, 즉 객체를 높이는 방법(조사, 특수 어휘에 의해 실현)

그런데 실제 언어생활에서 '높임 표현'이 실현되는 양상은 복합적입니다.

예문을 볼까요? '영희야, 선생님께서 찾으셔.'는 상대는 낮추고 주체는 높여서 표현한 것입니다. 그리고 ____[가]____ 는 상대를 높이고 객체도 높여서 표현한 것입니다.

① 내일 우리 같이 밥 먹어요.
② 제가 할머니를 모시고 왔습니다.
③ 이 손수건 좀 할아버지께 갖다 드려.
④ 요즘 여러 가지 일로 많이 바쁘시죠?
⑤ 어머니께서 아버지의 바지를 만드셨어.

9 ⓐ~ⓔ 중 〈보기〉의 ㉠에 해당하지 않는 것은?

● 보기 ●

높임 표현에는 말하는 이가 듣는 이에 대하여 높이거나 낮추어 말하는 상대 높임, 서술의 주체를 높이는 주체 높임, 목적어나 부사어가 나타내는 대상, 즉 서술의 객체를 높이는 ㉠객체 높임이 있다.

선생님: 지은아, 방학은 잘 보냈니?
지은: 네. 제 용돈으로 할머니께 ⓐ드릴 선물을 사서 할머니 댁에 다녀왔어요.
선생님: 기특하다. 할머니를 ⓑ뵙고 왔구나. 가서 무엇을 했니?
지은: 아버지께서 할머니를 ⓒ모시고 병원에 가신 사이에 저는 ⓓ큰아버지께 인사를 드리고 왔어요.
선생님: 저런, 할머니께서 ⓔ편찮으셨나 보다.

① ⓐ   ② ⓑ   ③ ⓒ   ④ ⓓ   ⑤ ⓔ

10 〈보기 1〉의 설명을 참고하여 〈보기 2〉의 대화에서 밑줄 친 부분을 '+'와 '−'를 사용하여 표시할 때 적절한 것은?

● 보기 1 ●

우리말의 높임 표현에는 주체 높임, 객체 높임, 상대 높임의 세 가지가 있다. 주체 높임은 문장의 주체를 높이는 경우에 쓰이고, 객체 높임은 서술의 대상을 높이는 경우에 쓰인다. 또한 상대 높임은 청자를 높이는 경우에 쓰인다. 주체 높임과 객체 높임이 나타나는 경우는 '+'로, 나타나지 않는 경우는 '−'로 표시할 수 있다. 상대 높임의 경우 해요체가 나타날 때는 '+'로 해체가 나타날 때는 '−'로 표시한다.

예를 들어 다음의 문장은 아래와 같이 표시할 수 있다.

아버지가 할아버지께 전화를 드렸어요.
[−주체] [+객체] [+상대]

● 보기 2 ●

아버지: 철수야. 성적표를 보니 이번 국어 성적이 별로 좋지 않구나.
철수: 죄송해요. 이번에는 시험 준비를 열심히 하지 못했어요.
아버지: 성적표를 보고 조금 실망스러웠단다. 다음 시험에서는 더 열심히 해야겠지?
철수: 예. 아버지. 정말 죄송합니다.
아버지: (성적표를 내밀며) 부모님 확인란에 아버지 도장을 찍었다. 내일 학교에 가서 선생님께 드리고 와.
철수: (성적표를 받으며) 예.

① [+주체] [+객체] [+상대]
② [+주체] [−객체] [+상대]
③ [−주체] [+객체] [+상대]
④ [−주체] [+객체] [−상대]
⑤ [−주체] [−객체] [−상대]

11 〈보기〉의 ㉠~㉤에 대한 설명으로 적절하지 <u>않은</u> 것은?

─────● 보기 ●─────

영희: 경준아, 선생님께서 다음 국어 시간에 있을 모둠 과제 발표는 네가 주도해서 ㉠준비하시라고 하셔.

경준: 시인 소개 모둠 과제 말이지?

영희: 응.

경준: 그런데 어떤 시인을 주제로 발표하는 게 좋을지에 대해서도 말씀 ㉡있으셨니?

영희: 아니. 그건 시간이 날 때 네가 직접 선생님께 ㉢물어서 알아봐.

경준: 아무래도 그래야겠어.

영희: 그런데 선생님께서 저번 수업 시간에 김소월의 시가 ㉣자기의 애송시라고 ㉤말했잖아. 김소월은 우리나라 사람들이 좋아하는 시인이기도 하니까 김소월의 시 세계를 주제로 하여 발표해 보는 건 어때?

① ㉠: 주체가 '경준'이므로 '준비하라고'로 바꿔 말해야 한다.

② ㉡: 주어가 '말씀'이므로 '있었니'로 바꿔 말해야 한다.

③ ㉢: 윗사람인 '선생님'께 묻는 것이므로 '여쭤서'로 바꿔 말해야 한다.

④ ㉣: '선생님'을 높이는 것이므로 '당신'으로 바꿔 말해야 한다.

⑤ ㉤: 주체가 '선생님'이므로 '말씀하셨잖아'로 바꿔 말해야 한다.

12 〈보기〉의 대화에 나타난 높임 표현에 대한 설명으로 적절한 것은?

─────● 보기 ●─────

(가) ㉠: 먼저 출발하게. 목적지에서 같이 만나세.
　　 ㉡: 네, 몇 시에 도착하실 예정이십니까?

(나) ㉢: 할아버지께서 얼마 전부터 편찮으셔.
　　 ㉣: 그래? 내가 지난번에 뵀을 때는 귀도 밝으시고 정정해 보이시던데.

① (가)에서 ㉠과 ㉡은 대등한 관계임을 알 수 있다.

② (가)에서 ㉠과 ㉡은 비격식체 종결 표현을 사용한 것을 볼 때 친밀한 사이임을 알 수 있다.

③ (나)의 ㉢은 직접 높임과 간접 높임을 통해 문장의 주체를 높이고 있다.

④ (나)에서 ㉣은 특수한 어휘를 사용해서 객체를 높이고 있다.

⑤ (나)의 ㉣에서 '귀도 밝으시고'는 서술의 객체를 높이는 방법이다.

13 〈보기〉의 대화에 나타난 높임 표현에 대한 설명으로 적절하지 <u>않은</u> 것은?

─────● 보기 ●─────

높임법은 높이는 대상에 따라 서술의 주체를 높이는 주체 높임법, 서술의 객체를 높이는 객체 높임법, 대화하는 상대를 높이거나 낮추는 상대 높임법으로 구분된다.

점원: 손님, 어떤 모자를 ㉠보여 드릴까요?

손님: 저 모자는 사이즈가 어떻게 되나요? 제가 머리가 조금 큰데 제 머리에 ㉡맞겠습니까?

점원: 저 모자는 제일 큰 ㉢사이즈세요. 그리고 제가 보기에는 머리가 별로 안 ㉣크신데요.

손님: 감사합니다. 아! 혹시 그 모자 아시나요? 제가 전에 광고에서 본 스타일이 있었는데.

점원: 네. 어떤 모자인지 ㉤여쭤 보세요.

① ㉠에서는 객체 높임법을 사용하여 생략된 부사어인 '손님'을 높이고 있다.

② ㉠과 ㉡에서는 모두 상대 높임법이 사용되었으며, ㉠은 비격식체, ㉡은 격식체의 상대 높임법이 나타나고 있다.

③ ㉢에서는 주체 높임법과 상대 높임법이 함께 사용되었는데, 높이지 않아도 되는 대상을 높인 잘못된 표현이 나타나고 있다.

④ ㉣에서는 높이고자 하는 대상의 신체 일부를 주어로 하여 주체를 간접적으로 높이는 주체 높임법과 상대 높임법이 함께 사용되고 있다.

⑤ ㉤에서는 생략된 주어를 높이는 주체 높임법과 상대 높임법이 사용되어 '손님'을 높이고 있으므로 바른 높임 표현으로 볼 수 있다.

14 〈보기〉의 설명을 참고할 때 '피동 표현'의 예로 적절한 것은?

─────● 보기 ●─────

피동 표현은 주체가 남에 의해 어떤 동작을 당하는 것을 나타낸 표현이다. 예를 들어 '토끼가 호랑이에게 잡혔다.'라는 문장은 주체가 스스로 한 행동이 아니라 남에 의해 '잡는' 동작을 당하는 것을 표현하고 있으므로 피동 표현이다.

① 밧줄을 세게 당기다.

② 동생의 머리를 감기다.

③ 아이에게 밥을 먹이다.

④ 후배가 선배를 놀리다.

⑤ 태풍에 건물이 흔들리다.

15 〈보기〉를 참고하여 ㉠~㉣에 대해 탐구한 결과로 적절하지 않은 것은?

───── 보기 ─────

문장은 동작이나 행위를 누가 하느냐에 따라 능동문과 피동문으로 나누어진다. 주어가 동작을 제 힘으로 하는 문장을 능동문이라고 하고, 다른 주체에 의해 동작이 이루어지거나 영향을 받는 문장을 피동문이라고 한다.

	능동문	피동문
㉠	눈이 온 세상을 덮었다.	온 세상이 눈에 덮였다.
㉡	두 학생이 참새 네 마리를 잡았다.	참새 네 마리가 두 학생에게 잡혔다.
㉢	낙엽이 바람에 난다.	낙엽이 바람에 날린다.
㉣	해당 사례 없음.	오늘은 날씨가 갑자기 풀렸다.

① ㉠의 피동문은 능동문에 비해 주어의 동작성이 잘 드러나지 않는다.

② ㉠과 ㉡은 모두 능동문의 주어가 피동문에서 부사어로 나타나는 사례이다.

③ ㉡과 ㉢은 모두 능동문과 달리 피동문이 여러 가지 의미로 해석될 수 있다.

④ ㉢은 자동사를 피동사로 만들 수 있음을 보여 주는 사례이다.

⑤ ㉣은 피동문에 대응하는 능동문을 상정할 수 없는 경우가 있음을 보여 주는 사례이다.

16 〈보기 1〉의 내용을 참고할 때, 〈보기 2〉에 제시된 피동 표현의 유형이 같은 것끼리 묶인 것은?

───── 보기 1 ─────

주어가 다른 주체에 의해 동작을 당하게 되는 것을 피동이라 하고 이러한 표현을 피동 표현이라 한다. 그리고 피동 표현에는 피동 접사 '-이-, -히-, -리-, -기-' 등을 붙이는 파생적 피동, 서술어에 '-아/어지다'를 붙이는 통사적 피동, 단어 자체가 피동의 의미를 갖는 어휘적 피동이 있다.

───── 보기 2 ─────

ㄱ. 삼국지는 시대를 초월해 읽힌다.
ㄴ. 그 책상은 특이하게도 유리로 만들어졌다.
ㄷ. 그는 가장 친한 친구에게 사기를 당했다.
ㄹ. 그녀의 손에 가죽 가방이 들려 있었다.

① ㄱ, ㄴ ② ㄱ, ㄹ ③ ㄴ, ㄷ
④ ㄴ, ㄹ ⑤ ㄷ, ㄹ

17 다음을 바탕으로 〈보기〉를 이해한 것으로 적절하지 않은 것은?

───── 보기 ─────

능동문을 피동문으로 바꿀 때에는 능동문의 주어와 목적어를 각각 피동문의 부사어와 주어로 바꾸고, 능동문의 서술어에 알맞은 피동 접사나 '-어지다'를 붙여 피동문의 서술어로 만든다. 피동문을 쓸 때에는 지나친 피동 표현(이중 피동)이 되지 않도록 유의해야 한다.

───── 보기 ─────

ㄱ. 마을이 폭풍에 휩쓸리다.
ㄴ. 도둑이 경찰에게 잡히다.
ㄷ. 그의 오해가 동생에 의해 풀리다.

① ㄱ의 '휩쓸리다'는 '휩쓸다'의 어근에 피동 접사가 붙은 경우이다.

② ㄱ을 능동문으로 바꾸기 위해서는 '폭풍에'를 목적어로 만들어야 한다.

③ ㄴ을 능동문으로 바꾸면 행위의 주체가 '경찰'이 된다.

④ ㄴ의 '잡히다'를 '잡혀지다'로 바꾸면 지나친 피동 표현이 된다.

⑤ ㄷ의 '풀리다' 외에 '풀다'의 어간에 '-어지다'를 붙여도 피동문이 된다.

18 〈보기〉를 참고했을 때, 국어의 피동 표현에 대한 설명으로 적절하지 않은 것은?

───── 보기 ─────

ㄱ. 경찰이 도둑을 잡았다.
   도둑이 경찰에게 잡혔다.
ㄴ. 창문이 깨졌다.
   그동안 풀리지 않던 의문점이 밝혀졌다.
ㄷ. 오늘은 갑자기 날씨가 풀렸다.
   가지마다 주렁주렁 열매가 맺혔다.
ㄹ. 얼마 전 신종 사기 수법에 당했다.
   그는 여전히 국민의 존경을 받는다.

① 피동문에 대응하는 능동문이 없을 수도 있다.

② 어휘 자체가 피동의 의미를 갖는 경우도 있다.

③ 피동 접미사나 '-어지다'를 사용하여 피동 표현을 만들 수 있다.

④ '-어지다'를 사용하여 '그 소문은 사람들에게 금방 잊혀졌다.'라는 피동문을 만들 수 있다.

⑤ 능동문이 피동문으로 바뀔 때, 능동문의 주어는 피동문의 부사어로, 목적어는 주어로 바뀐다.

19 사동, 피동 표현에 주의할 때, 고쳐 쓴 문장 표현이 적절하지 <u>않은</u> 것은?

① 이번 과제를 해결하는 것이 어렵다고 생각된다.
  → 이번 과제를 해결하는 것이 어렵다고 생각한다.
② 아저씨께 꼭 소개시켜 드리고 싶은 사람입니다.
  → 아저씨께 꼭 소개해 드리고 싶은 사람입니다.
③ 이렇게 불쑥 끼여들다니, 무례하구나!
  → 이렇게 불쑥 끼어들다니, 무례하구나!
④ 그녀는 아이들을 교육시키는 것에 보람을 느낀다.
  → 그녀는 아이들을 교육하는 것에 보람을 느낀다.
⑤ 팻말에 야생 동물 보호 구역이라고 씌여 있었다.
  → 팻말에 야생 동물 보호 구역이라고 써 있었다.

20 〈보기〉의 ㉠~㉢에 해당하는 사례로 적절하지 <u>않은</u> 것은?

● 보기 ●

  '피동'이란 주어가 스스로 행동하지 않고 남의 동작을 받는 것을 말한다. 국어 문장의 피동 표현은 크게 세 가지로 나누어진다. 타동사 어근에 피동 접미사 '-이-, -히-, -리-, -기-'가 붙어서 이루어진 ㉠파생적 피동, 용언의 어간에 '-어지다'가 붙어서 이루어진 ㉡통사적 피동, 그리고 어휘 자체가 피동의 의미를 띠고 있는 ㉢어휘적 피동 등이 있다.

① ㉠: 어디서 음악 소리가 들렸다.
② ㉠: 건물 사이로 하늘이 보였다.
③ ㉡: 이 책상은 나무로 만들어졌다.
④ ㉢: 이제는 계절이 봄이 되었다.
⑤ ㉢: 이번 만우절에도 거짓말에 당했다.

21 〈보기〉를 참고할 때, 피동 표현의 예로 적절한 것은?

● 보기 ●

• 능동 표현: 주어가 동작을 제힘으로 하는 것을 나타냄. **예** 호랑이가 토끼를 잡다.
• 피동 표현: 주어가 다른 주체에 의해서 동작을 당하게 되는 것을 나타냄. **예** 토끼가 호랑이에게 <u>잡히다.</u>

① 동생에게 사탕을 <u>빼앗기다.</u>
② 운동장에서 친구를 <u>만나다.</u>
③ 친구가 기쁜 소식을 <u>전하다.</u>
④ 교장 선생님께 고개를 <u>숙이다.</u>
⑤ 할머님께 공손하게 허리를 <u>굽히다.</u>

22 〈보기〉를 바탕으로 피동문과 사동문에 대해 이해한 내용으로 적절하지 <u>않은</u> 것은?

● 보기 ●

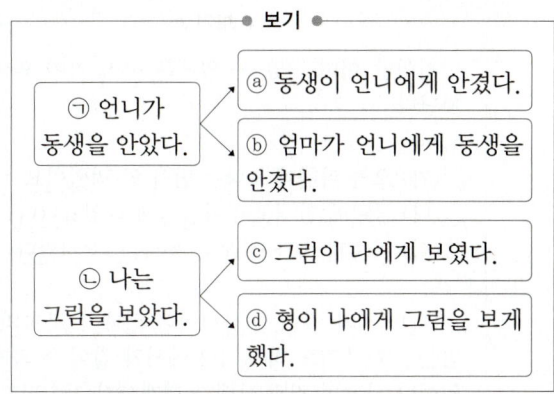

㉠ 언니가 동생을 안았다.
  ⓐ 동생이 언니에게 안겼다.
  ⓑ 엄마가 언니에게 동생을 안겼다.
㉡ 나는 그림을 보았다.
  ⓒ 그림이 나에게 보였다.
  ⓓ 형이 나에게 그림을 보게 했다.

① ㉠과 ⓐ를 보니 능동문의 주어는 피동문에서 부사어가 되는군.
② ㉡과 ⓒ를 보니 능동문의 목적어는 피동문에서도 목적어가 되는군.
③ ㉡과 ⓓ를 보니 주동문이 사동문으로 바뀌면 새로운 주어가 나타나는군.
④ ⓐ와 ⓑ를 보니 피동사와 사동사의 형태가 같을 수 있군.
⑤ ⓑ와 ⓓ를 보니 사동사나 '-게 하다'를 활용하여 사동문을 만들 수 있군.

23 〈보기〉의 ㉠~㉢에 대한 학생들의 탐구 결과로 적절하지 <u>않은</u> 것은?

● 보기 ●

  발화시는 화자가 말하는 시점이며, 사건시는 동작이나 상태가 나타나는 시점이다. 사건시와 발화시의 관계에 따라 과거, 현재, 미래 시제를 나눌 수 있다. 우리말의 시제 표현은 선어말 어미나 부사 등을 통해 실현된다.

  ㉠ 오늘은 일찍 밥을 먹는다. (현재 시제)
  ㉡ 제가 내일 봉사를 하겠습니다. (미래 시제)
  ㉢ 나는 영희를 보았다. (과거 시제)
  ㉣ 예전에 이곳은 꽃밭이었었지. (과거 시제)

① ㉠은 사건시와 발화시가 일치하는 경우에 해당해.
② ㉡은 사건시가 발화시보다 나중인 경우에 해당해.
③ ㉢은 사건시가 발화시보다 앞서는 경우에 해당해.
④ ㉠, ㉡을 보니 '일찍, 내일'과 같은 시간 부사를 활용하여 시제를 명확하게 표현할 수 있어.
⑤ ㉢, ㉣을 보니 '-았-/-었-'보다 '-았었-/-었었-'은 현재와는 강하게 단절된 사건을 표현할 수 있어.

24 밑줄 친 부분이 〈보기〉의 ⓐ~ⓒ에 해당하는 예로 적절하지 <u>않은</u> 것은?

———● 보기 ●———

선어말 어미 '-았-/-었-'은 여러 가지 의미를 지닌다.

(가) 오늘 아침에 누나는 밥을 안 <u>먹었어요</u>.
(나) 들판에 안개꽃이 아름답게 <u>피었습니다</u>.
(다) 이렇게 비가 안 오니 농사는 다 <u>지었다</u>.

(가)에서와 같이 ⓐ<u>사건이나 상태가 과거의 것임을 나타내기도 하고</u>, (나)에서와 같이 ⓑ<u>과거에 일어난 사건의 결과 상태가 현재까지 지속되고 있음을 나타내기도 한다</u>. (가)의 경우와 달리 (나)의 경우에는 '-았-/-었-'을 보조 용언 구성 '-아/-어 있-'이나 '-고 있-'으로 교체하여도 의미가 달라지지 않는다. 또한 (다)에서와 같이 ⓒ<u>미래의 일을 확정적인 사실로 받아들임을 나타내기도 한다</u>.

① ⓐ ┌ A: 어제 뭐 했니?
      └ B: 하루 종일 텔레비전만 <u>보았어</u>.

② ⓐ ┌ A: 너 아까 집에 없더라.
      └ B: 할머니 생신 선물 사러 <u>갔어</u>.

③ ⓑ ┌ A: 감기 걸렸다며?
      └ B: 응, 그래서인지 아직도 목이 <u>잠겼어</u>.

④ ⓑ ┌ A: 소풍날 날씨는 괜찮았어?
      └ B: 아주 <u>나빴어</u>.

⑤ ⓒ ┌ A: 너 오늘도 바빠?
      └ B: 응, 과제 준비하려면 오늘도 잠은 다 <u>잤어</u>.

25 〈보기 1〉의 ㉠, ㉡에 해당하는 예를 〈보기 2〉의 ⓐ~ⓒ에서 찾아 바르게 연결한 것은?

———● 보기 1 ●———

'발화시'는 말하는 이가 특정한 문장을 발화하는 시간으로서 항상 현재이다. '사건시'는 문장으로 표현되는 사건이나 상황이 일어난 시간이다. '발화시'를 기준으로 하여 결정되는 시제를 '절대 시제'라 하고, 전체 문장의 '사건시'에 기대어 상대적으로 결정되는 시제를 '상대 시제'라 한다.

(가) 응, 나 지금 책 <u>읽어</u>.
(나) 형이 와서 내가 <u>읽는</u> 책을 빼앗아 갔다.

(가)의 '읽어'는 ㉠<u>절대 시제로서의 현재</u>요, (나)의 '읽는'은 ㉡<u>상대 시제로서의 현재</u>인 것이다.

———● 보기 2 ●———

ⓐ 철수는 지금 탁구를 <u>친다</u>.
ⓑ 음악을 <u>듣고 있으니</u> 마음이 즐거웠다.
ⓒ 영희는 청소를 <u>하시는</u> 어머니를 보았다.

	㉠	㉡
①	ⓐ	ⓑ, ⓒ
②	ⓐ, ⓑ	ⓒ
③	ⓑ	ⓐ, ⓒ
④	ⓐ, ⓒ	ⓑ
⑤	ⓑ, ⓒ	ⓐ

26 〈보기〉의 ⓐ~ⓒ에 해당하는 예로 적절하지 <u>않은</u> 것은?

———● 보기 ●———

보조 용언 구성 '-고 있-'은 크게 두 가지 의미를 지닌다.

(가) 민수는 지금 떡국을 <u>먹고 있다</u>.
(나) 선생님은 너를 <u>믿고 있다</u>.
(다) 지혜는 모자를 <u>쓰고 있다</u>.

(가)에서처럼 ⓐ<u>'어떤 동작이 진행되고 있음'</u>을 나타내기도 하고, (나)에서처럼 ⓑ<u>'어떤 상태가 지속되고 있음'</u>을 나타내기도 한다. (가)의 '-고 있-'은 '-는 중이-'로 교체하여도 ⓐ의 의미가 유지되지만, (나)의 '-고 있-'은 교체하면 부자연스러운 문장이 되거나 ⓑ의 의미가 유지되지 않는다. 한편 (가), (나)에서는 특정한 문맥이 주어지지 않아도 그 의미를 확정할 수 있는 데 반해, (다)에서는 문맥이 충분히 주어지지 않으면 '-고 있-'이 ⓒ<u>두 가지 의미 모두로 해석될 수 있다</u>.

① ⓐ ┌ A: 아빠 들어오실 때 형은 뭐 하고 있었니?
      └ B: 형은 양치질을 <u>하고 있었어요</u>.

② ⓑ ┌ A: 오빠가 너한테 화가 많이 났나 봐.
      └ B: 오빠는 지금 날 <u>오해하고 있는</u> 것 같아.

③ ⓑ ┌ A: 내일이 고모님 생신이라고 하네.
      └ B: 아, 나 그거 이미 <u>알고 있어</u>.

④ ⓒ ┌ A: 너 안경 잃어버렸다며? 괜찮아?
      └ B: 눈이 아주 나쁘진 않아서 안경 <u>벗고 있</u>어도 괜찮아.

⑤ ⓒ ┌ A: 저 중에 신입 사원이 누구야?
      └ B: 저기에 있잖아. 넥타이를 <u>매고 있</u>네.

▶정답과 해설 50쪽

27 밑줄 친 말에 주목하여 〈보기〉의 ㉠~㉤에 대해 탐구한 결과로 적절하지 <u>않은</u> 것은?

● 보기 ●

㉠ 거기에는 눈이 <u>왔겠다</u>. / 지금 거기에는 눈이 <u>오겠지</u>.

㉡ 그가 집에 <u>갔다</u>. / 막차를 놓쳤으니 나는 집에 다 <u>갔다</u>.

㉢ 내가 <u>떠날</u> 때 비가 올 것이다. / 내가 <u>떠날</u> 때 비가 왔다.

㉣ 그는 지금 학교에 <u>간다</u>. / 그는 내년에 <u>진학한 다고</u> 한다.

㉤ 오늘 보니 그는 키가 <u>작다</u>. / 작년에 그는 키가 <u>작았다</u>.

① ㉠을 보니, 선어말 어미 '-겠-'이 미래의 사건을 추측하는 데에 쓰이고 있군.

② ㉡을 보니, 선어말 어미 '-았-'이 과거 시제를 나타내지 않는 경우도 있군.

③ ㉢을 보니, 관형사형 어미 '-ㄹ'이 붙을 때 미래의 사건을 나타내지 않는 경우도 있군.

④ ㉣을 보니, 현재 시제 선어말 어미 '-ㄴ-'이 미래의 사건을 나타낼 때도 쓰이고 있군.

⑤ ㉤을 보니, 형용사에서 현재 시제를 나타낼 때 시제 선어말 어미가 나타나지 않고 있군.

28 〈보기〉를 바탕으로 할 때, 영화가 시작된 시각으로 예상되는 시점은?

● 보기 ●

엄마: 아까 낮에 형과 전화하던데, 무슨 이야기 했니?

아들: 형이 영화를 보러 갔는데, 영화관에 도착해 보니까 영화가 곧 시작되겠다고 제게 말했어요.

엄마: 그래? 늦지 않게 영화를 봤겠지?

아들: 네, 그럴 거예요.

(a) 형이 영화관에 도착한 시점
(b) 형이 영화 시작 시간표를 확인한 시점
(c) 형이 동생에게 말한 시점
(d) 아들이 엄마에게 말한 시점

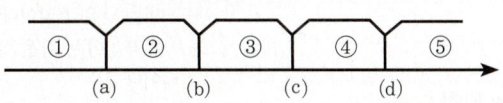

29 〈보기〉의 ⓐ~ⓓ에 들어갈 말을 올바르게 짝지은 것은?

● 보기 ●

㉠ 영희 어머니께서는 "네 동생은 착해."라고 말씀하셨다.

㉡ 영희 어머니께서는 내 동생이 착하다고 말씀하셨다.

㉠은 영희 어머니의 발화를 그대로 옮긴 직접 인용이고, ㉡은 영희 어머니의 발화를 풀어 쓴 간접 인용이다. 그런데 직접 인용을 간접 인용으로 바꿀 때나 간접 인용을 직접 인용으로 바꿀 때는 인용절 속의 어미, 인용 조사, 대명사, 지시 표현, 높임 표현 등에 변화가 생길 수 있다.

직접 인용	아들이 어제 저에게 "내일 사무실에 계십시오."라고 말했습니다.
	⇩
간접 인용	아들이 어제 저에게 (ⓐ) 사무실에 (ⓑ) 말했습니다.
직접 인용	언니는 어제 "나의 휴대 전화에 메시지를 꼭 남겨라."라고 나에게 말했다.
	⇩
간접 인용	언니는 어제 (ⓒ) 휴대 전화에 메시지를 꼭 (ⓓ) 나에게 말했다.

	ⓐ	ⓑ	ⓒ	ⓓ
①	오늘	있으라고	자기의	남기라고
②	어제	계시라고	자기의	남겨라고
③	오늘	있으라고	나의	남겨라고
④	오늘	계시라고	자기의	남겨라고
⑤	어제	계시라고	나의	남기라고

① 국어사의 시대 구분

(1) 고대 국어 : 고려 건국 이전까지의 시기(~9세기)

(2) 중세 국어 : 고려 건국 ~ 임진왜란 이전(10세기~16세기)
 • 전기 중세 국어 : 훈민정음 창제(1443년) 이전(10세기~14세기)
 • 후기 중세 국어 : 임진왜란(1592년) 이전(15세기~16세기)

(3) 근대 국어 : 임진왜란 직후 ~ 갑오개혁 이전(17세기~19세기 말)

(4) 현대 국어 : 갑오개혁 이후(20세기~)

② 중세 국어의 특징

(1) 음운
 • 현대 국어에 쓰이지 않는 자모가 사용됨.
   예 ㅸ(순경음 비읍), ㆆ(여린히읗), ㅿ(반치음), ㆁ(옛이응), ·(아래아)
 • 이전 시기에 나타나지 않던 된소리가 발달함.
 • 음절 첫머리에 둘 이상의 자음이 오는 어두 자음군이 존재함. 현대 국어에 와서 어두 자음군은 된소리로 바뀜. 예 ᄠ들, ᄲ메, ᄢ여('ㅂ'은 실제 발음되었던 것으로 보임.)
 • '·'를 포함하여 'ㅣ, ㅡ, ㅓ, ㅏ, ㅜ, ㅗ, ·'는 단모음, 'ㅐ, ㅔ, ㅚ, ㅟ'는 이중 모음이었음. 현대 국어에서 '·'가 사라지고 'ㅐ, ㅔ, ㅚ, ㅟ'는 단모음이 됨.
 • '·'의 변화 양상

·(아래아)	16세기 말에 둘째 음절 이하에서 'ㅡ'로 변화되는 1단계 소실이 일어남. 예 ᄆᆞᅀᆞᆷ > 마음
	근대 국어 시기에 첫째 음절에 놓인 '·'가 'ㅏ'로 변화되는 2단계 소실이 일어나며 차츰 음가가 소멸됨. 예 ᄀᆞᆯ > ᄀᆞ을 > 가을
	한글 맞춤법 통일안 공포 후 문자도 사라짐.

 • 양성 모음은 양성 모음끼리 음성 모음은 음성 모음끼리 결합하는 모음 조화가 현대 국어보다 잘 지켜짐. 후대로 갈수록 모음 조화는 잘 지켜지지 않게 됨. 예 ᄒᆞ야 > 하여
 • 소리의 높낮이인 성조가 존재함.
 • 'ㅣ' 모음에 선행하는 'ㄷ, ㅌ'이 'ㅈ, ㅊ'으로 바뀌는 구개음화가 일어나지 않음.
   예 펴디, 됴코
 • 모음 'ㅣ' 앞에서 'ㄴ'이 탈락하는 두음 법칙이 일어나지 않음. 예 니르고져, 너겨
 • 순음 'ㅁ, ㅂ, ㅍ' 아래에서 'ㅡ'가 'ㅜ'로 바뀌는 원순 모음화가 일어나지 않음.
   예 스믈, 므른

(2) 표기
 • 세로쓰기를 함.
 • 띄어쓰기를 하지 않음. 예 서르ᄉᆞᄆᆞᆺ디아니ᄒᆞᆯᄊᆡ
 • 글자 왼쪽에 점을 찍어 성조를 표시하는 방점이 존재함.

평성	낮은 소리. 점 없음. 예 나
상성	낮았다가 높아지는 소리. 점 두 개 예 :말
거성	높은 소리. 점 한 개 예 ·미
입성	점의 개수와 관계없이 끝을 빨리 닫는 소리. ㄱ, ㄷ, ㅂ, ㅅ 받침 예 ·랏

- 훈민정음 창제 초기에는 소리 나는 대로 적는 이어 적기가 일반적이었으나 16세기 이후 끊어 적기와 혼용되기도 함. **예** 노미, 뿌메(이어 적기) > 놈, 쓸에(끊어 적기)
- 각자 병서와 합용 병서가 사용됨. **예** 말쓰미(각자 병서), 뜯들(합용 병서)
- 받침 표기는 훈민정음 창제 초기에는 종성부용초성(초성에 사용한 자음을 그대로 종성에도 사용함.)을, 이후에는 8종성법(ㄱ, ㄴ, ㄷ, ㄹ, ㅁ, ㅂ, ㅅ, ㅇ)을 적용함.
- 15세기에는 중국 한자의 원음에 가깝게 표기하기 위한 동국정운식 한자음 표기를 적용함. 한자음 표기에는 모음으로 끝나도 종성에 'ㅇ'을 적어 초·중·종성을 모두 갖추어 표기함. **예** 世솅宗종
- 'ㆆ'으로 'ㄹ'을 보충해 적는 방법으로 관형사형 어미를 표기함. **예** 홀 배, 홇 쏘르미니라

(3) 어휘

- 현대 국어와 의미나 형태가 다른 것이 있었음.

의미의 확대	단어의 의미 영역이 넓어짐. **예** 영감(벼슬 이름 → 남자 노인)
의미의 축소	단어의 의미 영역이 좁아짐. **예** 놈(사람 → 남자를 낮잡아 이름)
의미의 이동	단어의 의미 자체가 변함. **예** 어린(어리석은 → 나이가 적은), 어엿비(불쌍하게 → 예쁘게)
사어(死語)	단어가 사라짐. **예** 스뭇디(통하지), 젼ᄎ(까닭), 시러(능히), 하니라(많으니라)

- 한자어와 고유어의 경쟁이 계속되고 한자어의 쓰임이 확대됨. **예** 뫼-산(山), ᄀᄅᆞᆷ-강(江)
- 한자어 이외에도 몽골어, 여진어 등에서 어휘가 차용되기도 함. **예** 보라매, 송골매, 두만
- 끝소리가 'ㅎ'인 단어(ㅎ 종성 체언)와 'ㄱ'인 단어(ㄱ 종성 체언)가 존재함.
  예 나랗, 쌓, 낡, 녁

모음으로 시작하는 조사	'ㅎ'과 'ㄱ'은 뒤따르는 모음에 이어 적음. **예** 나랗 + 이 → 나라히, 낡 + 이 → 남기
자음으로 시작하는 조사	'ㅎ'과 'ㄱ'은 나타나지 않음. 단, 'ㅎ'은 뒤따르는 'ㄱ', 'ㄷ'과 어울려 'ㅋ', 'ㅌ'으로 나타남. **예** 나랗 + 과 → 나라콰, 낡 + 도 → 나모도
관형격 조사 'ㅅ'	'ㅎ'과 'ㄱ'은 나타나지 않음. **예** 나랗 + ㅅ → 나랏, 낡 + ㅅ → 나못

(4) 문법

- 격 조사: 주격 조사로 현대 국어에서 '가'가 쓰일 자리에도 '이'만이 쓰임.

주격 조사	이	자음으로 끝난 체언 뒤 **예** 말씀 + 이 → 말씀미
	ㅣ	'ㅣ' 모음 이외의 모음으로 끝난 체언 뒤 **예** 공주 + ㅣ → 공쥐
	∅	'ㅣ' 모음으로 끝난 체언 뒤 **예** 불휘 + ∅ → 불휘
목적격 조사	올 / 을	받침이 있는 체언 뒤 **예** 몰 + 올 → ᄆᆞᄅᆞᆯ, 뜯 + 을 → 뜯들(모음 조화에 따름.)
	롤 / 를	받침이 없는 체언 뒤 **예** 나 + 롤 → 나롤, 너 + 를 → 너를(모음 조화에 따름.)
관형격 조사	이 / 의	유정 명사 뒤 **예** 놈 + 이 + 뜯 → ᄂᆞ미 뜯, 최구 + 의 + 집 → 최구의 집(모음 조화에 따름.)
	ㅅ	사람이면서 높임의 대상이거나 무정 명사 뒤 **예** 대왕 + ㅅ + 말씀 → 대왕ㅅ 말씀, 나라 + ㅅ + 말씀 → 나랏 말씀
부사격 조사	에	비교의 의미를 지닌 부사격 조사 '와/과' 자리에 '에'가 쓰임. **예** 듕귁에 달아(중국과 달라)

- 명사형 어미 '-옴/움'도 모음 조화에 따라 규칙적으로 실현됨. 후기에는 '-기'가 대신 쓰임. **예** 비르소미오, 뿌메
- 중세 국어 특유의 주체 높임법, 객체 높임법, 상대 높임법 등이 있었음.

주체 높임법	선어말 어미 '-시-/-샤-' 등을 사용해 주체(주어)를 높임. **예** 가시고, 가샤, 가샤티
객체 높임법	선어말 어미 '-ᄉᆞᆸ-/-줍-/-ᄉᆞᆸ-' 등을 사용해 객체(목적어, 부사어)를 높임. **예** 막ᄉᆞᆸ거늘, 듣줍게, 보ᄉᆞᆸ게
상대 높임법	• ᄒᆞ쇼셔체, ᄒᆞ라체, 반말체 등을 사용해 청자를 높이거나 낮춤. • 선어말 어미 '-이-', '-잇-' 등을 사용해 상대(청자)를 높임. **예** ᄒᆞᄂᆞ이다, ᄒᆞᄂᆞ잇가

개념 확인 문제

5 다음 단어의 의미 변화 유형이 〈보기〉의 ㉠~㉢ 중 어디에 해당하는지 기호로 쓰시오.

┌─────── ● 보기 ● ───────┐
㉠ 의미 확대
㉡ 의미 축소
㉢ 의미 이동
└──────────────────────┘

(1) 다리 (　　) (2) 계집 (　　)
(3) 짐승 (　　) (4) 세수 (　　)
(5) 감투 (　　)

6 다음 중, 고유어와 한자어의 연결이 잘못된 것은?

① 온 – 백　　② ᄀᆞᄅᆞᆷ – 강
③ 뫼 – 산　　④ 즈믄 – 천
⑤ 슈룹 – 수풀

7 중세 국어에 대한 설명으로 적절하지 않은 것은?

① 전기 중세 국어 초기에는 이어 적기를 사용했다.
② 훈민정음의 창제로 한자어보다 고유어의 쓰임이 증가했다.
③ 중세 특유의 주체 높임법, 객체 높임법, 상대 높임법이 있었다.
④ 소리의 높낮이가 있었으며, 글자 왼쪽에 방점을 찍어 표시했다.
⑤ 모음 조화 현상이 잘 지켜지다가, 후기에는 잘 지켜지지 않았다.

8 다음을 통해 알 수 있는 중세 국어의 특징으로 적절하지 않은 것은?

┌──────────────────┐
불휘기픈남군 (뿌리가 깊은 나무는)
└──────────────────┘

① 소리 나는 대로 적었다.
② 띄어쓰기를 하지 않았다.
③ 주격 조사 '가'가 쓰이고 있다.
④ 지금은 사라진 음운을 사용하였다.
⑤ 지금과 다른 형태의 어휘가 사용되었다.

1 〈보기〉에 제시된 '선생님'의 질문에 대한 답으로 적절한 것은?

---- 보기 ----

선생님: 중세 국어에서는 각 글자의 왼편에 점을 찍어 소리의 높낮이를 표시하였습니다. 점이 없으면 낮은 소리, 점이 한 개면 높은 소리, 점이 두 개면 처음은 낮고 나중이 높은 소리를 나타냈습니다. 가령 ':말ᄊᆞ·미'는 다음과 같이 소리의 높낮이를 표시할 수 있습니다.

:말ᄊᆞ·미 → 말 ⌐⌐ ᄊᆞ ⌐ 미

자, 그럼 다음의 밑줄 친 ⓐ는 소리의 높낮이를 어떻게 표시할 수 있을까요?

불·휘기·픈남ᄀᆞᆫ·ᄇᆞ·ᄅᆞ·매ⓐ아·니:뮐·ᄊᆡ
– 〈용비어천가(龍飛御天歌)〉 제2장 중에서

① ⌐아ㄴ니 뮐 ᄊᆡ   ② 아 ⌐니 ⌐뮐 ᄊᆡ
③ ⟋아ㄴ니 뮐 ᄊᆡ   ④ ⟋아 니 ⌐뮐 ᄊᆡ
⑤ 아 ㄴ니 뮐 ⟍ᄊᆡ

2 〈보기〉를 읽고, 중세 국어와 현대 국어의 의미 변화를 탐구한 내용으로 적절한 것은?

---- 보기 ----

나랏 ㉠말ᄊᆞ미 中듕國귁에 달아 文문字ᄍᆞ와로 서르 ᄉᆞᄆᆞᆺ디 아니ᄒᆞᆯᄊᆡ 이런 젼ᄎᆞ로 ㉡어린 百ᄇᆡᆨ姓셩이 니르고져 호ᇙ 배 이셔도 ᄆᆞᄎᆞᆷ내 제 ᄠᅳ들 시러 펴디 몯ᄒᆞᇙ ㉢노미 ㉣하니라 내 이를 爲윙ᄒᆞ야 ㉤어엿비 너겨 새로 스믈여듧 字ᄍᆞᄅᆞᆯ ᄆᆡᇰᄀᆞ노니 사ᄅᆞᆷ마다 ᄒᆡᅇᅧ 수ᄫᅵ 니겨 날로 ᄡᅮ메 便뼌安한킈 ᄒᆞ고져 ᄒᆞᇙ ᄯᆞᄅᆞ미니라

– 〈훈민정음〉 언해, 세조 5년(1459)

[풀이]
우리나라의 **말이** 중국과 달라 문자와 서로 통하지 아니하여서 이런 까닭으로 **어리석은** 백성이 말하고자 하는 바가 있어도 마침내 제 뜻을 능히 펴지 못하는 **사람이 많다.** 내가 이것을 위하여 **가엾게** 여겨 새로 스물여덟 자를 만드니, 모든 사람들로 하여금 쉽게 익혀 날마다 쓰는 데 편하게 하고자 할 따름이다.

① ㉠의 '말ᄊᆞᆷ'은 '말'을 뜻하였는데, 현대 국어의 '말씀'은 남의 말을 높여 이르거나 자기 말을 낮추어 이르는 말을 뜻하니까 의미 확대의 예야.
② ㉡의 '어리다'는 '어리석다'를 뜻하였는데, 현대 국어의 '어리다'는 '나이가 적다'를 뜻하니까 의미 축소의 예야.
③ ㉢의 '놈'은 '사람'을 뜻하였는데, 현대 국어의 '놈'은 남자를 낮잡는 의미로 쓰이니까 의미 확대의 예야.
④ ㉣의 '하다'는 '많다'를 뜻하였는데, 현대 국어의 '하다'는 '사람이나 동물, 물체 따위가 행동이나 작용을 이루다'란 뜻이니까 의미 축소의 예야.
⑤ ㉤의 '어엿브다'는 '가엾다'를 뜻하였는데, 현대 국어의 '예쁘다'는 '모양이 작거나 섬세하여 눈으로 보기에 좋다'란 뜻이니까 의미 이동의 예야.

3 〈보기〉를 활용하여 '중세(15세기) 국어의 특징'을 학습한 결과로 적절하지 <u>않은</u> 것은?

---- 보기 ----

ㄱ. 〈세종어제훈민정음(世宗御製訓民正音)〉 중에서

이런 젼ᄎᆞ로 어린 百ᄇᆡᆨ姓셩이 니르고져 호ᇙ 배 이셔도 ᄆᆞᄎᆞᆷ내 제 ᄠᅳ들 시러 펴디 몯ᄒᆞᇙ 노미 하니라

[현대어 풀이] 이런 까닭으로 어리석은 백성이 말하고자 하는 바가 있어도 마침내 제 뜻을 능히 펴지 못하는 사람이 많다.

ㄴ. 〈용비어천가(龍飛御天歌)〉 중에서

불휘 기픈 남ᄀᆞᆫ ᄇᆞᄅᆞ매 아니 뮐ᄊᆡ 곶 됴코 여름 하ᄂᆞ니

[현대어 풀이] 뿌리가 깊은 나무는 바람에 아니 흔들리므로 꽃이 좋고 열매가 많으니.

구분	ㄱ	ㄴ	학습의 결과	
어휘	어린, 하니라,…	여름, 하ᄂᆞ니	어휘의 의미가 오늘날과 다름.	①
	젼ᄎᆞ	뮐ᄊᆡ	오늘날 쓰이지 않는 어휘가 사용됨.	②
문자	ㅎ,…	·(아래아)	오늘날 쓰이지 않는 문자가 사용됨.	③
문법	배	불휘	오늘날과 달리 주격 조사 '가'가 사용되지 않음.	④
표기	ᄠᅳ들, 노미,…	기픈, ᄇᆞᄅᆞ매	소리 나는 대로 적지 않고 형태를 밝혀 적음.	⑤

4 〈보기〉를 바탕으로 중세 국어의 특징을 탐구한 내용으로 적절하지 <u>않은</u> 것은?

● 보기 ●

　　㉠<u>나랏</u> 말ᄊᆞ미 中듕國귁에 달아 文문字ᄍᆞ와로 서르 ᄉᆞᄆᆞᆺ디 아니ᄒᆞᆯᄊᆡ 이런 젼ᄎᆞ로 어린 百ᄇᆡᆨ姓셩이 ㉡니르고져 홇 ㉢배 이셔도 ᄆᆞᄎᆞᆷ내 제 ᄠᅳ들 시러 ㉣펴디 몯홇 노미 하니라 내 ㉤이롤 爲윙ᄒᆞ야 어엿비 너겨 새로 스믈여듧 字ᄍᆞ롤 ᄆᆡᇰᄀᆞ노니 사ᄅᆞᆷ마다 ᄒᆡᅇᅧ 수ᄫᅵ 니겨 날로 ᄡᅮ메 便뼌安한킈 ᄒᆞ고져 홇 ᄯᆞᄅᆞᄆᆡ니라

[현대어 풀이]
　　우리나라의 말이 중국과 달라 문자와 서로 통하지 아니하여서 이런 까닭으로 어리석은 백성이 말하고자 하는 바가 있어도 마침내 제 뜻을 능히 펴지 못하는 사람이 많다. 내가 이것을 위하여 가엾게 여겨 새로 스물여덟 자를 만드니, 모든 사람들로 하여금 쉽게 익혀 날마다 쓰는 데 편하게 하고자 할 따름이다.

① ㉠의 'ㅅ'은 현대 국어의 '의'에 해당하는 관형격 조사로 쓰였군.
② ㉡의 '-고져'는 현대 국어의 '-고자'에 해당하는 연결 어미로 쓰였군.
③ ㉢의 'ㅣ'는 주격 조사로, 모음으로 끝나는 체언에 결합했음을 알 수 있군.
④ ㉣과 현대 국어의 '펴지'를 비교해 보니 '-디'에서는 구개음화가 확인되지 않는군.
⑤ ㉤의 '롤'은 목적격 조사로, 자음으로 끝나는 체언에 결합했음을 알 수 있군.

[5~7] 다음 글을 읽고 물음에 답하시오.

世·솅宗종 御·엉製·젱 訓·훈民민正·정音흠

　나·랏:말ᄊᆞ·미 中듕國·귁·에 달·아 文문字·ᄍᆞ·와·로 서르 ᄉᆞᄆᆞᆺ·디 아·니홀·ᄊᆡ·이런 젼·ᄎᆞ·로 어·린 百·ᄇᆡᆨ姓·셩·이 니·르·고·져·홇 ·배 이·셔·도 ᄆᆞ·ᄎᆞᆷ·내 제·ᄠᅳ·들 시·러 펴·디:몯 홇·노·미 하·니·라 내·이·롤 爲·윙·ᄒᆞ·야 :어엿·비 너·겨·새·로·스·믈여·듧 字·ᄍᆞ·롤 ᄆᆡᇰ·ᄀᆞ노·니 :사ᄅᆞᆷ:마·다 :ᄒᆡ·ᅇᅧ :수·ᄫᅵ 니·겨·날·로·ᄡᅮ·메 便뼌安한·킈 ᄒᆞ·고·져 홇ᄯᆞᄅᆞ·미니·라
　　　　　　　　　　　　– 〈훈민정음〉 언해(1459년)

5 윗글에서 알 수 있는 국어의 모습으로 적절하지 <u>않은</u> 것은?
① 두음 법칙이 적용되었다.
② 모음 조화를 엄격하게 지켰다.
③ 어두 자음군에 합용 병서를 사용하였다.
④ 현대 국어와 달리 음의 높낮이가 있었다.
⑤ 한자음을 중국어 원음에 가깝게 표기하였다.

6 윗글을 통해 알 수 있는 내용이 <u>아닌</u> 것은?
① 이 글은 세종 대왕의 사후에 쓰였다.
② 중국과 우리말의 차이점에 대해 인식하고 있었다.
③ 당시 일반 백성들은 문자 생활에 어려움을 겪었다.
④ 훈민정음은 자주, 애민, 실용 정신을 바탕으로 만들어졌다.
⑤ 훈민정음은 지배층의 언어생활을 보완하기 위해 창제되었다.

7 윗글의 '나·랏:말ᄊᆞ·미'에 대한 설명으로 적절한 것은?
① '나'와 'ᄊᆞ'는 같은 성조로 현대 국어에서 장음으로 발음한다.
② '나'와 'ᄊᆞ'는 왼쪽에 점이 없는 것으로 보아 평성으로 낮다가 높아지는 소리로 발음한다.
③ '·랏'은 왼쪽에 점이 한 개인 것으로 보아 상성으로 높은 소리로 발음한다.
④ ':말'은 왼쪽에 점이 두 개인 것으로 보아 입성으로 낮다가 높아지는 소리로 발음한다.
⑤ '·미'는 왼쪽에 점이 한 개인 것으로 보아 거성으로 높은 소리로 발음한다.

8 〈보기〉의 밑줄 친 부분에 해당하는 것은?

● 보기 ●

선생님: 모음 조화란 양성 모음은 양성 모음끼리, 음성 모음은 음성 모음끼리 어울리는 현상입니다. 양성 모음으로는 'ㆍ, ㅏ, ㅗ'가, 음성 모음으로는 'ㅡ, ㅓ, ㅜ'가 있었습니다. 모음 조화는 15세기에는 비교적 엄격하게 지켜졌으나 그 이후로 지켜지지 않은 경우가 나타나게 됩니다.
　　여러분, 이제 18세기 문헌을 통해서 확인해 볼까요?

　　홍식이 거록ᄒᆞ야 ㉠붉은 긔운이 ㉡하늘을 쒸노더니 이랑이 ㉢소리를 놉히 ᄒᆞ야 나를 불러 져긔 믈밋출 보라 웨거늘 급히 눈을 ㉣드러 보니 믈밋 홍운을 헤앗고 큰 실오리 ㉤ᄀᆞᆺᄒᆞ 줄이 붉기 더옥 긔이ᄒᆞ며
　　　　　　　– 의유당, 〈관북유람일기〉(1772년)

① ㉠　　② ㉡　　③ ㉢　　④ ㉣　　⑤ ㉤

9 〈보기 1〉의 (가), (나)에 따른 표기의 사례를 〈보기 2〉의 ㉠~㉣에서 찾아 바르게 짝지은 것은?

```
━━━━●보기 1●━━━━
(가) ㅇ를 입시울쏘리 아래 니어 쓰면 입시울 가
비야ᄫᆞᆫ 소리 ᄃᆞ외ᄂᆞ니라
[풀이] ㅇ을 순음 아래 이어 쓰면 순경음이 된다.
(나) 첫소리를 어울워 ᄡᅮᇙ디면 글바 쓰라
[풀이] 초성 글자를 합하여 사용할 때에는 나란히
써라.
```

```
━━━━●보기 2●━━━━
   나랏 말ᄊᆞ미 中듕國귁에 달아 文문字ᄍᆞᆼ와로 서
르 ᄉᆞᄆᆞᆺ디 아니ᄒᆞᆯᄊᆡ 이런 젼ᄎᆞ로 어린 百ᄇᆡᆨ姓셩
이 니르고져 홇 배 이셔도 ㉠ᄆᆞ춤내 제 ᄠᅳ들 시러
펴디 몯홇 노미 하니라 내 이를 爲윙ᄒᆞ야 어엿비
너겨 새로 스믈여듧 字ᄍᆞᆼ를 ㉡밍ᄀᆞ노니 사ᄅᆞᆷ마다
ᄒᆡᆆ ㉢수ᄫᅵ 니겨 날로 ᄡᅮ메 便뼌安한킈 ᄒᆞ고져
홇 ㉣ᄯᆞᄅᆞᄆᆡ니라
                          – 〈훈민정음〉 언해
```

	(가)	(나)
①	㉠	㉡
②	㉠	㉢
③	㉡	㉣
④	㉢	㉡
⑤	㉢	㉣

10 〈보기〉의 (가)를 바탕으로 (나)를 이해한 것으로 적절하지 않은 것은?

```
━━━━●보기●━━━━
(가) 15세기 국어의 음운과 표기의 특징
 ㉠ 자음 'ㅿ'과 'ㅸ'이 존재하였다.
 ㉡ 초성에 오는 'ㅳ'은 'ㅂ'과 'ㄷ'이, 'ㅄ'은 'ㅂ'과
  'ㅅ'이 모두 발음되었다.
 ㉢ 종성에서 'ㄷ'과 'ㅅ'이 다르게 발음되었다.
 ㉣ 평성, 거성, 상성의 성조를 방점으로 구분하
  였다.
 ㉤ 연철 표기(이어 적기)를 하였다.

(나) 나·랏 :말ᄊᆞ·미 中듕國·귁·에 달·아 文문
字·ᄍᆞᆼ·와·로 서르 ᄉᆞᄆᆞᆺ·디 아·니ᄒᆞᆯ·ᄊᆡ ·이런 젼·ᄎᆞ
·로 어·린 百·ᄇᆡᆨ姓·셩·이 니르·고·져 ·홇 ·배 이
·셔·도 ᄆᆞ·춤:내 제 ·ᄠᅳ·들 시·러 펴·디 몯홇 ·노
·미 하·니·라 내 ·이·를 爲·윙·ᄒᆞ·야 :어엿·비
너·겨 새·로 ·스·믈 여·듧 字·ᄍᆞᆼ·를 밍·ᄀᆞ·노·니
:사ᄅᆞᆷ:마·다 :ᄒᆡ·ᅇᅧ :수·ᄫᅵ 니·겨 ·날·로 ·ᄡᅮ·메
便뼌安한·킈 ᄒᆞ·고·져 홇 ᄯᆞᄅᆞ·미·니·라
```

① ㉠을 보니, ':수·ᄫᅵ'에는 오늘날에는 없는 자음이 들어 있군.

② ㉡을 보니, '·ᄠᅳ·들'의 'ㅳ'에서는 두 개의 자음이 발음되었군.

③ ㉢을 보니, ':어엿·비'에서 둘째 음절의 종성은 'ㄷ'으로 발음되었군.

④ ㉣을 보니, ':ᄒᆡ·ᅇᅧ'의 첫음절과 둘째 음절은 성조가 달랐군.

⑤ ㉤을 보니, '·ᄡᅮ·메'에는 연철 표기가 적용되었군.

[11~12] 다음을 읽고 물음에 답하시오.

15세기 국어의 모음 조화는 형태소 내부와 경계에서 비교적 잘 지켜졌다. 한 형태소 내의 모음들을 살펴보면 'ㅏ, ㅗ, ·' 등의 양성 모음은 양성 모음끼리, 'ㅓ, ㅜ, ㅡ' 등의 음성 모음은 음성 모음끼리 어울렸다. 중성 모음 'ㅣ'는 양성 모음과 어울리기도 하고, 음성 모음과 어울리기도 하였다. 또 어근과 접사가 결합하여 단어가 형성되거나 체언에 조사가 연결될 때, 용언 어간에 어미가 연결될 때에도 조사나 어미의 첫 모음은 그에 선행하는 모음과 같은 성질의 모음이 연결되었다. 예를 들어, 목적격 조사는 그에 선행하는 명사의 모음에 따라 '올/을, 롤/를' 중 하나가 선택되었고, '-ᄋᆞᆫ/-은', '-옴/-움', ㉠'-아/-어'와 같은 어미도 선행하는 어간의 모음에 따라 규칙적으로 선택되었다. 다만, 조사 '도', '와/과'나 어미 '-고', '-더-' 등은 모음 조화가 적용되지 않았다.

그런데 16세기부터 모음 조화는 약화되기 시작하였다. 이는 '·'의 소실과 관계가 있다. 16세기에는 둘째 음절 이하에서의 '·'가 소실되면서 주로 'ㅡ'에 합류하였다. 첫째 음절에서의 '·'는 여전히 양성 모음이었으나, 둘째 음절 이하에서는 '·' 대신 음성 모음인 'ㅡ'가 쓰인 것이다. 이러한 변화로 체언에 연결되는 'ᄋᆞᆫ/은', '올/을', 'ᄋᆡ/의' 등의 조사는 점차 '은', '을', '의' 등으로 통일되었고, 모음 조화를 지키던 '사ᄉᆞᆷ'과 같은 단어들은 '사슴'과 같이 모음 조화를 어기는 형태가 되고 말았다.

이후 18세기에 첫째 음절에서의 '·'가 주로 'ㅏ'에 합류하면서 '·'는 완전히 소실되었고, 국어의 모음 체계는 큰 변화를 겪게 되었다. 그리고 이러한 변화는 모음 조화가 약화되는 또 다른 요인으로 작용했다.

현대 국어에서는 모음 조화가 형태소 내부와 경계에서 지켜지지 않는 경우가 많다. 다만 '졸랑졸랑', '출렁출렁'과 같은 음성 상징어에서나 ㉡일부 용언의 어간 뒤에 '-아/-어' 계열의 어미가 결합할 때 모음 조화가 이루어지는 모습을 확인할 수 있다.

11 ㉠과 ㉡을 모두 확인할 수 있는 예로 적절하지 <u>않은</u> 것은?

	15세기 국어		현대 국어	
	용언 어간	활용형	용언 어간	활용형
①	알-	아라	알-	알아
②	먹-	머거	먹-	먹어
③	씨오-	씨와	깨우-	깨워
④	쓰-	뻐	쓰-	써
⑤	ᄀᆞ득ᄒᆞ-	ᄀᆞ득ᄒᆞ야	가득하-	가득하여

12 윗글을 읽고, 〈보기〉를 이해한 내용으로 적절하지 <u>않은</u> 것은?

● 보기 ●

(가) 겨ᄉᆞ레 소옴 둔 오ᄉᆞᆯ 닙디 아니 ᄒᆞ고 녀르메 서늘ᄒᆞᆫ ᄃᆡ 가디 아니 ᄒᆞ며 ᄒᆞᄅᆞ ᄡᆞᆯ 두 호ᄇᆞ로ᄡᅥ 죽을 밍ᄀᆞᆯ오 소곰과 ᄂᆞ물흘 먹디 아니 ᄒᆞ더라
– 〈내훈〉(1447년)에서

[현대어 풀이]
겨울에 솜 든 옷을 입지 아니하고 여름에 서늘한 데 가지 아니하며 하루 쌀 두 홉으로써 죽을 만들고 소금과 나물을 먹지 아니하더라.

(나) 타락과 초와 쟝과 소금과 계ᄌᆞ ᄀᆞᄅᆞ와 파과 마ᄂᆞᆯ과 부치와 기름과 댓무우과 외와 가지 등 여러가지 ᄂᆞᄆᆞᆯ과 둙긔 알과
– 〈박통사언해〉(1677년)에서

[현대어 풀이]
타락과 식초와 장과 소금과 겨자 가루와 파와 마늘과 부추와 기름과 당근과 오이와 가지 등 여러 가지 나물과 닭의 알과

① 15세기에는 한 단어 내에서 모음 조화가 잘 지켜 졌음을 (가)의 '겨ᄉᆞᆯ'과 'ᄒᆞᄅᆞ'를 통해 확인할 수 있군.
② 15세기에는 체언에 목적격 조사가 결합할 때 모음 조화가 지켜졌음을 (가)의 '오ᄉᆞᆯ'과 '죽을'을 통해 확인할 수 있군.
③ 용언 어간에 '-더-'가 결합할 때에는 모음 조화가 적용되지 않았음을 (가)의 'ᄒᆞ더라'를 통해 확인할 수 있군.
④ 17세기에는 모음 조화의 약화에 따라 조사 사용에 혼란이 있었음을 (나)의 '초와'와 '파과'를 통해 확인할 수 있군.
⑤ 둘째 음절의 'ᆞ'가 'ㅡ'로 변하였음을 (가)의 'ᄂᆞ물'과 (나)의 'ᄂᆞ믈'을 통해 확인할 수 있군.

13 〈보기〉를 바탕으로 중세 국어의 음운 'ㅸ', 'ㅿ', 'ᆞ'에 대해 탐구한 내용으로 적절하지 <u>않은</u> 것은?

● 보기 ●

ㄱ. ᄆᆞᅀᆞᆯ > ᄆᆞᄋᆞᆯ > 마을
  ᄀᆞᅀᆞᆯ > ᄀᆞᄋᆞᆯ > 가을
ㄴ. (날씨가) 덥(다)+-어: 더ᄫᅥ
ㄷ. (색깔이) 곱(다)+-아: 고ᄫᅡ > 고와
  (고기를) 굽(다)+-어: 구ᄫᅥ > 구워

① ㄱ으로 보아, 중세 국어 'ᄆᆞᅀᆞᆯ'과 'ᄀᆞᅀᆞᆯ'의 'ㅿ'은 음운 변화 양상이 같았음을 알 수 있군.
② ㄱ으로 보아, 'ᆞ'는 현대 국어에서 첫째 음절과 둘째 음절에서 변화된 음운의 모습이 같았음을 알 수 있군.
③ ㄴ으로 보아, '덥다'의 'ㅂ'이 모음으로 시작하는 어미와 결합하여 'ㅸ'으로 바뀌는 것을 알 수 있군.
④ ㄷ으로 보아, 'ㅸ'에 결합되는 어미의 모음에 따라 현대 국어에서의 표기가 달라지는군.
⑤ ㄱ과 ㄷ으로 보아, 'ㅿ'과 'ㅸ'은 현대 국어에 표기되지 않게 되었음을 알 수 있군.

14 〈보기〉를 바탕으로 학생이 정리한 내용 중 적절하지 <u>않은</u> 것은?

● 보기 ●

믈·ᄀᆞᆺ ᄀᆞ·롨흐고·비ᄆᆞ술·홀아·나흐르ᄂᆞ니
:긴녀·릆江村(강촌)·애:일·마다幽深(유심)·ᄒᆞ도다
절·로가·며절·로오ᄂᆞᆫ·닌집우횟져비오
서르親(친)ᄒᆞ·며서르갓갑ᄂᆞ·닌믈가·온·딧ᄀᆞᆯ며기
로·다
– 초간본 〈분류두공부시언해〉(1481년)에서

[현대어 풀이]
맑은 강 한 굽이가 마을을 안아 흐르는데
긴 여름 강촌에 일마다 그윽하구나.
절로 가며 절로 오는 것은 집 위의 제비이고
서로 친하며 서로 가까운 것은 물 가운데 갈매 기로구나.

[학생의 정리]
※ 〈보기〉에 드러난 중세 국어의 특징

믈·ᄀᆞᆺ ᄀᆞ·롨	→	띄어쓰기를 하지 않음.	······ ①
ᄆᆞ술	→	현대 국어에서 사용하지 않는 자음과 모음도 사용함.	······ ②
아·나	→	소리 나는 대로 적은 표기가 보임.	······ ③
:긴녀·릆	→	방점이 표시된 글자가 있음.	······ ④
져비	→	현대 국어와 형태는 비슷하지만 의미가 다른 어휘가 있음.	······ ⑤

04 국어의 변화　**163**

15 다음을 참고하여 〈보기〉를 이해한 것으로 적절하지 <u>않은</u> 것은?

중세 국어에서 시제를 나타내는 선어말 어미에는 '-ᄂᆞ-, -더-, -(으)리-' 등이 있다. 동사의 경우 과거 시제는 아무런 선어말 어미를 쓰지 않거나 선어말 어미 '-더-'를 써서 표현하였고, 현재 시제는 선어말 어미 '-ᄂᆞ-'를 써서 표현하였으며, 미래 시제는 '-(으)리-'를 써서 표현하였다. 한편 '-더-'는, 주어가 화자 자신일 때 사용되는 선어말 어미 '-오-'와 결합하여 '-다-'의 형태로 나타나기도 하였다.

━━● 보기 ●━━

ㄱ. 내 롱담ᄒ다라 　　　　　　 – 〈석보상절〉
ㄴ. 네 이제 ᄯᅩ 묻ᄂᆞ다 　　　　 – 〈월인석보〉
ㄷ. 네 아비 ᄒ마 주그니라 　　　 – 〈월인석보〉
ㄹ. 그딋 ᄯ를 맛고져 ᄒ더이다 　 – 〈석보상절〉
ㅁ. 내 願(원)을 아니 從(종)ᄒ면 고줄 몯 어드리라
　　　　　　　　　　　　　　 – 〈월인석보〉

① ㄱ은 '롱담ᄒ다라'에 '-다-'의 형태가 나타나 있으므로 과거 시제이겠군.
② ㄴ은 '묻ᄂᆞ다'에 선어말 어미 '-ᄂᆞ-'가 사용되었으므로 현재 시제이겠군.
③ ㄷ은 '주그니라'에 시제 관련 선어말 어미가 사용되지 않았으므로 현재 시제이겠군.
④ ㄹ은 'ᄒ더이다'에 선어말 어미 '-더-'가 사용되었으므로 과거 시제이겠군.
⑤ ㅁ은 '어드리라'에 선어말 어미 '-리-'가 사용되었으므로 미래 시제이겠군.

16 다음을 바탕으로 학생이 정리한 내용 중, 적절하지 <u>않은</u> 것은?

孔子ㅣ 曾子ᄃ려 닐러 굴ᄋ샤ᄃᆡ 몸이며 얼굴이며 머리털이며 술흔 父母ᄭᅴ 받ᄌᆞ온 거시라 敢히 헐워 샹ᄒ오디 아니홈이 효도의 비르소미오 몸을 세워 道를 行ᄒᆞ야 일홈을 後世예 베퍼 ᄡᅥ 父母를 현뎌케 홈이 효도이 ᄆᆞᄎᆞᆷ이니라

　　　　　　　　　　 – 〈소학언해〉(1587년)에서

[현대어 풀이]

공자께서 증자에게 일러 말씀하시기를, 몸과 형체와 머리털과 살은 부모께 받은 것이므로, 감히 헐게 하여 상하게 하지 아니함이 효도의 시작이고, 입신하여 도를 행하여 이름을 후세에 날려 이로써 부모를 드러나게 함이 효도의 끝이다.

	〈소학언해〉에 나타난 중세 국어의 특징	
①	曾子ᄃ려 →	현대 국어에는 사용하지 않는 형태의 조사가 나타나고 있다.
②	거시라 →	'-라'가 문장을 종결하는 어미로 사용되고 있다.
③	샹ᄒ오디 →	'-게 하다'의 의미를 지니는 사동 표현이 나타나고 있다.
④	몸을 →	조사 선택에 모음 조화가 지켜지지 않고 있다.
⑤	홈이 →	현대 국어에서와 같이 끊어 적기 표기법이 사용되고 있다.

17 〈보기〉를 바탕으로 탐구 자료를 이해한 내용으로 적절하지 <u>않은</u> 것은?

━━● 보기 ●━━

선생님: 객체 높임법은 목적어, 부사어 자리에 높임의 대상이 올 때 이를 높이는 것을 말합니다. 객체를 높이기 위해 현대 국어에서는 '드리다, 뵙다, 여쭙다'와 같은 특수한 어휘를 사용하지만, 중세 국어에서는 주로 선어말 어미 '-ᄉᆞᆸ(습)-, -ᄌᆞᆸ(줍)-, -ᄉᆞᆸ(슳)-'을 사용하였습니다. 그럼 중세 국어에서 객체 높임법이 사용된 예를 살펴볼까요?

[탐구 자료]
– 중세 국어에서 객체 높임법이 사용된 용언의 예

기본형	선어말 어미	용례
돕다	-ᄉᆞᆸ-	돕ᄉᆞᄫᆞ니 ················· ㉠
듣다	-ᄌᆞᆸ-	듣ᄌᆞᆸ고 ················· ㉡
보다	-ᄉᆞᆸ-	보ᄉᆞᄫᆞ면 ················· ㉢

① ㉠은 현대 국어에서 '도우시니'의 형태로 바뀌어 객체 높임을 표현하겠군.
② ㉢이 사용된 문장은 현대 국어에서라면 '뵙다'라는 어휘를 사용하여 객체 높임을 표현하겠군.
③ ㉠, ㉢은 선어말 어미의 받침 'ㅸ'을 뒷말에 이어 적어 표기했군.
④ ㉠~㉢이 포함된 문장에서는 목적어나 부사어 자리에 높임의 대상이 왔겠군.
⑤ ㉠~㉢을 보니, 중세 국어의 객체 높임 선어말 어미로는 여러 가지 형태가 있었군.

▶ 정답과 해설 54쪽

18 [가]에 들어갈 내용으로 적절하지 <u>않은</u> 것은?

학습 자료	[중세 국어] ㉠부텻 마룰 ㉡듣즈보딕 [현대 국어] 부처의 말씀을 듣되 [중세 국어] 닐굽 ㉢거르믈 거르샤 ㉣니른샤딕 [현대 국어] 일곱 걸음을 걸으시며 이르시되 [중세 국어] 니르고져 홇 ㉤배 이셔도 [현대 국어] 이르고자 할 바가 있어도
학습 활동	㉠~㉤을 현대 국어와 비교한 후 공통점과 차 이점을 정리해 보자. (　　　　　　　[가]　　　　　　　)

① ㉠: 관형격 조사로 'ㅅ'이 쓰였다는 점에서 현대 국어와 차이가 있다.

② ㉡: 객체를 높이는 선어말 어미가 쓰였다는 점에서 현대 국어와 차이가 있다.

③ ㉢: 어근의 원형을 밝혀 적었다는 점에서 현대 국어와 공통적이다.

④ ㉣: 주체를 높이는 선어말 어미가 쓰였다는 점에서 현대 국어와 공통적이다.

⑤ ㉤: 모음으로 끝나는 체언에 주격 조사 'ㅣ'가 결합했다는 점에서 현대 국어와 차이가 있다.

19 〈보기〉를 바탕으로 현대 국어와 중세 국어의 특징을 비교한 내용으로 적절하지 <u>않은</u> 것은?

● 보기 ●

- ㉠효도홈과 공슌호물
  → 효도함과 공손함을
- 兄(형)ㄱ ㉡ᄠᅳ디 일어시늘 ㉢聖孫(성손)을 ㉣내시니이다
  → 형의 뜻이 이루어지시매 (하늘이) 성손을 내셨습니다.
- 世尊(세존)ㅅ 安否(안부) ㉤묻ᄌᆞᆸ고 니르샤딕 므스므라 오시니잇고
  → 세존의 안부를 여쭙고 이르시되 무슨 까닭으로 오셨습니까?

① ㉠을 보니 현대 국어와 달리 명사형 어미 '-옴'이 사용되었군.

② ㉡을 보니 현대 국어와 달리 어두 자음군이 사용되었군.

③ ㉢을 보니 현대 국어와 달리 목적격 조사 '올'이 사용되었군.

④ ㉣을 보니 현대 국어와 마찬가지로 주체 높임 선어말 어미 '-시-'가 사용되었군.

⑤ ㉤을 보니 현대 국어와 마찬가지로 청자를 높이는 특수 어휘가 사용되었군.

20 〈보기〉의 ㉠과 ㉡에 속하는 사례를 바르게 제시한 것은?

● 보기 ●

　　모음 'ㆍ'는 중세 국어 이후 크게 두 단계의 변화를 겪었다. 제1단계 변화에서는 ㉠단어의 둘째 음절 이하에 놓인 모음 'ㆍ'가 'ㅡ'로 변화하였다. 이 변화가 일어나고 난 뒤 제2단계 변화에서는 ㉡첫째 음절에 놓인 모음 'ㆍ'가 'ㅏ'로 변화하였다. 단어에 따라 이러한 변화에 예외가 보이기도 하지만 대체로 이 두 단계의 변화를 겪어 'ㆍ'는 모음 체계에서 사라지게 되었다.

	㉠	㉡
①	ᄆᆞᄂᆞᆯ > 마늘	ᄒᆞᆰ > 흙
②	사ᄉᆞᆷ > 사슴	ᄀᆞ장 > 가장
③	ᄒᆞ나 > 하나	오ᄂᆞᆯ > 오늘
④	사ᄅᆞᆷ > 사람	ᄃᆞ리 > 다리
⑤	아ᄃᆞᆯ > 아들	다ᄉᆞᆺ > 다섯

21 〈보기〉를 바탕으로 중세 국어의 특징을 탐구한 내용으로 적절하지 <u>않은</u> 것은?

● 보기 ●

王(왕)이 니ᄅᆞ샤딕 大師(대사) ㉠ᄒᆞ샨 일 아니면 뉘 혼 거시잇고 ㉡仙人(선인)이 ᄉᆞᆲ보딕 大王(대왕)하 이 ㉢南堀(남굴)ㅅ 仙人(선인)이 ᄒᆞᆫ ᄯᆞ를 길어 내니 양지 端正(단정)ᄒᆞ야 ㉣世間(세간)애 ㉤쉽디 몯ᄒᆞ니 그 ᄯᆞᆯ ᄒᆞ닗 ㉥時節(시절)에 자최마다 ㉦蓮花(연화)ㅣ 나ᄂᆞ니이다

－〈석보상절〉

[현대어 풀이]

　　왕이 이르시되 "대사 하신 일 아니면 누가 한 것입니까?" 선인이 아뢰되 "대왕이시여, 이 남굴의 선인이 한 딸을 길러 내니 모습이 단정하여 세상에 (모습을 드러내기가) 쉽지 못하니 그 딸 움직일 시절에 자취마다 연꽃이 납니다."

① ㉠에서는 주체인 '대사'를 높이기 위한 선어말 어미가 쓰였군.

② ㉡의 '이'와 ㉦의 'ㅣ'는 격 조사의 종류가 달라서 서로 다른 형태로 나타난 것이군.

③ ㉢을 보니 'ㅅ'은 현대 국어의 '의'에 해당하는 관형격 조사로 쓰였군.

④ ㉣과 ㉥을 보니 모음 조화에 따라 형태를 달리하는 부사격 조사가 있었군.

⑤ ㉤과 현대 국어의 '쉽지'를 비교해 보니 '-디'에서는 구개음화가 확인되지 않는군.

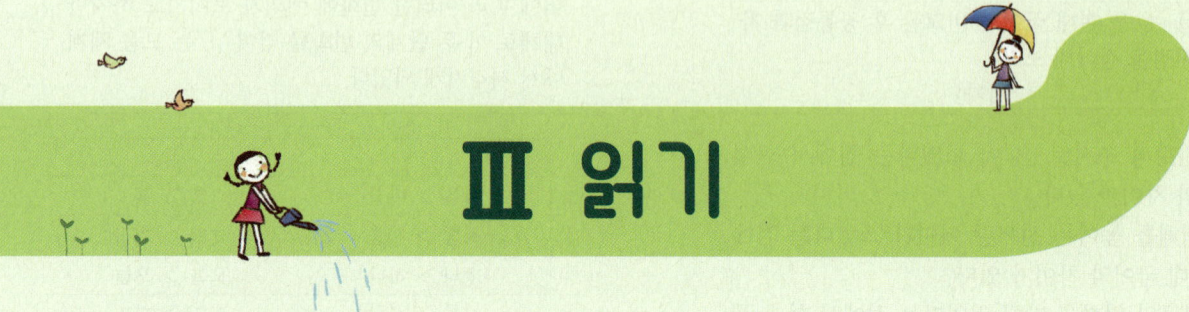

Ⅲ 읽기

읽기 　핵심 개념

❶ 논증의 타당성 평가

논증 평가는 결론이 맞는지를 따지는 것이 아니라, 결론에 도달하는 과정이 논리적으로 정당한지를 판단하는 것임.

(1) 논증의 구조 파악하기

논증의 형식적 타당성	논증의 전제가 결론을 논리적으로 뒷받침하는지 평가함. 전제들이 참이라면 결론도 반드시 참이어야 함.

모든 사람은 죽는다. [M-P]　〈대전제〉 소크라테스는 사람이다. [S-M]　〈소전제〉 그러므로 소크라테스는 죽는다. [S-P] 〈결론〉 ⇨	이 논증은 형식적으로 타당함. 전제들이 참이라면 결론도 참이 됨.

(2) 전제의 진실성 파악하기

사실성	• 논증이 타당하더라도 전제가 거짓이면 결론의 신뢰성이 떨어짐. • 전제가 실제로 사실인지, 충분한 근거에 의해 뒷받침되는지 평가해야 함.
관련성	• 전제들이 결론과 직접적으로 관련이 있는지 확인해야 함. • 관련 없는 전제가 포함되어 있으면 논증이 타당하지 않을 수 있음.

(3) 논리적 오류의 유무 확인하기

형식적 오류	논증 구조 자체에 잘못이 있는 오류
비형식적 오류	• 인신공격의 오류: 사람의 약점을 지적하여 논박하면서 발생하는 오류 • 논점 일탈의 오류: 논변이 다른 결론으로 나아갈 때 발생하는 오류 • 연민에 호소하는 오류: 동정심으로 논지를 받아들이게 하는 오류 • 성급한 일반화의 오류: 일부의 사례만으로 결론을 도출하는 오류 • 권위에 호소하는 오류: 근거를 전문가 집단의 신념에 두어 발생하는 오류

(4) 근거의 적절성 파악하기

근거의 강도	결론을 지지하기에 충분한 근거가 제시되었는지 평가해야 함.
출처의 신뢰성	제시된 근거가 신뢰할 수 있는 출처에서 나온 것인지 확인해야 함.

(5) 대안 고려하기

대안 논증의 존재	논증에서 제시된 결론 이외의 가능한 대안이 있는지, 그리고 그 대안들이 충분히 고려되었는지 평가해야 함.
반증 가능성	결론을 반박할 수 있는 가능성이나 근거가 있는지 살펴보고 그 반증에 대한 논증의 타당성을 판단해야 함.

❷ 논증의 재구성

전제가 생략되어 있는 주장이나 모호한 표현으로 개념이 불분명한 글, 수사적인 표현이 너무 많거나 앞뒤가 맞지 않는 글 등을 자신의 관점을 바탕으로 논증을 재구성함.

(1) 핵심 주장 명확히 하기

중심 주장 설정	논증의 전체 방향을 결정할 핵심 주장을 분명하게 정의함.
주장의 명료성	모호한 표현이나 복잡한 용어는 피하고 주장을 명확하게 함.

(2) 타당한 전제 구성하기

관련성 있는 전제 설정	결론을 뒷받침하는 데 필요한 전제들을 나열하고, 이 중에서 결론과 직접 연결되는 전제들을 선택함.
전제의 타당성 검토	각 전제가 논리적이고 사실적인지 검토하고, 부족한 전제는 보완함.

개념 확인 문제

1 논증의 타당성을 평가하는 방법으로 적절하지 <u>않은</u> 것은?

① 전제가 사실인지 아니면 거짓인지를 판단한다.
② 제시된 결론이 참인지 거짓인지를 우선 판단한다.
③ 전제가 결론을 논리적으로 뒷받침하는지 평가한다.
④ 제시된 근거의 출처를 신뢰할 수 있는지 확인한다.
⑤ 전제가 결론과 직접적으로 관련이 있는지를 확인한다.

2 〈보기〉와 같은 비형식적 오류를 이르는 말로 가장 적절한 것은?

> ◆ 보기 ◆
> 제가 이대로 실형을 살게 되면 어린 아이들을 부양할 사람이 없습니다. 재판부의 옳은 판단을 부탁드립니다.

① 인신공격의 오류
② 논점 일탈의 오류
③ 연민에 호소하는 오류
④ 성급한 일반화의 오류
⑤ 권위에 호소하는 오류

3 〈보기〉의 빈칸에 들어갈 3음절의 말을 쓰시오.

> ◆ 보기 ◆
> 일상의 말이나 글은 전제가 생략되어 있거나 표현이 모호한 경우가 많다. 이러한 텍스트의 핵심 내용이 제대로 드러나도록 만드는 일을 논증의 (　　　)이라고 한다.

(3) 논리적 구조 강화하기

논증의 흐름 정리	전제들이 자연스럽게 결론으로 이어지도록 논증의 흐름을 설계함.
추론 방식 점검	삼단논법의 연역적 추론인지 아니면 귀납적 추론인지 확인하고, 그에 맞는 전개 방식을 채택함.

(4) 예시와 근거 활용하기

구체적인 예시	주장을 뒷받침하는 구체적인 사례나 예시를 활용함.
충분한 근거	통계 자료, 연구 결과, 전문가의 견해 등 신뢰할 수 있는 근거를 활용함.

(5) 결론 도출 및 요약하기

명확한 결론 제시	모든 전제를 바탕으로, 논리적으로 도출된 결론을 명확히 제시함.
논증의 요약	논증을 간결하게 요약하고, 핵심 내용을 다시 한 번 강조함.

❸ 자신의 진로나 관심 분야와 관련한 글 읽기

자신의 진로나 관심 분야를 탐색하는 데 도움이 될 만한 글과 자료 찾기

⇩

찾은 글과 자료들 중에서 자신의 관심사와 흥미, 지식수준 등을 고려하여 읽을 글 선정하기

⇩

자신의 진로나 관심 분야를 탐구하는 데 도움이 될 내용을 찾으며 읽기

⇩

자신의 진로나 관심 분야와 관련해서 더 읽고 싶은 글을 찾아 정보를 보충하거나 심화하기

⇩

진로나 관심 분야가 비슷한 친구들과 글에서 얻은 정보 공유하기

❹ 주제 통합적 읽기

(1) 주제 통합적 읽기의 필요성

① 다양한 관점으로 주제에 대해 생각하면서 편견에 빠지지 않고 비판적인 시각으로 다른 사람의 글을 읽을 수 있음.

② 특정 분야에 편중되지 않는 균형 잡힌 독서를 통해 생각의 폭을 넓히고 인간과 세계를 이해하는 능력을 기를 수 있음.

③ 다양한 분야와 관점의 지식을 접하면서 문제 상황을 창의적으로 해결하는 능력을 기를 수 있음.

④ 다양한 형태의 글을 읽으면서 변화하는 독서 환경에 대처해 나갈 수 있음.

(2) 주제 통합적 읽기의 방법

자신의 목적 구체화하기	• 어떤 화제에 관해 읽을지 결정함. • 화제와 관련하여 자신이 해결하고자 하는 바를 질문으로 만듦.

⇩

질문에 맞는 글 찾기	• 자신의 질문에 답해 줄 수 있는 글을 찾음. • 화제에 대한 관점, 글의 분야나 형식의 다양성을 고려한 글을 찾음.

⇩

여러 글을 비교하며 읽기	• 찾은 각각의 글을 관점과 형식을 비교하여 읽음. • 각각의 글에서 내세운 주장을 비판적으로 검토하고 유용한 정보를 추려 냄.

⇩

질문을 답으로 재구성하기	• 자신의 관점에 따라 정보를 가려내어 화제에 대한 자신의 견해를 정리함. • 화제와 관련해 자신이 제기한 질문의 답으로 의미를 재구성함.

개념 확인 문제

4 '예시'에 대한 설명으로 가장 적절한 것은?

① 완성된 결과를 위해 필요한 경로를 설명하는 방법

② 대상을 그림 그리듯이 언어로 생생하게 표현하는 방법

③ 진술의 타당성을 뒷받침할 수 있도록 구체적으로 설명하는 방법

④ 둘 이상의 사물을 견주어 그 공통점을 중심으로 설명하는 방법

⑤ 의미상 연관이 있는 여러 가지 사실을 하나하나 늘어놓는 방법

5 자신의 진로와 관련된 글 읽기에 필요한 내용으로 적절하지 <u>않은</u> 것은?

① 진로와 관련된 다른 글을 읽으며 정보를 보충하기

② 자신의 진로를 탐색하는 데 도움이 될 만한 글 찾기

③ 자신의 지식수준과 흥미 등을 고려하여 읽을 글 선정하기

④ 읽기를 통해 얻은 중요 정보를 자신만 아는 비법으로 삼기

⑤ 글을 읽은 뒤에 진로가 비슷한 친구들과 관련 내용 토의하기

6 주제 통합적 읽기의 방법으로 적절하지 <u>않은</u> 것은?

① 각각의 글에 드러난 주장을 비판적인 시각으로 검토한다.

② 서로 관점이 다르고, 분야나 형식도 다양한 글을 선택한다.

③ 자신이 궁금한 내용을 질문으로 만들고 그 답을 찾아 정리한다.

④ 다양한 관점의 주장을 통합한 다음 그것을 자기의 견해로 삼는다.

⑤ 자신의 질문에 답해 줄 수 있는 글을 찾아 유용한 정보를 뽑아낸다.

01 별점 제도와 집단 지성 — 김성태

지학사

가 별점 제도는 대중의 평가들이 모여 집단 지성으로 작동한다. 관심도 많고 실용적이라 활용도가 높은 반면 부작용도 많다. 사람들은 맛집과 카페에 다녀오거나 웹툰이나 영화를 본 뒤 후기를 남긴다. 기업에서는 업무 평가를, 대학에서는 강의 평가를 한다. 이때 '별점' 같은 평가 시스템이 자주 이용된다. 별점은 말 그대로 별 개수로 매겨지는 점수이며 구매나 서비스 이용 여부를 판단할 때 도움을 주는 길잡이 역할을 한다.

나 물론 별점 제도에도 문제는 있다. 첫째, 일부 영업주나 배달앱에서 사람을 고용해 별점을 조작하거나 감정적인 소수의 사람이 무분별하게 별점 테러를 가하기도 한다. 이런 행위는 판매자는 물론 소비자에게도 피해를 준다.

둘째, 별점 제도에 참여하는 사람들의 범위가 전체 이용자를 대표하지 않는다는 문제도 있다. 소셜미디어 이용자와 댓글 작성자의 속성에 대해 이런 말도 있다. "SNS상에서는 1%의 콘텐츠 생산자가 있고, 이 콘텐츠를 열성적으로 전달하는 9%의 댓글러가 있으며, 나머지 90%는 관망자다." 즉 별점 평가가 매우 적극적인 10%의 의견일 수도 있다는 말이다. 별점 참여자는 전체 이용자를 대표하는 그룹에서 뽑은 무작위 표본도 아니다. 그 결과는 이용한 모든 사람의 평가도 아니다. 그러기에 별점과 후기 댓글에 참여할 수 있는 조건은 무엇인지, 평가에 참여한 사람은 몇 명인지, 비교 대상이 될 수 있는 평균 별점은 어떤지 등을 지금의 별점 시스템으로 다 알기는 어렵다.

(댓글을 다는 사람)
(한발 물러나서 어떤 일이 되어 가는 형편을 바라보는 사람)

마지막으로 별점 제도는 잘못된 추론을 이끌어 내기도 한다. 예로, 보통은 별점이 5점 척도이니 3점의 별점을 받은 음식점이 있다면 대부분의 사람들은 이 음식점을 평균적인 맛집일 거라고 생각한다. 그런데 다음 두 가지 상황을 가정해 보자. 먼저 5점 척도의 중간 값인 3점 근처에 가장 많은 평가자가 있고 양극단인 1점과 5점에 상대적으로 적은 수가 별점을 주었다면 이는 일반적인 정상 분포 곡선에 가깝다. 그러나 같은 3점이라도 상황이 다를 수 있다. 이용자의 호불호가 뚜렷해서 별점이 중간 값인 3점 근처에는 거의 없고 대부분이 양극단으로 치우칠 수도 있다. 이런 경우 M 자형 분포 곡선을 보인다. 그

(좋음과 좋지 않음)

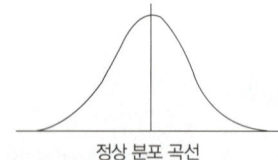
정상 분포 곡선

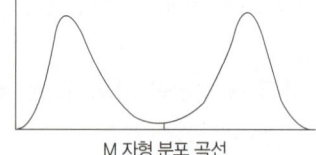
M 자형 분포 곡선

러나 이런 분포 상황을 알지 못한다면 이용자는 해당 음식점의 별점 평균이 '중간 정도'라고 생각하게 되고 잘못된 선택으로 이어질 가능성이 커진다.

다 별점 제도는 "매우 유익할 것 같아 만들었고 사람들이 많이 이용하게 되었지만, 여기저기 부작용이 생기니 폐지하고 다른 방법을 찾자."라는 말이 아니다. 우리 사회가 얻을 수 있는 이익, 혹은 발생하는 폐해나 비용 중에서 어느 쪽이 더 큰지 논의하여 최적의 해결책을 마련해야 한다. 나는 별점 제도의 자료 수집과 분석 과정에서 몇 가지 제안을 하고 싶다.

먼저 참여하는 이용자 수가 최소한의 기준을 넘어서는 경우에만 별점을 표시해야 한다. 극소수 이용자의 허위 댓글이나 극단적인 평가로 전체 별점이 결정되어서는 안 되기 때문이다. 또한 포털과 플랫폼에서 소비자들이 올바르게 판단할 수 있도록 추가 정보를 제공해

 지문의 기틀

갈래	논설문
주제	별점 제도가 지니는 문제점과 그 개선 방안
특징	① 시각 자료 그래프를 사용하여 이해를 도움. ② 구체적 사례를 제시하여 글쓴이의 생각을 뒷받침함. ③ 문제점을 제시하고 그 해결 방안을 제안하는 구조로 이루어짐. ④ 순서와 열거를 나타내는 담화 표지를 사용하여 항목을 구분함.

 꼭! 체크 ✔

별점 제도의 문제점과 해결책

문제점
① 별점 조작이나 감정적인 별점으로 인해 판매자나 소비자가 피해를 입게 됨. ② 별점 제도에 참여하는 사람들의 범위가 전체 이용자를 대표하지 못함. ③ 잘못된 추론을 이끌어 내기도 함.

해결책(개선책)
① 평가자의 수가 최소한의 기준을 넘을 때만 별점을 표시할 수 있게 함. ② 평가 작성자의 이력과 같은 추가적인 정보를 제공해야 함. ③ 허위 악성 평가를 줄일 수 있는 제도적 장치를 마련해야 함.

 발전

집단 지성

구성원들이 서로의 협력을 통해 지적 능력의 결과물을 얻는 것을 의미하며, 미국의 곤충학자 윌리엄 모턴 휠러 교수가 1910년 출간한 책에서 처음 제시함. 휠러 교수는 개미를 관찰한 결과, 하나하나의 개체는 미약하지만 공동체를 이루어 협업을 할 경우 개미집과 같은 위대한 결과물을 만들 수 있다는 것을 발견함. 결국 다수의 일반인들이 다양한 의견을 낼 경우 전문가들의 의사 결정보다 훨씬 더 값진 의견을 구성할 수 있다고 보며, 이것이 집단 지성의 힘이라는 것임.

야 한다. 최근 업체 이용 후기 작성자의 아이디를 클릭하면 과거의 댓글 수와 해당 업소를 이용한 횟수 같은 정보가 공개된다. 이런 정보를 소비자들이 좀 더 쉽게 볼 수 있게 시각화한다면 지금보다 훨씬 활용도가 높아질 것이다.

　마지막으로 불법적인 리뷰를 줄일 수 있는 제도적 장치도 마련해야 한다. 문제 있는 별점 평가나 리뷰라 해도 현재의 방송통신법상으로는 저작물에 해당하므로 작성자의 동의 없이 포털이나 플랫폼 사업자가 임의로 삭제할 수 없다. 그런 점에서 작성자의 자격 조건을 더 명확하게 제시해야 한다. 허위나 테러에 가까운 표현을 걸러 내는 필터링 기술도 더 정교화해야 한다.

---

1 윗글에 대한 설명으로 적절하지 <u>않은</u> 것은?
① 열거를 위한 담화 표지를 사용함으로써 내용을 항목화하고 있다.
② 예상되는 반론을 반박함으로써 글쓴이의 주장을 강화하고 있다.
③ 독자의 이해를 도울 수 있는 구체적인 사례를 들어 설명하고 있다.
④ 대상의 차이를 한눈에 확인할 수 있는 시각 자료를 활용하고 있다.
⑤ 문제를 제기한 후 그 문제에 대한 해결책을 제시하는 구조를 사용하고 있다.

학습 활동 응용 📖

2 윗글의 내용과 일치하지 <u>않는</u> 것은?
① 별점은 별의 개수로 이용 만족도가 매겨지는 점수이다.
② 별점 제도는 배달앱이나 기업 또는 대학에서도 이용되고 있다.
③ 조작된 별점, 감정적인 무분별한 별점은 판매자와 소비자에게 피해를 준다.
④ 글쓴이는 별점 제도가 부작용이 생기니 폐지하는 것이 옳은 방법이라고 생각하고 있다.
⑤ 소비자들에게 참여자의 추가 정보를 제공하면 별점 제도의 문제점을 해결할 수 있다.

학습 활동 응용 📖

3 '별점 제도'가 지닌 문제점으로 적절하지 <u>않은</u> 것은?
① 별점 참여 인원의 대표성이 부족하다.
② 나쁜 의도를 가지고 별점을 조작할 수 있다.
③ 별점의 분포 상황을 이용자가 모를 수 있다.
④ 이용자 수가 기준을 넘어서는 경우에 표시한다.
⑤ 평가에 참여한 사람의 수와 조건을 알기 어렵다.

4 (가)에서 별점 제도의 정의와 장점이 나타나는 문장을 찾아 쓰시오.

_____

수능형 ⬆

5 〈보기〉를 통한 윗글의 이해로 적절하지 <u>않은</u> 것은?

> ● 보기 ●
>
> • 집단 사고: 응집성이 높은 집단에서 의사 결정이 이루어질 때 나타나는 사고 과정으로, 반대 정보를 차단하거나 문제점을 무시하는 등 만장일치를 추구하는 경향이 있다. 전문가 집단을 중시하는 제도화된 사회에서 더 많이 일어나며 위험성 또한 클 수 있다.
> • 집단 지성: 다수의 구성원들이 서로 협력을 통해 문제를 해결하는 것으로, 전문가가 아닌 일반인들이 다양한 의견을 민주적인 절차에 따라 제시할 수 있어 더 값진 의견이 나올 가능성이 높다.

① 강의 평가 별점은 교육 전문가가 아닌 수업을 듣는 일반 학생들의 의견으로 이루어지니까, 그런 면에서 집단 사고와는 정말 다르다고 생각해.
② 영화 평론가들의 영화 별점이 거의 비슷하게 통일되는 경우를 많이 봤는데, 그건 집단 지성보다는 집단 사고와 유사한 성격이 커서 그런 것 같아.
③ 음식점 별점은 다양한 사람들의 기호에 따라 음식이 평가되니까, 협력을 통해 문제의 해결을 추구하는 집단 지성과는 성격이 전혀 다른 것 같아.
④ 집단 사고 중심의 사회에서도 집단 지성이 발휘될 수 있는 것은, 배달 플랫폼 같은 인터넷 기반 서비스의 발달 덕분에 가능할 수 있었던 것 같아.
⑤ 집단 사고에 비해 집단 지성이 더 의미 있는 것은 민주적이라는 점인데, 소비자의 낮은 별점을 판매자가 임의로 삭제하는 것은 옳지 않다고 생각해.

공감의 반경 - 장대익

비상(강)

가 누군가는 말한다. 오늘날 가속화하는 혐오와 분열은 타인에 대한 공감이 부족해서 라고. 나는 그렇지 않다고 생각한다. 공감은 만능열쇠가 아니다. 오히려 공감을 깊이 하면 위기가 더 심각해질 수 있다. 우리의 편 가르기는 내집단에 대한 과잉 공감에서 온다. 대체 무슨 말인가? 공감은 일종의 인지 및 감정을 소비하는 자원이므로 무한정 끌어다 쓸 수 없다. 따라서 자기가 속한 집단에 대해 공감을 과하게 쓰면 다른 집단에 쓸 공감이 부족해진다. 자기 집단에만 깊이 공감하는 것이다.

> 예정하거나 필요한 수량보다 많아 남음.

나 그러나 현시점에서가 아니라 인류의 진화사 전체를 펼쳐 놓으면 우리의 공감력은 새롭게 보인다. 인류는 공감이 미치는 범위를 점진적으로 확장해 왔다. 인류는 자원을 둘러싸고 전쟁을 벌이며 타자에 대한 증오를 증폭시키기도 했지만 이성적인 판단으로 공감의 범위를 넓히면서 외집단과의 공존과 평화를 구축해 왔다. 공감의 범위는 확장 가능하며 이때의 공감은 단지 타인의 감정을 내 것처럼 느끼는 데서 그치지 않는다. 타인도 나와 같은 사람임을 인지하는 것이다.

다 공감이란 대체 무엇인가? 공감은 정서적 공감, 인지적 공감 두 유형으로 나뉜다. 정서적 공감이란 쉽게 말해 ㉠감정 이입이다. 즉 타인의 감정을 함께 느끼는 상태라고 할 수 있다. 익숙하고 쉽고 자동적이다. 인지적 공감은 타인의 관점(입장, 생각)을 이해하는 능력이다. [㉡]이/가 알맞은 표현이다. 그런데 정서적 공감과 달리 자동적이지 않아 의식적으로 그렇게 하도록 노력해야 한다.

인간은 이 두 가지 공감력을 바탕으로 서로 협력하고 타인을 배려하며 함께 문명을 건설해 왔다. 인간은 정서적 공감만으로는 번영할 수 없었다. 협력은 울타리 안의 집단을 넘어서서 이루어지기 때문에, 외부 집단까지 포용하는 인지적 공감은 문명을 이루는 데에 필수적인 조건이었다.

라 심리학자 스티븐 핑커는 인구 10만 명당 폭력에 의한 희생자 수를 비교했을 때 폭력이 발생하는 빈도가 과거보다 줄었으며 현재도 줄고 있음을 입증했다. 핑커는 공감력의 증진이 폭력을 감소시켜 온 주요 원인이었다고 주장했다.

또한 응용윤리학자 피터 싱어는 인류가 역사를 거듭하면서 자기와 비슷한 존재로 지각하는 대상의 범위를 점점 확장해 왔다고 주장했다. 반려동물이 또 하나의 가족이 된 것이 좋은 사례다.

즉 호모 사피엔스의 특별한 공감력이란 공감할 수 있는 대상을 점점 넓힐 수 있다는 것이다. 나는 여기서 내집단 편향을 만드는 깊고 감정적인 공감을 바깥쪽에서 안쪽으로 향하는 힘으로 보아 공감의 '구심력'으로, 외집단을 고려하는 넓고 이성적인 공감을 안쪽에서 바깥쪽으로 향하는 힘으로 보아 공감의 '원심력'으로 부르고자 한다.

마 공감의 구심력과 원심력은 서로 투쟁하고 있으며 어느 쪽이 강화되느냐에 따라 우리 문명은 발전할 수도, 퇴보할 수도 있다. 나는 현재 인류가 맞닥뜨린 문명의 위기를 해결하는 정신적 토대를 만들기 위해서는 공감이 미치는 반경을 넓혀야 한다고, 즉 공감의 구심력보다는 원심력을 만들어야 한다고 주장한다. ⓐ우리에게 필요한 건 깊이가 아니라 넓이다.

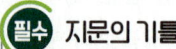
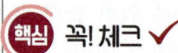

1 윗글의 내용 전개 방식에 대한 설명으로 적절하지 <u>않은</u> 것은?

① 특정 개념이나 용어의 의미를 명확하게 설명하고 있다.

② 권위자의 의견이나 해석을 인용하여 논지를 강화하고 있다.

③ 결과에 도달하기 위해 거쳐야 되는 과정을 순차적으로 설명하고 있다.

④ 주장을 뒷받침하거나 개념을 설명하기 위해 구체적인 예시를 들고 있다.

⑤ 일정한 기준을 바탕으로 하나의 주제를 다양한 범주나 종류로 나누어 설명하고 있다.

수능형⬆

2 밑줄 친 시적 대상에서 ㉠이 이루어진 예로 적절하지 <u>않은</u> 것은?

① 수풀에서 <u>우는 새</u>는 봄기운을 못 이겨 소리마다 교태로구나 / 자연과 내가 한 몸이니 흥겨움이야 다르겠는가　－ 정극인, 〈상춘곡〉

② 오백 년 이어 온 고려의 옛 서울에 한 필의 말을 타고 들어가니, / 산천의 모습은 예나 다름이 없지만 인걸은 간 데 없다　－ 길재의 시조

③ 난간에 기대어 서서 임 가신 데 바라보니 풀에 이슬은 맺혀 있고 저녁 구름이 지나갈 때 대나무 숲 푸른 곳에 <u>새소리</u>가 더욱 서럽다　－ 허난설헌, 〈규원가〉

④ 방 안에 켜 있는 <u>촛불</u> 누구와 이별하였기에 / 겉으로 눈물을 흘리며 속 타는 줄 모르는가 / 저 촛불도 나와 같이 속 타는 줄 모르는구나　－ 이개의 시조

⑤ 하룻밤 사이 서리 내릴 무렵에 <u>기러기</u> 울며 날아갈 때 높다란 누각에 혼자 올라 수정 발을 걷으니 동산에 달이 떠오르고 북극성이 보이므로 임이신가 반가워하니 눈물이 절로 난다　－ 정철, 〈사미인곡〉

3 ㉡에 들어갈 한자 성어로 가장 적절한 것은?

① 견강부회(牽強附會)　② 아전인수(我田引水)

③ 어부지리(漁夫之利)　④ 역지사지(易地思之)

⑤ 타산지석(他山之石)

학습 활동 응용 📖

4 ⓐ에 대한 설명으로 적절하지 <u>않은</u> 것은?

① '깊이'는 문명의 퇴보를 가져올 수 있다.

② '깊이'는 인지적 공감의 범위 확장을 의미한다.

③ '넓이'는 문명의 발전에 도움이 될 수 있다.

④ '넓이'는 인지적 공감의 반경이 커지는 것이다.

⑤ '넓이'는 구심력보다 원심력과 관련된 개념이다.

5 윗글에서 〈보기〉의 빈칸에 들어갈 말을 찾아 차례대로 쓰시오. (각 2음절)

● 보기 ●

현재 인류가 맞닥뜨린 문명의 위기를 해결하기 위해 글쓴이는 공감의 두 유형 중, (　　　　)적 공감의 필요성, 공감의 (　　　　)력 확장을 주장하고 있다.

수능형⬆

6 〈보기〉를 바탕으로 윗글을 감상한 내용으로 가장 적절한 것은?

● 보기 ●

MBTI 성격 유형 분석이 큰 인기이다. 이 중에서 가장 큰 성격 차이를 보이는 것은 F 성향과 T 성향일 것이다. 조화와 공감을 중시하고 다른 사람들의 감정과 욕구를 이해하면서 갈등을 최소화하려고 하는 것이 F 성향이라면, 감정보다는 구조화된 분석과 객관적인 평가를 중시하면서 효율적이고 공정한 결정과 의사소통을 중시하는 것이 T 성향이다.

① 자기 집단과의 정서적 공감은 인지적 공감과 달리 F 성향이나 T 성향 모두 동일한 수준으로 이루어질 수 있겠구나.

② 타인의 감정과 욕구를 이해하는 F 성향은 자기 집단과는 정서적 공감이 이루어지지만 다른 집단과는 정서적 공감이 불가능하겠구나.

③ T 성향은 다른 집단과의 관계에서는 공정한 결정과 의사소통을 중시하지만 자기 집단과의 관계에서는 전혀 다른 태도를 보이겠구나.

④ 객관적인 평가를 중시하는 T 성향과 갈등의 최소화를 원하는 F 성향 모두 다른 집단과의 관계에서는 정서적 공감이 이루어지기 어렵겠구나.

⑤ 다른 집단에 인지적 공감을 하기 위해서는 조화와 공감을 중시하는 F 성향이나 구조화된 분석을 중시하는 T 성향 모두 노력이 필요하겠구나.

03 아파트는 어떻게 우리의 몸과 마음을 지배하는가? - 김홍재

천재(김종)

아파트는 한정된 토지에 더 많은 사람을 수용하려는 목적에서 발달한 주거 양식이기에 필연적으로 '고밀'과 '고층'이라는 두 가지 속성을 갖게 됩니다. 고밀은 잘 모르는 다양한 사람들과 함께 부대끼며 살아가야 한다는 의미를 내포합니다. 고층은 기존 주거 방식에서는 존재하지 않았던 아주 인공적인 공간입니다. 고밀·고층 공간에서 살아갈 때 사람의 마음에 필연적으로 찾아오는 것이 스트레스입니다.
(인구) 밀도가 높음.
건물의 층수가 많은 것

사람의 마음이 스트레스를 느끼면 대뇌 밑 시상 하부에서 호르몬이 분비되어 교감 신경계가 활성화되고 부교감 신경계는 억제됩니다. 교감 신경계가 활성화되면 전신에 더 많은 에너지를 공급하기 위해 심장이 빨리 뛰고 호흡이 가빠지며 주위를 살피기 위해 눈동자가 커지고 소화액 분비가 억제되어 입에 침이 마릅니다.

이러한 불안정한 상황이 계속되면 신체는 지속적인 스트레스에 대처하기 위해 부신피질에서 코르티솔을 분비합니다. 대표적인 스트레스 호르몬인 코르티솔은 근육에서 아미노산을, 간에서 포도당을, 지방 조직에서 지방산을 혈액으로 내보내 스트레스 상황에서 소모된 에너지를 회복시키는 역할을 합니다. 하지만 스트레스 상황이 만성화되면 혈압과 혈당이 상승하며 심신이 피로하게 되고 면역 체계가 제 기능을 하지 못하는 등 부작용을 불러옵니다. 〈중략〉

고층 주거 공간이 불편한 가장 큰 이유는 높이입니다. 평소 땅을 접하며 살아가던 사람이 높은 곳에 올라가 밑을 내려다보면 심리적으로 흥분하며 추락에 대한 두려움이 생깁니다. 높은 곳에서 아래를 내려다볼 때 심리적 흥분에 의해 공포감을 느끼는 것은 너무나도 당연한 생리 현상입니다. 문제는 건강한 사람이라면 높은 곳에 금방 적응하지만, 노약자 등 허약한 사람은 적응이 쉽지 않고 스트레스가 마음에 계속 축적된다는 점입니다.

고층에서 미세하게 달라지는 공기의 압력도 우리 몸과 마음에 영향을 미칩니다. 보통 지면에서 10m 올라가면 기압은 1.3hpa(헥토파스칼)씩 낮아지는데, 지상 50층에서는 기압이 평지보다 22hpa 정도 낮습니다. 기압이 낮아지면 뇌혈관의 혈류가 변화함으로써 편두통이 자주 발생할 수 있습니다. 저혈압 증세인 사람은 귀울림이나 멀미를 느끼게 되며, 여성의 호르몬 분비에도 영향을 미쳐 생리 불순이나 현기증 같은 증상이 나타나기도 합니다.
피의 흐름

이 외에도 고층 아파트에 거주하는 입주민들은 강풍이 불 때 느껴지는 미세한 진동에 대해 잠재적인 불안감을 호소합니다. 강한 바람이 불면 건물의 흔들림이 느껴지면서 뱃멀미와 같은 증상이 나타나기도 합니다.

고층 주거 공간이 증가하면서 서양에서는 1970년대부터 다양한 연구가 진행되었는데, 상당수 연구가 고층 주거 공간이 정신 건강에 악영향을 미친다고 경고하고 있습니다. 고층에 거주하는 사람들이 저층에 거주하는 사람들보다 더 높은 비율로 불안하고 우울하며 공격성을 보이는 등 정신 건강 차원에서 취약하다는 결과들입니다.

이처럼 고층 주거 공간은 생리적으로 인체에 상당한 스트레스를 안길 뿐만 아니라 정신 건강에도 부정적인 영향을 미칩니다. 그래서 이웃 나라인 일본에서는 저소득층이라도 6세 미만의 아이가 있는 가정은 고층 공영 주택에 거주할 수 없도록 하고 있습니다.

이처럼 고층 주거 공간은 그 안에서 살아가는 사람들에게 여러 가지 스트레스를 불러일으킵니다. 그러나 국내에서 2019년 진행된 연구가 눈에 띕니다. 일반 아파트의 경우

지문의 기틀

갈래	설명문
주제	아파트가 우리 몸과 마음에 미치는 영향
특징	① 연관된 사례와 연구 결과를 제시하여 글의 이해를 높임. ② 고층 주거 공간으로 인해 발생하는 스트레스가 몸에 끼치는 부정적 영향을 생리학적으로 설명함.

핵심 꼭! 체크 ✓

1 아파트의 속성과 스트레스

고밀	잘 모르는 다양한 사람들과 함께 부대끼며 살아가야 함.
고층	기존 주거 방식에서는 존재하지 않았던 아주 인공적인 공간

스트레스 유발

2 고층 주거 공간에 의한 스트레스
① 높이: 심리적 흥분에 의해 공포감을 느낌.
② 낮은 기압: 편두통이나 귀울림. 멀미, 여성의 경우 생리 불순이나 현기증 발생
③ 진동: 뱃멀미 같은 증상 발생

3 심리적 자부심과 스트레스 극복
고층은 로열층이라는 자부심을 주어서 부정적 영향을 상쇄함.

수능 발전 ✦✦

교감 신경과 부교감 신경
우리 몸속의 장기와 심장, 외분비샘, 내분비샘을 통제하여 우리 몸의 환경을 일정하게 유지하는 역할을 하는 자율 신경계는 교감 신경과 부교감 신경으로 나눌 수 있음. 교감 신경은 위급한 상황에 빠졌을 경우 빠르게 대처할 수 있도록 도와주는 역할을 하며 부교감 신경은 위급한 상황에 대비하여 에너지를 저장해 두는 역할을 함.

고층과 저층 거주자의 정신 건강에 유의미한 차이가 없었습니다. 연구자는 우리나라에서 고층은 남들이 부러워하는 로열층으로 거주자에게 자부심을 주어서 부정적 영향을 상쇄하는 것으로 추정했습니다. 우리나라에서는 아파트가 중산층의 주거 공간으로 자리

상반되는 것이 서로 영향을 주어 효과가 없어지는 일

를 잡으면서 고밀·고층에서 파생되는 상당수 스트레스를 극복하는 과정을 보인다는 점은 대단히 흥미롭습니다.

학습 활동 응용 📖

1 윗글의 내용과 일치하지 <u>않는</u> 것은?

① 노약자 등 허약한 사람은 높은 곳에 적응하는 것이 쉽지 않아 스트레스를 받을 수 있다.
② 지상 50층에서는 기압이 평지보다 높아 우리 몸에 좋지 않은 영향을 줄 수 있다.
③ 아파트는 많은 사람을 수용하려는 목적 때문에 고밀과 고층이라는 속성을 갖게 된다.
④ 고층에 사는 사람들은 강한 바람이 불면 미세한 진동을 느껴 뱃멀미와 같은 증상을 겪기도 한다.
⑤ 고층 주거 공간은 인체에 상당한 스트레스를 줄 뿐만 아니라 정신 건강에도 부정적인 영향을 끼칠 수 있다.

2 윗글을 참고할 때, 〈보기〉의 '갑'에게 일어날 수 있는 증상으로 적절하지 <u>않은</u> 것은?

● 보기 ●

건강이 약해진 갑은 서울에서 공기가 좋은 신도시 전원주택으로 이사했다. 그러나 전철이 혼잡해 서울로 출퇴근할 때 스트레스를 받았다.

① 전철을 타면 호흡이 가빠지는 증상을 느꼈을 것이다.
② 전철 안에서 눈동자가 커지고 입에 침이 마르는 증상이 나타났을 것이다.
③ 출퇴근할 때 부교감 신경이 활성화되어 대뇌 밑 시상 하부에서 호르몬이 분비될 것이다.
④ 출퇴근 시간에 받는 스트레스가 지속된다면 혈당과 혈압이 상승하여 면역 체계가 제 기능을 하지 못할 수도 있다.
⑤ 전철을 타고 가는 시간이 길어지면 스트레스 상황에서 소모된 에너지 회복을 위해 부신피질에서 코르티솔이 분비될 것이다.

3 윗글에서 〈보기〉의 빈칸에 들어갈 말을 찾아 쓰시오.

● 보기 ●

을의 가족은 작년에 로열층으로 불리는 고층 아파트로 이사했다. 처음에는 고층 주거 환경이 건강에 해로울까 봐 걱정했지만 단층 주택에서 살던 때와 차이를 느끼지 못했다.
→ 이는 로열층에 산다는 (   )이 고층 주거 환경이 주는 부정적 영향을 상쇄한 사례로 볼 수 있다.

수능형 ⬆

4 윗글을 A, 〈보기〉를 B라고 할 때, A와 B를 비교 감상한 내용으로 적절하지 <u>않은</u> 것은?

● 보기 ●

아파트라는 서양의 주거 양식이 우리나라에서 성공한 것은 바로 토착화를 이루기 위해 노력을 해 왔기 때문이다. 우리는 바닥 난방을 하고 실내에는 신을 벗고 들어간다. 양지 바른 마당에 꽃을 심고 그 한편에 겨울이면 김칫독을 묻었듯이, 남향의 베란다에 화분과 장독 두는 것을 좋아하며 김칫독을 묻을 땅이 없어도 여전히 김치 냉장고를 베란다에 둔다. 우리의 전통 주거 문화는 사라지지 않고 여전히 아파트에 살아 숨 쉬고 있는 것이다.

① A는 제재의 높이에 주목하고 있고 B는 제재의 공간 활용에 주목하고 있군.
② A는 제재에 대해 비판적 관점을, B는 제재에 대해 긍정적 관점을 보이고 있군.
③ A는 제재가 갖는 속성의 원인에 주목하고 있고 B는 제재가 가져온 결과에 주목하고 있군.
④ A는 제재에 대해 과학적, 생리학적 분석을 하고 있고 B는 제재에 대해 사회·문화적 측면의 분석을 하고 있군.
⑤ A는 인간을 제재에 영향을 받는 수동적 존재로 인식하고 있으나 B는 인간을 제재를 변형시키는 주체적 존재로 인식하고 있군.

'윤리적 소비'의 행동 – 김선화, 신효진
'합리적 소비'의 기준 – 황장선

가 자본주의 시장 체제에서 소비 시스템은 기업과 소비자, 정부가 상호 작용을 하면서 작동하는데, 그동안 소비자는 주로 소비 시스템의 객체로서만 역할을 하였다. 하지만 소비를 통해 다양한 사회 문제를 해결할 수 있다는 인식이 확산되면서 소비자의 사회적 책임을 실천하는 소비 행동이 등장하게 된다. 개인의 만족을 위한 소비에서 나아가 당면한 (바로 눈앞에 당한) 사회 문제를 해결하기 위한 소비로 나아가려 한 것이다. 즉, 윤리적 소비는 대안적 소비 활동이자 소비자의 사회적 책임을 실천하는 소비자 운동으로 이해할 수 있다.

소수의 비주류 소비자의 움직임이었던 윤리적 소비는 환경 단체 활동에 참여하거나 개발 도상국을 돕는 비정부단체에 직접 기부를 하지 않더라도 친환경, 로컬 제품, 공정 무역 등 윤리적 가치를 담은 제품의 소비를 통해 세상이 좀 더 나아지는 데 기여할 수 있다는 인식이 확산되면서 점차 많은 사람들의 호응을 얻게 된다.

지난 2019년 영국의 윤리적 소비 관련 소비 지출 규모는 411억 파운드(한화 약 61조 6100억 원)로 조사가 시작된 1999년 이후 가장 높은 수치를 기록했다. 가구당 윤리적 소비 관련 물품 구입 지출은 2018년 기준 1278파운드(한화 약 191만 원)로 1999년 202파운드(한화 약 30만 원)와 비교해 약 6.3배 증가한 규모를 보이고 있다. / 윤리적 소비의 첫걸음은 자신에게 가장 중요한 문제가 무엇인지를 확인하는 것에서부터 시작된다. 사람에 따라 기후 변화나 동물 복지를 가장 중요하게 생각할 수도 있고, 노동의 문제를 가장 중요하게 여길 수도 있다. 각자의 관심사가 다르기 때문에 그 우선순위는 상이하다. (서로 다르다) 이처럼 개인의 주관적 태도가 소비 활동에 반영된 윤리적 소비는 자신의 우선순위에 따라 다양한 방법으로 실천할 수 있다. 예를 들어 윤리적 소비를 긍정적 구매 행동(윤리적 성격을 가진 상품의 구매)과 부정적 구매 행동(불매 운동, 비윤리적 특성을 지닌 상품의 구매 자제)으로 구분하거나 불매 운동, 적극적 구매, 제품 및 서비스의 충분한 상품 비교 정보를 통한 구매, 생활 협동조합 등을 매개로 한 관계적 구매, 지속 가능한 구매 등으로 세분화한다. (둘 사이에서 양편의 관계를 맺어 줌.)

나 기존에는 소비의 관점에서 '합리적'이라는 말을 경제적이라는 뜻으로 이해하였다. 즉 가격 대비 품질이 우수한 제품을 선택하는 것이 합리적 소비라는 것이다. 하지만 각자의 개성과 다양성을 중시하는 시대에 경제적 합리성과 같은 하나의 기준으로만 합리적 소비 여부를 판단하는 것은 적절하지 않다. / 요즘 사람들이 소비를 할 때 중시하는 것은 자신의 심리적 만족감의 충족 여부이다. 예를 들어 품질이 비슷하지만 가격과 디자인이 다른 제품들이 여럿 있을 때 가격 대비 품질이 좋은 상품을 구매하고자 하는 사람들은 가격을 먼저 고려하겠지만, 자신이 소유한 제품의 디자인이 자신의 가치를 드러낸다고 생각하는 사람들은 디자인을 먼저 고려할 것이다. 전자의 경우에는 가격이 가장 저렴한 제품을 구입했을 때, 후자의 경우에는 가격이 비싸더라도 자신의 가치를 돋보이게 하는 제품을 구매했을 때 심리적 만족감이 극대화될 것이고, 각자 자신의 기준에서 합리적 소비를 했다고 생각할 것이다.

또한 최근에는 자신의 가치관에 따라 소비를 하는 사람들이 늘고 있다. 환경 보호를 중요한 가치로 여기는 사람들은 친환경 제품을 구매하고, 노동자의 인권을 중요한 가치로 여기는 사람들은 공정 무역 제품을 구매한다. 그들에게 제품의 가격은 중요하지 않다. 자신의 윤리적 가치를 실현하는 것이 더 중요하기 때문이다. 이러한 경향은 2022년 대한상

필수 지문의 기틀

가

갈래	설명문
주제	소비자의 사회적 책임을 실천하는 윤리적 소비
특징	① 다양한 실천 방법을 제시함. ② 구체적 수치가 제시된 조사 자료를 통해 이해를 도움.

나

갈래	논설문
주제	개성과 다양성 중시에 따라 변화한 합리적 소비의 기준
특징	① 합리적 소비의 새로운 기준을 제시함. ② 설문 조사 자료를 통해 주장을 뒷받침함.

핵심 꼭! 체크 ✓

가

1 윤리적 소비의 의의
사회적 책임을 실천하는 소비자 운동

2 윤리적 소비의 실천 방법
① 긍정적 구매 행동: 윤리적 성격을 가진 상품을 구매함.
② 부정적 구매 행동: 비윤리적 성격을 가진 상품 구매를 자제하거나 불매함.

나 합리적 소비의 기준 변화

경제성
↓
심리적 만족감 — 윤리적 가치관

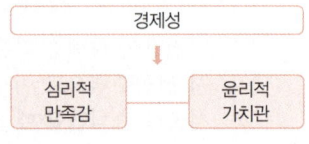

수능 발전 ✙✙

공정 무역
상호 간의 혜택이 동등한 가운데 이루어지는 무역

이에스지(ESG) 경영
환경 보호와 사회적 기여도를 고려하고 법과 윤리를 준수하며 지배 구조를 개선하고자 하는 경영 철학. ESG는 Environmental(환경), Social(사회), Governance(지배 구조)의 첫 글자를 조합한 단어임.

▶ 정답과 해설 60쪽

공회의소에서 20~30대를 대상으로 실시한 설문 조사에서도 확인할 수 있다. 이 설문에 응답한 사람 10명 가운데 6명이 이에스지(ESG) 경영을 실천하는 기업의 제품을 구매하기 위해 더 많은 비용을 지불할 의사가 있다고 응답한 것이다. 이 결과로 알 수 있듯이 이들은 경제적 합리성만을 기준으로 소비하지 않고, 자신의 가치관에 따라 소비를 한다.

기업의 친환경 경영, 사회적 책임, 투명한 지배 구조 등을 의미함.

1 (가)와 (나)에 대한 설명으로 적절하지 <u>않은</u> 것은?

① (가), (나)는 '소비'라는 동일한 화제를 다루고 있다.

② (가)는 윤리적 소비에 대해 설명하고 있고, (나)는 합리적 소비의 기준을 제시하고 있다.

③ (나)와 달리 (가)는 자료와 예시를 들어 글의 신뢰성을 얻고 있다.

④ (가)는 소비자가 윤리적 소비를 통해 사회적 책임을 실천할 수 있다고 말한다.

⑤ (나)는 합리적 소비의 기준이 자신의 심리적 만족감이나 가치관과 같이 변화되었다고 말한다.

2 (가)의 내용과 일치하지 <u>않는</u> 것은?

① 윤리적 소비는 개인의 주관에 따라 다양한 방법으로 실천할 수 있다.

② 윤리적 소비를 실천하기 위해서는 자신에게 가장 중요한 문제가 무엇인지 확인해야 한다.

③ 영국에서 윤리적 소비 관련 지출 규모가 발표된 이후 윤리적 소비는 크게 증가하였다.

④ 비윤리적 상품의 구매를 자제하거나 불매 운동을 벌이는 것도 윤리적 소비의 일환이다.

⑤ 윤리적 소비의 등장 배경으로 소비를 통해 다양한 사회 문제를 해결할 수 있다는 인식이 확산된 점을 들 수 있다.

3 (나)를 〈보기〉와 같이 정리한다고 할 때, 빈칸에 들어갈 말을 차례대로 쓰시오.

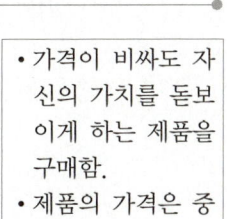

● 보기 ●

| • 가격이 비싸도 자신의 가치를 돋보이게 하는 제품을 구매함.
• 제품의 가격은 중요하지 않음. | ↔ | 심리적 만족감과 가치관 추구를 위해 자신의 경제 수준을 넘어서는 소비는 합리적 소비라고 할 수 없음. |

↓

(   ) 소비는 심리적 만족감과 가치관 그리고 (   )적인 능력을 종합적으로 고려한 최선의 선택이 되어야 함.

◀ 학습 활동 응용 📖

4 (나)를 참고할 때 ㉠과 ㉡에 들어갈 내용으로 적절하지 <u>않</u>은 것은?

소비 기준	요즘 사람들은 자신의 심리적 만족감을 중시한다.	최근에는 가치관에 따라 소비를 하는 사람들이 늘었다.
사례	㉠	㉡

① ㉠: 제품의 가격과 품질은 비슷하지만 자신의 취향에 맞는 구두를 구매

② ㉠: 다른 회사에 비해 가격이 매우 비싸지만 디자인이 마음에 드는 쇼파를 구매

③ ㉠: 저렴하고 디자인도 마음에 들지만 노동 착취의 논란이 있는 회사의 제품이라 구매를 포기

④ ㉡: 벌레의 흔적이 있지만 농약을 뿌리지 않은 친환경 채소를 구매

⑤ ㉡: 가격은 비싸지만 생산 국가의 노동자 권익을 고려하여 공정 무역 바나나를 구매

◀ 수능형 ⇧

5 (가)와 (나)의 글쓴이가 〈보기〉의 사례를 평가한 내용으로 적절하지 <u>않은</u> 것은?

● 보기 ●

'A 회사'의 목표

우리 회사는 이산화 탄소 배출을 줄이고 환경 친화적인 '녹색 소비'를 지향합니다. 이를 위해 협동조합과 손잡고 지속 가능한 소비를 위해 지역 내에서 생산된 친환경 원자재를 구매합니다. 또한 친환경 포장재를 사용하여 환경 보전에 노력합니다. 우리 회사는 장애인과 다문화 가정 근로자의 고용과 포용으로 생산량이 높지는 않습니다.

① (가): 윤리적 소비가 A 회사와 같은 경영을 하게 만들었군.

② (가): A 회사의 상품을 구매하는 '긍정적 구매 행동'이 나타나겠군.

③ (나): A 회사는 이에스지(ESG) 경영을 실천하는 기업이군.

④ (나): A 회사 제품은 개성과 취향을 충족시키는 심리적 만족감을 주지 못할 수도 있겠군.

⑤ (나): A 회사가 소비자의 경제적 이익을 고려했다는 점에서 합리적 소비의 기준을 갖추었군.

IV 듣기·말하기, 쓰기

듣기·말하기 핵심 개념

01 대화의 원리

(1) 협력의 원리: 대화의 목적이나 요구에 어울리도록 대화를 해야 한다는 원리

양의 격률	대화의 목적에 필요한 만큼의 정보를 제공해야 함.
질의 격률	타당한 근거를 들어 진실을 말해야 함.
관련성의 격률	대화의 목적이나 주제와 관련된 것을 말해야 함.
태도의 격률	모호성이나 중의성이 있는 표현을 사용하지 않고 말해야 함.

(2) 공손성의 원리: 서로에 대한 예의를 지키면서 의사소통을 해야 한다는 원리

요령의 격률	상대방에게 부담이 되는 표현을 최소화하고 상대방에게 이익이 되는 표현을 최대화하기
관용의 격률	자신에게 이익이 되는 표현을 최소화하고 자신에게 부담을 주는 표현을 최대화하기
찬동의 격률	상대방에 대한 비방을 최소화하고 상대방을 칭찬하는 표현을 최대화하기
겸양의 격률	자신에 대한 칭찬은 최소화하고 겸손하게 말하기
동의의 격률	상대방과의 의견 차이는 줄이고 일치점은 최대화하기

(3) 체면 유지의 원리: 상대방의 체면을 위협하는 행위를 피하고, 갈등을 최소화해야 한다는 원리

체면 위협 전략	예의를 전혀 갖추지 않고 단도직입적으로 상대방의 체면을 위협하는 행위를 함. 상대보다 우월한 지위에 있거나 친구나 가족처럼 사회적 거리가 매우 가까운 관계에서 사용함.
적극적 예의 전략	간접적 표현을 사용해 예의를 갖추고 상대방을 존중하는 표현으로 자신의 바람을 조금 덜 위협적인 방법으로 전달함.
소극적 예의 전략	상대방에게 강요하거나 요구하지 않아 부담을 주지 않고, 상대방의 권리를 침해한 것에 대한 미안함을 표현함. 예 '부담스러우시겠지만', '정말 미안하지만' 등
오프 레코드 전략	자신의 바람을 암시적으로 말함으로써 이에 대한 해석 여부를 상대방에게 전가함.
체면 위협 행위 불이행 전략	요청할 내용이 있어도 상대방의 체면을 위협할 소지가 있으므로 아예 체면 위협 행위를 하지 않음.

02 대화의 전략

공감 전략	• 청자가 화자와의 공통점에 주목하게 함. • 청자가 존중받고 있다는 마음을 갖게 함. • 청자와 화자가 함께 추구하는 목표, 공통의 이해 관계를 드러냄.
맥락 공유 전략	청자의 배경(나이, 신분, 성별, 지식 등), 청자와의 관계, 대화의 시간과 장소 등을 고려함.
가치 공유 전략	• 대상에 대해 같은 시각이나 관점을 공유함. • 청자의 동의를 구하거나 공동체의 세계관이나 사고방식 등을 수용함.
대화 장애 요인의 분석	의도나 맥락이 불분명한 표현, 청자의 이해를 염두에 두지 않은 표현, 발음 장애나 말하기 불안 같은 심리적 장애 등을 파악해 고쳐야 함.

03 대화 과정과 담화 관습에 대한 성찰

❶ 대화 과정에 대한 성찰

(1) 담화 참여자의 역할 점검 및 조정: 대화의 참여자는 수시로 변동되는 자기 역할의 적절성과 실행 효과를 점검하고 조정해야 함.

(2) 화자의 사회적 책임과 의사소통 윤리: 화자는 사실을 정확하게 전달하여 진실성을 갖추어야 함. 표현하려는 바를 분명하게 인식하고 말의 영향력을 고려해야 함. 상대방을 배려하지 못한 표현, 비속어, 차별적인 말은 갈등을 일으킬 수 있음을 고려해야 함.

❷ 담화 관습에 대한 성찰

(1) 개념: 언어문화를 공유하는 집단에서 형성된 듣기·말하기의 방식이나 습관, 태도

(2) 담화 관습의 성찰: 우리는 다양한 언어 공동체의 특성을 두루 경험하며, 서로 다른 담화 관습을 수용하고 새로운 담화 관습을 형성하기도 함. 원활한 의사소통을 위해서 언어 공동체의 전통적인 담화 관습을 이해하고 이를 비판적으로 수용해 변화하는 사회·문화적 환경에 적합한 화법을 가꾸기 위해 노력해야 함.

04 토론

❶ 토론의 개념과 성격

(1) 개념: 어떤 문제 상황을 해결하기 위해 찬성 측과 반대

측이 각기 논거를 들어 자신의 주장이 옳음을 내세우고, 상대방의 주장이나 논거가 부당함을 명백하게 밝히는 말하기

(2) 토론 주제의 성격과 종류: 토론의 주제인 논제는 찬성과 반대의 주장이 대립할 수 있는 것이어야 함.

① 사실 논제: 어떤 명제가 사실임을 주장함.

② 가치 논제: 어떤 가치가 바람직함을 주장함.

③ 정책 논제: 어떤 정책의 실행이 바람직함을 주장함.

(3) 토론의 절차:

> 논제 설정 → 찬성 측 주장(입론) → 주장에 대한
> 반박(반론) → 합리적인 방안 선택(심판)

❷ 토론 구성원의 역할

사회자	• 토론의 배경과 논제를 소개하고, 쟁점을 정리해서 토론자들에게 숙지시킴. • 객관적이고 공정한 입장에서 토론을 진행함. • 상황에 따라 질문 및 요약을 하며 토론의 진행을 돕고, 토론 규칙과 절차를 지키도록 함.
토론자	• 자신의 주장을 조리 있고 분명하게 말하고, 상대방의 주장을 논리적으로 반박함. • 토론의 규칙을 지키며, 예의에 어긋나는 발언은 삼가야 함.
청중	• 사전 조사를 통해 논제를 충분히 이해해야 함. • 객관적 입장에서 찬반 양측의 주장과 근거를 평가함.

❸ 토론의 유형

(1) 고전식 토론: 논제에 대하여 찬성자 2명과 반대자 2명이 각각 한 팀이 되어 토론하는 형식

	제1찬성자	제2찬성자	제1반대자	제2반대자
입론	①		②	
		③		④
반론	⑥		⑤	
		⑧		⑦

※ '직파식 토론'은 고전식 토론과 동일하나, 반론을 찬성 측이 먼저 함.

(2) 반대 신문식 토론: 논제에 대하여 찬성자와 반대자가 질문을 하여 상대방의 논거를 반박하면서 승부를 가리는 토론 형식

	제1찬성자	제2찬성자	제1반대자	제2반대자
입론	① 입론			② 반대 신문
	④ 반대 신문		③ 입론	
		⑤ 입론	⑥ 반대 신문	
		⑧ 반대 신문		⑦ 입론
반론	⑩ 반론		⑨ 반론	
		⑫ 반론		⑪ 반론

05 대안 탐색과 의사 결정의 협상

• 협상: 개인이나 집단 사이에서 이익과 주장이 달라 갈등이 생길 때, 문제 해결을 위해 서로 타협하고 조정하면서 해결 방법을 찾아가는 의사소통 방법

• 협상의 일반적 절차

시작 단계	• 갈등의 원인 분석 • 문제 해결의 가능성 확인	
조정 단계	• 문제 확인 • 상대의 처지와 관점 이해 • 구체적 제안이나 대안 제시 및 상호 검토	⇨ 협상 참여자 모두에게 이익이 되는 합의안 마련
해결 단계	• 최선의 해결책 제시 • 타협과 조정을 통한 합의 • 합의 이행	

06 의사소통 과정의 점검과 조정

• 의사소통 과정의 점검 및 조정: 효과적인 의사소통을 위해서는 자신이 말하고 듣는 행위의 적절성을 점검하고 조정해야 함.

점검 및 조정 방법	• 의사소통의 목적과 주제에 맞게 말하고 있는가? • 상대방의 반응을 고려하여 말하고 있는가? • 상대방의 발화 의도와 핵심을 파악하며 듣고 있는가? • 적극적이고 우호적인 자세로 의사소통에 참여하고 있는가? • 적절한 언어적·반언어적·비언어적 표현을 사용하여 말하고 있는가?

07 바람직한 의사소통 문화

• 언어 공동체는 역사와 사회 상황, 공동체의 가치와 신념 등을 공유함으로써 고유한 담화 관습을 형성함. → 언어 공동체의 담화 관습을 이해하고 이를 바탕으로 언어 예절을 지키며 말해야 함.

• 우리말에 나타나는 담화 관습의 대표적인 양상

겸양 어법	예의를 중시하는 우리 사회의 전통문화에서 형성된 것으로, 자신과 관련된 것을 낮추어 표현하는 것 예 "차린 것이 변변치 않지만 많이 드십시오."
완곡 어법	있는 그대로 표현할 경우 상대방의 감정을 상하게 하거나 좋지 않은 인상을 줄 수 있는 대상이나 내용은 부드러운 말로 바꾸어 표현하는 것 예 변소 → 화장실
관용 표현	둘 이상의 낱말이 합쳐져 원래의 뜻과는 다른 새로운 뜻으로 굳어져서 쓰이는 표현 예 관용어, 속담, 한자 성어, 격언 등

1 다음은 학생 토론의 일부이다. 토론 과정에 대한 분석으로 적절하지 <u>않은</u> 것은?

> 사회자: 최근 학생들이 학교 산책로에 쓰레기를 함부로 버려 문제가 되고 있습니다. 이에 '학교 산책로에 쓰레기통을 설치해야 한다.'라는 의견이 제기되고 있어, 오늘은 이 논제로 토론을 하고자 합니다. 먼저 찬성 측부터 입론해 주시기 바랍니다.
>
> 찬성 1: 학교 산책로에 쓰레기통을 설치해야 한다고 생각합니다. 학교 산책로 이용에 관한 교내 설문 조사에 따르면 산책로에 쓰레기를 버릴 곳이 없어 불편하다는 의견이 많았습니다. 또한 산책로를 잘 이용하지 않는다는 학생들도 많았는데, 이 중 80% 정도는 쓰레기가 지저분하게 버려져 있기 때문이라고 응답했습니다. 따라서 학생들의 불편을 해소하고 깨끗한 산책로 조성을 위해 쓰레기통을 설치해야 합니다.
>
> 반대 1: 제가 조사한 바에 따르면 인근 ○○고등학교의 경우 학생 쉼터에 쓰레기통을 설치했음에도 불구하고, 학생들이 함부로 버린 쓰레기가 분리수거도 되지 않은 채 마구 뒤섞여 있고, 쓰레기통 주위도 지저분해져서 악취와 벌레 때문에 문제가 되고 있다고 합니다. 그래서 저는 쓰레기통 설치에 반대합니다. 게다가 산책로에 쓰레기통을 설치한다면 누가 관리하느냐에 대한 문제도 발생할 수 있습니다. 교실 청소도 벅찬 상황에서 산책로 쓰레기통까지 관리해야 한다면 그것을 담당할 학생들에게 부담이 될 것입니다.
>
> 사회자: 두 분의 말씀 잘 들었습니다. 이어서 양측의 반론을 듣겠습니다. 반대 측부터 반론해 주시기 바랍니다.
>
> 반대 2: 단순히 불편하다는 이유만으로 산책로에 쓰레기통을 설치할 필요는 없다고 생각합니다. 쓰레기통은 산책로 바로 옆 매점에도 있으니 산책로를 이용하는 학생들은 그 쓰레기통을 사용하면 됩니다. 또한 편의를 위해 쓰레기통을 설치한다고 해도 산책로가 깨끗해질 것이라고는 생각하지 않습니다. 왜냐하면 쓰레기통이 없어서라기보다는 근본적으로 학생들의 잘못된 인식과 습관이 문제이기 때문입니다. 따라서 쓰레기 되가져 가기 캠페인 등을 실시하여 책임 의식을 높이고 학생들이 자발적으로 쓰레기를 정해진 곳에 버리는 습관을 형성하는 것이 필요합니다.
>
> 찬성 2: ○○고등학교에서 쓰레기통 설치로 문제가 생겼다고 해서 우리 학교에서도 동일한 상황이 벌어진다고 볼 수 있을까요? ○○고등학교의 경우에는 일반 쓰레기통만을 설치해서 문제가 된 것으로 알고 있습니다. 이 사례를 거울삼아 분리수거를 할 수 있도록 재활용 쓰레기통

을 함께 설치한다면 부작용을 최소화할 수 있다고 생각합니다. 그리고 학급별 순번제 관리 시스템을 도입한다면 관리에 대한 부담을 줄일 수 있고, 이를 통해 학생들이 주인 의식을 기를 수 있어 교육적으로도 가치가 있다고 생각합니다.

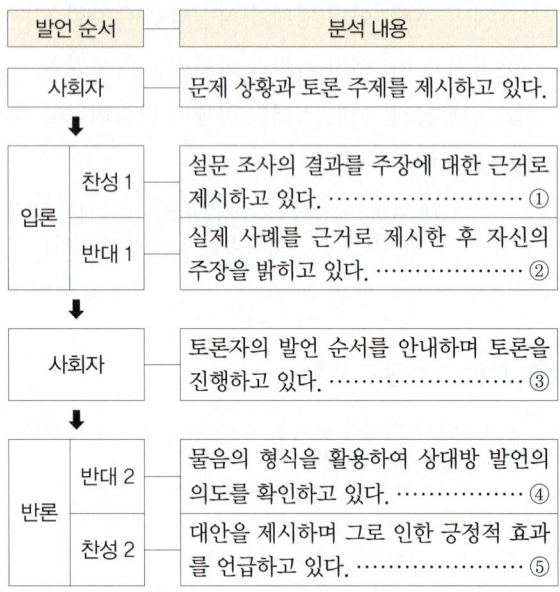

발언 순서		분석 내용
사회자		문제 상황과 토론 주제를 제시하고 있다.
입론	찬성 1	설문 조사의 결과를 주장에 대한 근거로 제시하고 있다. ·············· ①
	반대 1	실제 사례를 근거로 제시한 후 자신의 주장을 밝히고 있다. ·············· ②
사회자		토론자의 발언 순서를 안내하며 토론을 진행하고 있다. ·············· ③
반론	반대 2	물음의 형식을 활용하여 상대방 발언의 의도를 확인하고 있다. ·········· ④
	찬성 2	대안을 제시하며 그로 인한 긍정적 효과를 언급하고 있다. ·············· ⑤

[2~3] 다음은 대화의 일부이다. 물음에 답하시오.

가영: 다음 달에 교내 창의 융합 발표 대회가 개최된대.

지혜: (놀란 표정으로) 창의 융합 발표 대회? 우리 방송반은 점심시간 음악 방송하기도 바쁜데, 그런 걸 언제 준비할 수 있겠냐?

가영: 음악 방송도 중요하지만, 학생들의 생각을 바꿀 수 있는 방송을 계획해서 학생들에게 보여 주면 의미가 있을 것 같아.

철수: ㉠헐. 굳이 하지 않아도 되는 일을 만드니?

지혜: 가영아, 넌 뭘 하고 싶은데? ㉡들어나 보자.

가영: 얼마 전 신문에서 보았는데, 영상보다는 신문과 같은 인쇄 매체를 통해 학습을 하면 더 많이 기억에 남는다는 기사였어.

철수: 뭐야, 당연한 거잖아! (고개와 몸을 돌리며) ㉢그건 신문사의 수작이야.

지혜: 철수야 잠시만, 가영이 너는 정말 그런지 실험해 보고 확인해 보자는 거니?

가영: 맞아. 같은 내용을 영상물과 인쇄물로 만들고 학생들을 대상으로 실험을 해 보는 게 어떨까? 그러면 대회 준비도 할 수 있고, 그 내용을 일종의 창작 공연물로 만들어서 학생들에게 알려 줄 수도 있어. ㉣일종의 페스티벌 형식이지.

철수: 야, 그런 건 준비도 많이 해야 하는데 언제 하냐? 대회 발표 보고서는 누가 쓰냐. 난 싫어. ㉤넌 뭔 욕심이 그리 많냐!

지혜: 사실 우리는 학생이니까 공부도 해야 하고, 매일 하는 음악 방송도 준비해야 하고, 벅찬 것 같아.

[A]
가영: 주말을 이용하…
철수: (말을 가로채며) 그럴 수도 있지만, 난 빼 줘. 할 일 많아.

가영: (머뭇거리며) 한번 해 보자. 의미 있는 일이지 않을까.

---

2 ㉠~㉤을 상대방을 배려한 표현으로 바꾼 것으로 적절하지 않은 것은?

① ㉠: 너의 제안을 받아들이기 힘들어.
② ㉡: 어디 한번 자세한 내용을 말해 봐.
③ ㉢: 구독자를 늘리려는 신문사 의도가 담긴 기사야.
④ ㉣: 일종의 축제 형식이지.
⑤ ㉤: 너처럼 욕심을 부리면 될 일도 안 될 거야.

3 [A]의 '철수'에게 조언할 수 있는 내용으로 가장 적절한 것은?

① 상대방의 말에 동의하면서 말할 필요가 있다.
② 상대방의 말을 끝까지 듣고 반응을 해야 한다.
③ 상대방에 대한 비하는 줄이고 칭찬을 늘려야 한다.
④ 상대방에게 자신의 의견을 직설적으로 표현해야 한다.
⑤ 자신의 탓으로 돌려 말하면 상대방의 부담이 줄어들 것이다.

4 다음은 어머니와 딸의 대화이다. 〈보기〉의 조언에 따라 [A]를 수정한 것으로 가장 적절한 것은?

> 딸: (냄새를 맡으며) 오늘 저녁 반찬이 뭐예요?
> 어머니: 입맛 돌게 냉이 무치고 달래 넣고 된장국 끓였단다.
> 딸: (기운 없는 목소리로) 그럼 오늘 반찬은 나물에 된장국이네요. 전 불고기가 먹고 싶었는데……
> 어머니: 그래도 봄에는 냉이나 달래 같은 봄나물을 먹어야지. 게다가 이건 할머니께서 들에서 손수 캐서 보내 주신 거야.
> 딸: 그래도 난 고기가 좋다고 생각하는데…… 예전엔 고기를 많이 먹어야 체력도 좋아지고 키도 큰다고 하셨잖아요.

어머니: 고기도 좋지만 나물도 먹어야 균형 잡힌 식생활을 할 수 있거든. 책에서 읽었는데 제철 음식이 영양소가 풍부해서 우리 몸에 참 좋다더구나.

[A]
딸: 엄마, 나물이 몸에 좋다고 해서 꼭 먹어야 하는 건 아니잖아요. 어른들은 왜 나물, 나물 하는지 저는 이해가 안 돼요.

어머니: 사실 엄마도 어릴 땐 너처럼 나물 반찬이 싫다고 할머니께 투정을 부리곤 했는데, 녹두나물에 맛을 들이고부터는 나물의 참맛을 알게 됐어. 엄마가 정성껏 준비한 반찬인데 냉이 무침 한번 먹어 보렴. 향긋할 거야.

딸: (한 입 먹어 보며) 저번에 먹던 것과는 맛이 다르네요.

어머니: (밝은 표정으로) 그래, 맛있지? 땅속에서 추운 겨울을 보내고 봄에 솟아나는 나물이야말로 좋은 먹거리야. 땅내 맡고 햇살 받아서 영양 만점에다 향도 맛도 좋아. 먹으면 기운이 쑥쑥 나지.

딸: (고개를 끄덕이며) 먹어 보니 생각보다 맛있는데요. 할머니 손맛을 닮아서 그런지 엄마 나물 무치는 솜씨도 최고인 것 같아요.

어머니: (미소 지으며) 너무 비행기 태우는 거 아니야? 엄만 할머니 손맛 따라가려면 아직 멀었지. 그래도 딸이 인정해 주니 기분 좋은데.

● 보기 ●

의사소통을 할 때에는 상대방을 이해하고 배려하는 태도가 필요하단다. 자신의 생각이 상대방과 다를 때에는 상대방의 생각에 동의하는 점을 최대한 드러내고, 자신의 생각과 그렇게 생각한 이유를 설명하는 것이 바람직해.

---

① 제철 음식이 몸에 좋다는 말은 맞는 것 같아요. 그렇지만 제철 나물을 먹으라고 너무 강요하지 않으셨으면 좋겠어요.

② 제가 읽은 책에서는 자기 입맛에 맞는 음식이 최고의 음식이라고 했어요. 그 책의 내용이 엄마 말씀보다 더 공감이 돼요.

③ 저도 나물 반찬이 몸에 좋다고 생각해요. 그렇지만 하굣길에 친구가 불고기 얘길 해서 그런지 불고기가 먹고 싶어서 그랬어요.

④ 뉴스를 보니 오염된 환경에서 자란 나물에는 몸에 해로운 성분이 있을 수 있대요. 그러니까 나물이 꼭 좋다고만 말할 수 없을 것 같아요.

⑤ 어른들은 어렸을 때부터 나물을 즐겨 먹었고, 저희들은 나물보다는 고기반찬을 주로 먹고 자랐잖아요. 그래서 제가 고기를 더 좋아하는 것 같아요.

5 다음은 두 마을 간의 협상이다. 이 협상에서 A와 B가 합의에 이를 수 있었던 요인으로 가장 적절한 것은?

> ○○군에서는 전국적 규모의 축제를 기획하면서 개최 장소를 A 마을과 B 마을 중에서 선정하고자 하였다. 그런데 두 마을이 공동 개최에 합의하였고, 이에 따라 A 마을의 대표 A와 B 마을의 대표 B가 후속 협상을 하게 되었다.

A: 오늘은 우리가 지난번 협상에서 다루지 못한 축제 공식 명칭에 대하여 논의를 했으면 하는데, 어떠세요?

B: 좋습니다. 저희도 같은 생각입니다.

A: 그러면 저희의 입장부터 말씀드리겠습니다. 축제 공식 명칭은 두 마을의 이름을 병기하되 저희 마을 이름을 먼저 표기했으면 합니다.

B: 글쎄요. 저희도 저희 마을 이름이 앞섰으면 하는 생각이 있습니다. 개최지로 저희가 유력했던 상황에서 사실상 저희의 양보로 공동 개최가 가능했습니다. 따라서 명칭과 관련해서는 저희의 의견을 수용해 주십시오.

A: 공동 개최와 관련해 잘못 생각하신 부분이 있는 것 같습니다. B 마을도 공동 개최가 이익이 된다고 판단하여 합의한 것 아닙니까? 그러니 축제 명칭은 각자의 축제 유치 의도를 고려하되 세부 조건을 조율해서 정하는 것이 옳다고 봅니다.

B: 무슨 뜻인지요?

A: 저희가 알아본 바로는 B 마을은 축제 유치를 통한 경제 활성화에 관심이 있다고 알고 있는데, 맞죠?

B: 그렇습니다.

A: 그런데 이미 유명한 B 마을과는 달리 저희는 저희 마을을 전국에 알리는 것이 일차적 목표입니다. 그러니 축제 명칭은 저희가 원하는 대로 하면서 경제적인 면에서는 B 마을에 유리하도록 협상의 세부 조건을 구성하자는 것입니다.

B: 글쎄요. 축제 명칭에서 앞쪽에 표기되는 것은 그 의미가 큽니다. 저희 마을의 인지도가 이미 높다고 하더라도…….

A: 명칭에서 저희 마을 이름을 앞세우는 대신 원하는 조건이 있으면 말씀하시죠.

B: 말씀하신 대로 저희는 경제적 이득이 중요합니다. 따라서 첫째, 명칭보다는 홍보 효과가 적지만 저희 마을 특산품을 축제 캐릭터로 만들겠습니다. 둘째, 공동 개최를 하게 되면 행사들을 서로 나누어 진행하게 될 텐데요. 저희가 전체 행사 중 60%를 가져가겠습니다. 이 조건들이 충족되지 않는다면 축제 공식 명칭과 관련하여 합의할 수 없습니다.

A: B 마을 특산품을 캐릭터로 만들면서 행사를 60%까지 가져간다는 것은 지나친 요구라고 생각합니다. 행사 배분 비율은 공동 개최에 걸맞게 50%를 원칙으로 합시다.

B: 그 제안은 저희 마을 주민들의 동의를 얻기 어려울 것입니다. 지금도 공동 개최에 대한 반대가 많거든요. 차라리 저희 마을이 유치하지 못하게 되더라도 단독 개최를 다시 추진하겠습니다.

A: 지난번 합의를 일방적으로 파기하는 것은 같은 ○○군 마을끼리 온당치 않습니다. 단독 개최를 하더라도 저희 마을의 도움이 필요하지 않겠습니까? 행사 배분 비율은 양보하기 어렵습니다. 그 대신에 B 마을이 원하는 다른 조건을 추가하시는 게 어떨까요?

B: 좋습니다. 이렇게 하죠. 행사 배분은 동일하게 50%씩 하고, 행사 선택은 하나씩 교대로 하되, 저희 마을부터 선택을 시작하는 것으로 하는 겁니다. 그래야 수익성이 높은 행사를 저희 마을에서 가져갈 수 있으니까요.

A: 음. 저희 마을 이름을 먼저 표기하는 것으로 하고 그 정도 조건이면 받아들일 수 있겠네요. 그렇게 합시다.

① A와 B 모두 상대방의 양보로 축제의 공동 개최가 가능했다고 인식했기 때문이다.

② A는 축제 명칭을, B는 행사 배분 비율을 상대방의 입장을 고려하여 양보했기 때문이다.

③ A는 행사 선택의 순서에서, B는 축제 캐릭터와 관련해서 최초의 입장을 고수하지 않고 양보했기 때문이다.

④ A 마을의 인지도 향상과 B 마을의 경제적 이득 증대를 모두 실현할 수 있는 방안이 도출되었기 때문이다.

⑤ A가 바라는 효과적인 축제 홍보와 B가 바라는 마을의 화합 증진을 모두 실현할 수 있는 방안이 도출되었기 때문이다.

[6~7] 다음은 학생들의 토의이다. 물음에 답하시오.

학생 1: 다음 주에 우리 반 자리를 새로 정하기로 했잖아. 그래서 담임 선생님께서 어떤 방식으로 하면 좋을지 반장과 부반장이 미리 생각해 보라고 하셨어. 뭐, 좋은 방법 없을까?

학생 2: 아, 그래. 작년에 해 봤던 방법인데, 이 방법은 어떨

▶정답과 해설 61쪽

까? 일찍 오는 사람부터 원하는 자리에 앉기. 우리 반에 지각하는 사람이 많으니까 나름대로 효과가 있지 않을까?

학생 1: (상대방을 살펴보며) 그것도 좋은데, 집이 먼 친구들한테는 너무 불리하니까 그것 말고 다른 방법은 없을까?

학생 2: 그럼, 제비뽑기 알지? 이 방법은 어떨까?

학생 1: 응, 그거 참 좋다. 근데 제비뽑기는 결과에 따라서 눈이 좋지 않은 학생까지도 맨 뒷자리에 앉아야 하는 문제가 생길 거 같아. 이런 친구들도 배려해야 하지 않을까?

학생 2: 맞아! 그런 문제가 있을 수 있겠구나. 그럼 먼저 제비뽑기를 하고 원하는 사람끼리 자리를 서로 맞바꿀 수 있게 해 주면 문제가 해결되지 않을까?

학생 1: 아휴, 참! 아니야. (말이 빨라지며) 그런 예외 조항을 두면 서로 친한 사람끼리만 앉게 될 수도 있고, 부탁을 하니까 원치 않아도 들어줘야 하는 상황이 발생할 수 있어. 그러면 제비뽑기를 하는 의미도 없어지는 거잖아. 하여튼 난 반대야.

학생 2: ㉠너는 무슨 말을 그렇게 빨리 하냐. 무슨 말인지 못 알아듣겠어.

학생 1: 그러니까, 네가 말한 거처럼 예외를 두면 다른 문제가 생길 수 있으니까 다른 방법을 더 찾아보자는 말이야.

학생 2: 응, 그렇구나. 그럼, 눈이 좋지 않은 친구들을 배려할 수 있는 방법은 뭐가 있을까?

학생 1: (손뼉을 치며) 아! 이거 어때? 우선 눈이 좋지 않은 친구들을 위한 구역을 정하고, 그 친구들만 제비뽑기를 하게 하자. 다른 친구들은 나머지 구역에서 제비뽑기하고.

학생 2: 그거 좋은 생각이다. 그 정도의 배려는 우리 반 친구들도 해 줄 수 있다고 생각해. 그리고 한 달에 한 번씩 제비뽑기를 다시 해서 자리를 바꾸는 게 어때?

학생 1: 응, 좋아. 한 달에 한 번 바꾸면 잘 모르는 친구하고 짝도 할 수 있고, 안 좋은 자리에 앉았던 친구도 좋은 자리로 갈 수 있는 기회도 생기고.

학생 2: 좋아. 그럼 자리 정하기는 제비뽑기로 하되, 눈이 좋지 않은 친구들은 앞자리에서 따로 제비뽑기를 하고, 한 달에 한 번씩 자리를 바꾸는 걸로 말씀드리자. 선생님께는 내가 말씀드릴게.

학생 1: 그래, 좋아. 이렇게 우리의 일치된 의견을 선생님께 말씀드릴 수 있어서 더 의미 있는 거 같아.

6 두 학생을 의견 일치에 도달하게 한 말하기 방법으로 가장 적절한 것은?

① 상대방의 감정에 직접 호소하며 의견 관철하기
② 반대 의견에 대한 절충안을 통해 양보 유도하기
③ 상대방의 의견에 대해 칭찬을 이어 가며 격려하기
④ 상대방의 의견에 동의하며 추가로 의견을 제시하기
⑤ 객관적인 근거 자료를 통해 자신의 제안을 설득하기

7 〈보기〉를 참고하여 ㉠를 수정한 것으로 적절한 것은?

● 보기 ●

대화를 할 때는 상대방을 배려하고 존중하면서 공손하고 예절 바르게 말해야 한다. 이를 위한 방법 중에 문제를 자신의 탓으로 돌려서 상대방이 관용을 베풀 수 있게 하는 대화의 원리가 있다.

① 난 네 생각이 별로 좋지 않아. 예외 조항을 두면 왜 나쁘다는 거지?
② 방금 말한 거 내가 잘 이해하지 못해서 그러는데, 천천히 다시 한 번 말해 줄래?
③ 내가 다음에 맛있는 거 사 줄게. 미안하지만 다시 한 번 자세히 말해 주면 안 되겠니?
④ 너는 조리 있게 말을 잘하는 거 같아. 근데 말이 조금 빠른 편이라 이해하기가 어려워.
⑤ 네 생각도 참 좋은데, 지금처럼 네 생각만 강요하듯이 말하는 것은 좋지 않다고 생각해.

8 다음 의사소통 상황에 대한 설명으로 가장 적절한 것은?

반장: 오늘은 봄 체험 학습을 어떻게 할지 결정하려고 합니다. 의견이 있으신 분은 말씀해 주십시오.

민서: 저는 한국 미술관을 추천합니다. 이번에 〈조선 시대 회화 특별전〉을 한대요. 교과서에서 보았던 겸재 정선이나 단원 김홍도의 그림을 직접 볼 수 있어요.

반장: 다른 의견은 없습니까?

현수: 미술관이 뭐예요? 새 학년이 되어서 서로 서먹한데 우리 공이라도 한번 차러 가죠. 몸으로 부대끼면서 서로 친해질 수 있잖아요. 다들 내 의견에 동의하시죠?

부반장: 다른 사람 말도 들어 봐야죠.

지수: 그러지 말고, 민서의 의견을 받아들여서 오전엔 미술관 가고, 그 옆에 체육공원이 있으니까 오후엔 현수 말대로 체육공원에 가서 축구를 하면 좋을 것 같아요.

① 반장은 의사소통 과정을 일방적으로 이끌어 가고 있다.
② 민서는 의사소통 과정에 소극적으로 참여하고 있다.
③ 현수는 다른 의견에 수용적인 태도를 보이고 있다.
④ 부반장은 안건에 대한 의견을 적극적으로 제시하고 있다.
⑤ 지수는 합리적인 사고로 대안 도출에 기여하고 있다.

쓰기 핵심 개념

01 쓰기의 본질과 태도

❶ 쓰기의 개념

다양한 기호나 매체를 활용하여 인간의 생각과 감정을 글로 표현함으로써 의미를 구성하는 행위

❷ 쓰기의 본질

(1) **사회적 의사소통 행위**: 쓰기는 사회 구성원 간에 주고받는 의사소통 행위이며, 사회적 담론과 의사소통 문화를 형성하여 사람들의 언어 환경에 영향을 미침.

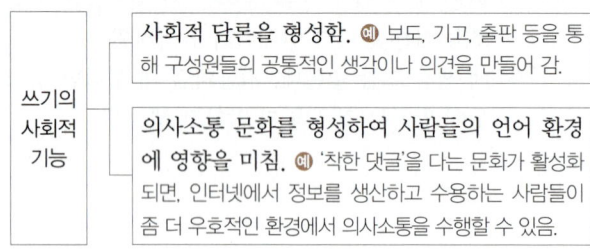

쓰기의 사회적 기능	사회적 담론을 형성함. 예 보도, 기고, 출판 등을 통해 구성원들의 공통적인 생각이나 의견을 만들어 감.
	의사소통 문화를 형성하여 사람들의 언어 환경에 영향을 미침. 예 '착한 댓글'을 다는 문화가 활성화되면, 인터넷에서 정보를 생산하고 수용하는 사람들이 좀 더 우호적인 환경에서 의사소통을 수행할 수 있음.

(2) **자아 성장과 공동체 발전에 기여**: 쓰기는 개인 내적 의사소통 및 타인과의 의사소통을 통해 자아를 성장시키고 공동체를 발전시키는 데 도움을 줄 수 있음.

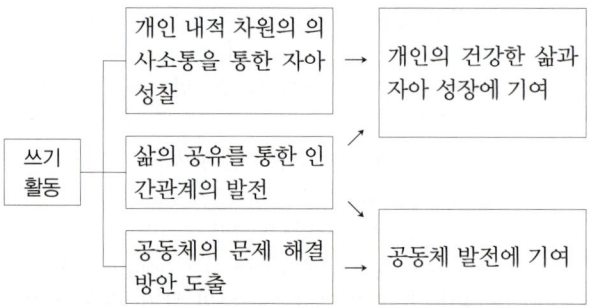

쓰기 활동	개인 내적 차원의 의사소통을 통한 자아 성찰	→	개인의 건강한 삶과 자아 성장에 기여
	삶의 공유를 통한 인간관계의 발전		
	공동체의 문제 해결 방안 도출	→	공동체 발전에 기여

(3) **맥락에 따라 이루어지는 행위**: 쓰기는 맥락에 따라 적절한 내용과 표현으로 활동을 수행해야 의사소통의 목적을 효과적으로 달성할 수 있음.

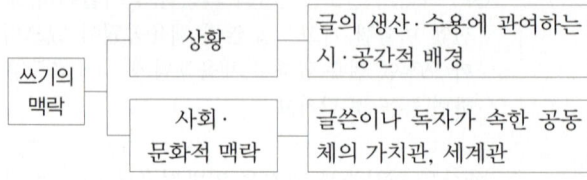

쓰기의 맥락	상황	글의 생산·수용에 관여하는 시·공간적 배경
	사회·문화적 맥락	글쓴이나 독자가 속한 공동체의 가치관, 세계관

❸ 쓰기의 태도

(1) **사회적 책임을 인식하고 의사소통 윤리를 준수하는 태도**: 자신의 글이 지니는 사회적 영향력을 인식하고 독자를 배려하여 윤리적인 언어활동을 해야 함. 상대방에게 피해를 줄 수 있는 표현을 삼가야 함. 타인의 생각, 말, 글

등이 지식 재산에 포함된다는 점을 이해하고, 표절로 이를 침해하는 일이 없어야 함.

(2) **진심을 담아 의사소통하는 태도**: 글을 쓸 때에 자신의 진심을 담아 상대방에게 전달해야 함.

(3) **언어 공동체의 작문 관습을 이해하고, 건전한 작문 문화 발전에 기여하는 태도**: 언어 공동체의 작문 관습은 시대, 사회·문화적 상황, 언어 공동체의 인식에 따라 변화할 수 있음. 언어 사용자는 건전한 언어문화를 형성해야 할 책무가 있음을 고려하며 언어생활을 영위해야 함.

02 쓰기의 과정

❶ 언어 공동체의 특성 고려하기

(1) **작문 관습의 고려**: 언어 공동체 내의 사회·문화적 특성이 반영된 특징적인 작문 관습을 고려해 장르를 결정함.

(2) **쓰기 맥락의 고려**: 글의 목적, 글의 주제, 예상 독자, 글을 실을 매체 등 맥락을 고려해 전체적인 계획을 세움.

❷ 복수의 자료를 모아 요약·활용하여 내용 생성하기

(1) **자료의 수집**: 다양한 경로와 방법을 활용해 풍부하게 자료를 수집함.

(2) **정보의 선별**: 글의 목적에 부합하는 정보인지, 타당성과 신뢰성을 갖춘 정보인지, 전달하고자 하는 매체의 특성에 적절한 정보인지를 고려해 수집한 자료 중 가치 있는 정보를 선별함.

❸ 내용 전개의 일반적 원리를 고려하여 내용 조직하기

(1) **내용 전개 원리**: 선별된 정보 사이의 관계나 특성에 따라 내용을 전개함.

내용 전개 원리	나열	설명 대상에 관한, 서로 대등한 여러 개의 정보를 늘어놓는 방법
	순서	진행 과정이나 공간적·시간적 순서에 따라 내용을 전개하는 방법
	문제 – 해결	어떤 현상에 대한 문제점을 밝히고 그 해결 방안을 제시하는 방법
	비교·대조	설명 대상 사이의 공통점과 차이점을 중심으로 내용을 전개하는 방법
	원인 – 결과	사건이나 현상의 원인과 결과를 중심으로 내용을 전개하는 방법

(2) 내용 조직: 선별한 내용을 원리와 단계에 맞게 짜임새 있게 조직해 배열함.

내용 조직 원리	통일성	글의 주제와 이를 뒷받침하는 다양한 요소들이 내용상 일치되어 하나의 주제를 향해 종합되어야 함.
	일관성	글감들은 서로 긴밀한 관계를 가지고 논리적으로 연결되어야 함.
	단계성	한 편의 글은 '처음 – 중간 – 끝'이 분명하도록 구성해야 함.

내용 조직 단계	처음	글을 쓰는 이유와 목적, 문제 제기
	중간	대상에 대한 주요 내용, 문제 해결의 토대·근거·방법 제시
	끝	중심 내용 요약, 주제 부각

❹ 정교하게 표현하기

작문 상황과 내용에 적합한 어휘와 문장을 선택, 내용을 잘 드러내기 위해 여러 가지 표현 기법을 활용, 효과적이고 개성적인 문체로 표현, 필요시 그림이나 도표를 활용하여 전달 효과를 높임.

❺ 쓰기 맥락을 고려하여 고쳐쓰기

쓰기 맥락과 관습을 고려하여 초고를 점검하고 수정, 보완함.

❻ 쓴 글을 함께 읽고 반응하기

작성된 글에 대한 다른 사람의 반응을 경험해 봄.

❼ 쓰기 과정과 전략에 대해 점검·조정하기

다른 사람의 반응을 바탕으로 자신의 사고와 표현, 작문 관습을 점검하고 조정함으로써 자아의 성장과 공동체의 발전에 도움이 되도록 함.

논거 수집	설득 전략 활용
• 독자의 특성(요구, 관심사, 수준 등) 고려하기 • 수집한 논거의 타당성, 신뢰성, 공정성 판단하기 (주장을 뒷받침할 수 있는 합리적이고 객관적인 논거인가?, 논거가 믿을 만한가?, 논거가 특정 입장에 치우치지 않았는가?)	→ 맥락(독자, 주제, 글의 유형 등)을 고려하여 적절한 설득 전략 활용하기 / 타당한 논거를 들어 논리적으로 설득하기 / 독자의 정서나 감정에 호소하여 설득하기 / 글쓴이에 대한 신뢰를 바탕으로 설득하기 / 주장을 뒷받침하는 논거 사용하기 ⓔ 사실 논거, 소견(의견) 논거 / 설득력을 높이기 위한 다양한 표현 전략 사용하기 ⓔ 이중 부정, 설의법, 비유법 등

❷ 비평하는 글

(1) 개념: 우리 사회에서 일어나는 여러 가지 사건이나 문제를 자신의 관점에 따라 평가하고 논의하는 글

(2) 작문 과정: 해당 현안이나 쟁점을 여러 관점에서 비판적으로 살펴보기 → 다양한 자료를 조사하고 분석한 후 자신의 주장이나 관점을 결정하기 → 의견이나 주장, 견해가 명료하게 드러나도록 쓰기 → 예상되는 반론을 고려하고 이를 반박할 수 있는 타당한 근거 마련하기

(3) 주의: 자신의 관점이나 주장이 사회에 미칠 영향을 고려하여 책임감 있는 태도로 신중하게 글을 써야 함.

❸ 건의하는 글

(1) 개념: 개인이나 단체가 어떤 문제 상황에 직면했으나 스스로 해결할 수 없을 때, 문제를 해결할 수 있는 당사자에게 문제 해결을 요청하는 글

(2) 특성: 해결되기 바라는 문제 상황, 문제를 해결해야 하는 이유, 문제를 해결할 수 있는 방안, 문제의 해결로 얻을 수 있는 효과, 자신이 제시하는 해결 방안의 실현 가능성 등을 밝혀야 함.

03 사회적 쟁점에 대한 견해를 드러내는 글

❶ 설득하는 글

(1) 개념: 자신의 주장을 독자에게 전달하여 독자의 생각이나 행동 변화를 이끌어 내기 위해 쓰는 글

(2) 특성: 설득력이 높은 글을 쓰기 위해서는 독자의 특성을 분석하고, 타당한 논거를 수집하며 적절한 설득 전략을 활용해야 함.

04 개성이 드러나는 글 – 수필

(1) 개념: 일정한 형식을 따르지 않고 인생이나 자연 또는 일상생활에서의 느낌이나 체험을 생각나는 대로 쓴 산문 형식의 글

(2) 특성: 비교적 자유로운 형식. 글쓴이의 개성이 강하게 드러남. 주로 신변잡기적 내용이 많음. 경험과 체험, 성찰이 담김. 자기 고백적이고 교훈적인 성격을 지님.

1 다음은 '노인 평생 교육'에 대해 학생이 쓴 초고이다. 이 글을 계획하는 단계에서 이루어진 학생의 생각을 정리한 것 중 이 글에 반영되지 <u>않은</u> 것은?

> 노인 평생 교육은 노인을 대상으로 하는 평생 교육으로 노인들의 삶의 질이 향상될 수 있도록 도와주는 교육 활동이라고 생각합니다. 그런데 우리나라는 노인 평생 교육에 참여하는 노인들의 비율이 매우 낮다고 합니다.
>
> 그렇다면 노인들이 노인 평생 교육에 참여하지 못하는 이유는 무엇일까요? 우선 비용 부담이 크고 노인을 대상으로 한 프로그램의 수가 적으며, 프로그램의 내용이 노인들의 요구를 반영하지 못한다는 것 등이 주요한 요인일 것입니다. 또한 노인들이 스스로 용기를 내지 못해 참여하지 못하는 경우도 있지만, 프로그램에 대한 정보가 부족해 참여하지 못하는 경우도 많습니다.
>
> 노인 평생 교육이 활성화되려면 우선 정부가 평생 교육을 원하는 노인들에게 경제적 지원을 확대해야 하고, 노인 평생 교육 담당 기관은 노인들이 자신감을 가지고 평생 교육에 참여할 수 있도록 캠페인 활동을 벌여야 합니다.
>
> 노인 평생 교육은 노인 개인의 자아를 실현시켜 주는 한편 노인들 삶에 활력소가 되기도 합니다. 노인들이 배움의 즐거움과 보람을 찾을 수 있도록 정부와 해당 기관의 노력이 필요합니다.

계획하기	학생의 생각
주제 설정하기	노인 평생 교육의 활성화와 관련된 내용으로 해야겠어. ······························ ①
예상 독자 설정하기	정부와 노인 평생 교육 담당 기관을 포함해야지. ······························ ②
글의 종류 결정하기	예상 독자를 설득하여 행동 변화를 이끌어 낼 수 있는 논설문으로 작성해야겠어. ········· ③
내용 전개 구상하기	노인 평생 교육의 의의를 밝히며 글을 시작해야겠어. ······························ ④ 평생 교육의 활성화를 위해서는 노인 개인의 노력이 필요함을 촉구하며 마무리해야지. ··· ⑤

2 다음 '학생의 초고'를 통해 알 수 있는 작문의 특성으로 가장 적절한 것은?

> **[작문 과제]**
> 학교생활을 하면서 불편하다고 느꼈던 점을 개선하기 위한 건의문 쓰기

[학생의 초고]
> 교장 선생님, 안녕하세요? 저는 1학년에 재학 중인 ○○○라고 합니다. 학교와 학생들을 위해 애쓰시는 교장 선생님께 감사드립니다. 제가 오늘 교장 선생님께 글을 쓰게 된 것은 중학교 때에 비해 불편을 느꼈던 도서관 이용에 대해 말씀드리고, 이에 대한 개선을 건의하기 위해서입니다.
>
> 우리 학교 도서관은 교실이 있는 건물이 아닌 축구장 옆 별관에 있습니다. 학생들은 주로 쉬는 시간이나 점심시간에 도서관을 찾는데, 그 시간에 이용하기에는 도서관이 너무 멀리 떨어져 있습니다. 그렇기 때문에 학생들이 도서관에 가서 책을 읽기도 어렵고, 수업 시간이나 수행 평가에 필요한 자료를 그때그때 열람하거나 빌리는 것도 쉽지 않습니다.
>
> 이러한 불편함을 해소할 수 있도록, 학교 본관의 중앙 계단 옆에 있는 빈 교실들을 활용하여 생활 도서관을 만들어 주셨으면 합니다. 학교 도서관을 가까운 곳으로 옮기는 것이 현실적으로 어렵기 때문에 생활 도서관이 교실 가까이에 있으면 좋겠습니다. 그러면 생활 도서관을 운영하고 있는 인근 학교에서처럼, 학생들이 책을 쉽게 접할 수 있고 필요한 책이나 좋아하는 책들을 편리하게 찾아볼 수 있어 학생들에게 큰 도움이 될 것입니다.
>
> 교장 선생님! 우리 학생들의 이러한 불편함을 고려해 주시면 감사하겠습니다.
>
> 2016년 ○월 ○○일
> 1학년 ○○○ 올림

① 글쓴이가 사회적 문제와 관련하여 자신의 삶을 반성하고 있다는 점에서 작문은 개인적 성찰 행위임을 알 수 있다.

② 글쓴이가 문제점을 발견하고 이를 개선하려 한다는 점에서 작문은 생활 속에서 문제를 해결하는 행위임을 알 수 있다.

③ 글쓴이가 예상 독자와 친밀한 관계를 회복하려 한다는 점에서 작문은 인간관계를 형성하기 위한 행위임을 알 수 있다.

④ 글쓴이가 자신의 감정만을 전달하고 있다는 점에서 작문은 개인적 정서를 함축적으로 표현하는 행위임을 알 수 있다.

⑤ 글쓴이가 자신이 소속된 집단의 문화를 존중하고 있다는 점에서 작문은 문화를 계승·발전시키는 행위임을 알 수 있다.

[3~4] 다음을 읽고 물음에 답하시오.

작품 상황

일상의 체험을 바탕으로 수필을 써 학급 문집에 싣고자 함.

초고

우리 집 마당 구석에 있는 창고에는 낡고 작은 배달용 오토바이가 한 대 서 있다. 아버지는 이 오토바이를 오랜 친구처럼 여기신다. 틈틈이 먼지를 털고, 경적을 빠방 울리기도 하고, 시동도 부르릉 걸어 보시고, 해진 안장을 톡톡 치며 환하게 웃으신다.

야트막한 언덕에 자리한 우리 학교는 인자한 미소를 띤 고목들이 오랜 전통을 말해 준다. 운동장을 발밑에 두고 중고등 학교 건물이 다정히 서 있는데, 교실 유리창으로 내려다보이는 옛 시가지의 한적한 플라타너스 길은 운치가 있고 아름답다.

중학교에 갓 입학했을 때 늦잠을 자는 바람에 아버지의 등 뒤에 꼭 붙어서 오토바이로 급히 등교한 적이 있었다. 아버지는 교문에서 조금 떨어진 골목 모퉁이에서 나를 내려 주셨다. 식당 일로 분주한 아침이지만, 내가 교문에 들어설 때까지 플라타너스 가로수 옆에 서 계시다가 어서 들어가라는 손짓을 보내시고 "부릉부릉 부루릉" 소리를 내며 돌아서셨다. 그 소리가 여느 오토바이의 것과는 조금 달라서였을까, 옆을 지나치던 학생들은 재미있다는 표정으로 돌아보았다. 하지만 지금까지도 나는 아버지의 오토바이 소리를, 고요와 평안을 할퀴지 않는 따뜻하고 부드러운 소리로 기억하고 있다.

중학교 때 점심시간이 끝나 갈 무렵 운동장 옆 산책길을 걷다가 아버지의 오토바이 소리를 들은 적이 있었다. 우리 오토바이만의 음색이 내 마음속에 반가운 파문을 일으켰다. 저쪽 관공서 근처에 배달을 다녀오시나 보다. 매일 한두 번은 학교 교문 앞도 지나시나 보다. 아버지는 이 길을 지나실 때마다 과연 무슨 생각을 하실까 상상해 보았다. 그날 이후 아버지의 오토바이가 교문을 지나 플라타너스 가로수 길로 향하는 오르막을 오를 때 들려왔던 그 소리는 왠지 내 어깨를 다독다독하는 인사말처럼 느껴졌다. '오후도 즐겁게!', '아빠, 지나간다.', '오늘 화창하구나!'……

아버지의 모습에서, 아버지의 오토바이 소리에서 든든한 힘을 얻어서 그런지 내겐 누군가의 마음을 더 깊이 헤아려 보는 상상력이 생긴 것 같다. 친구들과 놀다가 늦게 귀가할 때 아버지께서 내게 보내시는 "으흠" 헛기침 소리에서 '너무 늦었구나. 씻고 일찍 자렴.' 하는 깊은 사랑의 마음을 헤아릴 수도 있게 되었다.

내가 고등학생이 된 새봄. 아버지께서는 이제 오토바이 배달을 그만두셨다. 조금은 아쉽기도 하다.

3 윗글에서 활용한 글쓰기 방법으로 적절하지 않은 것은?

① 중심 소재를 대하는 인물의 행동을 나열하며 시작한다.

② 의성어를 사용하여 중심 소재에 대한 인상을 부각한다.

③ 색채어를 사용하여 다양한 공간을 사실적으로 묘사한다.

④ 의인법을 사용하여 자연물에서 느끼는 친밀감을 나타낸다.

⑤ 구체적 일화를 제시하여 중심 소재에 대한 정서를 드러낸다.

4 다음은 글을 쓰기 전에 학생이 떠올린 생각을 메모한 것이다. ㄱ~ㅁ 중, 초고에 반영되지 않은 것은?

> • 처음
> · 낡고 작은 오토바이를 친구처럼 여기시는 아버지 …………………………………… ㄱ
> • 중간
> · 아름다운 플라타너스 길이 내려다보이는 우리 학교 …………………………………… ㄴ
> · 오토바이에 나를 태워 학교에 데려다주셨던 아버지 …………………………………… ㄷ
> · 학교 산책길에서 들었던 아버지의 오토바이 소리
> · 힘든 오토바이 배달로 늘 고단해 하시던 아버지 …………………………………… ㄹ
> · 오토바이 소리에 담긴 아버지의 마음에 대한 나의 상상
> • 끝
> · 누군가의 마음을 더 깊이 헤아려 볼 수 있게 된 나 …………………………………… ㅁ

① ㄱ   ② ㄴ   ③ ㄷ   ④ ㄹ   ⑤ ㅁ

[5~6] (가)는 작문의 과정이고, (나)는 이를 적용하여 인터넷 블로그에 게시할 여행 소감문의 초고를 작성한 것이다. 물음에 답하시오.

(가) 작문의 과정

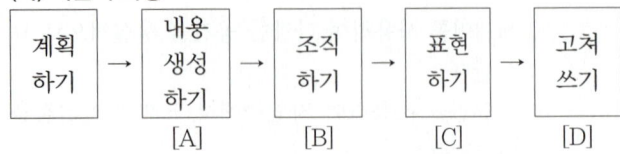

계획하기 → 내용 생성하기 → 조직하기 → 표현하기 → 고쳐쓰기
　　　　　　　　[A]　　　　　[B]　　　　[C]　　　　[D]

(나) 학생의 초고

김유정의 성장 과정과 문학 세계

지난 주말, 설레는 마음으로 춘천 '김유정 문학촌'에 다녀왔다. 문학촌을 가기 위해 내린 곳은 바로 김유정역! 이 역은 우리나라 최초로 작가의 이름을 붙인 기차역이라고 한다.

김유정 문학촌으로 가는 길가에 늘어서 있는 나무에는 노랗고 작은 꽃들이 피어 있었다. 호기심에 다가가 보니 생강나무라는 팻말이 붙어 있었다. 지나가는 사람들이 동백꽃이라고 말해 주었다. 이게 동백꽃이라니. 그동안 나는 김유정의 소설 속 동백꽃이 남쪽 지방에서 피는 빨갛고 큰 꽃으로 알고 있었는데…….

5분 정도를 걸어 올라가니 김유정 문학촌 입구가 나타났다. 그곳에 서서 둘러보니 마을이 **여간** 산자락에 포근히 안긴 것처럼 보였다. 아, 실레 마을! 그 옛날, 마을 형세가 '떡시루'같다고 해서 붙여진 이름이다.

끝내 김유정 문학촌에 들어서자 마당에는 소설 〈동백꽃〉에서 닭싸움을 **부치는** 점순이의 모습. 그리고 〈봄·봄〉에서 미처 자라지 못한 점순이의 키를 재고 있는 장인어른의 모습을 재미있게 재현한 청동상이 나를 반긴다. 김유정의 생가를 둘러보고 전시관으로 발길을 돌렸다. 그곳에는 김유정의 삶과 문학이 옮겨져 있었다. 두 살 연상의 여인을 사랑했지만 거절당하고, 가난과 병마에 시달리다 스물아홉 살 꽃다운 나이에 생을 마감했던 그의 삶이 안타깝게 느껴졌다.

전시관에서 마을로 향하는 도로 가에는 김유정 소설을 바탕으로 이름을 붙인 둘레 길 안내판이 서 있다. "점순이가 '나'를 꼬시던 동백 숲길", "장인 입에서 할아버지 소리 나오던 데릴사위 길" 등등. 이 재미있는 이름이 붙은 이야기 길을 걷다 보면, 호드기를 불며 닭싸움을 시키던 점순이가 되고, 장가를 들지 못해 안달하는 '나'가 된다.

한동안 즐겁게 소설 속을 거닐었더니 배가 고프다. 실레 마을에서 춘천의 명물인 막국수를 맛있게 먹었다. **웃으면서 들어오는 나를 맞이하는** 주인아주머니의 후한 인심이 실레 마을을 둘러싼 산자락처럼 푸근했다.

봄을 만끽하고 소설을 맛있게 읽고 싶다면 춘천 김유정 문학촌을 추천한다. 이 봄, 김유정과 함께 노랗고 알싸한 동백꽃 향기를 맡아보기를…….

---

5 (가)의 작문의 과정 [A]~[C]에서 구상한 내용이 (나)에 반영되지 **않은** 것은?

① [A]: 김유정 문학촌과 관련된 시각 자료를 찾아 그에 어울리도록 글의 내용을 생성해야겠군.

② [A]: 여행을 통해 새롭게 알게 된 사실과 배경지식을 조합하여 글의 내용을 마련하여야겠군.

③ [B]: 김유정 문학촌을 방문하면서 보고 들은 내용들을 공간의 이동에 따라 제시하여야겠군.

④ [C]: 김유정역에 도착하였을 때 느낀 설렘을 비유적 표현을 활용하여 드러내야겠군.

⑤ [C]: 말 줄임을 통해 여운을 남기며 김유정 문학촌을 방문할 것을 권유하여야겠군.

6 (가)의 [D]를 수행하기 위한 방안으로 적절하지 **않은** 것은?

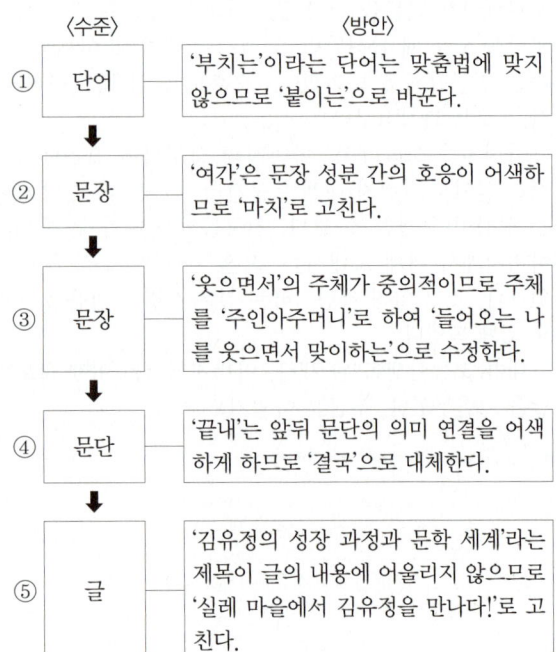

	〈수준〉	〈방안〉
①	단어	'부치는'이라는 단어는 맞춤법에 맞지 않으므로 '붙이는'으로 바꾼다.
②	문장	'여간'은 문장 성분 간의 호응이 어색하므로 '마치'로 고친다.
③	문장	'웃으면서'의 주체가 중의적이므로 주체를 '주인아주머니'로 하여 '들어오는 나를 웃으면서 맞이하는'으로 수정한다.
④	문단	'끝내'는 앞뒤 문단의 의미 연결을 어색하게 하므로 '결국'으로 대체한다.
⑤	글	'김유정의 성장 과정과 문학 세계'라는 제목이 글의 내용에 어울리지 않으므로 '실레 마을에서 김유정을 만나다!'로 고친다.

MEMO

MEMO

고등 국어 수업을 위한 쉽고 체계적인 맞춤 교재

고등국어

기본　문학　문법

(전 3권)

고등 국어 학습, 시작이 중요합니다!

■ 고등학교 공부는 중학교 공부에 비해 훨씬 더 사고력, 독해력, 어휘력이 필요합니다.
■ 국어 공부는 모든 교과 학습의 기초가 됩니다.

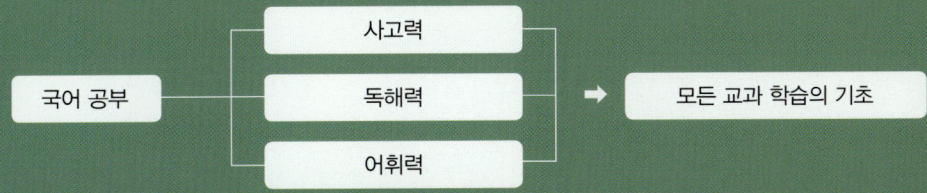

'고고 시리즈'로 고등 국어 실력을 키우세요!

■ 국어 핵심 개념, 교과서 필수 문학 작품, 주요 비문학 지문, 문법 이론 등 고등학교 국어 공부에 필요한 모든 내용을 알차게 정리하였습니다.
■ 내신 대비는 물론 수능 기초를 다질 수 있는 토대를 마련할 수 있습니다.

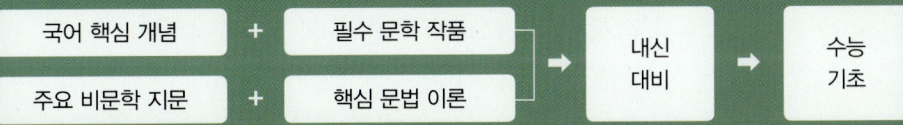

한 권으로 확실하게 공부해!
한 권으로 빈틈없이 완성해!

✓ 예비 고1과 고1을 위한
새 고등 국어 교과서
통합 학습서

✓ 새 고등 국어 교과서의
주요 지문과 핵심 내용
통합 압축

✓ 내신 대비 문제와 고1을
위한 수능형 문항 탑재

정답과 해설

꿈틀
고등
국어

통합편

고등 교과서
공통 국어 1·2

꿈틀 고등 국어

정답과 해설

Ⅰ | 문학

현대시

개념 확인 문제 p.10~11

1 ③ 2 ① 3 ③ 4 ② 5 원관념, 보조 관념 6 ② 7 × 8 반영론적 관점

01 진달래꽃 p.12

1 ④ 2 ④ 3 ① 4 ⑤ 5 ④ 6 ③

02 방문객 p.14

1 ④ 2 ③ 3 ③ 4 환대 5 ⑤ 6 ③

03 별 헤는 밤 p.16

1 ② 2 ⑤ 3 ⑤ 4 ② 5 구체화 6 ①

04 서시 p.18

1 ④ 2 ② 3 ① 4 ⓐ: ㉠, ⓑ: ㉣, ㉤, ⓒ: ㉡, ㉢ 5 부끄럼 6 ⑤

05 자화상 p.20

1 ① 2 ② 3 ① 4 ① 5 사나이 6 ④ 7 ⑤

06 선우사 p.22

1 ③ 2 ⑤ 3 ① 4 ③ 5 ② 6 나, 흰밥, 욕심

07 흰 바람벽이 있어 p.24

1 ④ 2 ③ 3 운명 4 ③ 5 ④ 6 ④

08 한 그리움이 다른 그리움에게 p.26

1 ② 2 ④ 3 ⑤ 4 ③ 5 ③ 6 꿈

09 숲 p.28

1 ⑤ 2 ④ 3 메마른 땅 4 ① 5 ① 6 ⑤ 7 ③

10 땅끝 p.30

1 ⑤ 2 ⑤ 3 ③ 4 위태로움 속에 아름다움이 스며 있다는 것이 / 땅끝은 늘 젖어 있다는 것이 5 ② 6 ③ 7 땅끝

11 산속에서 p.32

1 ② 2 ④ 3 누군가 맞잡을 손 4 ③ 5 ① 6 ②

12 나룻배와 행인 p.34

1 ⑤ 2 ③ 3 ① 4 거자필반(去者必返) 5 ① 6 ⑤ 7 바람, 눈비

13 향수 p.36

1 ⑤ 2 ⑤ 3 ① 4 ⑤ 5 ⑤ 6 아버지, 아내

고전 시가

개념 확인 문제 p.38~39

1 〈구지가〉 2 개인적 서정시 3 ④ 4 ⑤ 5 × 6 × 7 악장 8 ③ 9 ⑤ 10 〈상춘곡〉 11 ○

01 제망매가 p.40

1 ④ 2 ⑤ 3 미타찰 4 ① 5 ③ 6 떨어질 잎

02 가시리 p.42

1 ⑤ 2 ⑤ 3 ③ 4 ③ 5 ④ 6 ⑤

03 청산별곡 p.44

1 ④ 2 ③ 3 ④ 4 ③ 5 ③ 6 믈 아래

04 서경별곡 p.46

1 ④ 2 ④ 3 샤공 4 ⑤ 5 ⑤ 6 ①

05 상춘곡 p.48

1 ⑤ 2 홍진 3 ④ 4 ② 5 ④ 6 ⑤ 7 ③

06 속미인곡 p.50

1 ③ 2 ④ 3 ② 4 ⑤ 5 ⑤ 6 ④ 7 ⑤

07 강호사시가 p.52

1 ④ 2 ① 3 ① 4 삶 5 ③ 6 ④ 7 ④

08 만흥 p.54

1 ④ 2 ① 3 ⑤ 4 〈자연에서의 삶〉: 먼 뫼, 강산 / 〈속세에서의 삶〉: 삼공, 두토리 5 ⑤ 6 ①

09 묏버들 갈히 것거 | 동지ㅅ달 기나긴 밤을 | 십 년을 경영ㅎ여 p.56

1 ⑤ 2 ④ 3 서리서리, 구뷔구뷔 4 ④ 5 둘러 두고 보리라 6 ①

10 나무도 바윗돌도 | 논밭 갈아 | 두터비 파리를 p.58

1 ① 2 ③ 3 ③ 4 ① 5 ① 6 ⓐ: (중간 관리 층인) 탐관오리 ⓑ: 백성 ⓒ: (최상의 권력 층인) 중앙 관리

현대 소설

개념 확인 문제 p.60~61

1 ③ 2 ③ 3 ⑤ 4 외적 갈등(개인과 운명의 갈등) 5 ③ 6 (1) 3인칭 관찰자 시점 (2) 1인칭 관찰자 시점

01 봄·봄 ❶ p.62

1 ⑤ 2 ④ 3 ② 4 장인이 성례를 시켜 주지 않는다. 5 ④ 6 숙맥 7 ④

01 봄·봄 ❷ p.64

1 ⑤ 2 ④ 3 ⑤ 4 ③ 5 성례를 위해 적극적으로 노력해라. 6 ⑤

01 봄·봄 ❸ p.66

1 ② 2 ③ 3 ② 4 ② 5 ⑤ 6 ②

02 미스터 방 ❶ p.68

1 ③ 2 ② 3 ④ 4 미스터 방 5 ③ 6 ②

02 미스터 방 ❷ p.70

1 ③ 2 ③ 3 ① 4 희화화 5 ① 6 ④

03 돌다리 ❶ p.72

1 ⑤ 2 돌다리 3 ④ 4 ① 5 ② 6 ⑤

03 돌다리 ❷ p.74

1 ⑤ 2 ⑤ 3 ④ 4 결별의 심사 5 ⑤ 6 땅

04 겨울 나들이 ❶ p.76

1 ① 2 여행 3 ② 4 ① 5 ⑤ 6 ③ 7 독사 대가리

04 겨울 나들이 ❷ p.78

1 ⑤ 2 ⑤ 3 ① 4 돌아옴(돌아감) 5 ④

05 눈길 ❶ p.80

1 ④ 2 ① 3 '나'에 대한 노인의 무한한 사랑 4 ② 5 ④ 6 이번에도

05 눈길 ❷ p.82

1 ④ 2 눈길 3 ① 4 ③ 5 발자국들, 산비둘기, 나무들

06 명랑한 밤길 ❶ p.84

1 ① 2 ⑤ 3 ③ 4 후드득 비가 쏟아지기 시작했다. 5 ③

06 명랑한 밤길 ❷ p.86

1 ⑤ 2 ④ 3 명랑하게 4 ⑤ 5 ④ 6 노래

07 도도한 생활 ❶ p.88

1 ④ 2 ③ 3 지하는 원래 그렇다. 4 ④ 5 ③

07 도도한 생활 ❷ p.90

1 ⑤ 2 ⑤ 3 도도한 4 ④ 5 ④ 6 피아노

고전 소설

개념 확인 문제 p.92~93

1 ② 2 갑오개혁 3 ③ 4 ③ 5 ④ 6 〈홍길동전〉 7 ③ 8 ③ 9 ① 10 ④

I | 문학

현대시

개념 확인 문제   p. 10~11

1 ③   2 ①   3 ③   4 ②   5 원관념, 보조 관념   6 ②   7 ×
8 반영론적 관점

1 화자는 시인의 대리인일 뿐 시인 자신은 아니다.

2 시어는 함축적이고 비유적인 의미를 통해 간접적으로 주제
　 를 전달하는 것이 일반적이다.

3 '푸른 노래 푸른 울음'은 청각의 시각화가 이루어진 공감각
　 적 심상이 사용된 표현이다.

4 '울음'이라는 청각적 요소가 '금빛'이라는 시각적 요소로 표
　 현된 청각의 시각화가 사용되었다.

6 '지니고 살 듯'이라는 표현에 직유법이 사용되었다.

7 작가의 생애와 관련지어 작품을 감상하는 것은 표현론적 관
　 점에 해당한다.

8 작품이 현실 세계의 모습을 어떻게 반영하였는지에 주목한
　 감상 방법이다.

01 진달래꽃   p. 12

1 ④   2 ④   3 ①   4 ⑤   5 ③   6 ③

1 ④
이 시의 화자는 인고의 태도로 이별의 슬픔을 극복하려 하고 있
을 뿐, 절망적인 상황을 희망적으로 바꾸려는 태도를 드러내고
있는 것은 아니다.

✗오답 풀이
① 1연과 4연이 반복되는 변형된 수미 상관의 구조이다.
⑤ '영변', '약산'이라는 특정 지명을 사용하고 있다.

2 ④
이 시의 화자는 임이 떠날 때 진달래꽃을 뿌리며 축복하고 자신
은 죽어도 눈물을 흘리지 않겠다고 하였다. 이를 통해 떠나는 임
을 원망하지 않고 이별의 슬픔도 드러내지 않으며 인고의 자세로
이별의 슬픔을 승화하겠다는 화자의 의지를 알 수 있다.

3 ①
이 시에서 화자는 임과의 이별을 체념(ⓐ)하고 진달래꽃을 뿌리
며 떠나는 짐을 축복(ⓑ)한 후 자신을 밟고 떠나라며 희생적(ⓒ)
인 사랑을 드러내고 있다. 그리고 인고의 의지로 슬픔을 극복(ⓓ)
하는 모습을 보이고 있다.

4 ⑤
이 시와 〈보기〉 모두 이별의 정한을 노래하고 있다. 그리고 〈보
기〉의 화자는 떠나는 임을 원망하지만 임이 가자마자 다시 돌아
오기를 기원하고 있으며, 이 시의 화자는 인고의 의지로 이별의
슬픔을 극복하고 있다.

5 ③
이 시가 반어적인 표현을 사용해 화자의 정서를 강조하고 있는
것은 맞다. 그러나 반어적 표현을 전통 시가의 특징으로 볼 수는
없다. 이 시는 어조나 운율, 이별의 정한이라는 정서적인 면에서
전통 시가의 특징을 계승했다고 보는 것이 적절하다.

6 ③
떠나는 임에게 꽃을 뿌려 축복하는 ㉠은 '산화공덕(散花功德)'으
로 표현할 수 있으며, 슬퍼도 슬픔을 겉으로 드러내지 않는 ㉡은
'애이불비(哀而不悲)'로 표현할 수 있다.

02 방문객   p. 14

1 ④   2 ③   3 ③   4 환대   5 ⑤   6 ③

1 ④
'내 마음이 그런 바람을 흉내 낸다면'은 가정적 표현이라고 볼 수
있다. 하지만 이 시에서 현재 상황에 대한 극복 의지는 찾아볼 수
없다.

✗오답 풀이
① 주로 쉽고 간결한 시어를 사용하여 시상을 전개하고 있다.
② 타인의 마음을 헤아릴 수 있는 존재를 '바람'으로 비유하여 화자가 지
　 향하는 태도를 구체화하고 있다.
③ 3~7행에서 '과거', '현재', '미래'를 각각 다른 시행에 의도적으로 배열
　 함으로써 '그'의 '일생'이 오는 상황을 부각시키고 있다.
⑤ 서술격 조사 '이다'의 반복을 통해 화자의 깨달음과 인식을 단정적 어
　 조로 분명히 드러내고 있다.

2 ③
이 시에는 음성 상징어, 즉 의성어나 의태어가 나타나지 않는다.

✗오답 풀이
① 같은 시어 '그', '마음', '부서지기'의 반복을 통해 운율을 형성하고 있
　 다.
② 동일 시구 '오기 때문이다'의 반복을 통해 운율을 형성하고 있다.
④, ⑤ '일이다', '때문이다', '것이다'에서 알 수 있듯이 서술격 조사 '이다'
　 와 평서형 종결 표현을 통해 운율을 형성하고 있다.

3 ③
결혼을 준비하면서 자신과 생각이 다른 아내 때문에 괴로워하던
〈보기〉의 '나'가 이 시를 읽고 깨달은 것은 우리가 누군가를 만나
고 그와 관계를 맺는 것이 곧 그의 일생을 이해하고 받아들이는

일이라는 사실이다. 이 시에서는 타인과 만나 관계를 이루는 것은 '어마어마한 일'이라고 표현하며, 타인의 마음을 이해하고 타인에게 정성을 다하는 태도의 중요성을 노래하고 있다.

✗오답 풀이

① 이 시에서는 타인과 만나 관계를 이룰 때 상처받기 쉽고, 상처받았을 상대의 마음을 헤아리고 위로할 수 있어야 한다고 말한다. 상대의 마음을 바꿔 나가야 한다는 것은 이 시에서 확인할 수 없다.

② 타인을 만나 관계를 맺는 것은 나와 다른 사람의 '과거', '현재', '미래' 모두를 받아들이는 일이라고 할 수 있다.

④ 이 시에서는 타인을 만나 관계를 맺는 일이 어마어마한 일임을 말하고 있다. 타인과 결혼을 하겠다는 결심이 어마어마하게 어려운 일이라는 것은 확인할 수 없다.

⑤ 이 시에서는 나와 관계를 맺는 타인에게 부서지기 쉬운, 즉 상처받기 쉬운 마음이 있음을 말하고 있다. 그러나 서로의 마음이 부서져 지칠 수 있다는 것은 확인할 수 없다.

4 환대

'환대'는 타인을 만나고 관계를 맺을 때 타인에 대한 이해를 바탕으로 반갑게 정성을 다하는 것으로, 타인과 관계를 맺을 때 화자가 지향하는 태도를 단적으로 드러낸 시어이다.

5 ⑤

'그런 바람을 흉내 낸다면'은 '타인의 마음을 이해하고 위로할 수 있다면'이라는 의미로, 화자가 지향하는 태도를 가정의 형식으로 표현한 것이다. 또한 이 시에서는 〈보기〉의 설명처럼 독자들에게 삶의 진정한 가치를 깨닫게 해 주고 있지, 삶의 진정한 가치에 대한 의문을 제기하고 있는 것이 아니다.

✗오답 풀이

① '방문객'은 만나며 관계를 맺고 일생을 이해해야 하는 수많은 타인들을 상징하고 있다.

② 이 시에서는 타인과의 관계 맺음이 사실은 그의 일생과 만나게 되는 경이로운 일임을 '실은 어마어마한 일'이라는 표현으로 드러내고 있다.

③ '부서지기도 했을 마음'은 〈보기〉의 때로는 비극적인 상황이나 고통스러운 경험과 연관 지어 누구나 겪을 수 있는 고통스러운 경험을 이야기한다고 이해할 수 있다.

④ 이 시에서는 '바람은 더듬어 볼 수 있을'이라는 자연물을 이용한 비유적 표현을 통해 타인의 마음을 헤아리며 상대를 정성껏 대하는 태도가 필요하다는 주제 의식을 형상화하고 있다.

6 ③

이 시는 타인과 관계 맺음의 소중함과 상대를 반갑고 따뜻하게 맞는 태도에 대해 노래하고 있다. 〈보기〉의 〈섬〉에서 화자는 단절된 인간관계를 회복하려는 의지를 보여 주고 있다고 하였다. 따라서 두 작품 모두 사람과의 만남의 소중함과 소통에 대한 소망을 드러내고 있다고 볼 수 있다.

✗오답 풀이

① 〈섬〉의 '섬'은 사람들 사이의 단절을 상징하는 공간도 된다고 하였으므로 사람들 사이의 소통을 방해하는 존재로 이해할 수 있지만, 이 시에서는 그런 존재가 나타나지 않는다.

② 〈섬〉에서 '섬'은 사람들을 이어 주는 매개체 역할도 할 수 있지만 동시에 사람들 사이의 단절을 상징하는 공간도 된다고 하였다. 그런데 화자는 단절된 인간관계를 회복하려는 의지를 보여 주고 있다고 하였으므로 〈섬〉이 사람과의 만남보다는 단절이 지니는 의미를 강조하고 있다는 내용은 적절하지 않다.

④ 이 시와 〈섬〉 모두 사람들 사이의 좋은 관계 맺음을 지향하고 있지, 만남을 거부하고 있지 않다.

⑤ 이 시와 〈섬〉 모두 다른 사람과 관계를 맺는 것이 소중하다는 인식을 보여 주고 있다.

03 별 헤는 밤
p. 16

1 ② **2** ⑤ **3** ⑤ **4** ② **5** 구체화 **6** ①

1 ②

이 시에 감각의 전이, 즉 공감각적 심상은 나타나지 않는다.

✗오답 풀이

① 4연에서 '별 하나에 ~과/와' 같은 유사한 구조의 시구를 반복해 율격을 형성하고 있다.

③ 9~10연에서는 부정적 현실 상황을 상징하는 시어인 '밤', '겨울', '무덤'과 미래에 대한 희망을 상징하는 시어인 '봄', '파란 잔디', '풀'을 대조해 화자의 현실 극복 의지를 부각하고 있다.

④ 9연의 '밤을 새워 우는 벌레'에 자신의 감정을 이입하여 부끄러움의 정서를 드러내고 있다.

⑤ 과거에 대한 그리움과 자신의 삶에 대한 부끄러움을 노래하던 화자는 10연에서 '그러나'라는 시상의 극적 전환을 통해 미래에 대한 희망을 드러내고 있다.

2 ⑤

화자의 내면을 통해 자신이 처한 어두운 현실을 비판하는 태도를 짐작할 수는 있으나 부정적인 현실에 대한 강렬한 비판 의식을 직접적으로 표출하고 있는 것은 아니다.

✗오답 풀이

① '딴은 밤을 새워 우는 벌레는 / 부끄러운 이름을 슬퍼하는 까닭입니다.'에서 알 수 있듯이 '벌레'에 감정을 이입하여 무력한 자아에 대한 부끄러움과 슬픔을 드러내고 있다.

② 5연에서 과거 추억의 대상을 구체적으로 떠올리며 그리움을 드러내고 있다.

③ 화자는 순수와 이상을 함축하는 '별'을 보면서 현재의 자신을 성찰하고 있다.

④ 10연에서 생명 부활의 의지와 미래에 대한 밝은 희망을 드러내고 있다.

3 ⑤

화자는 '아슬히 멀'리 떨어져 있는 '별'을 보며 그것처럼 멀리 떨어져 있는 그리운 존재들을 떠올리고 있다. 그러나 화자가 교감을 나누는 대상을 의미한다고 볼 수는 없다.

✗오답 풀이

① 화자는 '별'을 보며 과거의 상념에 잠겨 있으므로 '별'은 과거 회상의 매개체라고 할 수 있다.

②, ④ 화자는 '별'을 보며 '소학교 때 책상을 같이했던 아이들의 이름', '패, 경, 옥 이런 이국 소녀들의 이름', '벌써 애기 어머니 된 계집애들의 이름', '가난한 이웃 사람들의 이름', '비둘기, 강아지, 토끼, 노새, 노루, 프랑시스 잠, 라이너 마리아 릴케, 이런 시인의 이름' 등을 떠올린다. 이러한 대상들은 순수하고 아름다운 과거의 세계와 연관되는 소재들이다. 또 '프랑시스 잠, 라이너 마리아 릴케, 이런 시인의 이름'은 화자가 추구하는 시의 세계를 대표하는 시인들이라 할 수 있다.

③ 화자가 '별'을 보며 떠올리는 대상들은 아름답지만 공간적으로 멀리 있으며 시간적으로도 되돌아갈 수 없는 과거의 그리운 대상들이다.

4 ②

ⓒ은 별을 헤아리다 보면 시간이 경과하여 아침이 와서 별을 못 헤는 현실적 제약을 의미한다. 다가올 미래에 대한 화자의 기대감을 드러낸다고 보기 어렵다.

✗오답 풀이

① ⓐ은 화자가 별을 바라보며 가슴속에 여러 가지 상념과 그리움의 대상을 떠올리고 있음을 나타낸다.

③ ⓒ은 화자가 청춘이 다할 때까지 별을 헤아리고 있을 것임을 의미한다. 즉 화자의 이상 추구 의지를 암시하는 것으로, 미래를 지향하는 희망적 태도와 기대를 드러낸다.

④ ⓓ은 무기력하게 살아가고 있는 현재 자신에 대해 부끄러움과 슬픔을 느끼고 있음을 의미한다.

⑤ ⓔ에서 '겨울'이 지나 '봄'으로 변하는 것은 화자가 처해 있는 외적 상황이 부정에서 긍정으로 변화함을 상징한다.

5 구체화

5연은 4연에 제시된 '추억, 사랑, 쓸쓸함, 동경, 시'와 같은 대상을 구체화하고, 산문적인 리듬을 통해 운율의 변화를 가져온다.

6 ①

과거의 추억을 환기해 주는 '별'은 아름다움이나 순수, 이상 세계 등을 함축하는 소재로, 반어나 화자의 냉소적인 태도와는 무관하다.

✗오답 풀이

② 이 시에서 '북간도'는 과거 회상의 구체적 공간이다. 〈보기〉에서 시인 윤동주가 일제 강점기에 만주 북간도에서 태어났다고 했으므로 '북간도'를 통해 이 시가 시인의 자전적인 체험에 바탕을 두고 있다는 이해는 적절하다.

③ '밤을 새워 우는 벌레'에서 '밤'은 시인이 살았던 일제 강점기 또는 나약한 식민지 지식인으로서 무력하게 살아갈 수밖에 없었던 현실의 처지를 상징한다. 이러한 상황에서 밤새 우는 '벌레'는 시대 역사와 현실에 대한 고뇌로 가슴 아파하던 시인의 모습을 대변한다고 볼 수 있다.

④ 화자는 '부끄러운 이름을 슬퍼하는 까닭입니다.'라고 노래하며 지식인으로서 아무것도 할 수 없는 무력한 자아에 대해 성찰하고 있다.

⑤ '자랑처럼 풀이 무성할 게외다.'에서 '풀'은 부활과 재생의 이미지를 가지며, 이를 통해 시인은 미래에 대한 희망을 드러내고 있다.

04 서시 p. 18

1 ④ **2** ② **3** ① **4** ⓐ: ㉮, ⓑ: ㉯, ㉱, ⓒ: ㉰, ㉲ **5** 부끄럼 **6** ⑤

1 ④

이 시는 시간의 변화에 따라 시상이 전개되고 있지만 시간의 흐름에 따른 순차적 전개는 아니다.

✗오답 풀이

①, ② '별'과 '바람'은 서로 대립적인 시어이며 상징적 의미를 가지고 있는 시어이다.

③ '하늘', '바람' 등 일상적으로 쓰이는 평이한 어휘가 사용되고 있다.

⑤ 2연에서 화자가 처한 상황이 감각적으로 제시되고 있다.

2 ②

1연의 1~4행은 시적 화자가 살아온 과거 생활의 고백, 1연의 5~8행은 미래의 삶에 대한 신념, 2연은 화자가 처한 현재 상황에 대한 제시로 이루어져 있다.

3 ①

㉠ '하늘'은 화자에게 있어 윤리적 판단의 절대적 기준이 되는 대상이다.

4 ⓐ: ㉮, ⓑ: ㉯, ㉱, ⓒ: ㉰, ㉲

ⓐ는 과거 시제, ⓑ는 미래 시제, ⓒ는 현재 시제이다. ㉮의 '갔었어요'는 과거 시제, ㉯의 '낼 거야'는 미래 시제, ㉰의 '푸르다'와 ㉲의 '떠난다'는 현재 시제이고, ㉱의 '말겠어'는 미래 시제이다.

5 부끄럼

이 시에는 일제 강점기라는 암울한 시대 상황에서 부끄러움이 없는 삶, 순수한 삶을 살고자 하는 화자의 강한 소망과 의지가 담겨 있다.

6 ⑤

이 시의 화자는 암담한 현실 속에서 갈등과 고뇌에 빠져 있다. 그리고 〈보기〉에서 화자는 예수 그리스도처럼 '피를 ~ 조용히 흘리겠습니다.'라고 말하고 있다. 즉, 조국의 광복을 위해 희생하겠다는 의지와 신념을 드러내고 있는 것이다.

05 자화상 p. 20

1 ① **2** ② **3** ① **4** ① **5** 사나이 **6** ④ **7** ⑤

1 ①

화자는 '우물' 속 '사나이'의 모습을 보고, 미움을 느낀 뒤 돌아가다가 '사나이'가 가엾어져 도로 가 들여다보는 행동을 반복한다. 이는 자신에 대한 부정과 연민을 동시에 느끼는 화자의 내적 갈등이 드러난 것으로 볼 수 있다. '우물 속에는 달이 밝고 구름이 흐르고 하늘이 펼치고 파아란 바람이 불고 가을이 있고 추억처럼 사나이가 있습니다.'에서 화자는 '우물' 속 아름다운 자연과 함께 '추억처럼 사나이가 있'다고 노래하며 순수했던 과거의 자아를 회복함으로써 내적 갈등을 해소하고자 한다.

✗오답 풀이
② 이 시는 화자가 우물을 들여다보면서 자신을 성찰하고, 미움과 연민의 감정을 반복하다가 순수했던 과거의 자아를 발견하며 갈등을 해소하고 있다. 현실 상황의 개선에 대해 비관적 전망을 제시하고 있다고 보기 어렵다.
③ 화자가 '우물'에 비친 자신을 보고 미움을 느끼는 것은 소망하는 대상인 이상적 자아가 결핍되어 있기 때문이라고 할 수 있다. 하지만 화자는 결국 순수했던 과거의 자아를 발견하고 있으므로 절망감을 드러내고 있다고 볼 수 없다.
④ 화자는 '우물' 속의 자신을 들여다보며 자신을 돌아보는 행위를 반복하지만, 이러한 행위는 자아도취가 아니라 자기 성찰을 의미한다.
⑤ 화자가 현실에 맞서 자기를 희생하겠다는 의지를 드러내고 있는 부분은 찾을 수 없다.

2 ②
이 시는 감탄사나 감탄형의 말을 사용하지 않고, '−ㅂ니다', '−습니다'로 끝나는 평서형 문장을 사용해 차분하고 담담한 어조로 시적 상황과 정서를 전달하고 있다.

✗오답 풀이
① 이 시는 화자가 '외딴 우물'을 찾아가서 자신의 모습(사나이)을 들여다보는 것으로 시작하여, 돌아가다 도로 가 들여다보고, 다시 돌아가다 들여다보는 행위를 시간 순으로 제시하면서 '미움 → 연민 → 미움 → 그리움'이라는 화자의 심리 변화를 보여 주고 있다.
③ 1연의 '외딴', '홀로' 등은 고립의 이미지를 지닌 시어로, 쓸쓸하고 고요한 분위기를 형성하여 화자가 자신의 내면을 차분하게 성찰하는 시적 상황을 드러낸다.
④ 6연에서 2연과 유사하게 반복하여 형식상 안정감과 균형감을 부여하고 있다.
⑤ '추억처럼 사나이가 있습니다.'에서 구체적 대상인 '사나이'를 관념적 대상인 '추억'에 비유하여 순수했던 과거 자신의 모습을 발견하는 자아 성찰의 주제를 효과적으로 드러내고 있다.

3 ①
'우물'은 화자가 자신을 들여다보는, 즉 자아 성찰의 매개체이다. 화자는 '우물' 속에 있는 자신과 소통하고 있는 것이지, 타인과 소통하고 있는 것이 아니다.

✗오답 풀이
②, ③, ⑤ '우물'은 화자의 모습을 드러내어 화자가 스스로를 성찰하게 만드는 매개체이다. 그리고 그러한 성찰을 통해 자신에 대한 미움, 연민 등 내적 갈등을 겪던 화자는 결국 내적 갈등에서 벗어나 자기 긍정에 도달하게 된다.
④ '달이 밝고 구름이 흐르고 하늘이 펼치고 파아란 바람이 불고 가을이 있습니다.'에서 알 수 있듯이 '우물'은 순수하고 아름다우며 평화로운 풍경을 통해 화자가 지향하는 이상 세계의 모습을 드러내고 있다.

4 ①
3연에서 '그 사나이'가 '미워져' 돌아갔던 화자는 4연에서 '그 사나이'가 '가엾어'져 도로 가 들여다본다. 5연에서 다시 '그 사나이'가 '미워져' 돌아가던 화자는 '그 사나이'가 '그리워'짐을 느끼고 있다. 따라서 '미움 → 연민 → 미움 → 그리움'의 심리 변화가 일어나고 있음을 알 수 있다.

5 사나이
'사나이'는 '우물'에 비친 화자 자신으로, 화자가 성찰하는 대상이며 미움과 연민을 동시에 느끼게 하여 화자에게 내적 갈등을 불러일으키는 대상이기도 하다.

6 ④
'파아란 바람'은 동일한 감각이 나란히 나열된 것이 아니라 촉각을 시각화한 공감각적 표현이다.

✗오답 풀이
① 이 시는 '−다'로 끝나는 산문적 진술을 사용하고 있다.
② 이 시는 '들여다봅니다', '있습니다', '돌아갑니다'와 같이 '−ㅂ니다', '−습니다'를 반복하며 운율을 형성하고 있다.
③ 이 시에서 2연이 6연에서 유사하게 반복되는데, 이러한 반복은 안정감을 줄 뿐만 아니라 운율감을 형성한다.
⑤ '파아란'은 어법에 어긋난 표현을 사용한 시적 허용으로 볼 수 있으며, 이는 순수하고 평화로운 분위기를 지닌 우물 속 풍경의 아름다움을 보다 부각하기 위한 것으로 볼 수 있다.

7 ⑤
〈보기〉에서 '수선화'는 자기의 아름다운 모습을 사랑하다 죽은 '나르키소스'의 분신으로 볼 수 있다. 따라서 이 시의 '우물' 속에 드러나 있는 아름다운 자연 풍경과는 의미가 서로 통하지 않는다.

✗오답 풀이
①, ②, ③ 〈보기〉에서 '나르키소스'는 자기 자신을 사랑하는 '자기애'를 보여 주고 있다고 할 수 있다. 이 시의 화자도 자신에 대한 미움을 느끼지만 다시 가엾음과 그리움을 드러내는 것으로 보아 자신을 버리지 못하고 자기 자신을 아끼는 '자기애'의 정서가 있다고 볼 수 있다.
④ 〈보기〉에서 나르키소스가 '샘물'을 통해 자신의 모습을 보는 것과 같이 이 시의 화자도 '우물'을 통해 자신을 보고 있다.

---

06 선우사
p. 22

1 ③ 2 ⑤ 3 ① 4 ③ 5 ② 6 나, 흰밥, 욕심

1 ③
'흰밥', '희어졌다'와 같이 흰색의 색채 이미지가 작품 전반에 제시되어 있지만, 다른 색채 이미지와 대비되지는 않는다.

✘오답 풀이

① '흰밥', '가자미'를 '나'와 함께 앉아서 저녁을 맞고 이야기 나누는 존재로 의인화하여 욕심 없고 정갈한 삶에 대한 지향이라는 주제 의식을 드러내고 있다.

② 3연의 '~ 탓이다'와 같이 유사한 통사 구조를 반복하여 운율을 형성하고 있다.

④ 6연의 '우리들이 같이 있으면 / 세상 같은 건 밖에 나도 좋을 것 같다'에서 화자는 특정한 상황을 가정하여 '세상'에서 벗어난 욕심 없고 깨끗한 삶을 살고 싶은 바람을 제시하고 있다.

⑤ 2연의 '우리들은 서로 미덥고 정답고 그리고 서로 좋구나'에서 영탄적 표현을 사용하여 '흰밥'과 '가자미'를 예찬하고 있다.

2 ⑤

이 시의 화자는 욕심이 없어 희고 착하디착하며 정갈해서 파리한 '흰밥', '가자미'와의 교감을 통해 자신의 '쓸쓸한 저녁'을 이겨 내고 있다.

✘오답 풀이

① 욕심 없이 순수하게 살아가겠다는 다짐을 드러내고 있지만 미래에 대한 낙관적 전망을 보여 주는 내용은 찾을 수 없다.

② '흰밥', '가자미' 같은 자연물과 친화적 관계를 형성하고 있지만, 이를 '자연으로 돌아가려는 의지'로 볼 수는 없다. 또한 '세상 같은 건 밖에 나도 좋을 것 같다'는 세속적이지 않은 고결한 삶을 살겠다는 것이지, 자연에 은둔하겠다는 것이 아니다.

③ '외따른 산골에서 소리개 소리 배우며 다람쥐 동무하고 자라난 탓이다'에서 과거에 자연을 벗하며 깨끗하게 살아온 화자의 삶이 드러나고 있다. 그리고 화자는 이러한 욕심 없고 정갈한 삶을 지향하고 있기 때문에 과거에서 벗어나고 싶은 소망을 표출한다고 볼 수 없다.

④ '우리들은 가난해도 서럽지 않다 / 우리들은 외로워할 까닭도 없다 / 그리고 누구 하나 부럽지도 않다'에는 현재 상황에 만족해하는 화자의 태도가 드러나 있다. 따라서 이상과 현실의 괴리로 인한 비애를 토로하고 있다는 설명은 적절하지 않다.

3 ①

화자는 혼자 저녁을 먹는 쓸쓸한 처지에 놓여 있지만 '흰밥', '가자미'와 함께 '세상'에서 벗어나 욕심 없는 순수한 삶을 사는 것에 만족하고 있기 때문에 ①은 이 시를 이해한 내용으로 적절하지 않다.

✘오답 풀이

② 화자는 '흰밥', '가자미'와 '나'를 묶어 공동체를 의미하는 '우리들'이라는 표현을 사용하고 있다. 이는 욕심이 없고 정갈하다는 측면에서 '흰밥'과 '가자미'를 자신과 동질적인 존재로 여기는 화자의 주관을 드러낸다.

③ 화자는 욕심 없고 순결한 존재인 자신, '흰밥', '가자미'가 서로 미덥고 정답고 서로 좋다며 친밀한 내적 감정을 직접적으로 드러내고 있다. 이를 통해 화자가 고결한 삶을 지향하고 있음을 알 수 있다.

④ '나', '흰밥', '가자미'가 욕심이 없고 정갈한 것은 그들이 '모래톱', '벌판', '산골'에서 자란 탓이라고 하였다. 따라서 화자가 '모래톱', '벌판', '산골'을 순수한 공간으로 인식하고 있음을 알 수 있다.

⑤ '세상 같은 건 밖에 나도 좋을 것 같다'에서 '세상'은 욕심 많고 깨끗하지 못한 공간으로, 화자는 '세상'에 부정적 가치를 부여하고 있다.

4 ③

'가자미', '흰밥', '나'는 모두 맑고 깨끗한 환경에서 자라나 욕심이 없다고 하였다. 또한 화자는 욕심 없고 착하고 정갈하기 때문에 가난해도 서럽지 않다고 노래한다. 따라서 '욕심이 없어'는 '가난'으로 인한 물질적 궁핍에서 빚어진 결과로 볼 수 없다.

✘오답 풀이

① '낡은 나조반'은 화자의 소박한 삶을 드러내고 있다.

② '저녁'은 '해가 질 무렵부터 밤이 되기까지의 사이'를 의미할 수도 있고, '저녁에 끼니로 먹는 음식. 또는 저녁에 끼니를 먹는 일'을 의미할 수도 있다.

④ '세과손'은 '억센'이라는 의미로, 착하디착한 '우리들'의 성품과 대조된다.

⑤ '선우(膳友)'는 '반찬 친구'라는 의미로, 이는 '착하고 어진 친구'를 의미하는 '선우(善友)'에서 연상된 독창적 표현으로 볼 수 있다.

5 ②

4연의 '너무나 정갈해서 이렇게 파리했다'에서 '파리하다'는 '몸이 마르고 낯빛이나 살색이 핏기가 전혀 없다.'는 의미이므로, 윤기가 넘친다는 설명은 적절하지 않다. 또한 '우리들'은 모두 욕심이 없고 정갈한 존재들이므로 '윤기'와는 거리가 있다.

✘오답 풀이

① '우리들은 모두 욕심이 없어 희어졌다'를 통해 알 수 있다.

③ '맑은 물 밑 해정한 모래톱에서 하고긴 날을 모래알만 헤이며 잔뼈가 굵은 탓이다'에서 알 수 있다.

④ '바람 좋은 한 벌판에서 물닭이 소리를 들으며 단이슬 먹고 나이 들은 탓이다'에서 알 수 있다.

⑤ '외따른 산골에서 소리개 소리 배우며 다람쥐 동무하고 자라난 탓이다'에서 알 수 있다.

6 나, 흰밥, 욕심

화자인 '나'는 '낡은 나조반'에 '흰밥'과 '가자미'를 놓고 저녁을 먹으며 정감을 드러내고 있다. 또한 욕심 없고 소박한 삶에 대한 지향을 드러내고 있다.

07 흰 바람벽이 있어 p. 24

1 ④ 2 ③ 3 운명 4 ③ 5 ④ 6 ④

1 ④

다른 나라의 인물인 '프랑시스 잠', '도연명', '라이너 마리아 릴케'가 제시되지만, 이들은 '하늘'이 '가장 귀해하고 사랑하는 것들'로 고독하게 살면서 당당하게 자연이나 인간의 실존을 노래한 시인들이다. 다른 나라의 인물들을 통해 화자의 현실 극복 의지를 보여 주고 있지, 전체적으로 낯선 느낌을 주고 있는 것은 아니다.

① '쓸쓸한', '외로운'과 같이 화자의 심리가 직접적으로 표출되고 있다.
② '좁다란 방'의 모습, '흰 바람벽'에 떠오르는 그리운 대상들의 모습이 시각적으로 표현되는 등 감각적 이미지를 통해 화자의 내면을 드러내고 있다.
③ '개포가', '바구지꽃', '짝새'와 같이 방언을 사용하여 향토적 정서를 불러일으키고 있다.
⑤ '흰 바람벽'에 '어머니'와 '사랑하는 사람', '글자들'을 투사시켜 마치 영상을 떠올리는 것처럼 시상을 전개하고 있다.

2 ③
이 시의 화자는 외롭고 쓸쓸한 자신의 삶을 하늘에서 정해 준 운명이라고 여기면서, 하늘은 이런 자신과 같은 존재들을 귀하게 여기고 사랑하는 것이라며 스스로 위안하고 있다.

① 미래에 대한 화자의 전망이나 확신은 나타나지 않는다.
② 화자는 주어진 운명을 받아들이고 있으므로 외로움과 슬픔에서 벗어나지 못하고 있다는 설명은 적절하지 않다.
④ '가난한 늙은 어머니'나 '사랑하는 사람'을 그리워하고 있지만 그들과 재회하고 싶다는 소망을 고백한 부분은 나타나지 않는다.
⑤ 화자는 자신이 처해 있는 현실을 부정하지 않고 긍정적으로 수용하고 있다. 또한 이상향에 대한 지향은 나타나지 않는다.

3 운명
외로움과 슬픔에 젖어 있는 화자는 '흰 바람벽'을 바라보며 그리운 대상인 어머니와 사랑하는 사람을 떠올리고 자신의 삶을 운명론적으로 받아들이며 고결한 삶을 다짐하고 있다.

4 ③
'흰 바람벽'은 화자가 그리워하는 대상인 어머니와 사랑하는 사람을 떠올리는 데 그치지 않고, 자신의 삶에 대한 성찰로 이르게 하는 기능을 한다.

① 화자가 인식하는 내면의 생각들이 글자들로 투영되었으므로 화자의 내면을 비추는 역할을 한다고 볼 수 있다.
② '오늘 저녁 이 좁다란 방의 흰 바람벽에 / 어쩐지 쓸쓸한 것만이 오고 간다', '이 흰 바람벽에 ~ 외로운 생각이 헤매인다'를 통해 화자의 쓸쓸하고 외로운 처지를 환기시키고 있음을 알 수 있다.
④ 화자가 그리워하는 대상을 비춤으로써 화자가 그 대상들과 떨어져 있음을 확인시키는 기능을 한다고 볼 수 있다.
⑤ 화자는 '흰 바람벽'에 나타나는 '글자들'을 보며 자기를 위안하고 현실 극복 의지를 드러내고 있다.

5 ④
〈보기〉를 참고할 때 '쓸쓸하니'는 작가가 타국에 홀로 살았기 때문에 생긴 정서라고 볼 수 있다. 시대의 흐름이나 그 흐름을 따르지 못하는 삶과 이 시는 연관성이 없다.

① '가난하고'는 실업자가 되어 생계 수단이 없었던 작가의 당시 상황을

의미한다고 볼 수 있다.
② '외롭고'는 가족과 조국을 떠나 홀로 만주국에 머물렀던 작가의 상황에서 빚어진 정서로 볼 수 있다.
③ '높고'는 일본식 성명 사용을 강요하던 일제에 대한 작가의 고결한 저항적 태도를 의미한다고 볼 수 있다.
⑤ '살아가도록 태어났다'는 일제의 억압으로 고통스러운 삶을 살아갈지라도, 그것을 자신에게 주어진 운명으로 받아들이고 여전히 높은 뜻을 지닌 채 살아가려는 작가의 태도를 드러낸다고 볼 수 있다.

6 ④
ⓓ는 앞의 '나를 위로하는 듯이 나를 울력하는 듯이'를 고려할 때 화자의 내면 의지를 북돋우는 행위로 볼 수 있다. 따라서 화자에게 고통을 주는 외적 요소로 볼 수 없다.

① ⓐ는 초라하고 힘없는 화자의 모습을 대신하는 객관적 상관물로, 화자의 쓸쓸하고 지친 처지를 시각적으로 형상화한 것이다.
② ⓑ는 쓸쓸한 삶을 살아가는 화자에게 잠시나마 위안을 줄 수 있는 소박한 음식이라 할 수 있다.
③ ⓒ는 어머니와 사랑하는 사람의 영상이 떠오르는 것에 대한 반가움의 감정을 표현한 것이다.
⑤ ⓔ의 '하늘'은 화자에게 있어 절대적인 존재로, 화자가 자신의 삶을 운명으로 인식하고 수용하고 있음을 단적으로 보여 준다.

08 한 그리움이 다른 그리움에게 p. 26
1 ② 2 ④ 3 ⑤ 4 ③ 5 ③ 6 꿈

1 ②
제목 '한 그리움이 다른 그리움에게'는 '한 그리움'이 '다른 그리움'에게 건네는 대화의 형식을 취하여 작품 전체에 서정적이고 낭만적인 분위기를 형성하고 있다. 신비롭고 구도적인 종교적 분위기와는 관련이 없다.

① 전체적인 시적 상황이 '나'가 '당신'에게 하는 말이므로, '한 그리움'은 '나', '다른 그리움'은 '당신'을 표현한 것이라 볼 수 있다.
③ 추상적 대상인 '그리움'이 대화를 한다는 설정의 제목이므로 '그리움'이라는 추상적 대상을 의인화한 것이라 볼 수 있다.
④ '한 그리움'과 '다른 그리움'이라는 두 대상이 지닌 공통적인 속성은 '그리움'이므로 두 대상이 서로에게 느끼는 그리움의 정서를 표현한 것이라 볼 수 있다.
⑤ 화자(한 그리움)와 청자(다른 그리움)를 제시하여 대화체의 형식을 드러낸다고 볼 수 있다.

2 ④
'한 슬픔이 다른 슬픔에게 ~ 그윽한 눈을 들여다볼 때'는 '나'와 '당신'이 만나 서로 위로와 위안을 주는 것을 의미한다. 이를 통해

화자는 서로를 이해하고 포용하는 공동체적 삶을 추구한다고 볼 수 있다.

✗오답 풀이
① '정의의 실현'을 목표로 한 '윤리적인 삶'은 이 시와 연관이 없다.
② '개인적 목표'를 성취하기 위한 삶은 '당신'과의 만남을 추구하는 화자의 태도와 어울리지 않는다.
③ 시련과 고난을 이겨 내고 '당신'과 만나 함께하고자 하는 소망을 노래한 작품으로, 과거를 통해 배우고 변화하는 성찰적인 삶의 모습은 나타나지 않는다.
⑤ 화자는 '당신'과 만나지 못하고 있는 현실을 극복하고 싶다는 소망을 드러내므로, 현재에 만족하며 현실을 수용하는 긍정적인 삶과는 연관이 없다.

3 ⑤
'~있다면', '~된다면'은 불완전한 문장으로 시를 마무리하여 시적 여운을 준다고 할 수 있지만, 종결 어미 '–리'를 반복하는 것은 시적 여운과 관련 없다.

✗오답 풀이
① '~있다면', '~된다면'과 같이 상황을 가정하는 표현은 화자의 소망이 현재 이루어지지 않았음을 드러낸다.
② '~있다면', '~된다면'과 같이 상황을 가정한 표현을 반복하여 '당신'을 만나고 싶은 화자의 간절한 소망을 강조한다.
③ '기다리리'의 '–리'는 화자의 의지를 드러내는 종결 어미이다. 또한 '춥게 하리'의 '–리'는 '춥게 할 수 없다'의 의미를 강조하는 의문형 종결 어미이다. 따라서 모두 화자의 의지를 드러내는 역할을 한다고 볼 수 있다.
④ '~있다면', '~된다면'과 같이 상황을 가정하는 표현과 '기다리리', '춥게 하리'와 같이 종결 어미 '–리'의 반복은 운율을 형성하는 역할을 한다.

4 ③
(가)의 상황을 고려하면 이 시의 '그리움'은 사랑하는 두 사람 사이에서 발생한 것이다. (나)의 상황에서는 이 시의 '그리움'을 분단된 남과 북이 서로 그리워하는 것으로 해석할 수 있다. 따라서 '그리움'의 경우 (가)보다는 (나)에서 역사적 전망에 연결되기 쉽다.

✗오답 풀이
① 이 시에서 '꿈'은 그리워하는 두 존재가 서로의 그리움을 해소하는 것으로 볼 수 있으므로 현실 도피의 의도를 발견하기 어렵다.
② '슬픔'의 경우 (가)에서는 개인적인 이별의 슬픔이고, (나)에서는 분단에서 비롯된 민족적 정한으로 볼 수 있다. 따라서 민족적 한의 정서에 연결되기 쉬운 것은 (나)이다.
④ '겨울'은 연인 또는 남과 북을 갈라놓은 부정적 현실을 의미하므로 (가)와 (나) 중 어느 한쪽에서만 억압적 현실이 발견된다고 볼 수 없다.
⑤ '사랑'을 개인적 욕망으로 연결하기 쉬운 것은 사회적·역사적 맥락에 따른 해석인 (나)보다는 개인적 맥락에 따라 해석한 (가)이다.

5 ③
ⓒ '그리움'은 만나기 전의 정서이다. 따라서 두 대상이 만남 이후에 해소해야 할 감정의 앙금을 의미한다는 설명은 적절하지 않다.

✗오답 풀이
① ⓐ '날과 씨'에서 '날'의 사전적 의미는 '천, 돗자리, 짚신 따위를 짤 때 세로로 놓는 실'이며 '씨'의 사전적 의미는 '천, 돗자리, 짚신 따위를 짤 때에 가로로 놓는 실'이다. '날과 씨'는 옷감을 짤 때 가로세로로 엮이는 실을 말하므로 두 대상이 하나가 되어 가는 과정 속의 존재임을 의미한다는 설명은 적절하다.
② ⓑ '외로움'은 두 대상이 만나지 못한 상황에서 발생하는 고난과 고통의 감정을 의미한다.
④ ⓓ '들여다볼'은 '한 그리움이 다른 그리움의' '그윽한 눈'에 대한 행위이므로 '나'와 '당신'이 서로 정서적으로 이해하고 연대하는 모습을 의미한다고 할 수 있다.
⑤ ⓔ '외롭고 긴 기다림'은 '나'와 '당신'이 만나서 하나의 꿈을 이루기 위해 견디어야 할 고통의 시간을 의미한다고 할 수 있다.

6 꿈
'꿈'은 화자가 '당신'과 함께하는 것으로, 사랑하는 사람과의 영원한 사랑을 의미한다. 또한 슬프고 외로운 사람들이 서로 위로받고 화해할 수 있는 공동체적 삶의 추구로도 볼 수 있다.

09 숲   p. 28

| **1** ⑤ | **2** ④ | **3** 메마른 땅 | **4** ① | **5** ① | **6** ⑤ | **7** ③ |

1 ⑤
이 시는 시간의 흐름에 따라 시상이 전개되지 않으며, 현실 상황을 안타까워하는 화자의 정서도 변하지 않는다.

✗오답 풀이
① '숲이 아닌가'와 같은 물음 형식을 통해 공동체를 이루지 못하는 현대인에 대한 안타까움의 정서를 부각시키고 있다.
② '왜 그들은 숲이 아닌가', '그대와 나는 왜 / 숲이 아닌가'에서 유사한 구절을 반복하여 공동체적 삶에 대한 소망을 강조하고 있다.
③ '제가끔 서 있더군', '그대'와 같이 대화체의 어조를 사용해 친근감을 형성하고 있다.
④ 각자 독립적으로 서 있는 것처럼 보이지만 '숲'이라는 공동체를 이루는 '나무들'과 '광화문 지하도'를 지나는 '사람들'을 대비하여 공동체적 삶의 소망이라는 주제 의식을 드러내고 있다.

2 ④
'숲'은 '제가끔 서 있는' '나무들'이 하나의 공동체를 이루며 살아가는 공간이다. 작가는 공동체적 삶을 형성하지 못하고 살아가는 '사람들'도 나무와 같이 공동체를 이루고 서로 조화롭게 살아가기를 소망하고 있다.

✗오답 풀이
①, ③, ⑤ 모두에게 동일한 기회가 보장되는 공정한 사회, 개인의 자유와 권리가 보장되고 창조성을 존중받는 열린사회, 자신의 목표를 위해 개인들이 선의의 경쟁을 펼치는 정정당당한 사회의 모습은 나타나 있지 않다.
② 다수를 위해 개인이 희생되고 지배를 당하는 억압적 사회는 바람직한 사회의 모습이라고 할 수 없다.

3 메마른 땅

'그대'와 '나'가 공동체를 이루지 못한 채 살아가고 있는 삭막한 현실을 상징하는 시구는 '메마른 땅'이다.

4 ①

〈보기〉에서는 문학 작품 감상과 관련된 여러 가지 관점 중에서 독자 맥락 감상에 대해 설명하고 있다. 길에서 넘어지신 할머니를 도와드린 자신의 경험을 떠올리며 작품을 감상한 것은 독자의 경험을 바탕으로 한 독자 맥락에서의 작품 감상에 해당한다.

✗오답 풀이

② 오늘날의 사회 모습과 연관성이 있다는 감상은 사회·문화적 맥락에서의 작품 감상에 해당한다.

③ 작품에 현대인의 삶의 모습이 반영되어 있다는 감상은 사회·문화적 맥락에서의 작품 감상에 해당한다.

④ 작가의 체험에서 작품의 창작 계기를 유추하는 감상은 작가 맥락에서의 작품 감상에 해당한다.

⑤ 작품에 드러나는 문학사적인 경향을 바탕으로 한 감상은 문학사적 맥락에서의 작품 감상에 해당한다.

5 ①

'숲'이 화자에게 생명의 원천으로 작용하는지는 나타나 있지 않다.

✗오답 풀이

② '숲'은 서로에게 무관심한 대도시의 삭막한 공간을 상징하는 '광화문 지하도'와 대비되는 공간이다.

③ '숲'에서 나무들은 제가끔 서 있지만 '숲(공동체)'을 이루고 있으므로 외롭지 않다고 볼 수 있다.

④ 화자는 '숲'을 통해 조화로운 삶을 살아가지 못하는 자신의 삶을 반성하고 있다.

⑤ '나무들'이 모여서 이루는 '숲'은 개별적 존재들이 모여서 이루는 조화로운 공동체를 상징한다.

6 ⑤

㉠에는 공동체를 이루지 못한 채 고독하고 단절된 삶을 살아가는 현대인들에 대한 화자의 비판적인 태도가 드러나고, ㉡에는 공동체를 이루지 못하고 살아가는 삶에 대한 스스로의 반성이 드러나 있다.

✗오답 풀이

① 화자는 공동체를 이루지 못하고 있는 사람들의 삶을 비판하고 있는 것이지, 자연이 배제된 도시 문명을 비판하고 있는 것은 아니다.

② 질문하는 형식을 통해 공동체적 삶을 이루어야 한다는 화자의 의도를 강조하고 있지, 문제의 원인에 대한 화자의 궁금증을 제시하고 있는 것은 아니다.

③ '그들', '그대', '나' 사이에 거리감이 존재한다고 할 수 있지만 비웃는 태도를 드러내고 있는 것은 아니다.

④ 공동체를 이루지 못하고 살아가는 현재의 삶을 안타까워하지만 풍자적 형식은 나타나지 않는다.

7 ③

ⓒ '광화문 지하도'는 사람들의 숱한 만남이 이루어지지만 서로 무

관심하게 지나치는 공간, 공동체적 삶의 조화가 이루어지지 못하는 각박한 현실을 의미한다. 따라서 활기차고 생명력이 넘치는 현대인의 삶을 대표하는 긍정적 공간이라는 이해는 적절하지 않다.

✗오답 풀이

① ⓐ '나무들'은 공동체적 삶을 이루고 있는 존재를 의미하며 공동체적 삶을 이루지 못하고 있는 '사람들'과 대비된다.

② ⓑ '제가끔'의 사전적 의미는 '저마다 따로따로'로, '숲'을 이루면서도 각기 서 있는 나무들의 모습을 나타내는 시어이다. '제가끔'은 진정한 공동체적 삶은 개인의 독자적인 삶을 바탕에 두고 있음을 보여 준다.

④ ⓓ '사람들'은 '나무들'과 달리 공동체를 이루지 못한 채 서로 '외롭게 지나치'는 존재들이다. 따라서 인간관계가 단절되어 소외된 삶을 살아가는 현대인을 의미한다고 볼 수 있다.

⑤ ⓔ '만날 때'는 '그대'와 '나'가 '메마른 땅'에서 서로 '외롭게 지나치'는 때를 의미한다. 따라서 '나'와 '그대'가 소통하지 못하고 무심하게 스쳐 지나가는 순간이라고 할 수 있다.

---

10 땅끝   p. 30

1 ⑤   **2** ⑤   **3** ③   **4** 위태로움 속에 아름다움이 스며 있다는 것이 / 땅끝은 늘 젖어 있다는 것이   **5** ②   **6** ③   **7** 땅끝

1 ⑤

이 시에는 구체적 청자가 나타나지 않는다. 화자가 자신의 이야기를 담담하게 말하는 독백체가 드러난다.

✗오답 풀이

① 2연의 '어릴 때는 나비를 쫓듯'에서 직유법을 활용하여 화자의 어린 시절의 태도를 제시하고 있다.

② 1연에서 '삐걱삐걱'이라는 음성 상징어를 사용하여 그넷줄이 흔들리는 상황을 실감 나게 표현하고 있다.

③ 종결 어미 '−지'를 반복적으로 사용하여 운율감을 형성하고 있다.

④ '위태로움 속에 아름다움이 스며 있다는 것이'에서 역설적 표현을 활용하여 절망에서 삶의 희망을 발견함을 드러내고 있다.

2 ⑤

'땅끝은 늘 젖어 있다는 것이'와 앞의 '위태로움 속에 아름다움이 스며 있다는 것이'를 통해서 화자는 절망 속에서도 희망을 품고 있음을 알 수 있다. 따라서 화자는 '땅끝'이 젖어 있는 것을 보고 자신의 삶에 대해 애상감을 갖게 되었다는 내용은 적절하지 않다.

✗오답 풀이

① 2연 뒷부분과 3연 앞부분에서 인생의 절박한 상황이 다가오면 뒷걸음질 칠 수밖에 없었던 화자 자신의 삶을 언급하고 있다.

② 2연에서 나비를 쫓듯 아름다움에 취해 '땅끝'에 갔다고 노래한 것에서 확인할 수 있다.

③ 3연의 '찾아 나선 것도 아니었지만 / 끝내 발 디디며 서 있는 땅의 끝'에서 원하지 않았지만 절망적 상황을 경험했음을 드러내고 있다.

④ 1연에서 화자는 노을을 보려고 그네를 탔지만 어둠에 노을이 잡아먹히는 광경을 목격하게 된다. 이는 희망이 실현되지 않았음을 의미한다.

3 ③

㉮는 화자가 어릴 때 나비를 쫓듯 아름다움에 취해서 간 곳이다. 따라서 이곳은 화자가 동경하며 도달한 공간으로 볼 수 있다. ㉯는 살면서 몇 번은 서게 되는, '파도가 끊임없이 땅을 먹어 들어오는 막바지'로서의 절망적 상황을 의미한다.

✖오답 풀이

① ㉮와 ㉯는 인생의 시작과 끝이라는 의미를 가지고 있지 않다.

② ㉮는 어린 시절에 대한 추억과 관련이 있지만, ㉯는 미래에 닥칠 운명을 말하고 있지 않다.

④ ㉮와 ㉯는 물질적 풍요와 연관이 없다.

⑤ ㉯는 화자가 겪은 인생에서의 절망을 환기하고 결국 절망 속에서 희망을 발견하는 계기를 마련하는 공간이지만 ㉮는 어린 시절 화자가 추구하는 이상적 공간으로서의 의미를 지니고 있다.

4 위태로움 속에 아름다움이 스며 있다는 것이 / 땅끝은 늘 젖어 있다는 것이

화자는 위태로움 속에서 발견한 삶의 아름다움을 통해 절망 속에서도 삶의 희망을 찾을 수 있다는 인식을 보여 주고 있다. 이러한 주제 의식을 보여 주는 시행은 '위태로움 속에 아름다움이 스며 있다는 것이 / 땅끝은 늘 젖어 있다는 것이'이다.

5 ②

화자는 '고운 노을'을 보기 위해 ㉠ '그네'를 힘차게 차고 올라 발을 굴렸다고 하였다. '고운 노을'은 화자가 보고 싶어 하는 것으로, 이 시에서 꿈과 이상을 의미한다. 즉 화자는 꿈과 이상을 이루기 위해 '그네'를 수단으로 이용한 것이다.

✖오답 풀이

①, ③, ④ '그네'는 어린 시절 화자의 이상 실현 수단이지, 정서를 겉으로 드러내는 기능을 한다거나 주변의 대상들과 공감하는 계기를 마련해 준다거나 부끄러움을 느끼게 하여 성찰하게 하는 것과는 관련이 없다.

⑤ '그네'는 어린 시절 화자의 모습이 나타나는 1연에만 언급되어 있기 때문에 작품 전체에 지속적으로 관여한다는 설명은 적절하지 않으며, 또한 이 시에는 화자와 청자의 갈등이 나타나지 않는다.

6 ③

ⓒ '그넷줄'은 뒤의 '오랫동안 삐걱삐걱 떨고 있었어'를 통해 볼 때 꿈이 좌절된 후의 절망감이 투영된 대상으로 볼 수 있다. 따라서 절망과 희망을 이어 주는 도구로 보는 것은 적절하지 않다.

✖오답 풀이

① ⓐ '고운 노을'은 어린 시절 화자의 이상과 희망, 꿈을 상징하므로 화자가 동경하던 삶의 가치라 할 수 있다.

② '노을은 끝내 어둠에게 잡아먹혔지'는 어린 시절 화자의 꿈과 이상의 좌절을 나타내므로 ⓑ '어둠'은 화자의 꿈을 좌절시키는 대상이라 할 수 있다.

④ 어릴 때는 '나비'를 쫓듯 아름다움에 취해 땅끝을 찾아갔다고 했으므로 ⓓ '나비'는 화자의 꿈과 이상을 의미한다고 할 수 있다.

⑤ ⓔ '파도'는 화자에게 위태롭고 절박한 상황을 조성하는 것으로, 삶의 고난과 시련을 의미한다고 할 수 있다.

7 땅끝

'땅끝'은 절망적인 상황에서 삶의 아름다움, 즉 희망을 발견하는 공간으로 중의적인 의미를 지닌다.

11 산속에서
p. 32

1 ② 2 ④ 3 누군가 맞잡을 손 4 ③ 5 ① 6 ②

1 ②

1연에서는 화자가 길을 잃었던 경험, 3연에서는 화자가 산속에서 밤을 맞아 본 경험을 노래하고, 2연과 4연에서는 1연과 3연에서 경험했던 것에서 얻은 깨달음을 노래하고 있다.

✖오답 풀이

① 대화의 장면은 나타나지 않는다.

③ 화자의 경험이 나타나므로 비현실적인 분위기를 조성했다는 설명은 적절하지 않다.

④ 화자의 경험이 나타날 뿐 다른 사람의 경험은 나타나지 않는다.

⑤ 색채어는 나타나지 않는다.

2 ④

화자는 1연에서 길을 잃은 것과, 3연에서 산속에서 밤을 맞는 것을 자신이 겪은 어려움으로 제시하며, 이때 불빛과 작은 지붕들에게 받은 위로와 희망을 노래하고 있다.

✖오답 풀이

① '터덜거리며 걸어간 길 끝'은 길을 잃어 지친 모습을 노래하고 있을 뿐 절망 속에서 희망을 발견하기 위한 노력의 과정이라고 보기 어렵다.

② '멀리서 밝혀져 오는 불빛'은 절망 속에서 발견한 희망을 나타낸다. 따라서 절망감과 연결되어 있다는 이해는 적절하지 않다.

③ '막무가내의 어둠'은 깊은 절망 속의 막막한 상태를 의미하는 것으로, 절망이 깊어져 이에 적응해 버린 현실을 말하고 있는 것이 아니다.

⑤ '계속 걸어갈 수 있게 해 준다'는 좌절하거나 포기하지 않도록 희망과 용기를 준다는 것을 의미한다.

3 누군가 맞잡을 손

'누군가 맞잡을 손'은 시련 속에서 의지하며 도움을 받을 수 있는 위안이 되는 존재를 의미한다.

4 ③

3연에서는 거대한 산줄기보다 작은 지붕들이 더 큰 힘으로 어깨를 감싸 준다고 노래하고 있다. 따라서 작은 지붕이 모여 거대한 산줄기를 이룰 수 있다는 희망을 표현한 것이라는 분석은 적절하지 않다.

✖오답 풀이

① 1연에서 화자는 길을 잃었던 경험을 노래하며 불빛의 따뜻함을 노래하고 있다.

② 2연에서 화자는 어려울 때 의지할 수 있는 누군가의 맞잡을 손이 있

다는 것이 소중함을 노래하고 있다.
④ 3연에서 화자는 산속에서 밤을 맞았을 때 작은 지붕들이 큰 힘으로 어깨를 감싸 주는 듯한 위로와 안도감에 대해 노래하고 있다.
⑤ 4연에서 화자는 불빛은 계속 걸어갈 수 있게 해 준다고 노래하며 1연에서 경험했던 불빛의 의미를 되새기고 있다.

5 ①
이 시의 화자는 자신이 경험한 것(1연과 3연)에서 얻은 깨달음(2연과 4연)을 노래하고 있다. 따라서 일상의 경험을 통해 새로운 깨달음을 얻을 수 있음을 알았다는 반응은 적절하다.

✘오답 풀이
② 위안을 주는 따뜻함의 정도가 사람마다 다르다는 언급은 찾을 수 없다.
③ 묵직하게 원칙을 지키며 살아가는 삶에 대한 언급은 찾을 수 없다.
④ 다른 사람이 본받을 만한 인격을 갖추기 위해서 노력이 필요함을 언급한 부분은 찾을 수 없다.
⑤ 이 시에서 '나그네'는 인생에서 고난과 시련을 겪는 사람을 의미한다. 나그네처럼 새로운 세계로 나아간다는 내용이나 세계로 나아갈 때 겪는 난관은 사람들과의 협력으로 극복할 수 있다는 언급은 찾을 수 없다.

6 ②
[A]는 도치법을 사용해서 서술부를 앞으로 보내 독자의 호기심을 유발하고, 전달하고자 하는 의미에 관심이 집중되도록 하고 있다.

✘오답 풀이
① 유사한 문장 형식을 짝 지어 운율을 형성하는 대구법은 [A]에 사용되지 않았다.
③ 논리적으로 맞지 않는 표현을 통해 주제 의식을 강화하는 역설법은 [A]에 사용되지 않았다.
④ 의도와 표현을 반대로 하여 전하고자 하는 바를 강조하는 반어법은 [A]에 사용되지 않았다.
⑤ 문장의 뜻을 점점 강하게 하여 화자의 정서 변화를 효과적으로 제시하는 점층법은 [A]에 사용되지 않았다.

---

12 **나룻배와 행인** p. 34

1 ⑤   2 ③   3 ①   4 거자필반(去者必返)   5 ①   6 ⑤   7 바람, 눈비

1 ⑤
음성 상징어를 사용해서 생동감 있는 분위기를 조성하고 있는 부분은 나타나지 않는다.

✘오답 풀이
①, ④ 경어체를 사용해서 부드럽고 공손한 말투가 느껴지며 경건한 분위기가 형성된다.
② 1연과 마지막 연은 명사 '행인'으로 시행을 마무리하여 시적 여운을 남기고 있다.
③ '나'를 '나룻배'에 '당신'을 '행인'에 비유해서 대상을 인상적으로 제시하고 있다.

2 ③
이 시는 1연이 마지막 연에서 반복되는 수미상관의 구성 방식이 나타난다. 이를 통해 운율감이 형성되고 형태적 안정감이 드러나며 '나'와 '당신'의 관계를 강조하는 효과를 얻고 있다.

✘오답 풀이
ㄹ. '나'에 대한 무심한 '당신'의 태도가 언급되어 있지만 이를 비판하는 화자의 모습은 드러나지 않으며, 수미상관 방식을 통해 대상에 대한 비판적 태도를 갖게 하는 것도 아니다.
ㅁ. 참신성을 드러낸다고 보기 어려우며 시적 대상에 대한 새로운 인식을 갖게 하는 역할도 하고 있지 않다.

3 ①
'당신은 흙발로 나를 짓밟습니다.', '당신은 물만 건너면 나를 돌아보지도 않고 가십니다그려.'에는 희생적이고 헌신적인 '나'에 대한 '당신'의 무심한 태도가 드러난다.

✘오답 풀이
②, ③ 재회를 염원하거나 헌신적 자세를 굳게 지키는 태도를 보이는 것은 '나'이다.
④ '급한 여울', '바람', '눈비'는 고난과 시련, 역경을 상징하며 이를 겪고 있는 것은 '나'이다. '나'는 시련과 역경을 겪지만 이를 이겨 내는 인고의 자세를 보여 주고 있다.
⑤ '나'는 '당신'이 돌아올 것을 확신하고 있지만 이는 '당신'에 대한 '나'의 절대적 믿음에서 온 것이지, '당신'이 확신을 준 것은 아니다.

4 거자필반(去者必返)
'거자필반'은 떠난 사람은 반드시 돌아오게 되어 있다는 의미로, 불교 경전인 법화경(法華經)에 나오는 말이다. '당신'이 언제든지 오실 줄을 안다는 '나'의 믿음은 이러한 불교적 믿음에서 기인했다고 볼 수 있다.

5 ①
'나'를 '나룻배'에 '당신'을 '행인'에 비유하여 나룻배가 행인을 태우고 물을 건너는 상황을 '당신을 안고 물을 건너갑니다.'라고 표현하고 있다. 이는 '나'가 '당신'을 소중하게 여기고 있음을 보여 주는 것으로 이해할 수 있다.

✘오답 풀이
② ⓑ는 '나'가 '당신'을 안고 물을 건너는 과정에서 겪는 '나'의 희생을 의미하는 것이지, '나'가 '당신'을 만나기까지 겪었던 시련과 역경을 의미하는 것이 아니다.
③ ⓒ는 헌신적으로 '당신'을 기다리고 있는 '나'의 인고의 자세와 절대적 사랑을 보여 주고 있다. 이를 '나'의 무모함으로 해석하는 것은 적절하지 않다.
④ ⓓ는 '당신'이 올 것에 대한 믿음을 드러내고 있는 것이다.
⑤ ⓔ는 '당신'에 대한 '나'의 인고의 기다림을 강조하는 것이므로 쇠퇴할 '나'의 모습에 대한 자괴감으로는 볼 수 없다.

6 ⑤
절대주의적 관점은 문학 작품 외적 요소인 작가, 독자, 문학 작품이 창작된 시대적 배경 등을 배제하고 작품 내적 형식이나 표현

기법을 바탕으로 문학 작품을 해석하는 방법이다. 작가가 승려라는 점을 고려하여 작품을 해석한 것은 표현론적 관점에 해당한다.

✕오답풀이

① 반영론적 관점은 작품이 현실 세계를 어떻게 반영하고 있는지 살피며 작품을 감상하고 평가하는 방법으로, 일제 강점기라는 현실 세계를 반영한 해석을 제시했으므로 적절하다.

② 효용론적 관점은 작품이 독자에게 어떤 영향을 주었는가를 살펴서 작품을 평가하고 감상하는 방법으로, 독자가 작품을 통해 얻은 깨달음과 각오를 제시하고 있으므로 적절하다.

③ 표현론적 관점은 작가가 자신의 체험이나 사상, 감정 등을 작품 속에 표현한 것으로 간주하고 작품을 감상하는 방법으로, 독립운동가로서 작가의 가치관이나 사상을 염두에 두고 감상했으므로 적절하다.

④ 절대주의적 관점은 작품 내적 형식이나 표현 기법을 바탕으로 작품을 해석하는 방법으로, 대비의 표현 기법을 중심으로 작품을 감상하고 있으므로 적절하다.

7 바람, 눈비

'바람'과 '눈비'는 '나'가 '당신'을 기다리면서 겪게 되는 고난과 시련을 의미한다.

---

13 향수
p. 36

> **1** ⑤ **2** ⑤ **3** ① **4** ⑤ **5** ⑤ **6** 아버지, 아내

1 ⑤

이 시에서 사용된 '전설 바다', '별', '모래성' 등의 시어는 아름답고 순수한 서정성이 드러나지만, 이것이 이국적인 느낌을 드러내는 것은 아니다.

2 ⑤

㉠은 매 연마다 반복되는 후렴구로, 고향에 대한 그리움이라는 화자의 정서를 강조하고 있다. 또한 전체 시상을 통일감 있게 전개시키는 효과를 주고 있으나, 화자가 처한 구체적인 현실을 보여 주고 있지는 않다.

3 ①

㉡ '밤바람 소리 말을 달리고'는 청각적 심상인 '밤바람 소리'를 시각적 심상인 '말을 달리는 모습'으로 전이시킨 공감각적 심상이다. ①의 '검은 내 떠돈다. 종소리 빗긴다.'는 청각적 심상인 '종소리'를 시각적 심상인 '빗긴다'로 형상화한 공감각적 표현으로, 청각의 시각화에 해당한다.

✕오답풀이

② 촉각적 심상과 청각적 심상이 나타난다.
③ 촉각적 심상과 시각적 심상이 나타난다.
④ 후각적 심상이 나타난다.
⑤ 시각적 심상이 나타난다.

4 ⑤

이 시에서 '실개천', '얼룩백이 황소', '질화로', '짚베개'는 모두 토속적인 소재로, 고향의 이미지를 나타낸다. 그러나 '함부로 쏜 화살'은 과거 화자의 유년 시절, 미지의 세계에 대한 호기심을 나타내는 것으로, 토속성과는 거리가 멀다.

5 ⑤

〈보기〉는 변해 버린 고향의 모습을 보며, 안타까운 심정을 토로하고 있는 작품이다. ⑤의 '앞뒤가 상응하는 방법'이란 수미 상관법을 일컫는 것으로, 〈보기〉의 시에만 해당하는 내용이다. 이 시는 후렴구의 사용을 통해 고향에 대한 그리움이 강조되고 있을 뿐, 수미 상관법이 사용되지 않았다.

6 아버지, 아내

2연에서는 겨울밤 정경과 '엷은 졸음에 겨운 늙으신' 아버지를 회상하고 있다. 4연에서는 어린 누이와 '사철 발 벗은' 아내를 회상하고 있다.

고전 시가

> **개념 확인 문제**
> p. 38~39
>
> **1** 〈구지가〉 **2** 개인적 서정시 **3** ④ **4** ⑤ **5** × **6** × **7** 악장
> **8** ③ **9** ⑤ **10** 〈상춘곡〉 **11** ○

1 〈구지가〉는 수로왕의 강림을 기원하는 고대 가요이다.

2 유리왕의 〈황조가〉는 현전하는 최고(最古)의 개인적 서정시이다.

3 향가의 작가층은 다양하나 현전하는 작품의 작가는 대체로 승려이다.

4 후렴구는 궁중악으로 수용되는 과정에서 덧붙여진 것으로 추정되며, 별다른 뜻이 없고 화자의 정서와도 일치하지 않는다.

5 '별곡체'는 '경기체가'의 다른 이름이다.

6 현전하는 가장 오래된 한시는 〈여수장우중문시〉이다.

8 〈용비어천가〉는 훈민정음 창제 후 지어진 최초의 악장으로, 처음부터 기록된 문학 작품이다.

9 조선 후기에 시조의 향유층이 서민으로도 확대된 것은 사실이나 여전히 양반들도 시조를 창작하였다.

1 ④ **2** ⑤ **3** 미타찰 **4** ① **5** ③ **6** 떨어질 잎

1 ④

누이의 죽음으로 인한 인생의 무상감이 나타나지만 절망적인 어조가 지배적인 것은 아니며 화자는 이별의 슬픔을 종교로 극복하고 있다.

✗오답 풀이

① 이 시는 한자의 음과 훈을 빌어 적는 향찰식 표기의 10구체 향가이다.
② 누이와 사별한 상황에서 화자는 누이와 극락세계에서 만나기 위해 도를 닦으며 기다리겠다고 종교적 자세로 슬픔을 극복하고 있다.
③ 이 작품은 '기-서-결'의 3단 구성으로 이루어져 있으며 1~8구까지는 누이의 죽음으로 인한 슬픔과 무상감을 노래하다가 마지막 9, 10구에서 그 슬픔을 종교적으로 극복ㆍ승화하며 시상이 전환되고 있다.
⑤ '어찌 갑니까', '모르온저', '아아' 등 감탄적 어법을 통해 죽음에 대한 화자의 고뇌와 안타까움을 잘 드러내고 있다.

2 ⑤

B에서는 화자의 혈육이 갑작스럽게 죽은 상황을 가을의 이른 바람에 떨어지는 나뭇잎에 비유하여 표현했을 뿐, 화자의 정서를 비유적으로 표현하고 있는 것은 아니다.

✗오답 풀이

① A에서는 혈육이 갑자기 죽은 상황과 그로 인한 슬픔이 드러나 있다.
② A, B는 누이의 죽음으로 인한 슬픔, 인생의 허무함을 노래하다가 C에서는 미타찰에서 다시 만날 것을 바라며 슬픔을 종교적으로 극복하며 인식의 전환을 이루고 있다.
③ 9구에서 '아아'라는 감탄사를 사용하여 극한적인 고뇌를 집약적으로 드러내고 있다.
④ A에서는 이 작품의 창작 동기인 혈육이 죽은 상황이 드러나 있고, C에서는 미타찰에서의 재회를 다짐하며 슬픔을 극복하면서 A, B에서 고조되었던 정서를 마무리하고 있다.

3 미타찰

'미타찰'은 이승과 대비되며, 화자는 '미타찰'에서 누이와 다시 만날 것에 대한 염원을 드러내며 누이의 죽음으로 인한 안타까움과 무상감을 종교적으로 승화하고 있다.

4 ①

㉠ '머뭇거리고'는 죽음을 거부하는 화자의 태도가 아니라 생사(生死)의 길이 다름을 확인한 화자의 고뇌와 죽음에 대한 두려움을 나타내는 표현이다.

5 ③

이 시에는 혈육에 대한 애증이 드러나 있지 않다.

✗오답 풀이

① 화자는 죽은 누이가 극락세계인 미타찰에 있을 것이고, 자신도 죽어서 미타찰에 갈 것이므로 그곳에서 다시 만나기를 바라고 있다. 그러므로 화자는 불교적인 윤회 사상을 바탕으로 죽은 누이와의 재회를

소망하고 있다고 볼 수 있다.
② '생사(生死)' 즉 삶과 죽음이 '예', 즉 이승에 있다고 표현하였으므로 화자가 누이의 죽음을 계기로 삶과 죽음이 그다지 멀리 있지 않음을 깨닫고 있음을 알 수 있다.
④ 이 작품은 죽은 누이[망매(亡妹)]를 추모하여 제(祭)를 올리며 지은 노래이다.
⑤ 10구체 향가는 총 10구로 이루어져 내용상 세 부분으로 나누어지는데 크게는 앞의 8구와 뒤의 2구로 나누고, 앞의 8구는 다시 4구씩 나누어 볼 수 있다. 마지막 2구는 낙구로, 보통 첫머리에 감탄사를 써서 종결짓는다.

6 떨어질 잎

이 시에서는 누이의 죽음을 '이른 바람에 이에 저에 떨어질 잎'으로 표현하여 시각적으로 형상화하였다.

1 ⑤ **2** ⑤ **3** ③ **4** ③ **5** ④ **6** ⑤

1 ⑤

이 시는 임이 화자를 떠나는 상황에서 떠나는 임에 대한 원망과 체념, 재회에 대한 화자의 소망을 드러내고 있다. 이 시에는 자연물이 나타나 있지 않을 뿐더러 이를 통해 화자의 태도를 드러내지도 않았다.

✗오답 풀이

① 3 · 3 · 2조의 3음보 율격을 지니고 있다.
② 민요적 율격을 지닌 고려 가요에 속한다.
③ 4연, 각 2행의 분연체 형식으로 기승전결의 구조를 갖추고 있다.
④ 후렴구가 있는 고려 가요이므로 구전되어 오다가 한글로 기록되었을 가능성이 있다.

2 ⑤

이 시는 임과의 이별로 인한 화자의 설움과 재회에 대한 소망이라는 정한을 노래하고 있다. ①, ②, ③, ④ 역시 임과의 이별이라는 시적 상황과 화자의 슬픔이라는 정서가 드러나 있다. 그러나 ⑤는 추운 겨울밤에 남을 위해 밤을 새워 옷을 짓는 여인의 고달픈 삶을 형상화하고 있어 이별의 정한과는 거리가 멀다.

3 ③

㉠은 후렴구로, 노래의 끝부분에 반복적으로 사용되어 시 전체에 운율감을 부여하는 역할을 한다. 또한 연을 구분 짓고 통일성을 느끼게 하여 형태적 안정감을 준다. 그러나 별다른 뜻이 없으므로 주제를 효과적으로 드러내는 기능은 없다.

4 ③

3연은 떠나는 임을 화자가 붙잡고 싶지만 임이 서운하면 돌아오지 않을지도 모른다는 화자의 염려가 담겨 있다. 따라서 ㉢ '서

운하면'의 행위 주체는 화자가 아닌 임이다.

✘오답풀이
① (화자를) 버리는 행위 주체는 임이다.
② (임을) 붙잡는 행위 주체는 화자이다.
④ (임을) 보내는 행위 주체는 화자이다.
⑤ 돌아서서 오는 행위 주체는 임이다.

5 ④
이 시의 1연에 해당하는 〈보기〉는 '가시리'가 반복되는 a-a-b-a 구조로 운율감이 느껴지는 부분이다. 그러나 ④는 단순히 '거북아' 가 반복된 것일 뿐 a-a-b-a 구조로 이루어져 있는 것은 아니다.

6 ⑤
이 시의 화자는 임의 마음이 서운하면 다시는 돌아오지 않을까 걱정하여 끝내 임을 붙잡지 못하는 소극적인 태도를 보이고 있다. 반면 〈보기〉의 화자는 자신을 사랑해 주기만 한다면 모든 것을 버리고서라도 임을 따르겠다는 적극적인 태도를 보이고 있다.

03 청산별곡
p. 44

1 ④   2 ④   3 ②   4 ③   5 ③   6 믈 아래

1 ④
이 시의 후렴구는 'ㄹ, ㅇ' 음의 반복으로 밝고 경쾌한 느낌을 준다. 그러나 시의 내용은 삶의 고뇌와 비애를 노래하고 있어 이러한 후렴구의 흥겨운 느낌과는 상반된다.

2 ④
이 시에서 '청산'과 '바다'는 화자의 이상향이자 생의 안식처가 되는 곳으로 함축적 의미가 유사하다. 따라서 '바다'에 대해 '번뇌가 가득한 속세'라고 설명한 것은 적절하지 않다.

3 ②
'새'는 화자의 슬픈 감정이 이입된 소재이다. ②의 '믈'도 임과 이별한 화자의 슬픈 심정이 이입된 소재이다.

✘오답풀이
① 암수 정답게 노는 '꾀꼬리'는 화자의 고독한 처지를 부각시키는 객관적 상관물이다.
③, ⑤ '추강'과 '눈'은 단순한 자연물로 계절적 배경을 알려 주는 소재이다.
④ '막대'는 늙음을 막기 위해 동원된 화자의 기발하고 일상적인 소재이다.

4 ③
삶의 고통에서 벗어나고 싶은 화자는 '청산'과 '바다'를 동경하나, 이상향으로 갈 수 없는 현실적 운명에 체념하고 있다.

5 ③
이 시의 화자가 어떤 사람인지에 대해서는 여러 가지 견해가 있지만, '잉 무든 장글'을 '이끼 묻은 쟁기'로 해석할 경우, 화자는 삶의 터전을 잃고 방랑하는 유랑민으로 추측할 수 있다.

6 믈 아래
'믈 아래'는 화자가 떠나온 곳(속세)으로, 화자가 지향하는 이상적 공간인 '청산', '바롤'과 대비되는 공간이다.

04 서경별곡
p. 46

1 ④   2 ④   3 샤공   4 ⑤   5 ⑤   6 ①

1 ④
이 시에는 반어적 표현이 나타나지 않는다.

✘오답풀이
① '위 두어렁셩 두어렁셩 다링디리'라는 후렴구를 반복하여 통일감을 주고 있다.
② '구슬이 바회예 디신돌'이라는 상황을 가정하고 그 상황에서 끈이 끊어지지 않을 것이라고 하며 임에 대한 화자의 믿음을 드러내고 있다.
③ '긴힛똔 그츠리잇가', '신잇돈 그츠리잇가'에서 설의적 표현을 확인할 수 있다.
⑤ 대동강의 사공을 청자로 설정하고 임과 이별해야 하는 자신의 상황에 대한 원망을 드러내고 있다.

2 ④
이 시에서는 '여히므론 질삼뵈 브리시고'에서 알 수 있듯이 길쌈하던 베를 버리고라도 임을 따르겠다는 화자의 적극적인 태도가 나타난다. 〈보기〉에서는 '있으라 하더면 가랴마는'에서 알 수 있듯이 임을 보낸 것에 대한 화자의 후회가 나타난다.

✘오답풀이
① 이 시와 〈보기〉 모두 남녀 간의 사랑을 다루고 있는 작품으로 어린 사람을 화자로 내세웠다는 근거를 찾을 수 없다.
② 〈보기〉의 감탄사 '어져'는 한탄의 정서를 드러내고 있지만, 이 시의 '위 두어렁셩 두어렁셩 다링디리'는 별다른 뜻 없이 반복되면서 리듬감을 더해 주는 후렴구이다.
③ 이 시와 〈보기〉 모두 이별이라는 부정적 상황을 유발한 상대에 대한 용서는 찾을 수 없다.
⑤ 이 시의 3연에서 화자는 사공에게 말을 걸고 있으므로 독백의 어조로 자신의 생각을 드러낸다는 설명은 적절하지 않다. 또한 〈보기〉에서는 화자가 자신의 결정을 후회하는 독백적 어조를 사용하므로 대화체를 활용하여 자신의 감정을 표출하고 있다는 설명은 적절하지 않다.

3 샤공
이 시에서 화자는 임이 타고 떠나는 배의 '샤공'을 원망하면서 화풀이로 그의 아내가 음탕한 짓을 한다고 거짓말하고 있다.

4 ⑤

(다)의 '네 가시 아즐가 네 가시 럼난디 몰라셔'는 사실이 아니라 임을 태운 사공의 배가 강을 건너지 못하게 하려는 의도에서 한 화자의 거짓말로 볼 수 있다. 따라서 사공이 자신과 같은 처지에 놓이게 될 것을 염려하는 화자의 마음을 드러내고 있다는 설명은 적절하지 않다.

❌**오답 풀이**
① (가)에서는 이별의 상황에서 터전과 일을 포기하더라도 임을 따라가겠다며 이별의 상황을 거부하는 화자의 마음을 드러내고 있다.
② (가)에서 화자는 자신의 터전과 일보다도 임과 함께하는 것이 더 소중하다는 생각을 드러내고 있다.
③ (나)에서는 구슬이 바위에 떨어져도 끈이 끊어지지 않는다고 노래하며, 임에 대한 화자의 변함없는 신의를 구체적 사물인 끈에 빗대어 표현하고 있다.
④ (다)에서 화자는 임이 강을 건너면 건너편 꽃을 꺾을 것이라고 예상하고 있다. 여기에서 꽃을 꺾는다는 것은 새로운 사랑을 시작할 것이라는 의미로, 화자는 임이 배를 타고 강을 건넜을 때 자신을 잊고 다른 사람과 사랑을 하게 되는 상황을 안타까운 마음으로 예상하고 있다.

5 ⑤

화자는 사공의 아내에 대한 거짓을 말함으로써 사공이 배를 운행하지 못하게 하려고 하고 있다. 따라서 사공을 속이기 위해서 화자가 거짓이 드러나지 않게 머뭇거리지 않는 태도를 보인다는 설정은 적절하다.

❌**오답 풀이**
① 화자는 이별의 상황에서 적극적으로 이를 거부하고 있다. 따라서 체념적 어조로 작품을 낭독하는 것은 적절하지 않다.
② 구슬이 바위에 떨어져도 끈은 끊어지지 않는다는 점을 강조하고 있으므로 구슬과 끈이 모두 사라지는 장면을 영상으로 제시하는 것은 적절하지 않다.
③ '질삼뵈'는 화자가 여성임을 알려 주는 소재로, 화자는 여인임을 짐작할 수 있다.
④ '서경'과 '쇼셩경'은 모두 평양. 즉 서울을 가리키는 지명이다. 따라서 서경을 떠나 쇼셩경에 머문다는 설정은 적절하지 않다.

6 ①

㉠은 임이 건너는 공간으로 임과 화자를 단절시키는 공간이고, ㉡ 역시 임이 빠져 죽은 곳으로 임과 화자를 단절시키는 공간이다.

❌**오답 풀이**
② ㉡은 죽음을 상징하고 있다고 볼 수 있지만, ㉠은 죽음과는 관련이 없다.
③ ㉠과 ㉡ 모두 화자를 부정적 상황으로 만드는 공간이다. 따라서 화자가 지향해야 하는 대상이라는 설명은 적절하지 않다.
④ ㉠과 ㉡ 모두 재회와 관련되어 있지 않다.
⑤ ㉠과 ㉡ 모두 이별을 나타내는 공간이지만, 화자의 분노의 정서를 이입한 공간이라는 근거는 찾을 수 없다.

---

05 상춘곡
p. 48

1 ⑤ **2** 홍진 **3** ④ **4** ② **5** ④ **6** ⑤ **7** ③

1 ⑤

이 시는 봄의 경치를 완상하며 자연 속에서 안빈낙도하는 삶의 즐거움을 노래하고 있는 가사이다. 즉, 화자는 아름다운 봄의 경치에 대해 예찬적인 태도를 드러내고 있다. 풍자적 표현은 대상에 대한 부정적인 태도를 드러내기 위한 것으로 이 시에서는 나타나지 않는다.

❌**오답 풀이**
① '수간모옥 → 정자 → 시냇가 → 봉두'의 공간적 이동에 따라 시상이 전개되고 있다.
② '녯 사름 풍류를 미출가 못 미출가'와 같은 설의적 표현을 통해 자연에 묻혀 살고 있는 자신의 삶에 대한 화자의 자부심을 드러내고 있다.
③ '수풀에 우는 새는 춘기를 못내 계워 소리마다 교태로다.'에서 봄의 흥취를 느끼는 화자의 감정을 '새'에 이입하여 표현하고 있다.
④ 봄의 아름다운 경치를 묘사하는 (나)와 (다)에서 시각적 이미지가 주로 사용되고 있다.

2 홍진

이 시는 '홍진(속세)에 뭇친 분네'인 청자에게 '풍월주인'인 화자가 자신의 삶에 대해 이야기하고 있는 내용이다. 즉, (가)에서 자연과 대조되는 의미인 속세를 가리키는 시어는 '홍진(紅塵)'이다.

3 ④

㉠ '우는 새'는 아름다운 봄 경치에 도취된 화자의 감정을 이입한 감정 이입의 대상이다. ④의 '물'도 임을 여의고 슬퍼하는 화자의 감정이 이입된 대상이다.

❌**오답 풀이**
① '달'은 초월적인 존재로 천지신명을 의미한다. 화자는 남편이 무사히 돌아오기를 바라는 자신의 소망을 '달'에 기원하고 있다.
② '바위'는 사랑의 시련이나 역경. 장애물을 의미한다.
③ 화자는 사랑하는 임이 대동강 건너로 떠나서 '꽃'을 꺾을 것이라고 걱정을 하고 있다. 여기서 '꽃'은 질투의 대상인 새로운 여인을 의미한다.
⑤ '만중운산'은 화자가 있는 공간이면서. 화자와 임 사이를 가로막는 장애물을 의미한다.

4 ②

㉡은 '청향'의 후각적 심상과 '낙홍'의 시각적 심상을 통해 자연 속에서 풍류를 즐기는 화자의 물아일체된 모습을 감각적으로 드러내고 있는 표현이다. 여기서 '낙홍(落紅)'은 떨어지는 붉은색이라는 뜻으로, '붉은 꽃잎'을 의미한다.

5 ④

ⓐ, ⓑ, ⓒ, ⓔ는 모두 화자가 가까이하고 있는 자연과 관련이 있는 시어인 반면, ⓓ는 화자가 멀리하고 싶은 속세와 관련이 있는 시어이다.

6 ⑤

(라)에서 화자는 속세에 대한 미련을 모두 떨쳐버린 채 자연에 묻혀 안빈낙도하는 삶에 대한 만족감을 드러내고 있다. 이런 화자의 태도와 가장 유사한 것은 ⑤이다. ⑤에서 '박주산채'는 '좋지 않은 술과 나물'이라는 뜻으로 소박한 음식을 상징한다. 즉, ⑤의 화자는 자연 속에서 소박하게 살아가는 안빈낙도의 자세를 보이고 있다.

✗오답 풀이
① 망국을 회고하면서 시세에 따라 살아야 함을 드러내고 있다.
② 자연물을 소재로 간신의 횡포를 비판하고 있다.
③ 부모님이 살아 계실 때 효도해야 한다는 가르침을 전하고 있다.
④ 변방에서 나라를 지키는 무인의 호방한 기개와 우국충정이 드러난다.

7 ③

이 시에서 '자연'은 화자가 아름다운 봄 경치를 완상하며 풍류를 즐기는 공간이다. 그러나 〈보기〉에서 '산'은 아낙네가 남편과 함께 가혹한 관리의 수탈을 피하여 도망 온 공간으로, 아낙네의 남편은 아침에 산에 올라 날이 저물도록 산밭을 일구느라 고생하고 있다. 즉, 〈보기〉에서의 '산'은 고달픈 삶의 공간이다.

06 속미인곡   p. 50

1 ③ **2** ④ **3** ② **4** ⑤ **5** ⑤ **6** ④ **7** ⑤

1 ③

이 시에서는 임과 이별한 상황에서 임을 그리워하며 임과의 재회를 간절히 바라는 여인의 마음을 솔직하게 드러내고 있을 뿐, 이를 반어적으로 표현하지는 않았다.

✗오답 풀이
①, ② 두 여성이 대화를 나누는 형식을 통해 임에 대한 화자의 그리움과 사랑의 마음을 드러내고 있다.
④ '낙월', '궂은비' 등의 자연물에 상징적인 의미를 부여하여 임을 그리워하는 화자의 심정을 표현하였다.
⑤ 이 작품은 우리말의 묘미를 잘 살려 화자의 정서를 진실하고 소박하게 표현했다는 점에서 가사 문학의 백미로 꼽히고 있다.

2 ④

'내 스셜'은 '내 사정 이야기'라는 뜻으로, 화자가 임의 사랑을 받다가 임과 헤어진 것이 자신의 탓이며 운명 때문이라는 내용이다. 이것이 정철이 반대파의 탄핵을 받게 된 원인을 의미하는 것은 아니다.

3 ②

㉠에서 '헤쓰며 바니니'라는 것은 헤매며 다닌다는 뜻으로, 임의 소식을 듣기 위해 화자가 허둥거리고 있다는 의미이다. 따라서

화자가 임에 대한 그리움으로 여기저기 헤매고 있다는 설명이 적절하다.

4 ⑤

ⓔ '빈 비'는 화자의 외로운 처지를 부각시키는 객관적 상관물로, 화자의 처지와 일치하는 사물이다. 그러나 나머지 ⓐ~ⓓ는 모두 화자와 임의 만남을 방해하는 장애물의 역할을 하고 있다.

5 ⑤

이 시에서 '뎌 각시(을녀)'가 '궂은비'가 되겠다고 한 것은 아니다. '뎌 각시(을녀)'가 죽어서 멀리서 임을 바라보는 '낙월'이 되겠다고 하자, '갑녀'가 차라리 '궂은비'가 되어 임 가까이 있으라고 이야기한 것이다.

6 ④

〈보기〉의 화자는 현실에서 임을 볼 수 없어 꿈에서나마 임을 보려고 하지만, '지는 잎'과 '풀 속에 우는 짐승' 때문에 잠이 깬다며 한탄하고 있다. 따라서 '지는 잎'과 '풀 속에 우는 짐승'은 화자와 임 사이를 방해하는 장애물이라고 할 수 있다. 이 시에서 이와 유사한 소재는 화자의 잠을 깨우는 닭 울음소리이다. 이 시의 화자는 꿈에서 그리던 임을 만났지만, 방정맞은 닭 우는 소리 때문에 잠이 깨어 버려 임과 이야기를 나누지 못해 안타까워하고 있다.

7 ⑤

'구즌비'는 추적추적 내리는 비로 '눈물'과 '한'의 이미지를 지니고 있다. 그러나 '낙월'은 임을 비춰 주고 싶은 화자의 변함없는 마음을 의미할 뿐, '욕망'의 이미지를 지니는 것으로 볼 수 없다.

07 강호사시가   p. 52
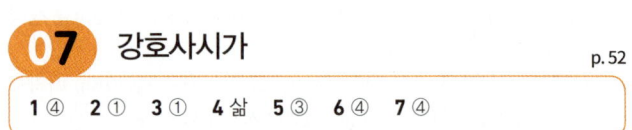

1 ④ **2** ① **3** ① **4** 삶 **5** ③ **6** ④ **7** ④

1 ④

이 시에는 자연을 즐기며 한가롭게 살아가는 강호의 생활과 임금의 은혜에 대한 감사의 마음이 나타나 있을 뿐, 속세에 대한 언급은 드러나 있지 않다. 따라서 세속적 가치에 대한 내적 갈등을 암시하고 있다는 설명은 적절하지 않다.

✗오답 풀이
① '강호가도'란 자연을 벗 삼아 지내는 삶을 노래하는 시가 창작의 한 경향을 일컫는 말로, 이 시는 조선 시대 강호가도의 선구적 작품으로 평가되고 있다.
② '역군은이샷다'와 같이 임금에 대한 은혜를 강조하며 조선 시대 양반들의 유교적 가치인 왕에 대한 충의 사상을 드러내고 있다.
③ 각 수 초장에서 봄, 여름, 가을, 겨울의 계절적 배경을 제시하고, '미친 흥이 절로 난다'와 같이 화자의 정서를 드러내고 있다.
⑤ 각 수의 중장에서는 자연에서 풍류를 즐기는 화자의 모습이 구체적으로 제시되어 있다.

2 ①

각 수마다 '역군은이샷다'를 반복적으로 표현함으로써 임금에 대한 은혜를 노래하고자 한 화자의 의도를 드러내고 있다.

✗오답 풀이

② 이 시에는 자연 속에서 유유자적하고 있는 모습이 나타날 뿐 노동의 모습은 나타나지 않는다.

③ 이 시는 청자를 설정해 대화체로 시상을 전개하고 있지 않으므로 임금을 청자로 설정했다는 내용은 적절하지 않다.

④ 화자는 자연 속에서의 삶을 즐기며 이 모든 것이 임금의 은혜라는 점을 일관되게 노래하고 있다.

⑤ 이 시의 화자는 자연을 관조하는 것이 아니라 그 안에서 삶을 영위하고 있으며 그 과정에서 느낀 점을 노래하고 있다. 따라서 대상을 관조하며 얻게 된 깨달음을 반복적으로 드러냈다는 내용은 적절하지 않다.

3 ①

〈제3수〉에서는 그물을 실은 작은 배를 강에 흘러가는 대로 띄워 놓고 소일하는 한가로운 모습이 나타난다. 이를 통해 화자는 생계를 위해 고기잡이를 하는 것이 아님을 알 수 있다.

✗오답 풀이

② 이 시에서 속세에 대한 미련을 버리지 못하는 화자의 모습은 나타나지 않는다.

③ 각 수에서 계절에 따른 자연의 모습이 제시되고 있지만 이를 고기잡이에 빗대어 표현하고 있지는 않다.

④ 화자는 자연에서 안분지족하며 유유자적한 삶을 지향하고 있음을 보여 주고 있다. 따라서 풍요로움을 추구한다는 내용은 적절하지 않다.

⑤ 이 시에서 고기잡이는 자연에서 풍류를 즐기는 모습 중 하나이므로 고기잡이를 통해 당쟁의 폭력성을 드러낸다고 볼 수 없다.

4 삶

이 시의 초장에서는 계절을 제시하고 이와 관련한 풍취를, 중장에서는 해당 계절에 따른 화자의 구체적인 삶의 모습을, 종장에서는 임금에 대한 은혜를 노래하고 있다.

5 ③

이 시에서 '강호', 즉 자연은 화자와 조화를 이루며 풍류를 즐기는 공간이다.

✗오답 풀이

① 화자는 자연에서 인생의 교훈을 얻고 있지 않다.

② 현실 세계의 부정적 측면을 드러낸 부분은 찾을 수 없다.

④ 화자 역시 지배층의 일원으로 자연을 지향하고 있는 것은 맞지만, 이를 지배층 전체로 일반화할 근거가 없으며 자연에서의 삶이 정치적 지향점이라는 부분 역시 찾을 수 없다.

⑤ 화자가 임금의 은혜에 감사하고 있지만 임금과 신하가 신뢰를 확인하는 모습은 나타나지 않는다.

6 ④

'누역'은 누덕누덕 기운 헌 옷을 말하는 것으로, 삿갓에 누역으로 옷을 삼았다는 것은 초라한 행색을 의미한다. 하지만 화자는 이에 대해 춥지 않다며 임금의 은혜를 노래하는 소박한 모습을 보

여 준다. 이와 연관된 한자 성어로는 편안한 마음으로 제 분수를 지키며 만족할 줄 아는 삶을 의미하는 '안분지족'이 적절하다.

✗오답 풀이

① '각주구검'은 융통성 없이 현실에 맞지 않는 낡은 생각을 고집하는 어리석음을 이르는 말이다.

② '맥수지탄'은 고국의 멸망을 한탄함을 이르는 말이다.

③ '새옹지마'는 인생의 길흉화복은 변화가 많아서 예측하기가 어렵다는 말이다.

⑤ '오월동주'는 서로 적의를 품은 사람들이 한자리에 있게 된 경우나 서로 협력하여야 하는 상황을 이르는 말이다.

7 ④

이 시에서 대화를 직접 인용한 부분은 나타나지 않는다.

✗오답 풀이

① '탁료계변에 금린어가 안주로다', '삿갓 빗기 쓰고 누역으로 옷을 삼아' 등에서 화자가 소박하게 살아가고 있음을 확인할 수 있다.

② 화자는 각 수의 종장에서 자신의 삶에 대한 만족과 이를 임금의 은혜로 귀결시키는 모습을 보여 주고 있다.

③ '강호에 봄이 드니 미친 흥이 절로 난다'처럼 자연 속에서 느끼는 화자의 정서를 직접적으로 드러내고 있다.

⑤ 각 수를 '역군은이샷다'로 종결하여 임금의 은혜에 대한 감사를 주제 의식으로 엮어 내고 있다.

---

08 만흥   p. 54

1 ④ **2** ① **3** ⑤ **4** 〈자연에서의 삶〉: 먼 뫼, 강산 / 〈속세에서의 삶〉: 삼공, 두토리 **5** ⑤ **6** ①

1 ④

이 시에는 청각적 심상을 사용한 부분이 나타나지 않는다.

✗오답 풀이

① 자연을 의미하는 시어와 속세를 의미하는 시어가 서로 대조를 이루고, 이를 통해 자연에서의 삶에 대한 가치를 드러내고 있다.

② 〈제2수〉의 '그 나믄 녀나믄 일이야 부룰 줄이 이시랴', 〈제3수〉의 '그리던 님이 오다 반가옴이 이리ᄒᆞ랴', 〈제4수〉의 '누고셔 삼공도곤 낫다 ᄒᆞ더니 만승이 이만ᄒᆞ랴', 〈제6수〉의 '강산이 됴타 ᄒᆞᆫ 들 내 분으로 누얻ᄂᆞ냐'와 같이 설의적 표현을 통해 주제 의식을 부각하고 있다.

③ 이 시는 연시조로 4음보의 율격을 통해 운율감을 형성하고 있다.

⑤ '산수 간 바회', '먼 뫼', '강산' 등과 같이 자연을 의미하는 다양한 시어를 사용해 자연에 묻혀 사는 즐거움을 드러내고 있다.

2 ①

'어리고 햐암의 뜻'이란 자연을 사랑하고 그 안에서 살아가는 것에 만족감을 느끼고 있는 화자가 자신을 겸손하게 표현한 것이다. 세속적 가치를 추구하는 세속인들의 삶의 태도를 말하고 있는 것은 아니다.

② '뛰집'이나 '보리밥 픗ᄂ 물'은 소박한 주거와 먹거리를 말하는 것으로, 자연 속에서 화자가 소박하게 살아가고 있음을 보여 준다.
③ 화자는 '바횟 ᄀ 물ᄀ'에서 실컷 놀고 있고, '먼 뫼'를 바라보며 즐거움을 누리고 있다.
④ '그 나믄 녀나믄 일'은 세상 일을 뜻하는 '인간 만ᄉ'와 같이 속세와 관련된 일을 말한다.
⑤ 세속적 가치를 부러워하지 않는다고 말한 것과 소부 허유가 자연 속에서 살아간 것을 영리하다고 말한 것에서 화자는 자연에서의 삶에 만족하고 있음을 알 수 있다.

3 ⑤
화자는 그리던 임이 오는 반가움보다 말도 없고 웃음도 없는 산을 바라보는 것이 더 좋다고 말하며 자연 친화적인 태도를 보이고 있다. 따라서 화자가 임을 기다리고 그 임을 만나 반가워하는 모습은 어울리지 않는다.

①, ② 〈제3수〉의 '잔 들고 혼자 안자 먼 뫼흘 ᄇ라보니'에서 알 수 있다.
③ 〈제2수〉의 '보리밥 픗ᄂ 물을 알마초 머근 후에'에서 알 수 있다.
④ 〈제2수〉의 '바횟 ᄀ 물ᄀ의 슬ᄏ지 노니노라'에서 알 수 있다.

4 〈자연에서의 삶〉: 먼 뫼, 강산 / 〈속세에서의 삶〉: 삼공, 드토리
이 시는 자연과 속세를 의미하는 대조적인 시어와 시구를 사용하여 화자의 자연 친화적 태도를 부각하고 있다.

5 ⑤
이 시의 〈제1수〉~〈제5수〉는 자연에서 사는 삶에 대한 만족감, 자부심을 드러내고 있다. 그리고 〈제6수〉에서는 이 모든 것이 자신의 분수로 얻을 수 있는 것이 아니고 임금의 은혜 덕분임을 노래하며 임금의 은혜에 대한 감사함을 드러내고 있다.

6 ①
〈제1수〉의 '그 모론 ᄂ들은 욷ᄂ다 ᄒ다마ᄂ / 어리고 햐얌의 뜻의ᄂ 내 분인가 ᄒ노라'에서 알 수 있듯이 화자는 다른 사람의 비웃음 따위에는 신경 쓰지 않고 분수를 지키며 자연 속에서 살아가는 삶을 추구하고 있다.

② 〈제5수〉의 '드토리 업슨 강산'을 통해 화자는 자연을 속세와는 다르게 다툼이 존재하지 않는 공간으로 인식하고 있음을 알 수 있다.
③ 〈제4수〉의 소부와 허유는 자연 속에서 살아간 인물들로 세속적 성공을 이룬 사람들이 아니다. 또한 화자는 속세를 벗어난 자연 속 삶의 즐거움을 노래하고 있으므로 세속적 성공을 이루지 못한 것을 안타까워한다는 반응은 적절하지 않다.
④ 〈제6수〉에서 화자는 임금의 은혜를 갚기 위해 할 수 있는 일이 없다고 말하고 있지, 해 놓은 일이 없기 때문에 임금의 은혜를 갚을 수 없다고 한 것이 아니다.
⑤ 〈제6수〉에서 화자는 자연에서의 삶도 임금의 은혜이며 그 은혜를 아무리 갚으려고 해도 할 수 있는 일이 없음을 노래하고 있다. 따라서

산을 바라보며 흥취를 즐기는 것이 임금의 은혜를 갚는 것보다 더 가치 있다고 여긴다는 반응은 적절하지 않다.

09 뫼ᄇ들 갈히 것거 | 동지ᄉ달 기나긴 밤을 | 십 년을 경영ᄒ여 p.56

| **1** ⑤ | **2** ④ | **3** 서리서리, 구뷔구뷔 | **4** ④ | **5** 둘러 두고 보리라 | **6** ① |

1 ⑤
(가)에는 임에게 보내는 사랑, (나)에는 사랑하는 임을 기다리는 마음, (다)에는 자연 속에서의 안빈낙도의 삶이 나타난다. (가)~(다) 모두 삶에 대한 비관적인 인식이 드러나지 않는다.

① (가)의 화자는 '뫼ᄇ들'에 의탁해 임의 곁에 함께 있고 싶다는 심리를 드러내고 있다.
② (나)에는 사랑하는 임을 그리워하며 기다리는 화자의 마음을 의태어를 사용해 절실하게 드러내고 있다.
③ (다)의 '초려 삼간 지여 내니'에는 화자의 안빈낙도하는 소박한 삶의 태도가 드러나고 있다.
④ (가)~(다) 모두 초장, 중장, 종장으로 구성된 3장 형식의 시조이다.

2 ④
(가)의 화자는 '뫼ᄇ들'을 임에게 보내 임이 뫼ᄇ들을 창밖에 심고 들여다보면서 자신을 잊지 않기를 소망하고 있다. 〈보기〉의 '추풍낙엽'은 임과 헤어진 지 오래 되었음을 드러내고 있을 뿐이지, 임에게 보내 임이 화자를 생각할 수 있도록 하는 소재로 볼 수 없다.

3 서리서리, 구뷔구뷔
'서리서리'와 '구뷔구뷔'는 임과 함께하고 싶은 화자의 정서를 강조하고 우리말의 묘미를 잘 살린 음성 상징어이다.

4 ④
(다)의 화자는 자연 속에서 초려 삼간을 짓고 안빈낙도하는 삶을 살고자 한다. ④의 화자 역시 인위적인 것(짚방석, 솔불)을 거부하고 자연적인 것(낙엽, 달)을 추구하며, 소박한 음식(박주산채)에 만족하는 안빈낙도의 태도를 보이고 있다.

① 시든 꽃의 아름다움을 예찬하고 있다.
② 돌아가신 부모에 대한 그리움을 드러내고 있다.
③ 늙음을 한탄하는 마음을 해학적으로 드러내고 있다.
⑤ 임금에 대한 충성스러운 마음을 드러내고 있다.

5 둘러 두고 보리라
(다)의 종장에서 화자는 강산은 들일 데가 없으니 둘러 두고 보겠다며 자연을 있는 그대로 두고 감상하고 싶은 정서를 드러내고 있다.

6 ①

'뭇버들'은 사랑의 징표로 임의 곁에 보내어 임과 함께 지낼 수 있는 대상이다. 화자는 이를 통해 늘 임과 함께하고자 하는 사랑을 드러내고 있다.

✘오답풀이

② 화자의 임에 대한 사랑의 정서를 드러내고 있지, 화자의 정서와 대비하고 있는 것이 아니다.

③ 임과 이별한 원인은 구체적으로 드러나 있지 않다.

④ 화자의 분신처럼 표현되었을 뿐 의인화된 것은 아니다.

⑤ 화자의 임에 대한 원망이 아니라 간절한 그리움의 정서를 대변하는 소재이다.

---

10 나무도 바윗돌도 | 논밭 갈아 | 두터비 파리를 p. 58

1 ① 2 ③ 3 ③ 4 ① 5 ① 6 @: (중간 관리 층인) 탐관오리
ⓑ: 백성 ⓒ: (최상의 권력 층인) 중앙 관리

1 ①

(가)의 중장에서는 도사공이 처한 상황을 열거를 통해 전달하고 있다. (나) 역시 중장에서 농부의 일상을 열거를 통해 전달하고 있다. 하지만 (다)에서는 열거를 통해 상황을 전달하고 있는 부분을 찾을 수 없다.

✘오답풀이

② (다)는 '두터비', '파리', '백송골'과 같은 비유와 상징의 표현을 통해 시상을 전개하고 있다.

③ (가)의 중장에서는 점점 악화되어 가는 도사공의 상황이 점층법을 통해 제시되고 있지만, (나)와 (다)에는 점층법을 활용한 부분을 찾을 수 없다.

④ (가)~(다) 모두 부정적 대상에 대한 화자의 정서를 직접적으로 드러낸 부분은 없다.

⑤ (가)의 종장에서 의문형 종결 어미로 시상을 마무리하고 있지만, (나)와 (다)는 의문형 종결 어미를 사용하고 있지 않다.

2 ③

〈보기〉는 죽어서도 변할 수 없는 굳은 절개를 노래하고 있다. 따라서 고난을 해학적으로 수용하려는 의도를 드러내고 있다는 설명은 적절하지 않다.

✘오답풀이

① (가)는 까투리와 도사공의 절박한 상황을 제시하여 임을 여읜 화자의 절망적 심정과 처지를 강조하고 있다.

② 사설시조는 대체로 중장에서 상황 등을 구체적으로 묘사하거나 과장되고 장황하게 표현하여 길어지는 경향을 보인다. (가)는 사설시조로 중장에서 도사공의 처지를 구체적이고 과장되게 표현하며 길게 제시하고 있다.

④ 사설시조인 (가)와 평시조인 〈보기〉 모두 형식상 초장, 중장, 종장으로 구성되어 있다.

⑤ (가)는 종장에서 임을 여읜 슬픔을 드러내고 있으며, 〈보기〉 역시 종장에서 끝까지 지조를 지키겠다는 굳은 절개를 드러내고 있다.

---

3 ③

이 시는 아침부터 저녁까지 농부의 일과를 노래하고 있다. '잎담배 피워 물고 콧노래에 조올다가', '긴 소리 짧은 소리 하며 어이 갈꼬 하더라'를 통해 농부는 힘든 농사일에도 여유로움과 흥겨움을 지니고 있음을 알 수 있다. 따라서 당대 농촌의 힘든 삶의 현실을 우회적으로 드러내고 있다고 볼 수 없다.

✘오답풀이

① '논밭'에서 '무림산중' 그리고 '샘'으로의 공간의 이동이 나타나고 있다.

② 초장부터 종장에 이르기까지 농부의 하루 일과를 시간의 흐름에 따라 구체적이고 사실적으로 나열하고 있다.

④ 중장의 '톡톡'과 같은 음성 상징어를 활용하여 상황을 생동감 있게 보여 주고 있다.

⑤ 농부는 바쁜 농사일을 한 뒤 노래를 부르며 여유를 즐길 줄 아는 모습을 드러내고 있다.

4 ①

[A]는 도사공이 처한 상황이 점점 악화되어 가고 있음을 보여 주고 있다. 따라서 '어렵거나 나쁜 일이 겹치어 일어나다.'를 의미하는 '엎친 데 덮치다'가 적절하다.

✘오답풀이

② '가는 날이 장날'은 일을 보러 가니 공교롭게 장이 서는 날이라는 뜻으로, 어떤 일을 하려고 하는데 뜻하지 않은 일을 공교롭게 당함을 이르는 말이다.

③ '고생 끝에 낙이 온다'는 어려운 일이나 고된 일을 겪은 뒤에는 반드시 즐겁고 좋은 일이 생긴다는 말이다.

④ '까마귀 날자 배 떨어진다'는 아무 관계 없이 한 일이 공교롭게도 때가 같아 어떤 관계가 있는 것처럼 의심을 받게 됨을 이르는 말이다.

⑤ '하늘이 무너져도 솟아날 구멍이 있다'는 아무리 어려운 경우에 처하더라도 살아 나갈 방도가 생긴다는 말이다.

5 ①

화자는 임과 이별한 뒤의 절망적인 심정을 부각하기 위해 매에게 쫓기는 위기에 빠진 까투리를 비교 대상으로 제시하고 있다.

✘오답풀이

② 도사공의 절박한 처지에 견주어 화자의 참담한 심정을 표현한 것이지 화자가 위안을 얻기 위해 도사공의 처지를 상상하고 있는 것이 아니다.

③ 농부가 일과를 끝내고 어깨를 추스르며 노래를 부르는 것은 하루의 노동을 마치며 느끼는 만족감과 흥겨움을 드러낸 것으로 보는 것이 적절하다.

④ 백송골을 피하다가 두엄 아래로 자빠진 것을 해학적으로 표현한 것이다.

⑤ 두꺼비가 강자 앞에서 비굴한 행동을 한 후에 체면을 위해 허세를 부리고 있는 장면으로 가치관을 지키기 위한 불가피한 행동에 대한 자부심과는 거리가 멀다.

6 @: (중간 관리 층인) 탐관오리 ⓑ: 백성 ⓒ: (최상의 권력 층인) 중앙 관리

(다)는 탐관오리가 힘없는 백성을 괴롭히다가 자신보다 강한 권력을 가진 중앙 관리가 나타나자 그 앞에서 비굴해지는 모습을

동물을 이용하여 풍자하고 있다. 여기에서 '두터비'는 탐관오리를, '파리'는 백성을, '백송골'은 중앙 관리를 상징한다.

현대 소설

개념 확인 문제
p.60~61

1 ③　**2** ⑤　**3** ⑤　**4** 외적 갈등(개인과 운명의 갈등)　**5** ③　**6** (1) 3인칭 관찰자 시점 (2) 1인칭 관찰자 시점

1 실제 일어날 수 있는 사건이나 존재할 만한 인물을 다루는 소설의 특징은 '개연성'이다.

2 소설의 3요소는 '주제', '구성', '문체'로, 이 중에서 문장에 나타나는 작가의 개성적인 표현 방식은 '문체'이다.

3 '전형적 인물'은 사회의 특정 계층이나 집단을 대표하는 인물로, '유형적 인물'이라고도 한다.

5 갈등과 긴장감이 최고조에 이르는 단계는 '절정'이다. '위기'는 갈등이 심화되면서 긴장감이 고조되는 단계이다.

01 봄·봄 ❶
p.62

1 ⑤　**2** ④　**3** ②　**4** 장인이 성례를 시켜 주지 않는다.　**5** ④
6 숙맥　**7** ④

1 ⑤
이 글은 일제 강점기인 1930년대 강원도의 한 시골 마을을 배경으로 하여 성례를 둘러싼 교활한 장인과 우직한 데릴사위의 갈등을 해학적으로 그려 내고 있다. 물론 이 글에서 마름의 수탈과 횡포로 당시 농촌의 왜곡된 구조가 해학적으로 그려지고 있는 것은 사실이다. 그러나 주된 갈등은 소작농과 지주 사이의 계급적 갈등이 아니라 장인과 데릴사위의 갈등이므로 ⑤는 이 글에 대한 설명으로 적절하지 않다.

2 ④
이 글의 주인공이자 서술자인 '나'는 성례 문제로 인한 장인과 자신의 갈등을 주관적으로 서술하고 있다. 따라서 '서민들의 생활상을 객관적으로 관찰하여 서술하고 있다.'라는 설명은 적절하지 않다.

3 ②
이 글의 '나'는 점순이가 자라면 성례를 시켜 주겠다는 것을 핑계로 자신을 머슴처럼 부려 먹는 장인을 위해 일하고 있다. 그렇지만 '나'는 장인의 교활한 속셈을 알아차리지 못하고 있다. 따라서 '나'가 상황 판단이 빠른 인물이라고 볼 수 없다.

4 장인이 성례를 시켜 주지 않는다.
장인은 '나'에게 점순이의 키가 자라면 성례를 시켜 주겠다고 약속을 했다. 그러나 점순이의 키가 자라지 않는다며 성례를 미루면서 성례를 시켜 달라는 '나'와 갈등하게 된다.

5 ④
점순이가 자라기만을 기다리며 삼 년 칠 개월 동안 일만 하고 있는 우직하고 어수룩한 '나'의 모습을 볼 때, '나'의 기다림과 노력이 보람이 없는 것임을 알 수 있다. ④의 '밑 빠진 독에 물 붓기'는 아무리 힘을 들여도 보람 없이 헛된 일을 나타내므로 '나'의 처지에 어울리는 속담이다.

✕오답 풀이
①은 하기가 매우 쉬움을, ②는 시시한 일로 소란을 피움을, ③은 다 된 일을 망쳐 버리는 주책없는 행동을, ⑤는 음식을 빨리 먹어 버리는 모습을 나타내는 속담이다.

6 숙맥
'숙맥'은 성례를 미루는 장인에게 별 반항도 없이, 점순이의 키가 자라기만 기다렸던 '나'의 어리석음을 자각한 자조적 표현이다.

7 ④
'나'는 어수룩하고 우직한 인물이며, 이와 반대로 장인은 교활하고 약삭빠른 인물이다. 한편 그 사이에서 '나'의 편을 들다가 마름인 장인의 편을 드는 구장은 기회주의적으로 행동하는 이해타산적 인물이다.

01 봄·봄 ❷
p.64

1 ⑤　**2** ②　**3** ⑤　**4** ③　**5** 성례를 위해 적극적으로 노력해라.　**6** ⑤

1 ⑤
이 글에서 뭉태는 어수룩한 '나'와는 달리 장인의 교활함과 간악함을 파악하고 있다. 그리고 그러한 장인의 인물됨을 독자에게 객관적으로 전달하는 인물이다.

2 ②
이 글은 1930년대의 강원도 농촌 마을을 배경으로 하여 성례를

둘러싸고 벌어지는 어수룩한 '나'와 교활한 장인 사이의 갈등을 해학적으로 그려 내고 있다. 작품의 배경이 되는 1930년대가 일제 강점기이기는 하지만 그러한 시대적 상황이 주인공의 처지와 직접적으로 연관되어 있는 것은 아니다.

3 ⑤
이 글의 주된 갈등은 성례를 원하는 '나'와 이기적 욕심으로 이를 미루는 장인 사이에서 일어나고 있다. 따라서 개인과 개인의 갈등으로 볼 수 있다.

4 ③
점순이는 자신의 아버지인 장인의 수염을 잡아채라고 '나'에게 충동질을 하고 있지만, 이는 아버지가 미워서가 아니라 성례를 올리기 위한 '나'의 적극적인 행동을 촉구하는 것으로 보아야 한다.

5 성례를 위해 적극적으로 노력해라.
㉠은 점순이가 '나'에게 성례를 위해 적극적인 노력을 하라는 뜻에서 한 말이지, 정말로 아버지의 수염을 잡아채라는 뜻으로 한 말은 아니다.

6 ⑤
㉡에는 점순이에게 '바보' 취급을 당한 '나'의 슬픔을 비유적으로 나타내는 말이 들어가야 하므로 ⑤가 적절하다.

01 봄·봄 ❸
p. 66

1 ②   **2** ③   **3** ②   **4** ②   **5** ⑤   **6** ②

1 ②
이 글은 어수룩한 주인공의 시점에서 글이 서술되고 있다. 따라서 서술자는 자신이 처한 상황을 독자에게 솔직하게 고백하고 이를 통해 독자의 연민을 이끌어 낸다. 제시된 부분에서는 자신의 귀를 잡아당기며 우는 점순이의 행위를 이해하지 못한 서술자의 당황스러움이 고스란히 제시되어 있고, 그런 서술자를 바라보는 독자의 연민을 얻고 있다.

✗오답풀이
① 이 글의 서술은 대사와 행위가 적절히 섞여 있어서 무엇이 더 중심이 된다고 우열을 가리기 힘들다.
③ 이 글은 일상적 구어체로 서술되어 있으며 현학적 표현은 찾기 어렵다.
④ 독자가 객관적으로 사실을 받아들일 수 있는 것은 '관찰자 시점'에 국한된다. 이 글은 1인칭 주인공 시점으로 서술되어 있어 독자들이 인물과 사건에 대해 객관적으로 접근한다는 설명은 적절하지 않다.
⑤ 서술자는 자신의 감정을 솔직하게 고백할 뿐 권위적으로 논평하고 있

지는 않다.

2 ③
[A]에서는 '나'와 장인의 갈등이 여전히 남아 있다. 그런데 〈보기〉는 '나'의 저항이 장인의 성례 약속으로 이어지고 있어 원래의 이야기와는 전혀 다른 결말을 맺고 있다. 이것은 성례에 대한 장인의 태도 변화로 '나'와 장인의 갈등이 해소되는 것이다.

3 ②
㉠에서 '나'는 점순이의 갑작스런 태도 변화를 전혀 이해하지 못하고 있다. ①, ③, ④, ⑤는 이와 관련된 속담이다. 그러나 '못 먹는 감 찔러나 본다'는 어차피 될 수 없는 일이라면 방해라도 한다는 의미의 속담으로, ㉠의 상황과 관련이 없다.

4 ②
이 글에서 바짓가랑이를 먼저 잡은 것은 장인이고, 그 후에 '나'가 장인의 바짓가랑이를 움켜잡는다. 이후 점순이가 장인의 편을 들자, '나'는 기운이 꺾여 버린다. 장인이 '나'를 치료해 주면서 다독거리자, '나'는 다시 지게를 지고 일터로 가는 것이 이 글에 제시된 사건들의 시간적 순서이다.

5 ⑤
이 글은 갈등이 일시적으로 해소되는 결말을 절정 사이에 삽입하고 있다. 이러한 구조는 결말에서 드러난 것과 같은 갈등 해소가 완전히 이루어지지 않고 '나'와 장인 사이에 여전히 갈등이 잠재해 있음을 암시하며, 희극적인 싸움이 주는 긴장감과 해학성을 부각시키는 효과를 준다.

6 ②
한국 문학의 특수성이라는 관점에서 볼 때, '데릴사위'와 '마름'과 같은 사회 문화를 외국인들이 이해할 수 있게 하는 것과 사투리의 느낌 및 토속적 분위기를 살려 내는 문제, 그리고 남녀가 내외해야 하는 문화적 상황에서 만들어진 독특한 애정 표현을 형상화하는 일은 많은 토의를 거쳐야 할 과제들이다. 그러나 역순행적 구성과 절정 사이에 결말이 삽입되는 것과 같은 구성상의 특징은 한국 문학만이 가지고 있는 특수성이라고 할 수 없다.

02 미스터 방 ❶
p. 68

1 ③   **2** ②   **3** ④   **4** 미스터 방   **5** ③   **6** ②

1 ③
이 글은 광복 직후부터 방삼복이 미군 장교의 통역관이 되는 순간까지를 시간 순서에 따라 방삼복의 행동과 심리를 통해 전개하고 있다.

✗오답 풀이

① 이 글은 전지적 작가 시점으로, 서술자는 작품 밖에 있는 전지적 서술자로 고정되어 있다.
② '서울거리'와 같이 사건이 일어나는 공간이 나타나지만 공간 묘사를 통한 사건의 암시는 드러나지 않는다.
④ 이 글에는 인물 간의 갈등이 고조되는 상황은 나타나지 않는다.
⑤ 해방 후에도 소득이 나아지지 않아 불평하는 방삼복이 미군에게 접근하는 사건이 전개될 뿐, 동시에 일어나고 있는 다른 사건들을 병렬적으로 제시하고 있지 않다.

2 ②

방삼복은 '구두 고치는 연장 일습과 재료 남은 것에다 이불이며 헌옷가지 해서 한 짐을 동네 아는 가게에다 맡기고는' 돈을 빌려 양복과 모자를 사 입었다.

✗오답 풀이

① '서울거리에는 미국 병정이 꼬마차와 함께 그득히 퍼졌다.'에서 알 수 있다.
③ 방삼복은 해방이 된 직후에는 자신에게 손해가 돌아오니 해방을 부정적으로 생각했지만 자신에게 이익이 돌아오자 해방의 혜택으로 생각한다. 이는 '이삼 일 지나면서부터야 삼복에게도 삼복에게다운 해방의 혜택이 나누어졌다.'에서 알 수 있다.
④ 미국 병정들이 말이 통하지 않아 답답해하는 양을 보고 삼복은 무릎을 탁 쳤다고 하였는데, 이는 뒤의 내용을 고려할 때 통역을 해야겠다는 아이디어를 떠올린 것으로 해석할 수 있다.
⑤ 방삼복은 통역을 위해 의도적으로 미군 장교에게 접근했고 통역이 되어 주겠냐는 미군 장교의 말에 그러겠노라고 대답했다.

3 ④

방삼복은 신발을 고쳐 주는 값을 마음대로 높게 받았으나 재료를 파는 도가들도 가격을 높임으로써 방삼복의 소득은 전과 크게 다를 것이 없었다. 이에 방삼복은 '그눔에 경제겐 다 어디루 가 뒈졌어.'라며 불만을 터뜨린다. 이를 통해 개인의 이해득실에 따른 행동으로 혼란스러운 현실이 야기되었음을 알 수 있다.

✗오답 풀이

① 독립운동가와 친일파 간의 갈등은 제시되어 있지 않다.
② 대다수의 국민들은 만세를 부르고 기뻐했지만 '우랄질! 독립이 배부른가?'에서 알 수 있듯이 방삼복과 같은 사람은 해방에 대해 반감을 갖기도 하였다.
③ 우리 국민과 미군 사이의 대립 상황은 제시되어 있지 않다.
⑤ 해방 직후의 시대상이 드러나고 있지, 산업이 다변화하면서 소외된 계층이 발생하는 모습은 제시되어 있지 않다.

4 미스터 방

'미스터 방'은 미군에 기대어 부와 권력을 얻고자 하는 방삼복의 기회주의자적 모습을 단적으로 보여 준다. 이 글은 이러한 호칭을 통해 부정적인 인물에 대한 작가의 비판적인 태도를 드러내고 있다.

5 ③

방삼복이 여느 병정이 아니라 높은 계급의 장교를 선택하는 이유

는 통역으로 돈을 버는 것 외에도 권력을 잡으려는 의도 때문임을 알 수 있다.

✗오답 풀이

① 방삼복이 ㉠과 같이 말한 이유는 손님이 부쩍 줄어 화가 났기 때문이다.
② 방삼복은 도가들이 재료 값을 올려 자신에게 이익이 돌아오지 않아 해방을 저주하는 것이지, 신기료장수를 벗어날 수 없는 처지를 비판하고 있는 것이 아니다.
④ 방삼복은 우연을 가장하여 미군 장교에게 접근할 정도로 적극적으로 자신의 계획을 실행하는 인물이다.
⑤ 미국 장교가 손을 세게 잡고 흔드는 것에 질색할 뻔한 것이지, 미군의 환대에 부담을 느껴 통역을 하려고 한 것에 대해 후회한 것이 아니다.

6 ②

판소리에서는 창자가 이야기를 청중에게 전달하는 식의 말투를 사용한다. ㉠ 역시 서술자가 인물들이 나눈 말을 독자에게 전하듯이 서술하고 있다.

✗오답 풀이

① 외부 이야기 속에 내부 이야기가 들어 있는 액자식 구성은 나타나지 않는다.
③ 인물의 과거 회상 장면은 나타나지 않는다.
④ 서술자가 개입하여 인물의 말을 전달하듯이 서술하고 있으므로 인물과 독자 사이의 거리는 멀게 느껴진다고 할 수 있다.
⑤ 인물들의 심리를 직접적으로 제시하고 있는 부분은 나타나지 않는다.

02 미스터 방 ② p. 70

1 ③ 2 ③ 3 ① 4 희화화 5 ① 6 ④

1 ③

이 글은 전지적 작가 시점으로 서술자는 작품 밖에 위치하고 인물 간의 대화, 행동, 심리 등을 제시함으로써 독자가 인물에 대해 파악하도록 하고 있다.

✗오답 풀이

① 서술자가 작품에 등장하여 인물과 갈등을 이루고 있는 부분은 나타나지 않는다.
② 상황에 대한 서술자의 개입은 드러나지만 서술자가 자신의 감정이나 생각을 진솔하게 고백하는 부분은 나타나지 않는다.
④ 서술자가 인물의 심리 등을 제시하고 있으므로 객관적 위치에 있다고 볼 수 없다.
⑤ 복수의 서술자가 나타나지 않는다.

2 ③

'가족들은 죽을 매를 맞고, 백선봉은 처가로, 백 주사는 서울로 각기 피신하여 목숨만 우선 보전하였다.'를 통해 온 가족을 데리고 서울로 피신한 것은 아님을 알 수 있다.

✖ 오답 풀이

① '백 주사가 자식이 그런 짓을 해서 산 토지를 가지고 동네 사람한테 거만히 굴고, 작인들한테 팔 할 가까운 도지를 받고, 고리대금을 하고 하였대서'를 통해 알 수 있다.

② '이 녀석이, 언제 적 저라고 무엄스럽게 굴어 심히 불쾌하였고'를 통해 알 수 있다.

④ '분풀이를 하고, 더구나 재물을 도로 찾고 하는 것이라면야. 코삐뚤이 삼복이는 말고, 그보다 더한 놈한테라도 머리 숙이는 것쯤 상관할 바 아니었다.'를 통해 알 수 있다.

⑤ '그렇게만 해 준다면, 내, 내, 재산 절반 노나주문세, 절반. 응, 여보게 미씨다 방.'을 통해 알 수 있다.

3 ①

이 글은 S 소위가 양칫물을 뒤집어쓰게 되는 상황으로 이어져 방삼복의 몰락을 해학적으로 제시하고 있다. ㉠ '양치하는 버릇'은 이와 같이 해학적 결말을 이끌어 내는 장치이다.

✖ 오답 풀이

② 방삼복은 백 주사 앞에서 '양치'를 하며 자신의 권력을 과시하고 있다. 방삼복의 복잡한 심정을 암시한다는 설명은 적절하지 않다.

③ 양치하는 것은 미국 장교의 권력을 업은 방삼복의 허세에서 오는 유난스러움을 보여 주는 것이므로 미국 문화에 대한 반감을 표출하는 장치로 보기 어렵다.

④ 사건의 전개 속도나 긴장감 완화와는 관련이 없다.

⑤ 미군이 주둔할 당시의 사회적 주된 분위기와 연관 짓기 어렵다.

4 희화화

이 글에서 작가는 의도적으로 방삼복을 우스꽝스럽게 풍자함으로써 비판 의식을 구현하고 있다. 빈칸에는 어떤 인물의 외모나 성격, 또는 사건이 의도적으로 우스꽝스럽게 묘사되거나 풍자됨을 뜻하는 '희화화'가 적절하다.

5 ①

ⓐ 뒤에 '초라한 자기가 또 한 번 어깨가 옴츠러듦을 느끼지 아니치 못하였다.'라고 했으므로 ⓐ에는 궁상이 끼고 초췌한 꼴을 한 사람을 이르는 말인 '초상집 개'가 적절하다.

✖ 오답 풀이

② '구렁이 아래턱'은 구렁이의 아래턱에 귀중한 구슬이 있다는 데서, 매우 가치 있고 소중함을 이르는 말이다.

③ '벙어리 냉가슴'은 벙어리가 안타까운 마음을 하소연할 길이 없어 속만 썩이듯 한다는 뜻으로, 답답한 사정이 있어도 남에게 말하지 못하고 혼자만 괴로워하며 걱정하는 경우를 이르는 말이다.

④ '빛 좋은 개살구'는 겉보기에는 먹음직스러운 빛깔을 띠고 있지만 맛은 없는 개살구라는 뜻으로, 겉만 그럴듯하고 실속이 없는 경우를 이르는 말이다.

⑤ '부처님 가운데 토막'은 자비로운 부처의 가운데 부분처럼 음흉하거나 요사스러운 마음이 전혀 없다는 뜻으로, 마음이 지나치게 어질고 순한 사람을 이르는 말이다.

6 ④

S 소위는 방삼복이 자신에게 양칫물을 뱉은 것 때문에 화를 내고

있는 것이지 거듭된 실수 때문에 분노한 것이 아니다.

✖ 오답 풀이

① 방삼복은 '염려 마슈.', '놈들을 깡그리 죽여 놀 테니, 보슈.'와 같이 하대하는 말투로 백 주사에게 자신의 위세를 과시하고 있다.

② 백 주사는 방삼복이 무엄스럽게 굴어 불쾌했지만 자신의 뜻을 관철하기 위해 '백골난망이겠네.'와 같이 말하며 비위를 맞추고 있다.

③ '일변 허둥지둥 버선발로 뛰쳐나와 손바닥을 싹싹 비비는 미스터 방'의 모습에서 강자에게 비굴하게 구는 방삼복의 기회주의적 모습을 엿볼 수 있다.

⑤ '머, 지끔 당장이래두, 내 입 한 번만 떨어진다 치면, 기관총 들멘 엠피가 백 명이구 천 명이구 들끓어 내려가서, 들이 쑥밭을 만들어 놉니다. 쑥밭을.', '흰말이 아니라 참 이승만 박사두 내 말 한마디면, 고만 다 제바라유.'에서 방삼복은 작은 권력을 쥐었음에도 무엇이든 할 수 있다며 허세를 부리는 인물임을 알 수 있다.

03 돌다리 ❶

p. 72

> **1** ⑤ **2** 돌다리 **3** ④ **4** ① **5** ② **6** ⑤

1 ⑤

[A]에서 서술자는 아들 창섭의 시각에서 땅을 팔아야 하는 이유를 요약적으로 열거하고 있다.

✖ 오답 풀이

① 등장인물의 대화를 직접 인용하고 있지 않다.

② 땅을 팔아야 하는 이유를 요약적으로 제시하고 있을 뿐 작품 속 상황을 감각적으로 묘사하고 있지 않다.

③ 인물의 내면 심리가 아니라 창섭이 하는 말을 요약적으로 제시하고 있다.

④ 창섭의 시각에서 땅을 팔아야 하는 이유를 열거하고 있지만, 사건의 인과 관계를 논리적으로 제시하고 있지 않다.

2 돌다리

아버지는 돌다리를 가족의 역사와 추억이 얽혀 있는 대상으로 여기고 있다. 아버지가 돌다리를 고치는 것은 과거로부터 전해진 전통적 가치관이 후대까지 이어지기를 염원하는 것으로 볼 수 있다.

3 ④

㉠ '나무다리'는 창섭의 가치관과 연결되는 근대적 문물을 상징하는 소재이고, '돌다리'인 ㉡ '그 다리'는 아버지의 가치관과 연결되는 전통적 문화를 상징하는 소재이다. 두 소재를 통해 인물의 가치관의 차이가 드러나는 것이지, '나무다리'가 아버지와 창섭 사이의 갈등을 유발하거나 '그 다리'가 두 사람 사이의 갈등을 해소하는 것은 아니다.

✖ 오답 풀이

① '나무다리'는 쉽게 만들 수 있지만 '돌다리'인 '그 다리'는 만들기 어렵다는 점에서 차이가 날 수 있다.

② '나무다리'는 불안정하지만 '그 다리'는 튼튼하고 안정적이라는 특징이 있다.

정답과 해설 **25**

③, ⑤ '나무다리'는 합리성과 효율성을 중시하는 근대적 가치관을 드러내며 현실적이고 합리적인 '창섭'의 표상이라 할 수 있다. '그 다리', 즉 '돌다리'는 인간적 관계와 정을 중시하는 전통적 가치관을 드러내며 전통적이고 우직한 아버지의 표상이라 할 수 있다.

4 ①

ⓒ 앞의 '제 조상들과 그 땅과 어떤 인연이란건 도시 생각지 않구'라는 아버지의 말에서 알 수 있듯이 아버지는 땅과 인연을 소홀하게 생각하는 현실을 비판하고 있다. 따라서 ⓒ에는 '요긴하게 쓴 다음 아까울 것이 없이 내버리다.'를 의미하는 '헌신짝 버리듯'이 적절하다.

✖오답 풀이
② '봉사 개천 나무란다'는 개천에 빠진 소경이 제 결함은 생각지 아니하고 개천만 나무란다는 뜻으로, 자기 결함은 생각하지 않고 애꿎은 사람이나 조건만 탓하는 경우를 이르는 말이다.
③ '다람쥐 쳇바퀴 돌듯'은 앞으로 나아가거나 발전하지 못하고 제자리걸음만 함을 이르는 말이다.
④ '번갯불에 콩 볶아 먹겠다'는 번쩍하는 번갯불에 콩을 볶아서 먹을 만하다는 뜻으로, 행동이 매우 민첩함을 이르는 말이다.
⑤ '닭 소 보듯, 소 닭 보듯'은 서로 아무런 관심도 두지 않는 사이임을 이르는 말이다.

5 ②

ⓐ '그런 소릴' 앞 부분에서 창섭이 한 말인 '나무다리가 있는데 건 왜 고치시나요?'는 간편하게 설치할 수 있는 나무다리도 있는데 왜 힘들게 돌다리를 놓느냐는 의미로, 실리를 중요하게 여기는 창섭의 가치관이 담겨 있다. 따라서 ⓐ에는 인간적인 관계와 정을 중요시하는 전통적 가치관을 지닌 아버지가 일시적인 편리성만을 추구하는 창섭의 태도를 못마땅하게 여기고 있음이 드러난다.

✖오답 풀이
①, ③ 창섭과 아버지는 가치관의 차이가 있을 뿐 창섭이 자기 생각만 옳다는 태도를 보이거나 웃어른의 생각을 함부로 대하는 태도를 보인 것은 아니다.
④ 근대적 사고방식을 지닌 창섭이 합리성과 편리성을 따져 나무다리를 언급한 것이지, 아버지의 말꼬리를 잡고 트집을 부린 것은 아니다.
⑤ 아버지가 못마땅하게 여기는 것은 나무다리의 편리성만 생각하는 창섭의 생각이다. 잘못인 줄 알면서도 고치려 하지 않는 태도는 나타나지 않는다.

6 ⑤

'돈 있다구 땅이 뭔지두 모르구 욕심만 내 문서 쪽으로 사 모기만하는 사람들, ~ 다 내 눈에 괴이한 사람들루밖엔 뵈지 않드라.'에서 창섭의 아버지는 땅을 금전적 가치로만 생각하는 사람들과 땅을 장소애의 대상으로 여기지 않는 현실을 비판하고 있다. 따라서 땅을 장소애의 대상으로 여기는 의식이 두루 퍼져 있는 당시 상황이 전제되어 있다는 설명은 적절하지 않다.

✖오답 풀이
① 창섭은 집을 매매의 대상으로만 여길 뿐 애착을 보이고 있지 않다.
② '넌 그 다리서 고기 잡던 생각두 안 나니? ~ 네 어미두 그 다리루 가

말 타구 내 집에 왔어.'를 통해 돌다리는 아버지에게 삶의 추억과 애환이 투영된 장소애의 대상임을 알 수 있다.
③ '그 나무 밑에를 설 때마다 난 그 어룬들 동상이나 다름없이 경건한 마음이 솟아 우러러보군 헌다.'를 통해 마당의 은행나무는 아버지에게 장소애의 대상인 집의 성격을 강화하고 있음을 알 수 있다.
④ 땅이란 천지 만물의 근거이고 땅의 고마움을 알아야 함을 말하는 등 땅에 애착하는 아버지의 생각과 행동은 땅에 대한 장소애의 의미를 부각하고 있다고 할 수 있다.

03 돌다리 ②   p. 74

1 ⑤ **2** ⑤ **3** ④ **4** 결별의 심사 **5** ⑤ **6** 땅

1 ⑤

'다만 삼사대 집안에서 공들여 이룩해 논 전장을 남의 손에 내맡기게 되는 게 저윽 애석헌 심사가 없달 순 없구……'에는 가업을 잇지 못하는 아버지의 아쉬움이 드러난다. 또한 '나 죽을 임시엔 다 팔 테다.'에서 알 수 있듯이 아버지는 자신이 죽을 무렵에 땅을 팔 것임을 말하고 있다.

✖오답 풀이
① '난 샘말서 이렇게 야인으로나 죄 없는 밥을 먹다 야인인 채 묻힐 걸 흡족히 여긴다.'를 통해 아버지는 야인으로 살아온 자신의 삶에 만족하는 사람임을 알 수 있다.
② '아버지가 어떤 어룬이신 건 오늘 제가 더 잘 알었습니다. 우리 아버진 훌륭헌 인물이십니다.'를 통해 창섭은 아버지의 이야기를 듣고 아버지만의 세계를 인정했음을 알 수 있다.
③ 용문이는 '느르지논 같은 건 한 해만 부쳐 보구 죽어두 농군으로 태났던 걸 한허지 않겠다구' 했고, 문보나 덕길이는 '길바닥에 나앉드라두 집을 팔아 살려구 덤빌' 것이라고 했다. 여기에서 용문이와 문보, 덕길이는 모두 땅을 사랑하는 사람들이라고 할 수 있다. 아버지는 '그런 사람들이 땅 임자 안 되구 누가 돼야 옳으냐?'라고 말하고 있다.
④ '아버지와 자기와의 세계가 격리되는 일종의 결별의 심사를 체험하는 때문이었다.'에서 알 수 있듯이 창섭은 아버지의 말을 통해 땅을 대하는 태도가 자신과 다름을 깨달았다.

2 ⑤

창섭은 땅을 팔아 병원을 확장하려고 하지만 아버지는 농사짓는 사람, 땅을 사랑하는 사람에게 땅을 넘겨주고 싶어 한다. 이를 통해 땅을 금전적 가치로 보느냐, 본래적 가치로 보느냐의 차이로 갈등하고 있음을 알 수 있다.

✖오답 풀이
① 갈등의 원인이 가족 부양 문제는 아니다.
② 공동체적 삶을 살 것인가와 개인적인 삶을 살 것인가의 문제로 갈등하는 것이 아니다.
③ 아버지는 야인으로 묻힐 걸 흡족하게 여긴다고 하였지만 삶의 터전으로 어디를 선택할 것인지가 갈등의 원인이 되고 있지는 않다.
④ 아버지가 가업을 계승하지 못하게 된 것을 안타깝게 여기고 있지만 그것이 갈등의 원인이 되고 있지는 않다.

3 ④

아버지는 '문서 쪽만 쥐구 서울 앉어 지주 노릇' 하는 것을 비판적으로 바라보고 있다. 또한 '돈에 팔 줄 아니? 사람헌테 팔 테다.'라고 말하며 농군인 용문이와 문보, 덕길이와 같이 땅의 가치를 알고 실제 농사짓는 사람에게 땅을 팔 것임을 말하고 있다.

✗오답 풀이

① 아버지는 후에 땅의 가치를 아는 사람에게 땅을 팔 것임을 말하고 있을 뿐, 필요하다면 땅을 팔아도 좋다고 말한 부분은 없다.

② 아버지는 가업을 잇지 못하는 것에 대해 안타까워하지만 '모리지배의 악업이 아니라 활인허는 인술이구나!'와 같이 아들이 '발전헐 길'을 연 것을 인정하고 있다.

③ 아버지는 땅을 팔아서 병원을 확장하는 것에 반대하고 있다.

⑤ '그런 사람들 무슨 돈으로 땅값을 한목 내겠니? 몇몇 해구 그 땅 소출을 팔아 연년이 갚어 나가게 헐 테니'와 같이 아버지는 땅값을 한목이 아닌 여러 해에 걸쳐 받을 것임을 말하고 있다.

4 결별의 심사

'결별의 심사'는 창섭이 땅에 대한 아버지의 신념과 생각을 이해하지만 자신의 가치관과는 차이가 있음을 인식하고 아버지와 자기의 세계가 서로 갈리며 떨어짐을 의미하는 말이다.

5 ⑤

[B]의 서술자를 창섭으로 바꾸면 1인칭 주인공 시점이 된다. 1인칭 주인공 시점에서는 서술자가 자신의 심리를 표현하고 자신을 둘러싼 세계를 관찰하여 서술한다. 따라서 '외롭고 한편 불안스러운 심사'와 같이 아버지의 심리를 표현하기는 어렵다.

✗오답 풀이

① 이 글은 전지적 작가 시점으로 서술자는 창섭과 아버지의 심리 등 모든 것을 파악하여 전달하고 있다.

② [A]의 서술자를 창섭으로 바꾸면 1인칭 주인공 시점이 되어 '창섭과 자기'는 '나' 형식으로 바뀌게 되고 등장인물인 창섭이 직접 자신의 심리를 표현하게 된다.

③ [A]의 서술자를 아버지로 바꾸면 1인칭 주인공 시점이 되어 서술자인 아버지 자신의 심리는 서술할 수 있지만 창섭의 심리를 표현하기는 어렵다. 따라서 창섭의 감정을 표현한 '코허리가 찌르르하였다.'는 상대의 모습을 관찰한 '눈물이 고였다.'로 바뀔 수 있다.

④ [B]에서 '아버지'를 '나' 형식으로 바꾸면 서술자가 아버지가 되는 1인칭 주인공 시점이 된다.

6 땅

이 글은 땅을 둘러싼 아버지와 창섭의 가치관 대립을 통해 궁극적으로는 땅의 본래적 가치를 중요시하는 전통적인 가치관을 옹호하고, 근대의 자본주의적 가치관을 비판하고 있다.

04 겨울 나들이 ❶
p. 76

1 ①   **2** 여행   **3** ②   **4** ①   **5** ⑤   **6** ③   **7** 독사 대가리

1 ①

이 글은 작품 내부에 있는 주인공 '나'가 서술자의 역할을 하고 있다. 1인칭 주인공 서술자인 '나'는 남편이 딸을 모델로 그림을 그리고 있는 것을 목격한 자신의 경험과 남편이 이북에 두고 온 아내를 그리워하고 있다는 생각에 허탈감을 느낀 자신의 내면을 직접 제시하고 있다.

✗오답 풀이

② 딸을 모델로 한 남편의 그림을 보고 남편이 전처를 떠올리고 있음에 허탈감을 느낀 주인공의 심리 위주로 서술되어 있다.

③ 주인공인 서술자가 자신의 이야기를 서술함으로써 상황을 제시하고 있다.

④ 이 글은 1인칭 주인공 시점이므로 서술자는 이야기 외부가 아니라 이야기 내부에 위치하고 있다.

⑤ 서술자인 주인공이 자신의 경험과 생각을 서술하고 있으므로 장면에 따라 서술자를 달리 설정해 사건에 대한 시각 차이를 드러내고 있다는 설명은 적절하지 않다.

2 여행

'나'는 남편이 이북에 두고 온 아내를 그리워한다는 생각에 허탈감에 빠지고 억울함을 느끼며 혼자 여행을 떠나리라 마음먹었다.

3 ②

단순화, 동화화한 남편의 종래 화풍은 남편이 즐겨 그리는 그림의 표현 방식일 뿐 전쟁이 만든 아픔을 형상화한 것으로 볼 수 없다.

✗오답 풀이

① 남편은 남과 북의 분단으로 가족과 헤어진 것이므로 남편이 겪은 이산의 아픔은 전쟁이 가져다준 결과라고 볼 수 있다.

③ '나'의 허탈감은 남편이 이북에 두고 온 아내를 그리워하고 있다는 것을 깨달았기 때문에 나타난 것으로 이는 분단의 상황에서 비롯된 것으로 볼 수 있다.

④ '나'의 질투 대상은 남북 분단으로 인해 '나'와 만날 수 없으므로 '나'가 그 대상에게 질투를 해소할 수 없는 것도 분단에서 기인한 것이라 볼 수 있다.

⑤ 이북에 노부모와 아내를 남겨 둔 남편과 남편이 이북의 아내를 그리워하며 살아왔을 것에 허탈해하는 '나'는 모두 전쟁과 분단에 의해 상처를 받은 사람들로 볼 수 있다.

4 ①

'을씨년스러운 도시의 겨울 풍경에 느닷없이 뭉클한 감동을 맛보았다. 그리고 그냥 투정처럼 해 본 여행 소리가 비로소 현실감을 갖고 다가왔다.'고 했지만 남편에 대한 배신감과 허탈감에 여행을 결심한 것이지, 자신만의 삶을 위해 떠나기로 결심한 것은 아니다.

✗오답 풀이

② '남편'과 '딸'을 위해 헌신한 지난 삶이 허탕을 친 것처럼 억울하게 여겨졌다며 '나'는 허탈감을 드러내고 있다.

③ '나'는 직업도 불안정한 무명 화가를 불쌍해하다가 그만 사랑하게 돼서 결혼까지 하게 되었다고 하였다.

④ '남편'과 '딸' 사이에 부녀 이상의 비밀스러운 무엇인가가 있다고 추측

하면서 '나'는 밀려난 것처럼 느꼈다며 소외감을 드러내고 있다.
⑤ 인물을 거의 그리지 않던 남편이 '딸'을 모델로 인물화를 그리는 이유를 '나'는 남편이 전처를 그리워하는 것으로 오해하고 혐오감을 느낀다.

5 ⑤
'나'는 딸의 모습을 그리고 있는 남편이 '딸을 통해 이북에 두고 온 당시 아내의 모습을 되살렸음이 틀림없다.'고 생각하며 '발산시키지 못한 질투심'으로 허탈감을 느낀다. 따라서 남편이 이북에 두고 온 첫 번째 아내를 잊지 못하고 있다는 '나'의 생각이 갈등의 원인이라고 할 수 있다.

✗오답풀이
① '둘은 나를 예의 바르게 반겼는데도'라고 했으므로 남편과 딸이 예의 바르게 반기지 않았다는 설명은 적절하지 않다.
② '나'는 평소 아틀리에에 머물며 개인전을 준비하는 남편의 건강이 염려돼 가끔 먹을 것을 해 가지고 가는 등 정성으로 보살폈으므로 이를 갈등의 원인으로 볼 수 없다.
③ 남편의 화풍이 달라진 점이 '나'를 놀라게 했지만 이것이 갈등의 원인은 아니다.
④ 딸이 윤택하고 기품 있는 아름다움을 지녔음을 말하고 있을 뿐 이것이 갈등의 원인은 아니다.

6 ③
'해골 같은 가로수와 인적이 드믓한 얼어붙은 보도가 내려다 보였다.'와 같이 황량하게 묘사된 겨울 풍경은 남편과 딸에게 배신감을 느끼고 허탈감에 빠져 있는 '나'의 심리 상태를 보여 준다.

✗오답풀이
① 인물에게 시련이 닥칠 것임을 암시하는 내용은 찾을 수 없다.
② 이 글의 주제는 겨울 여행을 통해 가족의 소중함과 삶의 의미를 깨닫는 것이므로 황량하게 묘사된 계절적 배경이 주제를 함축적으로 제시한다고 볼 수 없다.
④ 겨울 배경 자체가 지난 삶을 성찰하는 계기로 작용한 것은 아니다.
⑤ '나'의 허탈한 심리와 황량한 겨울 풍경이 조응되고 있지만, 인물이 새로운 삶을 추구하는 동기가 되는 것은 아니다.

7 독사 대가리
'나는 그 여자보다 훨씬 손아래지만 지금 옆에서 볼품없는 꼴로 늙어 가는데 ~ 질투가 독사 대가리처럼 고개를 드는 걸 느꼈다.'에서 '독사 대가리'는 전처에 대해 느끼는 '나'의 질투심을 비유적으로 표현한 것이다.

04 겨울 나들이 ❷
p. 78

1 ⑤   2 ⑤   3 ⑤   4 돌아옴(돌아감)   5 ④

1 ⑤
'이젠 고쳐 드려야겠다는 생각보단 도와드려야겠다는 생각뿐이에요.'에서 노파의 고질병과 관련해 돕고 싶어 하는 아주머니의 마음을 느낄 수 있다.

✗오답풀이
① '나'는 노파의 도리질에서 '너는 결코 헛살지만은 않았어. 암, 헛살지 않았고말고.' 하는 것처럼 느꼈다고 했다. 이는 '나'가 노파의 도리질을 자신의 지난 삶에 대한 위로와 격려의 의미로 해석한 것이라 볼 수 있다.
② '나'는 죽은 아들을 마음으로나마 지키겠다고 평생 도리질하는 노파와 그런 시어머니를 정성껏 봉양하면서 가정을 지켜 나가는 아주머니를 통해 가족에 대한 사랑과 삶의 참된 의미를 깨닫게 된다.
③ '패잔병 중 한 사람의 ~ 그녀의 남편은 처참한 모습으로 나뒹그라지고'를 통해 알 수 있다.
④ 아주머니는 깊은 효심으로 도리질을 멈추지 않는 시어머니를 헌신적으로 봉양하고 있다.

2 ⑤
노파가 실성하다시피 했다가 회복된 후에도 계속 도리질을 하는 이유는 아들을 잃은 충격과 아들을 지키지 못한 죄책감에서 벗어나지 못한 것으로 이해할 수 있다.

✗오답풀이
① 며느리는 남편의 안전을 위해 시어머니인 노파에게 남편의 행방을 묻는 질문에 모른다는 말과 도리질을 하라고 주입시켰다.
② 인민군을 만나게 되자 노파는 며느리인 아주머니의 교육대로 아들의 행방을 모른다는 의미로 도리질을 한 것이다.
③ '나'는 자신에게 하는 노파의 도리질을 남편과 딸에 헌신적이었던 지난 삶이 헛되지 않았다고 위로하는 의미로 받아들이고 있다.
④ '나'는 아주머니에게 하는 노파의 도리질을 아주머니의 아들이 별 탈이 없을 것이라고 아주머니를 안심시키는 의미로 해석하고 있다.

3 ⑤
'나'는 아주머니야말로 대사업을 하고 있는 게 아닌가 하는 생각이 들었다면서 시어머니를 끝까지 극진하게 봉양하는 아주머니에게 깊은 감동을 받고 있는데, 이를 '등골에 전율이 지나갔다.'라고 표현한 것이다.

4 돌아옴(돌아감)
〈보기 1〉을 참고하면 '여행'과 달리 '나들이'는 '잠시 다녀오는 일'을 의미한다. 이 글의 제목에서 '여행'이 아니라 '나들이'를 쓴 이유는 집을 떠난 '나'가 노파와 아주머니를 통해 참된 삶의 의미를 깨달으면서 짧은 시간을 보내고 다시 집으로 돌아온다는 의미를 담아내기 위한 것으로 볼 수 있다.

5 ④
'나'는 온양에서 만난 고부의 모습을 통해 자신의 삶이 헛된 것이 아니었음을 깨닫고 있다. 온양과 서울 두 공간의 소중함을 비교하는 내용은 나타나지 않는다.

✗오답풀이
① '나'는 남편이 전처를 그리워하고 있다는 생각에 소외감과 허탈감, 배신감을 느끼고 서울에서 온양으로 혼자 여행을 떠난다.
② '나'와 고부는 모두 전쟁에서 기인한 아픔을 공유하고 있다.
③ 고부가 겪은 과거의 비극적인 삶의 모습은 아들(남편)을 지키고자 했

던 마음에서 일어난 일이다.
⑤ '나'는 가족에 대한 사랑의 정신을 느끼고 기억하기 위해 고부의 손 위에 자신의 손을 포갠 것이라 할 수 있다.

05 눈길 ❶
p. 80

1 ④ **2** ① **3** '나'에 대한 노인의 무한한 사랑 **4** ② **5** ④ **6** 이번에도

1 ④
특정한 공간에 얽힌 이야기라기보다 특정한 소재인 '옷궤'에 얽힌 내력에 초점을 맞추어 서술하고 있다.

2 ①
'옷궤'는 옛집에서 마지막 밤을 보낼 때 아들의 괴로운 잠자리를 위로하기 위해 노인이 남겨 놓은 물건이다. 이 '옷궤'는 노인과 '나'의 화해를 도모하기 위한 수단이 되고 있으므로 ①은 적절하지 않다.

3 '나'에 대한 노인의 무한한 사랑
'액면가 없는 빚 문서'는 거부하려고 애쓰지만 자꾸 느끼게 되는 노인의 무한한 사랑을 의미한다.

4 ②
ⓛ에는 노인에 대한 부채를 강력하게 부인하는 '나'의 내면적 독백이 나타나 있다. 이는 빚이 있다는 강한 긍정을 반어적으로 보여 주는 부분이다.

✗오답 풀이
① '나'가 '노인'을 부정적으로 인식한다고 볼 수 없다.

5 ④
ⓒ에는 '나'에 대한 노인의 사랑을 이야기하도록 유도하여 '노인'과 '나'의 관계를 회복시키고자 하는 아내의 의도가 담겨 있다.

6 이번에도
이 글은 사건이 일어난 순서대로 서술하지 않고, '나'의 과거 회상을 통해 옷궤의 내력을 설명하고 있는 역순행적 구성 방식을 취하고 있다.

05 눈길 ❷
p. 82

1 ④ **2** 눈길 **3** ① **4** ③ **5** 발자국들, 산비둘기, 나무들

1 ④
이 글에서 '나'는 노인의 사랑을 빚으로 생각하며 외면하려 하지만, 결국에는 그것을 인정하고 감동하고 있다. 이로 보아 ④와 같은 반응이 적절하다.

2 눈길
이 글의 제목이기도 한 '눈길'은 노인과 '나'가 겪게 되는 인생의 시련을 상징적으로 드러내고 있다.

3 ①
노인은 '나'를 돌보지 못한 미안함과 가족을 지키지 못한 죄책감을 지니고 있지 '나'를 원망하고 있지는 않다.

4 ③
모자가 걸어가는 눈길은 어두운 산길이며 애잔한 장면이기에 밝고 낭만적인 분위기와는 어울리지 않는다.

✗오답 풀이
① '노인은 여전히 옛 얘기를 하듯 하는 그 차분하고 아득한 음성으로 그 날의 기억을 더듬어 나갔다.'에서 알 수 있듯이 노인은 감정을 절제하여 차분하고 담담한 어조로 연기해야 한다는 것은 적절하다.
② 어머니는 며느리에게 '나'를 바래다주던 눈길에서의 아픈 사연을 이야기하고 있다.
④ '나'는 노인과 아내가 나누는 대화를 듣고 있다.
⑤ '나는 차를 타고 떠나가 버렸고, 노인은 다시 그 어둠 속의 눈길을 되돌아선 것이다.'에서 알 수 있듯이 어두운 눈길을 향해 되돌아선 노인의 뒷모습을 오버랩으로 처리한다는 것은 적절하다.

5 발자국들, 산비둘기, 나무들
아들을 배웅한 뒤 혼자 눈길을 헤쳐 가는 노인은 '발자국들', '산비둘기', '나무들'을 통해 아들의 모습을 떠올리며 떠나간 아들을 그리워하고 있다.

06 명랑한 밤길 ❶
p. 84

1 ① **2** ⑤ **3** ③ **4** 후드득 비가 쏟아지기 시작했다. **5** ③

1 ①
이 글은 1인칭 주인공 시점으로, 서술자인 '나'가 자신의 체험을 중심으로 사건을 사실적으로 전개하고 있다.

✗오답 풀이
②, ③, ④ 작품 밖 서술자는 3인칭 시점을 의미한다. 또한 인물들의 체험을 병렬적으로 나열하거나 잦은 장면 전환으로 긴박한 분위기를 형성하는 부분, 주인공에 대한 객관적 관찰을 통해 행적을 기록하는 부분은 드러나지 않는다.
⑤ 주인공이 자신이 겪은 일을 서술하고 있지만 의식의 흐름에 따라 내용을 전개해 인물의 무의식을 파헤치고 있지 않다.

2 ⑤

'내가 잘나가는 사람 같으면 뭐 이런 데서 이러고 있겠냐?', '내가 아무리 이런 집에서 이렇게 산다고 네 눈에 내가 거지로 보이냐?'를 통해 '남자'는 시골로 밀려온 패배감을 느끼고 있음을 알 수 있다. 따라서 하고 싶은 일을 찾아 내려온 시골에서 '나'를 통해 그 일을 이루고자 하고 있다는 것은 적절하지 않다.

✕오답풀이

① '내가 굳이 너 같은 애한테까지 깊은 속 얘기 할 필요가 없어서 안 했는데', '에잇, 재수 없어.' 등을 통해 '나'를 무시하고 있음을 알 수 있다.

② 올 때마다 음식 해 주고 음악 들려주며 잘해 줬다고 말하지만 굳이 '나'에게 깊은 속 얘기 할 필요가 없어서 안 했다는 무시하는 말을 통해 '나'에게 잘해 주었지만, 그것은 사랑했기 때문이 아니었음을 알 수 있다.

③ '내가 잘나가는 사람 같으면 뭐 이런 데서 이러고 있겠냐?', '내가 아무리 이런 집에서 이렇게 산다고 네 눈에 내가 거지로 보이냐?'에는 자신의 현재 처지를 부정적으로 보고 열등감을 지닌 '남자'의 모습이 담겨 있다.

④ '엠피스리'와 '노트북'은 물질적 사랑의 표현을 의미한다. 이를 통해 '남자'가 속물적인 인간임을 알 수 있다.

3 ③

깐쭈와 싸부딘은 무공해 채소가 든 채소 봉지를 줍게 되고 그 안의 고추와 상추를 보며 월급날 삼겹살을 상추에 싸 먹는 생각만으로도 즐거워한다. 그러나 '나'와의 새로운 친밀 관계를 형성하는 근거를 찾을 수 없다.

✕오답풀이

① '나는 당신에게 이 채소들을 갖다 주기 위해 지난 봄 내내 마당을 일구어 텃밭으로 만들었어요. 텃밭을 일구는 동안 손에서 피가 나기도 했죠.'를 통해 '나'가 '남자'를 위해 준비한 정성과 사랑을 의미함을 알 수 있다.

② '남자'는 '이거 필요 없으니 가져가. 에잇, 재수 없어.'라고 말하며 채소가 든 비닐봉지를 내던진다. 이를 통해 '남자'에게 귀찮고 필요 없는 것으로 '남자'의 몰인정함이 부각됨을 알 수 있다.

④ '남자'를 향한 '나'의 순수한 사랑을 상징하는 '무공해 채소'를 내던졌다는 것은 '남자'에게 버림받은 '나'의 처지를 형상화한다고 볼 수 있다.

⑤ 깐쭈와 싸부딘은 월급날에 소주 마시며 삼겹살을 상추에 싸 먹는다며 생각만으로도 즐거워하고 있다.

4 후드득 비가 쏟아지기 시작했다.

이 글에서 날씨는 소설의 배경이면서 동시에 주인공 '나'의 심리 상태를 상징적으로 보여 주는 역할을 한다. '남자'에게 실연당하고 상처를 받아 돌아오는 길에 쏟아지는 비는 '나'의 슬픔을 드러내고 있다.

5 ③

㉠으로 갈 때 무섭증을 느끼지 못한 것은 '남자'가 자신을 지켜 줄 것이라는 믿음 때문이 아니라 악에 받친 어떤 기운 때문에 느끼지 못한 것이다. ㉡에서 느끼는 무섭증은 '남자' 말을 통해 그의 사랑이 거짓이었음을 깨달은 뒤, 돌아오는 길의 모든 것에서 오

는 것으로 볼 수 있다. 따라서 '남자'에 대한 믿음이 사라져 무섭증을 느꼈다고 볼 수 있다.

✕오답풀이

① '융단 폭격 같은 말 폭격을 퍼부어 대던 남자'에서 '나'가 '남자'에게 모진 말을 듣고 상처를 받았음을 알 수 있다.

② 남자 집으로 갈 때는 악에 받친 어떤 기운 때문에 무섭증도 느끼지 못했다고 하였다.

④ 비가 오고 칠흑 같은 밤, 뒤에 오는 누군가가 무섭다고 하였는데 이는 모두 '나'의 무섭증을 더욱 강화한다고 볼 수 있다.

⑤ '나'는 '남자' 집으로 갈 때는 악에 받친 어떤 기운 때문에 무섭증을 느끼지 못했고, 돌아오는 길에서는 '남자'의 말과 행동에서 받은 충격으로 '남자'의 사랑이 거짓이었음을 깨달은 뒤 세상이 무섭다는 것을 뼈저리게 체험했던 것이라고 하였다.

---

06 명랑한 밤길 ❷ p. 86

1 ⑤ **2** ④ **3** 명랑하게 **4** ⑤ **5** ④ **6** 노래

1 ⑤

'나'는 깐쭈와 싸부딘의 대화와 노래를 듣고 위안을 받으며 희망을 느낀다. 하지만 싸부딘과 깐쭈가 사라진 길 너머로 지나온 길이 보이고 그 길 너머 그 '남자네 집'이 보이자 겨우 가라앉았던 심장이 다시 격렬하게 요동쳐 오기 시작한다. 이를 통해 '남자네 집'은 상처를 떠올리게 하여 '나'의 마음을 괴롭게 함을 알 수 있다.

✕오답풀이

① '정미소'는 '나'가 깐쭈와 싸부딘을 피해 숨어 있는 공간으로 '나'와 두 남자가 갈등 상황에 있는 것은 아니다.

② '밤'은 한국에서 외국인 노동자로 힘들게 살아가는 두 남자의 현실을 드러낸다고 할 수 있다. 하지만 두 남자는 희망을 품고 긍정적으로 살아가고 있으므로 '밤'이 두 남자의 어두운 미래를 드러낸다고 볼 수 없다.

③ '비 오는 날씨'가 배경으로 설정되어 있으나 역사적 시대와는 관련이 없다. '비 오는 날씨'는 '나'가 '남자'에게 버림받은 슬픔을 상징하는 역할을 하고 있다.

④ '네팔의 설산에 떠오른 달'은 희망을 상징하므로 헤어진 인연에 대한 미련과 원망을 드러낸다는 것은 적절하지 않다.

2 ④

깐쭈와 싸부딘 모두 외국인 노동자 신분으로, 한국에서 시련을 겪는다. 싸부딘은 방글라데시에 가도 아무도 없다고 하지만, 어디를 가도 평안할 수 없는 처지라는 근거는 찾을 수 없다.

✕오답풀이

①, ② 깐쭈는 한국에서 슬플 때 노래를 하고 잠이 오면 꿈속에서 네팔의 '달'을 봤다고 하였다. 또한 네팔에 가면 산에 올라 '달'을 보고 뭘 할 건지 물어본다고 하였다. 따라서 고향의 '달'은 깐쭈에게 위로와 희망을 주는 존재라 할 수 있다.

③ 깐쭈는 돈이 없다는 사장의 말을 믿고 임금을 받지 못한 상태에서 모

레 자신의 나라인 네팔로 떠난다.

⑤ '명랑하게 사라졌다.'에서 한국에서의 고된 삶 속에서도 노래로 위안을 받으며 희망을 품고 긍정적인 삶을 살아가는 깐쭈와 싸부딘의 모습이 드러난다.

3 명랑하게

'밤길'은 소외된 사회적 약자들의 고달픈 삶의 현실을 의미한다. 이 글의 제목 '명랑한 밤길'은 힘겨운 삶을 명랑하게 견뎌 내는 사람들의 의지를 상징한다.

4 ⑤

이 글은 외국인 노동자 등 사회적 약자들이 상처받고 힘든 현실을 살고 있지만 각자의 희망을 통해 명랑하게 나아감을 말하면서 그들에게도 희망이 있음을 나타내고자 하였다.

✖**오답 풀이**

① 깐쭈와 싸부딘 같은 외국인 노동자들이 겪는 고통이 드러나지만 현실을 극복하며 명랑하게 살아가려는 의지를 보여 주려고 한 것이지, 외국인 노동자와 여성 노동자들이 겪는 사회적 차별을 고발한 것으로 볼 수 없다.

② 외국인 노동자들을 통해 다문화 사회를 살아가는 우리의 태도를 성찰해 볼 수 있지만 궁극적으로는 사회적 약자인 소외된 사람들의 상처받은 삶과 그 속에서의 희망적 의지를 이야기하고 있다.

③ 외국인 노동자들이 한국에서 겪는 삶의 시련이 드러나지만 한국 문화와 외국인 노동자들의 자국 문화 사이의 갈등을 이야기하고 있지는 않다.

④ 외국인 노동자들에 대한 한국 사회의 포용 문제나 그들의 문화 존중을 이야기하는 것으로 볼 수 없다.

5 ④

[D]는 '나'가 부르는 노래로, '나' 역시 깐쭈와 싸부딘처럼 노래로 슬픔을 극복하려는 모습이 드러난다. '사랑 못 했어.'라고 깐쭈가 말을 했지만 이는 사랑하지 못한 슬픔을 이야기한 것으로, 사랑의 회복과는 관련이 없다. 그리고 '나' 역시 사랑이 회복되기를 바라는 마음에서 노래를 불렀다고 볼 수 없다.

✖**오답 풀이**

①, ③ 앞의 깐쭈와 싸부딘의 대화를 통해 깐쭈와 싸부딘이 한국에서 시련과 슬픔을 겪었음을 알 수 있으며 깐쭈와 싸부딘은 노래를 부르며 그 상처를 위로받고 있다.

② [B]에는 소나기에도 버틴 꽃들과 눈보라에도 우뚝 선 나무들같이 고통의 시간을 이겨 내고 굳세게 설 수 있기를 소망하는 '나'의 마음이 담겨 있다고 볼 수 있다.

⑤ 깐쭈와 싸부딘이 부르는 노래는 그들의 고된 삶에 위로를 준다. '나'는 깐쭈와 싸부딘이 부르는 노래를 듣고 따라 부르며 그들에게 동질감을 느끼고 살아갈 힘을 얻는다.

6 노래

이 글에서 '노래'는 상처받은 인물들에게 현실의 힘겨움을 잊을 수 있도록 위안을 주고, 마음의 고통을 치유해 주는 수단이 된다.

1 ④

'습기 때문에 자글자글 운 공기가 미역처럼 나풀대며 날아다니는 것 같았다.', '도는 방 안에 갇힌 나방처럼 긴 선을 그리며 오래오래 날아다녔다.'와 같이 감각적 표현을 사용하여 인물이 처한 현실 상황을 드러내고 있다.

✖**오답 풀이**

① 이 글은 반지하방에서 벌어지는 사건을 묘사하고 있으므로, 공간의 이동이 나타난다고 볼 수 없다.

② 이 글은 시간적 순서에 따라 사건이 서술되고 있다.

③ 이 글은 1인칭 주인공 시점으로, 작품 속 인물이 자신의 이야기를 서술하고 있다.

⑤ '나'와 주인집 사이의 갈등이 나타나기는 하지만 해소 과정이 드러나지 않을 뿐더러 인물 간의 갈등 발생과 해소 과정이 사건 전개의 중심을 이루고 있지 않다.

2 ③

ⓒ '나는 천진하게 말했다.'는 피아노를 치지 않았다고 거짓말을 하는 행동에서 나온 것이다. 언제나 진실만을 말하며 살아가는 '나'의 강한 자존심과는 거리가 멀다.

✖**오답 풀이**

① '나'는 곰팡이가 핀 방에서 타이핑 아르바이트를 하며 고되게 살아가고 있다. '우리의 청춘은 너무 환해서 창백해져 있었다.'는 화려해야 할 '나'와 언니가 경제적 궁핍으로 인해 청춘을 힘겹게 보내고 있음을 보여 준다.

② '주체할 수 없는 감정이 솟구쳤다.'는 '나'가 공사 소음을 틈타 이사 후 처음으로 피아노를 치고 싶은 충동을 느끼고 있음을 나타낸다.

④ '더듬더듬 버튼을 눌렀다.'는 '나'가 집주인의 제지로 피아노를 칠 수 없게 되자 휴대 전화의 버튼 음으로 아쉬움을 달래려는 행동으로 볼 수 있다.

⑤ '왠지 나쁘다는 생각이 들었다.'는 반지하방에 곰팡이가 피는 것과 관련해 문제를 제기하자 집주인이 '원래 그렇다.'라고 무책임하게 이야기한 것에 대한 '나'의 반응이다. 이는 집주인의 말과 태도가 부당하다고 여기는 '나'의 인식으로 볼 수 있다.

3 지하는 원래 그렇다.

'나'가 곰팡이 이야기를 꺼내자 주인 남자는 '지하는 원래 그렇다.'라고 말한다. 이 말에는 세입자의 불편함을 책임지지 않으려는 주인 남자의 이기적이고 무책임한 태도가 담겨 있다.

4 ④

④ '곰팡이'는 '나'의 어려운 상황을 부각하는 소재이자 해결하고 싶은 현실적 문제로, 피아노 소리와는 상관이 없다.

✖**오답 풀이**

① '꿈'의 내용은 '손가락이 나뭇가지처럼 기다랗게 자라나는' 것이다. 이는 아르바이트를 하며 살아가는 '나'의 고단한 삶의 모습이 반영되어

꿈으로 형상화된 것이라 할 수 있다.

② '방'은 반지하방으로 곰팡이가 가득한 공간이다. 이 공간에서 '나'는 아무와도 소통하지 못한 채 끊임없이 아르바이트를 하며 힘들게 살고 있다.

③ 피아노 건반 '도'의 소리를 '나방'에 비유하여 감각적으로 표현하고 있다.

⑤ '휴대 전화'는 '나'가 피아노조차 마음대로 치지 못하는 상황에서 피아노 대신 버튼을 눌러 아쉬움을 달래는 대용 수단이라 할 수 있다.

5 ③

피아노를 치고 싶은 충동을 느낀 '나'가 '피아노'를 치는 행동은 제약으로부터 자유로워지고 싶은 열망의 표현이자 힘겨운 삶에서 지킬 수 있는 인간의 자존심이라 할 수 있다. 따라서 권력을 남용하는 기득권 계층에 대한 청년 세대의 저항과 대립을 상징한다는 것은 적절하지 않다.

✖오답 풀이

① 곰팡이가 핀 것을 해결해 주지 않고 책임을 회피하는 주인 남자의 태도에서 젊은 세대의 고단한 삶에 무관심한 모습이 나타난다.

② 곰팡이가 핀 반지하방은 '나'와 언니가 살고 있는 곳으로, 평범한 젊은 이들의 궁핍하고 누추한 일상의 공간으로 이해할 수 있다.

④ 〈보기〉에서 90년대 이후 소설은 개인의 일상같은 이야기를 주로 다루었다고 하였다. 이 글은 '나'가 아르바이트를 하며 고된 삶을 사는 등 인물의 일상적인 삶을 다루고 있다는 점에서 90년대 이전의 소설과 다르다고 할 수 있다.

⑤ 편입 준비와 아르바이트를 병행하는 언니의 모습은 〈보기〉에서 언급한 개인의 일상에 해당한다. 이는 평범한 젊은 세대의 일상을 보여 주는 것이라 할 수 있다.

07 도도한 생활 ❷

p. 90

1 ⑤   2 ⑤   3 도도한   4 ④   5 ④   6 피아노

1 ⑤

㉮ 뒤의 '셋방이 물에 잠겨 가는데 무슨 짓인가 싶었다.'를 통해 방이 빗물에 잠겨 가는 상황에서도 사내의 이를 보겠다고 생각한 자신에 대한 꾸짖음이 담겨 있다고 볼 수 있다.

✖오답 풀이

① 사내 스스로 자세가 불편한지 돌아누웠다고 했지만 '나'가 사내의 불편한 자세를 바로잡으려는 생각을 한 부분은 나타나지 않는다.

② 한참 사내의 얼굴을 보고 있자니, 언니가 말한 이 얘기가 떠올랐다고 했다. 사내의 얼굴을 한참 보고 있던 자신의 행동에 대한 후회가 담겨 있는 것은 아니다.

③ 다른 생각을 한 자신에 대한 꾸짖음이 담겨 있지, 사내의 이를 보고자 했던 계획이 틀어진 것에 대한 아쉬움이 담겨 있는 것은 아니다.

④ '나'가 살고 있는 반지하방에 물이 들어오고 있는 것은 맞지만 반지하방으로 이사를 한 것에 대한 자책이 담겨 있는 것은 아니다.

2 ⑤

피아노가 빗물에 잠겨 못 쓰게 될 것이 분명해지자 가슴을 할퀴는 듯한 격정적인 심정을 드러낸 것이다.

✖오답 풀이

① 문제를 홀로 해결했다는 뿌듯함과 안도감이 드러난다.

② 밀려드는 빗물에 놀라 울먹이는 '나'와 달리 대수롭지 않게 여기는 언니의 모습이 드러난다.

③ 도시, 즉 서울 생활에 대한 '나'의 부정적 인식이 매캐하고 비릿하다는 후각적 이미지를 통해 드러난다.

④ 쓰레받기를 이용해 빗물을 퍼내기 시작하는 것은 방에서 빗물을 없애기 위한, 즉 현실적 어려움에서 벗어나고자 적극적으로 노력하는 '나'의 모습을 나타낸다.

3 도도한

빗물로 방이 잠기는 절망적인 상황에서 피아노를 치는 '나'의 행위는 주체적인 인간으로서의 자존감과 정신적인 도도함을 지키려는 의지를 형상화한 것으로 볼 수 있다.

4 ④

'나'와 언니는 반지하방에서 고단한 삶을 살아가는 인물들이다. '우리의 여름'은 '나'와 언니가 꿈을 이루기 위해서 아르바이트를 하며 고생한 시간을 의미하므로, 좋은 추억과는 연관이 없다.

✖오답 풀이

① '수천 개의 만두'는 만두 가게를 하며 가족의 생계를 책임졌던 엄마의 노력을 의미한다고 볼 수 있다. 이러한 만두가 공기 방울처럼 떠올랐다 사라졌다는 것은 아버지의 빚보증으로 만두 가게를 닫아야 했던 일과 관련된다.

② '언니의 영어 교재'는 영문과로 편입하고 싶어 하는 언니의 꿈을 나타낸다.

③ '컴퓨터'는 타이핑 아르바이트에 사용된 것으로, 등록금을 마련하기 위해 아르바이트를 하는 '나'의 노력을 나타낸다.

⑤ '나'는 절망적인 상황에서 자신과 관련된 것들에 대해 느끼는 기분을 '모두 하늘 위로 떠올랐다 톡톡 터져 버렸다.'며 감각적으로 표현하고 있다.

5 ④

ⓓ에서 '나'는 편안하게 피아노를 연주하기 시작했다고 하였다. 이는 열악하고 절망적인 현실 속에서 당당하게 자존감을 지키려는 노력의 의미를 지닌다. 따라서 피아노가 물에 잠겨 더 이상 피아노를 못 쓰게 될 것이라는 분노와 울분의 심정이 드러난다고 볼 수 없다.

✖오답 풀이

① 피아노 건반 위에 손가락을 얹어 보는 것은 피아노를 치고 싶다는 욕구를 드러낸 것이다.

② 어떤 음 하나가 긴소리로 운다고 표현함으로써 반지하방에 빗물이 차오르고 '나'의 힘으로는 어찌해 볼 수 없는 절망적인 상황을 부각한다고 볼 수 있다.

③ '나'가 반지하방에서 피아노를 연주하지 못하고 지냈던 것을 생각해 봤을 때 '도'에서 '레'로 이어 갔다는 것은 '나'가 억눌렸던 꿈과 자유

를 발산하는 의미로 볼 수 있다.

⑤ '음'이라는 소리가 '천천히 날아올라 어우러졌다 사라졌다'라는 시각적인 이미지로 변화되는 청각의 시각화, 즉 공감각적 표현이 나타난다.

6 피아노
'나'는 폭우로 집에 물이 들어오자 피아노가 물에 젖지 않도록 노력하지만, 결국 피아노가 물에 잠겨 가자 피아노를 연주하기 시작한다. 이러한 '나'의 행동에서 피아노는 '나'의 도도한 생활을 지키는 보루를 의미한다고 볼 수 있다.

고전 소설

개념 확인 문제
p.92~93

1 ② **2** 갑오개혁 **3** ③ **4** ③ **5** ④ **6** 〈홍길동전〉 **7** ③ **8** ③
9 ① **10** ④

1 고전 소설의 사건 전개는 대부분 필연적인 상황이나 원인 없이 우연적으로 초현실적인 사건이 발생하는 경우가 많다.

2 일반적으로 고전 소설은 1894년 갑오개혁까지 지어진 우리 소설을 현대 소설과 구분하여 이르는 말이다.

3 고전 소설의 배경은 우리나라이거나 중국인 경우가 많으며, 대부분 비현실적이다.

4 고전 소설은 보통 주인공의 일대기라고 할 수 있을 정도로 작품 내에서 주인공의 비중이 매우 크다.

5 '재자가인'은 재주가 있거나 아름다운 인물을 뜻하는 말이다. 〈흥부전〉의 흥부는 착하고 우애가 깊지만, 가난하고 특별한 재주가 없다.

6 최초의 한글 소설은 광해군 때 허균이 지은 〈홍길동전〉이다.

7 〈임진록〉은 중국 소설 문체의 영향을 받은 작품이며, 나머지는 모두 판소리계 소설이다.

8 〈양반전〉은 몰락한 양반 계급의 위선과 무능력함을 비판하고 있는 소설로, 가난하고 정직한 양반이 생산 능력이 없어 양반의 신분을 팔게 되었으나, 양반의 신분을 산 사람은 허례허식으로 가득 찬 양반 문서를 보고 도망을 갔다는 내용이다. 여기에 초현실적이거나 전기적인 요소는 드러나 있지 않다.

9 〈운영전〉은 궁녀 운영과 선비 김 진사의 이루어질 수 없는 사랑을 다룬 애정 소설로, 고전 소설에서는 드물게 비극적 결말의 작품이다.

10 전쟁 이야기가 주된 줄거리로 이루어진 소설은 '군담 소설'이다.

01 구운몽 ❶
p.94

1 ③ **2** ④ **3** ② **4** ③ **5** ⑤ **6** ④

1 ③
이 글은 조선 중기 양반 소설의 대표작이다. 꿈속에서 펼쳐지는 양소유의 유교적 출세와 활약, 말년에 처첩과 함께 자연에 묻혀 여생을 보내는 것 등은 조선 시대 양반들이 바라는 이상적인 삶의 모습에 해당한다.

2 ④
〈구운몽〉은 '천상계(현실) - 인간계(꿈) - 천상계(현실)'의 환몽 구조로 구성된 작품으로, 현실이 비현실적인 천상계로 설정되어 있고, 꿈이 현실적인 인간계로 설정되어 있다.

3 ②
정경패는 양소유가 장원 급제한 후 혼약을 하였으나 태후에 의해 영양 공주로 봉해진 후 난양 공주와 함께 양소유와 혼인하게 된다. 따라서 정경패는 영양 공주에 봉해진 후 혼인을 한 것이다.

4 ③
이 글은 '꿈'이 작품 전개에서 중요한 역할을 하는 몽자류 소설로, 환몽 구조를 지닌 '조신 설화'를 바탕으로 창작되었다. 그리고 이 글의 영향을 받아 창작된 몽자류 소설로는 '옥루몽'과 '옥련몽' 등이 있다.

5 ⑤
의사소통 행위로서의 읽기는 작가, 작품, 독자의 상호적이며 역동적 관계를 통해 의미 전달과 수용이 이루어진다.

6 ④
A는 외재적 접근 방법 중 '효용론적 감상 방법'에 해당한다. 이는 작품이 독자에게 주는 감동이나 교훈 등을 생각해 보는 것으로, ④가 이에 해당하는 감상 방법이다.

✗오답 풀이
①, ⑤는 표현론적 감상 방법, ②, ③은 작품 자체에 주목한 절대론적 감상 방법에 해당한다.

01 구운몽 ❷
p.96

1 ② **2** ③ **3** ③ **4** ③ **5** ③ **6** ⑤ **7** ⑤

1 ②
이 글은 세속적 부귀영화의 무상함을 깨달은 양 승상이 출가를 결심하자 이에 여덟 부인이 동의하고 축원하는 부분이다. 승상은 유교적 부귀영화에 무상함을 느끼고 불가에 귀의함으로써 이를 극복하려 하고 있는 것이다.

2 ③

ⓒ은 인물의 심리가 직접적으로 표출된 부분으로, 자신도 세 임금과 같이 될 허무한 존재라는 점에서 승상이 쓸쓸해하고 있는 것이다. 따라서 승상이 느낀 감정은 속세의 삶에 대한 무상감이다.

3 ③

ⓐ는 '나무꾼과 마소에게 풀을 뜯기는 사람'이라는 뜻으로, 주로 평범한 사람들을 의미하는 한자 성어이다. ①, ②, ④, ⑤ 모두 같은 의미이며, ③은 '남자는 남부 지방에서, 여자는 북부 지방에서 잘난 사람이 많이 나온다.'는 뜻이다.

4 ③

㉮에는 부귀영화의 유한함과 인생의 덧없음이 잘 나타나 있다. 이와 같은 인생의 무상함을 드러내고 있는 것은 ③이다.

✗오답 풀이
① 봄밤에 느끼는 애상감 ② 임금의 승하(죽음)를 슬퍼함. ④ 임을 그리는 마음 ⑤ 근면과 협동하는 삶

5 ③

승상의 출가 결심을 듣고 여러 낭자들이 그 뜻을 좇아 자신들도 제도해 달라고 하는 모습에서, 남편의 뜻에 따르는 아내의 태도를 확인할 수 있다. 이와 관련된 속담은 '바늘 가는 데 실 간다'이다.

6 ⑤

㉯는 '몽중몽'의 부분으로, '인간계(꿈)'에 있는 양소유가 다시 꿈을 통해서 '선계(현실)'의 모습을 보게 되는 장면이다. 이는 양소유가 꿈에서 곧 깨어날 것을 암시하며, 독자에게 성진의 본모습을 환기하는 구실을 한다.

7 ⑤

〈보기〉의 화자는 관점에 따라 사물은 다르게 인식된다는 점을 이야기하고 있다. 이러한 생각을 지닌 화자가 인생을 덧없는 것으로 바라보는 양 승상에게 해 줄 수 있는 말은 인생을 바라보는 관점을 달리해 보라는 말일 것이다.

02 유충렬전 ❶   p.98

1 ⑤ **2** ② **3** ④ **4** ④ **5** ③ **6** ①

1 ⑤

이 글은 전지적 작가 시점으로 서술되고 있다. 즉, 서술자는 작품의 밖에서 인물과 사건 전개에 직접적으로 개입하고 있다.

2 ②

이 글에서 유충렬은 개국 공신의 자손인 유심이 늦은 나이에 기

도 하여 얻은 자식(ㄱ, ㄴ)이지만, 어려서 부모와 이별하고 죽을 처지에 놓이게 된다(ㄷ). 그러나 뱃사람들과 강희주의 도움(ㄹ)으로 구출되어 살아난다.

3 ④

[A]는 이 글이 회장체 소설임을 알려 주는 소제목으로, 앞으로 전개될 내용을 미리 알려 주는 기능을 한다.

4 ④

ⓐ는 홀로된 어린 유충렬을 가리키며, ⓑ와 ⓒ는 딱한 처지에 놓인 충렬을 비유적으로 나타낸 표현이다. 또한 ⓔ는 꿈속 내용이기는 하지만 아버지를 따라 죽으려는 충렬을 의미한다. 모두 충렬을 가리키지만, ⓓ는 강희주를 가리킨다.

5 ③

이 글의 강희주는 왕에게 직간을 하는 충신이다. 이러한 인물됨을 나타내는 것은 단종에 대한 변함없는 충성심을 드러내기 위해 자신을 봉래산의 낙락장송으로 표현한 ③이다.

6 ①

㉮는 충렬이 어머니를 잃고 뱃사람들의 도움으로 구출된 공간이지만, ㉯는 아버지 유심이 남긴 글을 보고 충렬이 물에 빠져 죽으려고 한 공간이다. 따라서 주인공이 죽음을 선택하는 공간은 ㉮가 아니라 ㉯이다.

02 유충렬전 ❷   p.100

1 ② **2** ⑤ **3** ⑤ **4** ① **5** ⑤

1 ②

천자는 "과인(寡人)은 보지 말고 ~ 그대 공을 갚으리라."라고 했는데, 이는 충렬에게 복수심에 사로잡히지 말고 나라의 안위를 생각하여 도와주면 후에 보답하겠다는 약속을 하면서 전쟁에 임할 것을 권유하고 있는 것이다. 따라서 천자가 권위를 내세워 충성을 강요하고 있다는 설명은 적절하지 않다.

2 ⑤

'중군'은 '전군(全軍)의 한가운데에 자리 잡고 있던 중심 부대'를 가리키는 말로, 유충렬의 영웅적 행위를 드러내는 소재가 아니다.

✗오답 풀이
ⓐ 유충렬의 투구 ⓑ 갑옷 ⓒ 말 ⓓ 칼

3 ⑤

〈보기〉는 병자호란 때 주전파와 주화파의 대립을 설명하고 있다. 그리고 [A]에서 유충렬은 충신을 쫓아낸 천자의 과오를 질책하고 있다. 따라서 〈보기〉와 [A]를 연관 지으면 〈유충렬전〉은 주전파

와 주화파의 대립에서 몰락한 계층의 실세 회복에의 소망이 드러나 있는 것으로 볼 수 있다.

4 ①

㉠은 서술자가 작품에 직접 개입하여 서술하는 편집자적 논평에 해당한다. ②~⑤는 모두 이러한 편집자적 논평이 드러나 있다. 그러나 ①은 장면의 극대화를 통해 어사출또에 당황한 수령들의 모습을 희화화하여 보여 주고 있는 부분이다.

5 ⑤

유충렬의 말을 들은 천자는 충신과 간신을 제대로 파악하지 못한 자신의 과오를 깨닫고 아무 말도 못하고 있다. 따라서 ㉡에 들어갈 말로는 '이미 잘못된 뒤에 아무리 후회하여도 다시 어찌할 수가 없음.'을 의미하는 ⑤가 적절하다.

03 이생규장전 ❶
p. 102

1 ④ 2 ⑤ 3 ③ 4 담장 5 ②

1 ④

'거기에는 이름난 꽃들이 만발하였고 ~ 비단 휘장은 낮게 드리워져 있었다.', '마침 달이 동산에 떠오르고 꽃 그림자가 땅에 비껴 맑은 향내가 사랑스러웠다.'와 같이 공간을 아름답게 묘사하여 이생과 최씨 여인의 만남과 사랑이라는 낭만적 상황을 효과적으로 형상화하고 있다.

✘오답 풀이
① 서술자가 특정 인물의 시각에서 사건을 서술하지 않고 전지적 시점에서 등장인물의 심리와 생각을 서술하고 있다.
② 현재와 과거의 사건을 병치시켜 사건의 전모를 드러내는 부분은 나타나지 않는다.
③ 이생과 최씨 여인이 만남에 대한 기대와 설렘으로 시를 주고받고 있을 뿐 갈등은 드러나지 않는다.
⑤ 편지를 주워다 주는 몸종 '향아'를 조력자로 볼 수는 있지만 장애물을 극복할 수 있게 조언하거나 행동하는 부분, 또는 장애물이 제거되는 내용은 나타나지 않는다.

2 ⑤

[A]에서 최씨 여인은 담장 안에 갇힌 자신의 외로운 신세를 생각하며 제비가 되어 담장 위를 날아 넘겠다고 노래하고 있다. 담장을 넘지 못하고 주저하는 임에 대한 원망은 나타나지 않는다. 그리고 [B]에서 이생은 최씨 여인을 만나고 싶은 마음을 전달하고 있지만, 곧 만나러 가겠다는 다짐을 노래한 것은 아니다.

✘오답 풀이
① [A]를 엿들은 이생은 임을 만나고 싶은 최씨 여인의 마음을 눈치채고 [B]를 지어 최씨 여인에게 전달함으로써 최씨 여인을 만나고 싶은 자신의 마음을 표현하고 있다.
② [A]에서 최씨 여인은 '꾀꼬리', '봄바람'을 통해 봄을 맞아 느끼는 연정

을 노래하고 있는 반면, [B]에서 이생은 최씨 여인을 만나고 싶은 마음을 표현하고 있다.
③ [A]에서 최씨 여인은 자연물인 제비를 통해, [B]의 이생은 양왕과 사마상여의 고사를 통해 상대와의 만남에 대한 기대와 소망을 표현하고 있다.
④ [A]에서 최씨 여인은 '총각', 즉 임을 만나고 싶은 마음을 노래했을 뿐 특정 수신자를 전제로 하지 않았다. [B]에서 이생은 담장 너머의 최씨 여인을 수신자로 정하여 최씨 여인을 만나고 싶은 자신의 마음을 표현하고 있다.

3 ③

이생은 황혼이 되자 다른 사람 몰래 담을 넘어 담장 안으로 들어온 상황이다. 최씨 여인을 만날 수 있어 기뻤지만 또 한편으로는 하려는 일이 비밀스러워서 불안과 두려움에 머리칼이 곤두서고 있으므로 '몹시 두려워서 벌벌 떨며 조심함.'을 의미하는 '전전긍긍'이 가장 적절하다.

✘오답 풀이
① '태연자약'은 '마음에 어떠한 충동을 받아도 움직임이 없이 천연스러움.'을 의미한다. 이생이 두렵지 않은 척하는 모습은 나타나지 않는다.
② '명재경각'은 '거의 죽게 되어 곧 숨이 끊어질 지경에 이름.'을 의미한다. 담을 넘은 상황이기는 하지만 목숨이 끊어지는 상황과는 거리가 멀다.
④ '백척간두'는 '백 자나 되는 높은 장대 위에 올라섰다는 뜻으로, 몹시 어렵고 위태로운 지경을 이르는 말'이다. 이생이 사랑을 찾기 위해서는 어떤 위험도 감수하겠다는 마음으로 담장을 넘은 것은 사실이지만 몹시 어렵고 위태로운 상황과는 거리가 있다.
⑤ '기고만장'은 '펄펄 뛸 만큼 대단히 성이 남.', '일이 뜻대로 잘될 때, 우쭐하여 뽐내는 기세가 대단함.'을 의미한다. 이생이 최씨 여인이 늘어뜨려 놓은 줄을 잡고 담장을 넘은 것은 사실이지만 성이 나거나 우쭐한 상황은 아니므로 적절하지 않다.

4 담장

담장은 안과 밖을 구분하는 물리적 경계이다. 따라서 이생은 담 밖으로 지나다니며 그 안을 엿볼 수밖에 없었다. 또한 남녀 주인공이 담장을 넘어 서로 만나기를 원한다는 의미에서 이 경계는 사랑을 위해 넘어야 할 장애물이라 할 수 있다. '마음은 비록 기뻤지만, 자기의 마음이나 지금 하려는 일이 비밀스러워서 머리칼이 모두 곤두섰다.'에서 이생이 긴장감과 불안감을 느낀 것은 담장을 넘는 순간 사회 윤리적 질서를 벗어난 상태가 되기 때문이다. 이는 주변으로부터 자신과 최씨 여인의 사랑이 옹호받지 못할 것을 의식하면서 느끼는 불안과 긴장감으로 볼 수 있다.

5 ②

이 글과 〈보기〉 모두 사랑의 장애물을 상징하는 소재와 그것을 넘을 수 있게 해 주는 소재가 있지만 인물의 암울한 앞날을 암시하고 있지는 않다.

✘오답 풀이
① 이 글에서는 '그 집의 담이 높고도 가파르며 안채가 깊숙한 곳에 있었으므로'에서, 〈보기〉에서는 '담장이 높고 험준해서 몸에 날개를 달지

않으면 넘어갈 수가 없었습니다.'에서 알 수 있듯이 쉽사리 접근할 수 없는 공간이 설정되어 있다.

③ 이 글의 '그 집의 담이 높고도 가파르며 안채가 깊숙한 곳에 있었으므로 어찌할 도리가 없었다.'와 '이 몸이 죽어 가서 대청 위의 제비 되면 / 주렴 위를 가볍게 스쳐 담장 위를 날아 넘으리'에는 담을 넘어갈 수 없는 상황에 대한 인물들의 안타까움이 드러난다. 〈보기〉 역시 '집으로 돌아와 묵묵히 말을 하지 않고 근심스런 얼굴로 앉아 있었습니다.'에서 담을 넘어갈 수 없는 것에 대한 인물의 안타까움이 드러난다.

④ 〈보기〉에서는 '특이 즉시 사다리를 만들었는데 아주 가볍고 단순했으며, ~ 내려올 때도 역시 그와 같이 하십시오.'와 같이 담을 넘을 때 사용하는 사다리의 모양과 사용법이 이 글에 비해 상세하게 소개된다.

⑤ 이 글에서 이생은 담 안에서 늘어뜨려 놓은 줄을 잡고 담을 넘었으므로 그 안에 있는 사람의 도움을 받았다고 할 수 있으며, 〈보기〉의 진사는 담 바깥에 있는 특의 도움을 받는다.

03 이생규장전 ❷
p. 104

1 ③ **2** ② **3** 전기성 **4** ⑤ **5** ④ **6** 이승, 저승

1 ③
최씨 여인이 죽음을 당하는 과정과 원통함이 드러나 있지만 이생이 죄책감을 느끼도록 유도하고 있지는 않다.

✕오답 풀이
① '낭군과 저와는 삼세의 깊은 인연이 맺어져 있는 몸, ~ 낭군께서는 허락해 주시겠습니까?'에서 부부의 연을 계속 이어 갈 것을 제안하고 있다.
② '낭군께서 붉은 살구꽃이 피어 있는 담 안을 엿보게 되자 ~ 휘장 속에서 거듭 만났을 때는 정이 백 년을 넘쳤습니다.'와 같이 회상을 통해 이생과 지난날 있었던 일들을 상기하고 있다.
④ '이리 같은 놈들에게 정조를 잃지는 않았으나, 육체는 진흙탕에서 찢겼사옵니다.', '의리는 중하고 목숨은 가벼우므로 쇠잔한 몸뚱이로서 치욕을 면한 것만은 다행이었습니다만'에서 정절을 목숨보다 중요하게 여기는 유교적 도덕관념이 나타난다.
⑤ 최씨 부인은 자신을 '짝 잃은 새'에 비유하여 횡액을 겪은 후의 심정을 드러내고 있다.

2 ②
이생은 홍건적의 난에서 돌아와 다시 살림을 이루기 위해서 최씨 여인에게 ⓒ '모든 가산은 어떻게 되었소?'와 같이 물어본 것이라 할 수 있다. 이후에 이생은 금은, 재물을 팔아 양가 부모의 제사를 드려 예를 갖추고 있기 때문에 물질을 중시하는 속물적 근성을 지닌 인물로 볼 수 없다.

✕오답 풀이
① ㉠에서 '나의 소원'은 '낭군께서 지금도 삼세의 인연을 알아주신다면 끝내 고이 모실까 합니다. 낭군께서는 허락해 주시겠습니까?'라는 최씨 여인의 말에 대한 답변이다. 이를 통해 이생은 최씨 여인이 이미 죽었다는 사실을 알고도 그녀와의 인연이 이어지기를 바라고 있음을 알 수 있다.

③ 양가 부모의 유골을 수습하고 제사를 지내 예절을 다 마쳤다는 부분에서 자식으로서 도리를 다하는 효 사상이 드러난다.
④ '벼슬을 구하지 않고 최씨 여인과 함께 살았고'에서 출세보다 최씨 여인에 대한 사랑을 더 소중하게 여기고 있음을 알 수 있다.
⑤ 이생과 최씨 여인이 늘 함께 지내다가 '몇 년이 지난 어느 날 밤' 최씨 여인은 저승으로 가겠다며 이별을 고하고 있다. 따라서 시간의 경과와 함께 새로운 사건 전개를 위해 장면이 전환되고 있음을 알 수 있다.

3 전기성
이 글은 산 사람과 죽은 사람의 사랑이라는 비현실적이고 기이한 이야기로 사건을 전개하면서 전기성을 띠고 있다.

4 ⑤
'저승길은 피할 수가 없습니다.', '오랫동안 인간 세상에 머물러 있으면서 산 사람을 미혹할 수는 없습니다.'에서 죽은 사람의 영혼은 이승에 잠시 머물 수 있지만 결국 저승으로 가야 한다는 작가의 생각이 드러난다고 볼 수 있다.

✕오답 풀이
① 이승과 저승의 질서를 따라야 함이 나타나지만 이승의 질서가 저승까지 연속된다는 생각은 드러나 있지 않다.
② 사람이 죽으면 육신과 영혼이 분리되어 육신은 이승에 남고, 영혼은 저승으로 떠난다는 생각이 아니라, 육신은 사라지고 영혼은 이승에 잠시 머무르다가 저승으로 간다는 생각이 드러난다.
③ 사람이 죽어 저승에 가면 다시 태어나 새로운 삶을 살게 되는지는 확인할 수 없다.
④ 이승의 업보로 천국이나 지옥에 간다는 생각은 드러나 있지 않다.

5 ④
깨진 거울이 다시 갈라진다는 것은 이생과 최씨 부인의 거듭된 이별을 의미한다. '거울'을 통해 이별의 상황을 함축적으로 표현하고 있지만 낭만적 분위기를 조성하고 있지는 않다.

✕오답 풀이
① 도적 떼는 비극의 매개로, 도적 떼가 밀려온 처참한 싸움터는 최씨 부인이 죽음에 이르는 배경이 된다.
② 짝을 잃은 원앙은 최씨 부인의 죽음으로 이별하게 된 이생과 최씨 부인을 상징하는 객관적 상관물이다.
③ 하소연할 곳 없는 피투성이의 혼은 죽은 최씨 부인의 비참한 처지를 나타내고 있다.
⑤ 천상과 인간 세상 소식이 막힌다는 것은 둘 사이의 단절을 나타내고, 이생과 최씨 부인 사이의 거리감을 강조하여 슬픔을 극대화한다.

6 이승, 저승
이생과 죽은 최씨 여인의 환신은 이승에서 재회하지만 저승의 질서에 따라 다시 이별할 수밖에 없는 상황에 놓인다.

04 춘향전 ❶
p. 106

1 ③ 2 ③ 3 보고 듣는 사람이야 누가 눈물을 흘리지 않으랴.
4 ⑤ 5 ③

1 ③

이 글은 판소리 사설이 소설로 정착된 판소리계 소설이다. 판소리는 창자에 의해서 가창되지만 판소리계 소설은 책으로 만들어져 읽히는 방식으로 감상되었다.

2 ③

이 글에서 춘향은 매를 맞으면서도 이 도령을 못 잊고 일부종사하겠다고 말하고 있다. 이로 보아 ③은 춘향의 심리로 적절하지 않다.

3 보고 듣는 사람이야 누가 눈물을 흘리지 않으랴.

춘향이 매를 맞는 장면을 보는 사람은 누구나 울 수밖에 없다는 서술자의 판단이 드러나 있다.

4 ⑤

'삼치형문'은 세 번이나 형문을 받을 만큼 고생을 한다는 의미이다. 나머지는 모두 이 도령을 향한 춘향의 일편단심을 의미한다.

5 ③

이 글은 판소리계 소설로, 판소리 사설의 특징이 드러나며 재자가인(才子佳人)형 주인공과 전형적인 악인 사이의 갈등을 통해 권선징악의 주제 의식을 드러내고 있다. 또한 곳곳에서 해학과 풍자의 태도가 보인다. 그러나 이 글에서 자연 친화 사상은 찾아볼 수 없다.

04 춘향전 ❷
p. 108

1 ② 2 ⑤ 3 ③ 4 옥 5 ③

1 ②

이 글은 등장인물들의 말과 행동을 중심으로 사건이 전개되고 있다. 중심인물인 춘향의 경우 '기가 막혀'처럼 심리가 간략하게 직접 제시되는 경우도 있으나 이 글에 중심인물의 자세한 심리 묘사는 나타나지 않는다.

✗오답풀이
① (나)에서 암행어사 출두 이후 놀라서 허둥거리는 관리들의 모습을 해학적으로 묘사하여 웃음을 유발하고 있다.
③ "박 터졌네."와 같은 비속한 서민층의 언어와 '청송녹죽(靑松綠竹)', '이화 춘풍(李花春風)'과 같은 한자어를 사용하는 양반층의 언어가 혼재되어 나타나고 있다.
④ '강산이 무너지고 천지가 뒤집히는 듯 초목금수(草木禽獸)인들 아니 떨랴.', '춘향의 높은 절개 광채 있게 되었으니 어찌 아니 좋을쏜가?'

등에서 서술자가 작품 속에 개입하여 상황에 대한 주관적 논평을 하고 있다.
⑤ "수절(守節)이 정절(貞節)이라"에서처럼 유사한 발음과 의미를 지닌 언어를 사용한 언어유희가 나타나고 있다.

2 ⑤

'토사구팽(兎死狗烹)'은 필요할 때는 쓰고 필요 없을 때는 야박하게 버리는 경우를 이르는 말이다. 그러나 본관 사또는 자신이 저지른 부정한 행위 때문에 관직에서 쫓겨난 것이므로 토사구팽을 당한 것이 아니다.

✗오답풀이
① 혼비백산(魂飛魄散): '혼백이 어지러이 흩어진다는 뜻으로, 몹시 놀라 넋을 잃음.'을 이르는 말이다.
② 기사회생(起死回生): '거의 죽을 뻔하다가 도로 살아남.'을 이르는 말이다.
③ 사필귀정(事必歸正): '모든 일은 반드시 바른길로 돌아감.'을 이르는 말이다.
④ 시시비비(是是非非): '여러 가지의 잘잘못'을 이르는 말이다.

3 ③

(나)는 대구와 반복, 열거를 통한 확장적 문체를 사용하여 하나의 장면을 극대화한 부분이다. 이를 통해 장면에 생동감과 현장감을 부여하며, 독자의 상상력을 자극하고 즐거움을 준다. 또한 4·4조와 유사한 통사 구조의 반복으로 경쾌한 리듬감을 형성하기도 한다. 그러나 (나)에 현학적 표현은 나타나지 않는다. 현학적 표현은 학식이 있음을 자랑하는 표현을 말한다.

4 옥

'옥'은 신분이 미천한 춘향이 이몽룡과의 사랑을 완성하여 사대부의 아내로 거듭나기 위해 겪는 시련과 고난의 장소로, 재생을 위해 반드시 거쳐야 하는 제의적인 공간이다.

5 ③

이 글에는 여러 개의 갈등 관계가 나타나고 있다. 그중 기생의 딸인 춘향과 신분 질서가 존재하는 사회와의 갈등은 춘향이 신분 상승을 이룸으로써 해결된다. 이러한 갈등과 갈등의 해소를 통해 이 글의 이면적 주제 의식이 신분 해방이라는 것을 알 수 있다.

✗오답풀이
① 춘향과 변 사또 사이에서 일어나는 갈등을 통해 형상화되는 주제이다.
② 춘향과 이몽룡의 관계에서 찾을 수 있는 주제이다.
④ 변 사또와 이몽룡 사이에서 일어나는 갈등을 통해 제시되는 주제이다.
⑤ 이몽룡이 당시 사회의 보편적인 윤리를 실현하는 과정에서 드러나는 주제이다.

05 흥부전 ❶
p. 110

1 ⑤   2 ②   3 ①   4 ⑤   5 모과나무의 아들

1 ⑤

이 글에는 인물이 처한 상황이 과장되게 표현되어 있지만, 기이한 비현실적인 요소가 나타나 있지는 않다.

2 ②

이 글은 모진 가난을 견디다 못한 흥부가 놀부를 찾아갔다가 외면당하는 비극적인 내용으로 이루어져 있다. 그러나 이 부분에는 해학성이 가득 담겨 있어 그것이 비통하거나 처절한 느낌보다는 오히려 웃음을 자아내게 한다. 이는 우리 민중들이 비참한 상황을 웃음으로 극복하고자 했던 삶의 방식을 보여 주는 것이다.

3 ①

이 글에서 흥부가 자신의 신분을 회복하려는 의지를 보이고 있지는 않다.

4 ⑤

ⓜ은 흥부가 놀부에게 도움을 요청하는 부분으로, 해학성이 나타나 있지 않다.

✖오답 풀이

ⓐ은 놀부의 악행이 드러나는 구체적인 사례를 열거하여, ⓑ~ⓔ은 모두 흥부의 가난을 과장되게 표현하여 웃음을 유발하고 있다는 점에서 해학적 성격을 보인다.

5 모과나무의 아들

'모과나무 심사'는 모과나무처럼 뒤틀려서 심술궂고 순순하지 못한 마음씨를 이르는 말로, 놀부의 심술궂은 마음씨를 '모과나무의 아들'로 표현하고 있다.

내어 주는 장면이 나타나 있다. 따라서 이웃 간의 인정이 사라졌다는 ⑤의 설명은 적절하지 않다.

✖오답 풀이

③ 흥부 아내가 방아를 찧어 주고 쌀을 얻어 왔다고 한 것에서 알 수 있다.

3 ③

'감언이설'은 남의 비위에 맞도록 달콤하게 꾸미는 말을 의미한다. (나)에서 흥부는 우애 때문에 놀부를 만나지 못했다고 변명을 하고 있지만 이를 '감언이설'로 보기는 어렵다.

✖오답 풀이

① 한 달에 아홉 번 밥을 먹는다는 뜻으로, 몹시 가난함을 이르는 말 ② 몹시 기다림을 의미하는 말 ④ 겨우 먹고살아 가는 방책을 이르는 말 ⑤ 궁한 나머지 생각다 못해 짜낸 계책을 의미하는 말

4 ③

'현학적'이란 학식이 있음을 자랑하는 태도를 의미한다. [A]에 인물의 현학적 태도가 드러나 있지는 않다.

5 ②

ⓐ은 흥부 아내가 어제저녁 쌀을 얻어 자식들만 밥을 주고 흥부와 자신은 이때까지 굶고 있는 상황을 언급하며 우는 아기를 달래고 있다. ⓑ은 흥부가 놀부에게 쌀이나 돈을 얻어 올 상황을 가정하며 우는 아기를 달래고 있다.

6 ⑤

ⓒ의 앞뒤 내용을 볼 때, 상황은 가난한 흥부가 매품을 팔려 하지만 그것마저 실패했다는 내용이다. ⑤는 '운수가 사나운 사람은 대수롭지 않은 일에서도 자꾸만 낭패를 보게 된다.'는 의미이므로 ⓒ에 들어가기에 적절한 속담이다.

05 흥부전 ❷
p. 112

1 ⑤   2 ⑤   3 ③   4 ③   5 ②   6 ⑤

1 ⑤

(가)에서 흥부 아내는 배고픔에 우는 아이를 달래며 흥부가 놀부에게 돈이나 쌀을 얻어 올 것이라 기대하고 있다.

✖오답 풀이

① 흥부를 무능력하다고 질책하는 장면은 없다.
②, ④ 흥부 아내가 자식들보다 흥부를 더 중시한다고 보기 어려우며 흥부가 매품을 팔려 하자, 흥부 아내는 만류하고 있다.

2 ⑤

짚을 빌리러 온 흥부에게 장자(長者)가 흥부네를 걱정하며 짚을

수필·극

개념 확인 문제
p. 114~115

1 ⑤   2 ④   3 ②   4 (1) ⓒ (2) ⓑ (3) ⓐ   5 대단원   6 ①   7 ④
8 O. L.(Over Lap)   9 ②

1 수필은 작가가 실제 경험한 사실을 바탕으로 쓴 글이다. 현실에 있음 직한 허구적 내용을 쓴 글은 소설이다.

2 고전 수필은 고려 시대의 패관 문학에서 출발하였고 조선 전기에도 창작되었다. 다만 양난 이후 국문학이 산문화되면서 크게 발전하였다.

3 희곡은 무대 상연을 전제로 하기 때문에 시간적·공간적 제약을 받는다.

5 모든 갈등이 해소되고 사건이 마무리되는 부분은 희곡의 구성 단계상 대단원이다.

6 '막'은 희곡의 구성단위이다.

7 '몽타주(Montage)'의 뜻과 효과에 대한 설명이다.

9 ① 시나리오에 해당하는 설명이다. ③ 희곡에 해당하는 설명이다. ④, ⑤ 소설에 해당하는 설명이다.

01 풀 비린내에 대하여
p.116

1 ① **2** ① **3** 풀 비린내, 후각적 **4** ③ **5** ⑤ **6** 아늑한 자궁

1 ①
이 글은 글쓴이가 자동차 운전을 하면서 겪은 당혹스러운 경험을 바탕으로 생태에 대해 성찰한 내용을 진솔하게 서술한 수필이다.

✗오답 풀이
② 글쓴이가 연구한 분야 또는 새로운 도전에 대한 각오는 나타나 있지 않다.
③ 글쓴이가 경험한 내용을 바탕으로 자신의 성찰을 서술하므로 객관적인 태도로 대상을 관조해 대상이 가진 가치를 탐색한다고 볼 수 없다.
④ 자동차를 비유한 표현인 '아늑한 자궁', 차체에 부딪쳐 죽은 풀벌레들을 비유한 표현인 '두텁게 쌓여 있는 먼지 뭉치'와 같은 비유적 표현이 나타나지만, 이를 통해 가족과 사회에 대한 따뜻한 시선의 중요성을 부각하고 있지는 않다.
⑤ 대상에 대한 대중의 관점 변화 양상이나 이를 통한 글쓴이의 인생관을 드러내고 있지 않다.

2 ①
'그렇다고 하루아침에 차를 없앨 수도 없는 형편이어서 ~ 사용을 최소화하고 의존도를 낮추는 선에서 타협할 수밖에 없었다.'를 통해 자동차 운전을 그만두기로 결심한 것은 아니지만, 사용을 줄이기로 다짐했음을 알 수 있다.

✗오답 풀이
② '면허를 따 놓고도 5년이 넘도록 차를 살 생각이 별로 없었다. ~ 내 손으로 해결해야 했고, 어쩔 수 없이 운전을 하게 되었다.'에서 확인할 수 있다.
③ '갑자기 서울에 갈 일이 생겼는데 주말이라 차표를 구할 수 없었다. 몇 번을 망설이다가 나는 초보 주제에 식구들을 태우고 서울로 가는 고속 도로로 접어들었다.'에서 확인할 수 있다.
④ 자동차의 편안함과 안락함에 익숙해져 가던 글쓴이는 달리는 자동차 차체에 부딪쳐 죽은 풀벌레들을 보고 문명의 이기가 다른 생명을 해칠 수도 있다는 깨달음을 얻는다.
⑤ '옛날 티베트의 승려들은 입을 열어 말을 할 때마다 공기 중의 미생물을 죽이게 될까 봐 ~ 엄청난 살생 행위라고도 말할 수 있을 것이다.'에서 확인할 수 있다.

3 풀 비린내, 후각적
'풀 비린내'는 달리는 자동차에 부딪쳐 죽은 풀벌레들의 잔해에서 나는 냄새이며 글쓴이는 이를 통해 생명을 죽인 것에 대한 죄책감을 느낀다. '풀 비린내'에는 후각적 심상이 나타난다.

4 ③
스웨덴의 생태학자인 에민 텡스룀이 자동차는 '자기 자신의 영토 안에 머물고자 하는 의지와 이 영토 밖으로 움직일 필요성을 동시에 충족해 준다.'라고 말했음을 제시한 후 현대인들이 자동차로부터 잠시도 떨어지고 싶어 하지 않는 것도 이러한 '모순된 욕망'을 자동차가 해결해 주기 때문일 것이라 하였다. 즉, '모순된 욕망'은 '자기 자신의 영토 안에 머물고자 하는 의지'(ⓒ)와 '이 영토 밖으로 움직일 필요성'(ⓓ)이 동시에 존재하는 것이라 할 수 있다.

5 ⑤
글쓴이는 자동차를 몰고 다니는 것 자체가 엄청난 살생 행위라고 보고, '감성적 기계'인 자동차의 편안함에 길들여지려는 순간마다 그것이 풀 비린내뿐만 아니라 피비린내를 불러올 수도 있다는 자각을 잊지 않는다고 하였다. 따라서 자동차의 운행은 다른 생명을 죽일 수 있다는 가능성을 내재하고 있기 때문에 차를 소유하고부터는 생태적인 어떤 발언도 할 자격이 없다는 생각이 든 것으로 볼 수 있다.

✗오답 풀이
① 원죄 의식이란 벗어날 수 없는 근원적 죄의식인데 '다만 그날 아침의 풀 비린내가 원죄 의식처럼 운전대를 잡은 내 손에 남아 있을 따름이다.'에서 글쓴이는 자동차를 이용하는 한 풀벌레를 죽음에 이르게 했던 죄의식에서 벗어날 수 없음을 말하고 있다. 그러나 원죄 의식을 해결하기 위한 고뇌의 시간을 지나고 있는 것과 생태적인 어떤 발언도 할 자격이 없다는 내용을 연결할 수 있는 근거가 없다.
② 글쓴이가 걷기를 좋아했던 자신의 소신을 꺾었다는 내용은 확인할 수 없다.
③ 글쓴이는 차를 유지하되 사용을 최소화하고 의존도를 낮추는 선에서 타협하였기 때문에 자동차 운전을 유보하고 있지 않다. 또한 자동차 운전에 대해 유보적인 생각을 가질 수밖에 없는 현실과 생태적인 어떤 발언도 할 자격이 없다는 내용을 연결할 수 있는 근거가 없다.
④ 글쓴이는 생태에 대한 자신의 가치관을 자동차를 통해서 구현하고 있지 않았다.

6 아늑한 자궁
'아늑한 자궁'은 자동차가 어머니의 뱃속에 있을 때처럼 편안하고 안락한 공간임을 비유적으로 표현한 것이다.

02 이옥설
p.118

1 ③ **2** ① **3** ③ **4** 행랑채 수리 **5** ⑤ **6** ④ **7** 잘못

1 ③

이 글은 고려 시대에 한문으로 기록되어 전해진다. 구전되다가 조선 시대에 기록된 대표적 갈래는 고려 가요이다.

✗오답 풀이

① 이 글은 수필로, 글쓴이의 실제 경험을 바탕으로 서술하고 있기 때문에 '나'는 글쓴이 자신이다.

② '이옥설'은 '설(說)'에 속하며, '설(說)'은 한문으로 쓰인 수필이다.

④ '설(說)'은 대부분 '사실(경험, 일화) – 의견(깨달음)'의 구성으로 이루어진다. 경험이나 일화는 사실적으로 전개하고, 글쓴이의 의견과 깨달음은 비유적으로 표현하는 특징이 있다. 이 글 역시 집을 수리한 사실적 경험에 빗대어 사람의 몸이나 나라의 정사에 대한 글쓴이의 깨달음을 전달하고 있다.

⑤ 이 글은 잘못을 알았을 때 바로 고쳐야 한다는 교훈을 전달하려는 의도를 지니고 있다.

2 ①

비가 샌 지 오래된 행랑채 '두 칸'과 한 번밖에 비를 맞지 않은 '다른 한 칸'이라는 대비되는 상황을 제시한 후, 그것들을 수리하는 데 든 수리비의 차이라는 결과를 비교하고 있다.

✗오답 풀이

② 예상되는 반론이나 그에 대한 비판이 제시되어 있지 않다.

③ 권위 있는 사람의 말이 인용되지 않았다.

④ 보편적인 진리를 구체적 경험에 적용한 것이 아니라, 구체적 경험을 통해 보편적인 진리를 이끌어 내고 있다.

⑤ 마지막의 '어찌 삼가지 않을 수 있겠는가?'라는 질문 형식을 통해 글쓴이의 의견을 강조하고 있다. 하지만 이는 대답이 필요 없는 질문(설의법)이므로 자문자답으로 글을 마무리하여 의미를 강조하고 있다는 설명은 적절하지 않다.

3 ③

'잘못을 알고 고치기를 꺼려하지 않으면 다시 좋은 사람이 되는 것이 저 집의 재목처럼 말끔하게 다시 쓸 수 있는 것이다.'에서 '나'는 오점을 지닌 사람도 잘못을 알고 이를 고치면 좋은 사람이 된다고 이야기하고 있다.

✗오답 풀이

① '집에 오래 지탱할 수 없이 퇴락한 행랑채 세 칸'에서 '행랑채 세 칸'은 행랑채에 세 칸의 공간이 있다는 것이지, 행랑채 자체가 세 채라는 뜻은 아니다.

② '나'는 행랑채에 비가 샌 지 오래되었음을 알고도 '어물어물하다가 수리하지 못하였다'. 즉 제때 행동하지 않고 꾸물대며 미루다가 수리를 못한 것이지 경제적인 이유 때문에 수리를 못한 것이 아니다.

④ '나'는 아껴 쓰는 자세의 중요성이 아니라 잘못이 있으면 바로 고치는 것의 중요성에 대해 이야기하고 있다.

⑤ '나'는 비가 샌 지 오래된 썩은 재목들은 못 쓰게 되었다고 했지만, 한 번밖에 비를 맞지 않은 재목들은 모두 완전하여 다시 쓸 수 있었다고 하였다. 따라서 비를 맞은 재목은 모두 재사용할 수 없음을 알게 되었다는 설명은 적절하지 않다.

4 행랑채 수리

이 글은 퇴락한 행랑채를 수리한 경험에서 얻은 깨달음을 전달하고 있다.

5 ⑤

㉠은 비가 새는 것을 알고도 고치지 않아 수리비가 많이 든 상황이므로 커지기 전에 처리하였으면 쉽게 해결되었을 일을 방치하였다가 나중에 큰 힘을 들이게 된 경우를 이르는 말인 '호미로 막을 것을 가래로 막는다'가 적절하다. ㉡은 나라가 위태롭게 된 후에 급히 바로 잡으려 하면 이미 늦은 상황이므로 이미 때가 지난 후에 대책을 세우거나 후회해도 소용없다는 말인 '사후약방문'이 적절하다. 이는 '죽은 뒤에 약방문을 쓴다.'는 뜻이다.

✗오답 풀이

① '쇠귀에 경 읽기'는 소의 귀에 대고 경을 읽어 봐야 단 한 마디도 알아듣지 못한다는 뜻으로, 아무리 가르치고 일러 주어도 알아듣지 못하거나 효과가 없는 경우를 이르는 말이다. '동량지재'는 마룻대와 들보로 쓸 만한 재목이라는 뜻으로, 집안이나 나라를 떠받치는 중대한 일을 맡을 만한 인재를 이르는 말이다.

② '낫 놓고 기역 자도 모른다'는 기역 자 모양으로 생긴 낫을 보면서도 기역 자를 모른다는 뜻으로, 아주 무식함을 이르는 말이다. '금상첨화'는 비단 위에 꽃을 더한다는 뜻으로, 좋은 일 위에 또 좋은 일이 더하여짐을 이르는 말이다.

③ '비 온 뒤에 땅이 굳어진다'는 비에 젖어 질척거리던 흙도 마르면서 단단하게 굳어진다는 뜻으로, 어떤 시련을 겪은 뒤에 더 강해짐을 이르는 말이다. '점입가경'은 시간이 지날수록 하는 짓이나 몰골이 더욱 꼴불견임을 이르는 말이다.

④ '빈대 잡으려고 초가삼간 태운다'는 손해를 크게 볼 것을 생각지 아니하고 자기에게 마땅치 아니한 것을 없애려고 그저 덤비기만 하는 경우를 이르는 말이다. '설상가상'은 눈 위에 서리가 덮인다는 뜻으로, 난처한 일이나 불행한 일이 잇따라 일어남을 이르는 말이다.

6 ④

이 글은 집수리(A) 경험을 통해 사람의 몸에 있어서도 잘못을 알고 고치기를 꺼려하지 않으면 다시 좋은 사람이 될 수 있다며 사람이 살아가는 올바른 자세(B)를 이야기하고 있다. 나아가 백성을 좀먹는 무리들을 내버려 두었다가는 백성이 도탄에 빠지고 나라가 위태롭게 된다며 시의적절한 정치 개혁의 필요성(C)을 이야기하고 있다. B에서는 사람의 잘못됨을 고쳐야 함을 이야기하고 있기 때문에 백성에게 해가 될 것을 개혁하자는 B의 주장이 C에서 반복되고 있다는 설명은 적절하지 않다.

✗오답 풀이

① A에는 비가 샌 지 오래된 행랑채를 수리한 글쓴이의 실제 경험이 제시되어 있다.

② B에서 '나'는 비가 새는 행랑채의 수리를 미루면 많은 경비가 드는 것처럼, 잘못을 알고서도 고치지 않으면 사람이 나쁘게 되는 것이 마치 나무가 썩어서 못 쓰게 되는 것과 같다고 말한다. 이는 A '집'과 B '사람'의 유사점에 바탕을 둔 유추라 할 수 있다.

③ '나'는 행랑채 수리를 통해 얻은 깨달음을 C에서 나라의 정사라는 사회적 영역에 적용해, 백성에게 해가 되는 잘못된 정치를 개혁해야 한다고 주장하고 있다.

⑤ '나'는 행랑채를 수리하면서 깨달음을 얻고 이를 B '사람의 몸'과 C '나라의 정사'에 적용하고 있다. 따라서 '나'의 사고와 인식이 점차 사회

적 차원으로 확장된다고 볼 수 있다.

7 잘못
이 글은 잘못을 알고 빨리 고쳐 나가는 자세의 중요성을 이야기하고 있다.

03 파수꾼
p. 120

1 ⑤   **2** 이리 떼   **3** ③   **4** ②   **5** ②   **6** ①

1 ⑤
글의 뒷부분에서 촌장은 파수꾼 '다'를 회유하고 있다. 이를 통해 볼 때 촌장이 파수꾼 '다'에게 고맙다고 한 것은 진심이 아니라는 것을 알 수 있다.

2 이리 떼
'이리 떼'는 마을 사람들에게 두려움을 주는 외부의 적으로, 촌장이 마을을 다스리기 위해 사용하는 가공의 존재이다.

3 ③
이리 떼를 주의하라는 내용이 적힌 '팻말'은 사람들의 접근을 막는다. 덕분에 '팻말' 밑에 가득한 '딸기'를 촌장이 혼자 차지하고 있으므로 '팻말'은 촌장으로 하여금 '딸기'라는 실리를 차지하게 하는 수단이 된다고 할 수 있다.

✘**오답 풀이**
① 촌장이 '딸기'를 본연의 직무에 충실한 파수꾼들에게 보상으로 제공해 왔다는 내용은 찾을 수 없다.
② 촌장이 '팻말'을 통해 가치관을 바꾸는 모습은 나와 있지 않다.
④ 이리 떼는 사실 존재하지 않으며, '딸기'는 사람들 몰래 촌장이 독차지한 이득이라 할 수 있지 공동체적 가치와는 관련이 없다.
⑤ '딸기'는 '팻말' 아래 촌장이 독차지한 이득으로 볼 수 있으며 희망과는 관련이 없다.

4 ②
ⓒ은 파수꾼 '나'가 나이를 먹었음을 나타내는 촌장의 말이다. 따라서 현재 무대 위에서 보여 줄 수 있는 사건에 해당한다. 반면 ㉠, ㉢, ㉣, ㉤은 무대 밖에서 일어난 사건을 등장인물들의 대화를 통해 제시하고 있다.

5 ②
이 글은 이리 떼의 실체를 숨기려는 촌장과 진실을 밝히려는 파수꾼 '다' 사이에서 갈등이 발생하고 있다.

6 ①
ⓐ에는 주체 높임과 하십시오체를 사용한 상대 높임법이 사용되었다. ① 역시 주체 높임과 하십시오체를 사용하여 대화 상대를

높이고 있다.

✘**오답 풀이**
②는 주체 높임, ③은 주체 높임과 해요체를 사용한 상대 높임, ④는 객체 높임, ⑤는 주체 높임이 사용되었다.

04 결혼
p. 122

1 ②   **2** ②   **3** ③   **4** ①   **5** ⓐ: 소유 ⓑ: 사랑   **6** 사진 석 장

1 ②
이 글의 갈래는 희곡으로, 서술자가 아닌 등장인물의 대사와 행동을 통해 사건이 전개되고 인물의 심리가 드러난다.

✘**오답 풀이**
① 희곡의 대사는 대화와 독백, 방백이 있다.
④, ⑤ 희곡은 무대 상연을 전제로 쓴 글로, 사건이 항상 현재화되어 표현되며 시간적·공간적 배경에 제약이 있다.

2 ②
이 글에서는 등장인물의 이름을 고유 명사로 제시하지 않고, '남자', '여자'라는 보통 명사로 제시하고 있다. 이것은 등장인물이 특정 개인이 아니라 현대 사회의 모든 이들을 대표할 수 있는 전형적 인물임을 드러내어 보편적인 공감대를 이끌어 내기 위한 것이다. 따라서 이 글이 인물의 개성적 성격 제시에 주안점을 둔다고 볼 수 없다.

3 ③
이 글은 관객에게 소품을 빌리거나, 관객과 대화를 나누고 관객을 증인으로 내세우는 등 관객의 참여를 유도하고 있다. 또한 대사 없이 빌려준 것을 빼앗고 남자를 구둣발로 차는 하인의 설정 역시 일반적인 희곡과는 다른 점이다. 그러나 등장인물의 수가 제한적이라는 것을 실험적인 기법으로 볼 수는 없다.

4 ①
이 글은 물질적 가치를 맹신하는 현대 사회의 왜곡된 결혼 세태를 비판하고 소유의 본질과 진정한 사랑의 의미가 무엇인지를 생각하게 하는 작품이다. 따라서 이 글에 대해 인생이 무의미하다는 반응은 적절하지 않다.

5 ⓐ: 소유 ⓑ: 사랑
이 글은 물질적 가치를 맹신하는 현대 사회를 비판하고 소유의 본질과 진정한 사랑의 의미라는 주제를 담고 있다.

6 사진 석 장
'사진 석 장'은 시간의 흐름에 따라 외모가 변한다는 것을 보여 주는 소품으로, 외적인 조건은 변한다는 사실을 상징적으로 드러내고 있다.

05 이상한 변호사 우영우
p. 124

1 ⑤ **2** ④ **3** ③ **4** ③ **5** 우산 **6** ③

1 ⑤

이 글은 드라마 대본으로 'S#'은 장면 표시 번호를 나타내는 용어
이다. 'S# 33' 장면에서는 '법정'이라는 공간적 배경에서 벌어지는
사건을 보여 주며, 하나의 장면에서 여러 공간을 통해 펼쳐지는
사건을 동시에 보여 주고 있지 않다.

✗오답 풀이
① 인물의 대사는 물론, 인물의 행동과 극중 상황을 설명하는 지시문들
  이 모두 현재 시제로 서술되고 있다.
② 서술자에 의해 사건이 서술되는 소설과 달리, 드라마 대본은 모든 갈
  등 상황이 인물의 대사와 행동을 통해 전달된다.
③ 장면 'S# 33'은 '법정(내부)'이라는 특정 장소와 '낮'이라는 시간을 배경
  으로 구성되어 있다.
④ 지시문 '사진 속 재판장의 우산 귀퉁이에 돌고래 로고가 새겨진 것이
  보인다'와 같이 극중 상황을 전개하는 데 필요한 시각 자료가 시청자
  들에게 제시되고 있다.

2 ④

명석이 '돌고래'라고 하려다가 굳이 '남방큰돌고래'라고 한 것은,
앞서 큰돌고래보다는 몸통이 날씬하고 길쭉하니 이것은 남방큰
돌고래라고 판단하는 것이 좋겠다고 말하며 고래를 향한 애정을
드러낸 우영우 변호사를 존중하고 배려하는 따뜻한 태도로 이해
할 수 있다.

3 ③

이 글에서 소송을 제기한 원고는 행복로 건설에 반대하는 마을
주민들이고, 피고는 소송 대상인 경해도이다. 행복로 건설에 찬
성하는 마을 주민들은 피고 측이 이용하는 존재일 뿐이다.

✗오답 풀이
① 원고는 행복로 건설에 반대하는 마을 주민들이고, 법무 법인 한바다
  의 변호사들이 원고를 대리하고 있다.
② 피고는 경해도이고 태수미와 태산의 변호사들이 피고 측의 대리인이다.
④ 재판장에 의해 원고의 청구가 기각되면 결국 피고인 경해도가 소송에
  서 이기는 것으로 볼 수 있다.
⑤ 이 소송은 검사에 의해 죄의 유무를 가리는 형사 소송이 아니라, 소송
  을 제기한 사람과 상대방이 서로의 주장을 내세우는 민사 소송이다.

4 ③

원고 측 대리인인 한바다의 요구대로 재판부 기피 신청이 인용된
다 하더라도, 새로운 재판부로부터 다시 판결을 받아야 하는 상
황이므로 아직 재판의 결과는 알 수 없다. 따라서 재판에서 지게
되었다는 허탈감은 적절하지 않다.

✗오답 풀이
① '그제야 한바다의 의도를 이해한'이라는 지시문을 볼 때, 뒤늦게 상황
  을 판단했다는 어이없음은 적절하다.
②, ④, ⑤ '헛웃음'은 예상치 못한 공격을 받은 데서 오는 씁쓸함, 날카로

운 상대의 지적에 대한 놀라움, 재판부 기피 신청의 인용 가능성이 높
아진 것에 대한 낭패감 등이 복합된 감정에서 나온 것으로 이해할 수
있다.

5 우산

'사진 속 재판장님께서 들고 계신 우산은 경포건설이 함운 신도
시에 건설 예정인 경포 오션 파크 아파트의 모델 하우스에서 방
문객들에게 나눠 준 우산이고요.'는 재판장이 함운 신도시에 건
설될 아파트와 관련되어 있음을 암시한다. 원고 측은 질 수도 있
는 상황에서 이 재판이 불공평한 재판이 될 수 있다고 판단하여
재판부 기피 신청을 하는데 '우산'은 기피 신청의 결정적 근거로
작용한다.

6 ③

재판장에게 문제의 핵심과는 관계가 없는 '큰돌고래'와 '남방큰돌
고래'의 특징을 상세하게 설명하는 것은 우영우가 특정 관심사에
몰입하며 사회적 상호 작용에 어려움을 겪는 모습으로 볼 수 있다.

✗오답 풀이
① 우영우가 재판장과 수미에게 사진을 가져다주는 것은 재판 진행 과정
  에서의 문제를 제기하기 위한 행동이지, 특정 관심사에 대한 몰입과
  는 관계가 없다.
② 사진 속 우산 귀퉁이에 새겨진 '돌고래 로고'는 우영우가 문제 해결과
  관련해 독창적인 생각을 떠올린 후에 제시된 것으로 볼 수 있다.
④ 우영우가 재판장의 큰 소리에 놀라 눈을 꼭 감는 것은 자폐 스펙트럼
  장애를 겪는 우영우가 사회적 상호 작용에 어려움을 겪는 모습을 보
  여 주는 것으로, 고래를 상상하며 심리적 위안을 받기 위해서 하는 행
  동이 아니다.
⑤ '좋겠습니다'라고 끝까지 말하는 것은 우영우가 몰입하는 대상인 고래
  에 대한 강한 애정을 알 수 있는 표현이며, 문제 해결의 방법을 제시
  하려는 의지와는 관련이 없다.

II 문법

01 음운의 변동

p. 128~129

개념 확인 문제

1 (1) ○ (2) × (3) × (4) ○ **2** (1) 축약 (2) 비음화 (3) 된소리 **3** (1) 암마당 (2) 정는다 (3) 궐력 (4) 부치다 (5) 갈뜽 (6) 해도지 (7) 달란 **4** ④ **5** (1) 구개음화 (2) 된소리되기 (3) 비음화 **6** ⑤ **7** (1) ㉢ (2) ㉠ (3) ㉠ (4) ㉣ **8** ⑤ **9** ②

4 '솜이불[솜니불]'은 'ㄴ' 첨가, 나머지는 모두 된소리되기이다.

6 유음화가 일어나는 '천리[철리]'는 탈락이 아니라 교체이다. / ① 국물[궁물] – 비음화, ② 입구[입꾸] – 된소리되기, ③ 낙하산[나카산] – 거센소리되기, ④ 되어[되여] – 반모음 첨가

8 '물놀이[물로리]'는 유음화가 일어난다. / ① 법학[버팍] ② 축하[추카] ③ 닫히다[다치다] ④ 하얗게[하야케]

9 거센소리되기가 일어나는 '백합[배캅]'은 축약에 해당한다. / ① 바깥[바깓] ③ 발달[발딸] ④ 실내[실래] ⑤ 꽃다발[꼳따발]

p. 130~133

1 ③ **2** ③ **3** ① **4** ④ **5** ① **6** ① **7** ④ **8** ② **9** ① **10** ② **11** ② **12** ① **13** ① **14** ④ **15** ③ **16** ④ **17** ① **18** ④

1 ③ [고2 전국연합 기출]

'난리'는 'ㄹ'의 앞뒤에서 'ㄴ'이 'ㄹ'로 변하는 유음화 현상이 나타나므로 [난니]가 아니라 [날리]로 발음해야 한다.

✖ 오답 풀이

① '밥물'은 'ㅁ' 앞에서 'ㅂ'이 'ㅁ'으로 변하는 비음화 현상이 나타나므로 [밤물]로 발음해야 한다.
② '밭이(밭+–이)'는 끝소리가 'ㅌ'인 형태소가 모음 'ㅣ'로 시작하는 형식 형태소와 만나 'ㅊ'으로 변하는 구개음화 현상이 나타나므로 [바치]로 발음해야 한다.
④ '땀받이(땀＋받–+–이)'는 끝소리가 'ㄷ'인 형태소가 모음 'ㅣ'로 시작되는 형식 형태소와 만나 'ㅈ'으로 변하는 구개음화 현상이 나타나므로 [땀바지]로 발음해야 한다.
⑤ '먹는다'는 'ㄴ' 앞에서 'ㄱ'이 'ㅇ'으로 변하는 비음화 현상이 나타나므로 [멍는다]로 발음해야 한다.

2 ③ [수능 기출]

㉠은 음절의 끝소리 규칙, ㉡은 된소리되기, ㉢은 음운의 축약(거센소리되기)을 드러내는 예이다. '따뜻하다'의 경우 '따뜻 → [따뜯]'으로 음절의 끝소리 규칙(㉠)이 나타나며, '[따뜯하다] → [따뜨타다]'로 음운의 축약(㉢)도 나타난다.

✖ 오답 풀이

① ㉠은 음절 종성에 놓인 자음이 바뀌는 변동이 맞지만, ㉡은 음절 초성의 자음이 바뀌는 변동이다.
② ㉠에서 '앞 → [압]'의 경우만 거센소리가 예사소리로 바뀌고 있다. 또한 ㉢은 거센소리가 된소리로 바뀌는 것이 아니라, 음운의 축약으로 예사소리가 거센소리로 바뀌고 있다.
④ ㉡은 동화가 아니다. 그리고 ㉢은 두 음운이 하나로 합쳐진 것이지, 뒤의 자음이 앞의 자음에 동화된 것이 아니다.
⑤ ㉡은 음운의 교체, ㉢은 음운의 축약에 해당한다.

3 ①

㉠은 두 음운이 결합할 때 원래 있던 음운 B가 생략된 것으로 보아 '탈락'에 해당한다. '싫어도[시러도]'는 받침 'ㅀ'에서 'ㅎ'이 탈락되었으므로 ㉠의 예로 적절하다. ㉡은 두 음운이 결합하여 하나의 다른 음운 C로 줄어드는 것으로 보아 '축약'에 해당한다. '국화[구콰]'는 'ㄱ'과 'ㅎ'이 만나 'ㅋ'으로 축약되었으므로 ㉡의 예로 적절하다.

✖ 오답 풀이

② '소나무'는 '솔＋나무'에서 'ㄹ'이 탈락한 것이지만, '읊대[읍때]'는 자음군 단순화(탈락)와 음절의 끝소리 규칙(교체), 된소리되기(교체) 현상이 나타나는 예이다.
③ '많고[만코]'는 'ㅎ'과 'ㄱ'이 만나 'ㅋ'이, '집합[지팝]'은 'ㅂ'과 'ㅎ'이 만나 'ㅍ'이 되는 자음 축약의 예이다.
④ '가져'는 '가지–+–어'로 모음 축약, '입학[이팍]'은 'ㅂ'과 'ㅎ'이 만나 'ㅍ'이 되는 자음 축약의 예이다.
⑤ '낳은[나은]'은 'ㅎ' 탈락, '값[갑]'은 자음군 단순화 현상이 나타나는 탈락의 예이다.

4 ④ [고3 전국연합 기출]

㉣ '묻히고'에서 어근 '묻–'은 받침이 'ㄷ'인 실질 형태소이고, '–히–'는 피동 접미사이므로 형식 형태소이다. 따라서 '묻히고'는 〈보기 1〉에 따라 'ㄷ'과 'ㅎ'이 결합하여 [무티고]가 된 후 'ㅌ'이 구개음화 현상이 일어나 'ㅊ'으로 바뀌어 [무치고]로 발음된다.

✖ 오답 풀이

① ㉠ '붙인'은 받침 'ㅌ'이 모음 'ㅣ'로 시작하는 형식 형태소 '–이–'와 만나 [ㅊ]으로 바뀌어 [부친]으로 발음되는 구개음화 현상이 일어난다.
② ㉡ '낱낱이'는 받침 'ㅌ'이 모음 'ㅣ'로 시작하는 형식 형태소 '–이'와 만나 'ㅊ'으로 바뀌는 구개음화와 함께, 음절의 끝소리 규칙과 비음화도 일어나 [난나치]로 발음된다. 따라서 '낱'의 받침 'ㅌ'은 [ㅊ]으로 발음된다.
③ ㉢ '밭이랑'은 실질 형태소 '밭'과 실질 형태소 '이랑'의 결합이므로 구개음화가 일어나지 않는다. '밭이랑'은 음절의 끝소리 규칙([받이랑]), 'ㄴ' 첨가([받니랑]), 비음화가 일어나 [반니랑]으로 발음된다.
⑤ ㉤ '홑이불'은 뒤에 오는 '이불'이 실질 형태소이므로 구개음화가 일어나지 않는다. '홑이불'은 음절의 끝소리 규칙([혼이불]), 'ㄴ' 첨가([혼니불]), 비음화가 일어나 [혼니불]로 발음된다.

5 ① [고1 전국연합 기출]

(ㄱ)에서 '숱한'은 음절의 끝소리 규칙에 따라 받침 'ㅌ'이 대표음 'ㄷ'으로 교체되어 [숟한]이 되고, (ㄴ)에서 받침 'ㄷ'과 'ㅎ'이 'ㅌ'

으로 축약되어 [수탄]이 되었다. 즉, '숱한'은 (ㄱ)에서 '교체'가, (ㄴ)에서 '축약'이 일어난 것이다.

6 ①   [고2 전국연합 기출]

'끓어[끄러]'는 어간 '끓-'의 받침 'ㅀ'에서 'ㅎ'이 탈락하고, 남은 'ㄹ'이 연음되어 발음된다. 따라서 ㄱ은 '축약'의 사례가 아니라 '탈락'의 사례이다.

✘오답풀이

② '좋고[조코]'는 어간 '좋-'의 받침 'ㅎ'과 어미 '-고'의 'ㄱ'이 'ㅋ'으로 축약되어 발음된 것이다.

③ '가져[가저]'는 어간 '가지-'의 끝모음 'ㅣ'와 어미 '-어'가 'ㅕ'로 축약되어 발음된 것이다.

④ '미뤄[미뤄]'는 어간 '미루-'의 끝모음 'ㅜ'와 어미 '-어'가 'ㅝ'로 축약되어 발음된 것이다.

⑤ '봐서[봐서]'는 어간 '보-'의 모음 'ㅗ'와 어미 '-아서'의 첫 모음 'ㅏ'가 'ㅘ'로 축약되어 발음된 것이다.

7 ④   [모의평가 기출]

'급행열차'는 [그팽녈차]로 발음되는데, 이는 'ㅂ'과 'ㅎ'이 'ㅍ'으로 축약되고 'ㄴ' 음이 첨가되었기 때문이다. 따라서 '급행열차[그팽녈차]'에서는 축약(ⓓ)과 첨가(ⓒ)의 음운 변동이 일어난다.

✘오답풀이

① '가랑잎[가랑닙]'에서는 'ㄴ' 음의 첨가와 'ㅍ'이 'ㅂ'으로 바뀌는 교체가 일어난다(ⓒ, ⓐ).

② '값지다[갑찌다]'에서는 'ㅄ'에서 'ㅅ'이 탈락하여 'ㅂ'으로 발음되고 'ㅈ'이 된소리로 바뀌는 교체가 일어난다(ⓑ, ⓐ).

③ '숱하다[수타다]'에서는 'ㅌ'이 'ㄷ'으로 바뀌고 'ㄷ'이 'ㅎ'과 결합해 'ㅌ'으로 축약되지만, 탈락 현상은 일어나지 않는다(ⓐ, ⓓ).

⑤ '서른여덟[서른녀덜]'에서는 'ㄴ' 음의 첨가가 일어나고, 'ㄼ'에서 'ㅂ'이 탈락하여 'ㄹ'로 발음된다(ⓒ, ⓑ).

8 ②   [모의평가 기출]

ⓛ의 '흙까지[흑까지]'는 겹받침 'ㄺ'에서 'ㄹ'이 탈락한 자음군 단순화의 예이다. ②의 '값싸다[갑싸다]' 역시 겹받침 'ㅄ'에서 'ㅅ'이 탈락하고, '닭똥[닥똥]'은 겹받침 'ㄺ'에서 'ㄹ'이 탈락한 것으로, 모두 자음군 단순화에 해당한다.

✘오답풀이

① ㉠의 '밥하고[바파고]'는 거센소리되기의 예이다. '먹히다[머키다]'는 거센소리되기의 예가 맞지만, '목걸이[목꺼리]'는 된소리되기의 예이다.

③ ㉢의 '잡고[잡꼬]'는 된소리되기의 예이다. '굳세다[굳쎄다]'는 된소리되기의 예가 맞지만, '솜이불[솜니불]'은 'ㄴ' 첨가의 예이다.

④ ㉣의 '듣는대[든는다]'는 'ㄷ'이 'ㄴ'의 영향을 받아 'ㄴ'으로 바뀌었으므로 비음화의 예이다. '검내대[검내다]'는 비음화의 예가 맞지만, '맨입[맨닙]'은 'ㄴ' 첨가의 예이다.

⑤ ㉤의 '칼날[칼랄]'은 유음화의 예이다. '설날[설랄]'은 유음화의 예가 맞지만, '잡히다[자피다]'는 거센소리되기의 예이다.

9 ①   [고1 전국연합 기출]

'물약'은 (ㄱ)의 과정을 거쳐 [물냑]이 될 때 없던 음운인 'ㄴ'이 추가되었는데, 이는 '첨가'에 해당한다. 그리고 [물냑]이 (ㄴ)의 과

정을 거쳐 [물략]으로 될 때는 'ㄴ'이 앞이나 뒤에 오는 유음 'ㄹ'의 영향으로 'ㄹ'로 바뀌는 유음화 현상이 일어났는데, 이는 '교체'에 해당한다. 따라서 (ㄱ)은 첨가, (ㄴ)은 교체이다.

10 ②   [고3 전국연합 기출]

'옷하고'는 음절의 끝소리 규칙에 의해 받침 'ㅅ'이 대표음 'ㄷ'으로 교체되어 [온하고]가 되고, 바뀐 'ㄷ'이 'ㅎ'과 결합하여 'ㅌ'으로 축약되어 [오타고]로 발음된다. 따라서 '옷하고[오타고]'는 음운 변동의 유형 중 '교체'(ⓐ)와 '축약'(ⓓ)에 해당한다. '홑이불'은 음절의 끝소리 규칙에 의해 받침 'ㅌ'이 대표음 'ㄷ'으로 교체되어 [혿이불]이 되고, 앞말이 자음으로 끝나고 뒷말이 모음 'ㅣ'로 시작할 때 'ㄴ' 소리가 덧나는 'ㄴ' 첨가에 따라 [혿니불]이 되었다가, 비음화에 따라 비음 'ㄴ'의 앞에 있는 받침 'ㄷ'이 'ㄴ'으로 교체되어 [혼니불]로 발음된다. 따라서 '홑이불[혼니불]'은 음운 변동의 유형 중 '교체'(ⓐ)와 '첨가'(ⓒ)에 해당한다.

11 ②   [고1 전국연합 기출]

ⓑ의 '낳아'는 [나아]로 발음되지만 '낳아'로 표기한다. 즉, 발음상 'ㅎ'이 탈락되는 것일 뿐, 이를 표기에 반영하지는 않는다.

✘오답풀이

① ⓐ의 '도니'를 보면 어간 '돌-'의 끝소리 'ㄹ'이 'ㄴ'으로 시작하는 어미 앞에서 탈락된다.

③ ⓒ의 '써'를 보면 어간 '쓰-'의 모음 'ㅡ'가 모음으로 시작하는 어미 앞에서 탈락된다.

④ ⓓ의 '가'를 보면 어간 '가-'의 모음과 동일 음운인 'ㅏ'가 연결될 경우 하나가 탈락된다.

⑤ ⓐ와 ⓑ는 자음의 탈락, ⓒ와 ⓓ는 모음의 탈락이다.

12 ①   [고1 전국연합 기출]

'국물'은 '국'의 종성 'ㄱ'이 뒤에 오는 '물'의 초성 'ㅁ'과 만나 'ㅇ'으로 바뀌는 비음화 현상이 나타나므로 [궁물]로 발음된다. 이는 한 음운이 다른 음운으로 바뀌는 현상인 '교체'에 해당한다. '몫'은 음절 끝의 겹받침 'ㄳ'에서 'ㅅ'이 없어지는 자음군 단순화 현상이 나타나므로 [목]으로 발음된다. 이는 있던 음운이 없어지는 현상인 '탈락'에 해당한다.

13 ①   [고2 전국연합 기출]

〈보기〉에서 '맨입'은 'ㄴ' 첨가가 일어나 [맨닙]으로 발음되고, '국민'은 비음화가 일어나 [궁민]으로 발음된다. 따라서 ⓐ는 'ㄴ' 첨가, ⓑ는 비음화이다. ①의 '막일'은 'ㄴ' 첨가가 일어나 [막닐]이 된 후, 비음화로 인해 [망닐]로 발음되므로 ⓐ와 ⓑ가 모두 일어나는 단어이다.

✘오답풀이

② '담요'는 'ㄴ' 첨가가 일어나 [담뇨]로 발음된다.

③ '낙엽'은 연음으로 인해 [나겹]으로 발음된다.

④ '곡물'은 비음화가 일어나 [공물]로 발음된다.

⑤ '강약'은 음운 변동 현상이 일어나지 않는다.

14 ④　　　　　　　　　　　　　　　　　　　[고2 전국연합 기출]

'크- + -어서 → 커서'는 어간 '크-'와 어미 '-어서'가 만나 어간의 모음 'ㅡ'가 탈락한 경우이므로, ⓒ과 ⓔ에 해당한다.

✕오답 풀이

① '싫다[실타]'는 자음 'ㅎ'과 'ㄷ'이 만나 'ㅌ'으로 축약된 경우이므로, ㉠과 ⓒ에 해당한다.

② '좋아요[조아요]'는 자음 'ㅎ'이 탈락한 경우이므로, ⓒ과 ⓒ에 해당한다.

③ '울-+-는 → 우는'은 어간 '울-'과 어미 '-는'이 만나 어간의 받침인 자음 'ㄹ'이 탈락한 경우이므로, ⓒ과 ⓒ에 해당한다.

⑤ '나누-+-었다 → 나눴다'는 어간 '나누-'와 어미 '-었다'가 만나 어간 끝모음 'ㅜ'와 어미 첫 모음 'ㅓ'가 'ㅝ'로 축약되는 경우이므로, ㉠과 ⓔ에 해당한다.

15 ③　　　　　　　　　　　　　　　　　　　[고2 전국연합 기출]

'붙여우'는 ㉠의 과정에서 [붙녀우]가 되면서 없던 음운인 'ㄴ'이 새로 생겼는데, 이는 첨가(ⓑ)에 해당한다. 그리고 [붙녀우]가 ⓒ의 과정에서 [불려우]로 되면서 'ㄴ'이 'ㄹ'로 바뀌었는데, 이는 유음화로 교체(ⓐ)에 해당한다.

16 ④　　　　　　　　　　　　　　　　　　　[고1 전국연합 기출]

④의 '담다[담따]'는 어간 받침 'ㅁ' 뒤에 결합되는 어미의 첫소리 'ㄷ'을 된소리로 발음하므로 ㉠에 해당한다. '발전(發展)[발쩐]'은 한자어 'ㄹ' 받침 뒤에 결합되는 자음 'ㅈ'을 된소리로 발음하므로 ⓒ에 해당한다.

✕오답 풀이

① '신다[신따]'는 ㉠에 해당하지만, '굴곡(屈曲)[굴곡]'은 'ㄹ' 받침 뒤에 결합되는 자음이 'ㄱ'이므로 ⓒ에 해당하지 않는다.

② '앉다[안따]'는 ㉠에 해당하지만, '불법(不法)[불법]'은 'ㄹ' 받침 뒤에 결합되는 자음이 'ㅂ'이므로 ⓒ에 해당하지 않는다.

③ '넓다[널따]'는 어간 받침이 'ㄼ'이므로 ㉠에 해당하지 않지만, '갈등(葛藤)[갈뜽]'은 ⓒ에 해당한다.

⑤ '끓다[끌타]'는 어간 받침이 'ㅀ'이므로 ㉠에 해당하지 않지만, '월세(月貰)[월쎄]'는 ⓒ에 해당한다.

17 ①　　　　　　　　　　　　　　　　　　　[고3 전국연합 기출]

〈보기 2〉의 ㄱ은 음운의 축약, ㄴ은 탈락, ㄷ은 교체, ㄹ은 첨가에 대한 설명이다. ⓐ의 '듬직한[듬지칸]'과 '맏형[마텽]', '좋다[조타]'에서는 'ㄱ, ㄷ'이 'ㅎ'과 만나 'ㅋ, ㅌ'으로 줄어드는 축약 현상이 나타난다. 그리고 ⓑ의 '작문[장문]'과 '해돋이[해도지]'에서는 각각 'ㄱ'이 'ㅇ'으로, 'ㄷ'이 'ㅈ'으로 바뀌는 교체 현상이 나타난다. 따라서 ⓐ는 ㄱ, ⓑ는 ㄷ의 설명과 관련이 있다.

18 ④　　　　　　　　　　　　　　　　　　　[고1 전국연합 기출]

〈보기〉의 ㉠은 비음화, ⓒ은 유음화에 대한 설명이다. ④의 '닫는'은 'ㄷ'이 비음 'ㄴ'의 앞에서 비음 'ㄴ'으로 바뀌어 [단는]으로 발음되므로 비음화(㉠)의 예이다. '권리'는 비음 'ㄴ'이 유음 'ㄹ' 앞에서 'ㄹ'로 바뀌어 [궐리]로 발음되므로 유음화(ⓒ)의 예이다.

✕오답 풀이

① '먹물[멍물]'과 '중력[중녁]'은 모두 ㉠의 예이다.

② '국법[국빱]'은 된소리되기, '설날[설랄]'은 ⓒ의 예이다.

③ '입는[임는]'과 '막내[망내]'는 모두 ㉠의 예이다.

⑤ '솜이불[솜니불]'은 'ㄴ' 첨가, '물난리[물랄리]'는 ⓒ의 예이다.

02 한글 맞춤법

개념 확인 문제　　　　　　　　　　　　　　　p. 134~140

1 (1) × (2) ○ (3) × 　**2** (1) 잔뜩, 갑자기 (2) 안팎, 수탉 (3) 로서　**3** ③
4 ㉠: 소리, ⓒ: 어법　**5** ②　**6** ④　**7** (1) 예의 (2) 수력 (3) 급류 (4) 수열 (5) 개량 (6) 연이율 (7) 진행률 (8) 여학교 (9) 구름양 (10) 감소량　**8** ①
9 ②　**10** ⑤　**11** (1) ○ (2) × (3) ○　**12** ④　**13** ⑤　**14** ④　**15** ④
16 ㉠, ⓑ, ⓒ, ㉧, ⓧ　**17** ④　**18** (1) 다달이 (2) 따님 (3) 잗주름 (4) 이튿날　**19** ②　**20** ③　**21** (1) 곳간 (2) 갯날 (3) 내과 (4) 횟수 (5) 제삿날 (6) 장미과　**22** ①　**23** ②　**24** ⑤　**25** ③　**26** ①　**27** ②　**28** ①
29 (1) × (2) ○ (3) ○ (4) ○ (5) × (6) ×　**30** ④

1 (1) 한글 맞춤법은 표준어를 소리대로 적되, 어법에 맞도록 함을 원칙으로 한다.
(3) 외래어는 '외래어 표기법'에 따라 적는다.

2 (1) '갑자기'와 같이 'ㄱ, ㅂ' 받침 뒤에서 나는 된소리는 같은 음절이나 비슷한 음절이 겹쳐 나는 경우가 아니면 된소리로 적지 아니한다. 하지만 '잔뜩'은 한 단어 안에서 뚜렷한 까닭 없이 된소리가 나는 경우이고 'ㄴ, ㄹ, ㅁ, ㅇ' 받침 뒤에서 나는 된소리이므로 소리 나는 대로 적는다.
(2) '안팎', '수탉'은 두 말이 어울릴 적에 'ㅎ' 소리가 덧나는 것이므로 소리 나는 대로(뒤 단어의 첫소리를 거센소리로) 적는다.
(3) '로서'는 지위나 신분, 자격을 나타내며, '로써'는 수단이나 도구를 나타낼 때 쓰인다.

3 'ㄱ, ㅂ' 받침 뒤에서 나는 된소리는, 같은 음절이나 비슷한 음절이 겹쳐 나는 경우가 아니면 된소리로 적지 않는다는 제5항의 '다만' 규정에 따라 '싹둑'으로 표기해야 한다.

5 'ㄱ, ㄷ' 받침 뒤에서 나는 된소리는 같은 음절이나 비슷한 음절이 겹쳐 나는 경우가 아니면 된소리로 적지 아니한다고 하였으므로, '법석'이 맞는 표기이다.

8 '이치'는 '랴, 려, 례, 료, 류, 리'가 단어의 첫머리에 올 적에는 두음 법칙에 따라 '야, 여, 예, 요, 유, 이'로 적는다는 규정에 따른 것이다.

12 '노름'은 '놀다'의 어간 '놀-'에 접미사 '-음'이 결합되었지만 원래의 의미에서 멀어져 도박의 의미를 지니게 되었으므

로 원형을 밝혀 적지 않은 경우이다. 나머지는 모두 어간에 '-이'나 '-음' 이외의 모음으로 시작된 접미사가 붙어서 다른 품사로 바뀐 경우이다.

13 '실없다'의 어간 '실없-'에 '-이'가 붙어서 부사로 된 것이므로 어간의 원형을 밝혀 '실없이'로 적어야 한다.

15 ④는 한글 맞춤법 제24항으로 이에 따르면 '숙더기다'가 아니라 '숙덕이다'가 맞는 표기이다.

25 수효를 나타내는 '개년, 개월, 일, 시간' 등은 붙여 쓰지 않는다. 따라서 '삼 년 육 개월'과 같이 띄어 쓰는 것이 맞다.

26 두 말을 이어 주거나 열거할 적에 쓰이는 말들은 띄어 써야 하므로 '팀장 겸 차장'이 맞는 표기이다.

27 '덤벼들어보아라'는 앞말인 '덤벼들어'가 '덤비다'와 '들다'의 합성 동사이므로, 뒤에 오는 보조 용언 '보아라'를 띄어 '덤벼들어 보아라'로 써야 한다.

28 이름에 덧붙는 호칭어는 띄어 써야 하므로 '정수빈 씨'가 맞는 표기이다.

---

p. 141~147

1 한글 맞춤법		**2** ②		**3** ⑤		**4** ③		**5** ①		**6** ①		**7** ④		**8** ①	
9 ④		**10** ④		**11** ③		**12** ②		**13** ⑤		**14** ③		**15** ④		**16** ②	
17 ②		**18** ⑤		**19** ③		**20** ③		**21** ④		**22** ③		**23** ⑤		**24** ③	
25 ①		**26** ④		**27** ⑤		**28** ①		**29** ⑤		**30** ⑤		**31** ②			

1 한글 맞춤법
'한글 맞춤법'은 우리말을 한글로 적을 때 지켜야 할 기준을 정하여 놓은 것으로, 총 6장과 부록으로 구성되어 있다.

2 ②   [고3 전국연합 기출]
〈보기〉에 따르면, '-이오'가 모음으로 끝나는 체언과 결합하는 경우 '-요'로 줄어 쓰이기도 한다. 그러나 ㄴ의 '서울'은 자음으로 끝나는 체언이므로 '-이오'를 줄여 '요'라고 썼다고 할 수 없다. 또한 ㄴ이 선배의 물음에 대한 후배의 대답임을 고려하면, ㄴ의 밑줄 친 '요'는 청자에게 존대의 뜻을 나타내는 보조사 '요'에 해당한다고 볼 수 있다. 따라서 ㄴ의 밑줄 친 '요'를 '이요'로 바꾸어 적을 수 없다.

✗오답풀이
① 〈보기〉에 따르면, 하오체 종결 어미 '-오'는 [오]로 발음하는 것이 원칙이지만 [요]로 발음할 수도 있다. 따라서 ㄱ의 '이오'는 [이요]로 발음할 수 있다.
③ 〈보기〉에 따르면, 제15항 [붙임 2]에서 설명하는 어미 '-오'는 하오체 종결 어미이다. 따라서 ㄷ의 밑줄 친 문장은 하오체 문장에 해당한다.
④ '무얼 좋아하시오?'를 통해 ㄹ에서는 하오체가 쓰이고 있음을 알 수 있다. 〈보기〉에 따르면, 하오체 종결 어미 '-오'가 '이다', '아니다'의 어

간 뒤에 붙어 '-이오'로 활용할 때, 모음으로 끝나는 체언과 결합하는 경우 '-요'로 줄어 쓰이기도 한다고 하였다. 따라서 ㄹ의 '요'는 모음으로 끝나는 체언 '영화' 뒤에서 '-이오'가 줄어든 형태에 해당한다.
⑤ '무얼 좋아하세요?'를 통해 ㅁ에서는 해요체가 쓰이고 있음을 알 수 있다. 따라서 ㅁ의 밑줄 친 '요'는 둘 다 체언과 결합하여 청자에게 존대의 뜻을 나타내는 보조사에 해당한다.

3 ⑤
'달리다'는 자음과 모음의 결합 형식에 따라 표준어를 소리대로 표기한 것이며, '닭다'는 [닥따]로 소리 나지만 '닦으며, 닦으니, 닦아서' 등에서처럼 어법에 맞게 형태소의 본 모양을 밝히어 적은 예이다.

✗오답풀이
'해, 달, 물다, 가다, 바람, 오리'는 표준어를 소리대로 표기한 것이며, '흙[흑, 흘기, 흥만]', '밭[받, 바치, 반만]'은 형태소의 본 모양을 밝혀 적은 것이다.

4 ③   [고1 전국연합 기출]
ㄴ의 '너머'는 '넘다'에서 나온 명사이지만 [너머]로 소리 나므로 표준어의 발음대로 적은 것이다.

✗오답풀이
① ㄱ의 '거리'는 [거리]로 소리 나므로 표준어의 발음대로 적은 것이다.
② ㄱ의 '좁히다'는 [조피다]로 소리 나지만 어법에 맞게 적은 것이다.
④ ㄴ의 '넘어'는 [너머]로 소리 나지만 독서의 능률을 올리기 위해 뜻이 얼른 파악되도록 어법에 맞게 표기한 것이다.
⑤ ㄷ의 '읽-'은 각각 [익-], [일-]로 소리 나지만 뜻을 파악하기 쉽게 '읽-'으로 표기한 것이다.

5 ①
한글 맞춤법 제40항에 따라 어간의 끝음절 '하'의 'ㅏ'가 줄고 'ㅎ'이 다음 음절의 첫소리와 어울려 거센소리로 될 적에는 거센소리로 적어야 하므로, '간편하게'는 '간편케'로 적어야 한다.

✗오답풀이
②, ③, ④, ⑤ '거북지, 생각건대, 깨끗지 않다, 익숙지 않다'처럼 어간의 끝음절 '하'가 아주 줄 적에는 준 대로 적는다. 이것은 한글 맞춤법 제40항의 [붙임 2]에 따른 것이다.

6 ①   [모의평가 기출]
㉠의 '아니요'는 용언 '아니다'의 어간 '아니-'에 어미 '-오'가 결합한 것이다. 이처럼 종결형에서 사용되는 어미 '-오'는 '요'로 소리 나는 경우가 있더라도 그 원형을 밝혀 적어야 하므로, '아니요'가 아니라 '아니오'로 표기해야 한다. 따라서 ㉠에 적용되는 원칙은 ⓐ이다.

✗오답풀이
㉡의 '가지요'는 용언 '가다'의 어간 '가-'와 종결 어미 '-지'가 결합한 '가지'에 높임을 나타내는 보조사 '요'가 결합한 것이다. 이렇게 어미 뒤에 덧붙는 조사 '요'는 '요'로 적어야 하므로, ㉡에 적용되는 원칙은 ⓒ이다.
㉢의 '설탕이요'는 '이것은 설탕이다.'라는 문장과 '저것은 소금이다.'라는 문장을 이어 주기 위해 서술격 조사 '이다'의 어간에 '요'가 결합한 것이

다. 이렇게 연결형에서 사용되는 '이요'는 '이요'로 적어야 하므로, ©에 적용되는 원칙은 ⓑ이다.

7 ④
[수능 기출]

'옷소매'는 어근 '옷'과 어근 '소매'가 결합한 합성어로, 소리 나는 대로 '온쏘매'라고 적지 않고 어법에 맞도록 형태를 밝혀 적고 있다. '밥알' 역시 어근 '밥'과 어근 '알'이 결합한 합성어로, 소리 나는 대로 '바발'이라고 적지 않고 어법에 맞도록 형태를 밝혀 적고 있다. 따라서 ④의 '옷소매'와 '밥알'은 모두 ⓔ의 예로 적절하다.

✖ 오답 풀이
① '이파리'는 ㉠의 예로 적절하다. 그러나 '얼음'은 어근 '얼-'에 접미사 '-음'이 결합한 파생어로, 어법에 맞도록 형태를 밝혀 적고 있으므로 ©의 예이다.
② '마소'는 ㉡의 예로 적절하다. 그러나 '낮잠'은 어근 '낮'과 어근 '잠'이 결합한 합성어로, 어법에 맞도록 형태를 밝혀 적고 있으므로 ⓔ의 예이다.
③ '웃음'은 ©의 예로 적절하다. 그러나 '바가지'는 어근 '박'에 접미사 '-아지'가 결합한 파생어로, 소리 나는 대로 적고 있으므로 ㉠의 예이다.
⑤ '꿈'은 ⓜ의 예로 적절하다. 그러나 '사랑니'는 어근 '사랑'에 어근 '이'가 결합한 합성어로, 소리 나는 대로 적고 있으므로 ㉡의 예이다.

8 ①
[고2 전국연합 기출]

'할게요'는 어간 '하-'에 '어떤 행동에 대한 약속이나 의지'를 나타내는 종결 어미 '-ㄹ게'가 붙은 것이다. 한글 맞춤법 제53항에서는 '-ㄹ게'와 같은 어미는 예사소리로 적는다고 하였으므로, '할게요'는 한글 맞춤법에 맞게 쓰인 것이다.

✖ 오답 풀이
② '-던지'는 '막연한 의문이 있는 채로 그것을 뒤 절의 사실과 관련시키는 데 쓰는 연결 어미'이므로, '나열된 동작이나 상태, 대상들 중에서 어느 것이든 선택될 수 있음'을 나타내는 연결 어미 '-든지'를 사용하여 '하든지'로 고쳐야 올바른 표기이다.
③ '어떻다'는 '의견, 성질, 형편, 상태 따위가 어찌 되어 있다.'는 의미의 형용사이고, '어떻게'로 활용한다. 따라서 '어떠하게 하다'가 줄어든 말인 '어떡하다'를 사용하여 '어떡해'로 고쳐야 올바른 표기이다.
④ '바라다'는 어간 '바라-' 뒤에 어미 '-아'가 붙을 때 '바라'의 형태로 활용한다. 따라서 '바래'는 '바라' 혹은 '바란다'로 고쳐야 올바른 표기이다.
⑤ 어간의 끝음절 '하'의 'ㅏ'가 줄고 'ㅎ'이 '지'의 첫소리와 어울려 거센소리가 되지만, 어간의 끝음절 '하'가 아주 줄 적에는 준 대로 적으므로 '넉넉치'가 아니라 '넉넉지'가 올바른 표기이다.

9 ④
[고2 전국연합 기출]

[씩씩]에서 [씩]은 'ㄱ' 받침 뒤에서 나는 된소리로, 같은 음절이 겹쳐 나는 경우이므로 ⓑ가 아니라 ©에 따라 '씩씩'으로 표기해야 한다.

✖ 오답 풀이
① [으뜸]에서 [뜸]은 두 모음 사이에 나는 된소리이므로 ⓐ에 따라 '으뜸'으로 표기해야 한다.
② [거꾸로]에서 [꾸]는 두 모음 사이에 나는 된소리이므로 ⓐ에 따라 '거꾸로'로 표기해야 한다.

③ [살짝]에서 [짝]은 'ㄹ' 받침 뒤에서 나는 된소리이므로 ⓑ에 따라 '살짝'으로 표기해야 한다.
⑤ [낙찌]에서 [찌]은 'ㄱ' 받침 뒤에서 나는 된소리이지만, 같은 음절이나 비슷한 음절이 겹쳐 나는 경우가 아니므로 ©에 따라 '낙지'로 표기해야 한다.

10 ④

ⓐ '제삿날'은 한자어 '제사(祭祀)'와 순우리말 '날'로 된 합성어로, 뒷말의 첫소리 'ㄴ' 앞에서 'ㄴ' 소리가 덧나는 경우이다(ⓜ). 그리고 ⓑ '텃마당'은 순우리말 '터'와 '마당'으로 된 합성어로, 뒷말의 첫소리 'ㅁ' 앞에서 'ㄴ' 소리가 덧나는 경우(ⓛ)이며, © '깻잎'은 순우리말 '깨'와 '잎'으로 된 합성어로, 뒷말의 첫소리 모음 앞에서 'ㄴㄴ' 소리가 덧나는 경우(©)이다.

11 ③
[고1 전국연합 기출]

'벌어지다'는 앞말 '벌다(틈이 나서 사이가 뜨다.)'의 본뜻이 유지되고 있어 그 원형을 밝혀 적은 것이므로, ⓝ의 '늘어나다'를 표기할 때 적용된 규칙을 따른 것이다.

✖ 오답 풀이
① ㉮의 '먹어'와 '좋고'처럼 어간과 어미의 형태를 구별하여 표기하면, 어간이 표시하는 어휘적 의미와 어미가 표시하는 문법적 의미가 쉽게 파악될 수 있다.
② 어간 '넘-'과 어미 '-어'를 구별하여 '넘어'로 적는 것은, '먹어'에 적용된 ㉮의 규정을 따른 것이다.
④ '들어가다'로 앞말의 원형을 밝혀 적는 것은 앞말 '들다(밖에서 속이나 안으로 향해 가거나 오거나 하다.)'의 본뜻이 유지되고 있기 때문이다.
⑤ '것이오'에서 '-오'는 종결형에서 사용되는 어미이므로 '요'로 소리 나는 경우가 있더라도 그 원형을 밝혀 '오'로 적는다. 이것은 ㉯의 '오시오'와 같은 규정을 따른 것이다.

12 ②

②의 '공부한만큼'에서의 '만큼'은 '앞의 내용에 상당하는 수량이나 정도임'을 나타내는 말로, 의존 명사이므로 앞의 말인 '공부한'과 띄어 써야 한다. 그리고 '고래 만큼'의 '만큼'은 '앞말과 비슷한 정도나 한도임'을 나타내는 조사이므로, 체언인 '고래' 뒤에 붙여 써야 한다.

✖ 오답 풀이
① '생각대로'의 '대로'는 '앞에 오는 말에 근거함'을 나타내는 조사이므로 앞말에 붙여 쓰고, '마음 가는 대로'의 '대로'는 '어떤 모양이나 상태와 같이'를 나타내는 의존 명사이므로 앞말과 띄어 써야 한다.
③ '맛있는지 없는지'의 '지'는 어미의 일부이므로 붙여 써야 하지만, '떠난 지'의 '지'는 용언의 관형사형 뒤에서 경과한 시간을 나타내므로 의존 명사이다. 따라서 띄어 써야 한다.
④ '동생과 같이'의 '같이'는 '둘 이상의 사람이나 사물이 함께'를 뜻하는 부사이고, '단풍잎같이'의 '같이'는 '앞말이 보이는 전형적인 어떤 특징처럼'의 뜻을 나타내는 조사이다.
⑤ '얼마 만인가'의 '만'은 '앞말이 가리키는 동안이나 거리'를 나타내는 의존 명사이고, '연습만'의 '만'은 '다른 것으로부터 제한하여 어느 것을 한정함'을 나타내는 조사이다.

13 ⑤

'우리들은 뛰놀고 싶다.'의 '뛰놀다'는 '뛰다+놀다'의 합성 동사이므로 ㉲의 규정에 따라 뒤에 오는 보조 용언 '싶다'를 띄어 써야 한다.

✖오답 풀이

① '먹을 뿐이다'의 '뿐'은 '다만 어떠하거나 어찌할 따름이라는 뜻'을 나타내는 의존 명사이므로 ㉮의 규정에 따라 띄어 쓴다. 그러나 '남자뿐이다'의 '뿐'은 '그것만이고 더는 없음'을 나타내는 조사이므로 앞말에 붙여 써야 한다.
② '채'는 집을 세는 단위를 나타내는 명사이므로 ㉯의 규정에 따라 띄어 써야 한다.
③ '육 층'의 '층'은 '건물에서 같은 높이의 켜를 세는 단위'를 나타내는 명사이므로 띄어 쓰는 것이 원칙이다. 그러나 여기서는 순서를 나타내는 경우이므로 ㉰의 규정에 따라 붙여 쓸 수 있다.
④ '내지'는 수량을 나타내는 말 사이에서 열거할 때 쓰이는 말이므로 ㉱의 규정에 따라 띄어 써야 한다.

14 ③

㉮에서처럼 보조 용언은 띄어 씀이 원칙이지만, 보조 용언이 거듭되는 '읽어 볼만하다'는 ㉰를 근거로 앞의 보조 용언만을 붙여 '읽어볼 만하다'로 써야 한다.

✖오답 풀이

① 보조 용언이 거듭되는 경우로, ㉰를 근거로 앞의 보조 용언을 붙여 쓸 수 있다.
② 앞말에 조사가 붙은 경우로, ㉯를 근거로 띄어 쓰는 것이 맞다.
④, ⑤ ㉮에 따라 '떠들어댄다, 올성싶다'는 띄어 쓰는 것이 원칙이지만 붙여 쓰는 것도 허용된다.

15 ④

[고3 전국연합 기출]

'귀머거리'는 동사 '귀먹다'의 어간 '귀먹-'에 접미사 '-어리'가 붙어서 명사가 된 말이다. 이는 어간에 '-이'나 '-음' 이외의 모음으로 시작된 접미사가 붙어서 다른 품사로 바뀐 것은 그 어간의 원형을 밝혀 적지 않는다는 ㉡의 규정을 적용한 것이다.

✖오답 풀이

① '다듬이'는 동사 '다듬다'의 어간 '다듬-'에 접미사 '-이'가 붙어서 명사가 된 말로, 어간의 원형을 밝혀 적었으므로 ㉠의 규정을 적용한 것이다.
② '마개'는 동사 '막다'의 어간 '막-'에 접미사 '-애'가 붙어서 명사가 된 말로, 어간의 원형을 밝혀 적지 않았으므로 ㉡의 규정을 적용한 것이다.
③ '삼발이'는 명사 '삼발' 뒤에 접미사 '-이'가 붙어서 된 말로, 명사의 원형을 밝혀 적었으므로 ㉢의 규정을 적용한 것이다.
⑤ '덮개'는 동사 '덮다'의 어간 '덮-'에 자음으로 시작된 접미사 '-개'가 붙어서 된 말로, 어간의 원형을 밝혀 적었으므로 ㉤의 규정을 적용한 것이다.

16 ②

〈보기〉는 '두음 법칙'에 관한 조항이다. 두음 법칙에 따라 '여자(女子), 연도(年度), 연세(年歲), 여성(女性)'으로 적는 것이 맞다. 또한 '소녀(少女), 남녀(男女), 만년(晩年), 당뇨(糖尿)'와 같이 단어의 첫머리가 아닌 경우에는 두음 법칙이 적용되지 않으므로, 본음대로 적는다. 한편 접두사처럼 쓰이는 한자가 붙어서 된 '공염불(空念佛)'이나 합성어 '남존여비(男尊女卑)'는 뒷말의 첫소리가 'ㄴ' 소리로 나더라도 두음 법칙에 따라 적는 것이 옳다.

17 ②

[고2 전국연합 기출]

'홀쭉이'는 어근 '홀쭉-'에 접미사 '-하다'가 붙을 수 있고, 어근에 접미사 '-이'가 붙어서 된 명사이므로 ㉠에 해당한다. '매미'는 어근 '맴-'에 접미사 '-하다'가 붙을 수 없고, 어근에 접미사 '-이'가 붙어서 된 명사이므로 ㉡에 해당한다.

✖오답 풀이

'깨끗이'는 어근 '깨끗-'에 접미사 '-하다'가 붙을 수 있고, 어근에 접미사 '-이'가 붙어서 된 부사이다. 한편 '곰곰이'는 어근 '곰곰-'에 접미사 '-하다'가 붙을 수 없고, 어근에 접미사 '-이'가 붙어서 된 부사이다.

18 ⑤

보조 용언은 띄어 쓰는 것이 원칙이나 붙여 쓰는 것도 허용하므로 ㉡의 '깨뜨려버렸다'는 맞게 쓰인 것이다. 두 말을 이어 주는 말은 띄어 써야 하므로 '및'을 띄어 쓴 ㉢도 맞는 표기이다. 그리고 부사는 다른 부사와 띄어 써야 하므로 '좀'과 '더'를 띄어 쓴 ㉥도 맞는 표기이고, 호칭어나 관직명은 띄어 써야 하므로 '박사'를 띄어 쓴 ㉦ 역시 맞는 표기이다.

✖오답 풀이

㉠ '만'은 조사이므로 앞말에 붙여 '학교에서만이라도'라고 써야 한다.
㉣ 앞말에 조사가 붙는 경우 그 뒤에 오는 보조 용언은 띄어 써야 하므로 '잘난 체를 한다'가 맞는 표기이다.
㉤ '지'는 의존 명사이므로 앞말과 띄어 '떠난 지가'라고 써야 맞는 표기이다.

19 ③

제38항에 따르면 'ㅏ' 뒤에 '-이어'가 어울려 줄어질 적에는 준대로 적어야 하므로, '싸이어'는 '싸여'로 줄여 쓸 수 있다. 그러나 '쌓다'는 '여러 개의 물건을 겹겹이 포개어 얹어 놓다.'라는 뜻으로, '헤어나지 못할 만큼 어떤 분위기나 상황에 뒤덮이다.'라는 뜻의 '싸이다'와 서로 다른 말이다.

✖오답 풀이

① 제32항에 따르면, '디디고'에서 어간 '디디-'의 끝모음인 'ㅣ'가 줄어지고 남은 'ㄷ'은 그 앞의 음절에 받침으로 적어야 하므로 '딛고'로 줄여 쓸 수 있다.
② 제35항에 따르면, '보았으면'은 모음 'ㅗ'로 끝난 어간 '보-'에 '-았-'이 어울려 'ㅘ'으로 되는 경우이므로 '봤으면'으로 줄여 쓸 수 있다.
④ 제39항에 따르면, '적지 않은'은 '적지'의 어미 '-지' 뒤에 '않-'이 어울려 '-잖-'이 되는 경우이므로 '적잖은'으로 줄여 쓸 수 있다.
⑤ 제40항에 따르면, '연구하도록'은 어간 '연구하-'의 끝음절 '하'의 'ㅏ'가 줄고 'ㅎ'이 다음 음절의 첫소리인 'ㄷ'과 어울려 거센소리 'ㅌ'이 된 경우이므로 '연구토록'으로 줄여 쓸 수 있다.

20 ③

'생긋'은 '눈과 입을 살며시 움직이며 소리 없이 가볍게 웃는 모

양'을 나타내는 부사이다. 여기에 '-이'가 붙어서 뜻을 더하는 경우이므로 〈보기〉를 참고할 때 ③은 부사의 원형을 밝힌 '생긋이'가 맞는 표기이다.

✗오답 풀이

①, ⑤ '-하다'가 붙는 어근에 '-히'나 '-이'가 붙어서 부사가 된 경우이므로 어근의 원형을 밝히어 적는 것이 맞다.

②, ④ 부사에 '-이'가 붙어서 뜻을 더하는 경우이므로 원형을 밝혀 적는 것이 맞다.

21 ④

지난 일을 나타내는 어미는 '-더라, -던'으로 적어야 하므로 ④는 '놀랐던지'가 맞는 표기이다.

✗오답 풀이

① 모음이나 'ㄴ' 받침 뒤에 이어지는 '렬, 률'은 '열, 율'로 적어야 한다.

② 한자음 '로'가 단어의 첫머리에 올 적에는 두음 법칙에 따라 '노'로 적지만, 첫머리 이외의 경우에는 본음대로 적는다.

③ '일정한 규격의 물건을 만들도록 미리 주문을 하다.'라는 뜻의 말은 '맞추다'이다.

⑤ 한 단어 안에서 같은 음절이 겹쳐 나는 부분은 같은 글자로 적는다.

22 ③

'읽어나'에서 '나'는 마음에 차지 아니하는 선택, 또는 최소한 허용되어야 할 선택이라는 뜻을 나타내는 보조사이다. 이는 앞말에 조사가 붙은 경우이므로, 뒤에 오는 보조 용언 '보고'를 띄어 '읽어나 보고'로 써야 한다.

✗오답 풀이

① 보조 용언은 띄어 씀을 원칙으로 하되, 경우에 따라 붙여 씀도 허용한다고 하였다. 따라서 '늙어 간다'가 원칙이지만 '늙어간다'도 허용된다.

② 본용언과 보조 용언을 띄어 쓰는 '도와 드린다'가 원칙이지만 '도와드린다'도 허용된다.

④ '덤벼들어'는 '덤비다'와 '들다'의 합성 동사이므로, 보조 용언인 '보아라'를 띄어 써야 한다.

⑤ '떠내려가'는 '뜨다'와 '내려가다'의 합성 동사이므로, 보조 용언인 '버렸다'를 띄어 써야 한다.

23 ⑤ [고1 전국연합 기출]

㉠의 '밖에'는 '그것 말고는', '그것 이외에는', '기꺼이 받아들이는', '피할 수 없는'의 뜻을 나타내는 보조사이므로 한 단어이다. 그러나 ㉡의 '밖에'는 명사 '밖'과 조사 '에'가 결합된 두 단어이다.

24 ③ [고1 전국연합 기출]

보조 용언은 앞말에 조사가 붙을 때에는 띄어 써야 한다. ㉢의 '웃고만 있었다'에서 '웃고만'은 '웃고'에 보조사 '만'이 붙은 본용언이고, '있었다'는 앞말이 뜻하는 행동이나 변화가 끝난 상태가 지속됨을 나타내는 보조 용언이다. 따라서 보조 용언인 '있었다'를 띄어 쓴 것이다.

✗오답 풀이

④ '척'은 '그럴 듯하게 꾸미는 거짓 태도나 모양'을 뜻하는 의존 명사이므로 앞말 '아는'과 띄어 쓴다.

25 ① [고2 전국연합 기출]

'놓이어'를 '놓여'로 쓴 것은 'ㅣ' 뒤에 '-어'가 와서 'ㅕ'로 줄 적에는 준 대로 적는다는 〈한글 맞춤법〉 제36항에 따른 것이다.

26 ④ [고1 전국연합 기출]

'무심하지'는 어간 '무심하-'의 끝음절 '하'의 'ㅏ'가 줄고 'ㅎ'이 다음 음절의 첫소리와 어울려 거센소리로 되는 경우이므로, ㉠의 규정에 따라 '무심치'로 적어야 한다. 따라서 '무심지'는 잘못된 표기이다.

✗오답 풀이

⑤ '깨끗하지'는 어간 '깨끗하-'의 끝음절 '하' 앞에 안울림소리인 'ㅅ'이 받침으로 왔으므로 ㉢의 규정에 따라 '깨끗지'로 적을 수 있다.

27 ⑤ [고1 전국연합 기출]

㉤는 체언 '그것'과 조사 '이'가 어울려 줄어진 경우이므로 ㄴ의 규정을 따른 예이다.

✗오답 풀이

① ⓐ는 체언 '무엇'과 조사 '을'이 어울려 줄어진 경우이므로 ㄴ의 규정을 따른 예이다.

② ⓑ는 체언 '이것'과 조사 '은'이 어울려 줄어진 경우이므로 ㄴ의 규정을 따른 예이다.

③ ⓒ는 체언 '너희'가 단독으로 쓰인 경우이므로 ㄱ과 ㄴ 어디에도 해당하지 않는다.

④ ⓓ는 체언 '여기'와 조사 '에'를 구별하여 적었으므로 ㄱ의 규정을 따른 예이다.

28 ① [모의평가 기출]

'쐬어라'는 어간 '쐬-'에 어미 '-어라'가 결합된 것이다. 그러므로 어간 모음 'ㅚ' 뒤에 '-어'가 붙어 'ㅙ'로 줄어지는 것은 'ㅙ'로 적는다는 규정에 따라, '쐬어라'는 '쐬라'가 아니라 '쐤라'로 줄어들 수 있다.

✗오답 풀이

② '괴-+-느냐'는 어간 모음 'ㅚ' 뒤에 '-어'가 붙는 경우가 아니므로, '괘느냐'가 아니라 '괴느냐'로 적는다.

③ '죄-+-어도'는 어간 모음 'ㅚ' 뒤에 '-어'가 붙는 경우이므로, 'ㅙ'로 줄어들어 '좨도'로 적는다.

④ '뵈-+-어서'는 어간 모음 'ㅚ' 뒤에 '-어'가 붙는 경우이므로, 'ㅙ'로 줄어들어 '봬서'로 적는다.

⑤ '쇠-+-더라도'는 어간 모음 'ㅚ' 뒤에 '-어'가 붙는 경우가 아니므로, '쇄더라도'가 아니라 '쇠더라도'로 적는다.

29 ⑤ [고1 전국연합 기출]

'은숙이와 친구는 같이 사업을 했다.'에서 '같이'는 '서로 함께'의 의미로 쓰인 부사이다. 즉, ㅁ이 아니라 ㄹ의 예문이다.

30 ⑤

'예사(한자어)+일(순우리말)'을 '예삿일[예산닐]'로 적는 것은 순우리말과 한자어로 된 합성어이면서 앞말이 모음으로 끝나고 뒷말의 첫소리 모음 앞에서 'ㄴㄴ' 소리가 덧나는 경우이므로 제30

항 2-(3)에 해당한다.

31 ②
[수능 기출]

'안건을 회의에 부치다'와 같이 '어떤 문제를 다른 곳이나 다른 기회로 넘기어 맡기다.'의 의미일 때는 '붙이다'가 아니라 '부치다'를 써야 한다.

✗오답 풀이

① '어제저녁'의 준말은, '엇저녁'이 아니라 '엊저녁'이 바른 표기이다.
③ '적지 않은'의 준말은, '적찮은'이 아니라 '적잖은'이 바른 표기이다.
④ 김치류의 하나를 뜻할 때는, '깍뚜기'가 아니라 '깍두기'가 바른 표기이다.
⑤ '펀펀하고 얇으면서 꽤 넓다.'의 의미로 쓸 때는, '넙적하다'가 아니라 '넓적하다'가 바른 표기이다.

03 문법 요소

개념 확인 문제
p. 148~149

1 (1) 께 (2) 상대 높임법 (3) 주체 높임법 (4) 격식체 **2** (1) ⊙ (2) © (3) ©
(4) © (5) © **3** (1) ○ (2) ✕ (3) ✕ **4** (1) 새우가 고래에게 먹혔다.
(2) 모기가 지후에게 잡혔다. **5** (1) ✕ (2) ○ (3) ✕ **6** (1) ⊙ (2) ©
(3) © (4) © (5) © **7** (1) 철수는 "우리 형이 드디어 우승을 차지했어."라고 말했다. (2) 지원이는 나에게 나도 그 책을 읽었냐고 물었다. **8** ②

8 ①은 시제가 잘못된 경우로 '어제' 대신에 '내일'을 사용하거나 '볼 것이다'를 '봤다'로 표현해야 한다. ③과 ⑤는 잘못된 피동 표현이 사용된 경우로 '쓰여질'을 '쓰일'로, '보여진다'를 '보인다'로, '마련되어져야 한다'는 '마련되어야 한다'로 수정해야 한다. ④는 직접 인용이므로 조사 '고'가 아니라 '라고'를 사용해야 한다.

p. 150~157

1 ④	2 ②	3 ④	4 ⑤	5 ⑤	6 ①	7 ③	8 ②	9 ⑤
10 ④	11 ②	12 ④	13 ⑤	14 ⑤	15 ③	16 ②	17 ②	
18 ④	19 ⑤	20 ④	21 ①	22 ④	23 ④	24 ④	25 ①	
26 ④	27 ①	28 ④	29 ①					

1 ④
[고3 전국연합 기출]

㉣에서 주체는 화자 자신('저')이며, '선생님'은 주체가 아니라 대화의 상대인 청자이다.

✗오답 풀이

① ㉠은 주체인 '할머니'를 높이기 위해 높임의 주격 조사 '께서'와 특수 어휘 '계시다'를 사용하고 있다.
② ㉡은 객체인 '어머니'를 높이기 위해 높임의 부사격 조사 '께'와 특수 어휘 '드리다'를 사용하고 있다.
③ ㉢은 주체인 '할아버지'를 높이기 위해 높임의 주격 조사 '께서'와 주체 높임 선어말 어미 '−시−'를 사용하고 있다.
⑤ ㉤은 대화의 상대인 '아버지'를 높이기 위해 종결 어미 '−습니다'를 사용하고 있다.

2 ②
[고3 전국연합 기출]

㉡에 사용된 '저희'는 '아버지'를 높이는 표현이 아니라 상대방을 고려하여 자신을 낮추는 표현이다.

✗오답 풀이

① '−ㅂ니까'와 같은 종결 어미를 통한 높임은 대화 상대를 높이는 높임법이다.
③ 선어말 어미 '−시−'는 대화 상대이자 선물을 주는 사람인 '손님'을 높이는 표현이고, '드리다'는 선물을 받는 사람. 즉 '손님의 아버지'를 높이는 표현이다.
④ 선어말 어미 '−시−'를 사용하여 높이고자 하는 대상인 '아버지'의 신체 일부인 '어깨'를 높이고 있다. 이는 주체를 간접적으로 높이는 표현이다.
⑤ '어르신'과 '모시다'라는 높임을 나타내는 특정한 어휘를 사용하여 '손님의 아버지'를 높이고 있다.

3 ④
[고2 전국연합 기출]

㉠은 선어말 어미 '−시−'를 사용하여 주체(주어가 나타내는 대상)인 '아버지'를 높이고 있으며, ㉢은 주체인 '어머니'를 높이기 위해 조사 '께서'를 사용하고 있다. 즉, ㉠에는 주어가 나타내는 대상을 높이는 조사가 사용되지 않았다.

✗오답 풀이

① ㉠은 부사어가 나타내는 대상인 '할머니'를 높이기 위해 조사 '께'를 사용하고 있다.
② ㉢은 목적어가 나타내는 대상인 '아버지'를 높이기 위해 특수 어휘 '모시고'를 사용하고 있다.
③ ㉠과 ㉡은 각각 듣는 상대인 '아버지'와 '어머니'를 높이기 위해 종결 어미 '−어요'와 '−습니다'를 사용하고 있다.
⑤ ㉡과 ㉢은 주어가 나타내는 대상인 '아버지'와 '어머니'를 높이기 위해 선어말 어미 '−시−'를 사용하고 있다.

4 ⑤

⑤의 '비비시며'와 '보신다'는 각각 '비비다'와 '보다'에 주체 높임 선어말 어미 '−시−'가 결합한 것이다. 이는 어휘를 이용한 높임이 아니라 문법적 요소를 활용한 높임이다.

✗오답 풀이

① '댁'은 '집'의 높임말로, 주체인 '선생님'을 높이기 위해 사용한 어휘이다.
② '모시고'는 '데리고'의 높임말로, 객체인 '할아버지'를 높이기 위해 사용한 어휘이다.
③ '드시고'는 '먹고'의 높임 표현이고, '계십니다'는 '있다'의 높임 표현으로, 주체인 '할머니'를 높이고 있다.

④ '계신다'는 '있다'의 높임 표현으로, 주체인 '아버지'를 높이고 있다.

5 ⑤
[모의평가 기출]
ⓜ에서 주체는 생략되었지만 '아버지'이고, '할머니'는 객체이다. 따라서 '데리고'의 높임 표현인 '모시고'는 객체인 '할머니'를 높이는 표현이다.

✗오답 풀이
① ㉠의 '−는구나'는 상대인 '동생'을 낮추는 표현이다.
② ㉡의 '계시다'는 주체인 '아버지'를 높이는 표현이다.
③ ㉢의 '께'는 객체인 '아버지'를 높이는 표현이다.
④ ㉣의 '께서'는 주체인 '아버지'를 높이는 표현이다.

6 ①
[고1 전국연합 기출]
〈보기 2〉의 [분석 문장]에서 서술어 '가시었어요'의 주체는 '아버지(㉠)'이며, 객체는 '할아버지(㉡)'이고, 화자의 말을 듣는 대상, 즉 상대는 '어머니'이다. 그리고 말을 듣는 상대를 높이기 위해서 종결 어미 '−요(㉢)'를 사용하고 있다.

7 ③
[수능 기출]
'잡수신다'는 '먹다'의 높임 표현으로, 주체인 '할머니'를 높이는 용언이다. 그리고 '연세'는 '나이'의 높임말로, 높여야 할 인물인 할머니와 관련된 명사이다. 따라서 ③에는 ㉠과 ㉡이 모두 사용되었다.

✗오답 풀이
① 높여야 할 인물을 직접 높이는 대명사인 '그분'과 높여야 할 인물과 관련된 것을 높이는 명사 '성함'이 사용되었다.
② 객체인 '할머니'를 높이는 용언 '여쭐'과, 남의 집이나 가정을 높여 이르는 명사 '댁'을 사용하여 높여야 할 인물인 '할머니'를 높이고 있다.
④ 높여야 할 인물을 직접 높이는 명사 '부모님'과, 객체인 '부모님'을 높이는 용언 '모시고'가 사용되었다.
⑤ 주체인 '어머니'를 높이는 조사 '께서'와 용언 '주무신다'가 사용되었다.

8 ②
[고2 전국연합 기출]
②의 '왔습니다'는 '하십시오체'를 사용한 상대 높임 표현이고, '모시고'는 객체인 '할머니'를 높이는 특수 어휘이다.

✗오답 풀이
① 종결 어미 '−요'를 사용하여 상대를 높였지만 객체를 높이는 표현은 사용되지 않았다.
③ 객체인 '할아버지'를 높이기 위해 부사격 조사 '께'와 높임의 특수 어휘 '드려'를 사용하였다. 그러나 종결 어미 '−어'를 통해 상대를 낮췄다는 것을 알 수 있다.
④ '−죠'는 '−지요'의 줄임말로 종결 어미 '−요'를 사용해 상대를 높였으며, 주체 높임 선어말 어미 '−시−'를 사용해 주체를 높였다. 그러나 객체를 높이는 표현은 사용되지 않았다.
⑤ 종결 어미 '−어'를 통해 상대를 낮추고, 높임의 주격 조사 '께서'와 주체 높임 선어말 어미 '−시−'를 통해 주체인 '어머니'를 높였을 뿐, 객체를 높이는 표현은 사용되지 않았다.

9 ⑤
[고1 전국연합 기출]

ⓔ는 서술의 주체인 '할머니'를 높이고 있으므로 주체 높임에 해당한다.

✗오답 풀이
① 부사어가 나타내는 대상인 '할머니'를 높이기 위해 '드릴'을 사용하고 있으므로 객체 높임에 해당한다.
② 목적어가 나타내는 대상인 '할머니'를 높이기 위해 '뵙고'를 사용하고 있으므로 객체 높임에 해당한다.
③ 목적어가 나타내는 대상인 '할머니'를 높이기 위해 '모시고'를 사용하고 있으므로 객체 높임에 해당한다.
④ 부사어가 나타내는 대상인 '큰아버지'를 높이기 위해 '께'를 사용하고 있으므로 객체 높임에 해당한다.

10 ④
'내일 학교에 가서 선생님께 드리고 와.'는 서술어의 주체인 '철수'를 높이지 않았으므로 [−주체], 서술어의 대상인 '선생님'을 높였으므로 [+객체], 그리고 아버지가 말하는 상대인 '철수'에게 '해체'를 사용하였으므로 [−상대]로 표시할 수 있다.

11 ②
[모의평가 기출]
㉡에서 '경준'이 높이고 있는 대상은 '선생님'이다. 따라서 '말씀'은 선생님을 높이기 위한 것이므로 '있었니'가 아니라 높임 표현을 사용한 '있으셨니'가 맞는 표현이다.

✗오답 풀이
① ㉠에서 서술어 '준비하다'의 주체는 '경준'이므로 영희는 주체 높임의 선어말 어미 '−시−'를 사용할 필요가 없다.
③ ㉢은 서술의 객체인 '선생님'을 높이기 위해 특수 어휘인 '여쭈다'를 사용해야 한다. 즉, '여쭤서'로 바꿔 말해야 한다.
④ ㉣은 '선생님'을 가리키므로 높임의 의미를 가진 '당신'으로 바꿔야 한다.
⑤ ㉤의 주체는 '선생님'이므로 높임의 표현인 '말씀하셨잖아'로 바꿔야 한다.

12 ④
(나)의 ㉣은 특수 어휘 '뵈었을(뵙다)'을 사용하여 서술어의 객체인 '할아버지'를 높이고 있다.

✗오답 풀이
① ㉠은 '하게체', ㉡은 '하십시오체'를 사용하는 것으로 보아, ㉠이 ㉡보다 윗사람임을 알 수 있다.
② ㉠은 '하게, 만나세' 등의 '하게체'를, ㉡은 '하십시오체'를 사용하고 있다. '하십시오체, 하오체, 하게체, 해라체'는 모두 격식체이며, '해요체, 해체'가 비격식체이다.
③ 주격 조사 '께서'와 선어말 어미 '−(으)시−', 특수 어휘 '편찮다'를 사용하여 주체인 '할아버지'를 직접적으로 높이고 있다.
⑤ '귀도 밝으시고'는 할아버지의 신체의 일부분인 '귀'를 높여서 서술의 주체인 '할아버지'를 간접적으로 높이는 표현이다.

13 ⑤
㉤ '여쭤 보세요'에서 '보세요'는 주체 높임의 선어말 어미 '−시−'와 상대 높임의 '해요체' 종결 어미인 '−요'를 사용하여 '손님'을

높인 표현이다. 그런데 '여쭈다'는 '웃어른에게 말씀을 올리다.'라는 의미로, 질문을 받는 객체인 '점원'을 높이는 표현이다. 이처럼 점원이 스스로를 높이는 것은 잘못된 높임 표현이다. 이 경우에는 '물어 보세요'라고 해야 한다.

✗오답 풀이

① ㉠은 '보여 주다' 대신 '보여 드리다'를 사용하여 서술의 객체인 '손님'을 높이고 있다.

② ㉠은 '해요체'로 친근한 느낌의 비격식체인 반면, ㉡은 '하십시오체'로 격식체의 상대 높임 표현이다.

③ ㉢에서는 '해요체'의 상대 높임법과 주체 높임 선어말 어미 '-시-'를 사용한 주체 높임법이 나타나고 있다. 그러나 이때 주체 높임을 사용하게 되면 주어인 '모자는'을 높이는 결과가 되므로, '사이즈예요'라고 해야 맞는 표현이다.

④ ㉣은 주어인 '머리가'를 높이기 위한 주체 높임의 표현이며, 상대 높임의 '해요체'가 사용된 표현이다. 이때 주어인 '머리가'는 높이고자 하는 대상인 '손님'의 신체 일부이므로 ㉣은 간접 높임이 사용된 것이다.

14 ⑤ [고1 전국연합 기출]

'태풍에 건물이 흔들리다.'는 주체인 '건물'이 '태풍'에 의해 흔들리는 동작을 당하는 것을 나타낸 피동 표현이다.

✗오답 풀이

①, ④ '당기다'와 '놀리다'는 능동 표현이다.

②, ③ '감기다'와 '먹이다'는 사동 표현이다.

15 ③ [고3 전국연합 기출]

㉡의 능동문은 '두 학생이 각각 참새 네 마리를 잡았다.'와 '두 학생이 합쳐서 참새 네 마리를 잡았다.'의 두 가지 의미로 해석될 수 있지만, 피동문은 '두 학생이 합쳐서 참새 네 마리를 잡았다.'의 의미로만 해석된다. 그리고 ㉢은 능동문과 피동문 모두 한 가지 의미로만 해석된다.

✗오답 풀이

① ㉠의 능동문에서는 주어인 '눈이'의 동작성이 상대적으로 잘 드러나지만, 피동문에서는 '세상이'가 주어가 되어 동작성이 잘 드러나지 않는다.

② ㉠과 ㉡은 모두 능동문의 주어인 '눈이'와 '학생이'가 피동문에서는 부사어인 '눈에'와 '학생에게'로 나타난다.

④ ㉢의 능동문의 서술어 '날다'는 목적어를 필요로 하지 않는 자동사인데, 피동문을 보면 피동 접미사 '-리-'와 결합하여 피동사가 되었다.

⑤ ㉣의 피동문을 능동문으로 바꾸면 '(누군가가) 오늘 날씨를 갑자기 풀었다.'와 같이 어색한 문장이 된다. 날씨가 바뀌는 현상은 인위적인 행동의 영역 밖에 있는 것이므로, 이런 경우에는 대응하는 능동문을 상정할 수 없다.

16 ②

ㄱ의 '읽힌다'에는 피동 접사 '-히-'가, ㄹ의 '들려 있었다'에는 피동 접사 '-리-'가 결합되어 있으므로 이 둘은 모두 파생적 피동에 해당한다.

✗오답 풀이

ㄴ의 '만들어졌다'는 '만들다'에 '-어지다'가 붙어 피동 표현이 된 것이므로 통사적 피동에 해당한다. ㄷ의 '당하다'는 단어 자체가 피동의 의미를 갖고 있으므로 어휘적 피동에 해당한다.

17 ② [고2 전국연합 기출]

ㄱ을 능동문으로 바꾸려면, 피동문의 부사어 '폭풍에'를 주어 '폭풍이'로 바꾸어 '폭풍이 마을을 휩쓸다.'로 만들어야 한다.

✗오답 풀이

① ㄱ의 '휩쓸리다'는 '휩쓸다'의 어근에 피동 접사 '-리-'가 붙은 것이다.

③ ㄴ을 능동문으로 바꾸면, 행위의 주체가 '경찰'이 되어 '경찰이 도둑을 잡다.'가 된다.

④ '잡혀지다'는 '잡-+-히-+-어지다'의 구성으로 지나친 피동 표현이다.

⑤ ㄷ의 '풀리다'를 '풀다'의 어간에 '-어지다'를 붙인 '풀어지다'로 바꾸어도 피동문이 된다.

18 ④

'그 소문은 사람들에게 금방 잊혀졌다.'에서 '잊혀지다'는 '잊다'의 피동사 '잊히다'에 '-어지다'를 중복으로 사용한 이중 피동이므로 문법적으로 적절하지 않다.

✗오답 풀이

① ㄷ의 '오늘은 갑자기 날씨가 풀렸다.'는 날씨를 푸는 주체가 없으므로 능동문이 성립하지 않는다.

② ㄹ의 '얼마 전 신종 사기 수법에 당했다.'의 '당하다'와 '그는 여전히 국민의 존경을 받는다.'의 '받다'는 어휘 자체가 피동의 의미를 갖는다.

③ ㄱ의 '잡히다'는 '잡다'에 피동 접미사 '-히-'가 결합한 피동 표현이고, ㄴ의 '깨지다', '밝혀지다'는 '깨다', '밝히다'에 '-어지다'를 결합한 피동 표현이다.

⑤ ㄱ의 능동문 '경찰이 도둑을 잡았다.'는 피동문으로 바뀔 때 주어는 부사어로, 목적어는 주어로 바뀌어 '도둑이 경찰에게 잡혔다.'가 된다.

19 ⑤

'씌여'는 이중 피동 표현이므로 '쓰여' 또는 '씌어'로 고쳐 쓰는 것이 적절하다.

✗오답 풀이

① '생각하다'와 같은 인지 동사는 화자가 주체인 문장에서 '-되다'가 아니라 '-하다'로 써야 하므로 '생각된다'는 '생각한다'로 고쳐 써야 한다.

②, ④ '-시키다'는 '-게 하다'의 의미이므로, 사동 표현인 '소개시켜'와 '교육시키는'은 주동 표현인 '소개해'와 '교육하는'으로 고쳐 써야 한다.

③ 자기 순서나 자리가 아닌 틈 사이를 비집고 들어서는 것은 '끼어들다'가 맞는 표현이다.

20 ④ [고2 전국연합 기출]

'되었다'는 '어떤 때나 시기, 상태에 이르다.'라는 의미이므로 피동의 의미를 띠고 있지 않다.

✗오답 풀이

① '들렸다'는 타동사의 어근 '듣-'에 피동 접미사 '-리-'가 붙어서 이루어진 파생적 피동이다.

② '보였다'는 타동사의 어근 '보-'에 피동 접미사 '-이-'가 붙어서 이루어진 파생적 피동이다.

③ '만들어졌다'는 타동사의 어근 '만들-'에 '-어지다'가 붙어서 이루어진 통사적 피동이다.

⑤ '당했다'는 어휘 자체가 피동의 의미를 띠고 있는 어휘적 피동이다.

21 ①
[고1 전국연합 기출]
㉠은 생략된 주어가 다른 주체인 '동생'에 의해 사탕을 빼앗기는 동작을 당하고 있으므로 피동 표현의 예로 적절하다.

✗오답풀이
②, ③ 능동 표현이다.
④, ⑤ '숙이다'와 '굽히다'는 '숙다'와 '굽다'에 사동 접미사가 결합된 것으로, 사동 표현에 해당한다.

22 ②
[고2 전국연합 기출]
능동문인 ㉡의 목적어는 '그림을'인데, 이는 피동문 ㉢에서 주어 '그림이'가 되었다. 따라서 ②의 설명은 적절하지 않다.

✗오답풀이
① 능동문 ㉠의 주어는 '언니가'인데, 이는 피동문 ㉣에서 부사어 '언니에게'가 되었다.
③ 주동문 ㉡이 사동문 ㉥로 바뀔 때 '형이'라는 새로운 주어가 나타났다.
④ 피동문 ㉣의 피동사 '안겼다'와 사동문 ⓑ의 사동사 '안겼다'의 형태가 같게 나타난다.
⑤ 사동문 ⓑ의 '안겼다'는 사동 접미사 '-기-', 사동문 ㉥의 '보게 했다'는 '-게 하다'를 활용하여 만들어졌다.

23 ④
'일찍'은 시간을 나타내는 부사이지만, ㉠의 '일찍'은 사건시와 발화시를 구분하는 기능을 하지 않는다. 예를 들어 '밥을 일찍 먹었다.'는 '일찍'이 사용되었지만 과거 시제이다. 즉, '일찍'이라는 말로 시제가 명확해지는 것은 아니기 때문에 ④는 잘못된 탐구 결과이다.

✗오답풀이
① ㉠은 밥을 먹는 사건시와 말을 하는 발화시가 일치하는 현재 시제의 문장이다.
② ㉡은 봉사를 하는 사건시가 발화시보다 나중인 미래 시제의 문장이다.
③ ㉢은 영희를 본 사건시가 발화시보다 앞서는 과거 시제의 문장이다.
⑤ ㉢과 ㉣을 보니 과거 시제 선어말 어미 '-았-/-었-'을 사용하는 것보다 '-았었-/-었었-'을 사용했을 때, 사건이 발화시보다 훨씬 전에 발생하여 현재와는 강하게 단절되었음을 드러낼 수 있다.

24 ④
[수능 기출]
'소풍날'이라는 과거에 '날씨'라는 상태가 나빴음을 나타내고 있기 때문에, ④의 '나빴어'의 '-았-'은 '과거에 일어난 사건의 결과 상태가 현재까지 지속되고 있음(ⓑ)'을 나타내는 것이 아니라, '사건이나 상태가 과거의 것임(ⓐ)'을 나타내고 있다.

✗오답풀이
① 과거인 '어제' 한 일에 대해 '하루 종일 텔레비전만 보았어.'라고 대답하고 있으므로, '보았어'의 '-았-'은 ⓐ의 예이다.
② 과거인 '아까' 집에 없던 이유에 대해 '할머니 생신 선물 사러 갔어.'라고 대답하고 있으므로, '갔어'의 '-았-'은 ⓐ의 예이다.
③ 감기에 걸려 목이 잠긴 상태가 과거의 일이 아니라 현재까지 지속되고 있음을 나타내므로, '잠겼어'의 '-었-'은 ⓑ의 예이다.
⑤ 앞으로 잠을 자지 못할 것이라는 미래의 일을 확정적인 사실로 받아들이고 있으므로, '잤어'의 '-았-'은 ⓒ의 예이다.

25 ①
ⓐ에서 철수가 탁구를 치는 행위가 일어난 시점(사건시)과 이 행위에 대해 발화하고 있는 시점(발화시)은 '지금'으로 동일하다. 따라서 ⓐ는 '절대 시제로서의 현재'에 해당한다. 반면 ⓑ에서 '듣고 있으니'의 시제는 '즐거웠다'를 통해 절대 시제로 보면 과거가 분명하지만, 즐거웠던 과거의 시점에서 상대 시제로 바라보면 '듣고 있으니'는 현재 시제가 된다. 이와 마찬가지로 ⓒ의 경우도 '하시는'의 시제는 '보았다'를 통해 절대 시제로 보면 과거임을 알 수 있지만, 어머니를 본 과거의 시점에서 상대 시제로 바라보면 '하시는'은 현재 시제이다. 따라서 ㉠에 해당하는 예는 ⓐ이고, ㉡에 해당하는 예는 ⓑ와 ⓒ이다.

26 ④
[수능 기출]
④는 A의 말을 통해 '안경을 잃어버린 상황'이라는 문맥이 제시되어 있다. 그러나 이러한 문맥이 주어지지 않더라도 B의 '안경 벗고 있어도 괜찮아.'가 안경을 쓰지 않은 상태로 있어도 괜찮음을 의미한다는 것을 알 수 있다. 즉, 안경을 벗은 상태가 지속되고 있음을 나타내고 있으므로 ⓒ가 아니라 ⓑ의 예에 해당한다.

✗오답풀이
① '양치질을 하고 있었어요.'의 '-고 있-'은 '양치질을 하는 중이었어요.'로 교체해도 그 의미가 유지되므로 ⓐ의 예에 해당한다.
② '오빠는 지금 날 오해하고 있는 것 같아.'는 오빠가 나를 오해하는 상태가 과거부터 지금까지 지속되고 있다는 의미이므로 ⓑ의 예에 해당한다.
③ '이미 알고 있어.'는 내일이 고모님 생신임을 이전부터 알고 있었음을 의미하므로 ⓑ의 예에 해당한다.
⑤ '넥타이를 매고 있네.'는 문맥상 신입 사원이 넥타이를 매는 동작을 진행하고 있음(ⓐ)을 의미하기도 하고, 신입 사원이 현재 넥타이를 맨 상태로 있음(ⓑ)을 의미하기도 한다. 즉, 두 가지 의미 모두로 해석될 수 있으므로 ⓒ의 예에 해당한다.

27 ①
[모의평가 기출]
㉠의 '거기에는 눈이 왔겠다.'는 과거 시제이고, '지금 거기에는 눈이 오겠지.'는 현재 시제이다. 따라서 ㉠의 '-겠-'은 미래의 사건이 아니라 과거나 현재의 사건을 추측하는 데에 쓰이고 있음을 알 수 있다.

✗오답풀이
② ㉡의 '막차를 놓쳤으니 나는 집에 다 갔다.'에서 선어말 어미 '-았-'은 과거 시제를 나타내는 것이 아니라 미래의 일을 확정적인 사실로 받아들임을 나타낸다.
③ ㉢의 '내가 떠날 때 비가 왔다.'는 과거 시제이다. 따라서 관형사형 어미 '-ㄹ'이 항상 미래의 사건을 나타낸다고 보기 어렵다.
④ ㉣의 '그는 내년에 진학한다고 한다.'에서 현재 시제 선어말 어미 '-ㄴ-'이 사용되었지만 이것은 미래의 사건을 나타낸다.
⑤ ㉤의 '오늘 보니 그는 키가 작다.'에 쓰인 형용사 '작다'는 '오늘'과 함

께 쓰여 현재 시제를 나타내는데, 이때 시제 선어말 어미는 나타나지 않는다.

28 ④   [고2 전국연합 기출]

〈보기〉의 엄마와 아들의 대화 내용 중, 형이 동생(아들)에게 전화를 해서 영화가 곧 시작되겠다고 말했다는 내용이 있다. 이는 미래 시제에 해당하므로 형이 동생에게 말한 시점(c)에는 영화가 시작되지 않았음을 알 수 있다. 또한 엄마가 '영화를 봤겠지?'라고 한 것은 과거 사실에 대한 추측이므로 엄마와 아들(동생)이 대화를 나누는 시점(d)은 영화가 시작된 이후이다. 따라서 영화가 시작된 시각은 (c)와 (d) 사이에 해당한다.

29 ①   [모의평가 기출]

제시된 첫 문장에서 아들이 '어제' 자신에게 '내일' 사무실에 있으라고 말한 것이므로, 아들이 말한 어제 시점에서의 '내일'은 '오늘'이다. 그리고 아들이 사무실에 '계십시오'라고 했지만, 이를 간접 인용으로 말할 때에는 자신을 높이지 않으므로 어간 '있-'에 간접 인용절에 쓰여 명령의 뜻을 나타내는 종결 어미 '-으라'와 인용을 나타내는 격 조사 '고'가 결합한 '-으라고'를 붙여 '있으라고'로 바꿔 말해야 한다. 따라서 ⓐ에는 '오늘', ⓑ에는 '있으라고'가 들어가야 한다. 한편 두 번째 문장에서 언니가 말한 휴대 전화는 언니 자신의 휴대 전화이므로 간접 인용에서는 재귀 대명사를 사용해 '자기의'로 바꿔야 한다. 그리고 직접 인용의 명령형인 '남겨라'는 간접 인용으로 바꾸면 어간인 '남기-'에 간접 인용절에 쓰여 명령의 뜻을 나타내는 종결 어미 '-으라'와 인용을 나타내는 격 조사 '고'가 결합한 '-으라고'를 붙여서 '남기라고'가 된다. 따라서 ⓒ에는 '자기의', ⓓ에는 '남기라고'가 들어가야 한다.

04 국어의 변화

개념 확인 문제   p.158~159

1 (1) ○ (2) ○ (3) ✕   2 ④   3 (1) 말쓰미 (2) 모미 (3) 따르미니라   4 ③
5 (1) ㉠ (2) ㉡ (3) ㉡ (4) ㉠ (5) ㉢   6 ⑤   7 ②   8 ③

2 ①은 두음 법칙이 적용되지 않았음을, ②는 어두 자음군이 사용되었음을, ③은 구개음화가 일어나지 않았음을, ⑤는 원순 모음화가 일어나지 않았음을 보여 주는 예이다.

4 ':말'은 점이 두 개 있으므로 소리가 낮았다가 높아지는 상성이다. / ① '나'와 '쓰'는 점이 없으므로 낮은 소리인 평성이다. ② '·랏'은 점이 하나 있지만 받침이 'ㅅ'이므로 빨리 끝을 닫는 소리인 입성이다. ④ '··미'는 점이 하나 있으므로 높

은 소리인 거성이다. ⑤ '·랏'은 입성이고, '··미'는 거성이므로 서로 다른 성조의 소리이다.

5 (1) '다리'는 사람이나 동물의 신체 부분에서 '안경다리'처럼 무생물에도 쓰이게 되었으므로 의미 확대에 해당한다.
(2) '계집'은 일반적인 여성을 가리키는 말에서 여자나 아내를 낮잡아 이르는 말이 되었으므로 의미 축소에 해당한다.
(3) '짐승'은 사람과 동물 모두를 가리키는 말에서 인간을 제외한 동물만을 가리키게 되었으므로 의미 축소에 해당한다.
(4) '세수'는 손을 씻는 것에서 손이나 얼굴을 씻는 것까지 의미하게 되었으므로 의미 확대에 해당한다.
(5) '감투'는 벼슬아치가 머리에 쓰는 모자에서 벼슬을 의미하게 되었으므로 의미 이동에 해당한다.

6 '슈룹'은 '우산'의 고유어이고, '수플'은 한자어가 아니라 고유어이다.

7 중세 국어 시기에는 고유어와 한자어의 경쟁이 계속되었고, 이전 시기에 비해 한자어의 쓰임이 증가하였다.

8 현대어 '뿌리가'에 해당하는 '불휘'를 통해 주격 조사 '가'가 쓰이지 않았음을 알 수 있다.

   p. 160~165

1 ②	2 ⑤	3 ⑤	4 ⑤	5 ①	6 ⑤	7 ⑤	8 ②	9 ⑤
10 ③	11 ⑤	12 ⑤	13 ②	14 ⑤	15 ③	16 ②	17 ①	
18 ③	19 ⑤	20 ②	21 ②					

1 ②   [고2 전국연합 기출]

'아·니뭘·씨'에서 '아'는 점이 없으므로 낮은 소리, '·니'와 '·씨'는 점이 한 개이므로 높은 소리, ':뭘'은 점이 두 개이므로 처음은 낮고 나중이 높은 소리이다. 따라서 이를 바탕으로 소리의 높낮이를 표시하면 ②와 같다.

2 ⑤   [예비 시행 기출]

단어의 의미 변화 유형에는 의미 축소, 의미 확대, 의미 이동이 있다. ㉤의 '어엿브다'는 '가엾다'에서 '예쁘다'로 그 의미가 변하였으므로 의미 이동에 해당한다.

✕오답 풀이

① ㉠의 '말씀'은 '말'에서 '남의 말을 높여 이르거나 자기 말을 낮추어 이르는 말'로 그 의미가 축소되었다.
② ㉡의 '어리다'는 '어리석다'에서 '나이가 적다'로 그 의미가 변하였으므로 의미 이동에 해당한다.
③ ㉢의 '놈'은 '사람(사람 전체)'에서 '남자를 낮잡아 이르는 말'로 그 의미가 축소되었다.
④ ㉣의 '하다'는 '많다'에서 '사람이나 동물, 물체 따위가 행동이나 작용을 이루다'로 그 의미가 변하였으므로 의미 이동에 해당한다.

3 ⑤ [고2 전국연합 기출]

ㄱ의 ‘쁘들, 노미’와 ㄴ의 ‘기픈, ᄇᆞᄅᆞ매’를 소리 나는 대로 적지 않고 형태를 밝혀 적었다면, ‘쁟을, 놈이’, ‘깊은, ᄇᆞᄅᆞᆷ애’가 되어야 한다. 그러나 중세 국어에서는 형태를 밝히지 않고 받침을 뒷말의 첫소리로 옮겨 소리 나는 대로 적었다.

✖오답 풀이

① ㄱ의 ‘어린’과 ‘하니라’는 현대 국어의 ‘어리석은’과 ‘많다’, ㄴ의 ‘여름’과 ‘하ᄂᆞ니’는 현대 국어의 ‘열매’와 ‘많으니’에 해당한다. 이를 통해 중세 국어에 사용된 어휘의 의미가 오늘날과 다르다는 것을 알 수 있다.

② ㄱ의 ‘젼ᄎᆞ’는 현대 국어의 ‘까닭’, ㄴ의 ‘뮐씨’는 현대 국어의 ‘흔들리므로’에 해당한다. 이를 통해 중세 국어에는 오늘날 쓰이지 않는 어휘가 사용되었다는 것을 알 수 있다.

③ ㄱ의 ‘ㆆ’이나 ㄴ의 ‘ㆍ’ 등을 통해 중세 국어에는 오늘날 소실된 음운들이 사용되었다는 것을 알 수 있다.

④ ㄱ의 ‘배’는 현대 국어의 ‘바가’, ㄴ의 ‘불휘’는 현대 국어의 ‘뿌리가’에 해당한다. 이를 통해 중세 국어에는 오늘날과 달리 주격 조사 ‘가’가 사용되지 않았다는 것을 알 수 있다. ‘배(바+ㅣ)’에는 주격 조사 ‘ㅣ’가 사용되었고, ‘불휘’에는 주격 조사가 생략되었다.

4 ⑤ [고3 전국연합 기출]

ⓜ ‘이ᄅᆞᆯ’은 자음으로 끝나는 체언이 아니라 모음으로 끝나는 체언 ‘이’에 목적격 조사 ‘ᄅᆞᆯ’이 결합한 것이다.

✖오답 풀이

① ㉠ ‘나랏’은 현대 국어의 ‘우리나라의’에 대응된다. 이때 ‘ㅅ’은 뒤에 오는 체언 ‘말ᄊᆞᆷ’을 꾸며 주는 관형격 조사이다.

② ㉡ ‘니르고져’는 현대 국어의 ‘말하고자’에 대응된다. 이때 ‘-고져’와 ‘-고자’는 어떤 행동을 할 의도나 욕망을 가지고 있음을 나타내는 연결 어미이다.

③ ㉢ ‘배’는 모음으로 끝나는 체언 ‘바’에 주격 조사 ‘ㅣ’가 결합한 것이다.

④ ㉣ ‘펴디’는 현대 국어의 ‘펴지’에 대응된다. 현대 국어의 ‘펴지’에서는 ‘ㄷ’이 모음 ‘ㅣ’ 앞에서 ‘ㅈ’으로 변하는 구개음화가 확인되지만, 중세 국어의 ‘펴디’에서는 구개음화가 확인되지 않는다.

5 ①

‘니르고져’를 통해 15세기 중세 국어에서는 두음 법칙이 적용되지 않았음을 알 수 있다.

6 ⑤

‘훈민정음’은 한자가 어려워 사용하지 못하는 백성들의 편리한 언어생활을 위해 창제되었다.

7 ⑤

거성은 글자의 왼쪽에 점을 하나 찍어 표시하며 높은 소리로 발음한다.

✖오답 풀이

①, ② 현대 국어에서 장음으로 발음되는 것은 상성이다. ‘나’와 ‘쏘’는 왼쪽에 점이 없는 것으로 보아 평성이며, 낮은 소리로 발음한다.

③ 점의 개수와 상관없이 ‘·랏’은 ㅅ 받침으로 끝나고 있으므로 끝을 빨리 닫는 입성으로 발음해야 한다.

④ ‘:말’은 상성으로, 낮다가 높아지는 소리로 발음한다.

8 ② [고2 전국연합 기출]

㉡ ‘하ᄂᆞᆯ을’은 양성 모음 ‘ㅏ’, ‘ㆍ’와 음성 모음 ‘ㅡ’가 어울리고 있으므로 모음 조화가 지켜지지 않은 경우이다.

9 ⑤ [모의평가 기출]

(가)는 순경음에 대한 설명으로, 순음 ‘ㅁ, ㅂ, ㅃ, ㅍ’ 아래에 ‘ㅇ’을 이어 쓰면 순경음 ‘ㅱ, ㅸ, ㅹ, ㆄ’이 된다는 의미이다. 따라서 (가)의 사례로 적절한 것은 ㉢ ‘수ᄫᅵ’이다. (나)는 초성 글자를 나란히 쓰는 초성 합용 병서에 대한 설명으로, 초성 글자를 합하여 ‘ㅺ, ㅼ, ㅽ / ㅳ, ㅄ, ㅶ / ㅴ, ㅵ’ 등으로 이어 쓸 수 있다는 의미이다. 따라서 (나)의 사례로 적절한 것은 ㉣ ‘ᄯᆞᄅᆞ미니라’이다.

10 ③ [수능 기출]

(가)의 ㉢에서는 종성에서 ‘ㄷ’과 ‘ㅅ’이 다르게 발음되었다고 하였다. 따라서 ‘:어엿·비’에서 둘째 음절의 종성 ‘ㅅ’이 ‘ㄷ’으로 발음되었다는 설명은 적절하지 않다.

✖오답 풀이

① (나)의 ‘:수·ᄫᅵ’에는 오늘날에는 사용하지 않는 자음 ‘ㅸ’이 들어 있다. 이것은 (가)의 ㉠을 통해서도 확인할 수 있는 내용이다.

② (가)의 ㉡을 통해, 15세기에는 ‘·ᄠᅳ·들’의 ‘ㅳ’에서 ‘ㅂ’과 ‘ㄷ’ 두 자음이 모두 발음되었음을 알 수 있다.

④ (가)의 ㉣에서는 성조를 방점으로 구분하였다고 했는데, ‘:히·ᅇᅧ’의 ‘:히’에는 방점이 두 개, ‘·ᅇᅧ’에는 방점이 하나 사용된 것으로 보아 두 음절의 성조가 서로 달랐음을 추측할 수 있다.

⑤ ‘·ᄡᅮ·메’는 ‘ᄡᅳ-(어간)+-움-(명사형 어미)+에(부사격 조사)’가 결합한 말인 ‘ᄡᅮᆷ에’를 소리 나는 대로 이어 적은 것이다.

11 ⑤ [고3 전국연합 기출]

15세기 국어에서 용언 어간 ‘ᄀᆞᄃᆞᆨᄒᆞ-’의 끝음절 모음은 양성 모음이고, 양성 모음으로 시작하는 어미 ‘-야’가 결합하고 있으므로 모음 조화가 지켜진 것이다. 반면 현대 국어에서 용언 어간 ‘가득하-’의 끝음절 모음은 양성 모음인데 음성 모음으로 시작하는 어미 ‘-여’가 결합하고 있으므로 모음 조화가 지켜지지 않았다. 따라서 ⑤는 ㉠과 ㉡을 모두 확인할 수 있는 예로 적절하지 않다.

✖오답 풀이

① 15세기 국어와 현대 국어에서 용언 어간 ‘알-’의 모음은 양성 모음이고, 양성 모음으로 시작하는 어미 ‘-아’가 결합하고 있으므로 모두 모음 조화가 지켜졌다. 15세기 국어의 활용형 ‘아라’는 ‘알아’를 연철 표기한 것이다.

② 15세기 국어와 현대 국어에서 용언 어간 ‘먹-’의 모음은 음성 모음이고, 음성 모음으로 시작하는 어미 ‘-어’가 결합하고 있으므로 모두 모음 조화가 지켜졌다. 15세기 국어의 활용형 ‘머거’는 ‘먹어’를 연철 표기한 것이다.

③ 15세기 국어에서 용언 어간 ‘ᄭᆡ오-’의 끝음절 모음은 양성 모음이고, 양성 모음으로 시작하는 어미 ‘-아’가 결합하고 있으므로 모음 조화가 지켜졌다. 현대 국어에서도 용언 어간 ‘깨우-’의 끝음절 모음은 음

성 모음이고, 음성 모음으로 시작하는 어미 '-어'가 결합하고 있으므로 모음 조화가 지켜졌다.

④ 15세기 국어에서 용언 어간 '쓰-'의 모음은 음성 모음이고, 음성 모음으로 시작하는 어미 '-어'가 결합하고 있으므로 모음 조화가 지켜졌다. 현대 국어에서도 용언 어간 '쓰-'의 모음은 음성 모음이고, 음성 모음으로 시작하는 어미 '-어'가 결합하고 있으므로 모음 조화가 지켜졌다.

12 ④　　　　　　　　　　　　　　　　　　[고3 전국연합 기출]

첫 문단에서 15세기에 모음 조화가 비교적 잘 지켜지기는 했지만, 조사 '와/과'는 모음 조화가 적용되지 않았다고 하였다. 따라서 조사 '와/과'는 15세기부터 모음 조화가 적용되지 않았으므로, (나)의 '초와'와 '파과'를 통해 17세기 모음 조화의 혼란을 확인할 수 있다고 이해하는 것은 적절하지 않다.

✘오답 풀이

① (가)의 '겨슬'은 음성 모음 'ㅕ'와 'ㅡ'가 어울리고, 'ᄒᆞᄅᆞ'는 양성 모음 'ㆍ'끼리 어울리고 있다.
② (가)의 '오술(옷+ᄋᆞᆯ)'은 체언의 모음이 양성 모음이므로 양성 모음으로 시작하는 목적격 조사 'ᄋᆞᆯ'이 결합하였다. 그리고 '쥭을(쥭+을)'은 체언의 모음이 음성 모음이므로 음성 모음으로 시작하는 조사 '을'이 결합하였다.
③ (가)의 'ᄒᆞ더라'는 음성 모음을 가진 '-더-'가 양성 모음을 가진 용언 어간 'ᄒᆞ-' 뒤에 결합되었다. 이를 통해 용언 어간에 '-더-'가 결합할 때에는 모음 조화가 적용되지 않았음을 알 수 있다.
⑤ 15세기 자료인 (가)의 '느믏'은 둘째 음절에 'ㆍ'가 사용되었지만, 17세기 자료인 (나)의 '느믈'은 둘째 음절의 'ㆍ'가 'ㅡ'로 변하였다.

13 ②　　　　　　　　　　　　　　　　　　[고3 전국연합 기출]

ㄱ의 'ᄆᆞᅀᆞᆯ'과 'ᄀᆞᅀᆞᆯ'은 모두 첫째 음절의 'ㆍ'는 'ㅏ'로, 둘째 음절의 'ㆍ'는 'ㅡ'로 바뀌었다. 따라서 'ㆍ'가 현대 국어에서 첫째 음절과 둘째 음절에서 변화된 음운의 모습이 같았다는 설명은 적절하지 않다.

✘오답 풀이

① ㄱ의 'ᄆᆞᅀᆞᆯ'과 'ᄀᆞᅀᆞᆯ'의 'ㅿ'은 모두 소멸되어 현대 국어에서는 사용되지 않는다.
③ ㄴ의 '덥다'의 어간이 모음으로 시작하는 어미 '-어'와 결합하여 '더ᄫᅥ'로 바뀐 것으로 보아, '덥다'의 'ㅂ'이 모음으로 시작하는 어미와 결합하여 'ㅸ'으로 바뀌는 것을 알 수 있다.
④ 'ㅸ'에 양성 모음 'ㅏ'가 결합한 '고ᄫᅡ'는 현대 국어에서 '고와'로 변했고, 'ㅸ'에 음성 모음 'ㅓ'가 결합한 '구ᄫᅥ'는 현대 국어에서 '구워'로 변했다. 그러므로 'ㅸ'에 결합되는 어미의 모음에 따라 현대 국어에서의 표기가 달라짐을 알 수 있다.
⑤ 'ᄆᆞᅀᆞᆯ', 'ᄀᆞᅀᆞᆯ'은 현대 국어에서 각각 '마을', '가을'로 바뀌고 '고ᄫᅡ', '구ᄫᅥ'는 현대 국어에서 각각 '고와', '구워'로 바뀐 것을 볼 때, 'ㅿ'과 'ㅸ'은 현대 국어에서 더 이상 표기되지 않게 되었음을 알 수 있다.

14 ⑤　　　　　　　　　　　　　　　　　　[고2 전국연합 기출]

'져비'는 현대 국어의 '제비'에 해당하는 단어로, 현대 국어와 형태는 다르지만 의미는 동일하다.

✘오답 풀이

① 현대 국어의 '맑은 강'을 '몰·건 ᄀᆞ·룷'으로 표기한 것은 띄어쓰기를 하지 않은 것이다.
② 'ᄆᆞ술'은 현대 국어에서 사용하지 않는 자음 'ㅿ(반치음)'과 모음 'ㆍ(아래아)'를 사용하였다.
③ '아·나'는 '안아'를 소리 나는 대로 적은 표기이다.
④ ':긴녀·릆'은 글자 왼쪽에 방점을 찍어 성조를 표시하였다.

15 ③　　　　　　　　　　　　　　　　　　[고2 전국연합 기출]

중세 국어에서 동사의 경우 과거 시제는 아무런 선어말 어미를 쓰지 않고 표현한다고 하였다. 따라서 ㄷ의 '주그니라'는 시제 관련 선어말 어미가 사용되지 않았으므로 현재 시제가 아니라 과거 시제이다.

✘오답 풀이

① 과거 시제 선어말 어미 '-더-'는 주어가 화자 자신일 때 사용되는 선어말 어미 '-오-'와 결합하여 '-다-'의 형태로 나타나기도 하였다고 했다. 따라서 '롱담ᄒᆞ다라'는 '-다-'의 형태가 나타나 있으므로 과거 시제이다.

16 ②　　　　　　　　　　　　　　　　　　[고2 전국연합 기출]

'거시라'는 현대어 '것이므로'에 대응되므로 이때의 '-라'는 종결 어미가 아니라 종속적 연결 어미로 사용된 것이다.

✘오답 풀이

① 'ᄃᆞ려'는 '에게'의 의미를 지닌 부사격 조사이며, 이는 현대 국어에는 사용하지 않는 형태의 조사이다.
③ '샹희오디'에는 '-게 하다'의 의미를 지니는 사동 표현이 나타나고 있다.
④ '몸을'은 양성 모음 'ㅗ'와 음성 모음 'ㅡ'가 어울리고 있으므로 모음 조화가 지켜지지 않고 있다.
⑤ '홈이'는 '호미'로 이어 적지 않고 현대 국어에서와 같이 끊어 적기 표기법이 사용되었다.

17 ①　　　　　　　　　　　　　　　　　　[고2 전국연합 기출]

중세 국어에서 '돕다'는 객체 높임 선어말 어미 '-ᅀᆞᆸ-'을 사용하여 객체 높임을 표현할 수 있지만, 현대 국어에서는 해당하는 특수 어휘가 없어 객체 높임을 표현할 수 없다. 또한 '도우시니'는 주체 높임 선어말 어미 '-시-'를 사용하여 주체를 높이는 표현이지, 객체를 높이는 표현이 아니다.

18 ③　　　　　　　　　　　　　　　　　　　　[수능 기출]

ⓒ '거르믈'은 현대 국어의 '걸음을'에 해당한다. 즉, 현대 국어에서는 어근의 원형을 밝혀 적었지만, 중세 국어에서는 어근의 원형을 밝히지 않고 소리 나는 대로 적은 것이다.

✘오답 풀이

① ㉠ '부텻'은 현대 국어의 '부처의'에 해당한다. 따라서 현대 국어에서는 관형격 조사로 '의'가 쓰였지만, 중세 국어에서는 관형격 조사로 'ㅅ'이 쓰였음을 알 수 있다.
② ㉡ '듣ᄌᆞᄫᆞᄃᆡ'는 현대 국어의 '듣되'에 해당한다. 이를 통해 중세 국어에서는 객체인 '부처'를 높이기 위해 현대 국어에는 쓰이지 않는 객체

높임 선어말 어미 '-줍-'이 사용되었음을 알 수 있다.

④ ㉣ '니르샤티'는 현대 국어의 '이르시되'에 해당한다. 따라서 현대 국어에서는 주체 높임 선어말 어미 '-시-'가, 중세 국어에서는 주체 높임 선어말 어미 '-샤-'가 쓰였음을 알 수 있다.

⑤ ㉤ '배'는 현대 국어의 '바가'에 해당한다. 따라서 현대 국어에서는 모음으로 끝나는 체언에 주격 조사 '가'가 결합했지만, 중세 국어에서는 모음으로 끝나는 체언에 주격 조사 'ㅣ'가 결합했음을 알 수 있다.

19 ⑤ [고2 전국연합 기출]

㉤ '묻줍고'에는 객체 높임 선어말 어미 '-줍-'이 사용되었을 뿐, 특수 어휘가 사용된 것은 아니다. 그리고 현대 국어의 '여쭙고'는 객체를 높이는 특수 어휘이지, 청자를 높이는 어휘가 아니다.

✘오답 풀이

① ㉠은 '효도ㅎ-+-옴'으로 분석되는데, 이때 현대 국어의 명사형 어미 '-(으)ㅁ'과는 다른 형태의 '-옴'이 사용되었다.

② ㉡은 현대 국어에서는 사용되지 않는 어두 자음군 'ㅂㄷ'이 사용되었다.

③ ㉢은 '聖孫(성손)+올'로 분석되는데, 이때 '올'은 현대 국어의 목적격 조사 '을'과는 다른 형태이다.

④ ㉣은 문장의 주체인 '하늘'을 높이기 위해 현대 국어와 마찬가지로 주체 높임 선어말 어미 '-시-'가 사용되었다.

20 ② [모의평가 기출]

'사슴 > 사슴'에서는 둘째 음절 이하에 놓인 'ㆍ'가 'ㅡ'로 변하였고, 'ᄀᆞ장 > 가장'에서는 첫째 음절에 놓인 모음 'ㆍ'가 'ㅏ'로 변하였다.

21 ② [수능 기출]

㉡ '仙人(선인)이'와 ㉦ '蓮花(연화)ㅣ'는 각각 현대어의 '선인이'와 '연꽃이'에 해당하므로, ㉡의 '이'와 ㉦의 'ㅣ'가 모두 주격 조사라는 것을 알 수 있다. 따라서 격 조사의 종류가 달라서 서로 다른 형태로 나타났다는 진술은 적절하지 않다. '선인'은 자음으로 끝나는 체언이므로 '이'가, '연화'는 'ㅣ' 모음 이외의 모음으로 끝나는 체언이므로 'ㅣ'가 결합한 것이다.

✘오답 풀이

① ㉠ 'ㅎ샨'에는 주체인 '대사'를 높이기 위해 주체 높임 선어말 어미 '-샤-'가 쓰였다.

③ ㉢ '南堀(남굴)ㅅ'은 현대어의 '남굴의'에 해당한다. 따라서 ㉢의 'ㅅ'은 현대 국어의 '의'에 해당하는 관형격 조사로 쓰였음을 알 수 있다.

④ ㉣ '世間(세간)애'와 ㉤ '時節(시절)에'는 각각 현대어의 '세상에'와 '시절에'에 해당하므로, ㉣의 '애'와 ㉤의 '에'가 모두 부사격 조사라는 것을 알 수 있다. 다만 모음 조화가 엄격히 지켜졌던 중세 국어에서는 앞말의 끝모음이 양성일 때는 '애'가, 앞말의 끝모음이 음성일 때는 '에'가 결합한 것이다.

⑤ ㉥ '쉽디'는 현대어의 '쉽지'에 해당한다. 'ㄷ'이 'ㅣ' 모음 앞에서 구개음인 'ㅈ'으로 변하지 않은 것으로 보아, 중세 국어에서는 현대 국어와 달리 구개음화 현상이 일어나지 않았음을 알 수 있다.

Ⅲ | 읽기

1 ②　**2** ③　**3** 재구성　**4** ③　**5** ④　**6** ④

1 제시된 결론이 참인지 거짓인지는 전제의 참·거짓 여부와 전제와 결론의 논리적 관계 등을 통해서 판단해야 한다. 또한 전제를 확인하지 않은 상태에서 결론이 참인지 거짓인지를 우선 판단할 수는 없다.

2 〈보기〉는 자신이 실형을 선고 받으면 안 되는 논리적 근거를 제시하는 것이 아니라, 상대방에게 동정심을 유발하여 자신의 입장을 받아들이도록 요구하는 오류이다. 이는 '연민(동정)에 호소하는 오류'라고 할 수 있다.

3 일상의 말이나 글에서 텍스트의 핵심 내용이 제대로 드러나도록 명확하게 구성하는 일을 논증의 재구성이라고 한다.

4 예시는 구체적인 실례를 들어 일반적, 추상적 진술의 타당성을 뒷받침할 수 있도록 설명하는 방법이다.

5 읽기를 통해 얻은 중요 정보를 자신만 아는 비법으로 삼는 것은 적절하지 않다. 진로나 관심 분야가 비슷한 친구들과 글에서 읽은 정보를 공유하는 과정에서 정보의 축적이 더 쉽게 이루어지고 그것에 대한 이해의 폭을 넓힐 수 있기 때문이다.

6 주제 통합적 읽기는 하나의 화제에 대한 다양한 관점을 지닌 글들을 읽고 그 타당성을 비교함으로써 편견에 빠지지 않고 풍부한 정보를 객관적으로 수집하여 자신의 견해를 정리할 수 있게 해 준다. 즉, 다양한 관점의 주장을 통합한 다음 그것을 자기의 견해로 삼는 것이 아니라, 자신의 관점에 따라 정보를 선별 및 재구성하여 자기의 견해를 정리할 수 있어야 한다.

01　별점 제도와 집단 지성

p. 170

1 ②　**2** ④　**3** ④　**4** 별점은 말 그대로 별 개수로 매겨지는 점수이며 구매나 서비스 이용 여부를 판단할 때 도움을 주는 길잡이 역할을 한다.
5 ③

1 ②

이 글에서 예상 반론이나 반론을 반박하는 내용은 찾을 수 없다.

✘오답 풀이

① (나)에서 '첫째', '둘째', '마지막으로'와 같은 열거를 위한 담화 표지를 사용하여 문제점을 항목화하고 있으며, (다)에서 '먼저', '또한', '마지막으로'와 같은 담화 표지를 사용하여 해결책을 항목화하고 있다.

③ (가)의 별점 제도가 사용되는 구체적인 사례, (나)의 잘못된 추론을 이끌어 낼 수 있는 구체적인 사례와 같이 독자의 이해를 도울 수 있는 구체적인 사례를 들어 설명하고 있다.

④ (나)에서 시각 자료인 '정상 분포 곡선'과 'M 자형 분포 곡선'을 활용하

여 두 곡선의 차이를 한눈에 확인할 수 있도록 하고 있다.
⑤ (나)에서 별점 제도의 문제점을 제시한 후 (다)에서 그 개선 방안을 밝히는 구조를 보이고 있다.

2 ④

글쓴이는 별점 제도가 '매우 유익할 것 같아 만들었고 사람들이 많이 이용하게 되었지만, 여기저기 부작용이 생기니 폐지하고 다른 방법을 찾자.'는 것이 아니라며 별점 제도 문제점에 대한 개선책을 제안하고 있다.

✖오답풀이

① 별점은 말 그대로 별 개수로 매겨지는 점수라고 하였다.
② 별점 제도는 배달앱이나 기업에서의 업무 평가, 대학에서의 강의 평가에 자주 이용된다고 하였다.
③ 일부 영업주나 배달앱에서 사람을 고용해 별점을 조작하거나 감정적인 소수의 사람이 무분별하게 별점 테러를 가하기도 하는데 이런 행위는 판매자는 물론 소비자에게도 피해를 준다고 하였다.
⑤ 글쓴이는 별점 제도 개선책의 하나로 소비자들이 올바르게 판단할 수 있도록 참여자의 추가적 정보를 제공해야 함을 제안하고 있다.

3 ④

이용자 수가 기준을 넘어서는 경우에 표시를 하자는 것은 별점 제도 문제와 관련해 글쓴이가 제안한 해결책이다.

✖오답풀이

① 별점 제도에 참여하는 사람들의 범위가 전체 이용자를 대표하지 않는다는 문제도 있다고 하였다.
② 사람을 고용해 별점을 조작할 수도 있다고 하였다.
③ 별점의 분포 상황을 이용자가 알지 못한다면 잘못된 추론을 하는 문제가 발생할 수 있다고 하였다.
⑤ 별점 제도에 참여할 수 있는 조건과 평가에 참여한 사람은 몇 명인지 지금의 별점 시스템으로는 다 알기 어렵다고 하였다.

4 별점은 말 그대로 별 개수로 매겨지는 점수이며 구매나 서비스 이용 여부를 판단할 때 도움을 주는 길잡이 역할을 한다.
(가)에서는 별점 제도가 사용되는 사례를 언급한 후 별점 제도의 정의와 장점을 서술하고 있다.

5 ③

별점을 보고 음식점을 선택하는 것은 음식점을 미리 경험한 전문가가 아닌 일반인으로서 다수 구성원의 견해를 참고하여 결정을 내리려는 상황이므로, 비록 개인의 기호와 입맛이 다르다는 한계가 있어도 음식점 별점 또한 문제 해결에 도움이 되는 집단 지성의 하나로 볼 수 있다.

✖오답풀이

① 강의 평가 별점은 강의를 직접 수강하는 다양한 일반 학생들의 평가가 모여 이루어지는 것이므로, 전문가 집단의 견해가 중시되는 집단 사고와는 전혀 다르다.
② 영화 평론가는 그 분야의 전문가이기 때문에 영화 평론가들의 영화 별점이 거의 비슷하게 통일되는 것은 집단 지성보다는 집단 사고와 유사한 성격이라 볼 수 있다.
④ 집단 사고 중심의 사회에서도 집단 지성이 발휘될 수 있는 것은 다양

한 사람들이 참여할 수 있는 인터넷 기반 서비스의 발달이 있었기 때문이라고 볼 수 있다.
⑤ 집단 지성이 집단 사고보다 의미 있는 것은 다양한 의견이 민주적인 절차에 따라 제시될 수 있다는 점 때문이다. 그런데 소비자의 별점이 낮다는 이유로 판매자가 임의로 삭제한다면 집단 지성의 의미가 퇴색될 수 있다.

02 공감의 반경 p. 172

1 ③　2 ②　3 ④　4 ②　5 인지, 원심　6 ⑤

1 ③

결과에 도달하기 위해 거쳐야 되는 과정을 순차적으로 전개하는 방식은 일반적으로 '~하는 법'의 형식으로 설명할 수 있는 글이다. 그러나 이러한 내용 전개 방식을 이 글에서는 찾아볼 수 없다.

✖오답풀이

① (다)에서 '정서적 공감'과 '인지적 공감'의 의미를 명확하게 설명하는 정의의 내용 전개 방식이 나타나고 있다.
② (라)에서 심리학자 스티븐 핑커와 응용윤리학자 피터 싱어라는 권위자의 의견과 해석을 인용하여 논지를 강화하고 있다.
④ (라)에서 피터 싱어의 견해를 뒷받침하기 위해 구체적인 사례를 제시하는 예시의 내용 전개 방식이 나타나고 있다.
⑤ (다)에서 공감을 '정서적 공감'과 '인지적 공감'의 두 유형으로 나누어 설명하는 분류의 내용 전개 방식이 나타나고 있다.

2 ②

'말'은 혼자서 말을 타는, 화자의 외로운 신세를 나타낼 뿐 화자의 감정이 이입된 대상이 아니다.

✖오답풀이

① 봄기운을 이기지 못하고 '우는 새'는 흥겨움을 느끼고 있는 화자와 한 몸처럼 느껴지는 존재로, 화자의 흥겨운 감정이 이입된 대상으로 볼 수 있다.
③ 서럽게 들리는 '새소리'는 임을 그리워하는 화자의 슬픈 감정이 이입된 대상으로 볼 수 있다.
④ 눈물을 흘리는 '촛불'은 화자의 슬픔과 안타까움의 정서가 이입된 대상으로 볼 수 있다.
　(화자 자신이 단종과 이별한 상황에서 그 심정을 무생물인 촛불에 빗대어 표현)
⑤ 울며 날아가는 '기러기'는 임을 그리워하며 눈물을 흘리는 화자의 슬픈 감정이 이입된 대상으로 볼 수 있다.

3 ④

'타인의 관점을 이해하는 능력'과 관련된 한자 성어는 '처지를 바꾸어서 생각하여 봄.'을 의미하는 '역지사지'이다.

✖오답풀이

① '견강부회'는 이치에 맞지 않는 말을 억지로 끌어 붙여 자기에게 유리하게 함을 의미한다.
② '아전인수'는 자기 논에 물 대기라는 뜻으로, 자기에게만 이롭게 되도

록 생각하거나 행동함을 이르는 말이다.

③ '어부지리'는 두 사람이 이해관계로 서로 싸우는 사이에 엉뚱한 사람이 애쓰지 않고 가로챈 이익을 이르는 말이다.

⑤ '타산지석'은 다른 산의 나쁜 돌이라도 자기 산의 옥돌을 가는 데에 쓸 수 있다는 뜻으로, 남의 하찮은 말이나 행동도 자신을 수양하는 데에 도움이 될 수 있음을 이르는 말이다.

4 ②

'깊이'는 정서적 공감의 과잉을 이르는 말로, 자기 집단에만 지나치게 공감하는 태도를 이른다. 따라서 인지적 공감의 범위 확장을 의미한다는 설명은 적절하지 않다.

✖오답 풀이

①, ③ '깊이'는 깊고 감정적인 공감으로 공감의 구심력과 연관되며 '넓이'는 넓고 이성적인 공감으로 공감의 원심력과 연관된다. 글쓴이는 공감의 구심력보다 원심력을 만들어야 함을 주장하고 우리에게 필요한 것은 원심력과 연관된 '넓이'라고 하였다. 따라서 '깊이'는 문명의 퇴보를 가져올 수 있고, '넓이'는 문명의 발전에 도움이 될 수 있다.

④ '넓이'는 인지적 공감이 확장되는 것이므로, 반경이 커지는 것으로 표현할 수 있다.

⑤ '넓이'는 안쪽에서 바깥쪽으로 향하는 힘인 인지적 공감의 확장을 의미하므로 원심력과 관련된 개념이다.

5 인지, 원심

글쓴이는 현재 인류가 맞닥뜨린 문명의 위기를 해결하는 정신적 토대를 만들기 위해서는 공감이 미치는 반경을 넓혀야 한다고 하였다. 즉 정서적 공감과 인지적 공감 두 유형 중 다른 집단으로의 공감 확장인 인지적 공감의 필요성과 안쪽에서 바깥쪽으로 향하는 공감의 원심력 확장을 주장하고 있다.

6 ⑤

이 글에서 인지적 공감은 정서적 공감과 달리 자동적이지 않아 의식적으로 그렇게 하도록 노력해야 한다고 하였다. 따라서 인지적 공감을 하기 위해서 F 성향이나 T 성향 모두 노력이 필요하다는 감상은 적절하다.

✖오답 풀이

① 정서적 공감은 타인의 감정을 함께 느끼는 상태이기 때문에 F 성향이 T 성향보다 더 높게 이룰 수 있다.

② 타인의 감정과 욕구를 이해하는 것이 F 성향의 특징이다. 이러한 공감이 자기 집단에서는 더 깊이 이루어질 가능성이 높다고 볼 수 있지만, 다른 집단과 정서적 공감이 불가능하다고 단정할 근거는 없다.

③ 공정한 결정과 의사소통을 중시하는 것은 T 성향의 본질적인 특성이라 할 수 있으므로, T 성향이 자기 집단과의 관계에서는 전혀 다른 태도를 보이겠다는 설명은 적절하지 않다.

④ T 성향의 특성상 다른 집단과의 관계에서 정서적 공감이 쉽게 이루어지지 않을 수 있다. 하지만 갈등의 최소화를 원하는 F 성향은 그 특성상 다른 집단과의 관계에서 정서적 공감을 이룰 수 있다.

03 아파트는 어떻게 우리의 몸과 마음을 지배하는가? p.174

1 ② **2** ③ **3** 자부심 **4** ③

1 ②

5문단에서 지상 50층에서는 기압이 평지보다 22hpa 정도 낮고 기압이 낮아지면 여러 질환이 발생할 수 있음을 언급하고 있다.

✖오답 풀이

① 4문단에서 건강한 사람이라면 높은 곳에 금방 적응하지만, 노약자 등 허약한 사람은 적응이 쉽지 않고 스트레스가 마음에 계속 축적된다고 하였다.

③ 1문단에서 아파트는 한정된 토지에 더 많은 사람을 수용하려는 목적에서 발달한 주거 양식이기에 필연적으로 '고밀'과 '고층'이라는 두 가지 속성을 갖게 된다고 하였다.

④ 6문단에서 고층 아파트에 거주하는 입주민들은 강풍이 불 때 느껴지는 미세한 진동에 대해 잠재적인 불안감을 호소하고 강한 바람이 불면 건물의 흔들림이 느껴지면서 뱃멀미와 같은 증상이 나타나기도 한다고 하였다.

⑤ 8문단에서 고층 주거 공간은 생리적으로 인체에 상당한 스트레스를 안길 뿐만 아니라 정신 건강에도 부정적인 영향을 미친다고 하였다.

2 ③

이 글에서 사람의 마음이 스트레스를 느끼면 대뇌 밑 시상 하부에서 호르몬이 분비되어 교감 신경계가 활성화된다고 하였다. '갑'은 출퇴근할 때 '고밀'한 전철 때문에 스트레스를 느끼는데 이런 상황이 되면 대뇌 밑 시상 하부에서 호르몬이 분비되고, 교감 신경계가 활성화된다.

✖오답 풀이

①, ② 2문단에서 스트레스를 느끼면 교감 신경이 활성화되면서 전신에 더 많은 에너지를 공급하기 위해 심장이 빨리 뛰고 호흡이 가빠지며 주위를 살피기 위해 눈동자가 커지고 소화액 분비가 억제되어 입에 침이 마른다고 하였다.

④ 3문단에서 스트레스 상황이 만성화되면 혈압과 혈당이 상승하며 심신이 피로하게 되고 면역 체계가 제 기능을 하지 못하는 등 부작용을 불러온다고 하였다.

⑤ 3문단에서 불안정한 상황이 계속되면 신체는 지속적인 스트레스에 대처하기 위해 부신피질에서 코르티솔을 분비한다고 하였고, 코르티솔은 스트레스 상황에서 소모된 에너지를 회복시키는 역할을 한다고 하였다.

3 자부심

이 글에서 2019년에 진행된 국내 연구에 따르면 일반 아파트의 경우 고층과 저층 거주자의 정신 건강에 유의미한 차이가 없다고 하였다. 연구자는 그 까닭을 우리나라에서 고층이 로열층으로 인식되면서 거주자가 자부심을 느껴 고층 주거 환경이 주는 부정적 영향을 상쇄하기 때문으로 보았다. 〈보기〉에서 을의 가족이 단층 주택에서 살던 때와 차이를 느끼지 못했다는 것은 로열층에 산다는 자부심이 고층 주거 환경의 부정적 영향을 상쇄했기 때문으로 볼 수 있다.

4 ③

B는 아파트를 토착화하기 위한 노력과 결과에 주목하고 있다. A는 아파트의 속성인 고밀과 고층의 원인이 한정된 토지에 더 많은 사람을 수용하려는 목적에서 발달한 주거 양식에 있음을 언급하고 있지만, 이에 주목하는 것이 아니라 '고밀'과 '고층'의 결과로 발생하는 스트레스에 주목하고 있다.

✕오답풀이

① A는 다양한 질환을 일으키는 고층 아파트의 높이에, B는 전통 주거 공간으로 변화한 아파트의 공간 활용에 주목하고 있다.

② A는 고층 아파트가 스트레스를 유발해 다양한 생리적·심리적 질환을 일으킨다는 비판적 관점을 보인다. B는 서양 주거 양식이 우리나라에서 성공적으로 토착화했다는 긍정적 관점을 보인다.

④ A는 고층 아파트가 일으키는 부정적 현상을 과학적·생리학적 측면에서 분석하고 있고, B는 주거 양식의 변화를 사회·문화적 측면에서 분석하고 있다.

⑤ A는 대체로 인간을 고층 주거 공간의 속성에 영향을 받는 수동적 존재로 보고 있고, B는 서양의 주거 양식을 변형하는 주체적 존재로 인식하고 있다.

---

04 '윤리적 소비'의 행동 | '합리적 소비'의 기준

p. 176

1 ③   2 ③   3 합리적, 경제   4 ③   5 ⑤

1 ③

(나) 역시 2022년 대한상공회의소 설문 조사 자료와 심리적 만족감을 기준으로 합리적 소비를 하는 예시를 들어 글의 신뢰성을 얻고 있다.

✕오답풀이

① (가)와 (나)는 모두 '소비'가 글의 제재이다.

② (가)는 윤리적 소비의 의의와 다양한 실천 방법을 설명하고, (나)는 합리적 소비에 대한 기존의 기준과 변화된 기준을 제시하고 있다.

④ (가)에서 윤리적 소비는 대안적 소비 활동이자 소비자의 사회적 책임을 실천하는 소비자 운동으로 이해할 수 있다고 하였다.

⑤ (나)는 개성과 다양성을 중시하는 시대가 되면서 합리적 소비의 기준이 경제성을 넘어 자신의 심리적 만족감이나 가치관과 같이 변화되었다고 하였다.

2 ③

영국의 윤리적 소비 관련 소비 지출 규모 자료는 윤리적 소비 지출이 증가하였음을 보여 주는 것일 뿐, 이 발표 이후 윤리적 소비가 크게 증가하였는지는 판단할 수 없다.

✕오답풀이

① (가)에서 개인의 주관적 태도가 소비 활동에 반영된 윤리적 소비는 자신의 우선순위에 따라 다양한 방법으로 실천할 수 있다고 하였다.

② (가)에서 윤리적 소비의 첫걸음은 자신에게 가장 중요한 문제가 무엇인지를 확인하는 것에서부터 시작된다고 하였다.

④ (가)에서 불매 운동, 비윤리적 특성을 지닌 상품의 구매 자제와 같은

부정적 구매 행동도 윤리적 소비라고 하였다.

⑤ (가)에서 소비를 통해 다양한 사회 문제를 해결할 수 있다는 인식이 확산되면서 소비자의 사회적 책임을 실천하는 소비 행동인 윤리적 소비가 등장했다고 하였다.

3 합리적, 경제

〈보기〉에서는 가격이 비싸더라도 자신의 가치를 돋보이게 하는 제품을 구매하여 제품의 가격은 중요하지 않다는 인식으로 끝나는 것이 아니라 자신의 경제적인 능력도 종합적으로 고려하는 합리적 소비가 이루어져야 함을 말하고 있다.

4 ③

노동 착취의 논란이 있는 회사의 제품이라 구입을 포기한 것은 심리적 만족감이 아닌 노동자의 인권을 중요한 가치로 여기는 윤리적 가치관에 따른 합리적 소비의 예(ⓒ)로 제시할 수 있다.

✕오답풀이

① 자신의 취향에 맞춰 만족하며 구매한 것이므로 심리적 만족감에 따른 소비라 할 수 있다.

② 가격보다 마음에 드는 디자인을 기준으로 구매한 것이므로 심리적 만족감에 따른 소비라 할 수 있다.

④ 친환경 채소를 중요한 가치로 여겨 구매한 것이므로 윤리적 가치관에 따른 소비라 할 수 있다.

⑤ 노동자의 권익을 중요한 가치로 여겨 구매한 것이므로 윤리적 가치관에 따른 소비라 할 수 있다.

5 ⑤

A 회사가 소비자의 경제적 이익을 고려하고 있다는 내용은 찾을 수 없으며, (나)의 글쓴이는 심리적 만족감과 가치관을 합리적 소비의 기준으로 제시하고 있기 때문에 A 회사가 소비자의 경제적 이익을 고려했다는 점에서 합리적 소비의 기준을 갖추었다고 평가하는 것은 적절하지 않다.

✕오답풀이

① (가)에서 윤리적 소비는 윤리적 가치를 담은 제품의 소비를 통해 세상이 좀 더 나아지는 데 기여할 수 있다는 인식이 확산되면서 점차 많은 사람들의 호응을 얻게 되었다고 하였다. 따라서 A 회사도 이러한 인식에 호응한 것으로 볼 수 있다.

② A 회사는 친환경 제품, 장애인과 다문화 가정 근로자 채용과 같은 윤리 경영을 추구하므로 (가)에서 말하는 '긍정적 구매 행동'이 나타날 것이다.

③ A 회사는 환경을 고려하며 평등한 고용 및 포용 체계 경영을 하고 있으므로 (나)에서 말하는 이에스지(ESG) 경영을 하는 회사로 볼 수 있다.

④ (나)의 입장에서 볼 때 A 회사 제품은 윤리적 가치관에 따른 소비가 이루어질 수 있지만, 개성과 취향을 충족시켜 심리적 만족감을 줄 요소를 찾기는 어려울 수 있다.

IV 듣기 · 말하기, 쓰기

듣기·말하기

p.182~185

1 ④ **2** ⑤ **3** ② **4** ③ **5** ④ **6** ④ **7** ② **8** ⑤

1 ④
[고1 전국연합 기출]
'반대 2'는 상대의 주장에 대해 반론을 제기할 때 대안을 제시하고 있을 뿐, 물음의 형식을 활용하여 상대방 발언의 의도를 확인하고 있지는 않다.

✗오답 풀이
① '찬성 1'은 학교 산책로 이용에 관한 교내 설문 조사의 결과를 학교 산책로에 쓰레기통을 설치해야 한다는 주장에 대한 근거로 제시하고 있다.
② '반대 1'은 인근 ○○고등학교의 실제 사례를 근거로 제시한 후 쓰레기통 설치에 반대한다는 자신의 주장을 밝히고 있다.
③ '사회자'는 토론자들의 반론 순서를 안내하며 토론을 진행하고 있다.
⑤ '찬성 2'는 '재활용 쓰레기통 설치'와 '학급별 순번제 관리 시스템 도입'을 대안으로 제시하며 그로 인한 긍정적인 효과를 언급하고 있다.

2 ⑤
[고1 전국연합 기출]
ⓜ을 고쳐 쓴 ⑤는 상대인 '가영'의 행동을 비난하는 표현이지 상대를 배려한 표현이 아니다.

3 ②
[고1 전국연합 기출]
[A]에서 '철수'는 '가영'의 말을 가로채어 '가영'의 의사 표현을 막고 있다. 따라서 '철수'에게 상대방의 말을 끝까지 듣고 반응해야 한다고 조언하는 것이 가장 적절하다.

4 ③
[고1 전국연합 기출]
③의 '저도 나물 반찬이 몸에 좋다고 생각해요.'는 상대방인 어머니의 생각에 동의하는 표현이다. 그리고 '친구가 불고기 얘길 해서 그런지 불고기가 먹고 싶어서 그랬어요.'는 불고기를 먹고 싶다는 자신의 생각과 그렇게 생각하는 이유를 설명하는 것이다. 따라서 〈보기〉의 조건에 따라 [A]를 수정한 표현으로 적절하다.

✗오답 풀이
① 상대방의 생각에 동의를 표현했지만, 자신의 생각에 대한 이유를 밝히지 않았다.
② 책의 내용을 근거로 자신의 생각을 드러냈지만, 상대방의 생각에 동의를 표현하지 않았다.
④ 나물이 꼭 몸에 좋다고만 할 수 없는 이유를 밝히고 있지만, 상대방의 생각에 동의를 표현하지 않았다.
⑤ 고기를 좋아하는 이유를 밝히고 있지만, 상대방의 생각에 동의를 표현하지 않았다.

5 ④
[모의평가 기출]
축제 공동 개최에서 A가 가장 중요하게 생각하는 것은 마을의 인지도 향상이며, B는 경제적 이득 증대이다. 협상의 과정에서 축제 공식 명칭에 A 마을의 이름을 먼저 표기하기로 합의한 것은 마을을 전국에 알리고자 하는 A 마을의 목표를 실현할 수 있는 방안이고, B 마을의 특산품을 캐릭터로 만들고 수익성이 높은 행사를 B 마을이 먼저 선택할 수 있게 합의한 것은 경제적 이득을 얻고자 하는 B 마을의 목표를 실현할 수 있는 방안이다. 즉, 두 마을이 축제를 개최하면서 가장 중요하게 생각하는 바를 모두 실현할 수 있는 방안이 도출되었기 때문에 A와 B가 합의에 이를 수 있었다.

6 ④
[고1 전국연합 기출]
'학생 1'과 '학생 2'는 '응, 그거 참 좋다.'라고 하거나 '그거 좋은 생각이다.', '응, 좋아.' 등과 같이 상대방의 의견에 동의하는 말을 먼저 하였다. 그리고 눈이 좋지 않은 친구들을 위해 구역을 정하자거나 한 달에 한 번씩 제비뽑기를 하자는 의견을 추가로 제시하고 있다. 이를 통해 두 사람은 의견 일치에 도달하고 있다.

7 ②
[고1 전국연합 기출]
㉮는 대화 상대인 '학생 1'이 말을 빠르게 했기 때문에 자신이 말을 이해하지 못했다는 내용이다. 〈보기〉를 참고할 때 이것은 문제를 자신의 탓으로 돌려 말해야 하므로 ②처럼 '방금 말한 거 내가 잘 이해하지 못해서 그러는데'로 수정하는 것이 적절하다. 그리고 '천천히 다시 한 번 말해 줄래?'는 상대방이 관용을 베풀 수 있도록 하는 표현이다.

8 ⑤
[고1 전국연합 기출]
지수는 합리적인 사고로 미술관에 가자는 민서의 의견과 축구를 하자는 현수의 의견을 종합하여 대안 도출에 기여하고 있다.

✗오답 풀이
① 반장은 다른 사람들의 의견을 물으며 의사소통 과정을 이끌어 가고 있으므로 일방적이라고 할 수 없다.
② 민서는 자신의 의견을 제시했으므로 소극적으로 참여한다고 볼 수 없다.
③ 현수는 민서의 의견을 무시하고 자신의 의견을 제시하고 있으므로 다른 의견에 수용적인 태도를 보인다고 할 수 없다.
④ 부반장은 안건에 대해 자신의 의견을 제시하지 않고 다른 사람의 의견을 들어야 한다고만 하였다.

쓰기

p.188~190

1 ⑤ **2** ② **3** ③ **4** ④ **5** ④ **6** ④

1 ⑤ [고1 전국연합 기출]

초고를 쓴 학생은 노인 평생 교육의 활성화 방안으로 정부의 경제적 지원 확대와 노인 평생 교육 담당 기관의 캠페인 활동을 언급하고 있을 뿐, 노인 개인의 노력이 필요함을 촉구하고 있지는 않다.

✕오답풀이

① 학생의 초고는 전체적으로 '노인 평생 교육의 활성화'와 관련된 내용이다.
② 마지막 문장에서 노인 평생 교육은 정부와 해당 기관의 노력이 필요하다고 하였다. 따라서 예상 독자에 정부와 노인 평생 교육 담당 기관을 포함한 것으로 볼 수 있다.
③ 노인 평생 교육이 활성화되어야 한다는 주장을 펼치며 정부와 노인 평생 교육 담당 기관이 할 일을 제시하고 있으므로 논설문의 형식임을 알 수 있다.
④ 글의 시작 부분에서 노인 평생 교육은 노인들의 삶의 질이 향상될 수 있도록 도와주는 교육 활동이라고 그 의의를 밝혔다.

2 ② [고1 전국연합 기출]

초고를 쓴 학생은 별관에 있어 접근성이 떨어지는 학교 도서관의 문제점을 발견하고 이를 개선하기 위해 학생들이 생활하는 교실 가까이에 생활 도서관이 있으면 좋겠다고 건의하는 글을 작성했다. 이를 통해 작문은 생활 속에서 문제를 해결하는 행위임을 알 수 있다.

3 ③ [고1 전국연합 기출]

'야트막한 언덕에 자리한 우리 학교'의 모습과 '교실 유리창으로 내려다보이는 옛 시가지의 한적한 플라타너스 길'과 같은 공간의 묘사는 나타나지만 색채어를 사용하여 다양한 공간을 사실적으로 묘사하고 있지 않다.

✕오답풀이

① '틈틈이 먼지를 털고, 경적을 빠방 울리기도 하고, 시동도 부르릉 걸어 보시고, 해진 안장을 툭툭 치며 환하게 웃으신다.'와 같이 중심 소재인 오토바이를 대하는 아버지의 행동을 나열하며 시작하고 있다.
② '빠방', '부르릉', '부룽부룽 부루룽'과 같은 의성어를 사용하여 아버지의 오토바이에 대한 인상을 부각하고 있다.
④ '인자한 미소를 띤 고목들'과 같은 의인법을 사용하여 자연물에서 느끼는 친밀감을 나타내고 있다.
⑤ 중학교에 갓 입학했을 때 늦잠을 자는 바람에 아버지께서 오토바이에 태워 등교를 시켜 주었던 일, 중학교 점심시간이 끝나 갈 무렵 운동장 옆 산책길을 걷다가 아버지의 오토바이 소리를 듣고 아버지의 마음을 상상했던 일 등을 제시하여 오토바이에 담긴 아버지의 사랑의 정서를 드러내고 있다.

4 ④ [고1 전국연합 기출]

중간 부분에서 '힘든 오토바이 배달로 늘 고단해 하시던 아버지'에 대한 내용은 찾을 수 없다.

✕오답풀이

① 1문단의 '우리 집 마당 구석에 있는 창고에는 낡고 작은 배달용 오토바이가 한 대 서 있다. 아버지는 이 오토바이를 오랜 친구처럼 여기신

다.'에서 확인할 수 있다.
② 2문단의 '야트막한 언덕에 자리한 우리 학교는 ~ 옛 시가지의 한적한 플라타너스 길은 운치가 있고 아름답다.'에서 확인할 수 있다.
③ 3문단의 '중학교에 갓 입학했을 때 늦잠을 자는 바람에 ~ 나를 내려 주셨다.'에서 확인할 수 있다.
⑤ 5문단의 '아버지의 모습에서, 아버지의 오토바이 소리에서 든든한 힘을 얻어서 그런지 내겐 누군가의 마음을 더 깊이 헤아려 보는 상상력이 생긴 것 같다.'에서 확인할 수 있다.

5 ④ [고1 전국연합 기출]

(나)에는 김유정역에 도착하였을 때 느낀 설렘이 나타나 있지 않다. 또한 김유정 문학촌으로 가는 길에서 본 마을의 모습을 '산자락에 포근히 안긴 것처럼 보였다'고 하여 비유적 표현이 사용되었지만 김유정역에 도착했을 때에는 우리나라 최초로 작가의 이름을 붙인 기차역이라는 정보만 제시할 뿐 비유적 표현이 사용되지 않았다.

✕오답풀이

① 김유정의 사진과 청동상의 사진이 제시되어 있으며, 이와 관련된 내용이 서술되어 있다.
② 2문단에서 여행을 통해 소설 속 동백꽃이 생강나무였음을 알게 된 사실을 언급하였고, 학생이 김유정 소설에 대해 알고 있던 배경지식을 활용한 내용이 제시되어 있다.
③ 김유정역에서 문학촌으로 가는 길, 김유정 생가, 전시관, 전시관에서 마을로 향하는 도로와 같이 공간의 이동에 따라 보고 들은 내용을 서술하고 있다.
⑤ '동백꽃 향기를 맡아보기를……'이라며 김유정 문학촌을 방문할 것을 권유하면서 말 줄임표를 사용해 여운을 남기고 있다.

6 ④ [고1 전국연합 기출]

'끝내'의 앞 문단은 김유정 문학촌이 있는 실레 마을을 소개하고 있고, '끝내'로 시작하는 문단에서는 김유정 문학촌에서 보고 느낀 내용이 제시되어 있다. 이러한 앞뒤 내용을 고려할 때 '끝내'와 '결국'은 모두 어색한 표현이다. 여기에서는 '얼마 있다가, 또는 얼마쯤 시간이 흐른 뒤에'라는 뜻을 가진 '이윽고'를 사용하는 것이 적절하다.

✕오답풀이

① '부치다'는 '편지나 물건 따위를 일정한 수단이나 방법을 써서 상대에게로 보내다.'라는 뜻이다. 따라서 '겨루는 일 따위가 서로 어울려 시작되게 하다.'라는 뜻을 가진 '붙이다'로 바꿔 쓰는 것이 적절하다.
② '여간'은 주로 부정의 의미를 나타내는 말과 함께 쓰이므로 여기에서는 '마치'로 고쳐 쓰는 것이 적절하다.
③ '웃으면서'의 주체가 '나'인지 '주인아주머니'인지 분명하지 않으므로, 주체를 '주인아주머니'로 하여 '들어오는 나를 웃으면서 맞이하는'으로 수정하는 것이 적절하다.
⑤ '김유정의 성장 과정과 문학 세계'라는 제목은 글의 내용에 어울리지 않는다. 김유정의 성장 과정과 문학 세계는 나타나지 않았기 때문이다. 따라서 글의 전체 내용을 포괄할 수 있는 '실레 마을에서 김유정을 만나다'로 고쳐 쓰는 것이 적절하다.

MEMO

'필수' → '핵심' → '수능'으로 이어지는
작품 & 지문 체계적 학습 정리

 **필수 작품의 기틀**

작품과 지문 이해의 문을 여는
갈래, 주제, 특징 등 감상 필수 요소

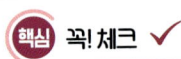 **핵심 꼭! 체크 ✓**

고등 국어 교육과정 성취기준과 연계한
내신 대비, 꼭 알아야 할 핵심 내용

 **수능 발전 ✦⁺**

심도 있는 제재 분석과 비평적 사고를 위한
수능 대비, 확장 개념 및 바탕 지식

밥 먹듯이 매일매일 국어 공부

밥 시리즈의 새로운 학습 시스템

'밥 시리즈'의 학습 방법을 확인하고 공부 방향 설정 ▶ 권장 학습 플랜을 참고하여 자신만의 학습 계획 수립 ▶ 학습 방법과 학습 플랜에 맞추어 밥 먹듯이 꾸준하게 국어 공부 ▶ 수능 국어 1등급을 달성

▶ 수능 국어 1등급 달성을 위한 학습법 제시 ▶ 문학, 비문학 독서, 언어와 매체, 화법과 작문 등 국어의 전 영역 학습 ▶ 문제 접근 방법과 해결 전략을 알려 주는 친절한 해설

처음 시작하는 밥 비문학
• 전국연합 학력평가 고1, 2 기출문제와 첨삭식 지문·문제 해설
• 예비 고등학생의 비문학 실력 향상을 위한 친절한 학습 프로그램

밥 비문학
• 수능, 평가원 모의평가 기출문제와 첨삭식 지문·문제 해설
• 지문 독해법과 문제별 접근법을 제시하여 비문학 완성

처음 시작하는 밥 문학
• 전국연합 학력평가 고1, 2 기출문제와 첨삭식 지문·문제 해설
• 예비 고등학생의 문학 실력 향상을 위한 친절한 학습 프로그램

밥 문학
• 수능, 평가원 모의평가 기출문제와 첨삭식 지문·문제 해설
• 작품 감상법과 문제별 접근법을 제시하여 문학 완성

밥 언어와 매체
• 수능, 평가원 모의평가, 전국연합 학력평가 및 내신 기출문제
• 핵심 문법 이론 정리, 문제별 접근법, 풍부한 해설로 언어와 매체 완성

밥 화법과 작문
• 수능, 평가원 모의평가, 전국연합 학력평가 기출문제
• 문제별 접근법과 풍부한 해설로 화법과 작문 완성

밥 어휘
• 필수 어휘, 한자 성어, 속담, 관용어, 다의어, 동음이의어, 헷갈리는 어휘, 개념어, 배경지식 용어
• 방대한 어휘, 어휘력 향상을 위한 3단계 학습 시스템

꿈틀 국어 교재 목록

고등 국어 기초 실력 완성
고고 시리즈
고등 국어 공부, 내신과 수능 대비에 필요한 모든 내용을
알차게 정리한 교재

기본
문학
문법

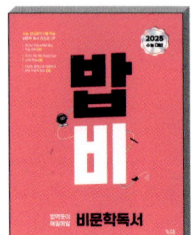

밥 먹듯이 매일매일 국어 공부
밥 시리즈
기출 공부를 통해 수능 필살기를 익힐 수 있도록 돕는
친절한 학습 시스템

처음 시작하는 문학 | 처음 시작하는 비문학 독서
문학 | 비문학 독서
언어와 매체 | 화법과 작문
어휘력

문학 영역 갈래별 명품 교재
명강 시리즈
수능에 출제될 만한 주요 작품과 실전 문제가 갈래별로
수록된 문학 영역 심화 학습 교재

현대시
고전시가
현대소설
고전산문

국어 기본 실력 다지기
국어 개념 완성
국어 공부에 꼭 필요한 개념을 예시 작품을 통해 완성할
수 있는 교재

수능 자신감 상승 수능 실전 대비
국어는 꿈틀 시리즈
수능 경향을 반영하여 수능 실전에 대비할 수 있도록
구성한 교재

문학
비문학 독서

내신·수능 대비
고등 국어 통합편
2022 개정 교육과정 고1 국어 교과서 핵심 내용을 한 권으로
총정리하는 교재

일목요연한 필수 작품 정리
모든 것 시리즈
새 문학 교과서와 EBS 교재 수록 작품, 그 밖에 수능에 나올
만한 작품들을 총망라한 교재

현대시의 모든 것 | 고전시가의 모든 것
현대산문의 모든 것 | 고전산문의 모든 것
문법·어휘의 모든 것

문학 작품 집중 학습
문학 비책
필수&빈출 문학 작품 194편을 한 권으로 총정리하는 교재

고전시가 비책
고전시가 필수 작품을 총정리한 고전시가 최다 작품 프리미엄 교재